Hans-Günther Käseborn / Reiner Siekerkötter

WIRTSCHAFTSLEHRE

Kaufmann im Einzelhandel
Kauffrau im Einzelhandel

MERKUR

VERLAG RINTELN

Wirtschaftswissenschaftliche Bücherei für Schule und Praxis

Begründet von Handelsschul-Direktor Dipl.-Hdl. Friedrich Hutkap †

Verfasser:

Prof. Dr. Hans-Günther Käseborn

Universität Dortmund
Wirtschafts- und Sozialwissenschaftliche Fakultät
Fachgebiet Wirtschaftswissenschaft und Didaktik der Wirtschaftslehre
Studiengang: Lehramt für die Sekundarstufe II
            Berufliche Fachrichtung Wirtschaftswissenschaft

Studium der Betriebswirtschaftslehre in Berlin und Köln. Lehrtätigkeiten im berufs-
bildenden Schulwesen kaufmännischer Fachrichtung, an der Fernuniversität Hagen
und der Pädagogischen Hochschule Ruhr.

Dr. Reiner Siekerkötter

Hagen

Studium der Betriebswirtschaftslehre und der Erziehungswissenschaft an der Universität Dortmund.

9., veränderte Auflage 1995

© 1986 by MERKUR VERLAG RINTELN

Gesamtherstellung:

MERKUR VERLAG RINTELN Hutkap GmbH & Co. KG, 31735 Rinteln

ISBN 3-8120-0081-4

Vorwort

Die neue Verordnung über die Berufsausbildung

Kaufmann im Einzelhandel / Kauffrau im Einzelhandel

vom 14. Januar 1987 löst das bisherige Berufsbild Einzelhandelskaufmann ab. Bei der neuen Ausbildungsordnung, nach der erstmals zum 1. August 1987 Verträge abgeschlossen werden können, handelt es sich auch weiterhin um einen dreijährigen Ausbildungsberuf, wobei die bisherige Stufenausbildung (Verkäufer/Einzelhandelskaufmann) entfällt.

Einen besonderen Stellenwert hat das umfassende und praxisbezogene Kapitel **Warenwirtschaftssystem**. Hier werden die Auszubildenden mit einem computergestützten Verfahren zur Planung, Steuerung, Kontrolle und artikelgenauen Erfassung der Warenbewegungen vom Warenein- bis zum Warenausgang vertraut gemacht, das im Einzelhandel zunehmend an Bedeutung gewinnt.

Das vorliegende Lehrbuch

**Wirtschaftslehre   Kaufmann im Einzelhandel
                     Kauffrau im Einzelhandel**

entspricht dem auf Beschluß der Kultusministerkonferenz vom Februar 1987 verabschiedeten Rahmenlehrplan für diesen Ausbildungsberuf und beinhaltet den gesamten Wissensstoff der drei Ausbildungsjahre einschließlich des **Schriftverkehrs**.

Aus dem Inhaltsverzeichnis sind die einzelnen Themenkreise und die wichtigsten Kapitel zu entnehmen. Zur Verbesserung der Übersichtlichkeit und der Veranschaulichung ist die Darstellung durch folgende Merkmale gekennzeichnet:

► **Einzelabschnitte**, die im Inhaltsverzeichnis nicht durch eine Numerierung erfaßt wurden.

● **Unterpunkte** zu diesen Abschnitten.

Beispiele aus der Praxis verdeutlichen an zahlreichen Stellen den Text; sie werden durch einen Balken am Rand hervorgehoben.

Schaubilder dienen der Erläuterung der Ausführungen und sind teilweise farbig ausgeführt.

Formulare sind in den jeweiligen Originalfarben abgedruckt.

Briefe werden in hellgrauer Unterlegung hervorgehoben.

Übersichten als Zusammenfassungen befinden sich in farbiger Gestaltung am Schluß der einzelnen Themenkreise und geben deren Inhalt in Kurzform wieder.

Problem- und entscheidungsorientierte Aufgabenstellungen zur Lernzielsicherung und Lernerfolgskontrolle folgen am Ende eines jeden Kapitels.

Dieses Lehrbuch ist geeignet für den entsprechenden Ausbildungsberuf an Berufsschulen, für Lehrgänge an Bildungszentren und Fachschulen sowie für die betriebliche Aus- und Weiterbildung.

Dortmund 1994

Hans-Günther Käseborn
Reiner Siekerkötter

Inhaltsverzeichnis

Zahlungsverkehr

Das Lager

Der Warenabsatz

Warenwirtschaftssysteme

Finanzierung

Steuern und Versicherungen

Die Unternehmung im Einzelhandel

Berufstätigkeit im Einzelhandel

Der Normbrief im kaufmännischen Schriftverkehr

Ausbildungsberuf Kaufmann/Kauffrau im Einzelhandel

Grundlage einer einheitlichen und ordnungsgemäßen Berufsausbildung in der Bundesrepublik Deutschland ist das **Berufsbildungsgesetz**. Es sieht vor, daß Ausbildungsberufe durch **Ausbildungsordnungen** beschrieben werden müssen (§ 25 BBiG).

1 Ausbildungsordnung

Die vorgeschriebenen Mindestinhalte der Ausbildungsordnung sind für den Einzelhandel wie folgt gestaltet:

▶ **Bezeichnung des Ausbildungsberufes**

Kaufmann/Kauffrau im Einzelhandel

▶ **Ausbildungsdauer**

Im Bereich des Einzelhandels kann eine dreijährige Ausbildung zum Kaufmann/zur Kauffrau im Einzelhandel bzw. eine zweijährige Ausbildung zum Verkäufer/zur Verkäuferin abgeschlossen werden. Die Ausbildungszeit zum Kaufmann/zur Kauffrau im Einzelhandel kann von drei auf zweieinhalb bzw. zwei Jahre verkürzt werden, wenn zu erwarten ist, daß der Auszubildende das Ausbildungsziel in der gekürzten Zeit erreichen wird (§ 29 BBiG). Verkürzungen der Ausbildungszeit sind üblich, wenn der Auszubildende über die Hochschul- oder Fachhochschulreife verfügt bzw. falls er einen Realschulabschluß erworben hat. Der Antrag auf Verkürzung der Ausbildungszeit kann vom Auszubildenden bzw. vom ausbildenden Betrieb an die Industrie- und Handelskammer gestellt werden, die dann unter Berücksichtigung der bisherigen schulischen und berufspraktischen Leistungen entscheidet. Der erfolgreiche Besuch einer einjährigen Berufsfachschule (Handelsschule) oder des Berufsgrundschuljahres kann als erstes Jahr der Berufsausbildung angerechnet werden. Allerdings trifft diese Regelung nicht auf alle Bundesländer zu.

▶ **Berufsbild**

Fertigkeiten und Kenntnisse, die Gegenstand der Berufsausbildung sind, werden im Berufsbild dargestellt.

Berufsbild Kaufmann/Kauffrau im Einzelhandel

§ 3 Ausbildungsberufsbild

(1) Gegenstand der Berufsausbildung sind mindestens die folgenden Fertigkeiten und Kenntnisse:

1. Der Ausbildungsbetrieb:

   a) Stellung des Einzelhandels in der Gesamtwirtschaft,

   b) Struktur des Einzelhandels,

   c) Stellung des Ausbildungsbetriebs am Markt,

   d) Organisation des Ausbildungsbetriebs,

   e) Berufsbildung,

   f) Arbeitsschutz, Arbeitssicherheit, Umweltschutz und rationelle Energieverwendung,

   g) Warenwirtschaft;

2. Beschaffung:

   a) Einkaufsplanung,

   b) Einkaufsabwicklung;

3. Lagerung:

   a) Warenannahme,

   b) Warenlagerung,

   c) Bestandsüberwachung;

---

4. Absatz:
   a) Verkaufsvorbereitung,
   b) Beratung und Verkauf,
   c) Verkaufsabrechnung,
   d) Werbung und Verkaufsförderung,
   e) Warensortimente;
5. Personalwesen.
6. Rechnungswesen.

(2) Bei der Vermittlung der Fertigkeiten und Kenntnisse nach Absatz 1 ist ein in Breite und Tiefe ausreichendes Sortiment, insbesondere eines der folgenden Fachbereiche, zugrunde zu legen. Es können auch andere Sortimente zugrunde gelegt werden, wenn die zu vermittelnden Fertigkeiten und Kenntnisse in Breite und Tiefe gleichwertig sind:

1. Bürowirtschaft,
2. Diät- und Reformwaren,
3. Elektrogeräte,
4. Foto, Kino, Video,
5. Hausrat, Glas, Porzellan,
6. Heimwerkerbedarf und Werkzeuge,
7. Kosmetik, Körperpflege,
8. Kraftfahrzeuge, Teile und Zubehör,
9. Lebensmittel,
10. Lederwaren,
11. Medizintechnischer und Sanitätsfachhandel,
12. Pflanzen und Gartenbedarf,
13. Rundfunk, Fernsehen, Video,
14. Schuhe,
15. Spielwaren,
16. Sportartikel,
17. Textil, Bekleidung,
18. Uhren, Schmuck, Juwelen, Gold- und Silberwaren,
19. Wohnbedarf,
20. Zoofachhandel.

§ 3 Ausbildungsberufsbild, Abs. 1

Im Ausbildungsberufsbild § 3, Abs. 1 werden diejenigen Fertigkeiten und Kenntnisse zusammengefaßt, die obligatorischer Gegenstand der Berufsausbildung sind. *Das Ausbildungsberufsbild umfaßt somit Mindestfertigkeiten und -kenntnisse,* die zur Erlangung des Berufsbildungsabschlusses Kaufmann/Kauffrau im Einzelhandel notwendig sind. Das Ausbildungsberufsbild stellt eindeutig den verkaufs- und warenbezogenen Schwerpunkt der neuen Ausbildungsordnung heraus.

Bei Punkt 1. g) Warenwirtschaft handelt es sich nicht um Kenntnisse und Fertigkeiten *„in EDV-gestützten* Warenwirtschaftssystemen". Vielmehr geht es hier um die Vermittlung von Kenntnissen in „Warenwirtschaft" entsprechend den Möglichkeiten der Ausbildungsbetriebe.

In den Punkten 5. Personalwesen und 6. Rechnungswesen ist eine so umfangreiche büromäßige Ausbildung wie beim bisherigen Einzelhandelskaufmann nicht mehr erforderlich, sondern sie ist in der Regel in den jeweiligen Ausbildungsstätten möglich. Je nach der Organisation des Ausbildungsbetriebes kann ein kürzerer Einsatz im Büro (bzw. außerhalb der Verkaufsabteilung) oder eine Vermittlung der Kenntnisse und Fertigkeiten durch betriebliche Unterweisungsmaßnahmen/betrieblichen Unterricht erforderlich sein.

§ 3 Ausbildungsberufsbild, Abs. 2

Abs. 2 nimmt Bezug auf die branchenspezifischen Fertigkeiten und Kenntnisse. Hier werden beispielhaft 20 Fachbereiche aufgeführt, in denen die warenkundliche Ausbildung in Frage kommen kann. Die Formulierung des ersten Satzes von Abs. 2 macht deutlich, daß die Aufführung der Fachbereiche nicht abschließend ist und auch in weiteren Fachbereichen, die nicht aufgeführt sind, ausgebildet werden kann. Die Formulierung des zweiten Satzes macht deutlich, daß andere Sortimente des Einzelhandels für die Ausbildung zugrundegelegt werden können. Dabei kann es sich um Teilsortimente innerhalb der Fachbereiche, Kombinationen von Teilsortimenten oder ganz andere Sortimente handeln, anhand deren Waren die Fertigkeiten und Kenntnisse des Ausbildungsberufsbildes (§ 3 Abs. 1) vermittelt werden können. Mit dieser offenen Formulierung werden daher keine Fachbereiche oder Ausbildungssortimente festgelegt, sondern diese können entsprechend den Möglichkeiten und Notwendigkeiten der verschiedenen Branchen des Einzelhandels gewählt werden. Allerdings wird ein auf wenige Artikel beschränktes Sortiment nicht genügen, um die notwendigen Warenkenntnisse nach dem Ausbildungsrahmenplan vermitteln zu können.

Quelle: Verordnung über die Berufsausbildung zum Kaufmann im Einzelhandel/zur Kauffrau im Einzelhandel vom 14. Januar 1987

▶ **Ausbildungsrahmenplan**

Das Ausbildungsberufsbild gemäß § 3 der Rechtsverordnung erfährt im Ausbildungsrahmenplan in Form einer sachlichen und zeitlichen Gliederung der weiter aufgefächerten Ausbildungsinhalte eine Konkretisierung. Der Ausbildungsrahmenplan ist Anleitung und Hilfestellung für eine systematische, nach zeitlichen und sachlichen Gesichtspunkten gegliederte sinnvolle Ausbildung in einem Einzelhandelsbetrieb.

Das Ausbildungsberufsbild Kaufmann/Kauffrau im Einzelhandel sieht unter Punkt 1 c) vor, die „Stellung des Ausbildungsbetriebs am Markt" zu verdeutlichen. Der Ausbildungsrahmenplan konkretisiert dieses Thema wie folgt:

1.3 Stellung des Ausbildungsbetriebes am Markt
   (§ 3 Abs. 1 Nr. 1, Buchstabe c)

a) den Kundenkreis mit seinem Verbrauchsverhalten und seinen Einkaufsgewohnheiten beschreiben

b) Einflüsse des Standorts auf die Stellung des Ausbildungsbetriebes am Markt beschreiben

c) die Situation des Ausbildungsbetriebes gegenüber seinen Mitbewerbern erläutern; Gründe und Ziele der Konkurrenzbeobachtung darlegen; die Konkurrenz beobachten

d) Lage, Größe, Verkaufsform und das Angebot von Konkurrenten beschreiben

e) den Einfluß der Verkaufsform, der Sortimentspolitik, der Preispolitik und der Verkaufsraumgestaltung auf die Wettbewerbssituation erläutern

f) Konsequenzen aus der Konkurrenzbeobachtung nennen, Maßnahmen vorschlagen

▶ **Prüfungsanforderungen**

Nach dreijähriger Ausbildungsdauer wird die Prüfung zum Kaufmann/Kauffrau im Einzelhandel vor der zuständigen Industrie- und Handelskammer abgelegt.

Prüfung zum Kaufmann/zur Kauffrau im Einzelhandel

§ 8 Abschlußprüfung

(1) Die Abschlußprüfung erstreckt sich auf die in den Anlagen aufgeführten Fertigkeiten und Kenntnisse sowie auf den im Berufsschulunterricht vermittelten Lehrstoff, soweit er für die Berufsausbildung wesentlich ist.

(2) Die Prüfung ist in den Prüfungsfächern Einzelhandelsbetriebslehre, Ware und Verkauf sowie Wirtschafts- und Sozialkunde schriftlich und im Prüfungsfach Praktische Übungen mündlich durchzuführen.

(3) In der schriftlichen Prüfung soll der Prüfling in den nachstehend genannten Prüfungsfächern je eine Arbeit anfertigen:

1. Prüfungsfach Einzelhandelsbetriebslehre:
   In 120 Minuten soll der Prüfling praxisbezogene Aufgaben oder Fälle insbesondere aus folgenden Gebieten bearbeiten:
   a) Betrieb, Beschaffung, Lagerung,
   b) Rechnungswesen, Warenwirtschaft.
   Dabei soll er zeigen, daß er grundlegende Fertigkeiten und Kenntnisse der Planung, Steuerung und Kontrolle der Warenbewegungen, des Personaleinsatzes, der Kosten sowie der Arbeitsorganisation erworben hat.

2. Prüfungsfach Waren und Verkauf:
   In 120 Minuten soll der Prüfling praxisbezogene Aufgaben oder Fälle insbesondere aus folgenden Gebieten bearbeiten:
   a) Werbung und Verkaufsförderung,
   b) Warensortimente, Beratung und Verkauf.
   Er soll dabei zeigen, daß er die Bedarfs- und Sortimentsstrukturen sowie die Fachbegriffe kennt und eine qualitäts- und verwendungsbezogene Kundenberatung durchführen kann.

3. Prüfungsfach Wirtschafts- und Sozialkunde:
   In 90 Minuten soll der Prüfling praxisbezogene Aufgaben oder Fälle aus der Berufs- und Arbeitswelt bearbeiten und dabei zeigen, daß er allgemeine wirtschaftliche und gesellschaftliche Zusammenhänge der Berufs- und Arbeitswelt darstellen und beurteilen kann.

(4) Die in Absatz 3 genannte Prüfungsdauer kann insbesondere unterschritten werden, soweit die schriftliche Prüfung in programmierter Form durchgeführt wird.

(5) Das Prüfungsfach Praktische Übungen ist in Form eines Prüfungsgespräches zu prüfen. Der Prüfling soll unter Berücksichtigung der warengruppenspezifischen Besonderheiten aufgrund ihm mit angemessener Vorbereitungszeit gestellter Aufgaben zeigen, daß er betriebspraktische Vorgänge und Problemstellungen bearbeiten kann. Dafür kommen insbesondere folgende Bereiche in Betracht: Kundenberatung, Gebrauchsnutzen der Ware, Mängelfeststellung, Reklamation, Qualitäts-

beurteilung, Lagerung, Verkaufsförderung und -werbung, Beschaffung und Warenwirtschaft. Die mündliche Prüfung soll für den einzelnen Prüfling nicht länger als 30 Minuten dauern.

(6) Sind in der schriftlichen Prüfung die Prüfungsleistungen in bis zu 2 Fächern mit „mangelhaft" in den übrigen Fächern mit mindestens „ausreichend" bewertet worden, so ist auf Antrag des Prüflings oder nach Ermessen des Prüfungsausschusses in einem der mit „mangelhaft" bewerteten Fächern die schriftliche Prüfung durch eine mündliche Prüfung von etwa 15 Minuten zu ergänzen, wenn diese für das Bestehen der Prüfung den Ausschlag geben kann. Das Fach ist vom Prüfling zu bestimmen. Bei der Ermittlung des Ergebnisses für dieses Prü-

fungsfach sind die Ergebnisse der schriftlichen Arbeit und der mündlichen Ergänzungsprüfung im Verhältnis 2 : 1 zu gewichten.

(7) Bei der Ermittlung des Gesamtergebnisses haben die Prüfungsfächer Ware und Verkauf sowie Praktische Übungen gegenüber jedem der übrigen Prüfungsfächer das doppelte Gewicht.

(8) Zum Bestehen der Abschlußprüfung müssen im Gesamtergebnis und in mindestens 2 der in Absatz 3 Nr. 1 bis 3 genannten Prüfungsfächer mindestens ausreichende Prüfungsleistungen erbracht werden. Werden die Prüfungsleistungen in einem Prüfungsfach mit „ungenügend" bewertet, so ist die Prüfung nicht bestanden.

Quelle: Verordnung über die Berufsausbildung zum Kaufmann im Einzelhandel/zur Kauffrau im Einzelhandel vom 14. Januar 1987

Besteht der/die Auszubildende die Abschlußprüfung nicht, so kann er/sie diese noch zweimal wiederholen (§ 34 I BBiG); der Ausbildungsvertrag verlängert sich auf Antrag des/der Auszubildenden, höchstens jedoch um ein Jahr (§ 14 III BBiG).

2 Ausbildungsvertrag

Neben den allgemeinen Erläuterungen des Ausbildungsberufes durch die Ausbildungsordnung werden Einzelheiten der Berufsausbildung im **Ausbildungsvertrag** niedergelegt (§ 3 BBiG). Ein solcher Vertrag wird zwischen dem Auszubildenden/der Auszubildenden und dem Ausbildenden schriftlich geschlossen (§ 4 I BBiG). Dazu werden z. B. die von den Industrie- und Handelskammern herausgegebenen Vertragsformulare genutzt. Ist der/die Auszubildende noch nicht volljährig (18 Jahre), müssen zusätzlich die Eltern oder gegebenenfalls der Vormund den Vertrag mit unterzeichnen. Er wird dann bei der zuständigen Industrie- und Handelskammer in das Verzeichnis der Berufsausbildungsverhältnisse eingetragen (§ 33 BBiG). Diese Eintragung ist Voraussetzung dafür, daß der/die Auszubildende zur Abschlußprüfung vor der Industrie- und Handelskammer zugelassen wird (§ 39 BBiG).

2.1 Mindestinhalte des Ausbildungsvertrages

Der Ausbildungsvertrag enthält gemäß § 4 BBiG Angaben über:

▶ **Art, sachliche und zeitliche Gliederung der Berufsausbildung,** insbesondere die Berufstätigkeit, für die ausgebildet werden soll.

Der Verlauf der Ausbildung im Betrieb richtet sich nach dem Plan, den der Ausbildende für den Auszubildenden/die Auszubildende zu erstellen hat. Dieser Ausbildungsplan, der die sachliche und zeitliche Gliederung der Berufsausbildung darstellt, soll sich nach dem jeweiligen **Ausbildungsrahmenplan** richten.

▶ **Beginn und Dauer der Berufsausbildung**

Die Ausbildung beginnt mit dem in § 1 des Berufsausbildungsvertrages festgelegten Zeitpunkt, in der Regel zum 01. August eines Jahres.

Gemäß Ausbildungsverordnung erstreckt sich die Berufsausbildung auf einen Zeitraum von drei Jahren, wobei ggf. eine entsprechende Vor- bzw. Ausbildung des/der Auszubildenden angerechnet werden kann.

► **Ausbildungsmaßnahmen außerhalb der Ausbildungsstätte**

Ausbildungsmaßnahmen außerhalb der Ausbildungsstätte, die das Bildungsangebot des Lernorts Betrieb ergänzen, stellen im kaufmännischen Bereich eher die Ausnahme dar. Eine solche Verfahrensweise ist jedoch denkbar, wenn spezielle Kenntnisse und Fertigkeiten, die laut Berufsbild Gegenstand der Ausbildung sein sollen, innerhalb des Ausbildungsbetriebes **nicht** vermittelt werden können.

Allerdings sind alle Ausbildungsmaßnahmen außerhalb des ausbildenden Betriebes wie z.B. in benachbarten Betrieben oder in überbetrieblichen Ausbildungsstätten von vornherein im Berufsausbildungsvertrag schriftlich festzulegen.

► **Dauer der regelmäßigen täglichen Arbeitszeit**

Jugendliche dürfen nach dem Jugendarbeitsschutzgesetz (vgl. S. 395) nur an 5 Tagen in der Woche und nicht mehr als 8,5 Stunden täglich beschäftigt werden (§§ 8, 15 JArbSchG).

► **Dauer der Probezeit**

Das Ausbildungsverhältnis beginnt mit der Probezeit, die mindestens einen Monat und höchstens drei Monate betragen darf (§ 13 BBiG).

► **Voraussetzungen, unter denen der Berufsausbildungsvertrag gekündigt werden kann**

● **Kündigung in der Probezeit**

Stellt der/die Auszubildende **in der Probezeit** fest, daß er/sie die gewählte Ausbildung nicht fortführen möchte, kann er/sie als noch nicht Volljährige(r) nur mit Zustimmung seiner/ihrer Erziehungsberechtigten, allerdings ohne Angabe von Gründen, das Vertragsverhältnis kündigen.

Kommt der Ausbildende in dieser Zeit zu der Ansicht, daß der/die Auszubildende für diese Berufstätigkeit nicht geeignet erscheint, ist er ebenfalls zur Vertragsauflösung berechtigt (§ 15 BBiG).

● **Ordentliche Kündigung**

Entscheidet sich der/die Auszubildende erst **nach der Probezeit**, die Ausbildung aufzugeben oder sich in einem anderen Beruf ausbilden zu lassen, muß er/sie eine Kündigungsfrist von vier Wochen einhalten. Ein solches „ordentliches" Kündigungsrecht hat der Ausbildende nach der Probezeit nicht mehr.

● **Fristlose Kündigung**

Allerdings haben sowohl der Arbeitgeber als auch der/die Auszubildende ein Recht auf „fristlose" Kündigung, wenn ein wichtiger Grund vorliegt.

– **Kündigungsgründe für den Betrieb:**
Ständige Unpünktlichkeit des/der Auszubildenden, Fernbleiben vom Berufsschulunterricht, Tätlichkeiten, Diebstahl.

– **Kündigungsgründe für Auszubildende:**
Verstöße gegen die Ausbildungspflicht und gegen die Freistellung zum Besuch der Berufsschule, Nichtgewährung von Urlaub und Nichtzahlung der Ausbildungsvergütung.

Darüber hinaus kann das Ausbildungsverhältnis zu jeder Zeit aufgelöst werden, wenn Betrieb und Auszubildender/Auszubildende dies gemeinsam wünschen.

2 Käseborn/Siekerkötter – ISBN 3-8120-0081-4

► **Zahlung und Höhe der Vergütung**

Die Ausbildungsvergütung ist spätestens am letzten Arbeitstag eines Monats zu zahlen (§ 11 II BBiG) und muß in jedem Ausbildungsjahr steigen (§ 10 I BBiG).

► **Dauer des Urlaubs**

Die Dauer des Urlaubs richtet sich nach dem Alter des/der Auszubildenden (§ 19 JArbSchG).

Alter	Mindesturlaub
bis zu 16 Jahre	30 Werktage
bis zu 17 Jahre	27 Werktage
bis zu 18 Jahre	25 Werktage

Ältere Auszubildende erhalten Urlaub nach dem jeweils gültigen Tarifvertrag.

2.2 Rechte und Pflichten aus dem Ausbildungsvertrag

Aus dem Ausbildungsvertrag ergeben sich für beide Vertragspartner Rechte und Pflichten, deren Grundlage die §§ 6-12 BBiG sind.

Pflichten des/der Auszubildenden = Rechte des/der Ausbildenden	Pflichten des/der Ausbildenden = Rechte des/der Auszubildenden
● Der/die Auszubildende hat darum bemüht zu sein, Kenntnisse und Fertigkeiten zu erwerben, die zur Erreichung des Ausbildungszieles erforderlich sind. ● Sorgfältige Ausführung der aufgetragenen Tätigkeiten. ● Teilnahme an Ausbildungsmaßnahme, insbesondere am Berufsschulunterricht. ● Führung des Berichtsheftes als Tätigkeitsnachweis. ● Befolgung von Anweisungen der Ausbildenden. ● Beachtung der für die Ausbildungsstätte geltenden Betriebsordnung. ● Sorgfältige Behandlung der Waren und der Geschäftseinrichtung.	● Vermittlung der Fertigkeiten und Kenntnisse, die zum Erreichen des Ausbildungszieles erforderlich sind. ● Der Ausbildende hat selbst auszubilden oder einen geeigneten Ausbilder zu beauftragen. ● Kostenlose Bereitstellung von Ausbildungsmitteln. ● Freistellung zum Berufsschulbesuch und zur Ablegung von Prüfungen. ● Überprüfung der Berichtsheftführung. ● Übertragung von Verrichtung, die nur dem Ausbildungszweck dienen und die den körperlichen Kräften des Auszubildenden angemessen sind. ● Charakterliche Förderung und Vermeidung sittlicher und körperlicher Gefährdungen. ● Ausstellung eines Zeugnisses nach Beendigung der Ausbildung. ● Urlaubsgewährung und Zahlung von Ausbildungsvergütung.

Berufsausbildungsvertrag

(§§ 3, 4 Berufsausbildungsgesetz - BBIG)
Zwischen dem Ausbildenden (Ausbildungsbetrieb)

Industrie-
und Handelskammer
zu Dortmund

und der/dem Auszubildenden   männlich ☐   weiblich ☐

Firmenident-Nr.:	Tel.-Nr.

Anschrift des Ausbildenden

Name, Vorname

Straße, Haus-Nr.

PLZ	Ort

Geburtsdatum	Geburtsort

Staatsangehörigkeit	Gesetzl. Vertreter[1]	Eltern ☐	Vater ☐	Mutter ☐	Vormund ☐

Namen, Vornamen der gesetzl. Vertreter

Straße, Hausnummer

PLZ	Ort

wird nachstehender Vertrag
zur Ausbildung im Ausbildungsberuf _____

mit der Fachrichtung/dem Schwerpunkt, _____
nach Maßgabe der Ausbildungsordnung[2]) geschlossen.

Änderungen des wesentlichen Vertragsinhaltes sind vom Ausbildenden unverzüglich zur Eintragung in das Verzeichnis der Berufsausbildungsverhältnisse bei der Industrie- und Handelskammer anzuzeigen.

Die beigefügten Angaben zur sachlichen und zeitlichen Gliederung des Ausbildungsablaufs (Ausbildungsplan) sind Bestandteil dieses Vertrages.

A   Die Ausbildungszeit beträgt nach der Ausbildungsordnung
_____ Monate.

Die vorausgegangene Berufsausbildung/Vorbildung:

wird mit _____ Monaten angerechnet, bzw. es wird eine entsprechende Verkürzung beantragt.

Das Berufsausbildungsverhältnis

beginnt   Tag   Monat   Jahr   endet   Tag   Monat   Jahr
am |__|__|__|__| am |__|__|__|__|

B   Die Probezeit (§ 1 Nr. 2) beträgt |__| Monate.[1]

C   Die Ausbildung findet vorbehaltlich der Regelungen nach [D] (§ 3 Nr. 12) in _____

und den mit dem Betriebssitz für die Ausbildung üblicherweise zusammenhängenden Bau-, Montage- und sonstigen Arbeitsstellen statt.

D   Ausbildungsmaßnahmen außerhalb der Ausbildungsstätte (§ 3 Nr. 12) (mit Zeitraumangabe) _____

E   Der Ausbildende zahlt dem Auszubildenden eine angemessene Vergütung (§ 5); diese beträgt zur Zeit monatlich brutto:

DM				
im	ersten	zweiten	dritten	vierten

Ausbildungsjahr.

Soweit Vergütungen tariflich geregelt sind, gelten mindestens die tariflichen Sätze.

F   Die regelm. tgl. Ausbildungszeit (§ 6 Nr. 1) beträgt |__| Std.[4]).

G   Der Ausbildende gewährt dem Auszubildenden Urlaub nach den geltenden Bestimmungen. Es besteht ein Urlaubsanspruch

Im Jahr	19	19	19	19	19
Werktage					
Arbeitstage					

H   Sonstige Vereinbarungen

_____
_____
_____
_____
_____

J   Die umstehenden Vereinbarungen sind Gegenstand dieses Vertrages und werden anerkannt.

_____, den _____

Der Ausbildende:

_____
Stempel und Unterschrift

Der Auszubildende:

_____
Vor- und Familienname

Die gesetzl. Vertreter des Auszubildenden:

_____
Vater und Mutter/Vormund

19

§ 1 – Ausbildungszeit

1. **(Dauer)** siehe A*)

2. **(Probezeit)** siehe B*)
Wird die Ausbildung während der Probezeit um mehr als ein Drittel dieser Zeit unterbrochen, so verlängert sich die Probezeit um den Zeitraum der Unterbrechung.

3. **(Vorzeitige Beendigung des Berufsausbildungsverhältnisses)**
Besteht der Auszubildende vor Ablauf der unter Nr. 1 vereinbarten Ausbildungszeit die Abschlußprüfung, so endet das Berufsausbildungsverhältnis mit Bestehen der Abschlußprüfung.

4. **(Verlängerung des Berufsausbildungsverhältnisses)**
Besteht der Auszubildende die Abschlußprüfung nicht, so verlängert sich das Berufsausbildungsverhältnis auf sein Verlangen bis zur nächstmöglichen Wiederholungsprüfung, höchstens um ein Jahr.

§ 2 – Ausbildungsstätte(n)
siehe C*)

§ 3 – Pflichten des Ausbildenden

Der Ausbildende verpflichtet sich,

1. **(Ausbildungsziel)**
dafür zu sorgen, daß dem Auszubildenden die Fertigkeiten und Kenntnisse vermittelt werden, die zum Erreichen des Ausbildungszieles nach der Ausbildungsordnung erforderlich sind, und die Berufsausbildung nach der beigefügten Angaben zur sachlichen und zeitlichen Gliederung des Ausbildungsablaufs so durchzuführen, daß das Ausbildungsziel in der vorgesehenen Ausbildungszeit erreicht werden kann;

2. **(Ausbilder)**
selbst auszubilden oder einen persönlich und fachlich geeigneten Ausbilder ausdrücklich damit zu beauftragen und diesem den Auszubildenden jeweils schriftlich bekanntzugeben;

3. **(Ausbildungsordnung)**
dem Auszubildenden vor Beginn der Ausbildung die Ausbildungsordnung kostenlos auszuhändigen;

4. **(Ausbildungsmittel)**
dem Auszubildenden kostenlos die Ausbildungsmittel, insbesondere Werkzeuge, Werkstoffe und Fachliteratur zur Verfügung zu stellen, die für die Ausbildung in den betrieblichen und überbetrieblichen Ausbildungsstätten und zum Ablegen von Zwischen- und Abschlußprüfungen, auch soweit solche nach Beendigung des Berufsausbildungsverhältnisses und in zeitlichem Zusammenhang damit stattfinden, erforderlich sind;

5. **(Besuch der Berufsschule und von Ausbildungsmaßnahmen außerhalb der Ausbildungsstätte)**
den Auszubildenden zum Besuch der Berufsschule anzuhalten und freizustellen. Das gleiche gilt, wenn Ausbildungsmaßnahmen außerhalb der Ausbildungsstätte vorgeschrieben oder nach Nr. 12 durchzuführen sind;

6. **(Berichtsheftführung)**
dem Auszubildenden vor Ausbildungsbeginn und später die Berichtshefte für die Berufsausbildung kostenfrei auszuhändigen sowie die ordnungsgemäße Führung durch regelmäßige Abzeichnung zu überwachen, soweit Berichtshefte im Rahmen der Berufsausbildung verlangt werden;

7. **(Ausbildungsbezogene Tätigkeiten)**
dem Auszubildenden nur Verrichtungen zu übertragen, die dem Ausbildungszweck dienen und seinen körperlichen Kräften angemessen sind;

8. **(Sorgepflicht)**
dafür zu sorgen, daß der Auszubildende charakterlich gefördert sowie sittlich und körperlich nicht gefährdet wird;

9. **(Ärztliche Untersuchungen)**
von dem jugendlichen Auszubildenden sich Bescheinigungen gemäß §§ 32, 33 Jugendarbeitsschutzgesetz darüber vorlegen zu lassen, daß dieser
   a) vor der Aufnahme der Ausbildung untersucht und
   b) vor Ablauf des ersten Ausbildungsjahres nachuntersucht worden ist;

10. **(Eintragungsantrag)**
unverzüglich nach Abschluß des Berufsausbildungsvertrages die Eintragung in das Verzeichnis der Berufsausbildungsverhältnisse bei der zuständigen Stelle zu beantragen. Bei Auszubildenden unter 18 Jahren ist eine Kopie oder Mehrfertigung der ärztlichen Bescheinigung über die Erstuntersuchung gemäß § 32 Jugendarbeitsschutzgesetz beizufügen. Entsprechendes gilt bei späteren Änderungen des wesentlichen Vertragsinhaltes;

11. **(Anmeldung zu Prüfungen)**
den Auszubildenden rechtzeitig zu den angesetzten Zwischen- und Abschlußprüfungen anzumelden und für die Teilnahme freizustellen sowie der Anmeldung zur Zwischenprüfung bei Auszubildenden unter 18 Jahren eine Kopie oder Mehrfertigung der ärztlichen Bescheinigung über die erste Nachuntersuchung gemäß § 33 Jugendarbeitsschutzgesetz beizufügen.

12. **(Ausbildungsmaßnahmen außerhalb der Ausbildungsstätte)**
siehe D*)

§ 4 – Pflichten des Auszubildenden

Der Auszubildende hat sich zu bemühen, die Fertigkeiten und Kenntnisse zu erwerben, die erforderlich sind, um das Ausbildungsziel zu erreichen. Er verpflichtet sich insbesondere,

1. **(Lernpflicht)**
die ihm im Rahmen seiner Berufsausbildung übertragenen Verrichtungen und Aufgaben sorgfältig auszuführen;

2. **(Berufsschulunterricht, Prüfungen und sonstige Maßnahmen)**
am Berufsschulunterricht und an Prüfungen sowie an Ausbildungsmaßnahmen außerhalb der Ausbildungsstätte teilzunehmen, für die er nach § 3 Nr. 5, 11, 12 freigestellt wird; sein Berufsschulzeugnis unverzüglich dem Ausbildenden zur Kenntnisnahme vorzulegen und ist damit einverstanden, daß sich Berufsschule und Ausbildungsbetrieb über seine Leistungen unterrichten;

3. **(Weisungsgebundenheit)**
den Weisungen zu folgen, die ihm im Rahmen der Berufsausbildung vom Ausbildenden, vom Ausbilder oder von anderen weisungsberechtigten Personen, soweit sie als weisungsberechtigt bekanntgemacht worden sind, erteilt werden;

4. **(Betriebliche Ordnung)**
die für die Ausbildungsstätte geltende Ordnung zu beachten;

5. **(Sorgfaltspflicht)**
Werkzeug, Maschinen und sonstige Einrichtungen pfleglich zu behandeln und sie nur zu den ihm übertragenen Arbeiten zu verwenden;

6. **(Betriebsgeheimnisse)**
über Betriebs- und Geschäftsgeheimnisse Stillschweigen zu wahren;

7. **(Berichtsheftführung)**
ein vorgeschriebenes Berichtsheft ordnungsgemäß zu führen und regelmäßig vorzulegen;

8. **(Benachrichtigung)**
bei Fernbleiben von der betrieblichen Ausbildung, vom Berufsschulunterricht oder von sonstigen Ausbildungsveranstaltungen dem Ausbildenden unter Angabe von Gründen unverzüglich Nachricht zu geben und ihm bei Krankheit oder Unfall spätestens am dritten Tag eine ärztliche Bescheinigung zuzuleiten;

9. **(Ärztliche Untersuchungen)**
soweit auf ihn die Bestimmungen des Jugendarbeits-schutzgesetzes Anwendung finden, sich gemäß §§ 32 und 33 dieses Gesetzes ärztlich
a) vor Beginn der Ausbildung untersuchen sowie
b) vor Ablauf des ersten Ausbildungsjahres nachunter-suchen zu lassen und die Bescheinigungen hierüber dem Ausbildenden vorzulegen.

§ 5 – Vergütung und sonstige Leistungen

1. **(Höhe und Fälligkeit)** siehe E*)
Eine über die vereinbarte regelmäßige Ausbildungszeit hin-ausgehende Beschäftigung wird besonders vergütet.
Die Vergütung wird spätestens am letzten Arbeitstag des Monats gezahlt. Das auf die Urlaubszeit entfallende Entgelt (Urlaubsentgelt) wird vor Antritt des Urlaubs ausgezahlt.
Die Beiträge für die Sozialversicherung tragen die Vertrags-schließenden nach Maßgabe der gesetzlichen Bestimmun-gen.

2. **(Sachleistungen)**
Soweit der Ausbildende dem Auszubildenden Kost und/ oder Wohnung gewährt, gilt die in der Anlage beigefügte Regelung.

3. **(Kosten für Maßnahmen außerhalb der Ausbildungsstätte)**
Der Ausbildende trägt die Kosten für Maßnahmen außer-halb der Ausbildungsstätte gemäß § 3 Nr. 5, soweit sie nicht anderweitig gedeckt sind. Ist eine auswärtige Unter-bringung erforderlich, so können dem Auszubildenden an-teilige Kosten für Verpflegung in dem Umfang in Rechnung gestellt werden, in dem dieser Kosten einspart. Die Anrech-nung von anteiligen Kosten und Sachbezugswerten nach § 10 (2) BBiG darf 75 % der vereinbarten Bruttovergütung nicht übersteigen.

4. **(Berufskleidung)**
Wird vom Ausbildenden eine besondere Berufskleidung vorgeschrieben, so wird sie von ihm zur Verfügung gestellt.

5. **(Fortzahlung der Vergütung)**
Dem Auszubildenden wird die Vergütung auch gezahlt
a) für die Zeit der Freistellung gem. § 3 Nr. 5 und 11 die-ses Vertrages sowie gem. § 10 Abs. 1 Nr. 2 und § 43 Jugendarbeitsschutzgesetz
b) bis zur Dauer von 6 Wochen, wenn er
aa) sich für die Berufsausbildung bereithält, diese aber ausfällt,
bb) infolge unverschuldeter Krankheit nicht an der Berufsausbildung teilnehmen kann oder
cc) aus einem sonstigen in seiner Person liegenden Grund unverschuldet verhindert ist, seine Pflich-ten aus dem Berufsausbildungsverhältnis zu er-füllen.

§ 6 – Ausbildungszeit und Urlaub

1. **(Tägliche Ausbildungszeit)** siehe F*)

2. **(Urlaub)** siehe G*)

3. **(Lage des Urlaubs)**
Der Urlaub soll zusammenhängend und in der Zeit der Be-rufsschulferien erteilt und genommen werden. Während des Urlaubs darf der Auszubildende keine dem Urlaubs-zweck widersprechende Erwerbstätigkeiten leisten.

§ 7 – Kündigung

1. **(Kündigung während der Probezeit)**
Während der Probezeit kann das Berufsausbildungsver-hältnis ohne Einhaltung einer Kündigungsfrist und ohne Angabe von Gründen gekündigt werden.

2. **(Kündigungsgründe)**
Nach der Probezeit kann das Berufsausbildungsverhältnis nur gekündigt werden
a) aus einem wichtigen Grund ohne Einhalten einer Kün-digungsfrist,
b) vom Auszubildenden mit einer Kündigungsfrist von 4 Wochen, wenn er die Berufsausbildung aufgeben oder sich für eine andere Berufstätigkeit ausbilden lassen will.

3. **(Form der Kündigung)**
Die Kündigung muß schriftlich, im Falle der Nr. 2 unter An-gabe der Kündigungsgründe erfolgen.

4. **(Unwirksamkeit einer Kündigung)**
Eine Kündigung aus einem wichtigen Grund ist unwirksam, wenn die ihr zugrunde liegenden Tatsachen dem zur Kündi-gung Berechtigten länger als 2 Wochen bekannt sind. Ist ein Schlichtungsverfahren gem. § 9 eingeleitet, so wird bis zu dessen Beendigung der Lauf dieser Frist gehemmt.

5. **(Schadenersatz bei vorzeitiger Beendigung)**
Wird das Berufsausbildungsverhältnis nach Ablauf der Pro-bezeit vorzeitig gelöst, so kann der Ausbildende oder der Auszubildende Ersatz des Schadens verlangen, wenn der andere den Grund für die Auflösung zu vertreten hat. Das gilt nicht bei Kündigung wegen Aufgabe oder Wechsels der Berufsausbildung nach Nr. 2 b. Der Anspruch erlischt, wenn er nicht innerhalb von 3 Monaten nach Beendigung des Berufsausbildungsverhältnisses geltend gemacht wird.

6. **(Aufgabe des Betriebes, Wegfall der Ausbildungseignung)**
Bei Kündigung des Berufsausbildungsverhältnisses we-gen Betriebsaufgabe oder wegen Wegfalls der Ausbil-dungseignung verpflichtet sich der Ausbildende, sich mit Hilfe der Berufsberatung des zuständigen Arbeitsamtes rechtzeitig um eine weitere Ausbildung im bisherigen Aus-bildungsberuf in einer anderen geeigneten Ausbildungs-stätte zu bemühen.

§ 8 – Zeugnis

Der Ausbildende stellt dem Auszubildenden bei Beendigung des Berufsausbildungsverhältnisses ein Zeugnis aus. Hat der Ausbil-dende die Berufsausbildung nicht selbst durchgeführt, so soll auch der Ausbilder das Zeugnis unterschreiben. Es muß Anga-ben enthalten über Art, Dauer und Zeit der Berufsausbildung so-wie über die erworbenen Fertigkeiten und Kenntnisse des Auszu-bildenden, auf Verlangen des Auszubildenden auch Angaben über Führung, Leistung und besondere fachliche Fähigkeiten.

§ 9 – Beilegung von Streitigkeiten

Bei Streitigkeiten aus dem bestehenden Berufsausbildungsver-hältnis ist vor Inanspruchnahme des Arbeitsgerichts der nach § 111 Abs. 2 des Arbeitsgerichtsgesetzes errichtete Ausschuß an-zurufen.

§ 10 – Erfüllungsort

Erfüllungsort für alle Ansprüche aus diesem Vertrag ist der Ort der Ausbildungsstätte.

§ 11 – Sonstige Vereinbarungen
siehe H*)

Rechtswirksame Nebenabreden, die das Berufsausbildungsver-hältnis betreffen, können nur durch schriftliche Ergänzung im Rahmen des § 11 dieses Berufsausbildungsvertrages getroffen werden.

---

*) Die Buchstaben verweisen auf den entsprechenden Text des Berufsausbildungsvertrages.

3 Berufliche Bildung im Dualen Ausbildungssystem

Innerhalb des Dualen Ausbildungssystems erfolgt die Berufsbildung getrennt in Schule und Betrieb, wobei dem Betrieb die vorwiegend berufspraktische und der Schule die überwiegend berufstheoretische Ausbildung übertragen wurde.

Die **Berufsschule** vermittelt fachliche und allgemeinbildende Lerninhalte. Daher werden auch im Einzelhandel neben berufsbezogenen Unterrichtsfächern (Wirtschaftslehre, Rechnungswesen, Warenverkaufskunde, Datenverarbeitung) Religionslehre, Bürgerkunde/Sozialkunde, Deutsch und Sport unterrichtet.

Die gesetzliche Schulpflicht umfaßt eine neun- bzw. zehnjährige allgemeine Schulpflicht[1] (Vollzeitschulpflicht), an die sich die Pflicht zum Besuch der Berufsschule **(Berufsschulpflicht)** anschließt.

Die Berufsschulpflicht dauert in der Regel bis zum Ablauf des Schuljahres, in dem der Schüler das 18. Lebensjahr vollendet. Allerdings endet für Auszubildende, die den erfolgreichen Abschluß eines mindestens zweijährigen Berufsausbildungsverhältnisses (z.B. Verkäufer/Verkäuferin) nachweisen können, die Berufsschulpflicht, auch wenn sie noch nicht 18 Jahre alt sind. Wird vor Vollendung des 18. Lebensjahres ein Ausbildungsverhältnis aufgenommen, besteht darüber hinaus bis zu dessen Beendigung die Pflicht zum Besuch der Berufsschule. Wer erst nach Vollendung des 18. Lebensjahres ein Ausbildungsverhältnis beginnt, ist zwar nicht berufsschulpflichtig, wird jedoch in der Regel die Berufsschule besuchen.[2]

▶ **Stundenverteilung Kaufmann/-frau im Einzelhandel für den berufsbezogenen Unterricht**

Lerngebiete	Zeitrichtwerte je Ausbildungsjahr			Zeitrichtwerte insgesamt
	1.	2.	3.	
1. Warenverkaufskunde	80	80	80	240
2. Wirtschaftslehre	80	120	120	320
2. 1. Berufsausbildung im Einzelhandel	10			
2. 2. Grundlagen des Wirtschaftens	15			
2. 3. Aufgabe und Struktur des Einzelhandels	– 20 –			
2. 4. Warenbeschaffung	– 65 –			
2. 5. Zahlungsverkehr	– 25 –			
2. 6. Lagerhaltung		20		
2. 7. Warenabsatz		45		
2. 8. Warenwirtschaftssystem			20	
2. 9. Finanzierung			15	
2.10. Steuern und Versicherungen			15	
2.11. Unternehmung im Einzelhandel			40	
2.12. Berufstätigkeit im Einzelhandel			30	
3. Rechnungswesen	120	80	80	280
3.1. Wirtschaftsrechnen	40			
3.2. Grundlagen des Rechnungswesens	80			
3.3. Die Funktionen des Einzelhandelsbetriebes in der Praxis des Rechnungswesens		80	60	
3.4. Betriebsstatistik			20	
4. Datenverarbeitung	40			40
Berufsbezogener Unterricht insgesamt	320	280	280	880

Quelle: Rahmenlehrplan für den Ausbildungsberuf Kaufmann/Kauffrau im Einzelhandel vom Februar 1987

---

1 Diese Regelung gilt nicht für alle Bundesländer.

2 Für Nordrhein-Westfalen gilt seit 01.08.1986 folgende Regelung: Wenn ein/eine Auszubildende(r) vor Vollendung des 21. Lebensjahres eine Berufsausbildung beginnt, bleibt er/sie bis zu deren Beendigung berufsschulpflichtig.

► **Teilzeit- und Blockunterricht**

Der Berufsschulunterricht findet entweder als **Teilzeitunterricht** oder als **Blockunterricht** statt. Beim Teilzeitunterricht ist der/die Auszubildende den größten Teil der Woche im Betrieb und besucht in der Regel nur an zwei Vor- oder Nachmittagen die Schule. Beim Blockunterricht wird der gesamte Schulunterricht in einem Block (12 – 14 Wochen) oder zwei Blöcken (je 6 – 7 Wochen) pro Ausbildungsjahr zusammengefaßt.

● **Blockunterricht in einem Unterrichtsblock pro Ausbildungsjahr**

Unterstufe		12 – 14 Wochen Blockunterricht
Mittelstufe	12 – 14 Wochen Blockunterricht	
Oberstufe	12 – 14 Wochen Blockunterricht	

● **Blockunterricht in zwei Unterrichtsblöcken pro Ausbildungsjahr**

Unterstufe	6 – 7 Wochen Blockunterricht	6 – 7 Wochen Blockunterricht
Mittelstufe	6 – 7 Wochen Blockunterricht	6 – 7 Wochen Blockunterricht
Oberstufe	6 – 7 Wochen Blockunterricht	6 – 7 Wochen Blockunterricht

► **Weiterbeschäftigung nach der Ausbildung**

Wird der/die Auszubildende nach Abschluß der Berufsausbildung weiterbeschäftigt, ohne daß hierüber etwas vereinbart wurde, so gilt er/sie als auf unbestimmte Zeit angestellt (§ 17 BBiG). Der/die Auszubildende kann sich bereits innerhalb der letzten drei Monate seiner/ihrer Ausbildung verpflichten, nach erfolgreicher Abschlußprüfung ein unbefristetes Arbeitsverhältnis mit dem Ausbildungsbetrieb einzugehen (§ 5 I BBiG). Er/sie wird damit **kaufmännischer Angestellter/kaufmännische Angestellte**.

4 Fortbildung im Einzelhandel

Nach erfolgreich beendeter Ausbildung und einigen Jahren Berufserfahrung bietet sich im Einzelhandel die Möglichkeit, in Fachkursen und Seminaren der Bildungszentren eine Fortbildung zum **Handelsfachwirt** durchzuführen bzw. in den Fachschulen des Einzelhandels den staatlich geprüften **Betriebswirt** zu erlangen.

Die Bildungszentren und Fachschulen des Einzelhandels

Bildungszentren

Berufsbildungszentrum für den
Hamburger Einzelhandel e. V.
Gotenstraße 21
20097 Hamburg

Haus des Handels Oldenburg
Nadorster Straße 171
26123 Oldenburg

Bildungszentrum des
Einzelhandels Niedersachsen
Kurzer Ging 47
31832 Springe

Bildungszentrum des
Hessischen Einzelhandels
Pestalozzistraße 27
34119 Kassel

Bildungszentrum des Einzelhandels (BZE)
Kaiserstraße 42a
40479 Düsseldorf

Bildungszentrum des Handels e. V.
Dortmunder Straße 18
45665 Recklinghausen

Berufsbildungswerk des
Einzelhandels Osnabrück-Emsland e. V.
Herrenteichstraße 5
49074 Osnabrück

Bildungszentrum des Einzelhandels
im Einzelhandelsverband Westfalen-Mitte
Prinz-Friedrich-Karl-Straße 26
44135 Dortmund

Bildungszentrum im Einzelhandelsverband
Bochum e. V.
Postfach 10 06 28
44706 Bochum

Bildungszentrum des
Gelsenkirchener Handels
Ophofstraße 26
45894 Gelsenkirchen

Bildungszentrum des
Ostwestfälischen Einzelhandels (BZE)
Lipper Hellweg 61/Ecke Osningstraße
33605 Bielefeld

Bildungswerk des Möbelhandels
Frangenheimstraße 6
50931 Köln

Bildungszentrum Neuwied
Friedrichstraße 36
56564 Neuwied

Bildungszentrum des Einzelhandels
in Südwestfalen
Konkordiastraße 22
58095 Hagen

Bildungszentrum des Hessischen Handels
Goethestraße 3
60313 Frankfurt

Berufsheim des Pfälzer Einzelhandels
Festplatzstraße 8
67433 Neustadt/Weinstraße

Bildungszentrum für den
Einzelhandel GmbH
Theaterstraße 18
69117 Heidelberg

Haus des Handels Südbaden
Eisenbahnstraße 68
79098 Freiburg

Bildungszentrum des Bayerischen Handels
Brienner Straße 47
80333 München

Zweigstellen:

Richard-Wagner-Straße 18
93055 Regensburg

Sandstraße 29
90443 Nürnberg

Bahnhofstraße 25–27
95444 Bayreuth

Theaterstraße 1–3
97070 Würzburg

Schießgrabenstraße 24
86150 Augsburg

Fachschulen

Fachschule des Deutschen Fotohandels
Feldstraße 9–11
24105 Kiel

Fachzentrum für den
Beleuchtungs- und Elektrohandel im BZE
Kurzer Ging 47
31832 Springe

Fachschule des Deutschen Tapetenhandels
Gnadenweg 5–7
34132 Kassel

Bundesfachschule des Parfümerie-
Einzelhandels e. V.
Dortmunder Straße 18
45665 Recklinghausen

Fachschule des Möbelhandels
Frangenheimstraße 6
50931 Köln

Private Bundesfachschule
des Lebensmittelhandels
Friedrichstraße 36
56564 Neuwied

Fachschule des Deutschen
Eisenwaren- und Hausrathandels
Bismarckstraße 90
42115 Wuppertal

Förderungswerk Königstein
(Uhren, Juwelen, Schmuck)
Altkönigstraße 9
61462 Königstein/Taunus

Reformhaus-Fach-Akademie (RFA)
Postfach 20
61440 Oberursel

Europäisches Bildungsforum
des Schuhhandels (EBS)
Essenheimer Straße 222
55128 Mainz

Lehranstalt des Deutschen
Textileinzelhandels e. V. (LDT)
Postfach 246
72202 Nagold

Fachlehrgänge für Glas, Porzellan, Keramik
Postfach 1344
95100 Selb

▶ **Informationen über die Aus- und Fortbildung im Einzelhandel**

25

5 Berufsbezogener zweiter Bildungsweg *(Beispiel: Nordrhein-Westfalen)*

Ist die Prüfung zum Kaufmann/zur Kauffrau im Einzelhandel abgeschlossen, ergeben sich folgende grundlegende Weiterbildungsmöglichkeiten:

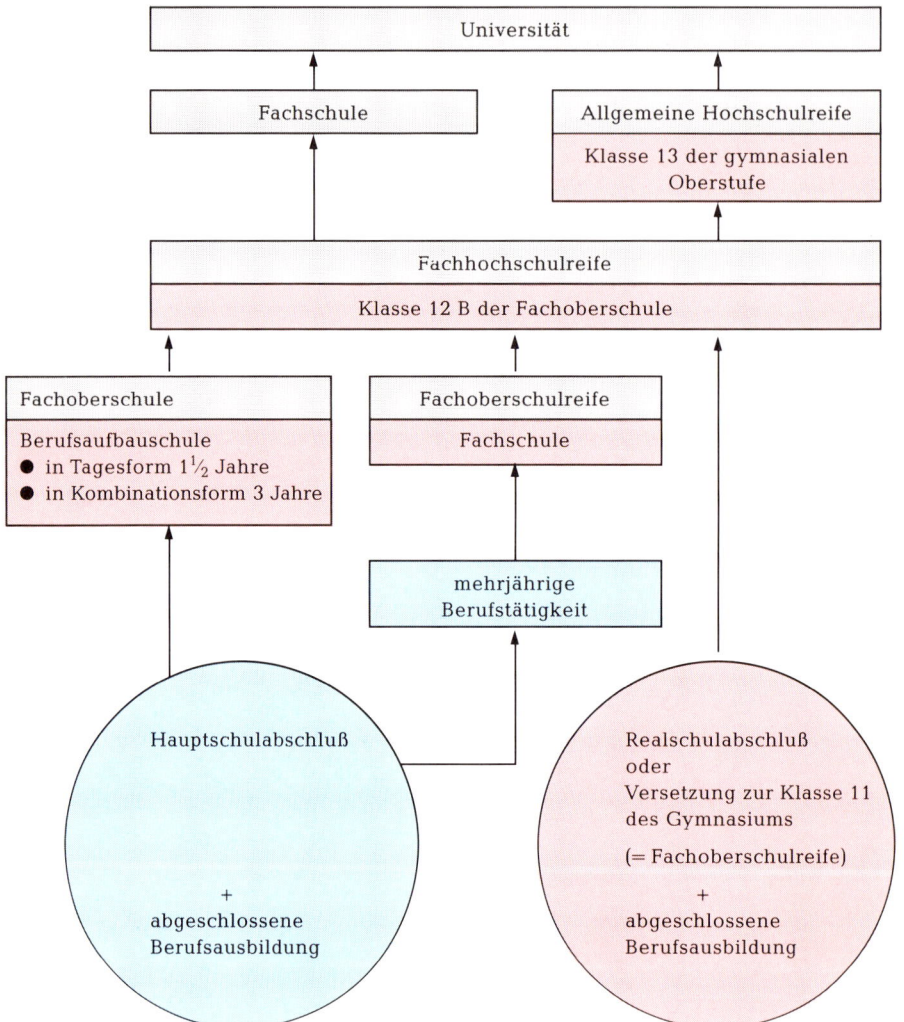

Zusammenfassung

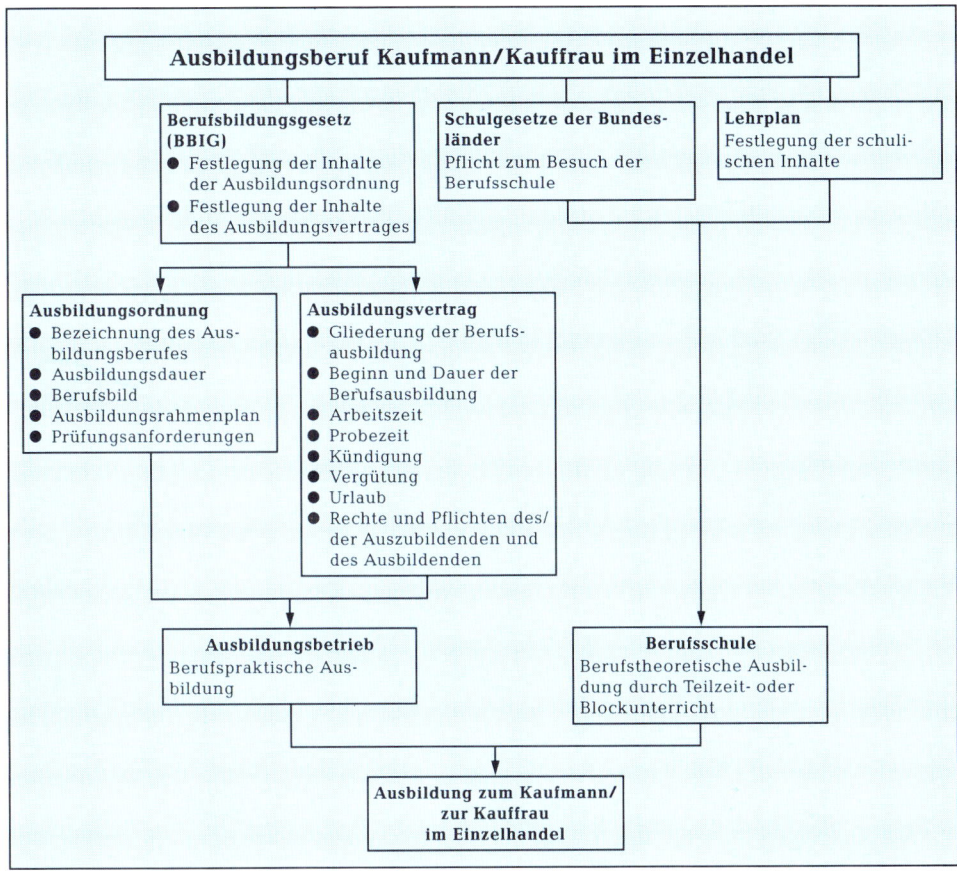

Aufgaben

(1) Welche Mindestinhalte sieht die Ausbildungsordnung für Ihren Ausbildungsberuf vor?

(2) Welchen Zweck erfüllt die im Ausbildungsvertrag vereinbarte Probezeit?

(3) Nennen Sie weitere Bestimmungen, die der Ausbildungsvertrag gemäß § 4 BBiG enthalten muß!

(4) Welche Kündigungsmöglichkeiten bestehen während bzw. nach der Probezeit auf seiten des/der Auszubildenden bzw. des ausbildenden Betriebes?

(5) Erläutern Sie an Beispielen die Rechte und Pflichten des/der Auszubildenden!

(6) Eine Einzelhandelskauffrau entschließt sich im fünften Monat ihrer Ausbildung, sich für einen anderen Beruf ausbilden zu lassen. Erläutern Sie unter Zuhilfenahme des vorstehend abgedruckten Berufsausbildungsvertrages (vgl. S. 19 ff.), welche Schritte die Einzelhandelskauffrau zu beachten hat!

(7) Definieren Sie den Begriff „Duales Ausbildungssystem"!

(8) Nennen Sie die wesentlichen Rechtsgrundlagen für die Berufsausbildung im „Dualen Ausbildungssystem", und stellen Sie deren Bedeutung dar!

(9) Skizzieren Sie die Aufgaben der beiden Lernorte Betrieb und Berufsschule innerhalb des „Dualen Ausbildungssystems"!

(10) Erläutern Sie „Teilzeit- und Blockunterricht"!

(11) Ein Auszubildender/eine Auszubildende im zweiten Ausbildungsjahr wird volljährig. Ist er/sie auch weiterhin berufsschulpflichtig?

(12) Welche Fortbildungsmöglichkeiten bieten sich im Einzelhandel?

(13) Skizzieren Sie den berufsbezogenen zweiten Bildungsweg!

Grundlagen des Wirtschaftens

1 Notwendigkeit des Wirtschaftens

1.1 Bedürfnisse und Bedarf

Ausgangspunkt wirtschaftlichen Handelns sind die natürlichen Wünsche des Menschen nach Wohnung, Kleidung und Nahrung. Darüber hinaus hat er zahlreiche weitere Anliegen (wie z. B. der Besuch von Theatern oder Museen), deren Ausführung dazu beiträgt, sein Leben angenehmer zu gestalten.

Zur Erfüllung der zum Teil lebensnotwendigen Wünsche entstehen beim Menschen **Mangelgefühle**, die er zu beseitigen sucht. Diese Mangelempfindungen werden im wirtschaftlichen Sprachgebrauch als **Bedürfnisse** bezeichnet, die das Bestreben hervorrufen, den Mangel zu beheben.

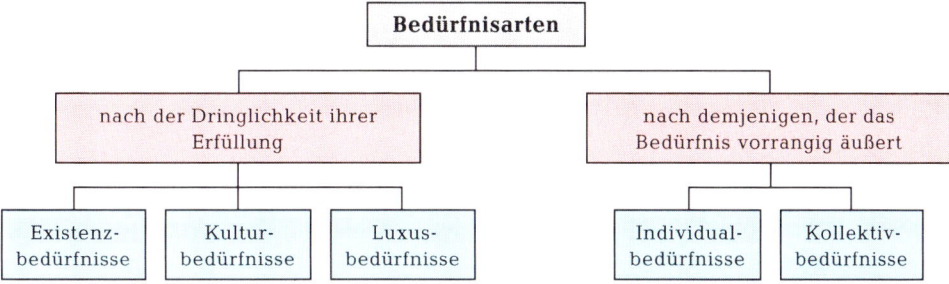

Eine wichtige Unterscheidung der Bedürfnisse ist die nach ihrer Dringlichkeit:

- **Existenzbedürfnisse**, wie Essen, Trinken, Wohnen, müssen vorrangig behoben werden, da ihre Befriedigung lebensnotwendig ist.

- **Kulturbedürfnisse** gehen über das Existenzminimum hinaus und werden dadurch geweckt, daß der Mensch in einer bestimmten Gesellschaft mit einer besonderen Kultur lebt. Die Befriedigung dieser Bedürfnisse, wie z.B. Unterhaltung, Bildung, Reisen, wird in der Gesellschaft weitgehend als selbstverständlich betrachtet.

- **Luxusbedürfnisse** sind solche, die prinzipiell als entbehrlich anzusehen sind (Sportwagen, wertvoller Schmuck).

Welchem Bereich ein bestimmtes Bedürfnis zuzuordnen ist, hängt häufig von der spezifischen Situation des Menschen ab. Einzelne Bedürfnisse können von bestimmten Personen als selbstverständlich betrachtet werden (Durchführung einer Weltreise), während sie von Mitgliedern anderer sozialer Schichten als Luxus empfunden werden. Bedürfnisse sind auch im Zeitablauf wandelbar und ändern sich durch technische und gesellschaftliche Entwicklungen. Der Wunsch nach einer Stereoanlage oder nach einem Computer war zunächst ein Luxusbedürfnis, wurde jedoch später eher als übliche Ausstattung eingestuft.

Bedürfnisse könen weiter in **Individual- und Kollektivbedürfnisse** unterschieden werden, und zwar je nachdem, ob ein Bedürfnis eher von einer einzelnen Person ausgeht oder alle Mitglieder der Gesellschaft dieses Bedürfnis gleichermaßen äußern.

● **Individualbedürfnisse:** Nahrungsmittel, ein Möbelstück, eine Erholungsreise.

● **Kollektivbedürfnisse** (Gemeinschafts- oder Sozialbedürfnisse): Schulen, Krankenhäuser, Straßen, Umweltschutz, Rechtssicherheit.

Inwieweit der Mensch seine Bedürfnisse tatsächlich befriedigen kann, hängt in der Regel von seiner Vermögens- und Einkommenssituation, d.h., von der ihm zur Verfügung stehenden **Kaufkraft** ab. Die Summe der mit Kaufkraft versehenen Bedürfnisse wird als **Bedarf** bezeichnet. Dieser kann durch den Erwerb bestimmter Güter gedeckt werden. Wird der Bedarf auf diese Weise durch einen Kaufentschluß am Markt wirksam, so wird er hier zur **Nachfrage.**

1.2 Güter als Mittel der Bedürfnisbefriedigung

Alle Mittel, die die Bedürfnisse befriedigen, nennt man **Güter.** Sie sind für den Menschen von Nutzen, weil sie ein bestehendes Mangelgefühl beseitigen.

▶ **Freie Güter**

Nicht alle Güter werden durch wirtschaftliche Tätigkeit erstellt. Mittel, die die Natur unbeschränkt und unentgeltlich zur Verfügung stellt (Luft, Sonnenlicht, Meerwasser, Wüstensand, Steine im Gebirge), nennt man **freie Güter.** Sie sind im Verhältnis zu den Bedürfnissen reichlich vorhanden und deshalb nicht Gegenstand des Wirtschaftens. Infolge der zunehmenden Einwirkungen des Menschen auf die Natur durch Umweltbelastungen (Luft- und Gewässerverschmutzung) werden die freien Güter nicht nur oft nachhaltig in ihrer Qualität geschädigt, sondern auch stetig verringert. Aufgrund dieser zunehmenden Knappheit ergibt sich zusehends die Notwendigkeit, auch mit freien Gütern wirtschaften zu müssen.

▶ **Wirtschaftliche Güter**

Ökonomisch von Bedeutung sind vor allem die wirtschaftlichen Güter, die durch folgende **Merkmale** charakterisiert sind:

- Die meisten Güter, die der Mensch benötigt, stellt die Natur nur in einem begrenzten Umfang und meist nicht in direkt verbrauchsgerechtem Zustand zur Verfügung (Rohstoffe, Energie). Diese Güter sind **knapp** und deshalb muß mit ihnen **gewirtschaftet** werden. Ein Gut wird dann knapper, wenn bei gleichbleibendem Angebot die Nachfrage steigt. **Relativ knapp** sind Güter, die prinzipiell in beliebiger Menge hergestellt werden können; **absolut knapp** sind Güter, die sich nicht vermehren lassen (z.B. der Boden).

- Die Herstellung bzw. die Bearbeitung wirtschaftlicher Güter verursachen **Kosten.**

- Wirtschaftliche Güter werden am Markt angeboten und erzielen einen **Preis.**

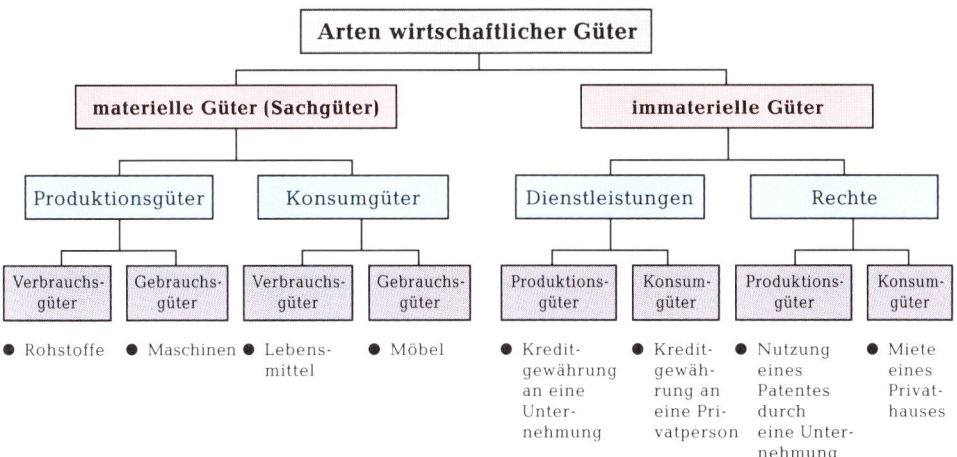

- **Materielle Güter (Sachgüter)** sind körperlicher Natur und dienen entweder als **Produktionsgüter** zur Herstellung wirtschaftlicher Güter oder finden in Form von **Konsumgütern** unmittelbare Verwendung zur Bedürfnisbefriedigung.

  Sowohl Produktions- als auch Konsumgüter können **Verbrauchsgüter** (das Gut wird beim „Verbrauchsvorgang" „vernichtet") oder **Gebrauchsgüter** (das Gut wird über einen längeren Zeitraum „genutzt") sein.

- **Immaterielle Güter** sind **Dienstleistungen** (menschliche Leistungen, die der Bedürfnisbefriedigung dienen, z. B. bereitgestellt durch Rechtsanwälte, Ärzte, Banken, Versicherungen) und **Rechte** (Patente, Lizenzen).

Immaterielle Güter kommen wie materielle Güter sowohl im Produktions- als auch im Konsumbereich vor.

1.3 Ökonomisches Prinzip

Wirtschaftliche Entscheidungen müssen planvoll und vernünftig (rational) getroffen werden, wenn der angestrebte Erfolg bestmöglich erreicht werden soll. Wirtschaftlich arbeiten bedeutet, mit knappen Gütern eine optimale Bedürfnisbefriedigung zu erzielen. Als Grundsatz wirtschaftlichen Handelns gilt das ökonomische Prinzip **(Rationalprinzip, Prinzip der Wirtschaftlichkeit)**, wobei in zwei Einzelprinzipien unterschieden werden kann:

▶ **Maximalprinzip**

Mit einem bestimmten Einsatz von Mitteln soll der größtmögliche (maximale) Erfolg (Nutzen, Leistung) erzielt werden.

- Eine Hausfrau versucht, mit dem Haushaltsgeld einen höchstmöglichen Nutzen für die Familie zu erreichen.
- Eine Textilunternehmung ist bestrebt, aus einer bestimmten Menge Stoff durch geeignetes Zuschneiden möglichst viele Damenblusen anzufertigen.

► **Minimalprinzip**

Ein bestimmter Erfolg soll mit dem geringsten (minimalen) Einsatz von Mitteln erreicht werden.

> – Ein Konsument ist bestrebt, für den Kauf bestimmter Lebensmittel möglichst wenig Geld auszugeben.
> – Für den Warenversand wird die preisgünstigste Versandart gewählt.

Beim ökonomischen Prinzip werden Aufwand und Nutzen in ein Verhältnis zueinander gestellt. Das Ergebnis gibt Aufschluß über den **Erfolg wirtschaftlichen Handelns**. Das Maximalprinzip erfordert die Ergiebigkeit der Mittelverwendung, das Minimalprinzip bedingt die Sparsamkeit der einzusetzenden Mittel.

Spätestens seitdem die **Belastungen der Umwelt** weltweit bedrohliche Ausmaße (z.B. Waldsterben, Ozonloch, Klimaveränderungen) angenommen haben, die unsere natürlichen Lebensgrundlagen erschüttern, ist deutlich geworden, daß wirtschaftliches Handeln auch **ökologischen Erfordernissen** gerecht werden muß. Die Realisierung von Umweltschutzmaßnahmen berührt daher stets auch ökonomische Interessen.

> So erfordert die Vermeidung oder Beseitigung von Umweltbelastungen zusätzlich Investitionen, die oft einen erheblichen Kapitaleinsatz bedingen. Die dadurch verursachten Kosten stehen der erwerbswirtschaftlichen Zielsetzung der Unternehmung, die bestmögliche Verzinsung des eingesetzten Kapitals zu erreichen, entgegen. Andererseits können innovative Umweltschutzmaßnahmen (wie etwa die Entwicklung eines rohstoff- oder energiesparenden Produktionsverfahrens) zukunftorientierte Märkte eröffnen.

Bei Zielkonflikten im Spannungsfeld zwischen ökonomischen Belangen und ökologischen Notwendigkeiten sollte immer dann der **Ökologie** der Vorrang eingeräumt werden, wenn bei der Verfolgung wirtschaftlicher, politischer und gesellschaftlicher Interessen mit Beeinträchtigungen der Umwelt (z.B. Gefahren für die menschliche Gesundheit oder Bedrohung unserer natürlichen Lebensgrundlagen) zu rechnen ist.

2 Produktionsfaktoren

Die vielfältigen **Bedürfnisse** der Menschen und der sich daraus durch Kaufkraft am Markt ergebende **Bedarf** erfordert es, daß die zur Bedürfnisbefriedigung notwendigen **Güter** von Unternehmen produziert und für die Verbraucher bereitgestellt werden. Für diesen Produktionsprozeß sind als Grundelemente **Produktionsfaktoren** notwendig, die nach volkswirtschaftlichen und betriebswirtschaftlichen Faktoren unterschieden werden können.

2.1 Volkswirtschaftliche Produktionsfaktoren

Unter Produzieren im volkswirtschaftlichen Sinn wird das Beschaffen, Erzeugen und Verteilen von Gütern verstanden. Die Produktion von Gütern kann nur erfolgen, wenn **menschliche Arbeit** und das in der Natur vorfindbare Gut **Boden** eingesetzt werden (ursprüngliche Produktionsfaktoren). Als zusätzliche (abgeleitete) Faktoren kommen das **Kapital** sowie das **menschliche Know-how** (Bildung) hinzu.

Produktionsfaktor Arbeit

Träger des Produktionsfaktors Arbeit ist der Mensch. Volkswirtschaftlich bedeutet Arbeit die bewußte geistige und körperliche Tätigkeit des Menschen, die auf **Einkommenserzielung** gerichtet ist.

> Die Tätigkeit einer Kauffrau im Einzelhandel dient dem Erwerb von Einkommen und ist somit dem Produktionsfaktor Arbeit zuzurechnen. Hält sich die Angestellte in ihrer Freizeit durch körperliche Aktivitäten fit, erfüllt sie zwar auch eine Arbeitsleistung, die allerdings nicht zur Schaffung von Gütern dient. Arbeit ist entsprechend nur dann ein Produktionsfaktor, wenn sie zur Produktion oder Verteilung von Waren oder Dienstleistungen vollbracht wird und damit im Dienst der Bedarfsdeckung steht.

Körperliche Tätigkeiten verlangen vermehrt manuelle Kenntnisse und Fertigkeiten. Hier werden besondere Anforderungen an Muskelkraft, Beweglichkeit und Geschicklichkeit gestellt. Grundvoraussetzung ist aber auch eine gründliche Schulung oder Ausbildung, die das notwendige Wissen zur Ausführung der Tätigkeit vermittelt.

Geistige Tätigkeit ist eher durch Planungs-, Kontroll- und Leitungsaufgaben gekennzeichnet, die Wissen und Denkvermögen stärker fordern. Auch hier ist eine entsprechende Ausbildung Voraussetzung.

Produktionsfaktor Boden (Natur)

Der Produktionsfaktor Boden ist absolut knapp, d. h. nicht vermehrbar. Beim Boden handelt es sich um einen umfassenden Oberbegriff für alle von der Natur zur Verfügung gestellten **„natürlichen Hilfsquellen"** (Ressourcen), das heißt, um alle für die Produktion von Gütern erforderlichen **Rohstoffe** und **Naturkräfte**.

> Der Boden leistet durch seine wirtschaftliche Nutzung einen dreifachen Beitrag:
> - **Abbaufunktion** durch Nutzung von Rohstoff- und Energievorkommen (Kohle, Erze, Erdöl, Erdgas, Wasser, Sonnenenergie).
> - **Anbaufunktion** in der Landwirtschaft (Ackerbau, Viehzucht; Anbau von Obst, Wein, Gemüse und Holz sowie Fischfang).
> - **Standortfunktion** für Unternehmungen und Haushalte (landwirtschaftliche Betriebe sind von Bodenqualität und klimatischen Bedingungen abhängig; Industriebetriebe sind häufig an bestimmte Standorte zu Rohstoffen, Energie und Transportwegen gebunden).

In den letzten Jahren wurde im Zusammenhang mit den von der Natur zur Verfügung gestellten Ressourcen immer wieder die Forderung erhoben, Belastungen des Produktionsfaktors Boden (Natur) zu vermeiden bzw. bereits vorhandene Schäden nachträglich zu beseitigen. In den hohen **Kosten des Umweltschutzes** (z. B. für geeignete Maßnahmen zum Gewässerschutz, zur Luftreinhaltung oder zur Lösung des Müllproblems) spiegelt sich somit der Preis für den Produktionsfaktor Boden (Natur) wider.

Produktionsfaktor Kapital

Der Produktionsfaktor Kapital ist schwieriger zu beschreiben als die Faktoren Arbeit und Boden (Natur). Produzieren ist nur durch Kombination dieser beiden **ursprünglichen Produktionsfaktoren** möglich. Kapital ist dagegen von Anfang an kein ursprünglicher, sondern ein **abgeleiteter Produktionsfaktor**, der erst durch das Zusammenwirken der Produktionsfaktoren Arbeit und Boden (Natur) entstehen kann.

3 Käseborn/Siekerkötter – ISBN 3-8120-0081-4

Unter dem **Produktionsfaktor Kapital** sind alle materiellen Ergebnisse wirtschaftlicher Tätigkeit zu verstehen, die nicht zum unmittelbaren Verbrauch, sondern zur weiteren Gütererstellung bestimmt sind. Man bezeichnet sie deshalb als **produzierte Produktionsmittel** (Gebäude, Maschinen, Vorprodukte u. a.).

> Kapital kann nur dadurch gebildet werden, daß nicht alle mit den ursprünglichen Produktionsfaktoren Arbeit und Boden erzeugten Güter sofort konsumiert, sondern gespart werden. Erst durch einen vorübergehenden Konsumverzicht wird es möglich, Kapital zu bilden, um damit später mehr Güter erzeugen zu können.
>
> Ein Landwirt, der die Erträge des Bodens und seiner Arbeit nicht restlos verbraucht, wird nach einiger Zeit in der Lage sein, die angesparten Mittel in Maschinen zu investieren, die das spätere Produktionsergebnis wesentlich verbessern.

▶ **Produktionsfaktor menschliches Know-how (Bildung)**

Da auch der Stand des naturwissenschaftlichen, technischen, handwerklichen oder kaufmännischen Wissens die Ergiebigkeit und Qualität der im Produktionsprozeß eingesetzten ursprünglichen Produktionsfaktoren Boden und Arbeit steigern, gilt **Bildung** ebenso wie das Kapital als abgeleiteter (derivativer) Produktionsfaktor.

Das durch Aus- und Fortbildung oder Erfahrung erworbene **„menschliche Know-how"** ermöglicht es nicht nur, Umfang und Qualität der Produktion zu steigern, sondern fördert auch den vernünftigen Umgang mit den anderen Produktionsfaktoren. Nicht die sinnlose Ausbeutung von Natur und Arbeitskräften sichert auf längere Sicht die Produktivität, sondern der überlegte Einsatz dieser wertvollen Produktionsfaktoren.

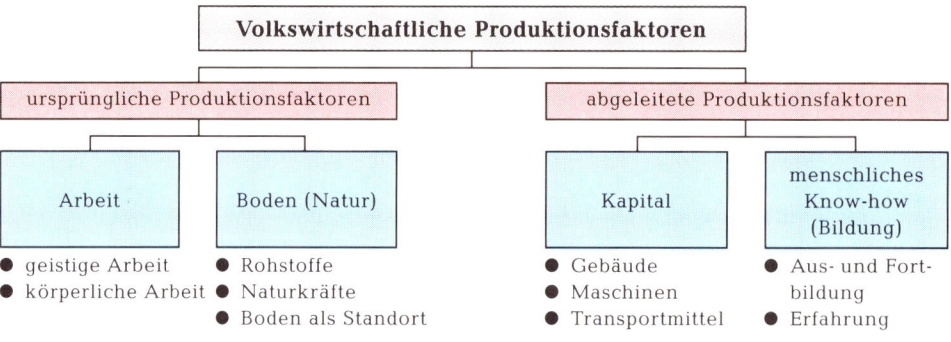

2.2 Betriebswirtschaftliche Produktionsfaktoren

Die volkswirtschaftlichen Produktionsfaktoren Arbeit, Boden (Natur) und Kapital beziehen sich auf die Gesamtwirtschaft eines Landes. Die Betriebswirtschaftslehre hingegen bestimmt **betriebswirtschaftliche (einzelwirtschaftliche) Produktionsfaktoren** für den betrieblichen Leistungsprozeß.

Die Erstellung der betrieblichen Leistung erfolgt dabei durch das Zusammenwirken folgender Produktionsfaktoren:

● Einsatz von **menschlicher Arbeitskraft**;

● Einsatz von **Betriebsmitteln** in Form von Grundstücken, Gebäuden, Maschinen, Werkzeugen, Transporteinrichtungen, Büroausstattung usw.;

- Verwendung von **Werkstoffen** in Form von Rohstoffen (z. B. Holz für ein Möbelstück), Hilfsstoffen (z. B. Farbe) und Betriebsstoffen (z. B. Strom);
- Nutzung von **Rechten** wie Patente, Lizenzen, Miet- oder Pachtverträge.

In einer Unternehmung werden die Faktoren Arbeit, Betriebsmittel und Werkstoffe so miteinander kombiniert, daß das angestrebte Produktionsziel erreicht wird. Die wichtige Steuerung dieses Prozesses erfolgt durch Mitarbeiter, die nur indirekt an der Leistungserstellung beteiligt sind. Ihre Aufgabe ist die **Leitung**, **Planung** und **Organisation** der Unternehmung, d.h., sie nehmen Managementfunktionen wahr. Die Tätigkeit dieser **leitenden Arbeitskräfte** (z. B. Geschäftsführer, Abteilungsleiter) bildet einen **selbständigen betriebswirtschaftlichen Produktionsfaktor**.

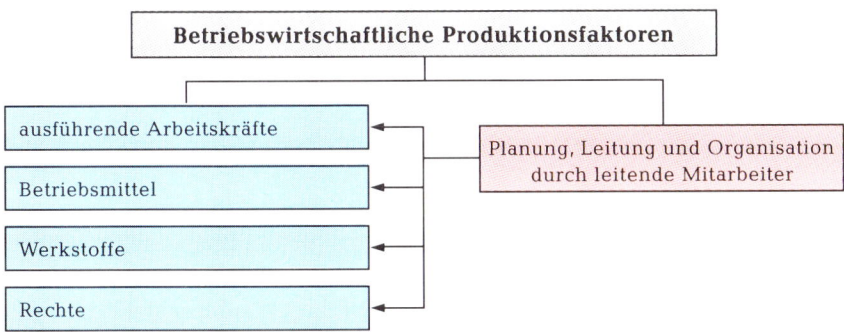

Von besonderer Bedeutung im Einzelhandel ist das Zusammenwirken folgender **Betriebsfaktoren**:

- **Mensch**, d.h. die in der Einzelhandelsunternehmung tätigen Mitarbeiter (vgl. S. 331 ff.);
- **Ware**, d.h. die Gesamtheit der Güter, die im angebotenen Sortiment geführt werden (vgl. S. 67 ff. und S. 81 ff.);
- **Standort**, d.h. der Ort der Einzelhandelsunternehmung, der optimale Absatzmöglichkeiten bietet (vgl. S. 49 und S. 97);
- **Ausstattung**, d.h. die Gestaltung des Verkaufsraumes zur Warendarbietung und Verkaufsdurchführung, des Lagers zur Aufrechterhaltung der Verkaufsbereitschaft und des Büros zur Durchführung kaufmännischer Verwaltungsarbeiten (vgl. S. 59 ff.).

3 Arbeitsteilung

In der Versorgung ihrer Person bzw. ihrer Familie waren die Menschen der Frühkulturen autark, d.h., sie bestritten ihren Lebensunterhalt durch Jagen, Fischen, Sammeln und erzeugten alle Güter selbst, die sie zur Befriedigung ihrer Bedürfnisse benötigten. In dieser Wirtschaftsform der geschlossenen Hauswirtschaft **(reine Naturalwirtschaft)** bestanden zwischen den Selbstversorgungseinheiten noch keine Tauschbeziehungen.

Im Laufe der wirtschaftlichen Entwicklung wurde die Erstellung von Gütern immer stärker von den Haushalten an andere Stätten (Handwerksbetriebe, Produktions- und Dienstleistungsunternehmungen) verlagert. Dies führte zu einer zunehmenden Spezialisierung bei der Güterherstellung und zu einer weitgehenden Trennung zwischen dem Konsum in Haushalten und der Produktion in Unternehmungen. Der Grund für diese

Entwicklung beruhte auf der Erkenntnis, daß nicht jeder alles machen kann, und es gesamtwirtschaftlich ertragreicher ist, nur diejenigen Tätigkeiten zu übernehmen, die man am besten auszuführen in der Lage ist. Auf diesem Verständnis von spezialisierter Arbeitsweise beruht die **Arbeitsteilung im Wirtschaftsprozeß**.

3.1 Arten der Arbeitsteilung im Wirtschaftsprozeß

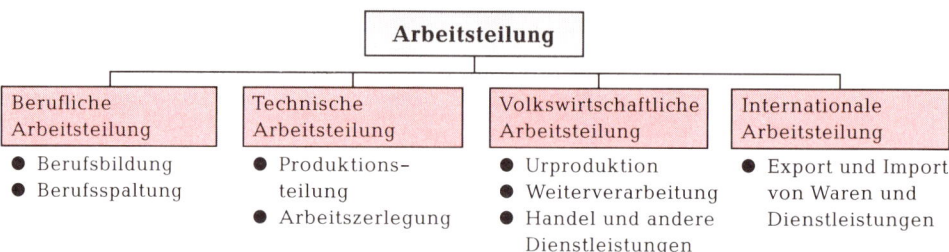

3.1.1 Berufliche Arbeitsteilung

Die älteste Form der Arbeitsteilung entwickelte sich bereits in der geschlossenen Hauswirtschaft, wenn je nach Geschlecht und Alter einzelne Familienmitglieder unterschiedliche Arbeiten zur Befriedigung der Lebensbedürfnisse ausführten: Männer verrichteten die körperlich schwereren Aufgaben des Jagens und der Feldarbeit, Frauen stellten Kleidung her und versorgten den Haushalt, Kinder halfen beim Sammeln von Früchten.

▶ **Berufsbildung**

Zu einer weitergehenden Arbeitsteilung kam es erst, als sich Teilleistungen verselbständigten. Der Bauer fertigte seine landwirtschaftlichen Geräte nicht mehr selbst an, sondern tauschte seine Agrarprodukte gegen die benötigten Werkzeuge beim Schmied ein, der sich auf ihre Herstellung spezialisiert hatte. Mit der Zunahme von Produktion und Handel entwickelten sich dann im Laufe der Zeit durch Nutzung der besonderen Neigungen und Fähigkeiten des Menschen die Berufe der Handwerker und Händler.

▶ **Berufsspaltung**

Mit fortschreitender Entwicklung von Technik und Wirtschaft kam es innerhalb der einzelnen Grundberufe zu weiteren **Aufgabenteilungen** und zunehmender Spezialisierung innerhalb eines Berufszweiges. Dieser Vorgang der Berufsspaltung (z. B. Schmied, Maschinenschlosser, Kunstschmied) setzt sich auch heute noch fort.

3.1.2 Technische Arbeitsteilung

Während die berufliche Arbeitsteilung die Spezialisierung der in unterschiedlichen Aufgabenbereichen tätigen Menschen betrifft, vollzieht sich die technische Arbeitsteilung in den Unternehmungen.

▶ **Produktionsteilung**

Die meisten Unternehmungen stellen heute ein Gut von den Rohstoffen bis zum Fertigerzeugnis nicht mehr selbst her, sondern beschränken sich auf Teilproduktionsprozesse. An der Erstellung eines Endproduktes sind eine Reihe von zuliefernden und weiterverarbeitenden Unternehmungen beteiligt. Diese **Form der überbetrieblichen Arbeitsteilung** (z. B. Rohstoffgewinnung, Halbfabrikatherstellung, Fertigfabrikatherstellung) wird als Produktionsteilung bezeichnet.

- Ein Waldarbeiter schlägt Holz, eine Sägerei verarbeitet es weiter, ein Möbelhersteller fertigt Schränke an.
- Ein Landwirt baut Getreide an, der Mühlenbetrieb mahlt es zu Mehl, die Bäckerei stellt Brot und Backwaren her.

► **Arbeitszerlegung**

Innerhalb einer Unternehmung bedeutet Arbeitsteilung die Zerlegung von Arbeitsvorgängen in einzelne selbständige Teilabschnitte. Dabei entfallen auf eine Person oder eine Gruppe von Mitarbeitern nur noch Teilverrichtungen bei der Herstellung eines Gutes. Die Aufspaltung des Arbeitsprozesses kann dabei soweit gehen, daß der einzelne Arbeiter nur noch bestimmte Handgriffe ausübt, wie sie bei Fließbandarbeit üblich ist. Diese **innerbetriebliche Form der Arbeitsteilung** nennt man Arbeitszerlegung.

3.1.3 Volkswirtschaftliche Arbeitsteilung

Arbeitsteilung erstreckt sich nicht nur auf Menschen und Unternehmungen, sondern umfaßt auch den gesamten Bereich der Volkswirtschaft. In ihr sind Unternehmungen in folgenden Wirtschaftsbereichen tätig:

► **Urproduktion** *(primärer Wirtschaftsbereich)*

Der Abbau von Bodenschätzen und die Gewinnung von Naturprodukten werden als Urproduktion bezeichnet.

- Bergbau und Energiegewinnung
- Land- und Forstwirtschaft
- Jagd und Fischerei

► **Weiterverarbeitung** *(sekundärer Wirtschaftsbereich)*

Die Produkte der Urerzeugung müssen in der Regel noch durch Industrie oder Handwerk weiterverarbeitet werden.

- ● **Industriezweige**
  - Grundstoffindustrie (chemische Industrie, eisenschaffende Industrie)
  - Investitionsgüterindustrie (Stahlbau, Maschinenbau)
  - Konsumgüterindustrie (Nahrungsmittel, Kleidung, Möbel)
- ● **Handwerkszweige**
  - Warenproduzierendes Handwerk (Metallverarbeitung)
  - Reparierendes Handwerk (Fahrzeuge)
  - Dienstleistungshandwerk (Gebäudereinigung, Friseur)

► **Handel und andere Dienstleistungen** *(tertiärer Wirtschaftsbereich)*

Güter, die durch Unternehmungen hergestellt werden, müssen dem Ort ihrer Verwendung zugeführt werden.

- **Binnenhandel**
  Einzelhandel, Großhandel
- **Außenhandel**
  Export, Import, Transithandel

Darüber hinaus zählen zum tertiären Wirtschaftsbereich weitere Dienstleistungsunternehmungen:

- **Kreditinstitute**

  ▮ Banken, Sparkassen, Kreditgenossenschaften

- **Versicherungen**

- **Öffentliche Versorgungsbetriebe**

  ▮ Deutsche Bundespost; Deutsche Bundesbahn; Stadtwerke für Strom, Gas und Wasser; Nahverkehr

- **Transportunternehmungen**

  ▮ Spediteure

3.1.4 Internationale Arbeitsteilung

Die internationale Arbeitsteilung zeigt sich in den durch Export und Import von Waren und Dienstleistungen gekennzeichneten Außenhandelsbeziehungen der einzelnen Volkswirtschaften. Gründe für die Beteiligung am internationalen Handel sind:

- bestimmte Güter müssen vom Ausland bezogen werden, da sie **im Inland nicht oder nicht in ausreichendem Maße** vorhanden sind;

  ▮ – Rohstoffe wie Gold, Silber, Blei, Eisenerz, Erdöl, Erdgas
  – Südfrüchte und Gewürze

- Güter, die **im Inland nur mit höheren Kosten** zu produzieren sind, werden importiert;

- Güter mit **besserer Qualität** (z.B. Maschinen und Fahrzeuge) können trotz höherer Preise an das Ausland verkauft werden.

In der internationalen Arbeitsteilung spezialisieren sich somit einzelne Volkswirtschaften auf die Erstellung bestimmter Leistungen, die sie besonders günstig erbringen können. Die am Außenhandel beteiligten Länder tauschen dann ihre Güter aus und kommen damit in den Genuß der vergleichsweise günstigeren Produkte.

Ausfuhr und Einfuhr wichtiger Gütergruppen 1991 und 1992

Warenbenennung	Ausfuhr (in Mrd. DM)		Einfuhr (in Mrd. DM)	
	1991	1992	1991	1992
Straßenfahrzeuge	110,97	120,11	70,67	69,44
Maschinenbauerzeugnisse	98,47	98,42	42,45	42,25
Chemische Erzeugnisse	83,25	83,31	57,45	57,01
Elektrotechnische Erzeugnisse	77,66	79,02	64,90	64,43
Erzeugnisse des Ernährungsgewerbes, Tabakwaren	28,93	29,80	37,59	40,22
Textilien	23,26	23,52	32,73	33,16
Eisen und Stahl	21,19	19,17	17,20	16,21
Luft- und Raumfahrzeuge	19,18	18,82	24,27	21,43
Eisen-, Blech- und Metallwaren	18,60	18,62	13,66	14,17
Kunststofferzeugnisse	16,62	17,44	11,95	12,27
Büromaschinen, Datenverarbeitungsgeräte und -einrichtungen	14,34	13,27	25,51	26,01
Feinmechanische und optische Erzeugnisse, Uhren	12,13	12,53	11,16	11,64
NE-Metalle und -Metallhalbzeug	12,67	12,27	18,56	18,12
Bekleidung	9,78	10,03	26,11	23,84
Erzeugnisse der Land- und Forstwirtschaft, Fischerei	7,40	8,01	33,83	32,65
Holzschliff, Zellstoff, Papier und Pappe	7,45	7,32	14,12	13,04
Stahlbauerzeugnisse und Schienenfahrzeuge	6,06	6,49	3,54	4,05
Gummiwaren	6,07	6,39	6,29	6,92

Quelle: Wirtschaft und Statistik 4/1993, Tabellenteil S. 246

3.2 Auswirkungen der Arbeitsteilung auf die Wirtschaftssubjekte

Mit der Arbeitsteilung im Produktions- und Wirtschaftsprozeß wurden nicht nur Fortschritte für die dort beschäftigten Wirtschaftssubjekte (Mitarbeiter, inländische und ausländische Unternehmungen, Konsumenten) erreicht. Nicht selten müssen auch nachteilige Wirkungen in Kauf genommen werden.

Mit der beruflichen und technischen Arbeitsteilung

● führten Tätigkeiten zu einseitigen körperlichen und geistigen Beanspruchungen. Mit der Monotonie der Aufgabenstellung wächst die Gefahr gesundheitlicher Schäden und die Arbeitsfreude nimmt ab.

● wurden Mitarbeiter durch hohe Spezialisierung stärker an einen Arbeitsplatz oder an eine Unternehmung gebunden. Manchmal kann diese geringere Mobilität nur durch teure und zeitraubende Umschulungsmaßnahmen aufgehoben werden.

● wuchs die Entfremdung vom Ergebnis der Arbeit. Der einzelne erbringt nur noch einen kleinen Beitrag zur Erstellung des Gesamtproduktes. Er kann sich durch seine Arbeitsleistung häufig nicht mehr mit dem Endprodukt identifizieren.

Nachteile

● nahm die Abhängigkeit von den anderen am Arbeitsprozeß beteiligten Partnern zu. Der Ausfall eines Lieferanten, Streiks in der Zuliefererindustrie, schlechte oder verspätete Arbeitsleistungen einer vorgelagerten Abteilung usw. stellen das eigene Arbeitsergebnis in Frage.

- konnten die speziellen Begabungen einzelner besser gefördert und eingesetzt werden.

- wurden Maschinen besser ausgelastet.

- ließen sich technische Entwicklungen schneller und gezielter vorantreiben und durchsetzen.

- wurde die Produktvielfalt, die unsere heutigen Märkte kennzeichnet, erst möglich.

Vorteile

Mit der volkswirtschaftlichen Arbeitsteilung

- kann es zu Über- oder Unterproduktionen in verschiedenen Wirtschaftsbereichen kommen. Grobe Fehlplanungen führen zu Krisen ganzer Branchen mit den verbundenen Problemen der Arbeitslosigkeit.

- wächst die Abhängigkeit vom Markt. Kein Wirtschaftssubjekt ist mehr in der Lage, benötigte Güter selbst zu erstellen. Wird der Regelmechanismus des Preises für Angebot und Nachfrage außer Kraft gesetzt, kommt es zu Versorgungsengpässen mit Auswirkungen auf den Wert einer Währung.

Nachteile

- wird die Arbeitsproduktivität gesteigert. Mehr Güter in besserer Qualität sorgen für eine reichhaltige Versorgung.

- können Güter preiswerter angeboten werden.

Vorteile

Mit der internationalen Arbeitsteilung

- wächst die gegenseitige Abhängigkeit der Volkswirtschaften. In Ländern mit hohem Exportanteil wie der Bundesrepublik Deutschland ist der Wohlstand der Bürger nicht zuletzt vom Außenhandel abhängig.

- werden Länder, die vom Güterimport abhängig sind, bei Preiserhöhungen des Exportlandes häufig ihre Versorgung nur durch Verschuldung sichern können.

- sind Arbeitsplätze im Inland gefährdet, wenn Produktionen deshalb eingestellt werden, weil die entsprechenden Güter aus dem Ausland billiger zu beziehen sind oder weil aufgrund niedriger Lohnkosten im Ausland die einheimische Produktion dorthin verlegt wird.

Nachteile

- wachsen die Staaten nicht nur wirtschaftlich, sondern auch kulturell und politisch enger zusammen.

- kann die Versorgung der Weltbevölkerung gesichert werden.

- wird der Güteraustausch zwischen den Staaten ermöglicht.

Vorteile

4 Einfacher Wirtschaftskreislauf

Die wirtschaftlichen Abläufe in einer Volkswirtschaft sind außerordentlich kompliziert und zeigen auf den ersten Blick ein Bild verwirrender Vielfalt. Millionen privater Haushalte und Tausende von Unternehmungen unterhalten zueinander ökonomische Beziehungen. Zur vereinfachenden Verdeutlichung dieser vielfältigen Strukturen wird der ständige Vorgang von Produktion in Unternehmungen und Konsum in Haushalten im **Modell eines Wirtschaftskreislaufes** – einem von der Wirklichkeit gelösten Denkschema – dargestellt. Hierbei bleiben im **einfachen Wirtschaftskreislauf** die Aktivitäten des Staates im Wirtschaftsprozeß und die Außenhandelsbeziehungen unberücksichtigt.

Alle gleichartigen Wirtschaftseinheiten werden zu den Sektoren (Ausschnitten)

– **Unternehmungen** und **Haushalte**

und alle Wert- und Mengenbewegungen zum

– **Güterstrom** und **Geldstrom**

zusammengefaßt.

▶ **Güterkreislauf**

Die privaten Haushalte stellen den Unternehmungen die Produktionsfaktoren Arbeit oder auch Boden (Natur) zur Verfügung. Die Unternehmungen kombinieren die produktiven Faktoren im Produktionsprozeß und erzeugen auf diese Weise **Güter**, die sie wiederum an die Haushalte verkaufen. Der Güterkreislauf besteht demnach aus den Faktorleistungen der Haushalte und der Güterbereitstellung durch die Unternehmungen (Güterströme oder Realströme).

▶ **Geldkreislauf**

Für ihre Faktorleistungen erhalten die Haushalte als Gegenleistung von den Unternehmungen **Geldeinkommen** (Lohn). Diese Einkommen der Haushalte stellen für die Unternehmungen Kosten dar. Die produzierten Güter werden an die Haushalte veräußert, wodurch Erlöse an die Unternehmungen zurückfließen. Der Geldkreislauf bewegt sich somit gegenüber dem Güterkreislauf gegenläufig: Einem Strom von Sachgütern und Dienstleistungen (Güterkreislauf) fließt ein gleich großer Geldstrom (Geldkreislauf) entgegen.

Einfacher Wirtschaftskreislauf zwischen Unternehmungen und Haushalten

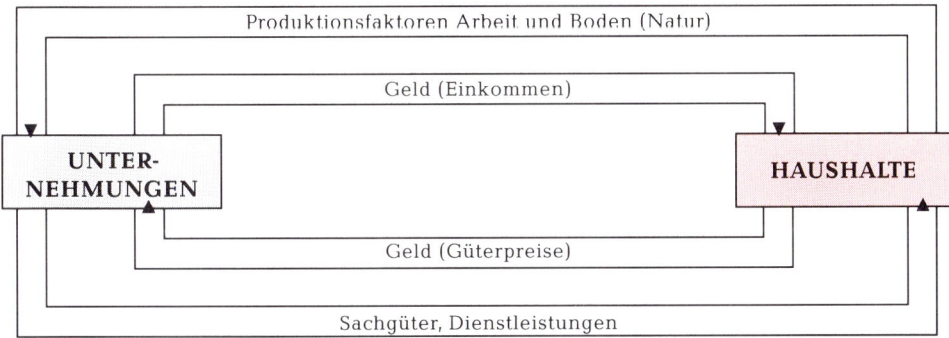

► **Begriff des Marktes**

Das Modell des einfachen Wirtschaftskreislaufes zeigt, daß von Haushalten und Unternehmungen **Angebot** und **Nachfrage** ausgehen. Private Haushalte bieten insbesondere menschliche Arbeitskraft an und fragen Waren und Dienstleistungen nach. Unternehmungen unterbreiten dieses Güterangebot und erheben selbst Nachfrage nach den Leistungen der Haushalte.

Den Ort, an dem Anbieter und Nachfrager zusammentreffen, bezeichnet man als **Markt.** Er kann sowohl räumlich und zeitlich begrenzt sein (Wochenmarkt) als auch an verschiedenen Orten und zu unterschiedlichen Zeiten stattfinden (Kapitalmarkt).

Nach Art der gehandelten Güter lassen sich Märkte in Faktor- und Gütermärkte unterteilen.

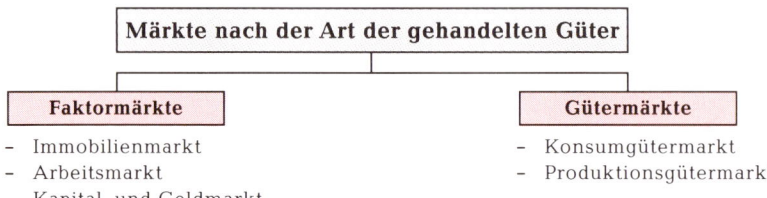

● **Faktormärkte** sind solche Märkte, auf denen die Produktionsfaktoren Boden, Arbeit und Kapital (vgl. S. 32 f.) ausgetauscht werden. Während bebaute und unbebaute Grundstücke für private und gewerbliche Zwecke auf dem **Immobilienmarkt** gehandelt werden, bieten arbeitslose bzw. einen Arbeitsplatz suchende Personen ihre Arbeitskraft auf dem **Arbeitsmarkt** an. Als Nachfrager treten insbesondere private und staatliche Wirtschaftsunternehmungen und private Haushalte auf. Der Produktionsfaktor Kapital wird entweder auf dem **Kapitalmarkt** (für langfristige Kapitalmittel) oder auf dem **Geldmarkt** (für kurzfristige Kapitalmittel) gehandelt.

● Auf den **Gütermärkten** soll ein Ausgleich zwischen dem Angebot und der Nachfrage nach Konsum- bzw. Produktionsgütern erreicht werden. Private und öffentliche Haushalte kaufen die auf dem **Konsumgütermarkt** angebotenen Waren (z.B. Nahrungsmittel, Kleidung oder Einrichtungsgegenstände im Handel) bzw. fragen Dienstleistungen (z.B. von Kreditinstituten, Versicherungen, Ärzten oder Steuerberatern) nach. Die Unternehmungen treten auf dem **Produktionsgütermarkt** als Nachfrager solcher Güter auf (z.B. Maschinen, Anlagen, Betriebs- und Geschäftsausstattung), die als Produktionsmittel zur Herstellung von Konsum- bzw. Investitionsgütern dienen.

► **Funktion des Marktes**

Die Funktion des Marktes ist es, **einen Ausgleich zwischen Angebot und Nachfrage herbeizuführen**.

Das Ergebnis dieses ökonomischen Geschehens ist der **Güterpreis**, der sich auf dem funktionsfähigen Markt unter Berücksichtigung der angebotenen und nachgefragten Mengen bildet. Diesen Preis müssen die Anbieter und Nachfrager für die Entgegennahme von Leistungen entrichten.

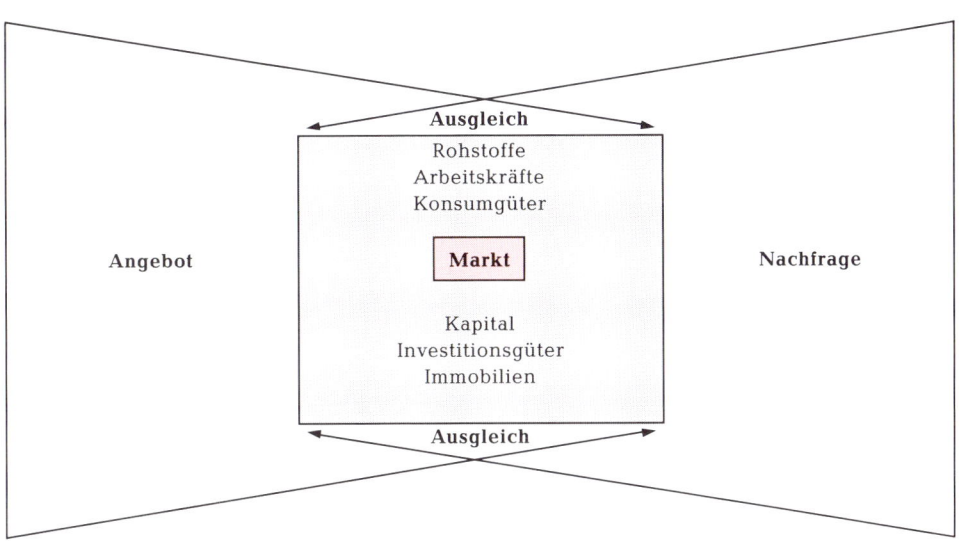

Banken erhalten von Aktienkäufern und -verkäufern Kauf- und Verkaufsaufträge. Dabei können sowohl Käufer als auch Verkäufer ihre Aufträge begrenzen. Ein Käufer kann beispielsweise die Bank beauftragen, eine Aktie höchstens zu 90,00 DM zu kaufen. Sollte der Kurs am Kauftag diesen Betrag überschreiten, so wird der Auftrag nicht ausgeführt. Andererseits kann ein Verkäufer Order erteilen, seine Aktien für mindestens 82,00 DM zu verkaufen. Ist der Kurs am Kauftag unter diese Grenze gesunken, bleibt der Auftrag des Verkäufers ebenfalls unausgeführt. Die Banken geben nun die Kauf- und Verkaufsaufträge ihrer Kunden an die Börse weiter.

Kaufaufträge (Nachfrage)	Verkaufsaufträge (Angebot)
35 Stück zu 84,00 DM höchstens	80 Stück zu 84,00 DM mindestens
40 Stück zu 85,00 DM höchstens	55 Stück zu 85,00 DM mindestens
45 Stück zu 86,00 DM höchstens	20 Stück zu 86,00 DM mindestens
30 Stück zu 88,00 DM höchstens	30 Stück zu 88,00 DM mindestens
20 Stück zu 90,00 DM höchstens	35 Stück zu 90,00 DM mindestens
170 Stück Nachfrage insgesamt	220 Stück Angebot insgesamt

Der Börsenmakler stellt nun fest, bei welchem Kurs der höchste Umsatz erzielt werden kann. Dazu muß ermittelt werden, welche Umsätze bei den einzelnen Kursen möglich sind.

Mögliche Kurse	durchführbare Kaufaufträge (Nachfrage)	durchführbare Verkaufsaufträge (Angebot)	Umsatz
80,00 DM	170 Stück	-- Stück	-- Stück
84,00 DM	170 Stück	80 Stück	80 Stück
85,00 DM	135 Stück	135 Stück	135 Stück
86,00 DM	95 Stück	155 Stück	95 Stück
88,00 DM	50 Stück	185 Stück	50 Stück
90,00 DM	20 Stück	220 Stück	20 Stück
94,00 DM	-- Stück	220 Stück	-- Stück

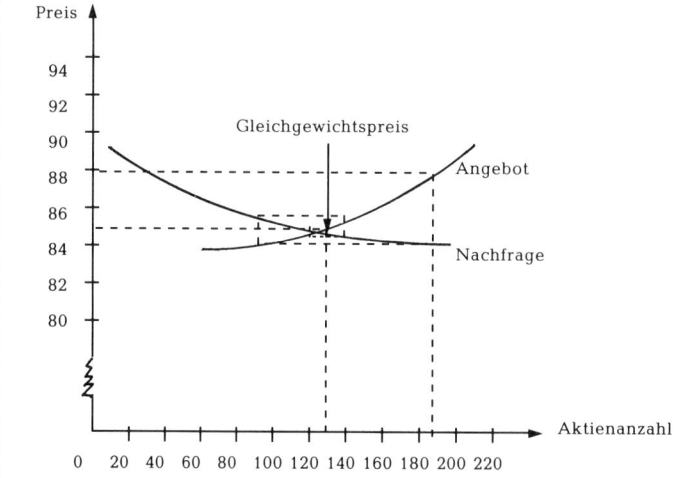

Der größte Umsatz wird bei 85,00 DM je Aktie getätigt, weil hier der Gleichgewichtskurs (Gleichgewichtspreis) erreicht ist. Dieser **Gleichgewichtspreis** bringt also Angebot und Nachfrage zum Ausgleich, er räumt den Markt.

Nicht alle Märkte sind funktionsfähig, d. h. können diese Ausgleichsfunktion erfüllen,

– da zu einem bestimmten Preis nur ein Teil der Nachfrage befriedigt werden kann (Nachfrageüberhang);

> Für bestimmte Kfz-Modelle ist bei einem vorgegebenen Preis die Nachfrage so groß, daß die produzierten Mengen nicht ausreichen.

– da zu einem bestimmten Preis nur ein Teil des Angebots abgesetzt werden kann (Angebotsüberhang);

> Der Textilfachhandel kann seine Winterkollektion aufgrund der milden Witterungslage nicht im gewohnten Umfang veräußern.

– da der Angebotspreis festgelegt ist und damit kein Preisausgleich stattfinden kann.

> Für Dienstleistungen bestimmter Berufsgruppen (z. B. Ärzte, Rechtsanwälte, Steuerberater, Schornsteinfeger) gibt es Gebührenordnungen, die eine bestimmte, vorab festgelegte Honorierung vorsehen.

Zusammenfassung

Grundlagen des Wirtschaftens

Notwendigkeit des Wirtschaftens

- **Bedürfnisse** des Menschen als Mangelempfindungen
  - Existenzbedüfnisse
  - Kulturbedürfnisse
  - Luxusbedürfnisse
  - Individualbedürfnisse
  - Kollektivbedürfnisse
- **Bedarf** als Summe der durch Kaufkraft zu realisierenden Bedürfnisse
- **Güter** als Mittel der Bedürfnisbefriedigung
  - Freie Güter: Luft, Sonnenlicht, Meerwasser
  - Wirtschaftliche Güter: knappe Güter, mit denen gewirtschaftet werden muß:
    materielle Güter (Sachgüter) als Produktions- oder Konsumgüter
    immaterielle Güter in Form von Dienstleistungen und Rechten
- **Ökonomisches Prinzip** (Rationalprinzip, Prinzip der Wirtschaftlichkeit)
  - Maximalprinzip (mit bestimmten Mitteln größtmöglichen Erfolg erzielen)
  - Minimalprinzip (bestimmten Erfolg mit geringsten Mitteln erreichen)

Produktionsfaktoren

- **Volkswirtschaftliche Produktionsfaktoren**
  Arbeit, Boden (Natur), Kapital, menschliches Know-how (Bildung)
- **Betriebswirtschaftliche Produktionsfaktoren**
  menschliche Arbeitskraft, Betriebsmittel, Werkstoffe, Rechte, Leitungsfunktionen

Arbeitsteilung

- **Berufliche Arbeitsteilung**
  Berufsbildung, Berufsspaltung
- **Technische Arbeitsteilung**
  Produktionsteilung, Arbeitszerlegung
- **Volkswirtschaftliche Arbeitsteilung**
  Urproduktion, Weiterverarbeitung, Handel und andere Dienstleistungen
- **Internationale Arbeitsteilung**
  Export und Import von Waren und Dienstleistungen

Einfacher Wirtschaftskreislauf

- **Güterkreislauf**
- **Geldkreislauf**
- **Markt**
  - Zusammentreffen von Angebot und Nachfrage auf Faktor- und Gütermärkten
  - Auf funktionsfähigen Märkten erfüllt der Güterpreis die Aufgabe des Ausgleichs zwischen Angebot und Nachfrage.

Aufgaben

(1) Nennen Sie 15 Bedürfnisse, die Sie selbst haben, und ordnen Sie diese nach ihrer Dringlichkeit!

(2) Warum wird der Wunsch nach Rechtssicherheit des Bürgers zu den Kollektivbedürfnissen gezählt?

(3) Erläutern Sie die Begriffe Kaufkraft, Bedarf und Nachfrage!

(4) Wodurch kann ein freies Gut zu einem wirtschaftlichen Gut werden?

(5) Welche Beispiele kann man bei folgender Einteilung anführen?

   a) Produktionsgüter als Verbrauchs- bzw. Gebrauchsgüter

   b) Konsumgüter als Verbrauchs- bzw. Gebrauchsgüter

(6) Geben Sie jeweils zwei Dienstleistungen für den Produktions- und Konsumgüterbereich an!

(7) Nennen Sie Beispiele aus Ihrem Ausbildungsbetrieb für die Anwendung des Maximalprinzips und des Minimalprinzips!

(8) Warum werden Arbeit und Boden (Natur) als ursprüngliche Produktionsfaktoren und Kapital sowie menschliches Know-how (Bildung) als abgeleitete Faktoren bezeichnet?

(9) Wie werden die Produktionsfaktoren aus volkswirtschaftlicher und betriebswirtschaftlicher Sicht gegliedert?

(10) Geben Sie betriebswirtschaftliche Produktionsfaktoren Ihres Ausbildungsbetriebes an!

(11) Schildern Sie die wirtschaftsgeschichtliche Entwicklung der Arbeitsteilung!

(12) Unterscheiden Sie Produktionsteilung und Arbeitszerlegung!

(13) Worauf begründet sich die internationale Arbeitsteilung?

(14) Stellen Sie in einer Übersicht die Vor- und Nachteile der Arbeitsteilung für den Menschen dar!

(15) Erläutern Sie die Begriffe: Güterkreislauf, Geldkreislauf, Markt!

(16) Welche Ströme lassen sich im Wirtschaftskreislauf unterscheiden, und warum verlaufen sie in entgegengesetzter Richtung?

(17) Erläutern Sie die Ausgleichsfunktion des Marktes!

(18) Grenzen Sie Faktormärkte von Gütermärkten ab!

(19) Folgende Kauf- bzw. Verkaufsaufträge für eine Aktie liegen vor:

Kaufaufträge (Nachfrage)	Verkaufsaufträge (Angebot)
20 Stück zu 40,00 DM höchstens	5 Stück zu 40,00 DM mindestens
25 Stück zu 44,00 DM höchstens	15 Stück zu 44,00 DM mindestens
35 Stück zu 48,00 DM höchstens	35 Stück zu 48,00 DM mindestens
15 Stück zu 50,00 DM höchstens	10 Stück zu 50,00 DM mindestens
5 Stück zu 52,00 DM höchstens	15 Stück zu 52,00 DM mindestens

Ermitteln Sie den Gleichgewichtspreis, der Angebot und Nachfrage ausgleicht!

1 Stellung des Einzelhandels in der Wirtschaft

▶ **Bedeutung des Einzelhandels**

Einzelhandelsbetriebe beziehen Waren entweder direkt vom Hersteller oder vom Großhändler und verkaufen sie an Endverbraucher. Der Einzelhandel ist somit das **Bindeglied zwischen Herstellung und Verbrauch** und sichert die Versorgung der Bevölkerung mit Gütern.

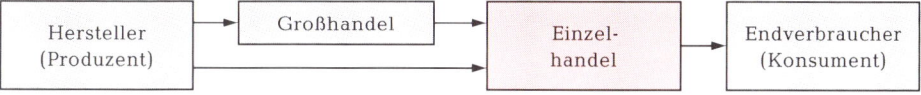

In der Bundesrepublik arbeiteten 1992 ca. 2,86 Millionen Arbeitnehmer im Einzelhandel. Umgesetzt wurden Waren im Werte von ca. 778 Milliarden DM.

▶ **Aufgaben des Einzelhandels**

● **Räumliche Überbrückungsfunktion**

Der Einzelhändler bietet dem Konsumenten Waren des Herstellers oder Großhändlers an und überbrückt damit die räumliche Trennung zwischen Anbietern und Nachfragern.

● **Zeitliche Überbrückungsfunktion für Waren**

Durch die Warenvorräte im Verkaufsraum und Lager ist der Einzelhändler stets verkaufsbereit. Der Kunde muß die von ihm gewünschte Ware daher nicht erst beim Produzenten bestellen, sondern kann sie sofort mitnehmen.

● **Zeitliche Überbrückungsfunktion für Geld**

In einigen Fällen ermöglicht der Einzelhändler seinen Kunden, die Ware sofort zu erhalten, aber erst zu einem späteren Zeitpunkt zu bezahlen.

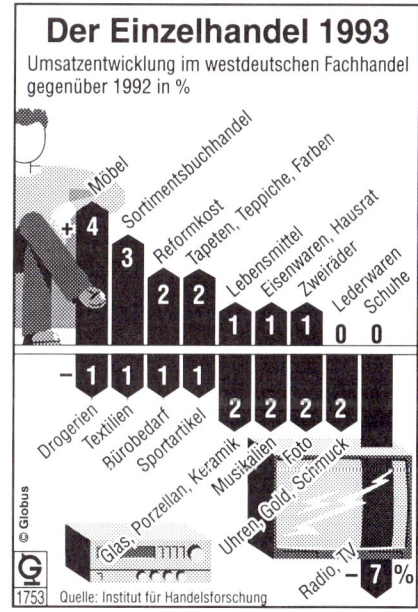

Der Einzelhandel 1993
Umsatzentwicklung im westdeutschen Fachhandel gegenüber 1992 in %

Möbel +4
Sortimentsbuchhandel 3
Reformkost 2
Tapeten, Teppiche, Farben 2
Lebensmittel 1
Eisenwaren, Hausrat 1
Zweiräder 1
Lederwaren 0
Schuhe 0

Drogerien −1
Textilien 1
Bürobedarf 1
Sportartikel 1
Glas, Porzellan, Keramik 2
Musikalien 2
Foto 2
Uhren, Gold, Schmuck 2
Radio, TV −7 %

© Globus
1753 Quelle: Institut für Handelsforschung

> Ein Möbelhändler unterbreitet folgendes Angebot:
> „Kaufen Sie Ihre Möbel jetzt, zahlen Sie den Kaufpreis ohne Aufschlag in drei Monaten."

● **Informationsfunktion**

Der Einzelhändler informiert und berät Kunden über die Eigenschaften von Waren und deren Handhabung. Gleichzeitig übermittelt er dem Hersteller Wünsche und Anregungen der Käufer.

● **Verteilungsfunktion**

Der Einzelhändler beschafft die Waren in großer Stückzahl und verkauft sie zu haushaltsüblichen Mengen.

● **Auswahlfunktion**

Darüber hinaus trifft er eine Auswahl hinsichtlich Art, Qualität und Preis der in sein Angebot aufzunehmenden Waren.

Zusammenfassend ist festzustellen, daß die **Aufgaben des Einzelhandels** darin bestehen,

– die richtige Ware,
– zum richtigen Zeitpunkt,
– in der richtigen Menge,
– am richtigen Ort

anzubieten.

Die Erfüllung dieser Aufgaben berührt vor allem Fragen

– **der Warenbeschaffung** (vgl. S. 67 ff.),
– **der Lagerhaltung** (vgl. S. 170 ff.),
– **des Warenabsatzes** (vgl. S. 181 ff.).

Zusammenfassung

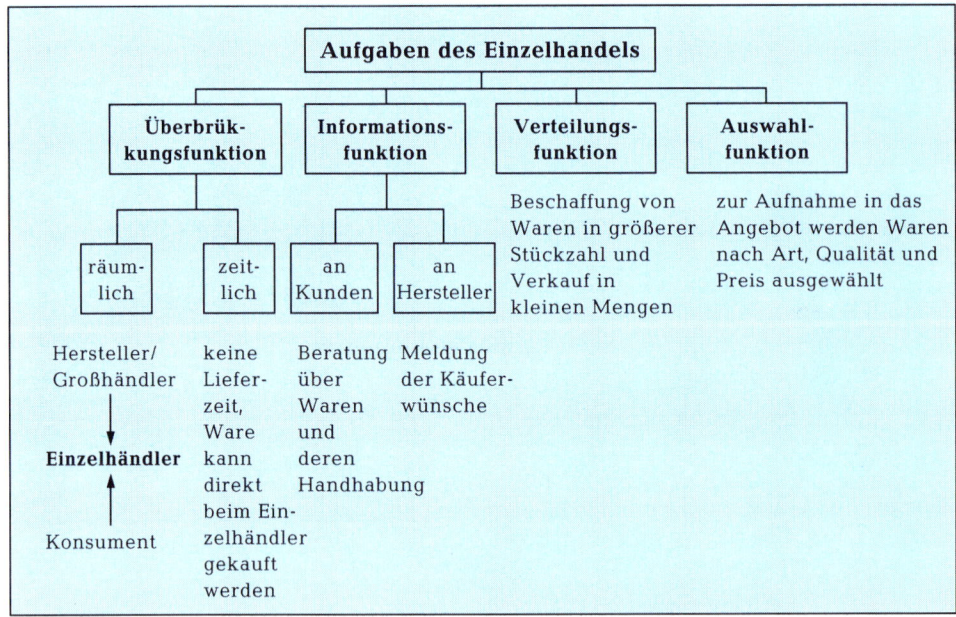

Aufgaben

(1) Schildern Sie die dargestellten Funktionen am Beispiel Ihres Ausbildungsbetriebes!

(2) Erläutern Sie an einem Beispiel die Aussage: „Die richtige Ware, zum richtigen Zeitpunkt, in der richtigen Menge, am richtigen Ort!"

2 Betriebsformen im Einzelhandel

Mehr als andere Wirtschaftszweige ist der Einzelhandel durch eine Reihe verschiedener Betriebsformen gekennzeichnet. Dem Kunden wird die Ware auf vielfältige Art und Weise dargeboten. Unterschieden werden können:

– Betriebsformen nach dem Standort
– Betriebsformen nach dem Sortiment
– Betriebsformen nach der Bedienungsform
– Betriebsformen mit besonderen Merkmalen

▶ **Betriebsformen nach dem Standort**

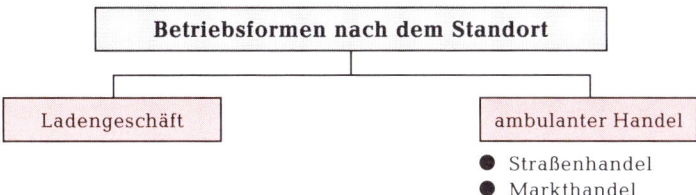

- Das **Ladengeschäft** ist die typische Betriebsform des Einzelhandels. Der Standort ist fest, die Kunden suchen den Kaufmann in seinem Verkaufsraum auf. Das Warenangebot steht täglich am gleichen Ort bereit.

- Der **ambulante Handel** ist nicht an einen bestimmten Standort gebunden.
    - Für den **Straßenhandel** ist es typisch, daß der Einzelhändler seine Waren (hauptsächlich Obst, Gemüse, Brot oder Eis) von Verkaufsfahrzeugen anbietet, mit denen er seine Kunden zu bestimmten Zeiten und auf festgelegten Routen meist in ländlichen Gebieten oder Vororten aufsucht.
    - Der **Markthandel** findet zwar für den einzelnen Kunden stets am gleichen Ort statt; die hier angebotenen Waren (Obst, Gemüse, Fleisch, Fisch, Blumen) stehen aber nur zu bestimmten Wochentagen zur Verfügung.

▶ **Betriebsformen nach dem Sortiment**

Unter einem Sortiment versteht man die Gesamtheit aller Waren, die ein Einzelhändler anbietet. Sind in einer Einzelhandelsunternehmung viele verschiedene **Warengruppen** vorhanden, spricht man von einem breiten Sortiment. Ist nur eine bestimmte Warengruppe erhältlich, diese aber in vielen Güte- und Preisklassen, ist das Sortiment tief.

> In einer Einzelhandelsunternehmung sind zahlreiche Warengruppen wie Nahrungs- und Genußmittel, Textilien, Elektroartikel, Möbel und Sportgeräte erhältlich (breites Sortiment). Die Textilabteilung hält viele Arten von Bekleidung in unterschiedlichen Größen, Güte- und Preisklassen bereit (tiefes Sortiment).

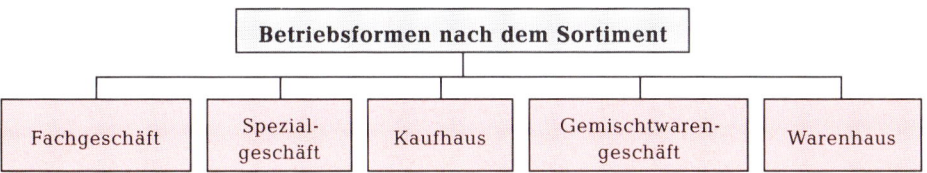

4 Käseborn/Siekerkötter – ISBN 3-8120-0081-4

- **Fachgeschäfte** führen nur eine bestimmte Warengruppe wie etwa Lebensmittel, Schuhe, Sportartikel oder Möbel (enges Sortiment). Innerhalb dieser Warengruppe kann der Kunde zwischen unterschiedlichen Qualitäten und Preisklassen wählen (tiefes Sortiment).

- **Spezialgeschäfte** bieten nur einen Teil des Sortiments eines Fachgeschäftes an, allerdings in besonderer Tiefe.

  ▋ Einschränkung des Angebotes eines Fachgeschäftes etwa auf Süßwaren, Hüte, Silberschmuck, Feinkost.

- **Kaufhäuser** sind Fachgeschäfte, die die Größe eines Mittel- oder Großbetriebes erreichen. Sie spezialisieren sich vornehmlich auf den Verkauf von Möbeln oder Textilien (enges, aber tiefes Sortiment).

  ▋ C & A, Peek & Cloppenburg, Ikea

- **Gemischtwarengeschäfte** sind Einzelhandelsunternehmungen, die verschiedene Warengruppen führen (Textilien, Haushaltwaren, Eisenwaren, Nahrungs- und Genußmittel). Die Auswahl in den verschiedenen Warengruppen ist allerdings begrenzt (breites, aber flaches Sortiment). Gemischtwarengeschäfte sind heute noch in ländlichen Gebieten anzutreffen.

- **Warenhäuser** sind Großbetriebe des Einzelhandels, die sämtliche Waren unter einem Dach anbieten (breites, jedoch verschieden tiefes Sortiment). Der Kunde kann in den einzelnen Abteilungen seinen gesamten Haushaltbedarf decken.

  ▋ Horten AG, Kaufhof AG, Karstadt AG

▶ **Betriebsformen nach der Bedienungsform**

Unterscheidungsmerkmal dieser Betriebsform ist, ob und zu welchem Zeitpunkt das Personal der Einzelhandelsunternehmung in den Ablauf des Verkaufsprozesses eingreift.

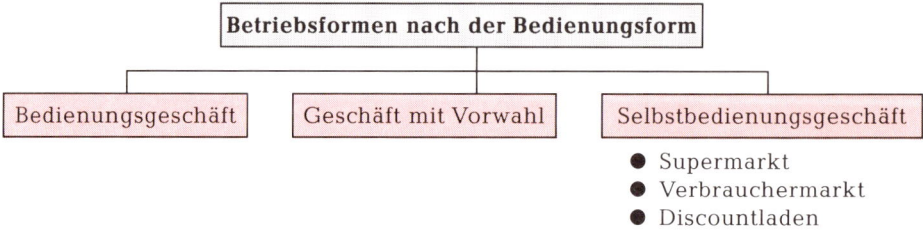

- In **Bedienungsgeschäften** spricht der Verkäufer den Kunden direkt an, berät und unterstützt ihn bei der Warenauswahl. Diese ursprüngliche Verkaufsform ist durch den persönlichen Kontakt zwischen Verkäufer und Käufer bestimmt.

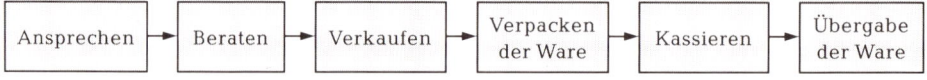

Obwohl diese Bedienungsform in den letzten Jahren an Bedeutung verloren hat, wird sie immer noch dort bevorzugt, wo „erklärungsbedürftige" Ware verkauft oder wo eine Beratung vom Kunden erwartet wird (Fachgeschäft, Spezialgeschäft).

● Im **Geschäft mit Vorwahl** kann sich der Kunde zunächst selbst einen Überblick über das Warenangebot verschaffen und damit eine Vorwahl treffen. Der Verkäufer tritt erst dann in Erscheinung, wenn der Kunde eine Beratung wünscht.

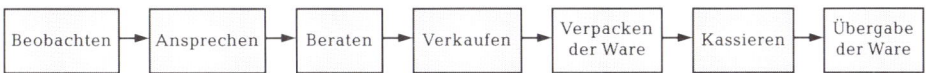

Diese Form der Bedienung nach der Vorauswahl durch den Kunden wird vor allem in Kauf- und Warenhäusern praktiziert.

● **Selbstbedienungsgeschäfte** überlassen die Auswahl der Waren dem Kunden allein. Nur bei wenigen Artikeln, wie Fleisch- und Wurstwaren, Obst und Gemüse, findet man auch hier die Bedienungsform. In diesen Einzelhandelsunternehmungen müssen die Waren daher verpackt zum Kauf bereitstehen und in Regalen oder Ständern gut zugänglich sein. Die Arbeit des Personals beschränkt sich auf:

Selbstbedienungsgeschäfte stellen sich heute im wesentlichen in drei Formen dar:

– Der **Supermarkt** ist ein Selbstbedienungsgeschäft, das auf einer Verkaufsfläche von mindestens 400 m^2 Nahrungs- und Genußmittel einschließlich Frischwaren (Obst, Gemüse, Fleisch, Fisch, Milchprodukte) anbietet.

– Demgegenüber muß die Verkaufsfläche eines **Verbrauchermarktes** mindestens 1 000 m^2 betragen. Neben den in Supermärkten vorhandenen Waren bietet der Verbrauchermarkt auch andere Warengruppen an, die sich zur Selbstbedienung eignen. Sein Sortiment entspricht in etwa dem eines Warenhauses. Verbrauchermärkte befinden sich häufig in Stadtrandlagen.

– **Discountläden** (discount = Nachlaß) sind Einzelhandelsbetriebe, die hauptsächlich Lebensmittel, eventuell erweitert um Textilien, Elektrogeräte oder Kleinmöbel anbieten. Die Breite und Tiefe des Sortiments in den Abteilungen ist sehr beschränkt. Durch Verzicht auf kostspielige Geschäftsausstattung, Kundendienst und Einsparungen beim Personal sowie bei der Verpackung können Waren zu relativ niedrig kalkulierten Preisen angeboten werden.

▶ **Betriebsformen mit besonderen Merkmalen**

Neben den bisher dargestellten Betriebsformen gibt es noch einige Sonderformen der Warendarbietung:

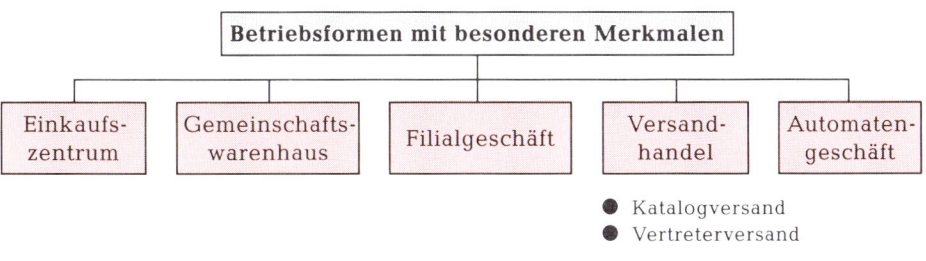

- Ein **Einkaufszentrum** vereinigt viele Einzelhändler verschiedener Branchen und unterschiedlicher Größen am gleichen Standort. Neben den Kauf- und Warenhäusern, den Fachgeschäften und Supermärkten findet man gleichzeitig ein umfassendes Dienstleistungsangebot (Friseure, Cafés, Kindergärten, Banken, Versicherungen, Postämter und Restaurants).

  > Bekannte Einkaufszentren sind der Ruhrpark in Bochum, das Main-Taunus-Zentrum in Frankfurt und das völlig überdachte Einkaufszentrum in Mülheim/Ruhr.

  > Darüber hinaus sind in den Zentren zahlreicher Großstädte **Markthallen** eingerichtet worden, in denen Einzelhändler aus dem Lebensmittelbereich ihr Sortiment vorstellen. Ergänzt wird das Angebot durch gastronomische Betriebe, die Nahrungs- und Genußmittel bereitstellen (z.B. Vitamin-Bar, Bistro, „heiße Theke").

- **Gemeinschaftswarenhäuser** sind Zusammenschlüsse selbständiger Einzelhändler, die ein Warenhaus unter gemeinschaftlicher Leitung betreiben. In einem Großgebäude sind verschiedene Branchen untergebracht, um der wachsenden Konkurrenz der Warenhäuser begegnen zu können.

  > Gemeinschaftswarenhäuser findet man z.B. in Hamburg und Nürtingen bei Stuttgart.

- **Filialgeschäfte** sind unter der Leitung eines Hauptgeschäftes stehende Einzelhandelsbetriebe, die rechtlich unselbständig bleiben.

  Sortiments- und Preisgestaltung, Geschäftsausstattung und Einkauf bleiben der Zentrale vorbehalten. Filialgeschäfte gibt es sowohl im Lebensmittel- als auch im Schuh- und Tabakwareneinzelhandel.

  > Albrecht-Gruppe „Aldi", Kaiser's Kaffee AG, Tengelmann OHG, Deutsche Supermarkt GmbH, Deichmann-Schuhe, Mühlensiepen

- Beim **Versandhandel** werden Waren nach Katalog, Muster oder Probe bestellt und per Post oder Bahn geliefert.
  - Beim **Katalogversand** besteht kein direkter Kontakt zwischen Kunde und Verkäufer. Die gelieferte Ware kann geprüft und bei Nichtgefallen oder Mängeln innerhalb einer bestimmten Frist zurückgesandt werden.

    > Spezialversandhäuser beschränken ihr Angebot auf eine oder wenige Waren (Schmidt-Lebkuchen und Honig; Witt-Wäsche).

    > Andere halten ein Vollsortiment bereit (Bader – Pforzheim; Baur – Burgkunstadt; Neckermann – Frankfurt; Otto – Hamburg; Quelle – Fürth; Schwab – Hanau).

  - Beim **Vertreterversand** sucht ein Verkäufer mit Katalogen, Warenmustern oder Proben den Kunden auf. Der Vertreter nimmt dann die Bestellung des Kunden entgegen.

    > Avon Cosmetics GmbH – München; Electrolux Staubsauger – Hamburg; Vorwerk + Co. Elektrowerke – Wuppertal

- Das **Automatengeschäft** wird vorzugsweise für den Vertrieb kleinerer, problemloser Waren (Zigaretten, Süßwaren, Getränke, Filme) eingesetzt. Diese weitestgehende Form der Selbstbedienung findet sich aber auch schon in Restaurants, wo gesamte Menüs aus Automaten angeboten werden.

Neue Trends im Einzelhandel

Fachmärkte
Großflächige Einzelhandelsgeschäfte, die ein breites, spezialisiertes Sortiment des niedrigen oder mittleren Preisniveaus anbieten.

Mehrfachmärkte
Fachmärkte, die mehrere Bedarfsfelder abdecken, zum Beispiel Bau und Hobby, Möbel und Geschenke.

Fabrikläden
Verkaufsstellen von Produzenten, die ihre eigenen Erzeugnisse zu Niedrigpreisen direkt an den Endverbraucher verkaufen.

Factory-Outlet-Center
Räumlich integrierte Zusammenfassung verschiedener Fabrikläden zu einem Einkaufszentrum.

Off-Price-Geschäfte
Hier werden Waren der mittleren und hohen Qualitäts- und Preisstufe unter Vermeidung jeder kostenverursachenden Dienstleistung mit hohen Preisabschlägen verkauft.

Partiediscounter
Sie führen kein dauerhaftes Sortiment, sondern bieten je nach Verfügbarkeit Überschußware mehrerer Hersteller zu Sonderangebotsbedingungen an.

Discount-Catalogue-Showroom
Räume, in denen die Kunden nur Warenmuster und Kataloge einsehen, an einer zentralen Theke die Bestellung aufgeben und nach wenigen Minuten ihre Ware erhalten.

Quelle: Hauptgemeinschaft des Deutschen Einzelhandels
Institut der deutschen Wirtschaft iwd

© 5/1987 Deutscher Instituts-Verlag

▶ **Vor- und Nachteile grundlegender Betriebsformen**

Betriebsform	Vorteile		Nachteile	
	für das Geschäft	für den Kunden	für das Geschäft	für den Kunden
Ladengeschäft	● Kunden suchen den Verkaufsraum auf	● tägliche Versorgung mit Gütern ● größeres Warenangebot	● höhere Lagerhaltungskosten	● längere Einkaufswege
Ambulanter Handel	● Ansprache von Kunden in entlegeneren Gegenden	● keine langen Einkaufswege ● geringere Einkaufszeit	● zeitaufwendige Fahrten	● eingeschränktes Sortiment ● Einkaufsmöglichkeiten nur an bestimmten Tagen
Bedienungsgeschäft (z.B. Fachgeschäft)	● unmittelbarer Kontakt zum Kunden ● Kundenbeeinflussung möglich	● individuelle Beratung und Bedienung	● hohe Personalkosten	● Gefühl des Kaufzwanges
Geschäft mit Vorwahl (z.B. Kauf- und Warenhäuser)	● geringer Personalbedarf ● schnelle Verkaufsabwicklung	● unverbindliche und ungezwungene Begutachtung der Ware	● aufwendigere Geschäftsausstattung	● Überforderung bei der Vorauswahl der Ware
Selbstbedienungsgeschäft (z.B. Supermarkt)	● geringerer Personalbedarf ● schnelle Verkaufsabwicklung	● zwangloser Einkauf ● direkter Warenkontakt	● höhere Kosten für größere Verkaufsflächen und zusätzliche Ladeneinrichtung (mehrere Kassen, Einkaufswagen, Regale) ● höhere Zahl an Ladendiebstählen	● lange Wartezeiten an den Kassen ● Gefahr des Mehrkaufs

Betriebsform	Vorteile		Nachteile	
	für das Geschäft	für den Kunden	für das Geschäft	für den Kunden
Einkaufszentrum	● hohes Kundenaufkommen	● verschiedenste Waren und Dienstleistungen an einem Ort erhältlich	● abhängig von der Beliebtheit des gesamten Einkaufszentrums	● weite Anfahrwege
Versandhandel	● Einrichtung von Verkaufsstellen entfällt ● auch Kunden in entlegeneren Gebieten können gezielt angesprochen werden	● bequeme Auswahl der Waren zu Hause ● Einkauf nach Ladenschluß ● feste Preise für 6 Monate garantiert	● hohe Kosten für Katalogdruck, Verpackung und Versand ● fehlender persönlicher Kontakt zum Kunden beim Katalogversand	● Ware kann vor dem Kauf nicht geprüft werden ● Lieferzeiten ● fehlende Beratung beim Katalogversand
Automatengeschäft	● Verkauf ohne Personal auch nach Geschäftsschluß	● Einkaufsmöglichkeit nach Ladenschluß	● Verluste durch Diebstahl, „Falschgeld" und mechanische Defekte	● Ware nicht immer frisch ● fehlendes Kleingeld ● Reklamationen schwierig

Zusammenfassung

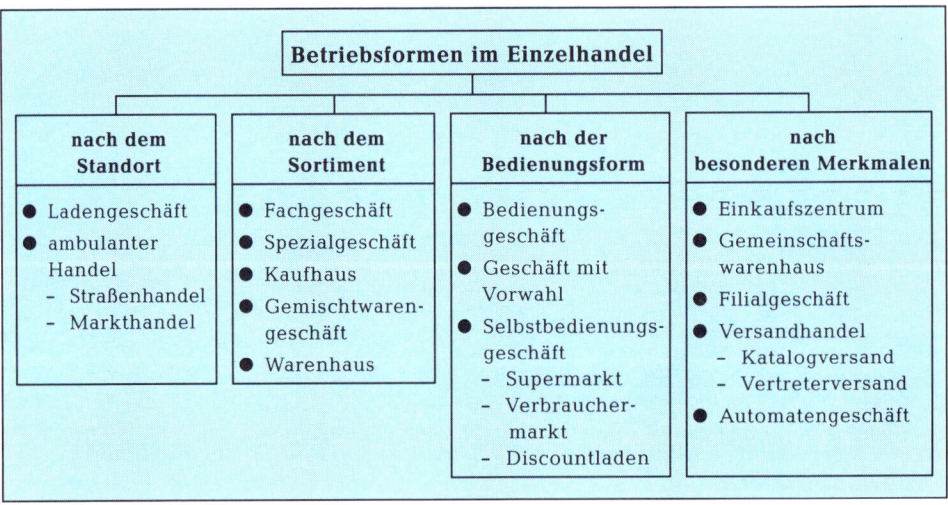

Betriebsformen im Einzelhandel

nach dem Standort	nach dem Sortiment	nach der Bedienungsform	nach besonderen Merkmalen

● Ladengeschäft
● ambulanter Handel
  – Straßenhandel
  – Markthandel
	● Fachgeschäft
	● Spezialgeschäft
	● Kaufhaus
	● Gemischtwarengeschäft
	● Warenhaus
		● Bedienungsgeschäft
		● Geschäft mit Vorwahl
		● Selbstbedienungsgeschäft
		  – Supermarkt
		  – Verbrauchermarkt
		  – Discountladen
			● Einkaufszentrum
			● Gemeinschaftswarenhaus
			● Filialgeschäft
			● Versandhandel
			  – Katalogversand
			  – Vertreterversand
			● Automatengeschäft

Aufgaben

(1) Beschreiben Sie das Sortiment Ihres Ausbildungsbetriebes! Um welche Betriebsform handelt es sich?

(2) Beschreiben Sie die Aufgaben einer Einzelhandelskauffrau in einem Fachgeschäft, in einem Kaufhaus und in einem Supermarkt!

(3) *Welche Betriebsform würden Sie beim Verkauf folgender Waren wählen? Begründen Sie Ihre Antwort!*
   a) *Schulbücher*
   b) *Maßanzug*
   c) *Tiefkühlkost*

(4) *Bilden Sie Beispiele für „erklärungsbedürftige" Waren!*

(5) *Vergleichen Sie aus der Sicht des Verkäufers die Vorteile eines Warenhauses mit denen eines Einkaufszentrums!*

(6) *Verdeutlichen Sie den Begriff „Spezialgeschäft" an einem Beispiel!*

(7) *Welche Vor- und Nachteile ergeben sich für den Kunden im Versandhandel und beim Automatenhandel?*

(8) *Wie ist das Sortiment*
   a) *in einem Gemischtwarengeschäft*
   b) *in einem Filialgeschäft*
   c) *in einem Kaufhaus*
   d) *in einem Verbrauchermarkt*
   beschaffen?

(9) *Worin bestehen die Nachteile für den Einzelhändler beim*
   a) *ambulanten Handel*
   b) *Selbstbedienungsgeschäft?*

3 Organisation und Aufbau der Einzelhandelsunternehmung

3.1 Organisation als Instrument der Unternehmensführung

3.1.1 Grundlagen der Organisation

▶ **Begriff**

Zur Erfüllung ihrer Zielsetzungen benötigt jede Unternehmung ein **System von Regelungen**, durch das einzelne Teilaufgaben in bestmöglicher Weise erfüllt werden können. Durch organisatorische Maßnahmen erfolgt eine Gestaltung der Struktur und des Ablaufs der Unternehmung. In zeitlicher Hinsicht ist die Problemstellung zu lösen, in welcher Reihenfolge einzelne Arbeitsschritte ausgeführt werden sollen; hierbei ist die Tätigkeit der einzelnen Mitarbeiter aufeinander abzustimmen.

▶ **Aufgabenbereiche**

Die durch Organisation zu schaffenden Regelungen können sich auf die Gestaltung von Aufgaben mit Dauercharakter oder auf von Fall zu Fall auftretende Aufgabenstellungen beziehen:

● **Generelle Regelungen** werden für stets wiederkehrende, relativ gleichbleibende Aufgaben benötigt

> Abwicklung von Lohn- und Gehaltszahlungen;
> Wareneingang, Warenkontrolle und Preisauszeichnung

● **Fallweise Regelungen** gelten für vorhersehbare, aber nicht in jeder Einzelheit wiederkehrende Aufgaben

▌ Abwicklung von Reklamationen, Verhaltensvorschriften bei Unfällen

● **Einzelentscheidungen** sind bei ungewöhnlichen, unerwarteten oder neuartigen Ereignissen erforderlich (Improvisationen)

▌ Ausfall eines Lieferanten, Spezialaufträge, Streiks

3.1.2 Aufbauorganisation

Die Aufbauorganisation teilt die Aufgaben der Unternehmung einzelnen Stellen zu und regelt die Zusammenarbeit und Zuständigkeit dieser Stellen untereinander.

▶ **Aufgabenzerlegung**

Bevor eine Verteilung von Einzelaufgaben erfolgen kann, muß zunächst eine Aufgabenzerlegung vorgenommen werden, d. h., die Gesamtaufgabe wird solange aufgelöst, bis keine weiter teilbaren Bereiche entstanden sind.

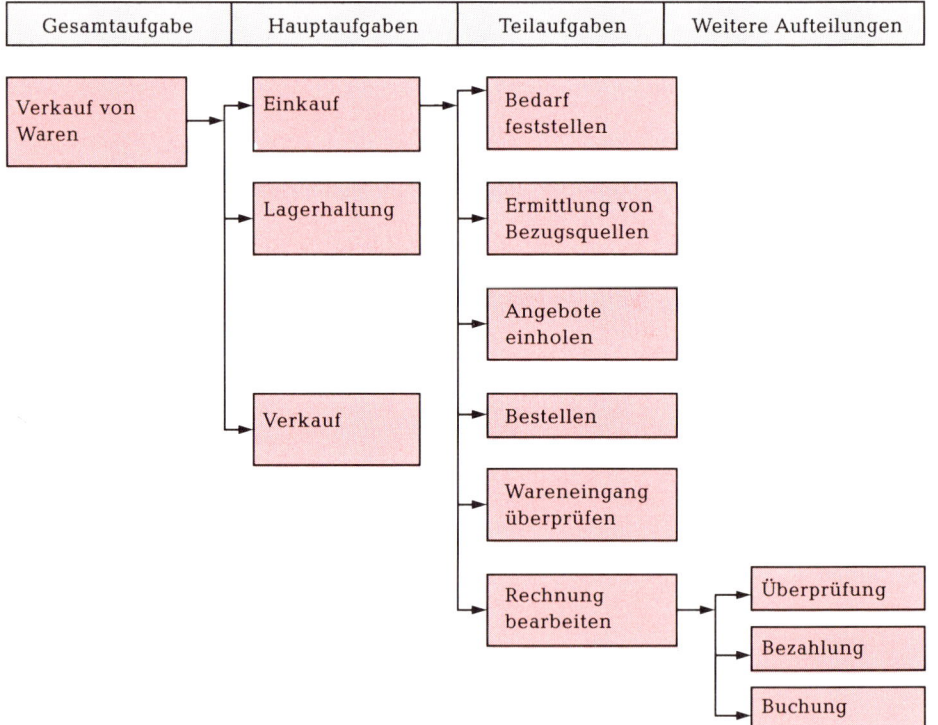

Aufgabenzusammenfassung

Die Feststellung der Einzelaufgaben einer Unternehmung führt zu der Überlegung, welche verwandten Teilaufgaben sich sachlich zu Aufgabenbereichen zusammenfassen lassen. Hieraus ergibt sich die Bildung von Abteilungen, die wiederum in verschiedene Stellen untergliedert werden können.

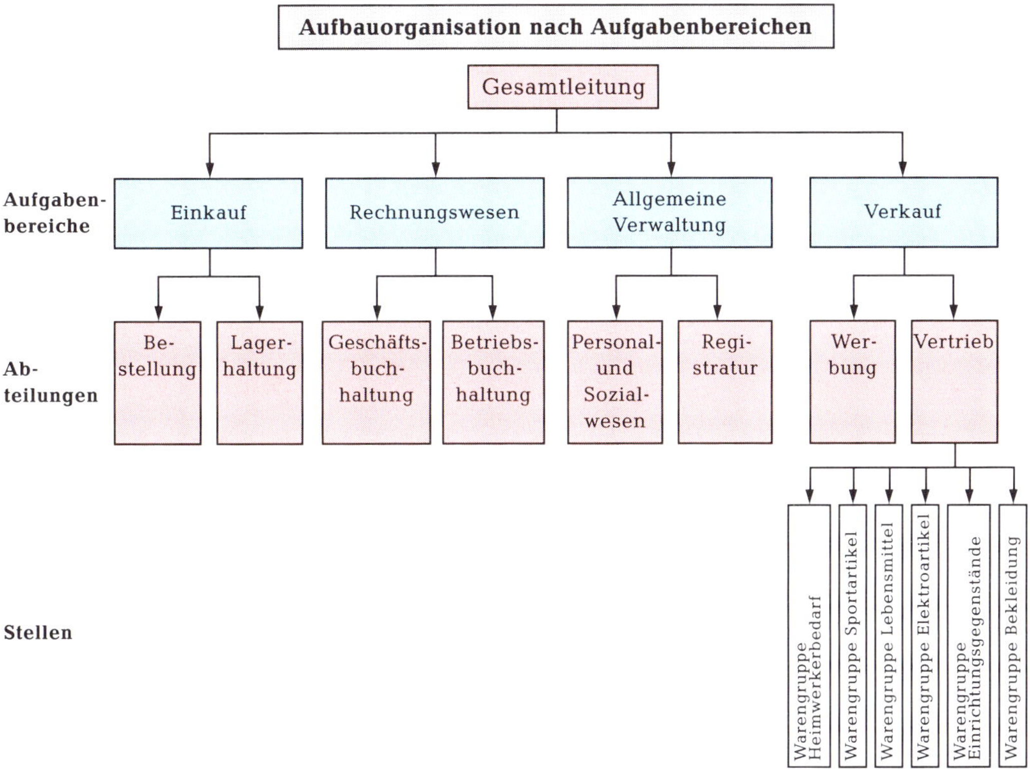

Aufbauorganisation nach Aufgabenbereichen
Gesamtleitung
Aufgaben-bereiche
Einkauf
Rechnungswesen
Allgemeine Verwaltung
Verkauf
Ab-teilungen
Be-stellung
Lager-haltung
Geschäfts-buch-haltung
Betriebs-buch-haltung
Personal- und Sozial-wesen
Regi-stratur
Wer-bung
Vertrieb
Stellen
Warengruppe Heimwerkerbedarf
Warengruppe Sportartikel
Warengruppe Lebensmittel
Warengruppe Elektroartikel
Warengruppe Einrichtungsgegenstände
Warengruppe Bekleidung

Im Rahmen der Stellenbesetzung werden bestimmte Teilaufgaben solchen Personen zugeordnet, die über eine entsprechende Qualifikation verfügen. Dabei können auch unterschiedliche Aufgabenbereiche auf eine Person übertragen werden, weil diese entsprechende Kenntnisse und Fähigkeiten besitzt.

Aufbauorganisation nach Personen
Gesamtleitung
Personen
P. Onken
W. Husen
R. Falke
G. Busch
Abteilungen
Rechts-wesen
Personal-wesen
Einkauf
Verkauf
Rechnungs- u. Finanzwesen
Lager-haltung
Fuhr-park

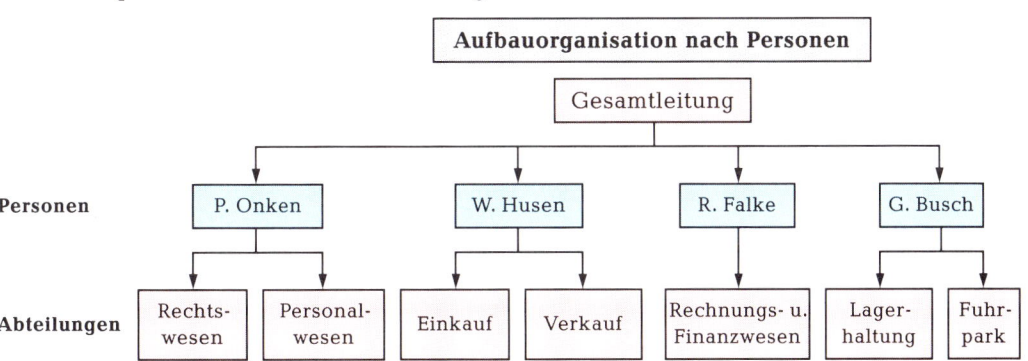

3.1.3 Ablauforganisation

Die Ablauforganisation soll eine sinnvolle Gestaltung der einzelnen Arbeitsvorgänge ermöglichen. Hierzu müssen diese so geordnet werden, daß jeder Bearbeitungsvorgang in möglichst kurzer Zeit erledigt werden kann. Es ist deshalb notwendig, die inhaltliche, zeitliche und räumliche Abfolge von Arbeitsschritten festzulegen.

▶ **Darstellung von Arbeitsabläufen**

Die Darstellung von Arbeitsabläufen hilft, Schwachstellen in der geplanten Arbeitsdurchführung aufzuzeigen, unnötige Doppelarbeiten zu vermeiden, Zeitersparnisse zu erreichen und den Mitarbeitern verbindliche Arbeitsanweisungen zu erteilen.

Am Fall der **Einstellung eines neuen Mitarbeiters in der Abteilung Verkauf** werden folgende Darstellungsmöglichkeiten von Arbeitsabläufen aufgezeigt:

● **Verbale Ablaufdarstellung**

Sie ist in der Regel wenig übersichtlich und klar. Aus ihr geht nicht mit einem Blick hervor, welcher Schritt dem vorherigen folgen soll und wie die einzelnen Bestandteile der Arbeitsdurchführung verbunden sind.

> Ausschreibung der Stelle in den entsprechenden Tageszeitungen. Eingehende Bewerbungen werden vom zuständigen Sachbearbeiter kontrolliert. Sind alle notwendigen Voraussetzungen erfüllt, werden die Bewerber zum Vorstellungsgespräch schriftlich eingeladen. Dieses Gespräch führt die einstellende Abteilung. Eine weitere Vorauswahl wird getroffen. Die in Frage kommenden Bewerber werden zur betriebsärztlichen Untersuchung geladen, und für ihre Einstellung wird die Zustimmung des Betriebsrates eingeholt. Die endgültige Entscheidung trifft die einstellende Abteilung. Ein schriftliches Angebot zur Einstellung ergeht an den Bewerber.

● **Arbeitsablaufdiagramm**

Bei dieser Methode werden die einzelnen Arbeitsschritte durch Symbole dargestellt. Zusätzlich können Angaben zu den Sollzeiten eingetragen werden. Die Übersicht ist klar und knapp.

Abt. Personalwesen aufgen. von: Kraus Datum: 18.09.19. . Lfd. Nr. / Arbeitsvorgang	Bearbeitung	Transport	Überprüfung	Verzögerung	Lagerung	Zeit
1. Ausschreibung der Stelle	●	D	□	D	▽	30 Tage
2. Eingang der Bewerbungen	○	D	□		▽	30 Tage
3. Eingehende Bewerbungen werden überprüft	○	D	■	D	▽	3 Tage
4. Einladungen zum Vorstellungsgespräch	●	D	□	D	▽	7 Tage
5. Vorstellungsgespräch	●	D	□	D	▽	1 Tag
6. Weitere Vorauswahl	○	D	■	D	▽	1 Tag
7. Einladung zur betriebsärztlichen Untersuchung	●	D	□	D	▽	7 Tage
8. Betriebsärztliche Untersuchung	○	D	■	D	▽	1 Tag
9. Zustimmung Betriebsrat	●	D	□	D	▽	1 Tag
10. Entscheidung über Einstellung	○	D	□	D	▽	1 Tag
11. Angebot zur Einstellung	●	D	□	D	▽	7 Tage
12. Vorgang auf Wiedervorlage	○	D	□	D	▼	7 Tage

● **Datenflußdiagramm**

Aus einem Datenflußdiagramm wird zusätzlich die Aufteilung einzelner Arbeitsschritte auf die beteiligten Abteilungen deutlich. Aufgaben und Verantwortungsbereiche werden erkennbar.

Erläuterung / Stelle	Personal-abteilung	Verkauf	Betriebsarzt	Betriebsrat
Ausschreibung	☐			
Bewerbungseingang	☐			
Überprüfung der Bewerber		☐		
Einladung zum Vorstellungsgespräch	☐			
Vorstellungsgespräch		☐		
Weitere Vorauswahl		☐		
Einladung zur betriebsärztlichen Untersuchung	☐			
Betriebsärztliche Untersuchung			☐	
Zustimmung Betriebsrat				☐
Entscheidung über Einstellung		☐		
Angebot zur Einstellung	☐			
Vorgang auf Wiedervorlage	☐			

3.2 Aufbau eines Einzelhandelsbetriebes

Die Unternehmungen im Bereich des Einzelhandels können in Groß-, Mittel- und Kleinbetriebe unterteilt werden, wobei im Einzelfall zu bestimmen ist, anhand welcher Daten (z.B. Umsatzgröße oder Personalstärke) die einzelnen Betriebsarten gegeneinander abgegrenzt werden sollen. Jeder Einzelhandelsbetrieb verfügt in der Regel über mindestens drei Bereiche:

- Verkaufsraum (Ladengeschäft mit Schaufenster)
- Lager (Verkaufs- und Reservelager)
- Büro (Verwaltung)

3.2.1 Der Verkaufsraum

Der Verkaufsraum ist der eigentliche Mittelpunkt eines jeden Einzelhandelsbetriebes. Im Ladengeschäft vollzieht sich durch das Zusammentreffen von Verkäufer, Ware und Kunde die Verkaufsdurchführung und damit der eigentliche Zweck unternehmerischer Tätigkeit im Einzelhandel.

▶ **Größe des Verkaufsraumes**

Die Größe ist wesentlich abhängig von der jeweiligen Betriebsform:
– Fachgeschäft (Lebensmittel, Schuhe, Möbel)
– Waren- und Kaufhäuser (Angebot vielfältiger Waren)

In jedem Fall muß die Verkaufsfläche so ausreichend ausgelegt sein, daß eine gute Darbietung der Ware erfolgen kann.

▶ **Einteilung des Verkaufsraumes**

Die Entscheidung ist danach ausgerichtet, ob es sich um ein ausschließliches Bedienungsgeschäft (z. B. Uhrenfachgeschäft), um ein Geschäft mit Vorwahl (Waren- und Kaufhäuser) oder um ein Selbstbedienungsgeschäft (Supermarkt) handelt. Insbesondere bei den letzten beiden Verkaufsformen spielt die **Lenkung des Kundenstromes** eine wesentliche Rolle. Der Verkaufsraum wird danach so eingeteilt, daß der Kunde zwischen Geschäftseingang und Kasse einen möglichst großen Bereich der Ladenfläche durchquert. Auf diese Weise wird er auch an Warenangeboten vorbeigeleitet, für die er sich ursprünglich vielleicht gar nicht interessierte, die er aber nun wahrnimmt und möglicherweise auch kauft.

▶ **Ausstattung und Einrichtung**

Die Gestaltung der Ladeneinrichtung kann beim Kunden eine mehr oder minder günstige Kaufstimmung herbeiführen. Zunächst ist der **Einrichtungsstil** eines Verkaufsraumes von der Art der angebotenen Ware, vom Sortiment und dem Standort des Geschäftes abhängig. Die Ausstattung in einem Fotofachgeschäft muß anders als in einem Lebensmittelgeschäft, die eines Teppichhauses unterschiedlich von der eines Porzellanwarengeschäftes sein. Einzelhandelsgeschäfte in der Innenstadt mit überwiegender Laufkundschaft werden in der Regel über eine aufwendigere Einrichtung verfügen als Geschäfte in Vororten, die hauptsächlich von Stammkunden besucht werden.

Ausstattung und Einrichtung eines Verkaufsraumes sind insbesondere unter dem Gesichtspunkt einer optimalen **Warendarbietung** auszurichten. Verkäufern und Kunden müssen gleichermaßen gute Bedingungen geboten werden. Hinsichtlich der Einrichtungsgegenstände unterscheidet man:

- **allgemeine Einrichtungen**

  Regale, Schränke, Vitrinen, Ständer, Gondeln, Tische, Verkaufstheken und Kassen

- **besondere Einrichtungen**

  Umkleidekabinen, Spiegel, Vorführräume, Abspieleinrichtungen für Schallplatten, Tonbänder und Video

- **Kundendiensteinrichtungen**

  Fahrstühle, Rolltreppen, Sitzgelegenheiten, Klimaanlagen, Restaurants, sanitäre Einrichtungen, Münzfernsprecher, Briefkästen, Informationsstände, Hinweisschilder

3.2.2 Das Lager

Zur ständigen Verkaufsbereitschaft ist eine ausreichende Vorratshaltung von Waren notwendig. Die Geschäftsräume bilden häufig zugleich das **Verkaufslager**, wo ein großer Teil der Ware verkaufsfertig zur Verfügung steht. Die Größe und Einrichtung des **Reservelagers** richtet sich nach der einzulagernden Warenart, nach ihrer Umschlagshäufigkeit und den Lieferzeiten für bestimmte Waren (vgl. S. 171 ff.).

3.2.3 Das Büro

In jedem Einzelhandelsbetrieb müssen **kaufmännische Verwaltungsarbeiten** durchgeführt werden. In Kleinbetrieben werden diese Aufgaben häufig vom Inhaber allein erledigt. In Mittel- und Großbetrieben werden hierzu **kaufmännische Angestellte** für unterschiedliche Tätigkeitsfelder beschäftigt. Diese Mitarbeiter können in verschiedenen Arten von Büroräumen arbeiten:

- Einzelbüro (leitende Mitarbeiter)
- Mehrplatzbüro (wenige Sachbearbeiter)
- Großraumbüro (zahlreiche Mitarbeiter aus verschiedenen Abteilungen)

Folgende Verwaltungstätigkeiten werden im Büro ausgeführt:

– **Einkaufs- und Verkaufsüberwachung**

> Aufstellung eines Beschaffungsplans, Abfassung von Anfragen und Einholung von Angebo-
> ten, Auftragserteilung und Auftragsbestätigung, Rechnungsprüfung, Kundendienst, Planung
> von Werbemaßnahmen

– **Buchhaltung**

> Erfassung aller Geschäftsvorfälle und Erstellung des Jahresabschlusses mit Gewinn- und Ver-
> lustrechnung und Bilanz

– **Lohn- und Gehaltsabrechnung**

– **Kalkulation**

> ▮ Ermittlung der Verkaufspreise

– **Personalangelegenheiten**

> ▮ Einstellung und Betreuung der Mitarbeiter, Fortbildungsmaßnahmen

– **Anlagenverwaltung**

> ▮ Verwaltung und Instandhaltung von Betriebsgebäuden, Geschäftsausstattung und Fuhrpark

3.3 Verhütung von Diebstahl, Feuer und Unfall

▶ **Diebstahlschutz**

Die Gefahr von Warendiebstählen besteht grundsätzlich in allen Ladengeschäften
des Einzelhandels. Aufgrund der schwierigen Überwachung sind Diebstähle in Selbst-
bedienungsgeschäften sowie in Waren- und Kaufhäusern besonders häufig.

● **Gelegenheitsdiebe** entwenden in der Regel planlos Gegenstände, die einfach
günstig mitnehmbar sind. Gründe für dieses Verhalten sind selten wirtschaftliche
Notlagen des Ladendiebes; häufig liegen die Ursachen in einem krankhaften
Stehltrieb, in einem falschen Selbstbestätigungsgefühl oder auch in einer gewoll-
ten Risikofreude (Nervenkitzel).

● **Gewohnheitsdiebe** betreiben Diebstahl mit festem Plan und gehen raffinierter und profihafter zu Werk. Sie arbeiten vielfach mit anderen Tätern zusammen und verwenden zahlreiche Tricks, wie z.B. gezielte Ablenkung des Verkaufspersonals oder Austausch von Preisschildern.

● **Maßnahmen zum Schutz gegen Diebstähle**
   - Übersichtliche Gestaltung des Warenangebotes
   - Erhöhte Aufmerksamkeit des Personals
   - Einsatz von Hausdetektiven
   - Anbringung deutlich sichtbarer Spiegel und Fernsehkameras zur Kundenbeobachtung
   - Beseitigung zu hoher Regale, dunkler Ecken und toter Winkel
   - Aufbewahrung wertvoller Gegenstände in verschlossenen Glasvitrinen
   - Anbringung von Plastikmanschetten an Waren (Textilien), die an den Lichtschranken der Ausgangstüren einen Warnton hervorrufen
   - Abgabe von Einkaufstaschen, Schirmen usw. vor dem Einkauf im Selbstbedienungsgeschäft
   - Kontrolle aller Räume im Verkaufsbereich nach Geschäftsschluß im Hinblick auf versteckte Personen
   - Einschaltung von Alarmanlagen nach Geschäftsschluß

Ist ein Ladendieb ermittelt, wird er verwarnt, mit Hausverbot belegt oder angezeigt. Zahlreiche Einzelhandelsunternehmungen sind dazu übergegangen, grundsätzlich jeden Ladendieb der Polizei zu melden und Strafanzeige zu stellen.

▶ **Feuerschutz**

Für den Fall eines Brandes sind zum Schutz von Kunden, Personal und Sachwerten besondere Sicherheitsvorkehrungen zu treffen:

   - Ausstattung der Räume mit Alarmanlagen, Feuerlöschern und in der Decke eingelassenen Löschanlagen
   - Kennzeichnung von Notausgängen mit entsprechenden Hinweisschildern
   - Vorhandensein nach außen zu öffnender, feuerhemmender, nicht zugestellter Türen
   - Anbringung von Feuerleitern
   - Information des Personals über richtiges Verhalten bei Ausbruch eines Brandes und sofortige Benachrichtigung der Feuerwehr

▶ **Unfallverhütung**

Grundlage der Sicherheit im Betrieb ist folgende gesetzliche Vorschrift aus der **Gewerbeordnung**: „Die Gewerbeunternehmer sind verpflichtet, die Arbeitsräume, Betriebsvorrichtungen, Maschinen und Gerätschaften so einzurichten und zu unterhalten und den Betrieb so zu regeln, daß die Arbeitnehmer gegen Gefahren für Leben und Gesundheit so weit geschützt sind, wie es die Natur des Betriebs gestattet" (§ 120 a GewO).

Die Einhaltung dieser Bestimmungen wird vom **Gewerbeaufsichtsamt** durch regelmäßige Kontrollen der Betriebe überwacht. Die **Berufsgenossenschaft des Einzelhandels** (Träger der Unfallversicherung) hat Unfallverhütungsvorschriften erlassen, die öffentlich auszuhängen sind.

Die wichtigsten **Vorschriften zur Verhütung von Unfällen** in Verkaufsstellen gemäß „Unfallverhütungsvorschriften der Berufsgenossenschaft für den Einzelhandel" sind:

- Arbeitsplätze, Fußböden und Wege müssen unfallsicher angelegt und ausreichend beleuchtet sein
- Bedienungsgänge hinter den Verkaufstischen müssen mindestens 75 cm, zwischen den Lagerregalen mindestens 65 cm breit sein
- Kellerluken mit Falltüren müssen mit einer 1 m hohen Einfriedung versehen sein
- Schaufenster müssen sicher erreicht werden können
- Rahmenlose Glastüren und Glaswände sind deutlich wahrnehmbar zu kennzeichnen
- Warenregale sind gegen Umstürzen ausreichend zu sichern
- Dekorationen auf Regalen und Ladentischen sind ebenso wie Gegenstände, die von Regalen abrollen können, zu sichern
- Zum Anbringen von Dekorationen an Außen- und Innenwänden sind geeignete Befestigungsmöglichkeiten vorzusehen
- Schwere Stapelwaren sind auf ebener Fläche zu lagern und gegebenenfalls liegend aufzubewahren
- Gänge und Zugänge zu Aufzügen und Rolltreppen sind freizuhalten
- Zum Öffnen von Kisten, Draht- und Bandverschnürungen sind geeignete Werkzeuge zu verwenden

Das Personal sollte über **Erste Hilfe** unterrichtet sein und entsprechende Maßnahmen bis zum Eintreffen des Arztes durchführen können.

Der Einzelhandelskaufmann muß innerhalb von drei Tagen der Berufsgenossenschaft des Einzelhandels eine **Unfallanzeige** auf einem Formblatt zuleiten. Bei schweren Unfällen ist der Versicherungsträger sofort fernmündlich oder telegrafisch zu unterrichten.

Unfälle am Arbeitsplatz

124 121

In der gewerblichen Wirtschaft Deutschlands gab es 1992 rund 1,62 Millionen Arbeitsunfälle

85 80 77 70 59 54 47 38 32 31 28 27

Unfallhäufigkeit (angezeigte Arbeitsunfälle je 1000 Vollarbeiter) nach Wirtschaftszweigen

Bau · Holz · Steine und Erden · Metall · Bergbau · Nahrungs- und Genußmittel · Verkehr · **Durchschnitt** · Papier und Druck · Textil und Leder · Chemie · Handel und Verwaltung · Gesundheitsdienst · Feinmechanik und Elektrotechnik

Quelle: HVBG

ZAHLENBILDER
280 210
©Erich Schmidt Verlag

Absender (Stempel)

UNFALLANZEIGE

① Mitgliedsnummer

② Gewerbeaufsichtsamt/Bergamt
Bochum

③ Betriebsnummer des Arbeitsamtes

Eingangsstempel — Unfallart — Meldejahr — Vers.-Träger — Gefahrtarif — Unfallnummer

4 Anschriftenfeld für den Empfänger der Unfallanzeige

Berufsgenossenschaft
für den Einzelhandel
Niehbuhrstraße 5

53113 Bonn

Die mit ◯ gekennzeichneten Fragen sind im Vorblatt erläutert.

Angaben zum Verletzten

5 Name, Vorname: Winter, Michael

⑥ Versicherungsnummer oder Geburtsdatum: 0 4 1 1 6 1

7 Postleitzahl: 4 4 7 9 1 — Ort: Bochum — Straße: Schillerstraße 31

8 Familienstand: [X] ledig [ ] verheiratet [ ] verwitwet [ ] geschieden

9 Geschlecht: [X] männlich [ ] weiblich

10 Staatsangehörigkeit: deutsch

11 Zahl der Kinder unter 18 Jahren | zwischen 18 und 25 Jahren, soweit in Schul- oder Berufsausbildung

⑫ Als was ist der Verletzte regelmäßig eingesetzt? Verkäufer

⑬ Seit wann bei dieser Tätigkeit? Monat 0 8 Jahr 7 9

⑭ In welchem Teil des Unternehmens ist der Verletzte ständig tätig?

15 Ist der Verletzte Leiharbeitnehmer? [X] nein [ ] ja

16 Ist der Verletzte minderjährig, entmündigt oder steht er unter Pflegschaft? Ggf. Name und Anschrift des gesetzlichen Vertreters: [X] nein

17 Ist der Verletzte der Unternehmer, Mitunternehmer, Ehegatte des Unternehmers oder mit diesem verwandt? [X] nein [ ] Unternehmer [ ] Mitunternehmer [ ] Ehegatte [ ] verwandt — Art der Verwandtschaft

⑱ Krankenkasse des Verletzten (Name, Ort): AOK, Bochum

19 Anspruch auf Arbeitsentgelt besteht bis Tag Monat

20 Hat der Verletzte die Arbeit wieder aufgenommen? nein / ja am Tag Monat

Angaben zur Verletzung

㉑ Verletzte Körperteile: rechter Arm

㉒ Art der Verletzung: Fraktur

23 Welcher Arzt hat den Verletzten nach dem Unfall **zuerst** versorgt? (Name, Anschrift)

24 Ist der Verletzte tot? [X] nein [ ] ja

25 Welcher Arzt behandelt den Verletzten **zur Zeit**? (Name, Anschrift): Dr. Theo Groß, Rottstr. 25, 44793 Bochum

26 Falls sich der Verletzte im Krankenhaus befindet, Anschrift des Krankenhauses:

㉗ Unfallzeitpunkt: Tag 1 3 Monat 0 7 Jahr 9 3 Stunde 1 0 Minute 1 5

Angaben zum Unfall

28 Hat der Verletzte die Arbeit eingestellt? [ ] nein [X] sofort [ ] später, am Tag Monat

29 Beginn der Arbeitszeit des Verletzten: Stunde 0 8 Minute 3 0

30 Ende der Arbeitszeit des Verletzten: Stunde 1 8 Minute 3 0

㉛ Unfallstelle (genaue Orts- u. Straßenangabe, auch bei Wegeunfällen): Verkaufsraum Sport Braun GmbH, Karlstr. 16, 44866 Bochum

32 An welcher Maschine ereignete sich der Unfall? (auch Hersteller, Typ, Baujahr)

㉝ Welche technische Schutzvorrichtung oder Maßnahme war getroffen?

㉞ Welche persönliche Schutzausrüstung hat der Verletzte benutzt?

35 Welche Maßnahmen wurden getroffen, um ähnliche Unfälle in Zukunft zu verhüten?

36 Wer hat von dem Unfall zuerst Kenntnis genommen? (Name, Anschrift des Zeugen): Thomas Braun, Karlstr. 16, 44866 Bochum — War diese Person Augenzeuge? [X] nein [ ] ja

㊲ Ausführliche Schilderung des Unfallherganges (bei Verkehrsunfällen auch Angabe der aufnehmenden Polizeidienststelle)

Beim Einsortieren von Trainingsanzügen in das Regal verlor der Verletzte das Gleichgewicht und stürzte von der Leiter.

Arbeitsbereich — unfallauslösender Gegenstand — Bewegung des Gegenstandes — Tätigkeit des Verletzten — Bewegung des Verletzten

04.06.19..

38 Datum — 39 Unternehmer oder Stellvertreter — ㊵ Betriebsrat (Personalrat) — 41 Sicherheitsbeauftragter

Zusammenfassung

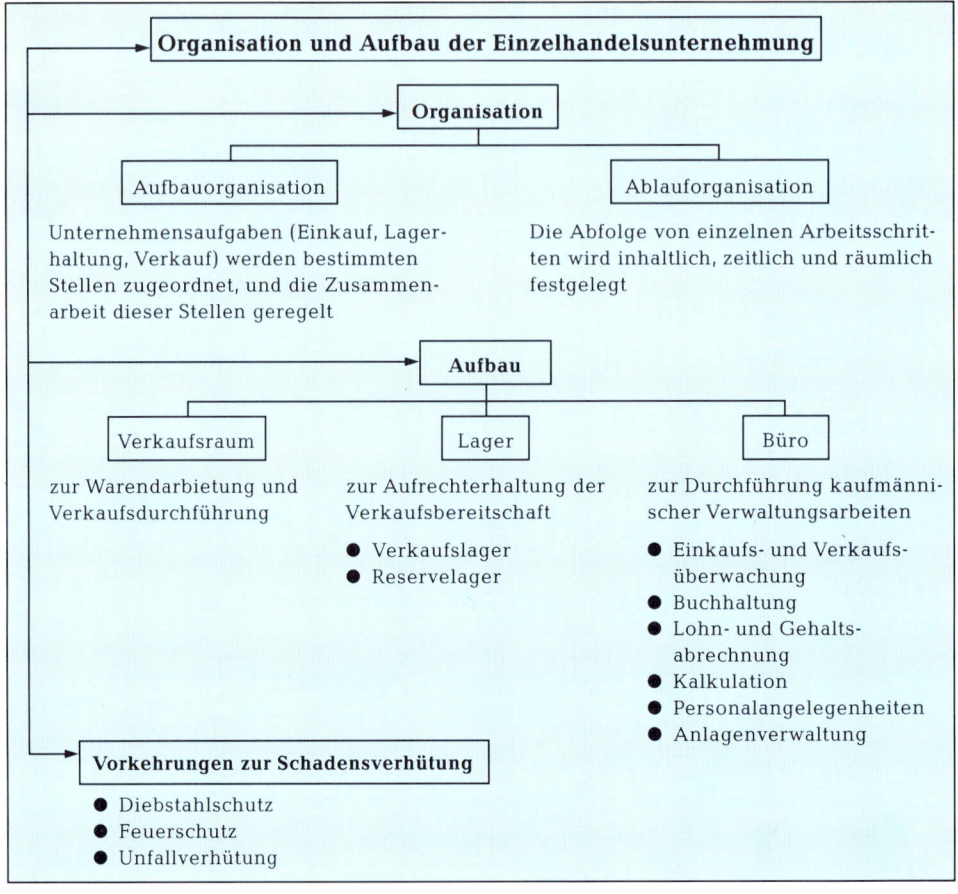

Organisation und Aufbau der Einzelhandelsunternehmung

Organisation

Aufbauorganisation

Unternehmensaufgaben (Einkauf, Lagerhaltung, Verkauf) werden bestimmten
Stellen zugeordnet, und die Zusammenarbeit dieser Stellen geregelt

Ablauforganisation

Die Abfolge von einzelnen Arbeitsschritten wird inhaltlich, zeitlich und räumlich
festgelegt

Aufbau

Verkaufsraum

zur Warendarbietung und
Verkaufsdurchführung

Lager

zur Aufrechterhaltung der
Verkaufsbereitschaft

- Verkaufslager
- Reservelager

Büro

zur Durchführung kaufmännischer Verwaltungsarbeiten

- Einkaufs- und Verkaufs-
  überwachung
- Buchhaltung
- Lohn- und Gehalts-
  abrechnung
- Kalkulation
- Personalangelegenheiten
- Anlagenverwaltung

Vorkehrungen zur Schadensverhütung

- Diebstahlschutz
- Feuerschutz
- Unfallverhütung

Aufgaben

(1) Grenzen Sie Aufbau- und Ablauforganisation voneinander ab!

(2) Erläutern Sie die Begriffe
  a) verbale Ablaufdarstellung
  b) Arbeitsablaufdiagramm
  c) Datenflußdiagramm!

(3) Nach welchen Kriterien ist der Verkaufsraum aufzubauen und einzurichten?

(4) Beschreiben Sie Arbeiten, die das Büro Ihres Ausbildungsbetriebes durchführt!

(5) Erläutern Sie Möglichkeiten zur Verhütung von Diebstählen!

(6) Welche Sicherheitsvorkehrungen sollten zum Schutz vor Feuer beachtet werden?

(7) Nennen Sie die Aufgaben
  a) des Gewerbeaufsichtsamtes
  b) der Berufsgenossenschaft!

(8) Stellen Sie Vorschriften der Unfallverhütung Ihres Ausbildungsbetriebes dar!

(9) Was ist bei schweren Unfällen im Betrieb umgehend zu tun?

Die Warenbeschaffung

1 Entscheidungen zur Warenbeschaffung

1.1 Beschaffungsplan

Grundlage einer erfolgreichen Verkaufstätigkeit des Einzelhändlers ist die Warenbeschaffung. Nur wenn geeignete Waren in ausreichenden Mengen zu angemessenen Qualitäten und Preisen termingerecht für den Verkauf bereitstehen, kann eine Einzelhandelsunternehmung auf Dauer die Wünsche ihrer Kunden erfüllen. Aus diesem Grund ist ein sorgfältig ausgearbeiteter Beschaffungsplan (Einkaufsplan) notwendige Voraussetzung für zweckmäßige Entscheidungen beim Warenbezug.

In einem Beschaffungsplan müssen folgende Fragen beantwortet werden:

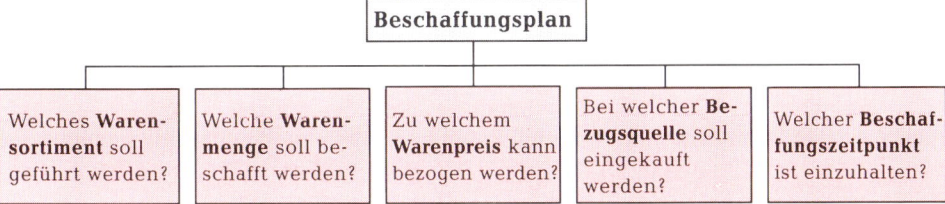

▶ **Das Warensortiment**

Die Gesamtheit der Waren, die ein Anbieter führt, wird als Sortiment bezeichnet. Die Auswahl der einzelnen Artikel, die ein Einzelhändler in seinem Sortiment führt, wird durch folgende Einflußgrößen bestimmt:

- **Geschäftszweig**: z.B. Lebensmittel, Textilien, Möbel, Lederwaren;
- **Betriebsform**: wie Fachgeschäft, Spezialgeschäft, Warenhaus, Kaufhaus, Großhandlung;
- **Konkurrenz**: Zusammenstellung des eigenen Sortiments unter Berücksichtigung der Konkurrenzangebote;
- **Standort**: Ausrichtung des Warensortiments in Qualität und Preis je nach Lage des Geschäftes;
- **Kaufkraft**: Sortimentszusammenstellung gemäß den Einkommensverhältnissen der im Einzugsbereich des Geschäftes wohnenden Kunden;
- **Verbrauchsgewohnheiten**: Gestaltung des Angebotes nach Kaufgewohnheiten, Anfragen und Wünschen der Verbraucher;
- **Marktneuheiten**: Auf Messen und Ausstellungen neu vorgestellte Waren (Produktinnovationen, vgl. S. 182) können das Sortiment erweitern.

Damit es dem Einzelhändler gelingt, sein Sortiment erfolgreich zu gestalten, stehen ihm verschiedene Entscheidungshilfen zur Verfügung:

- **Verkaufsstatistik:** Erfassung der Verkaufszahlen einzelner Artikel etwa zum Zweck der Herausnahme schlecht absetzbarer Waren aus dem Sortiment.
- **Informationsmaterial:** Berücksichtigung von in Fachzeitschriften, Lieferantenmitteilungen und Broschüren dargestellten neuen Produkten und Entwicklungen von Verbrauchsgewohnheiten.

- **Kaufwünsche:** Ermittlung spezieller Kaufwünsche durch das Verkaufspersonal.

> Ein Abteilungsleiter weist seine Verkäufer an, diejenigen Artikel, die von Kunden nachgefragt werden, aber nicht im Sortiment enthalten sind, aufzuschreiben und an ihn weiterzuleiten.

▶ Warenmenge

Die Festlegung der tatsächlich benötigten Warenmenge pro Artikel ist für den Einzelhändler eine wichtige Entscheidung bei der Warenbeschaffung.

Eine falsch georderte Warenmenge kann folgende nachteilige Auswirkungen haben:

- **Wird zuviel eingekauft:**
  - erhöht sich der Lagerbestand und die Kosten der Lagerhaltung steigen;
  - besteht die Gefahr, daß Waren verderben oder überaltern (sie werden z. B. unmodern).

- **Wird zuwenig eingekauft:**
  - ist der Einzelhändler nicht lieferbereit, d. h., er verliert Kunden. Kommt es häufiger zu solchen Engpässen, werden die Kunden auf Dauer zur Konkurrenz abwandern.

Bei diesen Überlegungen ist natürlich auch zu berücksichtigen, daß durch einen größeren Mengenbezug in der Regel preisgünstiger eingekauft (Rabatte) und dieser Preisvorteil an die Käufer weitergegeben werden kann.

Die **Bestellmenge** richtet sich in erster Linie nach dem Umsatz vergangener Perioden, der aus der Verkaufsstatistik zu entnehmen ist. Allerdings können folgende Umstände diese Absatzmenge für die Zukunft verändern:

- **Einkommensveränderungen bzw. veränderte Ertragssituationen** der Käufer durch hohe Lohnabschlüsse oder Kurzarbeit bzw. Arbeitslosigkeit;

- **Staatliche Maßnahmen** wie Steuererhöhungen z. B. bei Benzin, Zigaretten oder Branntwein bzw. Anhebung von Zöllen auf importierte Waren;

- **Politische Ereignisse**, wie die Ölkrise oder durch Streiks in der Automobilindustrie ausgelöste Lieferengpässe;

- **Verbesserte Verkehrsanbindung** durch neue Nahverkehrslinien, Straßenausbau, Parkhäuser und Parkplätze;

- **Konkurrenzbetriebe**, die sich in der Nähe der Einzelhandelsunternehmung niederlassen;

- **Wandlungen im Kaufverhalten** infolge bestimmter Modetrends, neu auf dem Markt erschienener Produkte oder Veränderungen der Kaufgewohnheiten;

- **Besondere Veranstaltungen**, die der Einzelhändler selbst durchführt (Werbeaktionen, Geschäftsjubiläen) oder die an seinem Standort stattfinden (Jahrmärkte, Ausstellungen, Tagungen, Festwochen);

● **Starke Abweichungen von normalen jahreszeitlichen Witterungsverhältnissen**
bei besonders warmem Sommer (Getränke) oder sehr kaltem Winter (Kleidung)

> Wie die Bestellmenge für das nächste Quartal bestimmt werden kann, zeigt folgende Kalkulation:

Abgesetzte Menge einer bestimmten Ware im letzten Quartal	500
∕. Erwarteter Umsatzrückgang aufgrund der Eröffnung eines Konkurrenzbetriebes 15 %	75
+ Erwartete Umsatzsteigerung aufgrund gestiegener Kundeneinkommen 10 %	50
∕. Lagerbestand	70
+ Mindestbestand (Sicherheitsbestand) am Lager zur Aufrechterhaltung ständiger Verkaufsbereitschaft	50
= Bestellmenge für das nächste Quartal	455

▶ **Zu welchem Warenpreis kann bezogen werden?**

Handelsbetriebe müssen sich häufig infolge der Konkurrenzsituation am Markt an einem bestimmten Verkaufspreis ausrichten. Aus diesem Grund ist es erforderlich, vorab Höchstpreise für den Einkauf von weiterzuveräußernden Waren festzulegen, die nicht überschritten werden dürfen.

> Ausgangspunkt für diese Einkaufspreiskalkulation im Handel ist der Nettoverkaufspreis einer Ware. Im Wege der **Rückwärtskalkulation** wird unter Anrechnung von z.B. Rabatten, Skonti, Löhnen, Verwaltungskosten, Zinsen, Abschreibungen und unter Berücksichtigung eines angemessenen Gewinns der Listeneinkaufspreis bestimmt, der beim Einkauf nicht überschritten werden darf.
>
> Ein Großhändler kann ein tragbares Farbfernsehgerät nur zum Nettoverkaufspreis von 1 100 DM an seine Kunden veräußern. Mit Hilfe der Rückwärtskalkulation ermittelt er den Listeneinkaufspreis, den er höchstens an den Hersteller zahlen kann.

Listeneinkaufspreis	673,16 DM
∕. 10 % Lieferantenrabatt	67,32 DM
Zieleinkaufspreis	605,84 DM
∕. 3 % Lieferantenskonto	18,18 DM
Bareinkaufspreis	587,66 DM
+ Bezugskosten	12,13 DM
Bezugspreis	599,79 DM
+ 30 % Handlungskosten (Zinsen, Abschreibungen, Miete, Steuern, Werbung, Personal usw.)	179,94 DM
Selbstkostenpreis	779,73 DM
+ 30 % Gewinnzuschlag	233,92 DM
Barverkaufspreis	1 013,65 DM
+ 3 % Kundenskonto	31,35 DM
Zielverkaufspreis	1 045,00 DM
+ 5 % Kundenrabatt	55,00 DM
Nettoverkaufspreis	1 100,00 DM

▶ Bezugsquelle

Nach der Entscheidung über die Beschaffung bestimmter Waren in entsprechenden Mengen wird der Einzelhändler in der Regel bei den Lieferanten bestellen, mit denen bereits Geschäftsverbindungen bestehen. Aus einer **Bezugsquellenkartei** ist ersichtlich, welcher Lieferant für einen bestimmten Artikel in Frage kommt. Diese Kartei kann sowohl nach Lieferanten **(Lieferantenkartei)** als auch nach Artikeln **(Warenkartei)** geordnet sein. Dieses manuelle Hilfsmittel wird zunehmend von computergestützten Organisationsverfahren abgelöst. Mittels entsprechender Software angelegte und gepflegte **Lieferanten- und Warendateien** enthalten dann alle erforderlichen Informationen.

● **Auszug aus einer Bezugsquellendatei nach Lieferanten (Lieferantendatei)**

Lieferant: Textilfabrik Otto Weber KG Postfach 1250, 52013 Aachen Tel.: (0241) 973401					
Artikel-Nr.	**Bezeichnung**	**Angebot vom**	**Bestellung am**	**Einzelpreis**	**Bemerkungen**
4689	Herren-Trai-ningsanzug „Olympia"	28.07.19..	30.07.19..	59,00 DM	Sehr gute Auftrags-abwicklung, 3 % Skonto bei Zahlung innerhalb 10 Tagen,
172935	Herren-Turnhosen	06.09.19..	10.09.19..	25,90 DM	15 % Rabatt ab 10 Stück pro Artikel, Lieferzeit 2 Wochen

● **Auszug aus einer Bezugsquellendatei nach Artikeln (Warendatei)**

Artikel: Aktentasche					
Lieferant	**Artikel-Nr.**	**Angebot vom**	**Bestellung am**	**Einzelpreis**	**Bemerkungen**
Kersting OHG Florianstr. 44139 Dort-mund Tel.: (0231) 462289	28162	09.09.19..	12.09.19..	240,00 DM	Gute Qualität, 2 % Skonto bei Zahlung innerhalb 10 Tagen, Lieferzeit 8 Tage
Hölzner GmbH Hohe Str. 60 50667 Köln Tel.: (0221) 171449	46342	17.03.19..	24.03.19..	198,00 DM	Mittlere Qualität, 3 % Skonto bei Zahlung innerhalb 2 Wochen, 10 % Rabatt bei Liefe-rung ab 5 Stück, Lieferzeit 4 Wochen

Bei Unzufriedenheit mit bisherigen Lieferanten, beim Ausfall eines Lieferers oder bei der Übernahme neuer Produkte in das Sortiment können **neue Bezugsquellen** insbesondere auf folgende Weise ermittelt werden:

- **Branchenadreßbücher** (ABC der deutschen Wirtschaft);
- **Branchenverzeichnis der Bundespost** (Gelbe Seiten);
- **Bildschirmtext** (Btx) **der Deutschen Bundespost Telekom**;
- **Anzeigen in Tageszeitungen und Fachzeitschriften;**
- **Besuche von Messen, Ausstellungen, Tagungen;**
- **Informationen von Berufsverbänden und Industrie- und Handelskammern;**
- **Hinweise von Geschäftsfreunden.**

Darüber hinaus kann auch ein dem Einzelhändler bisher nicht bekannter Lieferant von sich aus durch Prospekte, Kataloge oder Vertreter an ihn herantreten.

Die Bezugsquellen, bei denen der Einzelhändler seine Waren beschafft oder beziehen möchte, können aus verschiedenen Bereichen stammen.

● **Warenbeschaffung beim Hersteller**

Der Einkauf direkt beim Hersteller ist üblich:

- in bestimmten Geschäftszweigen (Möbel, Sportgeräte, Lederwaren)
- für Großbetriebe im Einzelhandel (Warenhäuser, Kaufhäuser, Versandhandel)

● **Warenbeschaffung beim Großhändler**

Kleinere Einzelhandelsunternehmungen bevorzugen die Warenbeschaffung über den Großhändler. Im Gegensatz zum einzelnen Hersteller hält der Großhändler eine Vielzahl von Waren verschiedener Produzenten bereit. Er wird bemüht sein, dem Einzelhändler durch eine umfassende Lagerhaltung den jederzeitigen Bezug der benötigten Waren zu ermöglichen.

● **Warenbeschaffung durch Einkaufsgruppen**

- **Freiwillige Ketten.** Hier arbeiten Großhändler mit zahlreichen Einzelhändlern zusammen. Die durch die Großhändler als Großeinkäufer erzielten Preisvorteile kommen den angeschlossenen Einzelhändlern zugute.

- **Einkaufsgenossenschaften.** Mehrere selbständige Einzelhändler schließen sich mit dem Ziel zusammen, die Vorteile des Großeinkaufs auszunutzen.

▶ **Beschaffungszeitpunkt**

Zur Aufrechterhaltung ständiger Lieferbereitschaft sind Waren so rechtzeitig zu bestellen, daß sie stets zum Verkauf verfügbar sind. Der Beschaffungszeitpunkt hängt dabei von folgenden Einflußgrößen ab:

● **Lieferzeit**, also dem Zeitraum zwischen Bestellung und Lieferung;
● **Umsatzgeschwindigkeit**, wodurch ausgedrückt wird, wie häufig ein bestimmter Artikel in einem festgelegten Zeitraum (z.B. einem Monat bzw. einem Jahr) verkauft wird;

- **Lagerfähigkeit**, die abhängig ist von der Haltbarkeit der entsprechenden Warenart (Frischwaren, Gefriergut und Konserven);
- **Lagergröße und Lagerausstattung**, wodurch eine sachgerechte Lagerung der Waren ermöglicht wird;
- **Angebotstermine der Lieferanten:** Einige Waren müssen in bestimmten Zeiträumen bestellt werden (Saison- und Modeartikel), andere sind nicht immer erhältlich (Frischfisch nur in der entsprechenden Fangzeit);
- **Voraussichtliche Preisentwicklung:** Erwartet der Einzelhändler in absehbarer Zeit Preiserhöhungen, wird er seine Bestellung nach Möglichkeit vorzeitig abgeben. Stehen Preissenkungen bevor, wird er seinen Auftrag noch aufzuschieben suchen.

1.2 Voraussetzungen für das Zustandekommen von Rechtsgeschäften

1.2.1 Rechts- und Geschäftsfähigkeit

Zur Gestaltung von Rechtsverhältnissen – also auch zum Abschluß eines Kaufvertrages – ist es grundsätzlich notwendig, daß die beteiligten Personen rechts- und geschäftsfähig sind.

▶ **Rechtsfähigkeit** (§§ 1, 21, 22 BGB)

Rechtsfähigkeit ist die Fähigkeit von Personen, Rechte und Pflichten übernehmen zu können. Bei allen **natürlichen Personen** (jeder Mensch) beginnt die Rechtsfähigkeit mit der Geburt (§ 1 BGB) und endet mit dem Tod.

Rechtsfähigkeit

z. B. **Rechte**
- Eigentumsrecht
- Lieferungs- oder Zahlungsanspruch
- Kündigungsrecht

z. B. **Pflichten**
- Lieferungs- oder Zahlungspflicht
- Schadensersatzpflicht
- Pflicht zur Prüfung von Waren

Neben natürlichen Personen besitzen aber auch bestimmte Unternehmungsformen (Gesellschaft mit beschränkter Haftung, Aktiengesellschaft), eingetragene Vereine (Hauptverband des deutschen Lebensmitteleinzelhandels e.V.) und andere Organisationen (Industrie- und Handelskammern, Rundfunkanstalten) Rechtsfähigkeit (§§ 21, 22 BGB). Es handelt sich hierbei um **juristische Personen**, die die Rechtsfähigkeit durch Eintragung in ein Register (Handelsregister, Vereinsregister) oder durch staatliche Verleihung erlangen.

▶ **Geschäftsfähigkeit** (§§ 104 – 113 BGB)

Nicht jede rechtsfähige Person kann Rechtsgeschäfte abschließen (z.B. Kauf-, Miet-, Arbeitsvertrag). Dazu ist Geschäftsfähigkeit notwendig. Das Maß der Geschäftsfähigkeit hängt vom Alter sowie von körperlicher und geistiger Leistungsfähigkeit ab. Daher sieht das Bürgerliche Gesetzbuch (BGB) drei Abstufungen in der Geschäftsfähigkeit vor.

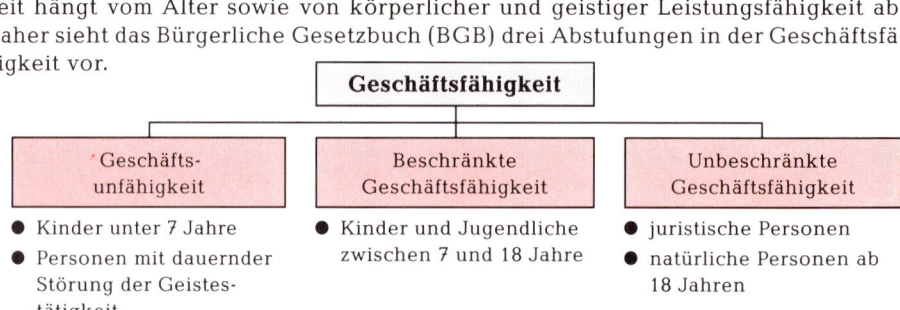

Geschäftsfähigkeit

Geschäfts- unfähigkeit	Beschränkte Geschäftsfähigkeit	Unbeschränkte Geschäftsfähigkeit
• Kinder unter 7 Jahre • Personen mit dauernder Störung der Geistestätigkeit	• Kinder und Jugendliche zwischen 7 und 18 Jahre	• juristische Personen • natürliche Personen ab 18 Jahren

● **Geschäftsunfähigkeit** (§ 104 BGB)

Geschäftsunfähig sind Kinder unter 7 Jahre sowie dauernd Geisteskranke. Diese Personen können keine rechtsgültigen Geschäfte abschließen, für sie handeln **Eltern, Vormund oder Betreuer.**

> Die sechsjährige Petra kauft für 18 DM eine Schallplatte. Ein Kaufvertrag kommt dabei nicht zustande, da Petra noch geschäftsunfähig ist. Ihre Eltern können die Platte an den Einzelhändler zurückgeben und die Erstattung des Kaufpreises verlangen.

Geschäftsunfähigen gleichgestellt sind Personen mit vorübergehender Störung der Geistestätigkeit (§ 105 II BGB).

● **Beschränkte Geschäftsfähigkeit** (§ 106 BGB)

Kinder und Jugendliche vom 7. bis 18. Lebensjahr sind beschränkt geschäftsfähig.

Rechtsgeschäfte, die von beschränkt Geschäftsfähigen abgeschlossen werden, bedürfen der **Zustimmung des gesetzlichen Vertreters** (§§ 107, 108 BGB).

> Der Kauf eines Mopeds durch einen Siebzehnjährigen ist nur dann endgültig, wenn die Eltern vorher ihre **Einwilligung** erteilt haben oder nachträglich ihre **Genehmigung** geben.

In bestimmten Fällen ist die Zustimmung des gesetzlichen Vertreters zu Rechtsgeschäften beschränkt Geschäftsfähiger nicht erforderlich:

- **wenn nur ein rechtlicher Vorteil erlangt wird (Schenkung)** (§§ 107, 108 BGB).

> Ein Onkel schenkt seinem zehnjährigen Patenkind eine wertvolle Briefmarkensammlung, die es auch ohne Zustimmung seiner Eltern behalten kann.

- **wenn Rechtsgeschäfte mit Mitteln des Taschengeldes beglichen werden** (§ 110 BGB).

> Eine siebzehnjährige Auszubildende kauft sich neue Jeans. Sie braucht die Zustimmung ihrer Eltern nicht, da sie die Anschaffung der Hose mit ihrem Taschengeld bezahlt.

- **für Tätigkeiten, die ein beschränkt Geschäftsfähiger in einem vorher genehmigten Arbeitsverhältnis ausübt** (§ 113 I BGB).

> Eine siebzehnjährige Auszubildende verkauft in ihrem Ausbildungsbetrieb einen Lederkoffer an einen Kunden. Dieser Kaufvertrag ist gültig, da die Auszubildende mit ihrem Ausbildungsvertrag die Zustimmung zur Durchführung solcher Geschäfte hat.
>
> Gleichzeitig ist ein beschränkt Geschäftsfähiger berechtigt, ein eingegangenes Arbeitsverhältnis ohne Zustimmung seiner Eltern zu kündigen, **nicht** aber sein Ausbildungsverhältnis.

● **Unbeschränkte Geschäftsfähigkeit** (§ 2 BGB)

Unbeschränkte Geschäftsfähigkeit besitzen alle juristischen Personen sowie alle natürlichen Personen ab 18 Jahre (Volljährigkeit gemäß § 2 BGB), sofern letztere nicht geisteskrank sind. Diese Personen können **selbständig alle Rechtsgeschäfte** abschließen.

1.2.2 Zustandekommen von Rechtsgeschäften

Die Rechtsordnung der Bundesrepublik Deutschland ermöglicht es allen natürlichen und juristischen Personen, ihre Rechtsbeziehungen untereinander durch eigenen Willen zu gestalten **(Privatautonomie)**. Im Sinne des BGB ist die Erklärung, mit der eine Person ihren Willen äußert, um eine **Rechtsfolge herbeizuführen**, eine **Willenserklärung**.

- Ein Kaufmann mietet in einem Geschäftshaus Büroräume (*Schaffung* eines neuen Rechtsverhältnisses).
- Nach einiger Zeit erfolgt auf Antrag des Vermieters eine Mietpreiserhöhung (*Änderung* eines bestehenden Rechtsverhältnisses).
- Zwei Jahre später kündigt der Kaufmann den Mietvertrag (*Auflösung* eines Rechtsverhältnisses).

Alle Rechtsgeschäfte kommen durch Willenserklärungen der Beteiligten zustande.

▶ **Arten der Rechtsgeschäfte**

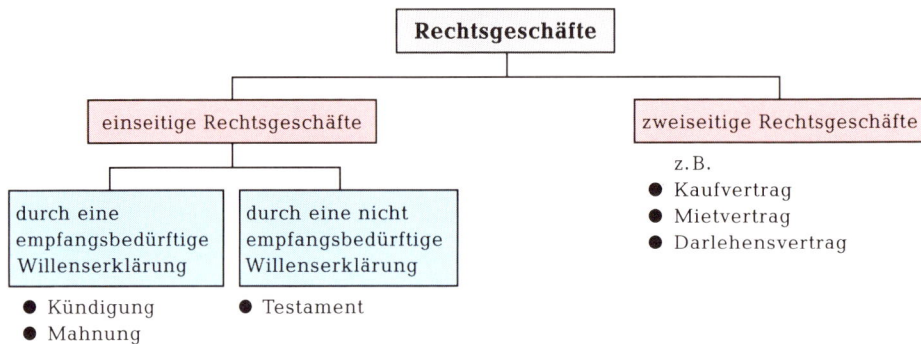

● **Einseitige und zweiseitige Rechtsgeschäfte**

Rechtsgeschäfte, die bereits durch **eine Willenserklärung** zustande kommen, bezeichnet man als einseitige Rechtsgeschäfte. Die durch mindestens **zwei Willenserklärungen** zustande kommenden Rechtsgeschäfte nennt man zweiseitige (bzw. mehrseitige) Rechtsgeschäfte.

● **Empfangsbedürftige und nicht empfangsbedürftige Willenserklärungen**

Zur Wirksamkeit eines Rechtsgeschäftes ist die Abgabe einer Willenserklärung allein nicht immer ausreichend. Nur bei **nicht empfangsbedürftigen Willenserklärungen** (z. B. Testament) reicht die einseitige Erklärung des Willens für das Zustandekommen des Rechtsgeschäftes bereits aus; es wird unmittelbar nach dem Tod des Erklärenden wirksam.

Empfangsbedürftige Willenserklärungen führen nur dann zu Rechtsgeschäften, wenn sie der entsprechenden Person zugegangen sind, d. h., wenn diese Person vom Inhalt der Erklärung hätte Kenntnis nehmen können (§ 130 I BGB).

> Wird ein Brief, der eine empfangsbedürftige Willenserklärung enthält, vom Postboten in den Briefkasten geworfen, so gilt sie als zugegangen. Allerdings sollte der Absender zur Beweisführung für den zugestellten Brief das Schreiben per Einschreiben (mit Rückschein) versenden.

► **Formen der Willenserklärungen**

Nach dem Grundsatz der Formfreiheit sind Willenserklärungen zur Herbeiführung von Rechtsgeschäften im allgemeinen an keine besondere Form gebunden. Willenserklärungen können daher:

– mündlich (einschließlich telefonisch),
– schriftlich (einschließlich fernschriftlich),
– durch schlüssiges Verhalten (**konkludentes Verhalten**)

abgegeben werden.

Der Wille muß nicht unbedingt ausdrücklich durch Worte erklärt werden; es genügt, wenn dieser durch ein bestimmtes Verhalten **schlüssig**, d. h. erkennbar geäußert wird.

> – Abgabe eines Antrages bei einer Versteigerung durch Handzeichen
> – Entnahme von Waren aus Automaten
> – Ein Kunde entnimmt Waren aus einem Regal im Supermarkt, legt sie in den Einkaufswagen und geht zur Kasse. Dort addiert die Verkäuferin die Einzelbeträge und rechnet ab.

Allerdings sieht der Gesetzgeber für einige Rechtsgeschäfte bestimmte Formen für die Abgabe von Willenserklärungen vor:

● **Gesetzliche Schriftform** (§ 126 BGB)

> Kündigung von Berufsausbildungsverhältnissen (§ 15 III BBiG)
> Kündigung eines Mietvertrages (§ 564 a BGB)
> Abschluß eines Kreditvertrages (§ 4 I VerbrKG) einschließlich des Rechts auf Widerruf (§ 7 I VerbrKG)

● **Öffentliche Beglaubigung** (§ 129 BGB)

Vor einem Notar oder Amtsgericht wird die eigenhändige Unterschrift des Erklärenden öffentlich beglaubigt.

> Ausschlagung einer Erbschaft (§ 1945 BGB)
> Antrag auf Eintragung in ein öffentliches Register (z. B. Handelsregister) (§ 12 HGB)

● **Notarielle Beurkundung** (§ 128 BGB)

> Die Beurkundung einer Willenserklärung durch einen Notar ist beim Grundstückserwerb vorgeschrieben (§ 313 BGB).

Ein Verstoß gegen eine gesetzlich vorgeschriebene oder vereinbarte Form führt zur Nichtigkeit des Rechtsgeschäftes (vgl. S. 141 f.).

1.3 Anfrage

Hat sich der Einzelhändler zur Beschaffung bestimmter Waren entschlossen und mögliche Bezugsquellen festgestellt, versucht er, durch **Anfragen** bei verschiedenen Anbietern genauere Informationen über Lieferungsmöglichkeiten und Lieferungsbedingungen einzuholen. Ziel dieser Tätigkeit ist die Ermittlung der **günstigsten Bezugsquelle**. Die Anfrage ist an keine Form gebunden und kann demnach schriftlich (auch fernschriftlich) oder mündlich (auch telefonisch) erfolgen.

▶ Rechtliche Wirkung der Anfrage

Die Anfrage, die für den Einzelhändler **keine rechtliche Wirkung** hat, ist unverbindlich und verpflichtet nicht zum Kauf. Neben der Beschaffung von Informationen dient die Anfrage auch dazu, bestehende Geschäftsverbindungen fortzusetzen bzw. neue anzuknüpfen.

Sport Braun GmbH

Sport Braun GmbH Postfach 101010 44710 Bochum

Textilfabrik
Otto Weber KG
Postfach 12 50

52013 Aachen

Karlstraße 16
44866 Bochum
☏   0234/437-1
Telefax 0234/437-506

Sparkasse Bochum
BLZ 430 500 01
Konto-Nr. 27 83 94

Geschäftszeit
Mo - Fr 9.00 - 18.30 h
Sa   9.00 - 14.00 h

Ihre Zeichen/Ihre Nachricht vom	*Unsere Zeichen*	*Durchwahl*	*Bochum*
	br-wi	121	24.07.19..

Anfrage nach Herren-Jogginganzügen

Sehr geehrte Damen und Herren,

bitte unterbreiten Sie uns ein Angebot über:

Herren-Jogginganzüge

Größen: 44-54
Farben: blau, rot, grau
Material: Baumwolle, Synthetik

Bitte staffeln Sie Ihr Angebot für die Bestellmengen 5, 10 und 20 Stück in den oben aufgeführten Qualitäten.

Wir bitten um Angebotsabgabe bis spätestens 01.08.19.., da die Nachfrage stark angestiegen ist.

Mit freundlichen Grüßen

Sport Braun GmbH

Braun

76

▶ **Inhalt der Anfrage**

● **Allgemeine Anfrage**

Der Einzelhändler möchte sich einen allgemeinen Überblick über das Lieferprogramm eines Anbieters verschaffen.

> Eine allgemeine Anfrage enthält etwa die Bitte um Übersendung eines Kataloges, einer Preisliste und der Lieferbedingungen. Es kann aber auch der Wunsch nach einem Vertreterbesuch geäußert werden.

● **Bestimmte Anfrage**

In diesem Fall wünscht der Einzelhändler genaue Angaben über Waren wie z.B. Qualitäten, Preise, Lieferzeiten oder Zahlungsbedingungen eines Artikels.

1.4 Angebot

Als Antwort auf eine Anfrage erhält der Einzelhändler vom Anbieter ein **Angebot**. Auch hierbei gibt es keine Formvorschrift. In der Regel wird ein Angebot schriftlich (einschließlich Telefax) unterbreitet, es kann jedoch auch mündlich (einschließlich telefonisch) abgegeben werden.

Von einem „stillschweigenden" Angebot spricht man z.B. dann, wenn ein Einzelhändler bei seinem Einkauf in einer Großhandlung Waren zur Mitnahme vorfindet.

1.4.1 Arten des Angebotes

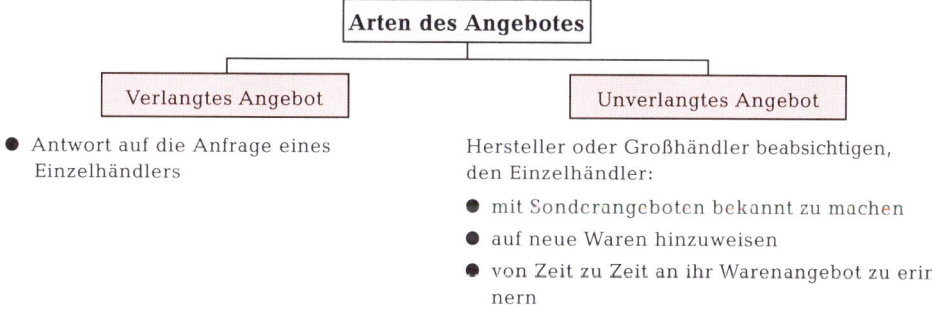

Arten des Angebotes	
Verlangtes Angebot	**Unverlangtes Angebot**
● Antwort auf die Anfrage eines Einzelhändlers	Hersteller oder Großhändler beabsichtigen, den Einzelhändler:
	● mit Sonderangeboten bekannt zu machen
	● auf neue Waren hinzuweisen
	● von Zeit zu Zeit an ihr Warenangebot zu erinnern

1.4.2 Rechtliche Wirkungen des Angebotes

Das Angebot ist eine verbindliche Erklärung des Anbieters (Willenserklärung) an den Kaufinteressenten, Waren unter bestimmten Bedingungen zu liefern. Dies bedeutet, daß der Anbieter nachträglich keine Veränderungen an dieser Erklärung mehr vornehmen kann (§ 145 BGB). Das Angebot wird mit dem Ziel abgegeben, daß zu einem späteren Zeitpunkt ein Kaufabschluß **(Kaufvertrag)** zwischen Anbieter und Anfragendem zustande kommt. Aus diesem Grund muß das Angebot so vollständig und unmißverständlich formuliert sein, daß ein **Vertrag durch bloße Bejahung** des Kaufinteressenten abgeschlossen werden kann.

Von der dargestellten Verbindlichkeit eines Angebotes gibt es allerdings folgende **Ausnahmen**:

▶ „Angebot" an die Allgemeinheit

Spricht ein „Angebot" nicht eine bestimmte Person an, sondern richtet es sich an eine Vielzahl von Personen (Allgemeinheit), ist es für den „Anbietenden" nicht bindend. Es ist vielmehr als „Aufforderung zur Abgabe eines Antrages" anzusehen, d.h. als Aufforderung zum Eintritt in Kaufvertragsverhandlungen. Solche „Angebote" an die Allgemeinheit sind z.B. Schaufensterauslagen, unaufgefordert zugesandte Warenkataloge sowie Prospekte, Anzeigen und Plakate.

> Ein Möbeleinzelhändler besucht die Verkaufsausstellung eines Herstellers. Hier findet er einen Schrank zum Preis von 2 000 DM. Als er diesen erwerben will, wird ihm mitgeteilt, der Schrank sei versehentlich falsch ausgezeichnet worden, er koste nämlich 3 000 DM.
>
> Der „Anbieter" ist an den ersten Preis nicht gebunden, da es sich nicht um ein Angebot an eine bestimmte Person, sondern um ein Angebot an die „Allgemeinheit" handelt. (Gleiches gilt für Warenangebote in Schaufenstern von Einzelhändlern.)

▶ Angebot unter Anwesenden

Wird einem Kaufinteressenten in dessen Anwesenheit ein Angebot unterbreitet, ist es nur **für die Dauer des Gespräches bindend** (§ 147 I BGB). Anwesenheit bedeutet, daß sich Kunde und Verkäufer persönlich treffen oder miteinander telefonieren.

> Ein Vertreter bietet einem Einzelhändler einen Posten Wintermäntel zu 10 000 DM an. Der Kaufmann will sich nicht sofort entscheiden. Am nächsten Tag ruft er den Vertreter jedoch an und bittet um Lieferung der Ware. Nunmehr erklärt dieser, die Mäntel seien aufgrund großer Nachfrage um 500 DM im Preis gestiegen.
>
> Der Einzelhändler hat keinen Anspruch, die Mäntel zu dem am Vortag genannten Preis zu beziehen, da er das Angebot nicht sofort angenommen hat.

▶ Angebot unter Abwesenden

Wird einem Kaufinteressenten in dessen Abwesenheit ein Angebot unterbreitet, gilt es nur solange, wie der Anbietende unter normalen Umständen eine Antwort erwarten darf (§ 147 II BGB).

> Wer ein Angebot durch Brief, Eilbrief, Telegramm oder Telefax abgibt, darf erwarten, daß die Annahme des Angebotes mindestens auf gleich schnellem Wege erfolgt.

▶ Angebot mit Fristsetzung

Der Anbietende kann für die Gültigkeit seines Angebotes eine Frist setzen. Nach Ablauf dieses Datums ist er an das Angebot nicht mehr gebunden (§ 148 BGB).

> Der Einzelhändler erhält am 01.10.19.. das Angebot eines Großhändlers über einen Posten besonders günstiger Fernsehgeräte. Allerdings ist hierbei der Hinweis enthalten, daß dieses Angebot nur bis zum 31.10.19.. Gültigkeit habe.

▶ Freibleibendes Angebot

Angebote sind in allen Bestandteilen grundsätzlich bindend. Will der Anbieter es sich jedoch vorbehalten, bestimmte Einzelheiten noch bis zur Annahme zu ändern, können **Freizeichnungsklauseln** in das Angebot aufgenommen werden.

Freizeichnungsklauseln können sein:
- Lieferzeit freibleibend, Lieferzeit unverbindlich
- Preise freibleibend, Preise unverbindlich, Preisänderungen vorbehalten
- Solange der Vorrat reicht

1.4.3 Widerruf des Angebotes

Ein Angebot wird in dem Augenblick verbindlich, in dem es den Empfänger erreicht. Stellt der Anbietende fest, daß ihm bei der Formulierung ein Fehler unterlaufen ist, kann er widerrufen. Gleiches gilt, wenn der Anbieter sein Angebot nicht aufrechterhalten will. Ein solcher Widerruf ist allerdings nur dann wirksam, wenn er vor- oder gleichzeitig mit dem Angebot eingeht (§ 130 I BGB).

Wer ein schriftliches Angebot durch Postzusteller unterbreitet hat, müßte den Widerruf telegrafisch oder durch Telefax übermitteln.

1.4.4 Inhalt des Angebotes

Neben der Angabe des Erfüllungsortes und des Gerichtsstandes sollte ein aussagefähiges Angebot folgende Informationen enthalten:

Inhalt des Angebotes

Art, Güte und Beschaffenheit der Ware	Preis pro Einheit der Ware	Lieferungsbedingungen	Zahlungsbedingungen

- Abbildungen und Beschreibungen
- Muster und Proben
- Güteklassen
- Waren- und Gütezeichen
- Herkunft
- Jahrgang
- Zusammensetzung

- gesetzliche Maßeinheiten
- Stückzahlen
- handelsübliche Bezeichnungen

- Beförderungskosten
- Verpackungskosten
- Lieferzeit

- Zahlungszeitpunkt
- Preisnachlässe

Textilfabrik
Otto Weber KG

Sport Braun GmbH
Karlstraße 16

44866 Bochum

Ihre Zeichen/Ihre Nachricht vom	*Unsere Zeichen*	*Durchwahl*	*Datum*
br-wi 24.07...	we-wo	234	28.07.19..

Angebot

Sehr geehrter Herr Braun,

wir danken Ihnen für Ihre Anfrage und unterbreiten Ihnen folgendes Angebot:

Art.-Nr. 4689	**Herren-Jogginganzug "Olympia"** 100 % Baumwolle; rot oder blau; sehr strapazierfähig; Größen: 46 - 54	59,00 DM/Stück
Art.-Nr. 4690	**Herren-Jogginganzüge "Jogger"** 65 % Baumwolle, 35 % Synthetik; rot, blau und grau; Größen: 44 - 52	50,00 DM/Stück
Art.-Nr. 4691	**Herren-Jogginganzüge "Winner"** 25 % Baumwolle, 75 % Synthetik; pflegeleichte Ware; blau oder grau; Größen: 44 - 54	39,00 DM/Stück

Alle Trainingsanzüge werden einzeln verpackt geliefert. Preise einschließlich Verpackung. Bei Abnahme von insgesamt mindestens 10 Stück gewähren wir Ihnen 15 % Rabatt.

Die Lieferung erfolgt innerhalb von 2 Wochen nach Auftragseingang ab Werk; die Rechnung ist zahlbar innerhalb von 10 Tagen mit 3 % Skonto oder 30 Tagen netto Kasse.

Wir hoffen, Ihren Auftrag zu erhalten und verbleiben

mit freundlichen Grüßen

Textilfabrik Otto Weber KG

Otto Weber

(Weber)

80

▶ **Art, Güte und Beschaffenheit der Ware**

Die Art der Ware wird durch einen **handelsüblichen Namen** gekennzeichnet wie z. B. Polstermöbel, Eisenwaren, Lebensmittel oder Textilien.

Güte und Beschaffenheit der Ware können verdeutlicht werden durch:

● **Abbildungen und Beschreibungen** bei Elektrogeräten, Möbeln, Werkzeugen;

● **Muster und Proben** bei Stoffen, Papier, Tapeten, Leder;

● **Güteklassen** zur Angabe von Warenqualitäten;
  - **Handelsklassen** bei Eiern, Obst, Kartoffeln;
  - **Typen** bei Mehl, Kraftfahrzeugen;

● **Waren- und Gütezeichen**;
  - **Warenzeichen** verwendet der Hersteller in Wort und/oder Bild, um seine Produkte von denen anderer abzugrenzen;

  - **Gütezeichen**, die bestimmte Qualitätszusicherungen in einem Wort- oder Bildzeichen vermitteln, werden von Verbänden oder Organisationen vergeben;

● **Herkunft der Ware,** die durch das Anbaugebiet bezeichnet wird wie bei Wein, Südfrüchten, Kaffee, Tabak;

● **Jahrgang der Ware** bei Spirituosen, Antiquitäten;

● **Zusammensetzung der Ware** wie Prozent Alkohol in Spirituosen, Prozent Fett in Käse und Wurst, Goldgehalt in Schmuckstücken.

Fehlen im Angebot Angaben über die Art und Güte der Ware, so ist davon auszugehen, daß bei späterer Lieferung der Artikel in **mittlerer Art und Güte** geliefert werden muß (§ 243 BGB und § 360 HGB).

▶ **Preis pro Einheit der Ware**

Der Preis, der den in Geld ausgedrückten Wert einer Ware darstellt, bezieht sich auf eine bestimmte Mengeneinheit zuzüglich der Umsatzsteuer.

Warenpreise können auf folgende Einheiten bezogen sein:
● **Gesetzliche Maßeinheiten** (m, m^2, l, kg)
● **Stückzahlen** (Stück, Dutzend, Stiege)
● **Handelsübliche Bezeichnungen** (Sack, Kiste, Faß, Ballen, Waggon)

▶ **Lieferungsbedingungen**

Neben Mitteilungen zur Qualität und zum Preis einer Ware enthält ein Angebot auch Angaben über Beförderungs- und Verpackungskosten sowie zur Lieferzeit **(Lieferungsbedingungen)**.

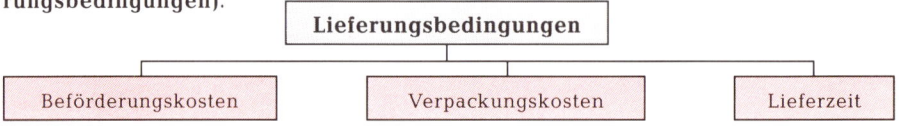

● **Beförderungskosten**

Grundsätzlich hat der Käufer die Ware beim Verkäufer abzuholen, d. h. **Warenschulden sind Holschulden.** Versendet der Lieferant die Ware an einen Kunden am gleichen Ort **(Platzkauf)**, hat der Käufer alle Beförderungskosten zu tragen. Befindet sich die Unternehmung des Käufers an einem anderen Ort **(Versendungskauf)**, trägt der Verkäufer die Kosten bis zur Versandstation (z. B. Bahnhof oder Flughafen) und der Käufer alle weiteren Kosten (§ 448 I BGB).

Diese gesetzliche Regelung kann durch vertragliche Bestimmungen zwischen den Vertragspartnern verändert werden, bzw. diese Vereinbarungen richten sich nach dem entsprechenden Handelsbrauch (§ 346 HGB):

Beförderungsbedingungen	Bedeutung	
	Verkäufer in Hamburg übernimmt:	**Käufer in München übernimmt:**
„ab Lager" „ab Werk"	———	alle Beförderungskosten
„ab Hamburg" „ab hier" „unfrei" (gesetzliche Regelung beim Versendungskauf)	Anfuhrkosten (Beförderungskosten vom Werk oder Lager bis zur Versandstation)	Verladekosten, Frachtkosten, Entladekosten und Zustellkosten bis zu seiner Unternehmung
„frei Waggon"	Anfuhrkosten und Verladekosten	Frachtkosten, Entladekosten und Zustellkosten
„frei Bahnhof dort" „frei dort" „frachtfrei"	Anfuhrkosten, Verladekosten und Fracht	Entladekosten und Zustellkosten
„frei Haus" „frei Lager" „frei Werk"	alle Beförderungskosten	———

● **Verpackungskosten**

Die Kosten der Versandverpackung trägt grundsätzlich der Käufer (§ 448 I BGB).
Die Vertragspartner können von dieser gesetzlichen Regelung wiederum abweichende Vereinbarungen treffen:

– **Verpackungskosten werden nicht gesondert berechnet**.
   („Preis einschließlich Verpackung")

– **Verpackungskosten werden zusätzlich berechnet**.
   Zum Warenpreis wird ein gesonderter Verpackungspreis ausgewiesen („Preis zuzüglich 30 DM Verpackung"). Sofern der Käufer die Verpackung zurückgeben kann, werden ihm die Verpackungskosten ganz oder teilweise gutgeschrieben („Verpackung 30 DM, bei Rücksendung volle Gutschrift").

   In der Regel wird die Verpackung zum Selbstkostenpreis berechnet. In Ausnahmefällen wird zur Berechnung der Verpackungskosten der Preis der Ware zugrunde gelegt („brutto für netto").

   > Beim Kauf einer Kiste Äpfel im Gesamtgewicht von 10 kg wird für den Verpackungsanteil von 500 g derselbe Preis wie für die Äpfel berechnet.

– **Verpackungskosten fallen nicht an**, da der Käufer die Verpackung selbst stellt.

● **Lieferzeit**

Das Gesetz verpflichtet den Verkäufer, Waren sofort zu liefern (§ 271 I BGB). In den Lieferungsbedingungen können allerdings andere Vereinbarungen getroffen werden:

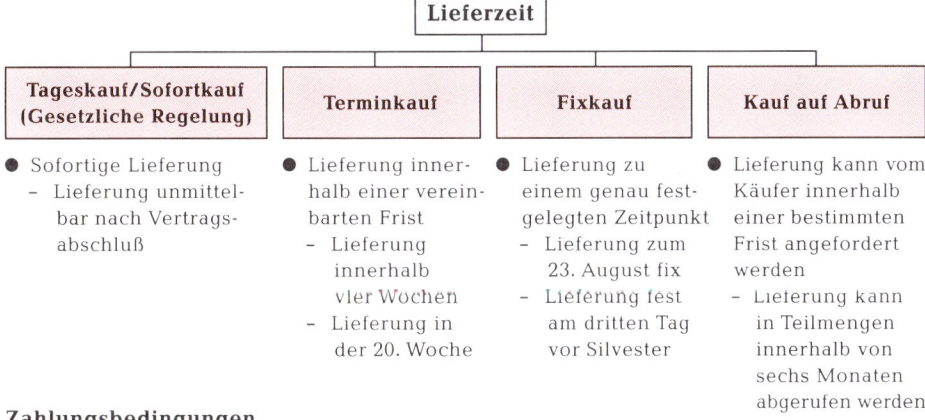

▶ **Zahlungsbedingungen**

Zahlungsbedingungen enthalten Angaben über den Zahlungszeitpunkt und über eventuelle Preisnachlässe.

● **Zahlungszeitpunkt**

– **Zahlung vor Lieferung**

Vor der Warenlieferung wird ein Teil des Kaufpreises (in seltenen Fällen der gesamte Kaufpreis) vom Kunden gefordert. Dieser Zahlungszeitpunkt bietet sich bei großen Aufträgen, bei Spezialanfertigungen oder bei Geschäften mit neuen oder in der Vergangenheit „zahlungsschwachen" Kunden an.

– **Zahlung bei Lieferung**

Die gesetzliche Regelung sieht eine sofortige Bezahlung der Ware bei Lieferung vor (§ 271 und § 433 II BGB), d. h., der Verkäufer händigt die Ware aus, der Käufer entrichtet den Kaufpreis. Die Abwicklung des Geschäftes geschieht „Zug um Zug". Gezahlt werden kann bar (einschließlich Nachnahme) oder durch Scheck.

– **Zahlung nach Lieferung** (Warenkredit des Lieferanten)

Mit der Zahlung nach Lieferung wird ein Zahlungsaufschub **(Zielkauf)** gewährt, z. B. „Zahlung innerhalb 30 Tagen ohne Abzug". Zahlt der Kunde vorzeitig, kann er vom Rechnungsbetrag einen bestimmten Prozentsatz **(Skonto)** einbehalten, z. B. „Zahlung innerhalb 30 Tagen netto Kasse, innerhalb 10 Tagen 3 % Skonto". Diese Zahlungen erfolgen in der Regel durch Überweisungen.

> Dieser Skontoabschlag sollte stets genutzt werden. Bei einem Rechnungsbetrag von 4 000 DM ergäbe sich für die genannte Zahlungsbedingung eine Einsparung von:
>
> | | |
> |---|---|
> | Rechnungsbetrag | 4 000 DM |
> | ./. 3 % Skonto | 120 DM |
> | | 3 880 DM |
>
> 3 % Skonto für 20 Tage entsprechen (bei Anwendung der kaufmännischen Überschlagsrechnung) einem Jahreszins von 54 %.

Bei einem **Ratenkauf** verpflichtet sich der Kunde, beim Erhalt der Ware eine Anzahlung zu leisten und den Restbetrag in Raten (meist monatlich) zu begleichen. Abzahlungsgeschäfte werden häufig mit Privatpersonen (Konsumenten) beim Kauf höherwertiger Gebrauchsgüter (z. B. Möbel, Pkw, Geräte der Unterhaltungselektronik) abgeschlossen. Jeder Abzahlungskauf ist ein Kreditgeschäft, bei dem der Verkäufer eine Vorleistung erbringt, indem er die Sache liefert, ohne sofort den vollen Kaufpreis zu erhalten.

Sowohl beim Zielkauf als auch beim Ratenkauf behält sich der Verkäufer solange das Eigentum an der Ware vor, bis der volle Kaufpreis entrichtet ist. Er liefert unter **Eigentumsvorbehalt** (vgl. S. 193).

● **Preisnachlässe**

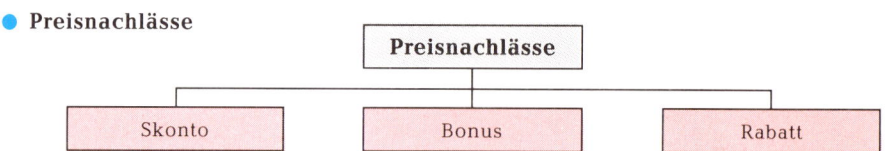

– **Skonto** ist der Nachlaß für vorzeitige Zahlung, d. h., ein eingeräumtes Zahlungsziel wird nicht voll in Anspruch genommen.

– **Bonus** ist eine nachträglich am Jahresende gewährte Vergütung auf den erzielten Umsatz.

> Ein Großhändler gewährt seinen Einzelhändlern folgende gestaffelte Boni auf die bei ihm pro Jahr erworbenen Waren:
>
> | | |
> |---|---|
> | bis zu 15 000 DM | 2 % Bonus |
> | über 15 000 DM | 3 % Bonus |

– **Rabatt** ist ein Preisnachlaß, der aus verschiedenen Anlässen gewährt wird:

Rabattart	Erläuterung
Mengenrabatt	Richtet sich nach der Menge (Stück, m, m², l, kg) **einer** Bestellung
Naturalrabatt	Besondere Form des Mengenrabattes, bei der sich die Anzahl der erhaltenen Waren, aber nicht der Einzelpreis pro Wareneinheit verändert (z.B. beim Kauf von 10 Flaschen Wein wird eine weitere Flasche kostenlos mitgeliefert)
Sonderrabatt	Bei besonderen Anlässen wie Geschäftsjubiläum, Filialeröffnung oder bei neu einzuführenden Artikeln
Treuerabatt	Für langjährige gute Kunden

Häufig gewährt der Einzelhändler den Verbrauchern einen **Barzahlungsrabatt**. So erhält der Käufer eines Pkw bei Barzahlung einen Nachlaß von höchstens 3 % (das Rabattgesetz untersagt in § 2 einen höheren Preisnachlaß).

1.4.5 Angebotsvergleich

Die auf die Anfragen des Einzelhändlers eingegangenen Angebote werden miteinander verglichen, **um die günstigste Einkaufsmöglichkeit zu ermitteln.** Bei gleicher Qualität der Waren entscheiden Lieferzeit und Preis (einschließlich Beförderungs- und Verpackungskosten abzüglich möglicher Rabatte und Skonti) über die Bestellung (Auftragserteilung).

Die Sport Braun GmbH erhält auf ihre Anfragen nach Trainingsanzügen Angebote von drei Lieferanten. Hinsichtlich der Artikel aus 100% Baumwolle kann bei einer Bestellung von 10 Stück folgender Angebotsvergleich erstellt werden:

Inhalte des Angebotes	Textilfabrik Otto Weber KG	Günther Hill GmbH Textilgroßhandlung	Düser GmbH & Co. KG Textilfabrik
Angebotspreis pro Stück	59,00 DM	65,50 DM	55,00 DM
Rabatt	15 %	15 %	12 %
Beförderungs-kosten für die Gesamtlieferung	ab Werk: Anfuhr 6,00 DM Fracht 13,00 DM Zustellung 5,00 DM 24,00 DM	frei Haus	frachtfrei: Zustellung 5,00 DM
Verpackungs-kosten für die Gesamtlieferung	———	8,50 DM	10,00 DM
Zahlungsbe-dingungen	Bei Zahlung innerhalb von 10 Tagen 3% Skonto	Bei Zahlung innerhalb von 2 Wochen 2% Skonto	Zahlbar innerhalb 30 Tagen ohne Abzug

Die rechnerische Auswertung der vorstehenden Angebote ergibt folgende Einstandspreise:

	Textilfabrik Otto Weber KG	Günther Hill GmbH Textilgroßhandlung	Düser GmbH & Co. KG Textilfabrik
Angebotspreis für 10 Stück	590,00 DM	655,00 DM	550,00 DM
./. Rabatt	88,50 DM	98,25 DM	66,00 DM
Zieleinkaufspreis	501,50 DM	556,75 DM	484,00 DM
./. Skonto	15,05 DM	11,14 DM	———
Bareinkaufspreis	486,45 DM	545,61 DM	484,00 DM
+ Beförderungskosten	24,00 DM	———	5,00 DM
+ Verpackungskosten	———	8,50 DM	10,00 DM
Einstandspreis (Bezugspreis)	**510,45 DM**	**554,11 DM**	**499,00 DM**

Der Vergleich ergibt als preisgünstigstes Angebot das der Textilfabrik Düser GmbH & Co. KG. Da diese Unternehmung allerdings laut Angebot erst nach 12 Wochen liefern kann, entscheidet sich die Sport Braun GmbH zur Bestellung beim zweitgünstigsten Lieferanten, der Textilfabrik Weber KG, die eine Lieferung innerhalb von zwei Wochen zusagte.

1.5 Bestellung (Auftrag)

Durch den Angebotsvergleich hat der Einzelhändler das für ihn günstigste Angebot ermittelt. Diesem Lieferanten erteilt er den Auftrag. Die Bestellung ist an keine Form gebunden, sie kann zwar mündlich (auch telefonisch) abgegeben werden, wird jedoch in der Regel schriftlich oder per Telefax unterbreitet. In der Praxis werden mündlich aufgegebene Bestellungen zur Vermeidung von Irrtümern und zum Beweis schriftlich wiederholt.

▶ **Rechtliche Wirkung der Bestellung**

Die Bestellung ist eine verbindliche Erklärung des Käufers (Willenserklärung) gegenüber dem Verkäufer, Waren zu festgelegten Bedingungen zu erwerben.

▶ **Widerruf der Bestellung**

Eine Bestellung wird in dem Augenblick verbindlich, zu dem sie den Empfänger erreicht. Stellt der Käufer fest, daß ihm bei der Formulierung des Auftrages ein Fehler unterlaufen ist oder will er den Auftrag nicht aufrechterhalten, kann er die Bestellung widerrufen. Ein solcher Widerruf ist allerdings nur dann wirksam, wenn er vor oder gleichzeitig mit dem Auftrag eingeht (§ 130 I BGB) oder vorbehalten wurde ("freibleibend").

▶ **Inhalt der Bestellung**

● **Bestellung auf ein Angebot**

Liegt der Bestellung ein Angebot zugrunde, bezieht sich der Einzelhändler auf die dort mitgeteilten Einzelheiten, insbesondere:

- **Art der Ware und Artikelnummer;**
- **Menge der Ware;**
- **Preis der Ware.**

Sport Braun GmbH

Sport Braun GmbH   Postfach 101010   44710 Bochum

Textilfabrik
Otto Weber KG
Postfach 12 50

52013 Aachen

Karlstraße 16
44866 Bochum
℡   0234/437·1
Telefax 0234/437·506

Sparkasse Bochum
BLZ 430 500 01
Konto-Nr. 27 83 94

Geschäftszeit
Mo · Fr 9.00 · 18.30 h
Sa   9.00 · 14.00 h

Ihre Zeichen/Ihre Nachricht vom	Unsere Zeichen	Durchwahl	Bochum
we-wo 28.07.19..	br-wi	121	30.07.19..

Bestellung Nr. 52/7

Sehr geehrter Herr Weber,

ich bedanke mich für Ihr Angebot und bestelle:

10   **Herren-Jogginganzüge "Olympia"**
Art.-Nr. 4689
Größe: 50
Farbe: blau
Stückpreis: 59,00 DM abzgl. 15 % Rabatt

je 5   **Herren-Jogginganzüge "Jogger"**
Art.-Nr. 4690
Größe: 52
Farben: rot, blau und grau
Stückpreis: 50,00 DM abzgl. 15 % Rabatt

Für eine schnelle Lieferung danke ich im voraus recht herzlich.

Mit freundlichen Grüßen

Sport Braun GmbH

Braun

● Bestellung ohne Angebot

Ging dem Auftrag kein spezielles Angebot voraus, muß die Bestellung jene Punkte
enthalten, die üblicherweise in einem Angebot beinhaltet sind.

1.6 Bestellungsannahme (Auftragsbestätigung)

Nach Eingang einer Bestellung kann der Lieferant den Auftrag schriftlich bestätigen. Die im Angebot und im Auftrag bereits vereinbarten Bedingungen werden im Bestätigungsschreiben nochmals wiederholt. Diese Angaben sollte der Käufer unbedingt mit seiner Bestellung vergleichen.

▶ **Rechtliche Wirkung der Bestellungsannahme**

Die rechtliche Wirkung der Auftragsbestätigung ist unterschiedlich:

● **Bestellung erfolgt aufgrund eines Angebotes**

Die Bestellungsannahme dient in diesem Falle zur nochmaligen Bestätigung bzw. Kontrolle der bereits getroffenen Vereinbarungen.

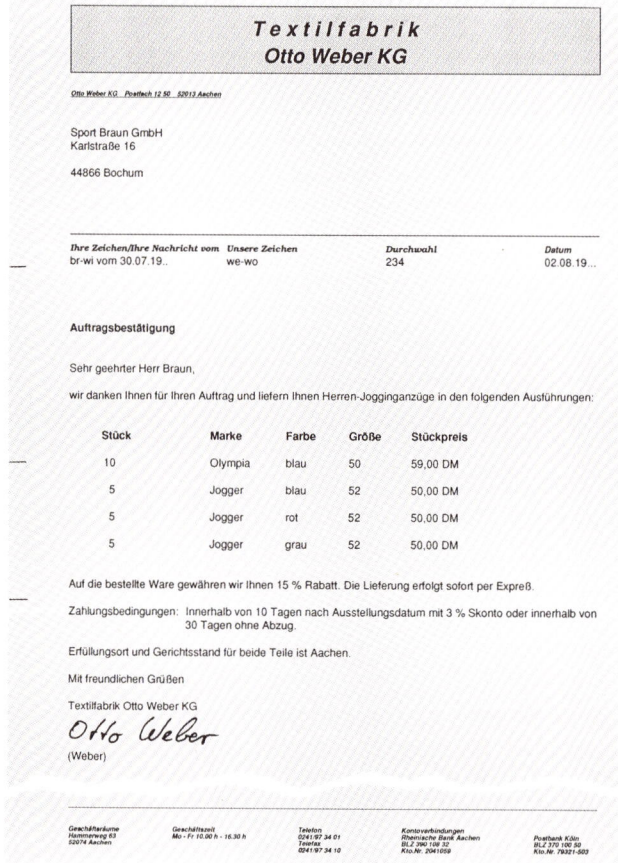

● **Bestellung erfolgt ohne Angebot**

Bei häufig wiederkehrenden Bestellungen bei einem Lieferanten wird der Einzelhändler nicht in jedem Fall erneut ein Angebot einholen. Der Auftrag erfolgt vielmehr unter den ohnehin bekannten Bedingungen. Bei einer Bestellung ohne Angebot **muß** der Lieferant sein Einverständnis zur Ausführung des Auftrages abgeben. Dies erfolgt durch die Auftragsbestätigung.

Zusammenfassung

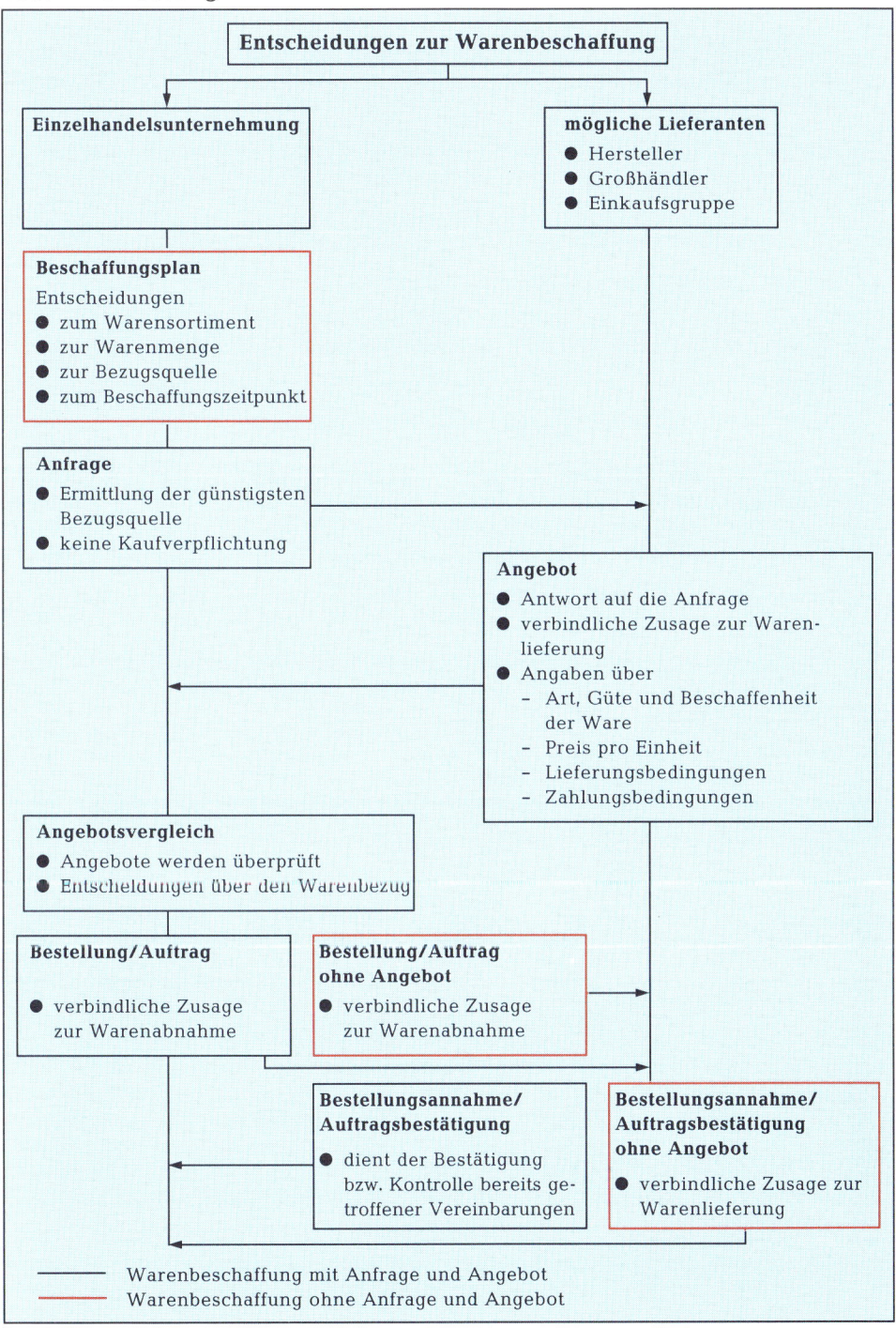

Aufgaben

(1) Welchen Zweck erfüllt ein Beschaffungsplan?

(2) Beschreiben Sie Kriterien, die die Aufnahme einzelner Artikel in ein Sortiment beeinflussen!

(3) Warum sind Verkaufsstatistiken wichtige Entscheidungshilfen für den Einzelhändler bei der Zusammenstellung seines Sortiments?

(4) Welche Folgerungen ziehen Sie aus häufigen Anfragen von Kunden nach Artikeln, die im Sortiment Ihres Geschäftes nicht enthalten sind?

(5) Nennen Sie Auswirkungen einer falsch bestellten Warenmenge!

(6) Welche Faktoren können zur Änderung der bisherigen Bestellmengen führen? Erläutern Sie zwei dieser Einflußgrößen an Beispielen!

(7) Welche Artikel Ihres Ausbildungsbetriebes sind besonders saisonabhängig?

(8) Errechnen Sie die Bestellmenge für das folgende Quartal:

Lagerbestand	25 Stück
Erwarteter Umsatzrückgang aufgrund von Steuererhöhungen	20 %
Mindestbestand	15 Stück
Abgesetzte Menge des Artikels im letzten Quartal	300 Stück
Erwartete Umsatzsteigerung aufgrund von Werbeaktionen	15 %

(9) Welche Informationsquellen stehen dem Einzelhändler bei der Suche nach neuen Lieferanten zur Verfügung?

(10) Erläutern Sie den Unterschied zwischen „freiwilligen Ketten" und „Einkaufsgenossenschaften"! Nennen Sie Gründe, weshalb sich ein Einzelhändler einer „freiwilligen Kette" anschließen könnte!

(11) Erläutern Sie die Bestimmungsgrößen, die Einfluß auf den Beschaffungszeitpunkt haben!

(12) Der 16jährigen Susanne gefällt der gewählte Ausbildungsberuf schon länger nicht mehr. Sie löst von sich aus das Ausbildungsverhältnis. Ist die Kündigung wirksam?

(13) Die 6jährige Petra kauft für 20 DM, die sie von ihrer Großmutter erhalten hat, eine Musikkassette. Als ihre Eltern davon erfahren, bringen sie die Kassette in das Geschäft zurück und verlangen die Rückerstattung des Kaufpreises. Zu Recht?

(14) Martin, gerade 12 geworden, kauft von seinem Taschengeld ein Buch. Ist der Kaufvertrag rechtswirksam?

(15) Der Motorradhändler Wagner hat mit dem 17jährigen Peter einen Kaufvertrag abgeschlossen. Als Peter nach 3 Tagen das Motorrad mit Einwilligung seiner Eltern abholen will, verweigert Wagner die Herausgabe mit der Begründung, Peter sei noch nicht volljährig. Nehmen Sie zu diesem Argument Stellung!

(16) In welchen Fällen ist ein Angebot nicht verbindlich?

(17) Wann muß ein Angebot, das telefonisch abgegeben wird, spätestens angenommen werden?

(18) Ein Elektrogroßhändler unterbreitet einem Einzelhändler ein schriftliches Angebot über einen Posten Waschmaschinen. Wie lange ist der Großhändler an sein Angebot gebunden, wenn es keine Fristsetzung oder Freizeichnungsklauseln enthält?

(19) In einem Schaufenster ist eine Vase zu einem Preis von 49,50 DM ausgezeichnet. Ist der Verkäufer an diesen Preis gebunden, selbst wenn es sich um einen Auszeichnungsfehler handeln sollte? Begründen Sie Ihre Ansicht!

(20) Nachdem ein Angebot verschickt ist, stellt der Einzelhändler fest, daß ihm bei der Ausstellung ein Fehler unterlaufen ist. Kann er das Angebot widerrufen, und wie müßte dies geschehen?

(21) Nennen Sie Waren- und Gütezeichen aus dem Geschäftszweig Ihres Ausbildungsbetriebes!

(22) Welche Beförderungskosten haben Käufer und Verkäufer zu tragen, wenn im Kaufvertrag „ab hier", „frei Waggon" oder „frei Werk" als Beförderungsbedingungen vereinbart wurden?

(23) Was bedeuten die Klauseln „Preis einschließlich Verpackung" bzw. „brutto für netto"?

(24) Erläutern Sie den Unterschied zwischen „Termin- und Fixkauf"!

(25) Nennen Sie Fälle, bei denen sich der Einzelhändler für einen Fixkauf entscheiden wird!

(26) Worin liegen die Vorteile eines Kaufs auf Abruf?

(27) Ein Einzelhändler kann eine Rechnung über 10 000 DM „innerhalb 30 Tagen netto Kasse" oder „innerhalb 10 Tagen mit 2 % Skonto" bezahlen. Er müßte, um die Rechnung bis zum 10ten Tag begleichen zu können, einen Bankkredit aufnehmen. Jahreszins 10 %. Würden Sie anstelle des Einzelhändlers den Skonto ausnutzen? Begründen Sie Ihre Meinung!

(28) Grenzen Sie Bonus und Skonto voneinander ab!

(29) Erläutern Sie den Unterschied zwischen Mengenrabatt und Naturalrabatt!

(30) Auf die Anfrage eines Einzelhändlers gehen Angebote von drei Lieferanten ein. Ermitteln Sie das günstigste Angebot durch einen Angebotsvergleich!

	Lieferant		
	A	B	C
Angebotspreis pro Stück	102,00 DM	95,00 DM	77,00 DM
Rabatt	20 %	15 %	10 %
Beförderungskosten für die Gesamt-lieferung	frachtfrei Zustellung 5,00 DM	frei Haus	ab Werk Anfuhr 5,00 DM Fracht 10,00 DM Zustellung 5,00 DM
Verpackungskosten für die Gesamt-lieferung	15,00 DM	8,50 DM	Preis einschließlich Verpackung
Zahlungs-bedingungen	Bei Zahlung innerhalb 14 Tagen 2 % Skonto	Bei Zahlung innerhalb 14 Tagen 3 % Skonto	Zahlbar innerhalb 30 Tagen ohne Abzug

(31) Welche Kriterien können bei gleichen Einzelpreisen verschiedener Lieferanten für die Auftragserteilung ausschlaggebend sein?

(32) Erläutern Sie die rechtlichen Auswirkungen einer Auftragsbestätigung auf
   a) eine Bestellung ohne vorheriges Angebot
   b) eine Bestellung mit vorherigem Angebot!

(33) Nennen Sie Gründe, die einen Hersteller veranlassen könnten, einem Einzelhändler ein unverlangtes Angebot zuzusenden!

(34) Verfassen Sie für eine Warenart Ihres Ausbildungsbetriebes
   a) eine Anfrage
   b) ein Angebot
   c) eine Bestellung
   d) eine Auftragsbestätigung!

Berücksichtigen Sie dabei alle Angaben, die zur Abwicklung dieses Geschäftsvorfalls notwendig sind!

2 Der Kaufvertrag

2.1 Zustandekommen des Kaufvertrages

Ein Kaufvertrag kommt durch zwei übereinstimmende Willenserklärungen zustande, den **Antrag** und die **Annahme**.

Mit dem Antrag wendet sich derjenige, der einen Vertrag abschließen möchte, an seinen Partner. Die Annahme ist die Willenserklärung desjenigen, an den sich der Antrag richtet und in der er sich mit den vorgeschlagenen Vertragsbedingungen einverstanden erklärt, d. h. den Vertrag entstehen läßt.

Antrag und Annahme können vom Verkäufer oder vom Käufer ausgehen:

– Hat der Käufer noch keine konkreten Vorstellungen über die zu erwerbende Ware, wird er seinen Kaufwunsch vortragen (Anfrage); der Antrag aber wird vom Verkäufer formuliert werden.

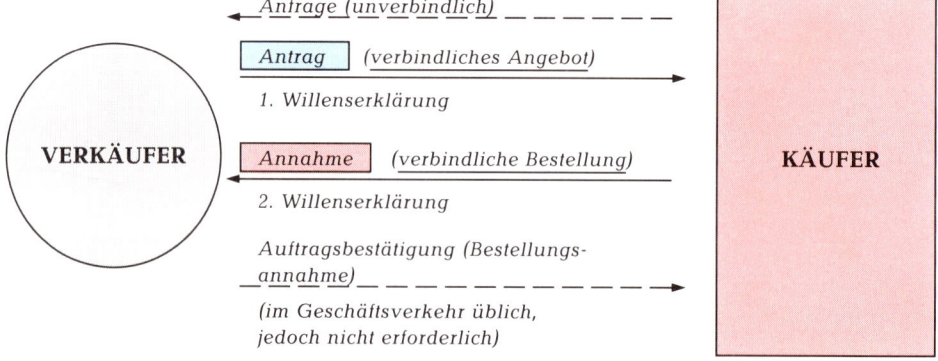

– Hat der Kunde sich bereits vorab für eine bestimmte Ware entschieden, wird er selbst den Antrag an den Verkäufer richten.

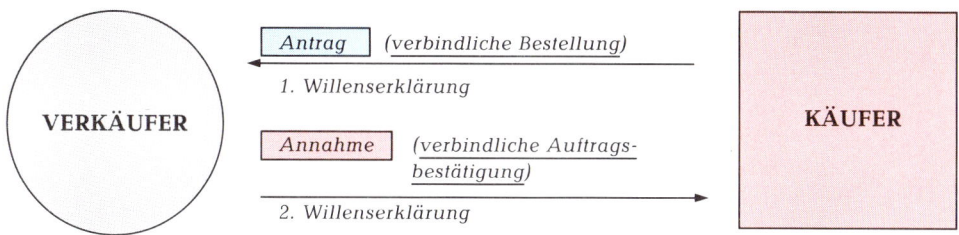

Ein Kunde betritt die Buchhandlung, nimmt aus einem Ständer einen Reiseführer und legt ihn dem Verkäufer vor (Antrag). Der Verkäufer prüft das Exemplar und geht zur Kasse (Annahme).

Wünscht der Kunde ein zur Zeit nicht vorrätiges Buch (Antrag = Bestellung), kommt erst durch das Ausfüllen des Bestellscheines (Annahme = Auftragsbestätigung) ein Kaufvertrag zustande.

Neben diesen beiden Grundformen des Kaufvertragsabschlusses können folgende **Besonderheiten** auftreten:

▶ Der Inhalt eines Antrages wird in der Annahme verändert

Ein Hersteller unterbreitet einem Einzelhändler ein Angebot (Antrag) über 100 Küchenlampen, auf die er 5 % Rabatt gewähren will. Der Einzelhändler nimmt das Angebot unter der Bedingung an, daß der Rabatt auf 10 % erhöht wird.

Die Annahme eines Antrages mit einer Veränderung gilt als Ablehnung (§ 150 II BGB). Gleichzeitig wird jedoch mit der Veränderung ein neuer Antrag vom Einzelhändler an den Hersteller gerichtet. Ein Kaufvertrag käme nur zustande, falls der Hersteller seinerseits die neuen Bedingungen akzeptieren würde.

▶ Ein Antrag wird verspätet angenommen

Nimmt sich ein Einzelhändler für die Annahme eines Antrages länger Zeit als es der Lieferant unter normalen Umständen erwarten darf, handelt es sich um eine verspätete Annahme. Sie gilt als neuer Antrag (§ 150 I BGB). Der Kaufvertrag kommt erst dann zustande, falls der Lieferant seinerseits diesen neuen Antrag annimmt.

▶ Ein Antrag wird „freibleibend" unterbreitet

Werden Freizeichnungsklauseln in das Angebot aufgenommen, kommt ein Kaufvertrag erst zustande durch:
– die **Annahme** (Bestellung) des Käufers und
– die **Auftragsbestätigung** des Verkäufers (erfolgt diese Auftragsbestätigung nicht, gilt auch das „Schweigen" unter Kaufleuten als Zustimmung zur Bestellung)

▶ Ein Antrag erfolgt durch Zusendung unbestellter Ware

Unbestellt zugesandte Ware stellt ein verbindliches Angebot des Verkäufers dar. Der Käufer kann den Kaufvertrag entstehen lassen durch:
– Zustimmung zur Annahme der Ware
– Bezahlung der Ware
– Ver- oder Gebrauch der Ware

Reagiert der Empfänger auf die Zusendung der Ware nicht, so gilt das Schweigen:

● unter Kaufleuten, zwischen denen bereits Geschäftsbeziehungen bestehen, als Annahme;

● unter Kaufleuten, die noch keine Geschäftsbeziehungen unterhalten bzw. zwischen Kaufmann und Privatperson, als Ablehnung. In diesem Fall muß die Ware aufbewahrt und zur Abholung bereitgehalten werden.

2.2 Formen des Kaufvertragsabschlusses

Die beiden übereinstimmenden Willenserklärungen, die zum Abschluß eines Kaufvertrages notwendig sind – also Antrag und Annahme –, können in folgenden Formen abgegeben werden:

● **schriftlich** (einschließlich fernschriftlich)

● **mündlich** (einschließlich telefonisch)

● durch **schlüssiges Verhalten** (konkludentes Verhalten). Willenserklärungen müssen nicht unbedingt durch Worte geäußert werden. Es genügt, daß der Wille zum Abschluß eines Kaufvertrages durch ein bestimmtes Verhalten schlüssig, d.h. erkennbar geäußert wird.

2.3 Erfüllung des Kaufvertrages

Ist ein Kaufvertrag durch zwei übereinstimmende Willenserklärungen zustande gekommen, ergeben sich für Käufer und Verkäufer bestimmte Rechte und Pflichten (§ 433 BGB):

> **Übergabe der Ware durch den Verkäufer an den Käufer**
>
> **Abnahme der Ware durch den Käufer**
>
> **Zahlung des vereinbarten Kaufpreises durch den Käufer**
>
> **Eigentumsübertragung durch den Verkäufer an den Käufer**

Zu unterscheiden ist die Übergabe einer Ware und deren Eigentumsübertragung. Der **Eigentümer** einer Sache (z.B. eines Motorrades) kann damit beliebig verfahren und andere von jeder Einwirkung ausschließen. Wenn der Eigentümer das Motorrad an einen Freund ausleiht, dann wird dieser **Besitzer**, aber nicht Eigentümer. Er hat lediglich vorübergehend die tatsächliche Gewalt über die Sache erworben, er kann sie nutzen.

– **Besitzer ist, wer eine Sache hat**

– **Eigentümer ist, wem eine Sache gehört**

Übergabe bedeutet, den Besitz an einer Sache zu verschaffen. **Eigentumsübertragung** bedeutet, jemanden zum Eigentümer zu machen.

Bei Lieferung einer bestellten Warensendung wird der Käufer erst nach der erfolgten Wareneingangsprüfung (vgl. S. 171) die Ware endgültig annehmen und die **Rechnung** bezahlen.

Textilfabrik

Otto Weber KG

Otto Weber KG   Postfach 1250   52013 Aachen

Sport Braun
Karlstr. 16

44866 Bochum

Rechnung

Nr.:	2498
Datum:	03.08.19..
Auftrags-Nr.:	36498
Auftragsdatum:	30.07.19..

Versandanschrift	s.o.					
Transportdetails Express	**TP-Mittel**	**Abgangsort**	**Abgangshafen**	**Empfangshafen**	**Empfangsort**	
Bedingungen	zahlbar innerhalb 10 Tage mit 3% Skonto (30 Tage netto Kasse) in DM					

Pos.	Art.-Nr.	Menge und Einheit	Bezeichnung	Preis/Einheit	Betrag DM
1	4689	10 St.	Herren-Jogginganzug "Olympia" Farbe blau; Größe 50	59,00	590,00
2	4690	5 St.	Herren-Jogginganzug "Jogger" Farbe blau; Größe 52	50,00	250,00
3	4690	5 St.	dto.; Farbe rot; Größe 52	50,00	250,00
4	4690	5 St.	dto.; Farbe grau; Größe 52	50,00	250,00
					1540,00
				./. 15% Rabatt	231,00
					1309,00
				+ 15% MwSt	196,35
					1505,35

Beanstandungen
unverzüglich nach Feststellung, möglichst innerhalb von 14 Tagen nach erfolgter Lieferung

Eigentumsvorbehalt
Die gelieferten Waren bleiben bis zur vollständigen Bezahlung unser Eigentum.

Erfüllungsort und Gerichtsstand
Aachen

Warenwert total: 1505,35
Frachtkosten:
Verp.-kosten:
Versicherung:
TOTAL: 1505,35

Geschäftsräume
Hammerweg 63
52074 Aachen

Geschäftszeit
Mo.-Fr. 10:00-16:30 h

Telefon
02 41/97 34 01
Telefax
02 41/97 34 10

Kontoverbindung
Rheinische Bank Aachen
BLZ 390 108 32
Kto.-Nr.: 20 410 59

Postbank Köln
BLZ 370 100 50
Kto.-Nr.: 79321-503

95

Vor Bezahlung des auf der **Rechnung** ausgewiesenen Kaufpreises ist es allerdings unbedingt erforderlich, die angegebenen Beträge und die Zahlungsbedingungen mit dem Angebot bzw. der Bestellung zu vergleichen **(Rechnungsprüfung)**. Ergeben sich Beanstandungen, ist die Rechnung umgehend beim Lieferanten zu reklamieren.

Sport Braun GmbH

Sport Braun GmbH Postfach 101010 44710 Bochum

Textilfabrik
Otto Weber KG
Postfach 12 50

52013 Aachen

Karlstraße 16
44866 Bochum
℡   0234/437-1
Telefax 0234/437-506

Sparkasse Bochum
BLZ 430 500 01
Konto-Nr. 27 83 94

Geschäftszeit
Mo - Fr 9.00 - 18.30 h
Sa   9.00 - 14.00 h

Ihre Zeichen/Ihre Nachricht vom	Unsere Zeichen	Durchwahl	Bochum
we-wo 03.08.19..	br-wi	121	05.08.19..

Ihre Rechnung Nr. 2498 vom 03.08.19..

Sehr geehrter Herr Weber,

gestern erhielt ich Ihre Rechnung Nr. 2498 über die von mir bestellten Herren-Jogginganzüge. Ich mußte leider feststellen, daß Ihnen ein Additionsfehler unterlaufen ist. Der ausgewiesene **Nettobetrag** darf nur **1340,00 DM statt 1540,00 DM** betragen.

Ich bitte Sie deshalb, mir eine berichtigte Rechnung zu senden.

Mit freundlichen Grüßen

Sport Braun GmbH

Braun

2.4 Eigentumsvorbehalt

Ein Kaufvertrag kommt durch Antrag und Annahme zustande. Die vereinbarten gegenseitigen Leistungen sind Zug um Zug zu erfüllen. Der Verkäufer hat die Ware zu übergeben und dem Käufer das Eigentum an der Ware zu verschaffen. Der Käufer muß die gekaufte Ware abnehmen und den Kaufpreis bezahlen (§ 433 BGB).

In zahlreichen Fällen erfolgt die Zahlung des Kaufpreises nicht sofort nach Übergabe der Ware (Lieferung) durch den Verkäufer. Der Käufer nimmt lediglich die Ware ab und wird damit Besitzer, d. h., er kann die Ware nutzen. Er zahlt allerdings den Kaufpreis erst zu einem späteren Zeitpunkt. Dies ist bei **Zielkäufen** zwischen Lieferant und Einzelhändler sowie bei **Ratenkäufen** (Abzahlungskäufen) zwischen Einzelhändler und Kunden der Fall.

Zur Sicherung seiner Forderungen übereignet der Verkäufer bei Käufen, die nicht sofort bezahlt werden, das Eigentum an der Ware an den Käufer solange nicht, bis dieser den vollen Kaufpreis entrichtet hat. Will der Verkäufer die Ware nur unter Eigentumsvorbehalt liefern, so müssen die Vertragspartner beim Kaufabschluß eine entsprechende Vereinbarung treffen. Diese Vereinbarung wird in der Regel in den Allgemeinen Geschäftsbedingungen durch folgende Klausel ausgedrückt: **„Die Ware bleibt bis zur vollständigen Bezahlung unser Eigentum".**

Die Bestimmung über die Möglichkeit der Nutzung der Ware bedeutet, daß sie nicht weiterveräußert werden darf. Eine solche Einschränkung wäre für die täglichen Geschäfte eines Einzelhändlers sehr unzweckmäßig. Er ist vielmehr auf den Weiterverkauf der Ware angewiesen, um mit dem Erlös die Rechnung des Lieferanten begleichen zu können. Aus diesem Grunde kann ein **verlängerter Eigentumsvorbehalt** vereinbart werden. Dieser gestattet den Verkauf der Ware, wobei allerdings der Anspruch auf den Kaufpreis an den Lieferanten abgetreten werden muß.

Soll nicht nur das Eigentum an einer bestimmten Warenlieferung gesichert werden, sondern möchte der Lieferant alle (oder mehrere) noch gegen diesen Kunden bestehenden Forderungen schützen, kann er einen **erweiterten Eigentumsvorbehalt** vereinbaren. In diesem Fall geht das Eigentum an der letzten Warenlieferung nicht mit der Bezahlung auf den Käufer über, sondern erst dann, wenn dieser auch alle anderen vorher erhaltenen Warenlieferungen des Verkäufers beglichen hat.

2.5 Erfüllungsort und Gerichtsstand

2.5.1 Erfüllungsort

Beim Abschluß eines Kaufvertrages verpflichten sich die Vertragspartner, bestimmte Leistungen zu erbringen: Der Verkäufer muß die Ware ordnungsgemäß und rechtzeitig liefern, der Käufer muß die Ware abnehmen und den Kaufpreis fristgemäß bezahlen.

Der Ort, an dem diese Leistungen erbracht werden müssen, ist der **Erfüllungsort**.

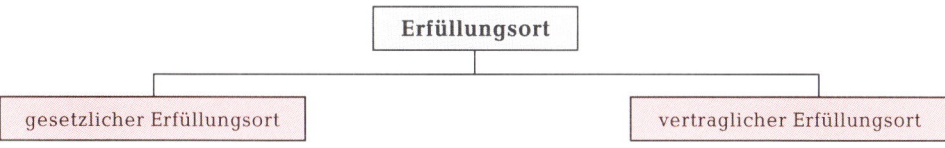

▶ Gesetzlicher Erfüllungsort

Nach dem Bürgerlichen Gesetzbuch ist der Erfüllungsort dort, wo der **Schuldner seinen Wohnsitz oder gewerblichen Sitz hat** (§ 269 BGB). Dies bedeutet:

- Der **Erfüllungsort für die Lieferung** der Ware ist der Wohn- bzw. Geschäftssitz des Verkäufers.

- Der **Erfüllungsort für die Zahlung** des Kaufpreises ist der Wohn- bzw. Geschäftssitz des Käufers.

Beim gesetzlichen Erfüllungsort gibt es also

- **zwei Vertragsparteien** und
- **zwei Erfüllungsorte**.

> Ein Lebensmitteleinzelhändler aus Essen kauft Waren beim Großhändler in Dresden. Der Erfüllungsort für die Lebensmittellieferung ist Dresden, für die Kaufpreiszahlung Essen.

▶ Der vertragliche Erfüllungsort

Die Kaufvertragspartner vereinbaren in der Regel untereinander einen bestimmten Ort als Erfüllungsort. Nur wenn eine derartige Vereinbarung nicht getroffen wird, gilt die gesetzliche Regelung. Beim vertraglichen Erfüllungsort gibt es also

- **zwei Vertragsparteien** und
- **einen Erfüllungsort**.

Im täglichen Geschäftsverkehr wird in der Regel der Wohn- bzw. Geschäftssitz des Verkäufers zum vertraglichen Erfüllungsort erklärt.

> Das Möbelhaus Ferdinand Eiche OHG in Jena kauft beim Hersteller in München Wohnzimmerschränke. In den Allgemeinen Geschäftsbedingungen des Produzenten steht: „Erfüllungsort für beide Teile ist München."

▶ Gefahrenübergang

Aus dem Kaufvertrag ergibt sich für den Verkäufer die Verpflichtung, die Ware an den Käufer zu übergeben. Mit der Übergabe der Ware am Erfüllungsort geht auch die Gefahr des Verlustes, der Beschädigung oder des Verderbs vom Verkäufer auf den Käufer über.

Der Gefahrenübergang ist abhängig von der „Art der Schuld", d. h. der Unterscheidung in **Holschuld, Schickschuld** und **Bringschuld.**

● Warenschulden sind Holschulden

Bei diesen hat der Käufer die Ware am Wohn- oder Geschäftssitz des Verkäufers abzuholen. In der Regel wird jedoch dem Käufer die Ware vom Lieferanten zugestellt oder ein Spediteur mit der Anlieferung beauftragt. Der Käufer trägt aber in jedem Fall das Transportrisiko, da der Verkäufer mit der Bereitstellung der Ware an seinem Wohn- bzw. Geschäftsort seine Leistungspflicht bereits erfüllt hat. Wird die Ware ohne Verschulden des Verkäufers auf dem Transport vernichtet oder beschädigt (z. B. durch einen Verkehrsunfall), so hat der Käufer keinen Anspruch auf eine Ersatzlieferung und muß außerdem den vollen Kaufpreis bezahlen. Trifft den Verkäufer allerdings ein Verschulden (etwa dadurch, daß er die Ware mit einem eigenen Lkw anliefert und einen Unfall selbst verschuldet), haftet er für den entstandenen Schaden.

- **Geldschulden sind Schickschulden**

  Für Geldschulden ist eine Besonderheit zu beachten: Nach der gesetzlichen Regelung schuldet der Käufer die Zahlung des Kaufpreises zwar an seinem Wohn- bzw. Geschäftsort, da Geldschulden jedoch Schickschulden sind, trägt er trotzdem bei einer Zahlungsüberweisung das Risiko, daß das Geld nicht beim Empfänger ankommt (§ 270 BGB).

  > Ein Einzelhändler bezahlt die Rechnung seines Lieferanten durch Banküberweisung. Sofern der Lieferant keinen Zahlungseingang feststellen könnte, müßte der Einzelhändler nochmals zahlen. (Allerdings wäre es in diesem Fall möglich, die Bank haftbar zu machen.)

- **Bringschuld**

  Bei einigen Waren ist es unerläßlich, daß die Übergabe durch den Verkäufer erst am Wohn- bzw. Geschäftsort des Käufers erfolgen kann. In diesem Fall ist auch dort der Erfüllungsort. Hieraus folgt, daß die Gefahr des Verlustes, der Beschädigung oder des Verderbs der Ware solange beim Verkäufer liegt.

  > Ein Einzelhändler bestellt für sein Geschäft 20 000 l Heizöl. Diese Ware kann erst an seinem Geschäftssitz übergeben werden. Bis dahin trägt der Verkäufer das Risiko.

2.5.2 Gerichtsstand

Der **Gerichtsstand** ist der Ort, an dem die sich aus unzureichender Erfüllung der Kaufvertragsvereinbarungen zwischen den Vertragspartnern ergebenden Streitigkeiten ausgetragen werden.

```
                          ┌─────────────────┐
                          │  Gerichtsstand  │
                          └─────────────────┘
              ┌───────────────────┴───────────────────┐
┌──────────────────────────────┐      ┌──────────────────────────────┐
│  gesetzlicher Gerichtsstand   │      │  vertraglicher Gerichtsstand  │
└──────────────────────────────┘      └──────────────────────────────┘
```

▶ **Gesetzlicher Gerichtsstand**

  Der gesetzliche Gerichtsstand ist der Wohn- bzw. Geschäftsort des Schuldners, für Warenschulden also der des Verkäufers, für Geldschulden der des Käufers.

  > Zwischen einem Hersteller in Stuttgart und einer Einzelhandelsunternehmung in Hamburg ist ein Kaufvertrag abgeschlossen worden. Bei einer gerichtlichen Auseinandersetzung über verspätete oder mangelhafte Warenlieferung wäre der Gerichtsstand in Stuttgart. Ein Streit über die Kaufpreiszahlung würde in Hamburg ausgetragen.

▶ **Vertraglicher Gerichtsstand**

  Zwischen Vollkaufleuten kann beim zweiseitigen Handelskauf ein von der gesetzlichen Regelung abweichender Gerichtsstand vereinbart werden. Dies wird in der Regel der Wohn- bzw. Geschäftsort des Verkäufers sein.

  > Die Textilfabrik Schlöndorf GmbH in Köln schließt mit einem Warenhaus in Würzburg einen Kaufvertrag ab. In den Allgemeinen Geschäftsbedingungen der Textilfabrik heißt es: „Erfüllungsort und Gerichtsstand ist für beide Teile Köln".

  Die Vereinbarung eines vertraglichen Gerichtsstandes zwischen einem Kaufmann und einer Privatperson (einseitiger Handelskauf) ist nicht zulässig, um den Verbraucher als wirtschaftlich Schwächeren zu schützen. Dadurch soll z. B. vermieden werden, daß Privatpersonen bei Streitigkeiten grundsätzlich zum Gericht am Wohnsitz des Verkäufers reisen müßten.

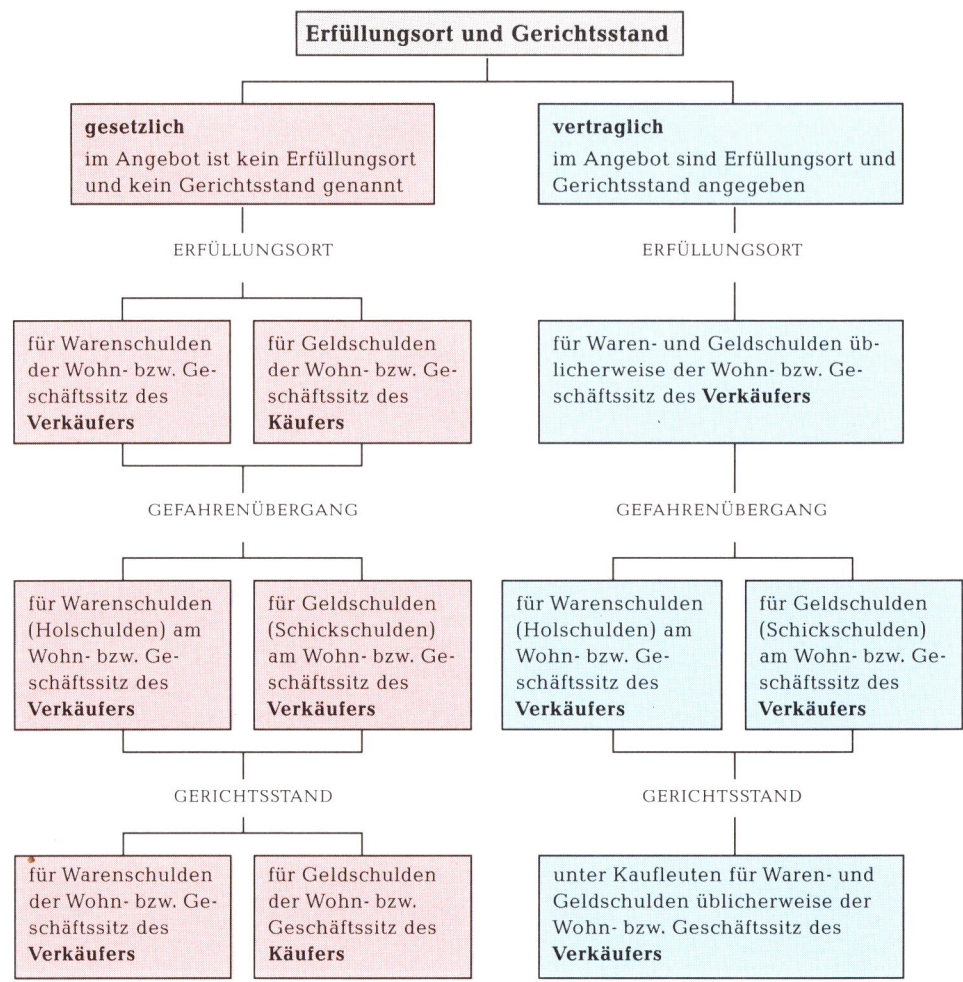

Erfüllungsort und Gerichtsstand

gesetzlich
im Angebot ist kein Erfüllungsort und kein Gerichtsstand genannt

vertraglich
im Angebot sind Erfüllungsort und Gerichtsstand angegeben

ERFÜLLUNGSORT

ERFÜLLUNGSORT

für Warenschulden der Wohn- bzw. Geschäftssitz des **Verkäufers**

für Geldschulden der Wohn- bzw. Geschäftssitz des **Käufers**

für Waren- und Geldschulden üblicherweise der Wohn- bzw. Geschäftssitz des **Verkäufers**

GEFAHRENÜBERGANG

GEFAHRENÜBERGANG

für Warenschulden (Holschulden) am Wohn- bzw. Geschäftssitz des **Verkäufers**

für Geldschulden (Schickschulden) am Wohn- bzw. Geschäftssitz des **Verkäufers**

für Warenschulden (Holschulden) am Wohn- bzw. Geschäftssitz des **Verkäufers**

für Geldschulden (Schickschulden) am Wohn- bzw. Geschäftssitz des **Verkäufers**

GERICHTSSTAND

GERICHTSSTAND

für Warenschulden der Wohn- bzw. Geschäftssitz des **Verkäufers**

für Geldschulden der Wohn- bzw. Geschäftssitz des **Käufers**

unter Kaufleuten für Waren- und Geldschulden üblicherweise der Wohn- bzw. Geschäftssitz des **Verkäufers**

2.6 Besondere Arten des Kaufvertrages

Arten des Kaufvertrages

nach der Art und Beschaffenheit der Ware	nach den Vertrags-partnern	nach dem Zahlungs-zeitpunkt	nach der Lieferzeit der Ware

● Stückkauf
● Gattungskauf
● Kauf auf Probe
● Kauf nach Probe
● Kauf zur Probe
● Spezifikationskauf
● Ramschkauf
	● Handelskauf
	  – Zweiseitiger Handelskauf
	  – Einseitiger Handelskauf
	● Bürgerlicher Kauf
		● Zahlung vor Lieferung
		● Zahlung bei Lieferung
		● Zahlung nach Lieferung
			● Tageskauf/Sofortkauf
			● Terminkauf
			● Kauf auf Abruf

▶ **Kaufvertragsarten nach der Art und Beschaffenheit der Ware**

● Bei einem **Stückkauf** handelt es sich um den Erwerb einer genau identifizierbaren Ware, die bei Zerstörung oder Verlust nicht ersetzbar ist.

> ∎ Modellkleid; Gemälde; Gebrauchtwagen der Marke X, Baujahr 19.., Kilometerstand 72 000

● Bei einem **Gattungskauf** wird die Ware durch die Vertragspartner nach Gattungs-merkmalen wie Farbe, Material, Gewicht usw. festgelegt. Die Auswahl des einzelnen Stückes aus dieser Gattung wird dem Verkäufer überlassen.

> ∎ Kauf eines Neuwagens mit dreimonatiger Lieferzeit; Kauf von 3 000 l Heizöl

● Bei einem **Kauf auf Probe** (§ 495 BGB) überläßt der Verkäufer dem Käufer die Ware für eine bestimmte Zeit. Der Käufer erhält damit die Möglichkeit, die Ware auszuprobieren, zu prüfen und sich anschließend zum Kauf oder zur Rückgabe zu entschließen. Durch den Kauf auf Probe ist ein Kaufvertrag erst bedingt zustande gekommen, d.h., der Kaufvertrag entsteht erst, wenn der Käufer nach der Prüfung sein Einverständnis erklärt.

> Ein Musiker beabsichtigt, ein neues Klavier zu erwerben. Bevor er sich fest zum Kauf entschließt, möchte er das Instrument eine Woche ausprobieren.

● Beim **Kauf nach Probe** (§ 494 BGB) werden die normalerweise im Vertrag beschriebenen Eigenschaften der Ware durch eine Probe oder ein Muster ersetzt. Der Kauf nach Probe ist ein endgültiger Kauf (unbedingter Kauf), bei dem die Eigenschaften der Probe als zugesichert anzusehen sind.

> ∎ Kauf bestimmter Waren wie Kaffee, Tee, Tabak, Baumwolle, Papier, Leder

● Beim **Kauf zur Probe** bezieht der Käufer zunächst eine kleinere Menge Ware, um diese auszuprobieren. Es liegt ein endgültiger (unbedingter) Kauf vor, bei dem der Käufer dem Verkäufer unverbindlich zu erkennen gibt, daß Nachbestellungen erfolgen werden, wenn die gelieferte Ware den Erwartungen entspricht. Diese Form des Kaufs ist bei der Einführung neuer Waren üblich.

> Ein Weinhändler bestellt 10 Flaschen einer bestimmten Spätlese zur Probe mit dem Hinweis, daß bei Gefallen weitere 500 Flaschen derselben Qualität zum selben Preis geliefert werden müßten.

● Beim **Spezifikationskauf** (Bestimmungskauf) (§ 375 HGB) bestimmt der Käufer zunächst nur die Warenart und die Gesamtmenge. Innerhalb einer bestimmten Frist hat er das Recht, die Ware nach Form, Farbe, Maß usw. näher zu bestimmen. Versäumt der Käufer diese Frist, wird die Spezifizierung der Ware durch den Verkäufer vorgenommen.

> Auf einer Modemesse im Frühjahr bestellt ein Einzelhändler 100 Herrenanzüge zur Liefe-
> rung im September. Bis Ende Juli wird er mitteilen, in welchen Farben und Größen er die
> Anzüge benötigt.

- Beim **Ramschkauf** wird Ware „in Bausch und Bogen" bzw. „en bloc" erworben. Die
  gesamte Warenmenge wird ohne Rücksicht auf den Zustand einzelner Stücke in
  der Regel zu einem Pauschalpreis gekauft.

> Bei der Geschäftsauflösung eines Möbelhauses wird der gesamte Warenbestand von
> einem Händler zum Pauschalpreis von 100 000 DM erworben.

▶ Kaufvertragsarten nach den Vertragspartnern

Zu unterscheiden sind hierbei **Handelskäufe** und **bürgerliche Käufe**.

- Beim **Handelskauf** ist der Kaufvertrag für mindestens einen oder für beide Vertragspartner ein Handelsgeschäft.

  - **Zweiseitiger Handelskauf:** Beide Vertragspartner sind Kaufleute und für beide
    ist das Geschäft ein Handelsgeschäft.

    > Ein Geschäftsinhaber erwirbt bei einem Autohaus einen Pkw, der zur Betreuung der
    > Kunden im Außendienst benötigt wird.

  - **Einseitiger Handelskauf:** Für einen der Vertragspartner ist das Geschäft ein
    Handelsgeschäft.

    > Der Geschäftsinhaber kauft bei einem Autohaus einen Pkw, den er nicht für seine Unter-
    > nehmung, sondern ausschließlich für private Zwecke erwirbt. Der Kauf ist also für ihn
    > kein Handelsgeschäft, da er den Kauf nicht als Kaufmann, sondern als Privatperson
    > tätigt.
    >
    > Auch bei allen Verbrauchern, die Waren erwerben, handelt es sich stets um einseitige
    > Handelskäufe, d. h., nur für den Verkäufer sind diese Geschäfte Handelsgeschäfte.

- Beim **bürgerlichen Kauf** wird das Geschäft nur zu privaten Zwecken durchgeführt,
  wobei es unerheblich ist, ob beide, einer oder keiner der Vertragspartner ein Kaufmann ist.

  > Aufgrund einer Zeitungsanzeige erwirbt ein Geschäftsinhaber von einer anderen Privat-
  > person einen Pkw, den er ausschließlich zu privaten Zwecken nutzen will.

Für die Unterscheidung des Kaufvertrages nach den Vertragspartnern in Handelskauf bzw. bürgerlichen Kauf ist es also nicht bedeutsam, welche rechtliche Stellung die Vertragspartner (Privatperson bzw. Kaufmann) haben, sondern einzig und
allein, **zu welchem Zweck sie den Kaufvertrag unterzeichnen**. So schließt ein Kaufmann einen Kaufvertrag in seiner Eigenschaft als Privatperson ab, wenn das
Geschäft für ihn **nicht** zum Betrieb seines Handelsgewerbes gehört.

▶ Kaufvertragsarten nach dem Zahlungszeitpunkt

- Bei der **Zahlung vor Lieferung** wird entweder der gesamte Kaufpreis oder Teilbe-
  träge vor Lieferung der Ware entrichtet.

- Die **Zahlung bei Lieferung** ist die gesetzlich vorgeschriebene Regelung, bei der die
  Warenlieferung und die Zahlung des Kaufpreises „Zug um Zug" erfüllt werden.

- Bei der **Zahlung nach Lieferung** wird dem Käufer ein Zahlungsaufschub gewährt.
  Er begleicht die Rechnung innerhalb einer bestimmten Frist (Zielkauf) oder
  kommt seiner Zahlungsverpflichtung in Teilbeträgen nach (Ratenkauf) (vgl. S. 84).

▶ **Kaufvertragsarten nach der Lieferzeit der Ware**

● Beim **Tageskauf (Sofortkauf)** hat der Verkäufer unmittelbar nach Abschluß des Kaufvertrages zu liefern.

● Beim **Terminkauf** hat die Lieferung innerhalb einer vereinbarten Frist zu erfolgen.

● Beim **Fixkauf** muß zu einem genau festgelegten Zeitpunkt geliefert werden. Die Einhaltung dieses Termins ist Hauptbestandteil dieses Vertrages.

● Beim **Kauf auf Abruf** kann der Käufer innerhalb einer angemessenen Frist den Zeitpunkt der Lieferung selbst bestimmen (vgl. S. 83).

2.7 Allgemeine Geschäftsbedingungen

Bei der Abgabe eines Angebotes wird eine Unternehmung nicht jedesmal alle Vertragsinhalte neu festlegen. Andernfalls würde der Ablauf des täglichen Geschäftsverkehrs umständlich und zeitraubend gestaltet. Einheitlich vorformulierte Vertragsbedingungen, die der Verkäufer allen seinen Kunden in gleicher Weise unterbreitet, bezeichnet man als **Allgemeine Geschäftsbedingungen**. Man findet sie in der Regel als **Kleingedrucktes** auf der Rückseite von Angeboten oder Kaufvertragsformularen.

Allgemeine Geschäftsbedingungen enthalten Bestimmungen zu Lieferungs- und Zahlungsbedingungen, Garantiezeiten, Folgen aus Störungen bei der Abwicklung eines Kaufvertrages, Eigentumsvorbehalt sowie Erfüllungsort und Gerichtsstand.

Allgemeine Geschäftsbedingungen

Umfang der Lieferpflicht

1. Der Umfang der Bestellung ergibt sich aus dem schriftlichen Angebot und/oder der schriftlichen Auftragsbestätigung des Lieferers. Bei mündlicher, telegrafischer oder telefonischer Bestellung ist die schriftliche Auftragsbestätigung des Lieferers maßgebend. Bis zur schriftlichen Auftragsbestätigung sind die Angebote freibleibend; Zwischenverkauf bleibt vorbehalten. Nebenabreden bedürfen der schriftlichen Bestätigung.

Preise und Zahlungsbedingungen

2. Die Preise gelten ab Werk oder Niederlassung des Lieferers einschließlich Verpackung, Fracht und Aufstellung. Bei Regalen und Geldschränken werden Fracht und Aufstellung gesondert in Rechnung gestellt.

3. Die Verpackung wird im Rahmen der gesetzlichen Bestimmungen zurückgenommen.

4. Treten nach Ablauf von vier Monaten nach Vertragsabschluß Materialpreis- oder Lohn- und Gehaltserhöhungen ein oder werden Steuern und Abgaben erhöht, so ist der Lieferer berechtigt, seine Preise entsprechend anzugleichen. Anzahlungen und Vorausleistungen sind ohne Einfluß auf die Preise. Sie werden gutgeschrieben und auf den sich endgültig ergebenden Preis verrechnet.

5. Rechnungen sind innerhalb von 10 Tagen ab Rechnungsdatum in bar mit 2 Prozent Skonto oder nach 30 Tagen netto zu zahlen. Der Lieferer behält sich vor, bei Aufträgen von 30 000 DM und höher ein Drittel der Auftragssumme nach Erhalt der Auftragsbestätigung, ein Drittel nach Anzeige der Versandbereitschaft und den Rest nach erfolgter Lieferung bzw. Montage in bar anzufordern. Verzögert sich die Auslieferung aus Gründen, die der Lieferer nicht zu vertreten hat, so kann der Lieferer auch bei Aufträgen bis zu 30 000 DM zwei Drittel der Vertragssumme als Anzahlung verlangen.

Eigentumsvorbehalt

6. Alle Lieferungen erfolgen unter Eigentumsvorbehalt. Das Eigentum geht erst dann auf den Besteller über, wenn er seine gesamten Verbindlichkeiten aus den Lieferungen getilgt hat. Das gilt auch dann, wenn der Kaufpreis für bestimmte, vom Besteller bezeichnete Warenlieferungen bezahlt ist. Bei laufender Rechnung gilt das vorbehaltene Eigentum als Sicherung für die Saldoforderung des Lieferers.

---

7. Der Besteller ist berechtigt, die gelieferte Ware im gewöhnlichen Geschäftsverkehr zu seinen normalen Geschäftsbedingungen zu veräußern. Verpfändungen oder Sicherheitsübereignungen sind ihm untersagt.

Gefahrübergang und Versand

8. Der Lieferer versendet stets auf Rechnung und Gefahr des Bestellers, auch bei Franko-Lieferungen. Die Gefahr geht auf den Besteller über, sobald die Sendung das Werk verlassen hat. Vom gleichen Zeitpunkt an haftet der Besteller für Schäden, die Dritten gegenüber entstehen können. Ist die Ware versandbereit und verzögert sich die Versendung oder die Annahme aus Gründen, die der Lieferer nicht zu vertreten hat, so geht die Gefahr mit dem Zugang der Anzeige der Versandbereitschaft auf den Besteller über.

9. Der Lieferer ist berechtigt, diese Ware auf Kosten des Bestellers und für dessen Rechnung und Gefahr anderweitig einzulagern, wenn die Abnahmeverpflichtung um länger als 4 Wochen verzögert wird.

10. Versandweg, Versandart und Versandmittel sind unter Ausschluß der Haftung und ohne Gewähr für billigsten Transport dem Lieferer überlassen.

Transportschäden und Versicherung

11. Transportschäden müssen beim Empfang der Ware sofort angezeigt werden. Bei Bahntransporten ist von der Güterabfertigung eine bahnamtliche Bescheinigung zur Geltendmachung von Ersatzansprüchen über den Schaden zu verlangen. Diese ist uns umgehend einzusenden. Wird verabsäumt, diese Bescheinigung zu beschaffen, wird jeder Ersatzanspruch abgelehnt.

12. Die Versicherung der Waren gegen Transportschäden wird nur auf Wunsch des Bestellers vorgenommen. Der Lieferer berechnet in diesem Fall die ihm entstandenen Kosten, übernimmt aber keine Verantwortung für die Durchführung der Versicherung.

Gewährleistungsansprüche

13. Offensichtliche Mängel müssen binnen 8 Tagen nach Empfang der Waren oder Beendigung der Montage, wenn diese vom Lieferer vorgenommen wurde, schriftlich gerügt werden.

14. Ist die Ware infolge von Material- oder Verarbeitungsfehlern mangelhaft oder fehlen ihr zugesicherte Eigenschaften, so ist der Lieferer verpflichtet, sie nach seiner Wahl entweder nachzubessern oder kostenlos durch einwandfreie Ware zu ersetzen. Dem Besteller bleibt das Recht vorbehalten, bei Fehlschlagen der Nachbesserung oder Ersatz-Lieferung Herabsetzung der Vergütung oder nach seiner Wahl Rückgängigmachung des Vertrages zu verlangen. Dies gilt jedoch nur dann, wenn der Besteller die Ware nicht verändert hat.

15. Weitere Gewährleistungsansprüche des Bestellers sind ausgeschlossen. Eine Haftung ist ausgeschlossen, wenn die Ware sich nicht mehr im Zustand der Ablieferung befindet, d. h. insbesondere, sofern der Besteller Änderungen oder Instandsetzungsarbeiten veranlaßt hat.

16. Gewährleistungsansprüche verjähren sechs Monate nach Erhalt der Ware. Schadensersatzansprüche bleiben beschränkt auf den Fall groben Verschuldens oder Vorsatzes.

Erfüllungsort und Gerichtsstand

17. Erfüllungsort ist der Sitz des Lieferers.

18. Gerichtsstand ist Dortmund. Das gilt auch für Wechsel- und Scheckklagen. Ist der Käufer Gewerbetreibender im Sinne des § 4 HGB oder Nichtkaufmann, so wird hiermit ausdrücklich vereinbart, daß Ansprüche im Wege des Mahnverfahrens (§§ 688 ff. ZPO) an dem Gerichtsstand Dortmund geltend gemacht werden können (§ 38 Abs. 3 Ziff. 2 b ZPO).

► **Gesetz zur Regelung des Rechts der Allgemeinen Geschäftsbedingungen (AGB-Gesetz)**

Gesetz zur Regelung des Rechts der Allgemeinen Geschäftsbedingungen		
Voraussetzungen, unter denen Allgemeine Geschäftsbedingungen Vertragsbestandteil werden	wesentliche Bestimmungen	unwirksame Bestimmungen in Allgemeinen Geschäftsbedingungen
• ausdrücklicher Hinweis auf Allgemeine Geschäftsbedingungen • Möglichkeit, vom Inhalt in zumutbarer Weise Kenntnis zu nehmen • Zustimmung des Käufers zu den Allgemeinen Geschäftsbedingungen	• persönliche Absprachen haben Vorrang vor Bestimmungen in Allgemeinen Geschäftsbedingungen • der Käufer darf durch Allgemeine Geschäftsbedingungen nicht unangemessen benachteiligt werden	• überraschende Klauseln • kurzfristige Preiserhöhungen • Verkürzung der Gewährleistungsfrist (Garantiezeit)

Mit der Einführung Allgemeiner Geschäftsbedingungen hatten sich Verkäufer quasi ein „eigenes Recht" geschaffen. Die Regelungen des Bürgerlichen Gesetzbuches zum Kaufvertrag wurden durch die vorgegebenen Bedingungen verdrängt. Durch diese „aufgezwungenen" Vertragsinhalte ergaben sich für den Käufer in der Vergangenheit häufig Nachteile. Es wurden sogar nur mit solchen Abnehmern Kaufverträge geschlossen, die bereit waren, die vorformulierten Bedingungen der Anbieter zu akzeptieren.

Erst mit dem am 01.04.1977 in Kraft getretenen „Gesetz zur Regelung des Rechts der Allgemeinen Geschäftsbedingungen" gelang es, diese Situation zugunsten der Abnehmer zu verändern. Zwar werden auch weiterhin Allgemeine Geschäftsbedingungen als Grundlage von Kaufverträgen verwandt, verstoßen jedoch einzelne vorformulierte Regelungen gegen entsprechende Bestimmungen des AGB-Gesetzes, so sind sie ungültig.

Das AGB-Gesetz gilt zwar grundsätzlich auch für Verträge zwischen Kaufleuten, bezweckt jedoch in erster Linie den **Schutz des Verbrauchers**.

● **Voraussetzungen, unter denen Allgemeine Geschäftsbedingungen Vertragsbestandteil werden** (§ 2 AGBG)

Allgemeine Geschäftsbedingungen werden nur unter folgenden Voraussetzungen Bestandteil eines Vertrages zwischen Kaufmann und **Verbraucher**:

– Der Verkäufer muß den Käufer ausdrücklich oder durch deutlich sichtbaren Aushang vor Vertragsabschluß auf die Allgemeinen Geschäftsbedingungen hinweisen.

– Dem Käufer ist die Möglichkeit zu geben, in zumutbarer Weise vom Inhalt der Geschäftsbedingungen Kenntnis zu nehmen.

– Der Käufer muß sein Einverständnis zu den vorformulierten Vertragsbedingungen abgeben.

> Bei schriftlichen Verträgen befinden sich die „Allgemeinen Geschäftsbedingungen" entweder auf der Rückseite des Vertrages oder auf einem beigefügten Blatt. Bei täglichen Geschäften, die durch „schlüssiges Verhalten" zustande kommen, muß durch einen Aushang mitgeteilt werden, wo die Allgemeinen Geschäftsbedingungen eingesehen werden können. Dies gilt für Kaufhäuser, Parkhäuser, Reinigungen usw.

● Wesentliche Bestimmungen des AGB-Gesetzes

Folgende Regelungen gelten sowohl für Geschäfte zwischen Kaufleuten als auch für solche zwischen Kaufleuten und Verbrauchern.

– **Persönliche Absprachen**, die zwischen Verkäufer und Käufer getroffen werden, haben Vorrang vor Allgemeinen Geschäftsbedingungen (§ 4 AGBG).

> In den Allgemeinen Geschäftsbedingungen einer Unternehmung steht: „Liefertermine sind unverbindlich". Haben sich jedoch Verkäufer und Käufer auf den Liefertermin 1. Juni 19.. geeinigt, so gilt diese Absprache.

– **Unangemessene Benachteiligungen** des Käufers dürfen durch Allgemeine Geschäftsbedingungen nicht hervorgerufen werden. Alle Klauseln, die wesentliche Rechte des Käufers einschränken oder ausschließen, sind unzulässig (Generalklausel § 9 AGBG).

● Unwirksame Bestimmungen in Allgemeinen Geschäftsbedingungen

– **Überraschende Klauseln**, die in Allgemeinen Geschäftsbedingungen stehen und mit denen der Käufer nicht zu rechnen braucht, sind unwirksam (§ 3 AGBG).

> In den Allgemeinen Geschäftsbedingungen eines Fotohändlers ist die Bestimmung enthalten, daß der Käufer einer Schmalfilmkamera im ersten Halbjahr verpflichtet ist, monatlich einen Film bei diesem Händler zu erwerben. Diese Klausel ist so ungewöhnlich, daß sie nicht Vertragsbestandteil wird.

– Bestimmungen in Allgemeinen Geschäftsbedingungen, die die Möglichkeit von **kurzfristigen Preiserhöhungen** bei einer Warenlieferung innerhalb von vier Monaten nach Abschluß des Kaufvertrages einräumen, sind für **Konsumenten** unwirksam (§ 11 Nr. 1 AGBG).

> In einem am 1. Februar abgeschlossenen Kaufvertrag über die Lieferung einer Anbauküche ist als Liefertermin der 15. Mai festgelegt. Eine in der Zwischenzeit erfolgte Preiserhöhung bleibt für den Käufer ohne Bedeutung.

– Eine **Kürzung der gesetzlichen Garantiefrist** (Gewährleistungsfrist) durch Allgemeine Geschäftsbedingungen ist für **Konsumenten** unwirksam (§ 11 Nr. 10 f. AGBG).

> In den Allgemeinen Geschäftsbedingungen eines Einzelhändlers steht die Bestimmung, daß die Garantiezeit für einen Kühlschrank vier Monate sei. Diese Regelung ist unwirksam, da die gesetzliche Mindestgarantiezeit gemäß § 477 BGB sechs Monate beträgt.

2.8 Das Kommissionsgeschäft

Die Einzelhandelsunternehmung erwirbt in der Regel Waren, indem sie mit ihren Lieferanten Kaufverträge schließt. Bei der Neueinführung einer Ware oder bei möglicherweise schwierig absetzbaren Artikeln (z. B. besonders modische oder außergewöhnlich teure Waren) wäre jedoch ein endgültiger Kauf mit einem zu hohen Risiko verbunden. Aus diesem Grunde werden Waren in Kommission übernommen. Bei diesem Kommissionsgeschäft bleibt der Lieferant **(Kommittent)** Eigentümer der Ware. Der Einzelhändler **(Kommissionär)** erhält die Ware zum Weiterverkauf an seine Kunden. Verkaufte Waren rechnet er mit dem Lieferanten ab, nicht verkaufte Waren kann er an diesen zurückgeben. Das Absatzrisiko liegt allein beim Lieferanten bzw. Eigentümer.

▶ **Kommissionär** *(§§ 383 ff. HGB)*

Kommissionäre sind selbständige Kaufleute (Kaufmann kraft Grundhandelsgewerbe; vgl. S. 334), die es gewerbsmäßig übernehmen, **für Rechnung eines anderen**, aber **in eigenem Namen** Waren oder Wertpapiere zu kaufen oder zu verkaufen.

Zwischen dem Kommissionär, seinem Auftraggeber (Kommittent) und dem Kunden entsteht dabei folgendes Dreiecksverhältnis:

Kommissionäre können für ihre Auftraggeber von Fall zu Fall, aber auch auf Dauer tätig werden. Sie müssen das Geschäft mit Sorgfalt ausführen, den Weisungen des Kommittenten folgen, dessen Interessen vertreten und ihn von der Ausführung der Kommission unterrichten.

Kommissionsgeschäfte haben heute in folgenden Bereichen besondere Bedeutung:

- An- und Verkauf von Wertpapieren über Banken;
- Warenein- und Warenverkäufe im Exportgeschäft;
- An- und Verkauf von Kunstgegenständen und Antiquitäten;
- Abgabe von Waren zum Verkauf vom Hersteller oder Großhändler an den Einzelhändler vor allem dann, wenn es sich um neue Produkte oder modische Artikel handelt, bei denen der Absatzerfolg ungewiß erscheint.

Der Einzelhändler hat bei einem solchen Kommissionsgeschäft die Möglichkeit, die **nicht verkaufte Ware an den Lieferanten zurückzugeben**.

Zusammenfassung

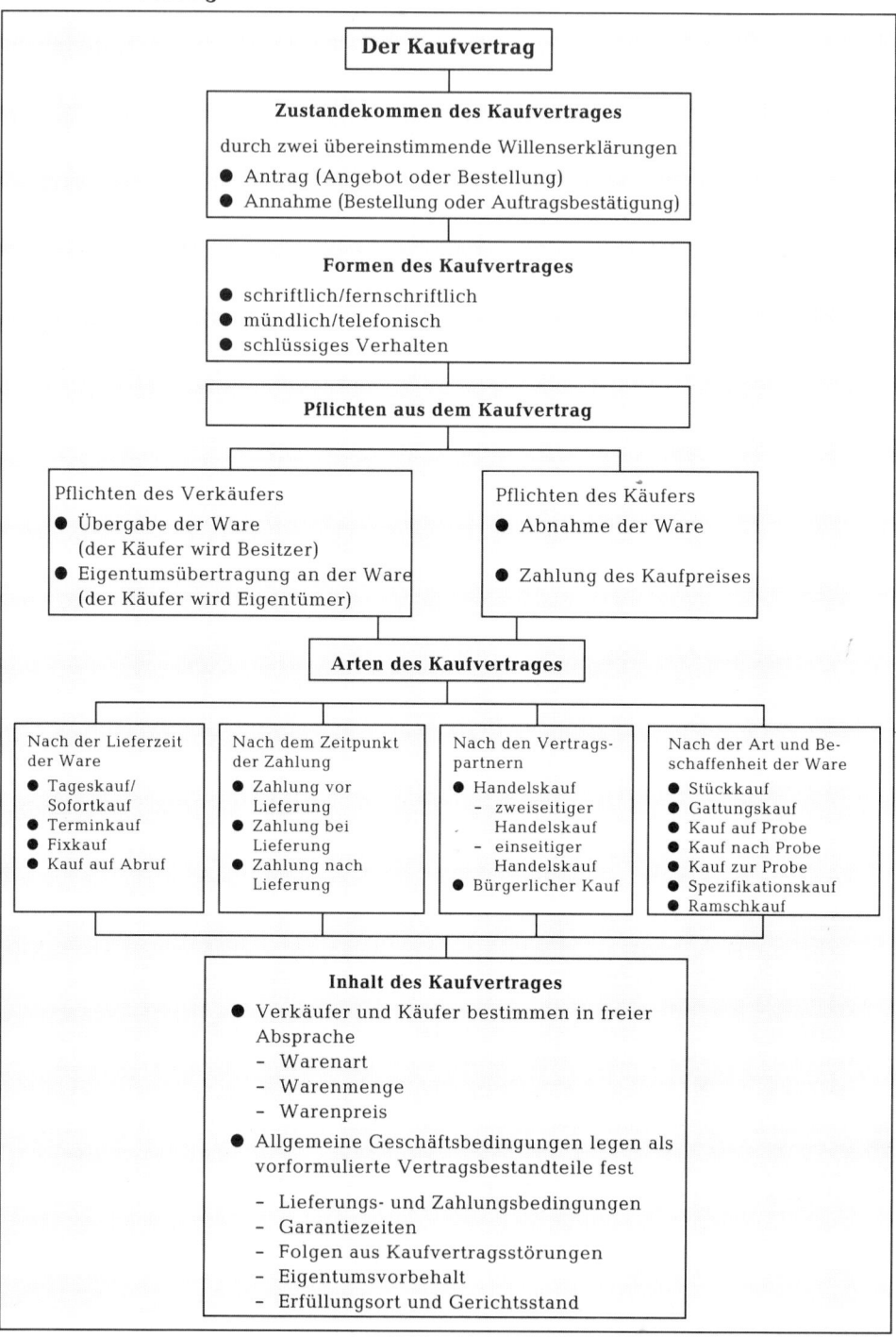

Der Kaufvertrag

Zustandekommen des Kaufvertrages

durch zwei übereinstimmende Willenserklärungen
- Antrag (Angebot oder Bestellung)
- Annahme (Bestellung oder Auftragsbestätigung)

Formen des Kaufvertrages
- schriftlich/fernschriftlich
- mündlich/telefonisch
- schlüssiges Verhalten

Pflichten aus dem Kaufvertrag

Pflichten des Verkäufers
- Übergabe der Ware
  (der Käufer wird Besitzer)
- Eigentumsübertragung an der Ware
  (der Käufer wird Eigentümer)

Pflichten des Käufers
- Abnahme der Ware
- Zahlung des Kaufpreises

Arten des Kaufvertrages

Nach der Lieferzeit der Ware
- Tageskauf/ Sofortkauf
- Terminkauf
- Fixkauf
- Kauf auf Abruf

Nach dem Zeitpunkt der Zahlung
- Zahlung vor Lieferung
- Zahlung bei Lieferung
- Zahlung nach Lieferung

Nach den Vertragspartnern
- Handelskauf
  - zweiseitiger Handelskauf
  - einseitiger Handelskauf
- Bürgerlicher Kauf

Nach der Art und Beschaffenheit der Ware
- Stückkauf
- Gattungskauf
- Kauf auf Probe
- Kauf nach Probe
- Kauf zur Probe
- Spezifikationskauf
- Ramschkauf

Inhalt des Kaufvertrages
- Verkäufer und Käufer bestimmen in freier Absprache
  - Warenart
  - Warenmenge
  - Warenpreis
- Allgemeine Geschäftsbedingungen legen als vorformulierte Vertragsbestandteile fest
  - Lieferungs- und Zahlungsbedingungen
  - Garantiezeiten
  - Folgen aus Kaufvertragsstörungen
  - Eigentumsvorbehalt
  - Erfüllungsort und Gerichtsstand

Aufgaben

(1) Ein Einzelhändler bestellt aufgrund einer Anzeige eines Herstellers in einer Fachzeitschrift Waren. Erläutern Sie die einzelnen Schritte, die zum Abschluß eines Kaufvertrages notwendig sind!

(2) Der Einzelhändler Peters fordert schriftlich bei der Unternehmung Krause einen Schreibtischsessel der Marke „Soft" mit braunem Stoffbezug zum Preis von 950 DM an. Krause bestätigt diesen Auftrag, kann allerdings den gewünschten Sessel nur noch in Schwarz liefern. Ist ein Kaufvertrag zustande gekommen?

(3) Ein Lieferant unterbreitet ein Angebot mit der Freizeichnungsklausel „Preisänderungen vorbehalten". Was ist erforderlich, um in diesem Fall einen Kaufvertrag entstehen zu lassen?

(4) Ein Großhändler sendet einer Einzelhandelsunternehmung, mit der er seit langem gute Geschäftsbeziehungen unterhält, unaufgefordert einen günstigen Warenposten zu. Die Einzelhandelsunternehmung reagiert auf diese Warensendung nicht. Beurteilen Sie, ob ein Kaufvertrag zustande gekommen ist!

(5) In einem Selbstbedienungsgeschäft stellt ein Kunde einen Kasten Bier in den Einkaufswagen und geht zur Kasse. Die Kassiererin nimmt den Betrag wortlos entgegen. Ist hier ein Kaufvertrag zustande gekommen?

(6) In einem Elektrowarengeschäft kauft ein Kunde eine Stereo-Anlage. Welche Pflichten und Rechte ergeben sich für Verkäufer und Käufer?

(7) Klären Sie in folgenden Fällen, wer Besitzer und wer Eigentümer der betreffenden Sache ist!
   a) Werner leiht Wolfgang ein Fahrrad.
   b) Klaus verkauft an Bernd seine Briefmarkensammlung.
   c) Peter verliert seinen Tennisschläger und Ulrich findet ihn.
   d) Im Schwimmbad nimmt Volker versehentlich die Bademütze von Horst mit.

(8) Ihr Ausbildungsbetrieb hat beim Lieferanten Alfons Schramm KG, Postfach 1837, 58072 Hagen, am 09. 11. 19.. Waren zum Stückpreis von 25 DM (Gesamtrechnungsbetrag ohne Mehrwertsteuer 2 500 DM) bestellt. Die Rechnung Nr. 620 vom 21. 11. 19.. weist einen Nettobetrag von 2 750 DM aus. Schreiben Sie im Namen Ihres Betriebes die Beanstandung dieser Rechnung!

(9) Wann werden Waren unter Eigentumsvorbehalt geliefert?

(10) Weshalb genügt in der Regel eine Vereinbarung zum einfachen Eigentumsvorbehalt bei Lieferung an den Endverbraucher, nicht aber an den Wiederverkäufer (Einzelhändler)?

(11) Mathias Zweig aus Krefeld hat das von der Elektrofirma Zwiehoff in Düsseldorf vor drei Monaten gelieferte Fernsehgerät trotz Mahnungen nicht bezahlt. Wo kann Herr Zwiehoff seine Forderungen gerichtlich einklagen?

(12) Ein Einzelhändler hat die Rechnung seines Großhändlers durch Postüberweisung beglichen. Beim Lieferanten ist die Zahlung allerdings nicht eingegangen. Der Einzelhändler, der den Zahlungsbeleg vorweisen kann, ist der Meinung, seine Leistungspflicht erfüllt zu haben. Nehmen Sie hierzu Stellung!

(13) Erläutern Sie, wo der gesetzliche Gerichtsstand für den Verkäufer bzw. Käufer einer Ware ist!

(14) Geben Sie jeweils ein Beispiel für einen zweiseitigen Handelskauf und einen einseitigen Handelskauf!

(15) Um welche Kaufvertragsarten handelt es sich in den folgenden Fällen? Begründen Sie Ihre Meinung!

a) Die Geschäftsführerin einer GmbH kauft für ihren Sohn aufgrund einer Kleinanzeige einen gebrauchten Computer, den dieser im Rahmen seines Studiums nützen möchte.

b) Die Eheleute Müller bestellen anhand eines ihnen vorgelegten Musterbuches neue Tapeten für das Wohnzimmer.

c) Zur optimalen Nutzung seiner CAD-Anlage will ein Einzelhändler einen 20-Zoll-Farbbildschirm mit der dazugehörigen Grafikkarte für einen Zeitraum von 14 Tagen testen.

d) Ein Vorstandsmitglied einer AG erhält einen neuen Dienstwagen.

e) Ein Spediteur ersteht in einem Sportfachgeschäft eine Taucherausrüstung, um seinem Hobby zu frönen.

f) Auf der CeBIT in Hannover bestellt ein Einzelhändler bei einem taiwanischen Aussteller 1 000 Festplatten, die im August geliefert werden sollen. Zugriffszeiten, Speicherkapazität und Bauhöhe will er jedoch erst im Mai festlegen.

g) In einem Räumungsverkauf eines Werkzeug- und Eisenwarengeschäftes wegen Aufgabe des Geschäftsbetriebes gelingt es Herrn Müller, am letzten Tag des Verkaufs den gesamten Vorrat an Werkzeugen und Eisenwaren zu einem äußerst günstigen Preis zu erstehen.

h) Aufgrund der großen Nachfrage ordert die Inhaberin eines Sportfachgeschäftes im Februar noch 100 Paar Schlittschuhe mit dem Hinweis, daß die Lieferung der Sportgeräte bis spätestens 5. März erfolgen müsse.

i) Für den bevorstehenden Geburtstag der Oma bestellt die Enkelin in einer Konditorei eine Torte.

(16) Was ist ein Fixkauf?

a) Lieferung erfolgt umgehend
b) Kaufvertrag mit Lieferfrist
c) Lieferungstermin genau festgelegt
d) Lieferung erfolgt per Expreßgut.

Welche Antwort ist richtig? Begründen Sie Ihre Meinung!

(17) Wann werden Allgemeine Geschäftsbedingungen Bestandteil des Kaufvertrages, und welche wichtigen Einzelheiten sind in ihnen in der Regel enthalten?

(18) In welchen Fällen wird ein Einzelhändler Waren nicht durch Kauf beziehen, sondern in Kommission übernehmen?

3 Störungen aus dem Kaufvertrag und deren Folgen

Mit dem Abschluß eines Kaufvertrages haben sich die Vertragsparteien – wie bei jedem anderen Vertrag – zur Ausführung bestimmter Leistungen verpflichtet. Bei der Nichterfüllung dieser Pflichten kann es zu Störungen kommen, die erhebliche Folgen für denjenigen haben, dem ein derartiges Versäumnis nachzuweisen ist.

Pflichten aus dem Kaufvertrag und mögliche Störungen			
Verkäufer		**Käufer**	
Pflichten	**Störungen**	**Pflichten**	**Störungen**
Übergabe der Ware und Eigentumsübertragung, d.h.		● Annahme der Ware	● Annahmeverzug
● rechtzeitige und	● Lieferungsverzug	● Zahlung des Kaufpreises	● Zahlungsverzug
● ordnungsgemäße Lieferung	● Lieferung mangelhafter Ware		

3.1 Lieferungsverzug

▶ **Wesen des Lieferungsverzuges**

Eine der sich aus dem Abschluß eines Kaufvertrages ergebenden Pflichten für den Verkäufer ist die rechtzeitige (termingerechte) Lieferung der vereinbarten Ware an den Käufer. Leistet der Verkäufer nicht oder nicht rechtzeitig, gerät er in Lieferungsverzug.

▶ **Voraussetzungen des Lieferungsverzuges**

● **Fälligkeit der Lieferung**

– **Bei unbestimmter Lieferzeit**

Ist im Kaufvertrag keine bestimmte Lieferzeit vereinbart, hat die Leistung sofort zu erfolgen (§ 271 BGB). Geschieht dies nicht, muß der Käufer den Verkäufer formlos zur dringenden Lieferung auffordern. Erst mit dem Zugang dieser Mahnung kommt der Lieferer in Verzug (§ 284 I BGB). Diese Mahnung sollte bestimmt und eindeutig formuliert sein und muß nach oder bei Eintritt der Fälligkeit erfolgen. Der Verkäufer soll informiert werden, daß der Käufer die Leistung gerade zu diesem Zeitpunkt erwartet.

– **Bei kalendermäßig bestimmter Lieferzeit**

Bereits ohne Mahnung kommt der Verkäufer in Verzug, wenn die im Kaufvertrag festgelegte Lieferung kalendermäßig bestimmt ist (§ 284 II BGB).

> Lieferung am 22.05.19..
> Lieferung in der neunten Woche des Jahres
> Lieferung innerhalb von 14 Tagen nach Bestellungseingang

Darüber hinaus kommt es vor, daß nach dem Willen der vertragsschließenden Parteien der Zeitpunkt, an dem der Verkäufer die Leistung erbringen muß, so wesentlich ist, daß mit der Einhaltung das gesamte Geschäft stehen oder fallen soll. Es handelt sich in diesem Fall um ein **Fixgeschäft**, das durch Ausdrücke wie „fix", „genau", „prompt" oder „exakt" eindeutig gekennzeichnet ist. Wird bei einem Fixgeschäft der Lieferungstermin nicht eingehalten, kann der Käufer ohne Mahnung und Nachfristsetzung (§ 326 I BGB) sofort vom Vertrag zurücktreten, da für ihn das Geschäft sinnlos geworden ist.

> Weihnachtsbäume fix zum 15. Dezember
> Osterhasen, Karnevalsartikel, Weihnachtskugeln

● **Verschulden des Lieferers**

Eine grundsätzliche Voraussetzung für den Lieferungsverzug ist das Verschulden des Verkäufers (§ 285 BGB). Ein Verschulden liegt vor bei:

– **Fahrlässigkeit**, d.h., der Verkäufer handelt nicht so sorgfältig, wie es erforderlich ist.

– **Vorsatz**, d.h., der Verkäufer liefert mit Absicht nicht rechtzeitig.

Den Verkäufer trifft kein Verschulden, wenn die Lieferungsverzögerung durch höhere Gewalt (Hochwasser, Erdbeben, Streik usw.) entstanden ist.

BESONDERHEIT

Bei Gattungsschulden kommt der Lieferer auch dann in Verzug, wenn ihn kein Verschulden trifft. Es wird unterstellt, daß er sich in diesem Fall die Ware jederzeit anderweitig beschaffen kann. Während bei einem Stückkauf eine genau identifizierbare Ware erworben wird, die bei Verlust oder Zerstörung nicht ersetzbar ist, besteht beim Gattungskauf die Möglichkeit, die Ware anderweitig zu beschaffen.

● **Nachholbarkeit der Lieferung**

Der Lieferungsverzug ist lediglich eine vorübergehende Leistungsstörung, d.h., der Verkäufer liefert zwar nicht rechtzeitig, er kann die Ware aber später bereitstellen. Kann die Lieferung allerdings auf Dauer nicht mehr erbracht werden, so wird die Durchführung des gesamten Kaufvertrages unmöglich, und somit liegt auch kein Lieferungsverzug vor.

> Der Inhaber einer Galerie verkauft ein Originalgemälde an einen Kunden. Bevor das Bild ausgeliefert werden kann, wird es zerstört. In diesem Fall ist die Leistung nicht nachholbar.

▶ **Rechte des Käufers aus dem Lieferungsverzug**

Ist ein Verkäufer in Lieferungsverzug, so kann der Käufer unter verschiedenen Rechten wählen:

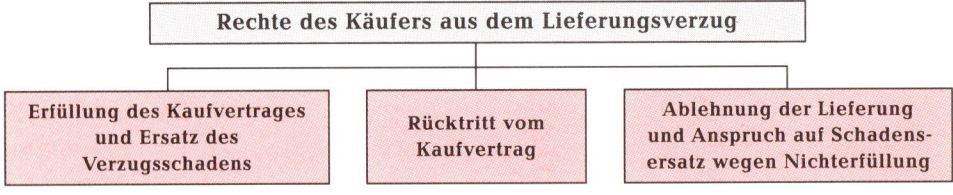

Rechte des Käufers aus dem Lieferungsverzug		
Erfüllung des Kaufvertrages und Ersatz des Verzugsschadens	Rücktritt vom Kaufvertrag	Ablehnung der Lieferung und Anspruch auf Schadensersatz wegen Nichterfüllung

● **Erfüllung des Kaufvertrages und Ersatz des Verzugsschadens**

Der Käufer kann auf Erfüllung der vereinbarten Lieferung bestehen und gleichzeitig Ersatz des durch den Verzug entstandenen Schadens verlangen (§ 286 I BGB). Der zu ersetzende Schaden umfaßt neben den entstandenen Kosten (Porto, Telefonate) auch einen entgangenen Gewinn (§ 252 BGB).

Ein Einzelhändler hat für den 01.04.19.. die Wiedereröffnung seines Geschäftes vorgesehen. Die Lieferung der benötigten Ladeneinrichtung ist für den 15.03.19.. fest zugesagt. Der Lieferant kommt in Lieferungsverzug, so daß der Einzelhändler die Eröffnung auf den 01.05.19.. verschieben muß. Den entgangenen Gewinn von 10 000 DM reklamiert der Einzelhändler beim Lieferanten als Verzugsschaden.

Rücktritt vom Kaufvertrag

Der Käufer kann auch vom Vertrag zurücktreten. In diesem Fall muß er dem Verkäufer eine angemessene Nachfrist zur Warenlieferung einräumen und ihm gleichzeitig androhen, die Lieferung nach Ablauf dieser Frist nicht mehr anzunehmen (§ 326 I BGB).

Diese Möglichkeit wird der Käufer dann wählen, wenn er die Ware sofort von einem anderen Lieferanten beziehen kann, möglicherweise sogar zu einem günstigeren Preis.

Ablehnung der Lieferung und Anspruch auf Schadensersatz wegen Nichterfüllung

Anstelle des Rücktritts vom Vertrag kann der Käufer auch die Lieferung der Ware ablehnen und Schadensersatz wegen Nichterfüllung des Kaufvertrages verlangen. In diesem Fall muß er ebenfalls eine Nachfrist setzen und darauf hinweisen, daß Schadensersatzansprüche gestellt werden (§ 326 I BGB).

Von diesem Wahlrecht wird der Käufer dann Gebrauch machen, wenn er die Ware bei einem anderen Lieferanten zwar sofort, aber nur zu einem höheren Preis erhalten kann. Die sich ergebende Kaufpreisdifferenz wird er als Schaden in Rechnung stellen.

BESONDERHEIT

Zur Wahrnehmung der Rechte „Rücktritt vom Kaufvertrag" oder „Schadensersatz wegen Nichterfüllung" muß der Käufer in der Regel eine Nachfrist für die Lieferung setzen.

Kann der Käufer jedoch den Nachweis führen, daß er infolge des Lieferungsverzuges keine Verwendung mehr für die Ware hat, erübrigt sich die Nachfristsetzung. Diese Voraussetzung ist im allgemeinen bei Saisongeschäften gegeben, wie z.B. bei Artikeln, die speziell auf die Weihnachts- bzw. Osterzeit ausgerichtet sind („**Interessenwegfall**" gemäß § 326 II BGB). Die gleiche Regelung gilt für **Fixgeschäfte** (§ 361 BGB) bzw. dann, wenn der Verkäufer die Lieferung der Ware endgültig verweigert hat.

8 Käseborn/Siekerkötter – ISBN 3-8120-0081-4

Nachfristsetzung:

Sport Braun GmbH

Sport Braun GmbH   Postfach 101010   44710 Bochum
Einschreiben

Textilfabrik
Otto Weber KG
Postfach 12 50

52013 Aachen

Karlstraße 16
44866 Bochum
✆   0234/437-1
Telefax 0234/437-506

Sparkasse Bochum
BLZ 430 500 01
Konto-Nr. 27 83 94

Geschäftszeit
Mo - Fr 9.00 - 18.30 h
Sa   9.00 - 14.00 h

Ihre Zeichen/Ihre Nachricht vom	Unsere Zeichen	Durchwahl	Bochum
we-wo 15.09.19..	br-wi	121	12.10.19..

Unsere Bestellung 68/9 - Lieferungsverzug

Sehr geehrter Herr Weber,

in Ihrer Auftragsbestätigung sicherten Sie mir die Lieferung von

    25 Herren-Sporthosen, rot
        Größe 48
        Art.-Nr. 172935 zu 25,90 DM/Stück

zu Ende September zu.

Leider habe ich die Ware bis heute nicht erhalten. Ich benötige sie dringend und setze Ihnen hiermit eine

Nachfrist bis zum 28.10.19..

Sollten Sie bis dahin nicht geliefert haben, werde ich bei einem anderen Lieferanten bestellen und Sie für evtl. entstehende zusätzliche Kosten haftbar machen.

Ich hoffe jedoch, daß Sie den Termin einhalten werden und wir auch in Zukunft in Geschäftsverbindung bleiben können.

Mit freundlichen Grüßen

Sport Braun GmbH

Braun

Braun

3.2 Annahmeverzug

▶ **Wesen des Annahmeverzuges**

Während es sich beim Lieferungsverzug um eine Pflichtverletzung des Verkäufers handelt, liegt beim Annahmeverzug eine Leistungsstörung des Kaufvertrages durch den Käufer vor. Der Käufer gerät in Annahmeverzug, wenn er:

- die angebotene Ware nicht annimmt (§ 293 BGB) oder
- Mitwirkungshandlungen unterläßt, wodurch die Ausführung der Warenlieferung verhindert wird.

> Ein Kunde hat bei einem Einzelhändler eine Wohnzimmereinrichtung gekauft. Allerdings hat er sich vorbehalten, die Möbel erst dann abzurufen, wenn die Renovierung seiner Wohnung abgeschlossen ist, spätestens aber nach sechs Monaten (Kauf auf Abruf). Fordert nunmehr der Käufer die Möbel nicht innerhalb dieser Frist an, gerät er in Annahmeverzug.

▶ **Voraussetzung des Annahmeverzuges**

● **Fälligkeit der Leistung**

- In der Regel wird eine Warenlieferung zu einem festgelegten Termin fällig.

- Ist kein Zeitpunkt für die Lieferung bestimmt, muß die beabsichtigte Warenzustellung eine angemessene Zeit vorher angekündigt werden. Erfolgt diese Ankündigung nicht und wird die Ware überraschend geliefert, kommt der Käufer nicht in Annahmeverzug, wenn er die Lieferung nicht entgegennimmt (§§ 271 und 299 BGB).

● **Angebot der Leistung**

Der Verkäufer hat dem Käufer die Leistung in der Form anzubieten, wie sie im Kaufvertrag vereinbart wurde (§ 294 BGB). Daraus folgt, daß die Ware geliefert werden muß:

- zur richtigen Zeit

- an den richtigen Ort

- in der richtigen Art und Weise

● **Nichtannahme der Leistung**

Der Annahmeverzug tritt ein, wenn der Käufer die ihm ordnungsgemäß angebotene Ware nicht annimmt (§ 293 BGB).

BESONDERHEITEN

● Der Annahmeverzug verbessert die Rechtsposition des Verkäufers, der einen am Verhalten des Käufers gescheiterten Leistungsversuch unternommen hat (**Haftungsminderung**): Für die Zeit des Annahmeverzuges hat der Verkäufer nicht mehr jede Fahrlässigkeit, sondern nur noch **grobe Fahrlässigkeit und Vorsatz** zu vertreten (§ 300 I BGB). Damit trägt der Käufer das Risiko der Verschlechterung des zu liefernden Gegenstandes, wenn die sich während des Annahmeverzuges ereignenden Umstände dem Verkäufer nur als leichte Fahrlässigkeit anzurechnen sind. Dasselbe gilt für den Untergang des Leistungsgegenstandes (§ 275 BGB).

> Ein Kaufvertrag über einen Neuwagen enthält die Vereinbarung, das Fahrzeug am 15. November auszuliefern. Krankheitsbedingt kann der Käufer diesen Termin nicht einhalten. Durch ein am darauffolgenden Tag plötzlich einsetzendes Unwetter wird der Pkw, den der Verkäufer aus Platzmangel im Freien auf dem Betriebsgelände abgestellt hat, erheblich beschädigt. Ein Schadensersatzanspruch des Käufers besteht nicht, da der Verkäufer nicht vorsätzlich oder grob fahrlässig gehandelt hat.

● Im Gegensatz zum Lieferungsverzug ist es beim Annahmeverzug keine Voraussetzung, daß den Gläubiger ein Verschulden trifft.

> Der Käufer kommt auch dann in Annahmeverzug, wenn er die Waren deshalb nicht annimmt, weil er sich aufgrund eines Unfalls zur stationären Behandlung in ein Krankenhaus begeben mußte.

▶ **Rechte des Verkäufers aus dem Annahmeverzug**

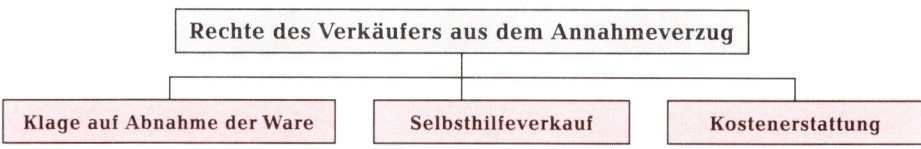

● **Klage auf Abnahme der Ware**

Hat der Käufer die Ware nicht angenommen, ist der Verkäufer trotzdem nicht von seiner Leistungspflicht befreit, d. h., er muß weiterhin in der Lage bleiben, die Ware zu liefern. Der Verkäufer wird jedoch gegebenenfalls:

- den Käufer auf Abnahme der Ware **verklagen** und
- die Ware in der Zwischenzeit auf Kosten und Gefahr des Käufers in einem „öffentlichen Lagerhaus" oder sonst in sicherer Weise (z. B. beim Amtsgericht) **hinterlegen**.

Beim **Handelskauf** ist jede Art von Waren hinterlegungsfähig (§ 373 I HGB); beim **bürgerlich-rechtlichen Kauf** nur Geld, Wertpapiere, Urkunden und andere Wertgegenstände (§ 372 BGB).

● **Selbsthilfeverkauf**

Eine Klage auf Abnahme der Ware nimmt in der Regel längere Zeit in Anspruch. Der Verkäufer kann somit bis zu einer Gerichtsentscheidung nicht über den ihm aus dem Kaufvertrag zustehenden Geldbetrag verfügen. Aus diesem Grunde wird er versuchen, einen Selbsthilfeverkauf durchzuführen.

Beim **Handelskauf** kann jede Ware zum Selbsthilfeverkauf gebracht werden (§ 373 II HGB), beim **bürgerlich-rechtlichen Kauf** nur solche Waren, die sich nicht zur Hinterlegung eignen (§ 383 I BGB).

Macht der Verkäufer von seinem Recht zum Selbsthilfeverkauf Gebrauch, muß er folgende Pflichten beachten (§§ 383, 385 BGB und 373 HGB):

- Der Selbsthilfeverkauf muß dem Käufer **angedroht** werden, es sei denn, es handelt sich um leicht verderbliche Waren wie Fisch, Obst, Gemüse usw. **Notverkauf**).
- Nimmt der Käufer trotz Androhung des Selbsthilfeverkaufs die Ware nicht ab, kann sie öffentlich **versteigert** werden. Ort und Zeit der Versteigerung, die durch einen Gerichtsvollzieher oder einen Notar vorgenommen wird, sind dem Käufer mitzuteilen, damit er selbst mitbieten kann. Den Mindererlös zwischen

Rechnungsbetrag und Versteigerungspreis hat der Käufer zu ersetzen, ein eventueller Mehrerlös muß ihm ausgezahlt werden.

- Waren mit einem **Börsen- oder Marktpreis** (derjenige Preis, zu dem eine Ware zu einem bestimmten Zeitpunkt allgemein erhältlich ist) müssen nicht öffentlich versteigert, sondern können z.B. durch einen öffentlich bestellten Handelsmakler „freihändig verkauft werden".

● **Kostenerstattung**

Der Verkäufer kann vom Käufer den Ersatz seiner Mehrkosten verlangen, die ihm durch Ausgaben für die Lagerung oder die Pflege der Ware entstanden sind (§ 304 BGB).

Textilfabrik
Otto Weber KG

Otto Weber KG   Postfach 12 50   52013 Aachen

Sport Braun GmbH
Karlstraße 16

44866 Bochum

Ihre Zeichen/Ihre Nachricht vom	Unsere Zeichen	Durchwahl	Datum
	we-wo	234	24.01.19..

- Annahmeverzug -
Ihre Bestellung 42/12 vom 28.12.19..
Unsere Lieferung vom 17.01.19..

Sehr geehrter Herr Braun,

die von Ihnen am 28.12.19.. bestellten Damen-Sportanzüge der Marke "Star" haben wir vereinbarungsgemäß am 17. d. M. geliefert.

Zu unserer Überraschung wurde uns mitgeteilt, daß Sie die Annahme ohne Angabe von Gründen verweigert haben. Wir können uns Ihr Verhalten nicht erklären und bitten Sie um eine kurze Mitteilung der Gründe.

Die Ware wird Ihnen am 31.01.19.. erneut zugestellt. Sollten Sie wieder die Annahme ohne zwingenden Grund verweigern, werde ich Sie auf Abnahme der Ware verklagen.

Alle mir durch die Annahmeverweigerung entstehenden Kosten werde ich Ihnen in Rechnung stellen.

Mit freundlichen Grüßen

Textilfabrik Otto Weber KG

Otto Weber

(Weber)

Geschäftsräume	Geschäftszeit	Telefon	Kontoverbindungen	
Hammerweg 63	Mo - Fr 10.00 h - 16.30 h	0241/97 34 01	Rheinische Bank Aachen	Postbank Köln
52074 Aachen		Telefax	BLZ 390 108 32	BLZ 370 100 50
		0241/97 34 10	Kto.Nr. 2041059	Kto.Nr. 79321-503

3.3 Lieferung mangelhafter Ware

▶ **Wesen der Lieferung mangelhafter Ware**

Der Verkäufer ist verpflichtet, die Ware in der Beschaffenheit und Qualität zu liefern, wie sie vorher mit dem Kunden vereinbart wurde. Dies bedeutet:

- die Ware darf keinen Fehler haben,
- der Ware darf keine zugesicherte Eigenschaft fehlen (§ 459 BGB).

Dabei ist es unerheblich, ob den Verkäufer ein Verschulden an der mangelhaften Lieferung trifft.

● **Fehler der Ware** liegen dann vor, wenn diese mit Mängeln behaftet ist, die den Wert oder die Tauglichkeit zu dem gewöhnlichen oder dem vertraglich vereinbarten Gebrauch aufheben oder mindern (§ 459 I BGB).

> Kratzer auf einem fabrikneuen Pkw
> Fernsehgerät, mit dem nur das erste Programm zu empfangen ist

● Eine **zugesicherte Eigenschaft der Ware** fehlt, wenn zur Zeit des Gefahrenüberganges (vgl. S. 98 f.) eine Eigenschaft, für deren Vorhandensein vom Verkäufer eine bindende Zusicherung abgegeben wurde (für die er also die Gewähr übernimmt), nicht vorhanden ist.

> frostsichere Fliesen
> wasserundurchlässiges Zelt
> hitzebeständiger Keramiktopf
> druckbeständiger Kessel

Formulierungen wie „Lieferung erstklassiger Weine", „garantiertes Haarwuchsmittel", „Verhinderung von Karies durch Zahnpasta", „sicheres Abführmittel" gelten **nicht** als zugesicherte Eigenschaften.

▶ **Arten der Mängel**

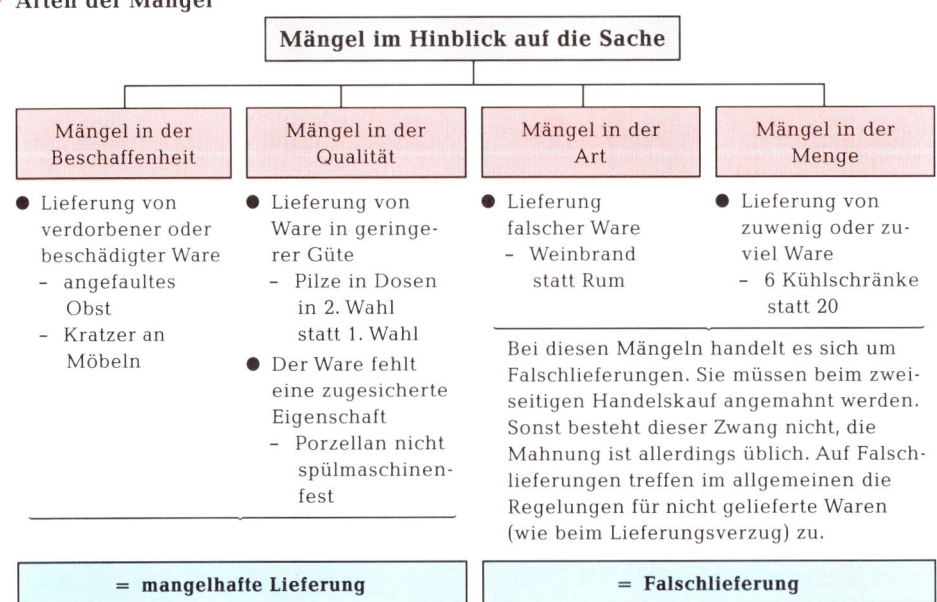

```
                    ┌─────────────────────────────────────────┐
                    │  Mängel im Hinblick auf die Erkennbarkeit │
                    └─────────────────────────────────────────┘
```

Offene Mängel	Versteckte Mängel	Arglistig verschwiegene Mängel

● Klar erkennbare Mängel
  – verbeulter Lampenschirm
  – durch Wiegen feststellbare Gewichtsdifferenz
	● Durch Prüfung nicht sofort erkennbare Mängel
	  – Farbe, die nich auf Dauer haftet
	  – Uhr, die nachgeht
		● Vom Verkäufer absichtlich verheimlichte Mängel
		  – ein als unfallfrei verkaufter Pkw hatte einen Unfallschaden

▶ **Prüfungspflicht des Käufers**

Der Käufer hat die Ware nach Anlieferung innerhalb bestimmter Fristen sorgfältig zu überprüfen und eventuelle Mängel dem Verkäufer anzuzeigen.

Die **Rügefristen** richten sich nach der Art des Kaufs und nach der Art des Mangels:

	für offene Mängel	für versteckte Mängel	für arglistig verschwiegene Mängel
zweiseitiger Handelskauf (Lieferant – Einzelhändler)	unverzüglich (§ 377 I HGB)	unverzüglich nach Entdeckung des Mangels (§ 377 III HGB), spätestens innerhalb von 6 Monaten	30 Jahre (§ 195 BGB)
einseitiger Handelskauf (Einzelhändler – Endverbraucher)	innerhalb von 6 Monaten nach der Lieferung (§ 477 BGB)		30 Jahre (§ 195 BGB)

Bei Nichtbeachtung der vorgeschriebenen Rügefristen verliert der Käufer seine Rechte, die sich aus der mangelhaften Lieferung einer Ware ergeben. Er wird also festgestellte Fehler der Ware in einer **Mängelrüge** genau bezeichnen. Die Mängelrüge ist zwar formfrei, in der Regel wird sie aber aus Beweisgründen schriftlich abgefaßt.

▶ **Mängelrüge beim Platzkauf und Distanzkauf**

Liegt ein **zweiseitiger Handelskauf** vor und wird bei einer Ware ein offener Mangel festgestellt, muß der Käufer prüfen, ob es sich um einen Platzkauf oder einen Distanzkauf handelt.

● Beim **Platzkauf** (Käufer und Verkäufer wohnen im selben Ort) kann der Käufer die Annahme der mangelhaften Lieferung verweigern und die Ware sofort zurückschicken.

● Beim **Distanzkauf** (Käufer und Verkäufer wohnen in unterschiedlichen Orten) muß der Käufer bei Beanstandung der Ware zunächst für deren ordnungsgemäße Lagerung sorgen (§ 379 HGB).

▶ **Rechte des Käufers aus der Lieferung mangelhafter Ware**

Nach der rechtzeitigen Beanstandung mangelhafter Ware hat der Käufer folgende Rechte, die er nach seiner Wahl in Anspruch nehmen kann:

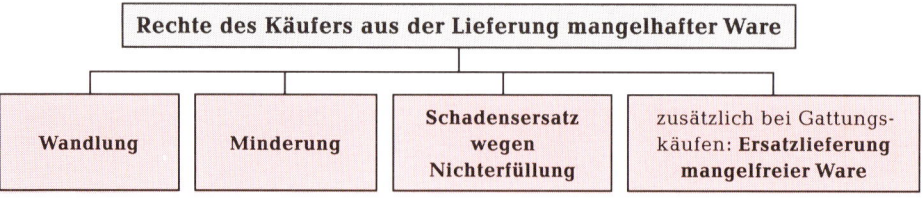

● **Wandlung** *(§ 462 BGB)*

Unter Wandlung ist die Rückgängigmachung des Kaufvertrages zu verstehen, d. h., der Käufer gibt den Kaufgegenstand gegen Erstattung des Kaufpreises zurück (vgl. Brief S. 121).

> Dieses Recht wird der Käufer dann wählen, wenn er die gewünschte Ware sofort anderweitig bzw. sogar günstiger erwerben kann.

● **Minderung** *(§ 462 BGB)*

Der Kaufvertrag bleibt bestehen, der Käufer kann allerdings einen Preisnachlaß verlangen (vgl. Brief S. 122).

> Von diesem Recht wird der Käufer dann Gebrauch machen, wenn der Mangel relativ unerheblich und die Preisherabsetzung angemessen ist.

● **Schadensersatz wegen Nichterfüllung** *(§ 463 BGB)*

Statt der Gewährleistungsansprüche auf Wandlung oder Minderung kann der Käufer auch Schadensersatz wegen Nichterfüllung verlangen (vgl. Brief S. 123),

– wenn der Ware eine zugesicherte Eigenschaft fehlt oder

– wenn ein Mangel durch den Verkäufer arglistig verschwiegen wurde.

> Eine vom Verkäufer ausdrücklich als nicht ausfärbend bezeichnete Bluse verliert bei der ersten Wäsche die Farbe und verdirbt die übrigen in der Maschine befindlichen Textilien.

● **Ersatzlieferung mangelfreier Ware** *(§ 480 BGB)*

Bei Gattungskäufen hat der Käufer neben den zuvor genannten Rechten zusätzlich Anspruch auf Ersatz der mangelhaften Lieferung durch einwandfreie Ware (vgl. Brief S. 124).

BESONDERHEIT

Häufig wird bei einem **einseitigen Handelskauf** in den Allgemeinen Geschäftsbedingungen festgelegt, daß dem Verkäufer bei Warenmängeln zunächst die Möglichkeit der **Nachbesserung** oder **Ersatzlieferung** eingeräumt werden muß, d. h., ihm ist Gelegenheit zu geben, den Mangel durch Reparatur oder Ersatzlieferung zu beseitigen. Erst wenn es nicht gelingt, den Mangel zu beheben, kann der Käufer zwischen Wandlung und Minderung wählen (§ 11 Nr. 10 b AGBG).

Wandlung:

Sport Braun GmbH

Sport Braun GmbH   Postfach 101010   44710 Bochum

Galerie Artus
Hansaring 100

50670 Köln

Karlstraße 16
44866 Bochum
℡   0234/437-1
Telefax 0234/437-506

Sparkasse Bochum
BLZ 430 500 01
Konto-Nr. 27 83 94

Geschäftszeit
Mo - Fr 9.00 - 18.30 h
Sa   9.00 - 14.00 h

Ihre Zeichen/Ihre Nachricht vom	Unsere Zeichen	Durchwahl	Bochum
	br-wi	121	29.06.19..

Unsere Bestellung 32/6 vom 14.06.19..
Ihre Lieferung vom 26.06.19..

Sehr geehrte Damen und Herren,

die uns von Ihnen vertraglich zugesicherte Anlieferung einer Inka-Skulptur zur
Ausgestaltung unserer Geschäftsräume wurde gestern ausgeführt.

Beim Auspacken der Statue mußten wir leider feststellen, daß diese infolge
einer starken Beschädigung für den geplanten Zweck nicht mehr verwandt
werden kann.

Wir treten hiermit vom Kaufvertrag zurück; die Skulptur steht zu Ihrer
Verfügung bereit. Den auf den Kaufpreis angezahlten Betrag bitten wir auf
unser Konto zu überweisen.

Mit freundlichen Grüßen

Sport Braun GmbH

Braun

121

Minderung:

Sport Braun GmbH

Sport Braun GmbH   Postfach 101010   44710 Bochum

Büroeinrichtungshaus
Hermann Brauch
Albertus-Magnus-Platz 10

50931 Köln

Karlstraße 16
44866 Bochum
℡   0234/437-1
Telefax 0234/437-506

Sparkasse Bochum
BLZ 430 500 01
Konto-Nr. 27 83 94

Geschäftszeit
Mo - Fr 9.00 - 18.30 h
Sa   9.00 - 14.00 h

Ihre Zeichen/Ihre Nachricht vom	Unsere Zeichen	Durchwahl	Bochum
	br-wi	121	03.11.19..

Unsere Bestellung 13/10 vom 06.10.19..
Ihre Lieferung vom 02.11.19..

Sehr geehrter Herr Brauch,

die von Ihnen gelieferte und aufgebaute Verkaufstheke weist Kratzspuren an beiden Seitenteilen auf.

Wir schlagen Ihnen vor, den Kaufpreis um 10 % zu senken.

Mit freundlichen Grüßen

Sport Braun GmbH

Braun

Schadensersatz wegen Nichterfüllung:

Sport Braun GmbH

Klimatechnik
Heinrich Kühl KG
Probsteigasse 19

50670 Köln

Karlstraße 16
44866 Bochum
℡   0234/437-1
Telefax 0234/437-506

Sparkasse Bochum
BLZ 430 500 01
Konto-Nr. 27 83 94

Geschäftszeit
Mo - Fr 9.00 - 18.30 h
Sa   9.00 - 14.00 h

Ihre Zeichen/Ihre Nachricht vom	Unsere Zeichen	Durchwahl	Bochum
	br-wi	121	17.08.19..

Ihre Lieferung vom 03.08.19..

Sehr geehrter Herr Kühl,

hinsichtlich der von Ihnen in unseren Geschäftsräumen eingebauten Klimaanlage hatten Sie vertraglich ausdrücklich zugesichert, daß die Geräte absolut lautlos und störungsfrei arbeiten würden.

Wie Ihnen bekannt ist, verursachte die Anlage jedoch von Beginn an so unangenehme Laufgeräusche, daß wir bis zur Behebung des Schadens eine einwöchige Arbeitspause einlegen mußten.

Wir erheben hiermit Anspruch auf Schadensersatz wegen Nichterfüllung in Höhe des entgangenen Gewinns, den wir noch genau spezifizieren werden.

Mit freundlichen Grüßen

Sport Braun GmbH

Braun

123

Ersatzlieferung mangelfreier Ware:

Sport Braun GmbH

Sport Braun GmbH   Postfach 101010   44710 Bochum

Karlstraße 16
44866 Bochum
✆   0234/437-1
Telefax 0234/437-506

Elektrohandlung
Hans Schilling
Zülpicher Straße 42

50931 Köln

Sparkasse Bochum
BLZ 430 500 01
Konto-Nr. 27 83 94

Geschäftszeit
Mo - Fr 9.00 - 18.30 h
Sa   9.00 - 14.00 h

Ihre Zeichen/Ihre Nachricht vom	Unsere Zeichen	Durchwahl	Bochum
	br-wi	121	02.12.19..

Unsere Bestellung 53/11 vom 10.11.19..

Ihre Lieferung vom 01.12.19..

Sehr geehrter Herr Schilling,

bedauerlicherweise erreichen die von Ihnen gelieferten Deckenleuchten nicht den vertraglich vereinbarten Schwenkbereich von 180°, so daß die Geschäftsräume nicht in der von uns gewünschten Weise ausgeleuchtet werden können.

Wir bitten um sofortige Ersatzlieferung gemäß dem zwischen uns abgeschlossenen Kaufvertrag.

Mit freundlichen Grüßen

Sport Braun GmbH

Braun

124

3.4 Zahlungsverzug

▶ **Wesen des Zahlungsverzuges**

Aufgrund eines Kaufvertrages ist der Verkäufer verpflichtet, die Ware mangelfrei und rechtzeitig zu liefern, der Käufer muß die Lieferung annehmen und den vereinbarten Kaufpreis zahlen. Erfüllt der Käufer die Zahlungspflicht nicht oder nicht rechtzeitig, kommt er in Zahlungsverzug (§ 433 II BGB).

▶ **Voraussetzung des Zahlungsverzuges**

● **Fälligkeit der Zahlung**

  – **Bei unbestimmtem Zahlungstermin**

    Ist kein genauer Zahlungszeitpunkt festgelegt worden, kommt der Käufer erst dann in Verzug, wenn der Verkäufer ihn durch eine Mahnung zur Zahlung aufgefordert hat (§ 284 I BGB).

      Eine Mahnung ist bei folgenden Zahlungszeitpunkten erforderlich:
      Zahlung sofort; Zahlung ab 5. Juni; Zahlung 2 Wochen nach Lieferung.

  – **Bei kalendermäßig bestimmtem Zahlungstermin**

    Ist ein fester Termin zur Zahlung des Kaufpreises vereinbart, kommt der Käufer sofort in Verzug, wenn er nicht bis zum festgelegten Zeitpunkt gezahlt hat (§ 284 II BGB).

      ▪ Zahlung bis zum 15.03.19..; Zahlung 10 Tage nach Rechnungsdatum

● **Zahlungsverzug auch ohne Verschulden des Käufers**

Geldschulden sind grundsätzlich Gattungsschulden. Der Käufer kommt somit auch dann in Verzug, wenn ihn kein Verschulden an der Nichtzahlung trifft (§ 279 BGB) (vgl. S. 112).

▶ **Rechte des Verkäufers aus dem Zahlungsverzug**

Ist ein Käufer in Zahlungsverzug geraten, so kann der Verkäufer unter verschiedenen Rechten wählen:

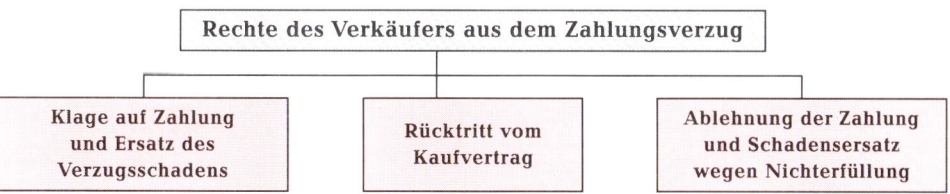

● **Klage auf Zahlung und Ersatz des Verzugsschadens**

Neben der Forderung auf Zahlung des Kaufpreises kann der Verkäufer zusätzlich Ersatz des ihm entstandenen Schadens verlangen (§ 286 I BGB).

  – **Verzugszinsen**

    Ab Fälligkeit der Zahlung ist der Verkäufer berechtigt, ohne weiteres folgende Verzugszinsen zu verlangen:
    5% beim zweiseitigen Handelskauf (§§ 352 I, 353 HGB);
    4% beim einseitigen Handelskauf bzw. beim bürgerlichen Kauf (§ 288 I BGB).

- **Verzugsschaden**

  Entsteht dem Verkäufer ein höherer Verzugsschaden, etwa durch die Notwendigkeit einer Kreditaufnahme infolge des ausstehenden Zahlungseinganges, so kann er diese Aufwendungen ebenfalls geltend machen (§ 288 I BGB). Für diese Mehraufwendungen besteht allerdings Nachweispflicht.

● **Rücktritt vom Kaufvertrag**

Der Verkäufer kann auch vom Kauf zurücktreten. In diesem Fall muß er dem Käufer eine angemessene Nachfrist zur Zahlung einräumen und ihm gleichzeitig androhen, die Annahme der Zahlung nach Ablauf der Frist abzulehnen (§ 326 I BGB).

> Von dieser Möglichkeit wird der Verkäufer z. B. dann Gebrauch machen, wenn er in Erfahrung gebracht hat, daß der Käufer nicht zahlen kann. Durch Rücktritt vom Kaufvertrag würde der Verkäufer wenigstens seine Ware zurückerhalten.

● **Ablehnung der Zahlung und Schadensersatz wegen Nichterfüllung**

Anstatt vom Kaufvertrag zurückzutreten, kann der Verkäufer auch die Zahlung ablehnen und Schadensersatz wegen Nichterfüllung des Kaufvertrages verlangen. In diesem Fall muß er ebenfalls eine Nachfrist setzen und darauf hinweisen, daß Schadensersatzansprüche gestellt werden (§ 326 I BGB).

> Auf dieses Recht wird der Verkäufer dann zurückgreifen, wenn er die nicht bezahlte Ware an einen anderen Kunden verkaufen kann, allerdings zu einem niedrigeren Preis. Die Differenz zwischen diesem Preis und dem im Kaufvertrag zuvor vereinbarten höheren Preis wird er als Schaden geltend machen.

BESONDERHEIT

Eine Nachfristsetzung für den Rücktritt vom Kaufvertrag bzw. für die Forderung nach Schadensersatz wegen Nichterfüllung des Vertrages ist in folgenden Fällen **nicht** notwendig:
- der Käufer verweigert die Zahlung endgültig;
- es handelt sich um ein Fixgeschäft (§ 361 BGB).

3.5 Mahnverfahren

Erfüllt ein Schuldner **(Geld- oder Warenschuldner)** seine Verpflichtungen aus dem Kaufvertrag nicht, wird er in der Regel durch eine Mahnung aufgefordert, die entsprechende Schuld zu begleichen. Prinzipiell nimmt der Gläubiger bei Verzug nicht sofort die Hilfe von Gerichten in Anspruch (gerichtliches Mahnverfahren), sondern mahnt den Schuldner erst mehrfach selbst an (außergerichtliches oder kaufmännisches Mahnverfahren).

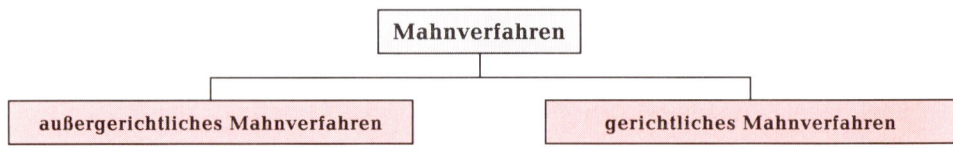

3.5.1 Außergerichtliches Mahnverfahren

▶ **Wesen des außergerichtlichen Mahnverfahrens**

Die im außergerichtlichen Mahnverfahren durchgeführte Mahnung ist eine dringende Aufforderung des Gläubigers an den Schuldner, die im Kaufvertrag vereinbarte Leistung **(Geldzahlung bzw. Warenlieferung)** jetzt durchzuführen. Diese Mahnung ist zwar formfrei, aus Gründen der Beweissicherheit wird allerdings in der Regel die schriftliche Form gewählt.

Die inhaltliche Gestaltung der Mahnung ist keinen festen Regeln unterworfen. Ein Hinweis auf Verzugsfolgen, Rechtsnachteile und Zahlungsfristen ist im allgemeinen Geschäftsverkehr üblich.

▶ **Durchführung des außergerichtlichen Mahnverfahrens**

In der Praxis wird der Gläubiger beim Mahnen die jeweiligen Geschäftsverbindungen mit dem Schuldner insgesamt würdigen. So ist es z.B. möglich, daß ein sonst guter Kunde eine Zahlungsverpflichtung übersehen oder vergessen hat. Eine abgestufte **Mahnfolge** ist daher in den meisten Fällen sinnvoll, aber nicht Bedingung. Bezogen auf einen Zahlungsverzug ergäbe sich folgende Reihenfolge:

● **Persönliches Erinnerungsschreiben**

Die 1. Mahnung gilt als höfliche **Zahlungserinnerung**. Eine Rechnungskopie wird nochmals beigefügt mit der Bitte, das Konto auszugleichen (vgl. Brief S. 128).

● **Ausdrückliche Mahnung**

Mit der 2. Mahnung wird ausdrücklich auf die Fälligkeit der entsprechenden Leistungen hingewiesen, eine Zahlungsfrist gesetzt und ein kombinierter Überweisungsauftrag/Zahlschein-Kassenbeleg beigefügt (vgl. Brief S. 129).

● **Androhung einer Postnachnahme oder des Einzuges durch ein Inkassoinstitut (3. Mahnung)**

Der Schuldner wird aufgefordert – unter Hinweis auf die zusätzlich entstehenden Kosten und unter erneuter Fristsetzung – die Leistung umgehend zu bewirken. Bei überfälligen Zahlungsverpflichtungen wird der Einzug durch die Post (Postnachnahme = höchstens bis 3 000 DM) oder durch ein Inkassoinstitut angedroht. **Inkassoinstitute** sind Unternehmungen, die gewerbsmäßig Forderungen bei Geldschuldnern einziehen. Für den Gläubiger liegt der Vorteil der Inanspruchnahme eines Inkassoinstituts darin, daß er Kosten bei der Überwachung der Zahlungseingänge sparen kann. Anfallende Gebühren und Verzugszinsen werden dem säumigen Schuldner in Rechnung gestellt (vgl. Brief S. 130).

● **Klageandrohung (4. Mahnung)**

Ist die Leistung aufgrund der 3. Mahnung noch nicht erfolgt oder hat der Schuldner bei Zahlungsforderung die Nachnahme nicht eingelöst bzw. die Zahlung an das Inkassoinstitut verweigert, so erfolgt eine scharfe Mahnung mit der Bestimmung einer endgültig letzten Frist. Die Klage auf Zahlung oder die Einleitung eines gerichtlichen Mahnverfahrens wird angedroht (vgl. Brief S. 131).

Zahlungserinnerung:

Textilfabrik
Otto Weber KG

Otto Weber KG   Postfach 12 50   52013 Aachen

Sport Braun GmbH
Karlstraße 16

44866 Bochum

Ihre Zeichen/Ihre Nachricht vom	Unsere Zeichen	Durchwahl	Datum
	we-wo	234	09.05.19..

Zahlungserinnerung

Sehr geehrter Herr Braun,

am 30.03.19.. lieferten wir Ihnen ordnungsgemäß die bestellten 20 Strandkleider der Marke "Day Dream".

Gemäß unseren Zahlungsbedingungen sind Rechnungen 30 Tage nach Rechnungsdatum zahlbar. Leider ist die

Rechnung Nr. 3574 vom 30.03.19.. über 1550,00 DM

noch nicht beglichen.

Bisher haben Sie Ihre Zahlungsverpflichtungen immer pünktlich erfüllt. Sicherlich liegt auch heute nur ein Versehen vor. Wir bitten Sie deshalb um Überweisung des ausstehenden Betrages auf eines der unten genannten Konten.

Mit freundlichen Grüßen

Textilfabrik Otto Weber KG

Otto Weber

(Weber)

Anlage
1 Rechnungskopie

Geschäftsräume	Geschäftszeit	Telefon	Kontoverbindungen	Postbank Köln
Hammerweg 63	Mo - Fr 10.00 h - 16.30 h	0241/97 34 01	Rheinische Bank Aachen	BLZ 370 100 50
52074 Aachen		Telefax	BLZ 390 108 32	Kto.Nr. 7932 1-503
		0241/97 34 10	Kto.Nr. 2041059	

Ausdrückliche Mahnung:

Textilfabrik
Otto Weber KG

Otto Weber KG   Postfach 12 50   52013 Aachen

Sport Braun GmbH
Karlstraße 16

44866 Bochum

Ihre Zeichen/Ihre Nachricht vom	*Unsere Zeichen* we-wo	*Durchwahl* 234	*Datum* 20.05.19..

2. Zahlungserinnerung
Unsere Rechnung 3574 vom 30.03.19.. über 1550,00 DM

Sehr geehrter Herr Braun,

leider haben Sie weder mein Schreiben vom 09.05.19.. beantwortet noch die Rechnung Nr. 3574 vom 30.03.19.. über 1550,00 DM beglichen.

Da auch ich meinen Zahlungsverpflichtungen nachkommen muß, kann ich Ihnen leider keinen weiteren Zahlungsaufschub einräumen.

Ich bitte Sie daher, den ausstehenden Betrag bis zum 30.05.19.. zu überweisen.

Mit freundlichen Grüßen

Textilfabrik Otto Weber KG

Otto Weber

(Weber)

Anlage
1 Bank-/Postüberweisungsformular

Geschäftsräume	Geschäftszeit	Telefon	Kontoverbindungen	
Hammerweg 63	Mo - Fr 10.00 h - 16.30 h	0241/97 34 01	Rheinische Bank Aachen	Postbank Köln
52074 Aachen		Telefax	BLZ 390 108 32	BLZ 370 100 50
		0241/97 34 10	Kto.Nr. 2041059	Kto.Nr. 79321-503

9 Käseborn/Siekerkötter – ISBN 3-8120-0081-4

Androhung einer Postnachnahme:

Textilfabrik
Otto Weber KG

Otto Weber KG   Postfach 12 50   52013 Aachen

Sport Braun GmbH
Karlstraße 16

44866 Bochum

Ihre Zeichen/Ihre Nachricht vom	Unsere Zeichen	Durchwahl	Datum
	we-wo	234	15.06.19..

3. Mahnung
Unsere Rechnung 3574 vom 30.03.19.. über 1550,00 DM

Sehr geehrter Herr Braun,

trotz mehrfacher Aufforderung haben Sie bis heute die fällige Rechnung über 1550,00 DM noch immer nicht beglichen.

Ich fordere Sie deshalb auf, den Rechnungsbetrag zuzüglich 5 % Verzugszinsen und Spesen gemäß untenstehender Aufstellung durch Postnachnahme zu begleichen.

Mit freundlichen Grüßen

Textilfabrik Otto Weber KG

Otto Weber

(Weber)

Aufstellung

Rechnungsbetrag	1550,00 DM
Verzugszinsen	
5 %/45 Tage	9,69 DM
Spesen	3,50 DM
	1563,19 DM

Geschäftsräume
Hammerweg 63
52074 Aachen

Geschäftszeit
Mo - Fr 10.00 h - 16.30 h

Telefon
0241/97 34 01
Telefax
0241/97 34 10

Kontoverbindungen
Rheinische Bank Aachen
BLZ 390 108 32
Kto.Nr. 2041059

Postbank Köln
BLZ 370 100 50
Kto.Nr. 79321-503

130

Klageandrohung:

Textilfabrik
Otto Weber KG

Otto Weber KG   Postfach 12 50   52013 Aachen

Sport Braun GmbH
Karlstraße 16

44866 Bochum

Ihre Zeichen/Ihre Nachricht vom	Unsere Zeichen	Durchwahl	Datum
	we-wo	234	22.06.19..

Letzte Mahnung
Unsere Rechnung 3574 vom 30.03.19.. über 1550,00 DM

Sehr geehrter Herr Braun,

heute kam auch die Postnachnahme über meine Rechnung Nr. 3574 vom 30.03.19..
uneingelöst zurück.

Ich setze Ihnen hiermit eine letzte Frist zur Zahlung des Rechnungsbetrages zuzüglich
5 % Verzugszinsen sowie Spesen in Höhe von 5,00 DM bis zum

30.06.19..

Sollte bis dahin kein Zahlungsausgleich stattfinden, werde ich ohne weiteres Anschreiben
einen Mahnbescheid beim Amtsgericht gegen Sie erwirken.

Mit freundlichen Grüßen

Textilfabrik Otto Weber KG

Otto Weber

(Weber)

Geschäftsräume	Geschäftszeit	Telefon	Kontoverbindungen	
Hammerweg 63	Mo - Fr 10.00 h - 16.30 h	0241/97 34 01	Rheinische Bank Aachen	Postbank Köln
52074 Aachen		Telefax	BLZ 390 108 32	BLZ 370 100 50
		0241/97 34 10	Kto.Nr. 2041059	Kto.Nr. 79321-503

3.5.2 Gerichtliches Mahnverfahren

▶ **Wesen des gerichtlichen Mahnverfahrens**

Hat der Gläubiger mit der letzten Mahnung im außergerichtlichen Mahnverfahren keinen Erfolg, kann er zur Durchsetzung seiner Forderungen gerichtliche Maßnahmen einleiten. Dieses Mahnverfahren, das von den Amtsgerichten durchgeführt wird, ermöglicht es dem Gläubiger – ohne langwierige Prozeßführung – seine Forderungen schnell und kostensparend einzutreiben. **Allerdings können durch dieses Verfahren nur Geldschulden eingefordert werden.**

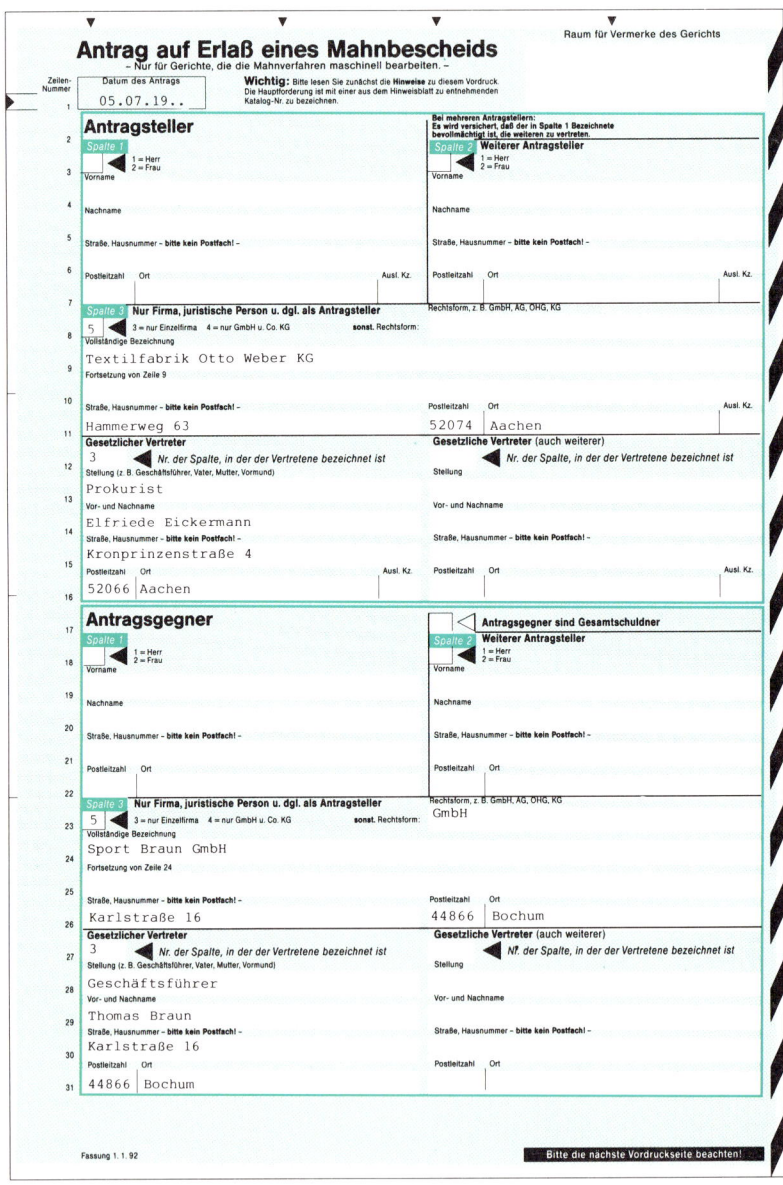

▶ Durchführung des gerichtlichen Mahnverfahrens

Zur Einleitung eines gerichtlichen Mahnverfahrens füllt der Gläubiger (Antragsteller) ein amtliches Formular aus. Dieser Antrag wird bei dem im jeweiligen Bezirk dafür zuständigen Amtsgericht zur Bearbeitung eingereicht.

Der **Mahnbescheid** wird dem Schuldner (Antragsgegner) vom Amtsgericht zugestellt. Das Gericht prüft nicht, ob dem Antragsteller der geltend gemachte Anspruch zusteht. Der Bescheid enthält die Aufforderung, innerhalb von zwei Wochen nach Zustellung zu zahlen oder Widerspruch einzulegen.

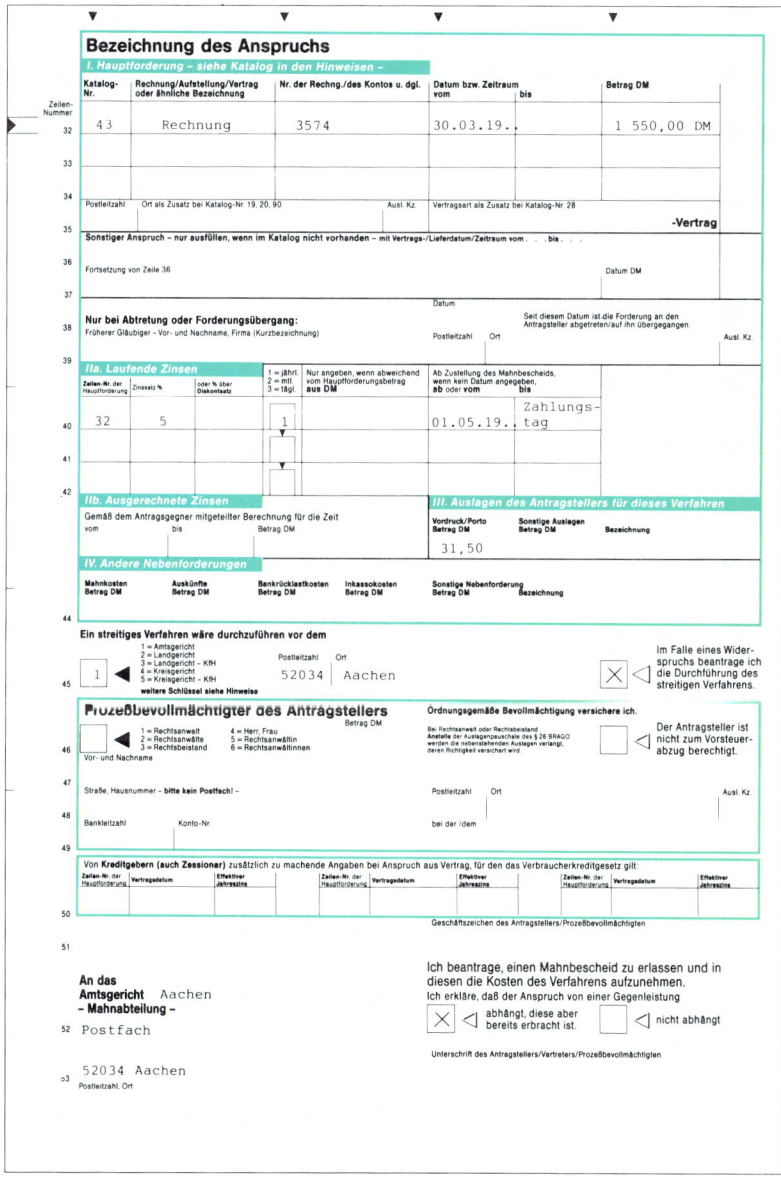

Für die Beantragung eines Mahnbescheides werden entsprechende Vordrucke zur schnelleren und rationelleren Bearbeitung mittels elektronischer Datenverarbeitung verwandt. Hinweise zum sachgerechten Ausfüllen der entsprechenden Formulare sind bei den Amtsgerichten erhältlich. Wesentlich ist, daß die Hauptforderung (Zeile 32 des Antragsformulars) durch die entsprechende Anspruchskatalognummer beschrieben werden muß.

Hauptforderungs-Katalog
Die Hinweise in Klammern bitte unbedingt beachten.

Bezeichnung	Katalog-Nr.	Bezeichnung	Katalog-Nr.
Anzeigen in Zeitungen u.a.	1	Schadensersatz aus – Vertrag	28
Ärztliche/Zahnärztliche Leistung	2	(Die Vertragsart ist im Vordruck	
Bürgschaft	3	Zeile 35 einzutragen.)	
Darlehensrückzahlung	4	Schadensersatz aus Unfall/Vorfall	29
Dienstleistungsvertrag	5	Scheck/Wechsel	30
(Keine Ansprüche aus Arbeitsvertrag –		(Fügen Sie bitte keine Scheck-/	
Zuständigkeit des Arbeitsgerichts)		Wechselabschrift bei.)	
Frachtkosten	6	Scheck-/Wechselprovision (1/3 %) in DM	31
Geschäftsbesorgung durch Selbständige	7	Scheck-/Wechselunkosten	
(z.B. Rechtsanwälte, Steuerberater)		Spesen/Protest in DM	32
		Schuldanerkenntnis	33
Handwerkerleistung	8	Speditionskosten	34
Heimunterbringung	9		
Hotelkosten	10	Tilgungs-/Zinsraten	35
(z.B. Übernachtung, Verzehr, Getränke)			
		Überziehung des Bankkontos	36
Kaufvertrag	11	(Konto-Nr. in Zeile 32 – 34 in der	
Kontokorrentabrechnung	12	3. Spalte angeben.)	
Krankenhauskosten – Pflege/Behandlung –	13	Ungerechtfertigte Bereicherung	37
Lagerkosten	14	Unterhaltsrückstände	38
Leasing/Mietkauf	15		
Lehrgangs-/Unterrichtskosten	16	Vergleich, außergerichtlicher	39
Miete für Geschäftsraum einschl.		Vermittlungs-/Maklerprovision	40
Nebenkosten	17	(nicht aus Ehemaklervertrag)	
Miete für Kraftfahrzeug	18	Versicherungsprämie/-beitrag	41
Miete für Wohnraum einschl. Nebenkosten	19	Versorgungsleistung	
(PLZ und Ort der Wohnung sind im Vor-		– Strom, Wasser, Gas, Wärme –	42
druck Zeile 35 einzutragen. Wollen Sie		(Abn./Zähler-Nr. in Zeile 32 – 34 in	
die Nebenkosten getrennt geltend		der 3. Spalte eintragen.)	
machen, siehe Katalog-Nr. 20.)			
Mietnebenkosten – auch Renovierungs-		Warenlieferung(en)	43
kosten –	20	Wechsel (siehe Scheck)	
(Falls keine Miete geltend gemacht wird,		Werkvertrag/Werklieferungsvertrag	44
sind PLZ und Ort der Wohnung im Vor-		Wohngeld/Hausgeld für Wohnungs-	
druck Zeile 35 einzutragen.)		eigentümergemeinschaft	90
Miete (sonstige)	21	(PLZ und Ort des Wohnungseigentums	
Mitgliedsbeitrag	22	sind im Vordruck zeile 35 einzutragen.)	
Pacht	23	Zeitungs-/Zeitschriftenbezug	45
Rechtsanwalts-/Rechtsbeistandshonorar	24	Zinsrückstände/Verzugszinsen	46
Rentenrückstände	25	(Gilt nur für Zinsen, bei denen die	
Reparaturleistungen	26	zugrundeliegende Forderung nicht	
Rückgriff aus Versicherungsvertrag		gleichzeitig geltend gemacht wird. Zin-	
wegen Unfall/Vorfall	27	sen in diesen Fällen nicht in Zeile 40 – 43	
		bezeichnen.)	

Im Fall der Forderung aufgrund einer Warenlieferung (Kaufvertrag) ist also die Katalognummer 43 zu notieren.

Unternimmt der Antragsgegner (Schuldner) innerhalb von zwei Wochen nach Erhalt des Mahnbescheides nichts, kann der Antragsteller (Gläubiger) einen **Vollstreckungsbescheid** erwirken.

▶ **Wirkungen des gerichtlichen Mahnverfahrens**

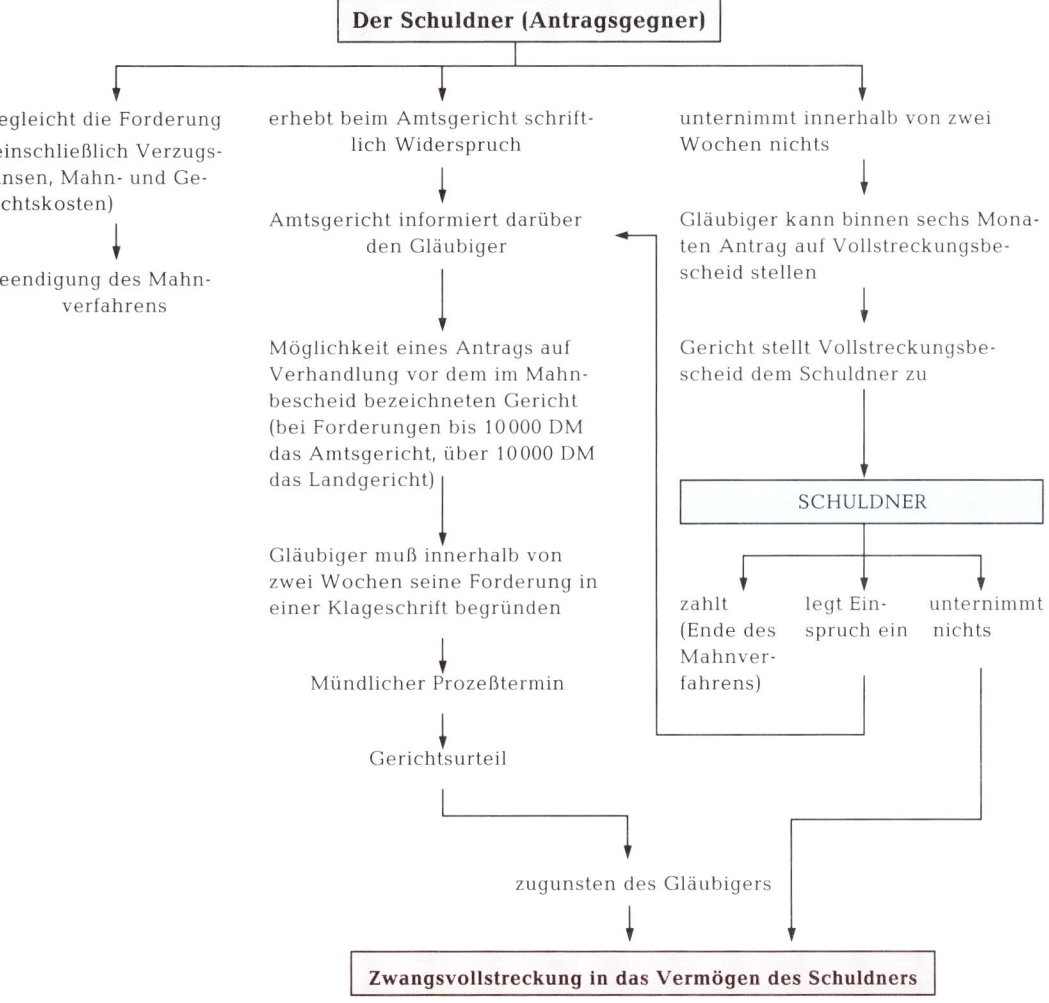

▶ **Klage auf Zahlung**

Ist der Gläubiger allerdings der Ansicht, daß der Schuldner der Forderung im gerichtlichen Mahnverfahren widersprechen wird, ist es zweckmäßig, sofort **Klage auf Zahlung** zu erheben **(Klageverfahren)**. Zuständig für dieses Verfahren sind ebenfalls die Instanzen der Zivilgerichtsbarkeit.

3.6 Zwangsvollstreckung (§§ 704 – 945 ZPO)

▶ **Wesen der Zwangsvollstreckung**

Können die Forderungen des Gläubigers auch durch das gerichtliche Mahnverfahren nicht durchgesetzt werden, kommt es zur Zwangsvollstreckung in das Vermögen des Schuldners. Zuständig für die Vollstreckung ist das Mahngericht bzw. der gerichtlich bestellte Gerichtsvollzieher. Die hierdurch erzielten Geldbeträge dienen zum Ausgleich der Schulden an den Gläubiger (vgl. S. 135).

▶ **Zwangsvollstreckung wegen Geldforderungen**

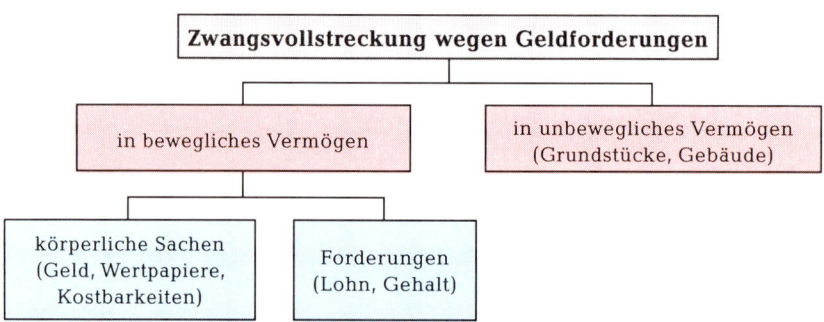

● **Zwangsvollstreckung in bewegliches Vermögen**

– **Körperliche Sachen**

Körperliche Sachen werden dadurch gepfändet, daß sie der Gerichtsvollzieher in Besitz nimmt oder sie im Gewahrsam des Schuldners beläßt und ein Pfandsiegel anbringt.

Nicht pfändbar sind die für den Lebensunterhalt und die Berufsausübung notwendigen Gegenstände, wie Kleidung, Haushaltsgeräte, Werkzeuge des Handwerkers oder Fachbücher.

Die Pfändung eines dieser Gegenstände kann jedoch zugelassen werden, wenn der Gläubiger dem Schuldner vor der Wegnahme ein Ersatzstück überläßt (etwa Austausch eines Schwarzweißfernsehgerätes gegen ein zu pfändendes Farbfernsehgerät).

Nach der Pfändung werden die Gegenstände durch den Gerichtsvollzieher öffentlich versteigert.

– **Forderungen**

Die Zwangsvollstreckung in Forderungen erfolgt ebenfalls durch Pfändung, allerdings in diesem Fall durch das Amtsgericht. Lohn- und Gehaltsforderungen sind nur ab einem bestimmten Betrag (für Alleinstehende 1 209 DM im Monat), der für die Lebensführung unbedingt notwendig ist, pfändbar (§ 850 c ZPO).

● **Zwangsvollstreckung in unbewegliches Vermögen**

Eine Zwangsvollstreckung in unbewegliches Vermögen kann durch Versteigerung von Grundstücken oder Gebäuden erfolgen. Darüber hinaus können die Erträge aus unbeweglichem Vermögen (Miete oder Pacht) dem Gläubiger zur Verfügung gestellt werden (Zwangsverwaltung).

▶ **Eidesstattliche Versicherung des Schuldners**

Bleibt eine Pfändung erfolglos, kann sich der Gläubiger eine genaue Übersicht über die Vermögenslage des Schuldners verschaffen. Der Schuldner hat auf Antrag des Gläubigers ein **Vermögensverzeichnis** anzufertigen und diese Angaben an **Eides Statt** zu versichern. Über Schuldner, die eine eidesstattliche Versicherung abgeben mußten, wird beim Amtsgericht ein **Schuldnerverzeichnis** geführt. Verweigert der Schuldner diese eidesstattliche Versicherung, wird auf Antrag des Gläubigers vom Gericht die Haft angeordnet.

Trotz aller Möglichkeiten, die das gerichtliche Mahn- und Vollstreckungsverfahren bietet, werden die Bemühungen zur Durchsetzung von Forderungen dann fruchtlos verlaufen, wenn der Schuldner mittellos ist. In diesem Fall muß der Gläubiger die Forderungen zunächst abschreiben, wenngleich er bis zur Verjährung noch 30 Jahre lang Anspruch auf diese besitzt.

3.7 Verjährung von Forderungen

▶ **Wesen der Verjährung**

Forderungen aus Kaufverträgen (z. B. Lieferung der Ware, Zahlung des Kaufpreises) müssen innerhalb eines bestimmten Zeitraumes – der Verjährungsfrist – geltend gemacht werden. Ohne Verjährung würde ein Schuldner oft in Beweisschwierigkeiten kommen, da ihm nicht zugemutet werden kann, seine Beweismittel (Rechnungen, Quittungen, Bankbelege) über unbegrenzte Zeit aufzubewahren. Nach längerer Zeit können die wirklichen Rechtsverhältnisse häufig nicht mehr eindeutig festgestellt werden.

Ist eine Forderung verjährt, kann der Schuldner die Leistung verweigern; sie kann dann auch nicht mehr mit gerichtlicher Hilfe eingeklagt werden.

▶ **Verjährungsfristen**

Verjährungsfristen	Ansprüche	Beispiele
30 Jahre	Alle Ansprüche, soweit die Gesetze nicht kürzere Verjährungsfristen bestimmen (grundsätzliche Verjährungsfristen) (§ 195 BGB)	– Darlehen – Gewährleistungsansprüche wegen arglistig verschwiegener Mängel – Ansprüche aus rechtskräftigen Urteilen und Vollstreckungsbescheiden
4 Jahre	Ansprüche von Kaufleuten untereinander (§ 197 BGB)	– Lieferungen und Zahlungsverpflichtungen aus Kaufverträgen – Ansprüche auf Zinszahlungen
2 Jahre	Ansprüche von Kaufleuten an Nichtkaufleute, Ansprüche aus Arbeitsverträgen bzw. Forderungen von Freiberuflern (z. B. Ärzte, Rechtsanwälte) (§ 196 BGB)	– Lieferungen und Zahlungsverpflichtungen aus Kaufverträgen – Lohn- und Honoraransprüche

▶ **Beginn der Verjährungsfristen**

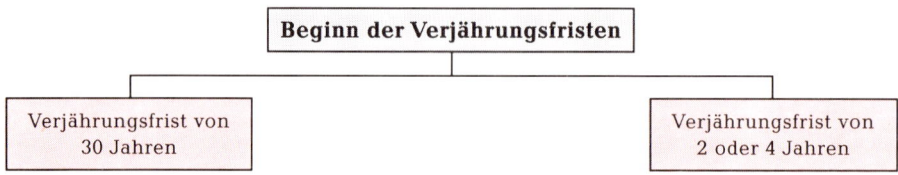

Beginn der Verjährungsfristen

| Verjährungsfrist von 30 Jahren | | Verjährungsfrist von 2 oder 4 Jahren |

Beginn mit der Entstehung des Anspruchs, z.B. 26.03.19..

Beginn mit Ablauf des Jahres, in dem der Anspruch entstanden ist, d.h. zum 31.12.19..

▶ **Hemmung und Unterbrechung der Verjährung**

● **Hemmung der Verjährung**

Die Verjährungsfrist wird gehemmt und läuft nach Wegfall des Hemmungsgrundes weiter (§ 205 BGB). Hemmungsgründe können sein: Stundung der Schuld, Krieg, Katastrophen (§§ 202 f. BGB).

● **Unterbrechung der Verjährung**

Mit der Unterbrechung der Verjährungsfrist wird die bereits verstrichene Zeit hinfällig. Nach Beendigung der Unterbrechung beginnt die volle Verjährungsfrist von neuem (§ 217 BGB). Unterbrechungsgründe können sein:

– Der Schuldner erkennt den Anspruch des Gläubigers z.B. durch Abschlagszahlungen oder Zinszahlungen an, bzw. er bittet um Stundung der Schuld (§ 208 BGB).

– Der Gläubiger erhebt zur Durchsetzung seiner Ansprüche Klage. Der Klage gleichgestellt ist die Zustellung des Mahnbescheids im gerichtlichen Mahnverfahren (§ 209 BGB).

Hemmung und Unterbrechung bei zweijähriger Verjährungsfrist:

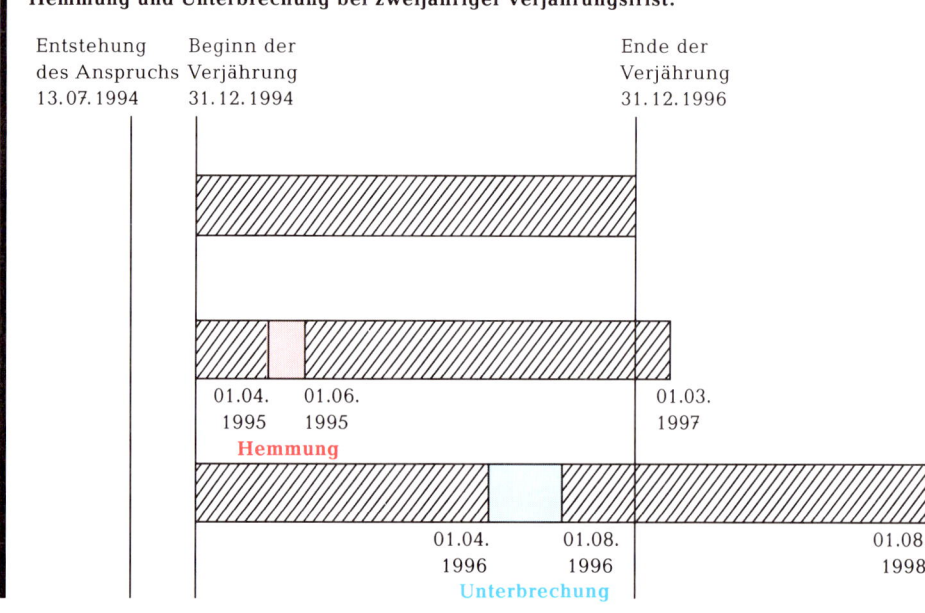

138

Zusammenfassung

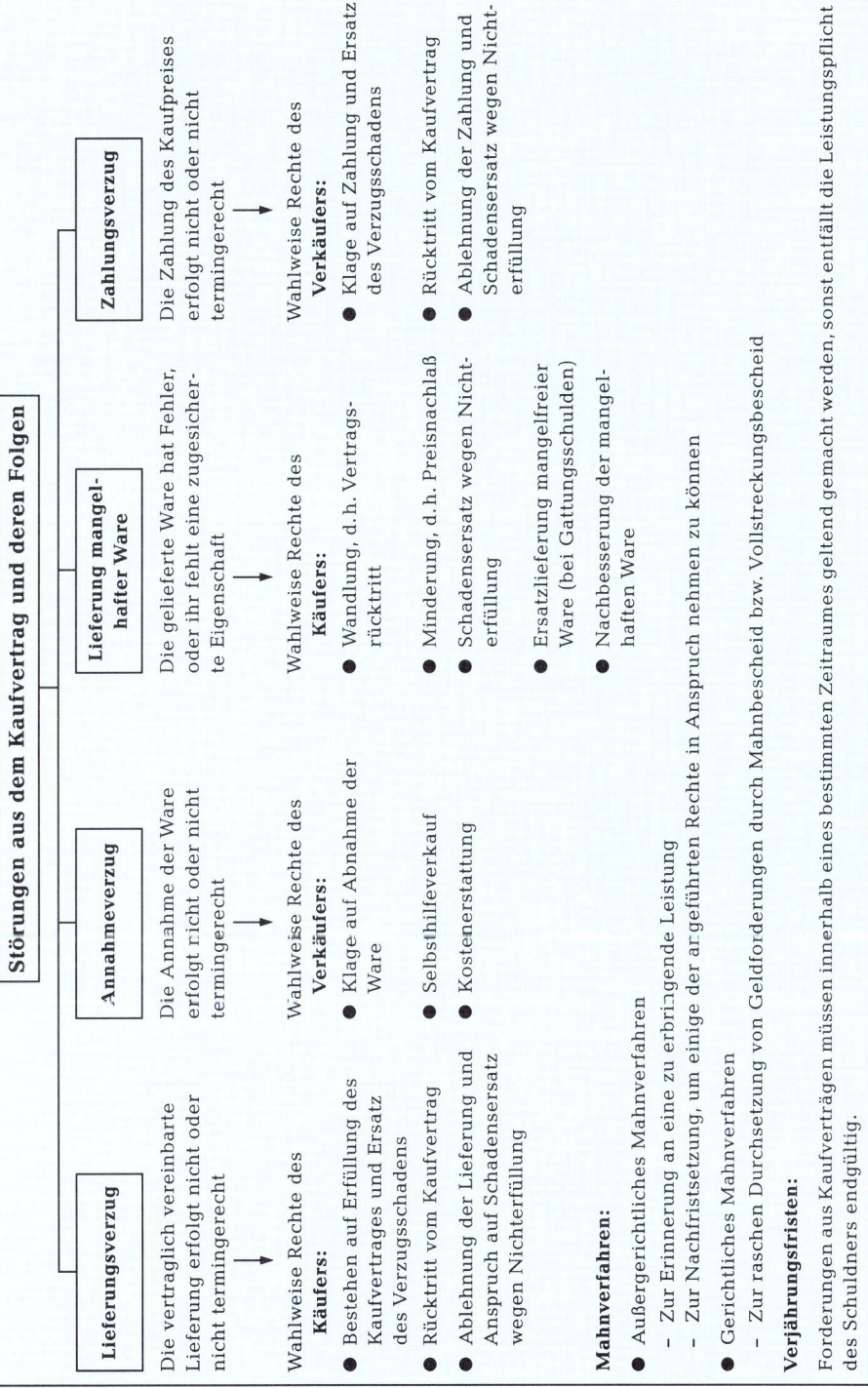

Störungen aus dem Kaufvertrag und deren Folgen

Lieferungsverzug

Die vertraglich vereinbarte Lieferung erfolgt nicht oder nicht termingerecht

Wahlweise Rechte des **Käufers:**

● Bestehen auf Erfüllung des Kaufvertrages und Ersatz des Verzugsschadens

● Rücktritt vom Kaufvertrag

● Ablehnung der Lieferung und Anspruch auf Schadensersatz wegen Nichterfüllung

Annahmeverzug

Die Annahme der Ware erfolgt nicht oder nicht termingerecht

Wahlweise Rechte des **Verkäufers:**

● Klage auf Abnahme der Ware

● Selbsthilfeverkauf

● Kostenerstattung

Lieferung mangelhafter Ware

Die gelieferte Ware hat Fehler, oder ihr fehlt eine zugesicherte Eigenschaft

Wahlweise Rechte des **Käufers:**

● Wandlung, d. h. Vertragsrücktritt

● Minderung, d. h. Preisnachlaß

● Schadensersatz wegen Nichterfüllung

● Ersatzlieferung mangelfreier Ware (bei Gattungsschulden)

● Nachbesserung der mangelhaften Ware

Zahlungsverzug

Die Zahlung des Kaufpreises erfolgt nicht oder nicht termingerecht

Wahlweise Rechte des **Verkäufers:**

● Klage auf Zahlung und Ersatz des Verzugsschadens

● Rücktritt vom Kaufvertrag

● Ablehnung der Zahlung und Schadensersatz wegen Nichterfüllung

Mahnverfahren:

● Außergerichtliches Mahnverfahren

– Zur Erinnerung an eine zu erbringende Leistung
– Zur Nachfristsetzung, um einige der angeführten Rechte in Anspruch nehmen zu können

● Gerichtliches Mahnverfahren

– Zur raschen Durchsetzung von Geldforderungen durch Mahnbescheid bzw. Vollstreckungsbescheid

Verjährungsfristen:

Forderungen aus Kaufverträgen müssen innerhalb eines bestimmten Zeitraumes geltend gemacht werden, sonst entfällt die Leistungspflicht des Schuldners endgültig.

Aufgaben

(1) Welche Voraussetzungen müssen erfüllt sein, damit ein Verkäufer in Lieferungsverzug kommt?

(2) Wann kann bei nicht rechtzeitiger Lieferung auf eine Mahnung verzichtet werden?

(3) Vereinbarungsgemäß sollte die Lieferung eines Postens Maschinenteile umgehend erfolgen. Bis heute ist die Lieferung allerdings noch nicht eingetroffen. Der Einkaufsleiter ist der Meinung, man könne alsbald vom Vertrag zurücktreten. Nehmen Sie zu diesem Sachverhalt Stellung!

(4) Welches dem Käufer beim Lieferungsverzug zustehende Recht würden Sie in den folgenden Fällen in Anspruch nehmen?
   a) Die bestellte Ware ist bei keinem anderen Lieferanten erhältlich.
   b) Nach der Auftragserteilung sind die Preise um 6% gefallen, und ein anderer Lieferant kann kurzfristig liefern.
   c) Die Ware ist bei einem anderen Lieferanten, allerdings zu einem 8 % höheren Preis, sofort erhältlich.

(5) Warum bezeichnet man den Annahmeverzug auch als Gläubigerverzug?

(6) Beschreiben Sie die Rechte des Verkäufers beim Annahmeverzug!

(7) Erläutern Sie die beim Annahmeverzug eintretende Haftungsminderung des Verkäufers!

(8) Nennen Sie mindestens je zwei Beispiele für offene, versteckte und arglistig verschwiegene Mängel sowie für zugesicherte Eigenschaften!

(9) Warum werden Mängel in der Art und Mängel in der Menge wie Falschlieferungen behandelt?

(10) Wodurch unterscheidet sich die Rügefrist für offene Mängel beim einseitigen und zweiseitigen Handelskauf?

(11) Bilden Sie jeweils ein Beispiel dafür, wann Sie vom Recht auf Wandlung, Minderung, Schadensersatz wegen Nichterfüllung oder Ersatzlieferung mangelfreier Ware Gebrauch machen würden!

(12) Schreiben Sie aus der Sicht Ihres Ausbildungsbetriebes eine Mängelrüge an einen Ihrer Lieferanten, in der das Recht auf
   a) Minderung bzw.
   b) Schadenersatz wegen Nichterfüllung
   geltend gemacht wird!

(13) Warum kommt der Käufer bei nicht rechtzeitiger Zahlung auch dann in Verzug, wenn ihn kein Verschulden trifft?

(14) Welche Nachteile können für einen Kaufmann im allgemeinen Geschäftsverkehr erwachsen, der häufiger in Zahlungsverzug kommt?

(15) Der Baustoffhändler Klose verkaufte an Oberstudienrätin Mergen 50 Glasbausteine. Nachdem Frau Mergen den fixen Zahlungszeitpunkt um zwei Wochen überschritten hat, verlangt Klose 5% Verzugszinsen. Besteht diese Forderung zu Recht?

(16) Ein Verkäufer benötigt dringend zum fest vereinbarten Termin die Zahlung des Kaufpreises vom Käufer der Ware. Als dieser nicht rechtzeitig zahlt, muß der Verkäufer zur Finanzierung eigener Verbindlichkeiten einen Kredit zum Zinssatz von 12% aufnehmen. Kann er den Käufer mit diesen Aufwendungen belasten? Begründen Sie Ihre Meinung!

(17) Erläutern Sie den Unterschied zwischen außergerichtlichem und gerichtlichem Mahnverfahren!

(18) Wie wird ein gerichtliches Mahnverfahren eingeleitet?

(19) Welche Folgen ergeben sich für einen Schuldner, der weder auf den Mahnbescheid noch auf den Vollstreckungsbescheid reagiert?

(20) Beschreiben Sie die Durchführung einer Zwangsvollstreckung in „körperliche Sachen"!

(21) Der Gerichtsvollzieher Schnell soll beim Malermeister Enders eine Pfändung durchführen. Welche der folgenden Gegenstände dürfte Herr Schnell nicht in die Pfändung einbeziehen: hochwertige Hi-Fi-Anlage, Vorrat an Farben, Wertpapiere, Waschmaschine, antike Eichenfigur, wertvolle Wandteppiche, Bücher über Speziallackierungen, größere Summe Bargeld?

(22) Warum ist es für einen Einzelhändler bedeutsam, ausstehende Forderungen innerhalb bestimmter Fristen geltend zu machen?

(23) Für welche Ansprüche gelten die Verjährungsfristen von zwei bzw. vier Jahren, und wann setzen sie ein?

(24) Nach längerer Zeit überweist ein Schuldner einen Teilbetrag der Rechnungsforderung an den Gläubiger. Welche Auswirkungen hat diese Zahlung auf die Verjährung des Anspruches?

(25) Beschreiben Sie an einem selbstgewählten Beispiel den Unterschied zwischen Hemmung und Unterbrechung der Verjährung!

4 Nichtigkeit und Anfechtbarkeit von Kaufverträgen

Selbst wenn zwei übereinstimmende Willenserklärungen abgegeben werden, kann:
- kein Kaufvertrag zustande gekommen sein (Nichtigkeit des Kaufvertrages),
- der Kaufvertrag nachträglich für unwirksam erklärt werden (Anfechtbarkeit des Kaufvertrages).

▶ **Nichtigkeit von Kaufverträgen**

Gründe dafür, daß ein Kaufvertrag erst gar nicht zustande kommt, können sein:

● **Abgabe einer Willenserklärung durch einen Geschäftsunfähigen** (§§ 104, 105 BGB)

> Der 6jährige Thomas hat von seiner Patentante 20 DM geschenkt bekommen und möchte sich dafür eine Schallplatte kaufen. Da Thomas noch geschäftsunfähig ist, käme kein Kaufvertrag zustande.

● **Die Zustimmung durch den gesetzlichen Vertreter zum Rechtsgeschäft eines beschränkt Geschäftsfähigen erfolgt nicht** (§ 107 BGB)

● **Verstoß gegen eine gesetzlich vorgeschriebene oder vereinbarte Form** (§ 125 BGB)

> Der Einzelhändler Bernd Schmidt will seine Geschäftsräume erweitern. Er einigt sich mit seinem Nachbarn über den Erwerb des angrenzenden Grundstücks. Gemeinsam legen beide die Verkaufsbedingungen fest und schließen einen Kaufvertrag ab. Dieser wird jedoch erst rechtswirksam, wenn die für den Erwerb von Grundstücken gesetzlich vorgeschriebene Beurkundung durch einen Notar erfolgt ist.

● **Verstoß gegen ein gesetzliches Verbot** (§ 134 BGB)

> Zur kurzfristigen Beschaffung von Kapital veräußert ein Einzelhändler den seit Jahren gut bekannten Firmennamen an einen Konkurrenten, wobei er jedoch sein Geschäft weiterführen will. Dieser Vertrag wäre nichtig, da das Handelsgesetzbuch den Verkauf eines Firmennamens ohne den Verkauf des dazugehörigen Geschäftes verbietet.

● **Sittenwidrigkeit eines Rechtsgeschäftes** (§ 138 BGB)

> Ein Kreditgeber nutzt die Zwangslage seines Vertragspartners zu Wucherzinsen aus.

● **Scheingeschäft** (§ 117 BGB)

> Zur Verminderung der Grunderwerbsteuer, die beim Kauf eines Grundstückes nach der Höhe des Kaufpreises zu berechnen ist, wird im Kaufvertrag ein Preis festgelegt, der erheblich unter dem tatsächlich vereinbarten Verkaufspreis liegt.

● **Scherzgeschäft** (§ 118 BGB)

> Anläßlich einer Karnevalsveranstaltung bestellt ein Gast zu vorgerückter Stunde 1000 Flaschen Sekt für seine 10 Begleiter und sich.

▶ **Anfechtbarkeit von Kaufverträgen**

Wirksam zustande gekommene Kaufverträge können unter gewissen Umständen nachträglich aufgelöst werden. Es bedarf dazu der Anfechtung durch einen der Vertragspartner. Bis zu dieser Anfechtung ist der Kaufvertrag wirksam, danach **verliert er seine Gültigkeit** und wird als von Anfang an nichtig angesehen (§ 142 BGB). Gründe zur Anfechtung können sein:

● **Anfechtbarkeit wegen Irrtums** (§ 119 BGB)

Hierbei unterscheidet man zwischen:

- **Erklärungsirrtum**

> In einem Kaufvertrag über eine Polstergarnitur wird der Kaufpreis von 3 250 DM versehentlich mit 2 350 DM ausgewiesen.
>
> (Typisch für einen Erklärungsirrtum ist es, sich zu verschreiben oder zu versprechen, ohne diesen Fehler zu bemerken.)

- **Inhaltsirrtum**

> Eine Kundin in einem Juweliergeschäft kauft eine Halskette mit einem Bergkristallanhänger. Bei der Abholung stellt sich heraus, daß der Anhänger mit einem Brillanten versehen ist.

● **Anfechtbarkeit wegen unrichtiger Übermittlung** (§ 120 BGB)

> Ein Weinhändler bestellt telegrafisch 50 Flaschen Spätlese. Die Post übermittelt jedoch Auslese.
>
> (Die Willenserklärung wird von einer dritten Person oder einer Institution falsch weitergeleitet.)

● **Anfechtbarkeit wegen arglistiger Täuschung oder widerrechtlicher Drohung** (§ 123 BGB)

- **Arglistige Täuschung**

> Ein Teppichhändler verkauft wider besseres Wissen eine maschinell gefertigte Brücke als handgeknüpft.

– **Widerrechtliche Drohung**

> Ein Lieferant zwingt seine Einzelhändler zur Abnahme bestimmter Mengen mit der Drohung, sie ansonsten überhaupt nicht mehr zu beliefern.

Zur wirksamen Anfechtung ist eine **fristgemäße Anfechtungserklärung** notwendig. Erst damit wird die zuvor rechtswirksam abgegebene Willenserklärung nichtig. Fristgemäß heißt bei Anfechtungen:

– wegen Erklärungs- oder Inhaltsirrtums bzw. unrichtiger Übermittlung ohne schuldhaftes Zögern, d. h. **unverzüglich** nach Feststellung des Irrtums (§ 121 BGB),

– wegen arglistiger Täuschung oder widerrechtlicher Drohung **binnen eines Jahres** nach Kenntnis der Täuschung bzw. Wegfall der Zwangslage (§ 124 BGB).

Eine Anfechtung ist grundsätzlich ausgeschlossen, wenn seit dem Zustandekommen des Rechtsgeschäftes 30 Jahre verstrichen sind.

Zusammenfassung

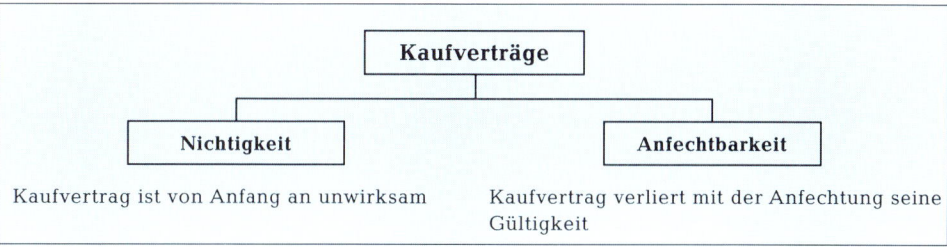

Aufgaben

(1) *Grenzen Sie am Beispiel des Kaufvertrages die Nichtigkeit von der Anfechtbarkeit ab!*

(2) *Beurteilen Sie in den folgenden Fällen, ob die Rechtsgeschäfte nichtig bzw. anfechtbar sind. Begründen Sie Ihre Meinung!*

    a) *Der 6jährige Peter holt am Kiosk 2 Schachteln Zigaretten, indem er dem Verkäufer einen Zettel mit der schriftlichen Anweisung der Mutter zum Kauf gibt.*

    b) *Der betrunkene Paul schenkt seinem Zechkumpan Erwin, ohne zu wissen, was er tut, seine wertvolle Armbanduhr.*

    c) *Der Rentner Paul Otto erwirbt Aktien, von denen er sich einen Kursanstieg verspricht. Als die Kurse jedoch fallen, will der den Kauf rückgängig machen.*

(3) *Die Anfechtung ist eine einseitige, nicht empfangsbedürftige Willenserklärung. Nehmen Sie Stellung zu dieser Behauptung!*

(4) *Verdeutlichen Sie je an einem selbstgewählten Beispiel die Anfechtung wegen Inhaltsirrtums, Erklärungsirrtums und arglistiger Täuschung!*

Zahlungsverkehr

Jeder Leistungserstellungs- oder -verwertungsprozeß löst Zahlungsströme aus. So führen etwa in einer Einzelhandelsunternehmung der Einkauf weiterzuveräußernder Waren oder die Beschaffung von Gegenständen der Betriebs- und Geschäftsausstattung zu Auszahlungen. Auch Steuerzahlungen, die Entlohnung der Mitarbeiter, Werbeaktionen und Kredittilgungen bedingen Geldabflüsse.

Zahlungen gehen dann für die Unternehmung ein, wenn Kunden gelieferte Waren oder geleistete Dienste begleichen.

1 Entwicklung und Wesen des Geldes

In der Versorgung ihrer Person bzw. ihrer Familien waren die Menschen der Frühkulturen autark, d.h. wirtschaftlich unabhängig. Sie bestritten den Lebensunterhalt durch Jagen, Fischen oder Sammeln. In dieser **reinen Naturalwirtschaft** bestanden zwischen den Selbstversorgungseinheiten noch keinerlei Tauschbeziehungen, d.h., die benötigten Güter wurden von den Mitgliedern einer Gemeinschaft selbst beschafft.

Reine Naturalwirtschaft

▶ **Naturaltausch–Wirtschaft**

Der Tausch Ware gegen Ware ist Kennzeichen dieser ersten eigentlichen Wirtschaftsstufe. **Ursachen** für ihre Entwicklung aus der reinen Naturalwirtschaft waren:

- die Zunahme der Bevölkerungszahl und der Zusammenschluß mehrerer Familien zu größeren Gemeinschaften,
- die zeitweise Übererzeugung von Gütern,
- die zunehmende Spezialisierung bei der Erstellung von Gütern,
- der intensive Kontakt zwischen Menschen unterschiedlicher Regionen und damit das Kennenlernen bisher unbekannter Waren.

Das, was man an eigenen Waren zuviel hatte, wurde gegen andere direkt benötigte Gegenstände getauscht.

Der Naturaltausch war jedoch mit folgenden **Problemen** verbunden:

- nur unmittelbar benötigte Waren wurden als Tauschmittel akzeptiert,
- ein entsprechender Tauschpartner konnte häufig nicht gefunden werden,
- für den Tausch fehlte ein verbindlicher Wertmaßstab,
- viele Güter ließen sich nicht teilen.

Naturaltausch–Wirtschaft

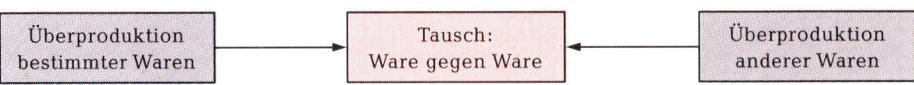

▶ **Warengeld-Wirtschaft**

Von der Warengeld-Wirtschaft als zweiter Wirtschaftsstufe spricht man, seitdem bestimmte Güter als **Tauschmittel** – also als „Geld" – allgemein anerkannt wurden. Sie galten als wertvoll und konnten jederzeit gegen die tatsächlich benötigten Waren weitergetauscht werden.

Zu diesen „Geldarten" gehörten:

● **Warengeld**
- Perlen, Muscheln, Steine, Felle, Äxte, Speere, Werkzeuge (Schmuck und Gebrauchsgegenstände);
- Zucker, Tee, Salz, Reis, Kakao, Vieh (Naturalien).

● **Symbolgeld**

An die Stelle lebender Tiere (als Tauschmittel) traten z. B. Metallstücke, auf denen diese Tiere abgebildet waren (bildhafte Darstellungen und Verkleinerungen von Warengeld).

● **Metallgeld**
- Stäbe, Ringe, Armreifen aus Gold, Silber oder Kuper;
- Edelmetallstücke (Wägegeld, das bei jedem Tauschakt neu auf Gewicht und Reinheit überprüft werden mußte).

Die Warengeld–Wirtschaft führte zwar zu einer Erleichterung der Tauschaktionen; bei den als Tauschmittel eingesetzten Gütern ergaben sich aber ebenfalls **Probleme**. Diese Güter waren nämlich:
- häufig schlecht aufzubewahren,
- manchmal schwer zu befördern,
- nicht immer teilbar.

Warengeld–Wirtschaft

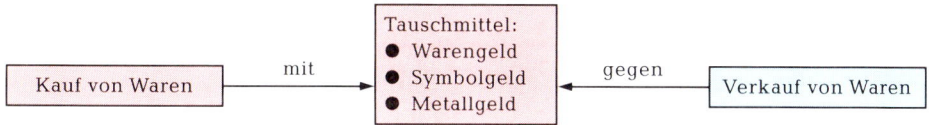

▶ **Geld–Wirtschaft**

Eine entscheidende Veränderung in den Tauschmittelbeziehungen kann etwa auf das 7. Jahrhundert vor Christus datiert werden. Zu dieser Zeit wurde erstmals in Lydien (im heutigen Kleinasien) eine Münze aus einer natürlich gewonnenen Gold-Silber-Mischung hergestellt.

● **Bargeld**
- **Münzen**

   Zunächst waren es Kaiser und Könige, die die Münzhoheit für sich in Anspruch nahmen, d. h., die das Prägen durchführen durften. Später ging dieses Recht auch auf Fürsten, Bischöfe, Äbte, Grafen oder Städte über. Zu unterscheiden sind Münzen als:

   Kurantgeld = vollwertige Münzen, in der Regel aus Gold oder Silber, bei denen Präge- und Stoffwert übereinstimmen;

   Scheidegeld = unterwertige Münzen aus unedleren Metallen, bei denen der Metallwert unter dem auf der Münze aufgeprägten Nennwert lag.

Beispiel aus der Münzgeschichte

Münze	Zeit	Prägeort	Beschreibung und Namensgebung
Mark	urkundlich zuerst 857	Abtei St. Denis in Frankreich	Auf Silberbarren von einem halben Pfund wurde ein Stempel eingeschlagen, eine Marke. Später nannte man halbpfündige Silberstücke mit eingeprägter Marke einfach „eine Mark".
Heller	urkundlich zuerst 1200 und 1208	Schwäbisch-Hall	Die ersten Heller zeigten als Prägung das Wappen von Schwäbisch-Hall, eine Hand. Aus dem „Haller" oder „Häller" wurde „Heller". Ursprünglich eine Silbermünze, wurde sie später aus Kupfer geprägt.
Groschen	1266	Tours in Frankreich	Die französische Münze „gros Tournois" hieß die „dicke Münze aus Tours". Sie wurde in Deutschland, Italien und Böhmen nachgeprägt. Da die Böhmen das „s" wie „sch" sprechen, hieß die Münze dort „grosch" oder „grosche"; daraus wurde unser Groschen.
Kreuzer	1271	Meran	Silbermünze, auf der ein Kreuz eingeprägt war.
Gulden	14. Jahrhundert	Deutschland	Ursprünglich eine Übersetzung der lateinischen „Aureus (nummus)" = goldener (Pfennig). Später wurde der Gulden auch aus Silber geprägt.
Batzen	seit 1495	Salzburg, Schweiz, süddeutscher Raum	Dicke Silbermünze, die schwerer als der Heller war. Batzen sagt man auch heute noch zu einem großen Stück, einem Klumpen.
Taler	seit 1519	Joachimstal im Erzgebirge	Aus Silber geprägte Münze, die man Joachimstaler oder einfach Taler nannte. In Schweden wurde daraus „Daler" und in den USA „Dollar".

- **Banknoten**

  Die Ausweitung des Handels und damit der Tauschaktionen machte es notwendig, das schwere, unhandliche Münzgeld durch Geldscheine zu ergänzen, die fast keinen Stoffwert mehr besaßen.

- **Buchgeld**

  Heute ist die Verwendung von Buch- oder Giralgeld als vollkommen stoffwertlosem Geld beim Kauf oder Verkauf von Waren üblich. Der Inhaber eines Kontos bei einem Kreditinstitut kann durch Scheck oder Überweisung über sein Guthaben verfügen und damit Zahlungen auf andere Konten leisten.

Erst das Erreichen der Stufe der Geldwirtschaft ermöglichte durch allgemeingültige und leicht handhabbare Zahlungsmittel den Warenaustausch in heutiger Form.

Geld–Wirtschaft

Kauf von Waren	mit →	Geld: ● Bargeld (Münzen und Banknoten) ● Buchgeld	← gegen	Verkauf von Waren

2 Funktionen und Begriff des Geldes

Wesentlich für die Verwendung von Geld ist nicht so sehr seine Erscheinungsform (z.B. als Warengeld, Metallgeld oder Bargeld), sondern in welchem Umfang es die folgenden Aufgaben im Wirtschaftsprozeß erfüllen kann.

▶ Tauschmittel

Geld ermöglicht bzw. erleichtert den Güteraustausch. Es wird deshalb allgemein als Tauschmittel akzeptiert, weil mit ihm jederzeit andere Güter eingetauscht werden können.

> Erwirbt eine Auszubildende in einem Schreibwarengeschäft Selbstklebeetiketten, so tauscht sie Geld gegen die benötigte Ware.

▶ Gesetzliches Zahlungsmittel

Jeder Gläubiger ist verpflichtet, Banknoten zur Schuldentilgung anzunehmen. Für Münzen besteht allerdings ein eingeschränkter Annahmezwang, nämlich DM-Münzen nur bis zum Betrag von 20 DM, Pfennigmünzen nur bis 5 DM.

> Das Verkaufspersonal des Schreibwarengeschäftes ist verpflichtet, die vom Kunden vorgelegte Banknote als Zahlungsmittel zu akzeptieren.

▶ Wertmesser und Recheneinheit

Geld macht verschiedenartige Güter vergleichbar und addierbar, da sie in Geldeinheiten ausgedrückt werden können. Erst Geld in unserer heutigen Form ermöglicht es:

– Waren und Dienstleistungen zu bewerten,
– Vermögenswerte auszudrücken,
– Umsätze von Wirtschaftszweigen zu vergleichen,
– Kennzahlen zur wirtschaftlichen Lage eines Landes zu erstellen.

> Ein Unternehmen, das mehrere Angebote von Lieferanten für Büroeinrichtungen eingeholt hat, kann erst aufgrund der angegebenen Geldbeträge die einzelnen Angebote vergleichen.

▶ Wertaufbewahrungsmittel

Zeitlich auseinanderfallende Kauf- und Verkaufshandlungen werden erst mit Geld durchführbar. Die Wertaufbewahrungsfunktion von Geld wird allerdings dann problematisch, wenn durch Erhöhungen des Preisniveaus der Gegenwert für die angesparten Mittel deutlich sinkt. In diesem Fall erfolgt eine „Flucht in die Sachwerte", und zwar durch den Kauf von Gold, Grundstücken oder Gebäuden.

▶ Kreditmittel

Gespartes Geld kann gegen entsprechende Verzinsung über das Bankensystem für Kredite zur Verfügung gestellt werden. Der Staat, Unternehmungen und Privatpersonen können dann diese Mittel zur Finanzierung von Investitionen und Verbindlichkeiten entleihen.

Begriff des Geldes: Geld ist ein im Wirtschaftsprozeß allgemein anerkanntes Zahlungsmittel, das die Aufgaben als Wertmesser und Recheneinheit, gesetzliches Zahlungsmittel, Tausch-, Wertaufbewahrungs- und Kreditmittel möglichst umfassend erfüllt.

3 Zahlungsarten

Zur Begleichung von Zahlungsverpflichtungen des Einzelhändlers (etwa gegenüber seinen Lieferanten) oder eines Kunden (an den Einzelhändler) stehen verschiedene Zahlungsarten zur Verfügung:

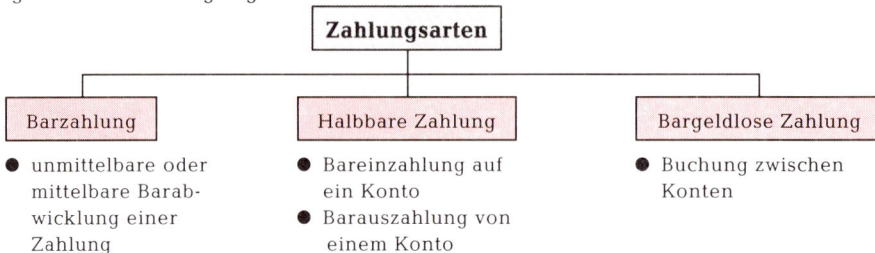

3.1 Barzahlung

Kennzeichen dieser Zahlungsart ist, daß weder der Zahlungspflichtige noch der Zahlungsempfänger ein Konto bei einem Geldinstitut oder der Postbank benötigt. Die Zahlung wird bar abgewickelt.

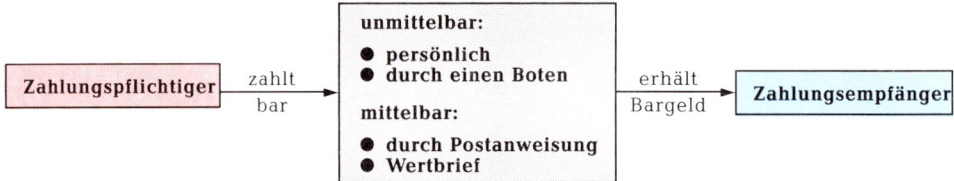

▶ **Unmittelbare Barzahlung**

Der Zahlungspflichtige oder ein von ihm beauftragter Bote übergibt dem Zahlungsempfänger den Betrag direkt bar. Als Bestätigung wird eine **Quittung** ausgestellt, die aus Beweisgründen folgende Angaben enthalten sollte:

①	Betrag
②	Name des Zahlers
③	Grund der Zahlung
④	Empfangsbestätigung
⑤	Ort und Tag der Ausstellung
⑥	Unterschrift des Ausstellers (Firmenstempel allein reicht nicht)

Anstelle des Quittungsformulars genügt auch ein Vermerk auf der Rechnung bzw. gelten die im Handel ausgegebenen **Kassenzettel oder -bons** als Quittung.

▶ Mittelbare Barzahlung

Der Zahlungspflichtige kann zudem die Post mit der Abwicklung des Barzahlungs-
vorganges beauftragen.

● Postanweisung

Mit der Postanweisung zahlt der Absender den entsprechenden Betrag bar bei
einem Postamt ein; der Empfänger erhält das Geld bar durch den Postzusteller
ausgezahlt. Mit Postanweisungen können Beträge bis zu 3000 DM angewiesen
werden.

Der Absender füllt zu diesem Zweck ein Postanweisungsformular aus, das aus
folgenden Einzelabschnitten besteht:

① Dem **Empfängerabschnitt**, der dem Zahlungsempfänger zusammen mit dem Geldbetrag
übergeben wird.

② Der eigentlichen **Postanweisung**, auf der der Zahlungsempfänger rückseitig den Erhalt
des Betrages quittiert (verbleibt anschließend bei der Post).

③ Dem **Einlieferungsschein**, der als Beleg beim Absender verbleibt.

Bei der Einlieferung der Postanweisung hat der Absender ein Entgelt zu entrichten:

für eine Postanweisung bis	100 DM	10 DM
über	100 bis 500 DM	15 DM
über	500 bis 1000 DM	20 DM
über	1000 bis 2000 DM	30 DM
über	2000 bis 3000 DM	40 DM

● Wertbrief

Eine selten in Anspruch genommene Zahlungsmöglichkeit ist die Versendung von
Bargeld durch einen Wertbrief. Damit können bis zu 100 000 DM dem Empfänger
zugestellt werden. Briefe mit einer Wertangabe über 1000 DM müssen versiegelt
werden. Das Entgelt beträgt bis zu einer Wertangabe von 1000 DM 9,00 DM, für
jede weiteren 500 DM 1,50 DM.

3.2 Halbbare Zahlung

Bei dieser Zahlungsart wird der Zahlungsvorgang über ein Konto des Zahlungspflichtigen **oder** des Zahlungsempfängers bei einem Geldinstitut bzw. der Postbank
abgewickelt.

3.2.1 Eröffnung eines Kontos

Voraussetzung für die Teilnahme am halbbaren Zahlungsverkehr ist also, daß einer der
Beteiligten ein Girokonto bei einem Geldinstitut oder der Postbank eröffnet hat.

▶ **Eröffnung eines Girokontos bei einem Geldinstitut**

Zur Eröffnung eines Girokontos halten die Geldinstitute vorgedruckte Antrags-
formulare bereit, die vom Antragsteller (Vorlage des Personalausweises erforderlich)
mit seinen Angaben wie Familienname, Vorname, Wohnort, Beruf, Geburtsdatum
usw. ausgefüllt werden müssen. Anhand des Geburtsdatums kann überprüft werden,
ob der Antragsteller das 18. Lebensjahr vollendet hat und damit voll geschäftsfähig
ist. Bei Minderjährigen bedarf die Kontoeröffnung der Zustimmung des gesetzlichen
Vertreters.

Sollen mehrere Personen über das Konto verfügen können, müssen die Unterschriften der einzelnen Verfügungsberechtigten auf dem Antrag vorliegen. Anhand
der hinterlegten Unterschriften ist später überprüfbar, ob über das Girokonto recht-
mäßig verfügt wird.

Banken und Sparkassen räumen ihren Kunden in der Regel einen Überziehungsspiel-
raum von zwei bis drei Monatsgehältern ein.

▶ **Eröffnung eines Girokontos bei der Deutschen Postbank AG**

Zur Eröffnung eines Girokontos bei der Postbank ist ebenfalls ein Antrag auszufüllen.
Der Antragsteller kann eine beliebige Niederlassung der Postbank wählen, es empfiehlt sich jedoch, die nächstgelegene zu nehmen.

Niederlassungen der Postbank	abgekürzte Bezeichnung	Bank- leitzahl
Berlin	Bln	100 100 10
Dortmund	Dtmd	440 100 46
Essen	Esn	360 100 43
Frankfurt am Main	Ffm	500 100 60
Hamburg	Hmb	200 100 20
Hannover	Han	250 100 30
Karlsruhe	Klrh	660 100 75
Köln	Kln	370 100 50
Leipzig	Lzg	860 100 90
Ludwigshafen am Rhein	Lshfn	545 100 67
München	Mchn	700 100 80
Nürnberg	Nbg	760 100 85
Saarbrücken	Sbr	590 100 66
Stuttgart	Stgt	600 100 70

Mit dem Antrag auf Eröffnung eines Postbank Girokontos können gleichzeitig Form-
blätter wie Überweisungsaufträge, Postbank-Scheckvordrucke usw. bestellt werden,
wobei allerdings nur eine „Erstausstattung" kostenlos ist. Diese besteht aus:

25 Vordrucken für einzelne Überweisungsaufträge von Konto zu Konto;

20 Postbank Giroaufträgen, die – je nach angekreuzter Auftragsart – als Gutbuchung oder Lastbuchung verwendet werden können, und zwar für
- das Einreichen von in Zahlung genommenen Schecks und Zahlungsanweisungen zur Verrechnung,
- den Lastschrift-Einzug,
- Sammelaufträge mit beigefügten Überweisungen/Gutschriften,
- Sammelaufträge mit beigefügten Zahlungsanweisungen zur Verrechnung;

50 Postbank Girobriefumschlägen;

1 Zahlkartenheft für Bareinzahlungen auf das eigene Postbank Girokonto des Einzahlers mit 20 Formularen;

50 Auszahlungsscheinen für Barabhebungen vom Postbank Girokonto.

Der Antrag kann bei einer Postbank, bei einem Postamt oder einer Poststelle unter Vorlage des Ausweises eingereicht werden.

Ein Vorteil der Kontoführung bei der Postbank liegt in der portofreien Beförderung von Aufträgen an die Niederlassung der Postbank mittels der Postbank Girobriefumschläge. Zudem erhält der Kontoinhaber kostenfrei einen monatlichen Kontoauszug zum 3. oder 18. des Monats zugeschickt. Von der Postbank wird eine monatliche Pauschalgebühr erhoben, die sich nach der Anzahl der Buchungen richtet. Sie beträgt:

bei 0 bis 5 Buchungen 3,00 DM	bei 31 bis 100 Buchungen 15,00 DM
bei 6 bis 15 Buchungen 4,50 DM	bei 101 bis 300 Buchungen 30,00 DM
bei 16 bis 30 Buchungen 7,00 DM	bei 301 bis 500 Buchungen 60,00 DM

Bei einem Girokonto der Postbank kann ein Überziehungskredit bis zum Zweieinhalbfachen eines Monatseinkommens – höchstens aber 10000 DM – eingeräumt werden.

3.2.2 Arten der halbbaren Zahlung

Will der Zahlende den Betrag bar einzahlen und soll das Geld dem Konto des Zahlungsempfängers gutgeschrieben werden **(aus Bargeld wird Buchgeld)** stehen folgende Zahlungsmittel zur Verfügung:
- **Zahlschein der Postbank**
- **Zahlschein der Geldinstitute**

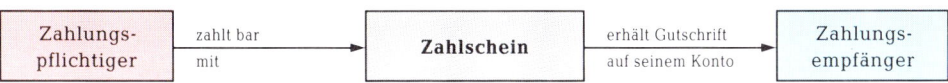

Will der Zahlende den Geldbetrag von seinem Girokonto abbuchen und bar an den Empfänger auszahlen lassen **(aus Buchgeld wird Bargeld)**, stehen ihm folgende Zahlungsmittel zur Verfügung:
- **Zahlungsanweisung der Postbank**
- **Barschecks**

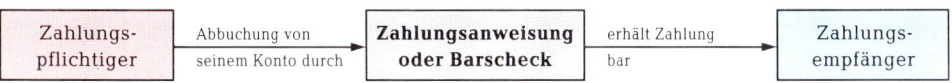

151

▶ **Zahlschein der Postbank**

Der Absender zahlt bei der Post Bargeld mit dem Auftrag ein, diesen Geldbetrag dem Zahlungsempfänger auf dessen **Girokonto bei der Postbank oder anderen Geldinstituten** gutzuschreiben. Dazu benutzt er einen **Zahlschein**, der aus einem zweiteiligen Durchschreibesatz besteht. Während das Original des Formularsatzes als Buchungsbeleg dient, erhält der Zahlungspflichtige die quittierte Durchschrift des Beleges als Nachweis über die am Postschalter getätigte Bareinzahlung.

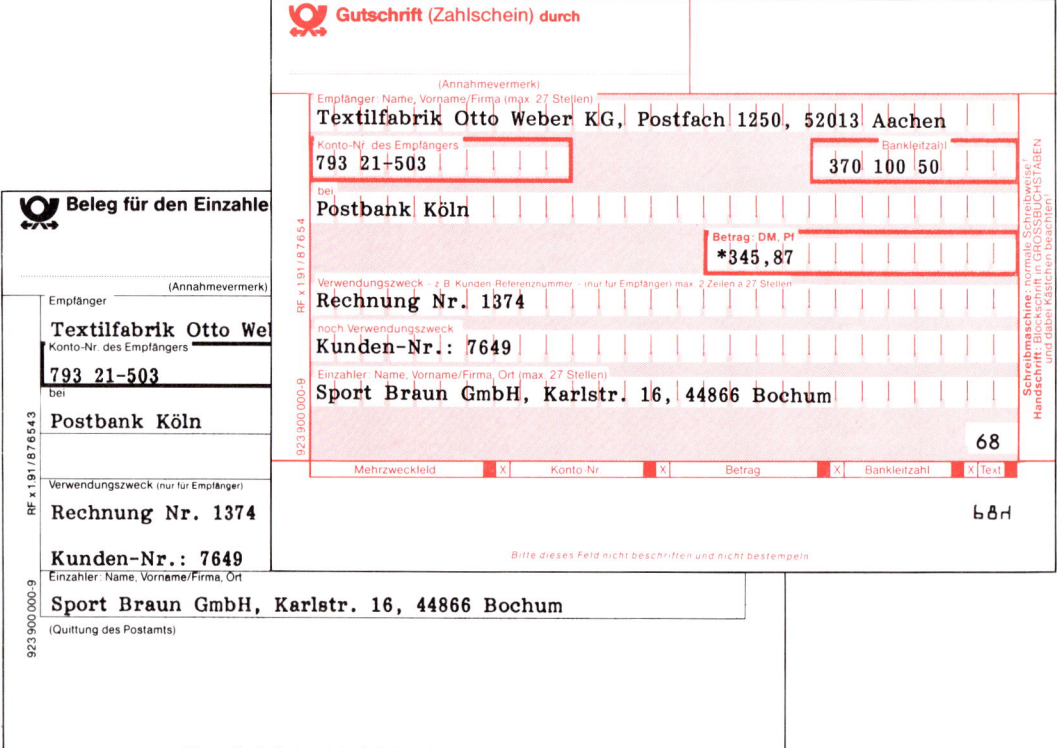

Das zu entrichtende Entgelt ist geringer als bei der Postanweisung. Unabhängig von der Höhe des zu überweisenden Betrages wird ein einheitliches Übermittlungsentgelt von 3,00 DM erhoben.

Einzahlungen auf das eigene Girokonto bei der Postbank sind für Privatkunden gebührenfrei.

▶ **Zahlschein der Geldinstitute**

Soll bar eingezahltes Geld dem Zahlungsempfänger auf dessen Girokonto bei einem Geldinstitut oder der Postbank gutgeschrieben werden, füllt der Zahlende einen Zahlschein aus. Das Formular umfaßt neben dem **Original**, das für das Geldinstitut als Beleg gilt, zwei Durchschläge. Die **erste Durchschrift** ist der Beleg für den Einzahlenden, die **zweite Durchschrift** wird als Gutschriftbeleg dem Zahlungsempfänger zur Verfügung gestellt.

Zu dem einzuzahlenden Betrag ist vom Absender eine Gebühr zu entrichten.

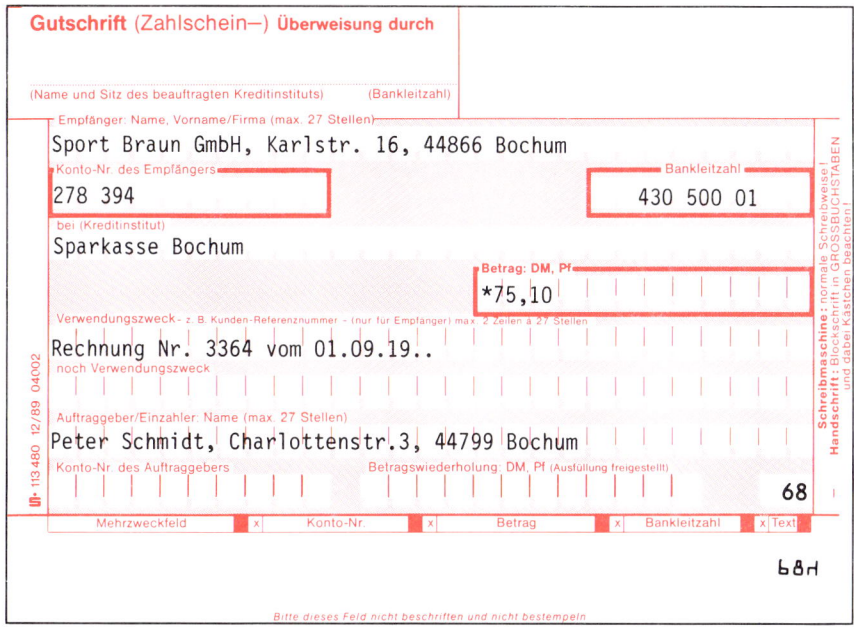

▶ **Zahlungsanweisung der Postbank**

Verfügt der Zahlende über ein Girokonto bei der Postbank, kann er seine Niederlassung der Postbank durch eine Zahlungsanweisung beauftragen, einen Geldbetrag
von diesem Konto abzubuchen und dem Zahlungsempfänger durch einen Postzusteller bar auszahlen zu lassen. Die Höhe des Betrages ist unbegrenzt. Die Entgelte
richten sich nach der Höhe des zu zahlenden Betrages. Wie bei der Postanweisung
quittiert der Zahlungsempfänger den Erhalt des Geldbetrages rückseitig auf der
Zahlungsanweisung.

▶ **Barscheck**

Der vom Zahlungspflichtigen ausgestellte Barscheck bedeutet eine Anweisung an
sein kontofuhrendes Institut, dem Zahlungsempfänger gegen Vorlage des Schecks
den entsprechenden Betrag bar auszuzahlen. Der Grund dafür, daß zur Begleichung
von Verbindlichkeiten im Zahlungsverkehr nur selten Barschecks verwandt werden,
liegt darin, daß selbst auf einen Barscheck nur dann Bargeld ausgezahlt wird, wenn
der Einreicher ihn beim kontoführenden Institut des Ausstellers vorlegt. Würde ein
Scheck bei einem anderen Institut vorgelegt, könnte er nur wie ein Verrechnungsscheck behandelt, d. h. dem Konto des Einreichers gutgeschrieben werden.

● **Kassenscheck der Postbank**

Inhaber von Girokonten bei der Postbank verwenden als Barscheck zur Begleichung von Verbindlichkeiten den Kassenscheck. Der Zahlungsempfänger kann
dann in der Zahlstelle der für den Aussteller kontoführenden Postbankniederlassung Bargeld vom Konto des Zahlungspflichtigen gebührenfrei abheben.

● **Barschecks bzw. eurocheques von Geldinstituten**

Barschecks der verschiedenen Kreditinstitute bzw. eurocheques (auch von der
Postbank) werden nur dann an den Zahlungsempfänger bar ausgezahlt, wenn

dieser sie dem kontoführenden Institut des Zahlungspflichtigen vorlegt. So kann ein Barscheck der Sparkasse Bochum auch nur dort bar eingelöst werden.

● **Sicherung von Barschecks**

Bei Verlust eines Barschecks sollte der Aussteller sofort den Scheck bei seiner Bank sperren lassen. Zur Verringerung des Risikos von Fälschung und Mißbrauch sind bei eurocheques Scheckkarte und Scheckformulare stets getrennt aufzubewahren.

Aus Sicherheitsgründen sollten Barschecks über größere Beträge nach Entgegennahme sofort in Verrechnungsschecks umgewandelt werden (Aufschrift „Nur zur Verrechnung").

3.3 Bargeldlose Zahlung

Beim bargeldlosen Zahlungsverkehr wird der Zahlungsvorgang über die Konten des Zahlungspflichtigen und des Zahlungsempfängers abgewickelt. Der Zahlende läßt von seinem Konto den entsprechenden Geldbetrag abbuchen und dem Konto des Empfängers gutschreiben. Bargeld wird weder ein- noch ausgezahlt. Die Zahlung erfolgt nur buchtechnisch, d.h., sie wird durch veränderte Kontostände der Beteiligten erkennbar.

Beim bargeldlosen Zahlungsverkehr stehen folgende Möglichkeiten der Zahlungsabwicklung zur Verfügung:

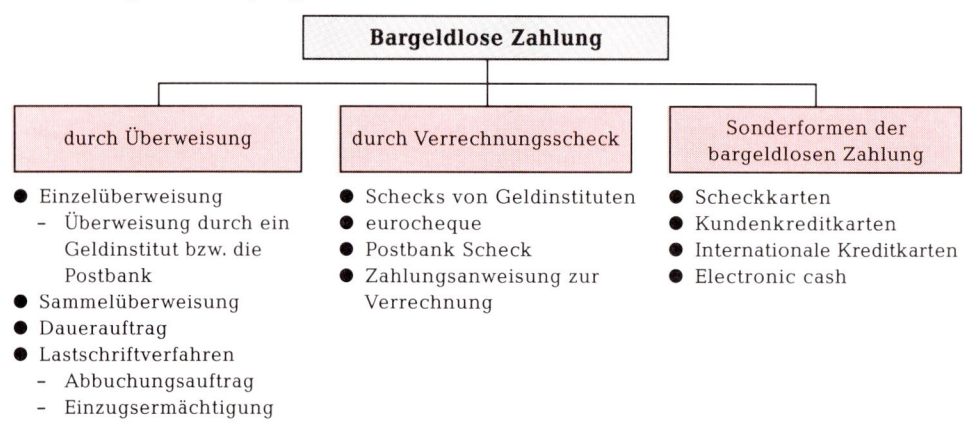

Bargeldlose Zahlung

durch Überweisung	durch Verrechnungsscheck	Sonderformen der bargeldlosen Zahlung

- Einzelüberweisung
  - Überweisung durch ein Geldinstitut bzw. die Postbank
- Sammelüberweisung
- Dauerauftrag
- Lastschriftverfahren
  - Abbuchungsauftrag
  - Einzugsermächtigung

- Schecks von Geldinstituten
- eurocheque
- Postbank Scheck
- Zahlungsanweisung zur Verrechnung

- Scheckkarten
- Kundenkreditkarten
- Internationale Kreditkarten
- Electronic cash

3.3.1 Überweisungen

▶ **Einzelüberweisung**

Bei einer Einzelüberweisung handelt es sich um die einmalige Erteilung eines Überweisungsauftrages durch den Zahlungspflichtigen an sein Geldinstitut oder die Postbank. Mit dem entsprechenden Formular beauftragt er das jeweilige Institut, einen Geldbetrag von seinem Konto abzubuchen und dem Konto des Zahlungsempfängers gutzuschreiben.

● **Überweisung durch ein Geldinstitut**

Dieses Überweisungsformular besteht aus einem Original mit einem Durchschlag. Das Original, auf dem der Zahlungspflichtige mit seiner Unterschrift dem Geldinstitut den Einzelüberweisungsauftrag erteilt, dient Banken und Sparkassen als Buchungsbeleg. Die Durchschrift verbleibt beim Auftraggeber.

Haben Zahlungspflichtiger und Zahlungsempfänger ihre Konten **beim gleichen Geldinstitut**, erfolgt die Überweisung ausschließlich durch Umbuchung auf beiden von diesem Geldinstitut geführten Konten.

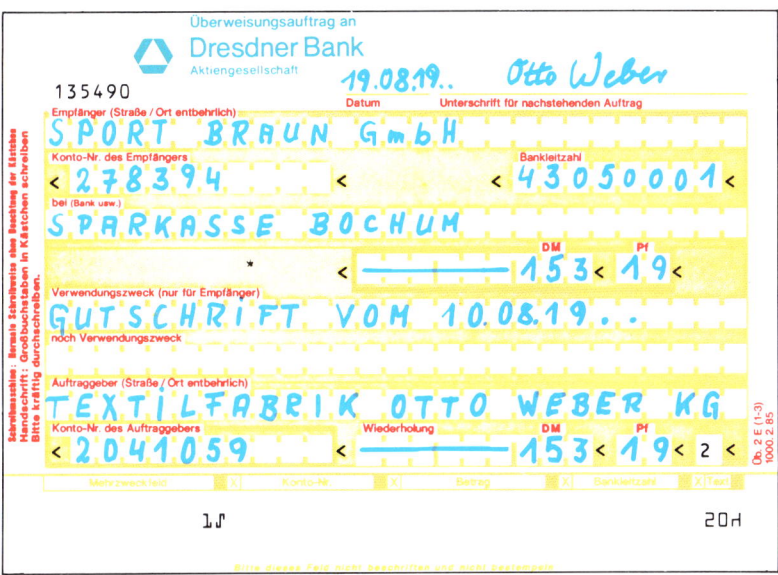

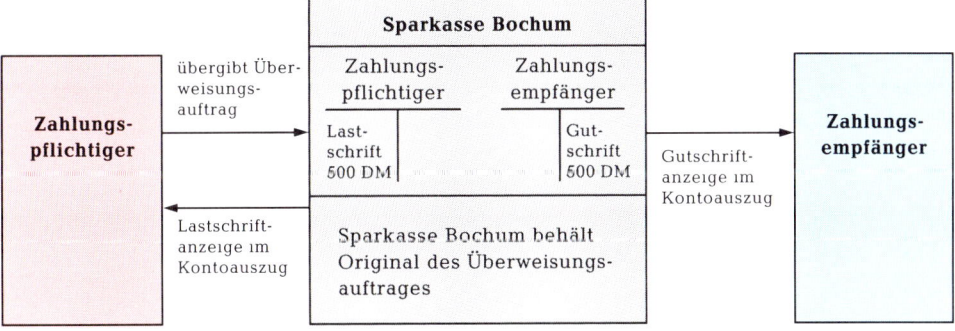

Unterhalten Zahlungspflichtiger und Zahlungsempfänger ihre Konten **bei verschiedenen Geldinstituten** (z.B. bei Sparkassen, Volksbanken, Deutsche Bank, Dresdner Bank, Commerzbank), erfolgt die Überweisung unter Einschaltung eines oder mehrerer **Gironetze**. Hierbei handelt es sich um Überweisungskreise gleichartiger Geldinstitute wie z.B. das Gironetz der Sparkassen oder die Gironetze der Großbanken, die untereinander über Zentralstellen (z.B. Girozentrale oder Zentralbanken) in Verbindung stehen.

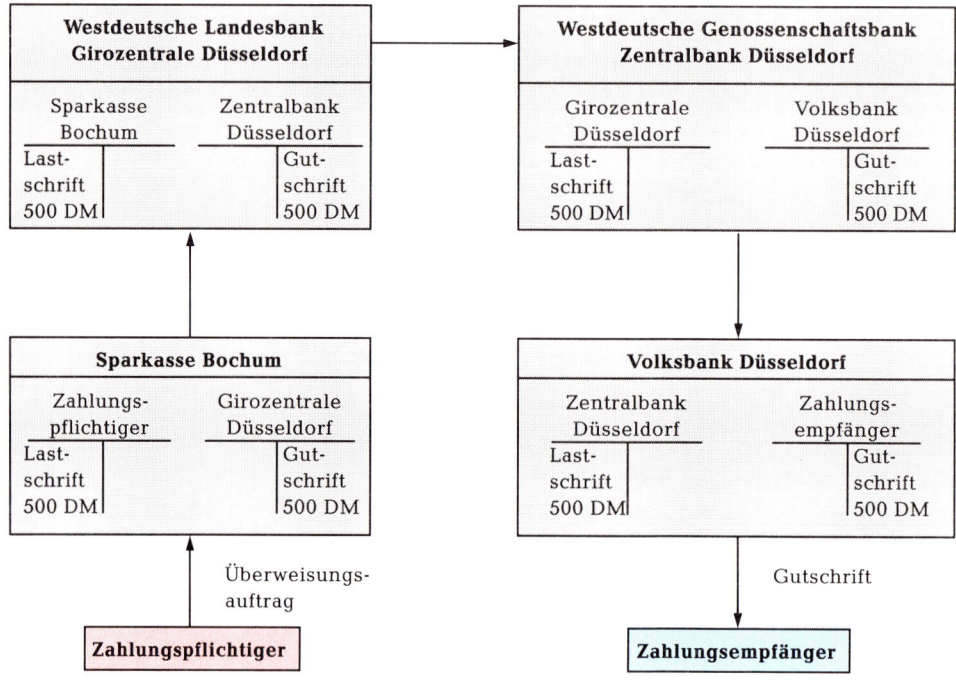

Im täglichen Geschäftsverkehr kommt es häufig vor, daß einer Rechnung ein bereits ausgefüllter **Überweisungsauftrag/Zahlschein** beigefügt ist. Dieses Formular kann dann sowohl zur bargeldlosen Überweisung als auch zur halbbaren Zahlung verwandt werden.

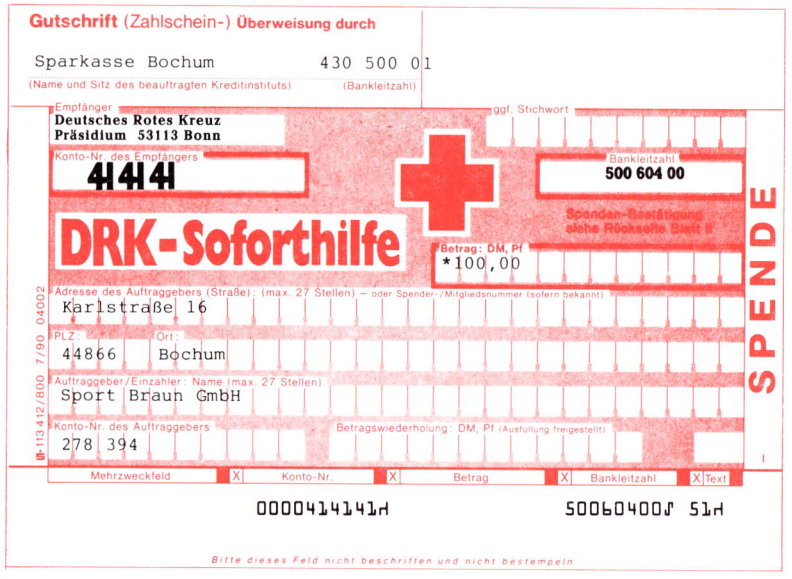

● **Überweisung durch die Postbank**

Der **automationsgerechte Überweisungsauftrag** der Postbank wurde für den elektronischen Zahlungsverkehr entwickelt. Er besteht aus einem zweiteiligen Durchschreibesatz und kann maschinell gelesen werden.

Mit dem Vordruck können Beträge auf Giro- und Sparkonten bei der Postbank sowie auf Konten bei allen anderen Banken und Sparkassen im Inland und auf Girokonten im Ausland überwiesen werden.

Der Überweisungsauftrag muß auf Blatt 1 unterschrieben werden. Das Original ist an die Postbank einzusenden. Die Durchschrift verbleibt beim Auftraggeber. Sofern der Zahlungspflichtige das Feld „C" des Formulars mit einem Kreuz gekennzeichnet hat, übersendet die Postbank zusammen mit dem Kontoauszug eine besondere Buchungsbestätigung, z.B. als Nachweis gegenüber einem Dritten. Darüber hinaus besteht die Möglichkeit, für die Abbuchung der Überweisung einen bestimmten Termin, und zwar bis zu einem halben Jahr im voraus, vorzugeben (terminierter Überweisungsauftrag).

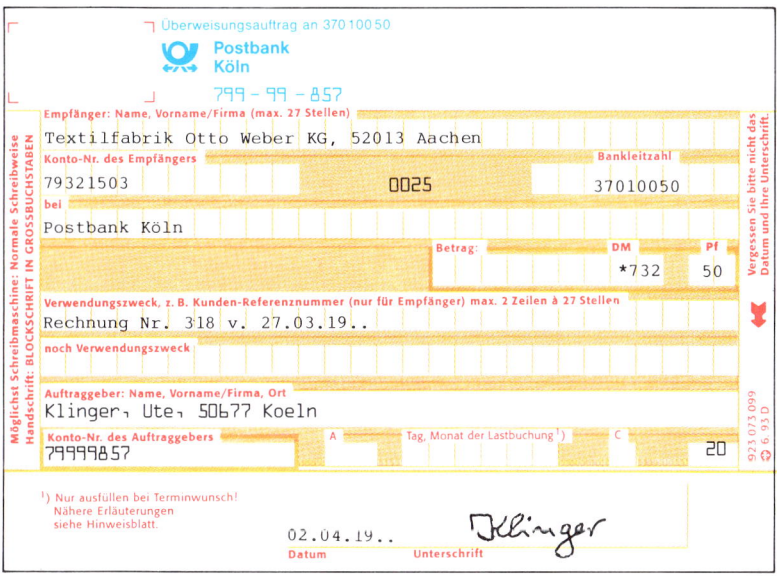

Mit einer **Postbank Überweisung** ist nicht nur die bargeldlose Zahlung von Geldbeträgen zwischen **zwei Postbank Girokonten** möglich, sondern auch die Überweisung von einem Postbank Girokonto **auf das Girokonto bei einem Geldinstitut**. Im Gegensatz zu Banken und Sparkassen berechnet die Postbank für Überweisungen zwischen Postbank Girokonten keine Gebühren.

Einer Rechnung wird häufig auch ein bereits mit den Angaben des Zahlungsempfängers (Name, Vorname/Firma; Konto-Nr.; Bankleitzahl und Sitz der Postbankniederlassung) versehener **Überweisungsauftrag/Zahlschein-Kassenbeleg** beigefügt. Mit diesem Formular kann dann entweder bargeldlos (von Girokonten bei Banken, Sparkassen oder der Postbank) **oder** halbbar (von allen Postämtern) auf das Postbank Girokonto des Empfängers überwiesen werden.

Empfänger Name,Vorname/Firma (max 27 Stellen)

KLUGE U.CO.*44149 DORTMUND

Konto-Nr des Empfängers   Bankleitzahl

250000461   44010046

bei

POSTBANK DORTMUND

Betrag: DM, Pf

Verwendungszweck - z B. Kunden-Referenznummer (nur für Empfänger) max 2 Zeilen à 27 Stellen

noch Verwendungszweck

Auftraggeber Name,Vorname/Firma, Ort (max 27 Stellen)

Konto-Nr des Auftraggebers

18

| Mehrzweckfeld | Konto-Nr | Betrag | Bankleitzahl | Text |

18н

Bitte dieses Feld nicht beschriften und nicht bestempeln

Schreibmaschine: normale Schreibweise!
Handschrift: Blockschrift in GROSSBUCHSTABEN und (aber) Kästchen beachten!

► Sammelüberweisung

Um Buchungsgebühren für den Zahlungspflichtigen bei Geldinstituten zu sparen bzw. um bei Geldinstituten und der Postbank zur Vereinfachung der Auftragserteilung beizutragen, können Sammelüberweisungen vorgenommen werden. Mehrere Einzelüberweisungen in unterschiedlicher Höhe und an verschiedene Zahlungsempfänger werden zusammengefaßt vom Konto des Auftraggebers abgebucht.

► Dauerauftrag

Ein Zahlungspflichtiger wird bei Verbindlichkeiten, die zu ständig wiederkehrenden Terminen, immer in gleicher Höhe und an denselben Zahlungsempfänger fällig werden, einen Dauerauftrag erteilen. Dadurch wird das jeweilige Institut befugt, diese Überweisung bei Fälligkeit selbständig durchzuführen.

- Mietzahlungen
- Ratenbeträge zur Tilgung eines Kredites für den Kauf eines Kraftfahrzeuges

► Lastschriftverfahren

Beim Lastschriftverfahren wird entweder dem Geldinstitut bzw. der Niederlassung der Postbank **(Abbuchungsauftrag)** oder dem Zahlungsempfänger **(Einzugsermächtigung)** die Vollmacht erteilt, Zahlungen abzubuchen bzw. einzuziehen, deren Beträge nicht immer gleichbleibend sind.

Abbuchungsauftrag: Der Einzelhändler beauftragt sein Geldinstitut, das am Monatsende auf seinem Konto verbleibende Guthaben in festverzinslichen Wertpapieren anzulegen.

Einzugsermächtigung: Einzug der Fernmelderechnung durch die Deutsche Bundespost Telekom; Zahlung von Versicherungsprämien; Abschläge für Strom und Gas.

Der Zahlungspflichtige kann das Lastschriftverfahren jederzeit widerrufen.

Bereits abgebuchte Beträge können bei der Einzugsermächtigung zurückgefordert werden. Ein entsprechender Widerruf gegen die Kontobelastung ist innerhalb von sechs Wochen möglich, bei unberechtigtem Einzug auch länger. Bei einer Rückforderung wird der Betrag dem Konto wieder gutgeschrieben, ohne daß die Berechtigung der Rückforderung überprüft wird.

Einem bereits ausgeführten Abbuchungsauftrag kann nicht widersprochen werden.

3.3.2 Verrechnungsschecks

Legt der Zahlungsempfänger bei einem Geldinstitut oder der Postbank einen Verrechnungsscheck vor, wird der entsprechende Betrag seinem Konto gutgeschrieben und das Konto des Zahlungspflichtigen in gleicher Höhe belastet. Jeder Scheck, der auf der Vorderseite handschriftlich, aufgestempelt oder aufgedruckt den Vermerk **„Nur zur Verrechnung"** trägt, wird auf diese Weise buchtechnisch erfaßt, der Geldbetrag dem Scheckeinreicher also nicht direkt bar ausgezahlt.

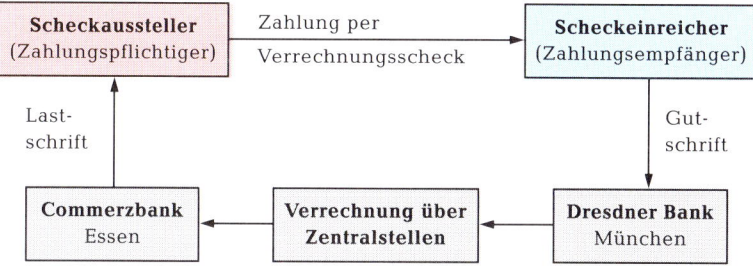

▶ **Schecks von Geldinstituten**

Banken und Sparkassen halten für ihre Kunden vorgedruckte Scheckformulare bereit, in denen der Aussteller nur noch Datum und Ort der Ausstellung sowie den Scheckbetrag eintragen und seine Unterschrift leisten muß, um die **gesetzlichen Anforderungen**, die an einen Scheck gestellt werden, zu erfüllen. Neben diesen im Scheckgesetz zwingend vorgesehenen Angaben sind einige weitere Zusätze erlaubt, die als **kaufmännische Bestandteile** des Schecks bezeichnet werden. Sie dienen ausschließlich der Erleichterung des Scheckverkehrs.

Sparkasse Bochum ③ ④

② Zahlen Sie gegen diesen Scheck aus meinem/unserem Guthaben ① Ⓔ

Zweihundertsiebzig

Deutsche Mark in Buchstaben Ⓕ

an *Bernhard Dingermann, Bayreuth* ⑤ *Bochum*

oder Überbringer — Ausstellungsort

24. Juni 19..

Datum

Christian Bormann ⑥

Unterschrift des Ausstellers

DM
270, 85 Ⓓ

121 600 11880 6/91

Der vorgedruckte Schecktext darf nicht geändert oder gestrichen werden. Die Angabe einer Zahlungsfrist auf dem Scheck gilt als nicht geschrieben.

Scheck-Nr.	X	Konto-Nr.	X	Betrag	X	Bankleitzahl	X	Text

0000005654483 0142016978   12354678 01

Ⓐ   Ⓑ   Ⓒ

Bitte dieses Feld nicht beschriften und nicht bestempeln

Bestandteile des Schecks

Gesetzliche Bestandteile gemäß Art. 1 ScheckG	Kaufmännische Bestandteile
① Bezeichnung Scheck im Text der Urkunde	Ⓐ Schecknummer
② unbedingte Anweisung, eine bestimmte Geldsumme zu zahlen	Ⓑ Kontonummer des Ausstellers
③ Name des bezogenen Geld-institutes	Ⓒ Bankleitzahl des bezogenen Geldinstitutes
④ Angabe des Zahlungsortes	Ⓓ Schecksumme in Ziffern (im Zweifel gilt der in Buchstaben geschriebene Betrag)
⑤ Angabe des Tages und des Ortes der Ausstellung	Ⓔ Guthabenklausel
⑥ Unterschrift des Ausstellers	Ⓕ Angabe des Zahlungsempfängers

Ein Scheck sollte natürlich nur dann ausgestellt werden, wenn das Konto ein ausreichendes Guthaben aufweist bzw., wenn durch den Scheck der vom Geldinstitut dem Kunden eingeräumte **Dispositionskredit** nicht überschritten wird.

▶ **eurocheque**

Auch der eurocheque, der wie jeder andere Barscheck auch zur Verrechnung ausgestellt werden kann, dient innerhalb des Zahlungsverkehrs als Mittel der bargeldlosen Zahlung. Er ist ein in fast allen europäischen und einer Reihe von außereuropäischen Ländern anerkanntes Zahlungsmittel.

Banken, Sparkassen und Niederlassungen der Postbank händigen eurocheque-Formulare in Verbindung mit einer für jeweils zwei Jahre gültigen eurocheque-Karte auf Wunsch an kreditwürdige Kunden aus. Das Geldinstitut verpflichtet sich damit, jeden eingereichten Scheck bis zur Höhe von **400 DM** einzulösen. Allerdings ist derjenige, der einen eurocheque als Zahlung annimmt, verpflichtet, eurocheque und eurocheque-Karte seines Kunden auf folgende Punkte zu überprüfen:

– das **Währungssymbol**, z.B. DM, muß in das Feld „Währung" eingetragen sein
– die **Unterschrift**, der Name des Kreditinstitutes und die Kontonummer auf dem eurocheque und der eurocheque-Karte müssen übereinstimmen
– das **Ausstellungsdatum** des eurocheques muß innerhalb der Gültigkeitsdauer der eurocheque-Karte liegen
– die auf der Rückseite des eurocheques einzutragende Nummer muß mit der **eurocheque-Kartennummer** übereinstimmen

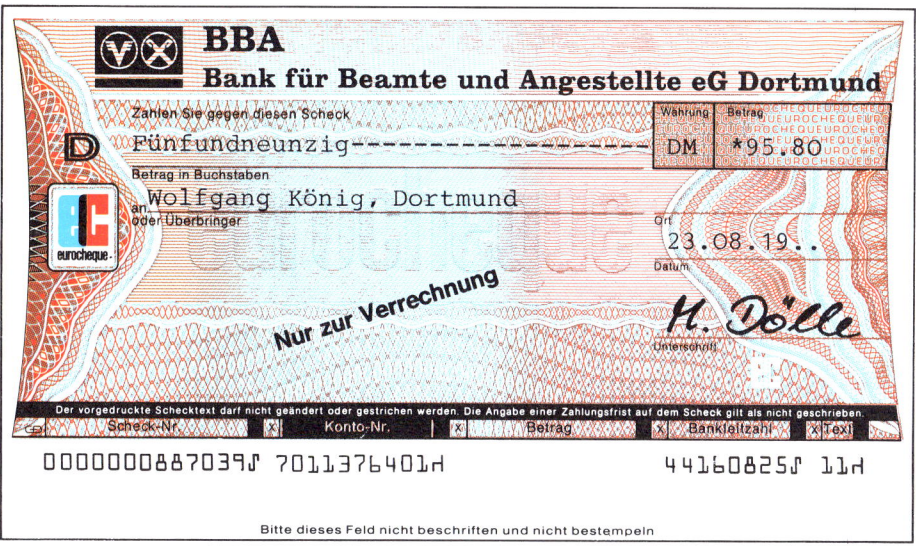

Neben dieser hinsichtlich Untergrund und Gestaltung bei allen Instituten **einheitlichen ec-Karte**, die auf der Vorderseite

– das ec-Zeichen,
– den Namen des herausgebenden Geldinstituts,
– das Beethoven-Hologramm,
– die Gültigkeitsdauer im Hologramm und im Unterschriftsstreifen sowie
– die Unterschrift, die Konto- und die ec-Karten-Nummer des Kunden

aufweist, sind im bargeldlosen Zahlungsverkehr auch **ec-Karten im Institutsdesign** gebräuchlich. Diese neue ec-Karte hat rechts ein einheitliches Feld mit dem ec-Zeichen sowie dem Beethoven-Hologramm mit der Gültigkeitsdauer und der Landkarte von Europa. Die übrige Fläche, auf der der Name des Geldinstituts, der des Kunden, die Konto- sowie die ec-Karten-Nummer stehen, kann von jedem Geldinstitut individuell gestaltet sein. Der Unterschriftstreifen mit der Gültigkeitsdauer ist auf der Rückseite der ec-Karte angebracht.

▶ **Postbank Scheck**

Genau wie Schecks der Geldinstitute lassen sich auch Schecks der Postbank als Verrechnungsschecks ausstellen.

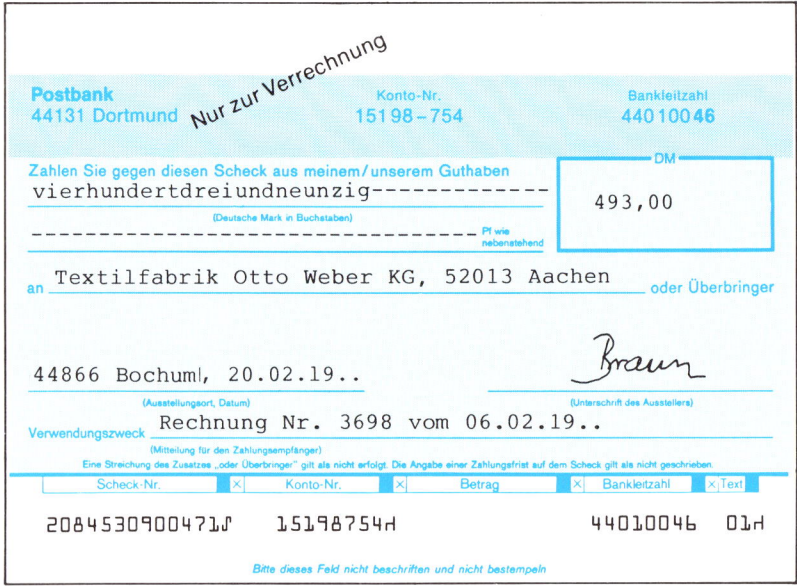

▶ **Zahlungsanweisung zur Verrechnung der Postbank**

Zahlungsanweisungen zur Verrechnung sind für Zahlungen an solche Empfänger bestimmt, deren Kontoverbindung nicht bekannt ist. Der Empfänger kann den Betrag seinem Girokonto bei der Postbank oder einem Kreditinstitut gutschreiben lassen. Darüber hinaus kann er sich die Summe der Zahlungsanweisung am Postschalter gegen Gebühr auszahlen lassen.

Frau Irmina Sonntag erhält von ihrer privaten Krankenversicherung eine Prämienrückvergütung für das letzte Jahr, da sie die Versicherung nicht in Anspruch genommen hat.

162

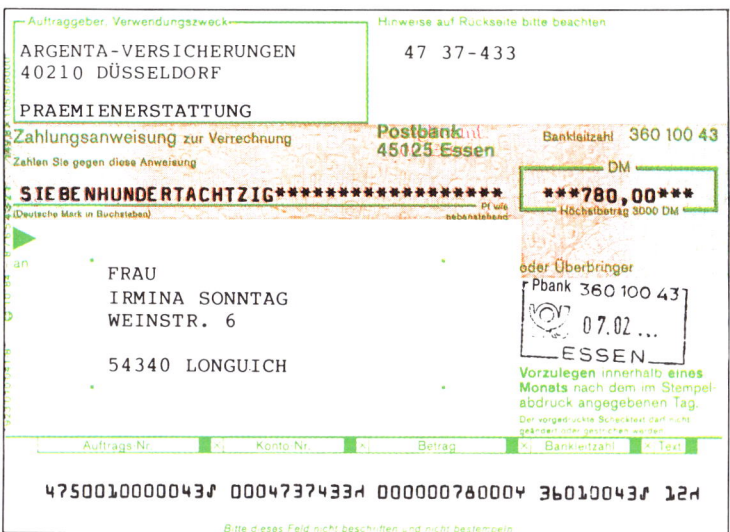

▶ Vorlagefristen für Schecks

Schecks sollen nur als Zahlungs- und nicht als Kreditmittel verwendet werden. Deshalb sind zu ihrer Vorlage bestimmte Fristen einzuhalten, die für in Deutschland zahlbare Schecks bestimmt sind (Art. 29 ScheckG), und zwar auf:

– 8 Tage, wenn der Scheck im Inland ausgestellt ist,
– 20 Tage für im europäischen Ausland ausgestellte Schecks,
– 70 Tage bei Ausstellung in einem anderen Erdteil.

▶ Scheckeinreichung

Will die Einzelhandelsunternehmung die ihr von Kunden ausgestellten Schecks ihrem Geldinstitut oder der Niederlassung der Postbank zur Einlösung einreichen, wird sie neben den Einzelschecks ein Scheckeinreichungsformular ausgefüllt vorlegen. Darin werden die bezogenen Geldinstitute, die Scheckaussteller, die Schecknummern, die einzelnen Scheckbeträge und der Gesamtbetrag aller eingereichten Schecks aufgeführt.

Scheckeinreichung

Beleg für die Bank

BBA
Bank für Beamte und Angestellte eG Dortmund

Sie erhalten die genannten Schecks zum Einzug E. v.

Scheck-Nr.	Aussteller Name oder Konto-Nr.	Name und Ort der bezogenen Bank oder Bankleitzahl	DM
701206724	165215896	Commerzbank Hagen	267.50
152593653	162849657	Dresdner Bank Köln	562.70
184687997	473894756	Volksbank Dortmund	558.20
427894639	273749739	Deutsche Bank Essen	285.80

Konto-Nr.	Kontoinhaber	Stück	Valuta	DM
7011376401	Dr. Bendmann	4		1.674.20

Bank für Beamte und Angestellte eG

27.3.19.. *Dr. Bendmann*
Datum, Unterschrift des Einreichers

408204 *dgverlag* 24

163

3.3.3 Sonderformen der bargeldlosen Zahlung

Im elektronischen Zahlungsverkehr der Bundesrepublik Deutschland gewinnt das **„Plastikgeld"** zunehmend an Bedeutung. Der Inhaber einer entsprechenden Plastikkarte, etwa die

- eines **Geldinstituts** (z.B. eurocheque-Karte einer Bank oder Sparkasse in Verbindung mit dem eurocheque-Formular),
- einer bestimmten **Unternehmung** (z.B. Hertie, IKEA, Europcar) oder
- einer **Kreditkartenorganisation** (z.B. American Express, Eurocard oder Visa)

kann **bargeldlos** Waren und Dienstleistungen bezahlen.

Ein Verkäufer, der die Plastikkarte seines Kunden akzeptiert, geht bei einer solchen bargeldlosen Zahlung des vereinbarten Kaufpreises durch den Kunden in der Regel kein Risiko ein, da die vorgelegte Plastikkarte glaubwürdig dessen Kreditwürdigkeit belegt. Abrechnung und Bezahlung der Waren oder Dienstleistungen erfolgen erst nachträglich durch ein Geldinstitut bzw. eine Kreditkartenorganisation, wobei unter Einschaltung eines oder mehrerer Gironetze schließlich das Konto des Kunden mit dem kreditierten Kaufpreis belastet wird.

▶ **Scheckkarten**

In Verbindung mit dem eurocheque-Formular zählt die **eurocheque-Karte** zu den verbreitetsten Plastikkarten, mit denen Kunden bargeldlos ihre Einkäufe tätigen können (vgl. S. 161 f.). Bei elektronischen Kassen (Kassenterminals) übernimmt das Kassensystem das Ausfüllen des Scheckformulars, so daß der Kunde nur noch seine Unterschrift zu leisten hat. Durch Vorlage der gültigen eurocheque-Karte belegt er seine Kreditwürdigkeit in Höhe von bis zu 400 DM je eingereichtem Scheck. Diese begrenzte Scheckgarantie durch das bezogene Geldinstitut gilt für die in Europa und in den an das Mittelmeer grenzenden Staaten ausgestellten Schecks (bzw. bis zu dem in dem jeweiligen Land geltenden ec-Garantiehöchstbetrag).

▶ **Kundenkreditkarten**

Bei den Kundenkreditkarten (vgl. S. 189 f.) gewährt eine bestimmte Unternehmung in Zusammenarbeit mit einem Geldinstitut ihren Kunden einen Kredit bis zu einer vorher vereinbarten Höchstgrenze. Da eine Kundenkreditkarte jedoch nur im Bereich der ausgebenden Unternehmung zum bargeldlosen Einkauf berechtigt, stellt diese Karte eher ein Instrument zur Förderung des Absatzes dar.

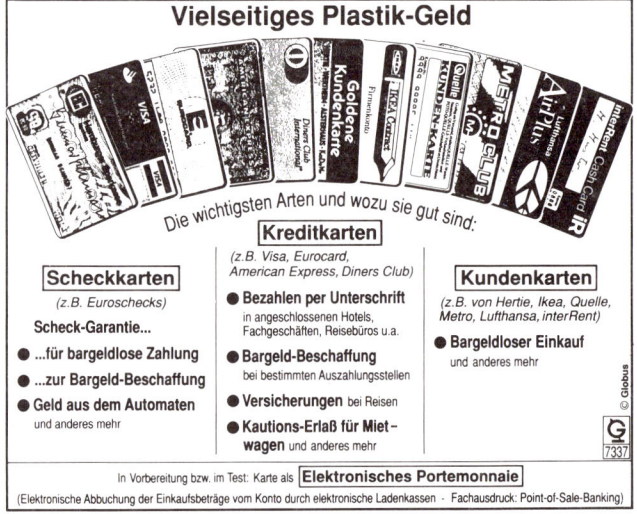

Kundenkreditkarten werden z.B. von folgenden Unternehmungen ausgegeben:

- **Goldende Kundenkarte:** Hertie, Wertheim, Alsterhaus, KaDeWe;
- **IKEA Contract:** IKEA;
- **Cash Card:** Europcar.

▶ **Internationale Kreditkarten**

Die internationalen Kreditkarten stellen im modernen Zahlungsverkehr ein neues Dienstleistungsgeschäft dar. Ein Karteninhaber kann nicht nur in der Bundesrepublik Deutschland und in Europa, sondern auch im außereuropäischen Ausland in den angeschlossenen Unternehmungen (Vertragsunternehmungen der Kreditkartenorganisation) bargeldlos einkaufen bzw. Hotel- und Gastronomierechnungen bezahlen, Autos mieten oder Reisen buchen. Darüber hinaus bieten die auf dem deutschen Markt gebräuchlichsten Kreditkarten

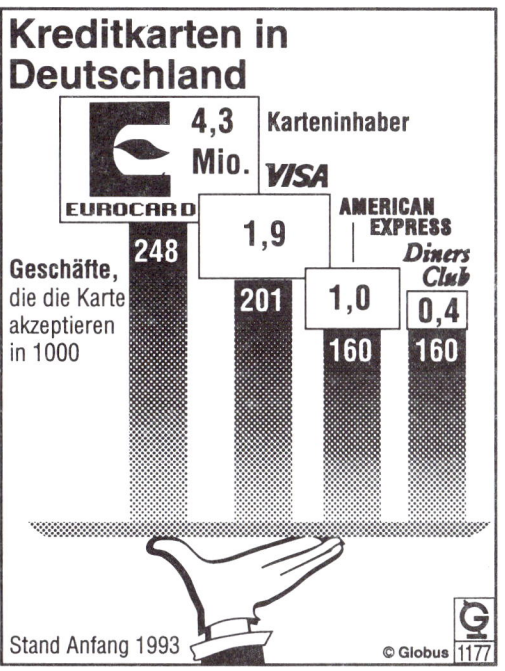

- **Eurocard,**
- **American Express,**
- **Diners Club,**
- **Visa**

ihrem Inhaber häufig auch weitere Dienstleistungen an (z.B. Beschaffung von Bargeld im In- und Ausland, zusätzliche Unfallversicherung bei Reisen, die per Kreditkarte bezahlt worden sind). Kartenorganisationen geben auf Antrag nur an solche Bewerber Kreditkarten aus, die über ein gewisses Mindestjahreseinkommen verfügen bzw. deren Bonität und Seriosität einwandfrei sind.

Claudia Müller will ihre Verbindlichkeit aus einem Kaufvertrag gegenüber dem Einzelhändler Kurt Herzog bargeldlos per Kreditkarte begleichen. Der Einzelhändler hat einen Vertrag mit der entsprechenden Kreditkartenorganisation abgeschlossen.

Frau Müller legt die von der Kartenorganisation auf ihren Namen ausgestellte Kreditkarte dem Händler vor. Dieser wird die geprüfte Kreditkarte (Gültigkeit, Sperre ggf. Limit) in den Imprinter (Abdruckmaschine) legen. Mittels dieser Abdruckmaschine werden sowohl die auf der Kreditkarte eingeprägten Daten (Name des Karteninhabers, Gültigkeitsdauer, Kartennummer) als auch die Angaben über die Vertragsunternehmung auf den Leistungsbeleg übertragen. Dieser Leistungsbeleg ist ein aus drei gleichen Ausfertigungen bestehender Formularsatz, der im Kreditkartenverfahren eingesetzt wird. Der Leistungsbeleg mit dem aufgedruckten Rechnungsbetrag und -datum wird dann der Karteninhaberin zur Unterschrift vorgelegt. Je nach Kreditkarte wird der Händler einen Unterschriftenvergleich durchführen, bevor er der Kundin die Ware zusammen mit einer Ausfertigung des Formularsatzes aushändigt. Während eine weitere Ausfertigung des Leistungsbeleges bei der Vertragsunternehmung verbleibt, wird der Händler den dritten Beleg an die entsprechende Kreditkartenorganisation übersenden. Die Leistung des Händlers an die Karteninhaberin wird bezahlt, indem die Kreditkartenorganisation den auf dem Beleg angegebenen Rechnungsbetrag abzüglich einer vorher vereinbarten Gebühr dem Konto des Händlers gutschreibt. Je nach Vertragsbedingungen rechnet dann die Kreditkartenorganisation mit der Kreditkarteninhaberin (z.B. monatlich) ab. Dazu wird der volle Rechnungsbetrag des von der Karteninhaber unterschriebenen Leistungsbeleges von ihrem Konto z.B. durch Lastschriftverfahren eingezogen. Die Karteninhaberin kann aber auch ihre Verbindlichkeiten gegenüber der Kreditkartenorganisation nach Erhalt der Monatsrechnung überweisen.

▶ Electronic cash

Derzeit wird im Zusammenhang mit Warenwirtschaftssystemen (vgl. S. 266 ff.) und elektronischen Kassen (Kassenterminals, vgl. S. 218 f.) die Einführung einer neuen Zahlungsart im Handel erprobt, das **„Electronic cash".** Darunter versteht man ein Verfahren der bargeldlosen Zahlung von Waren und Dienstleistungen im Einzelhandel, bei dem ein Kunde – etwa mittels seiner eurocheque-Karte – „elektronisch" bezahlt, d.h. also, daß mit diesen Kassenterminals eine Zahlung mit direkter Buchung bei Kreditinstituten möglich ist. Der Umgang mit Bargeld entfällt, ebenso das Ausstellen von Schecks.

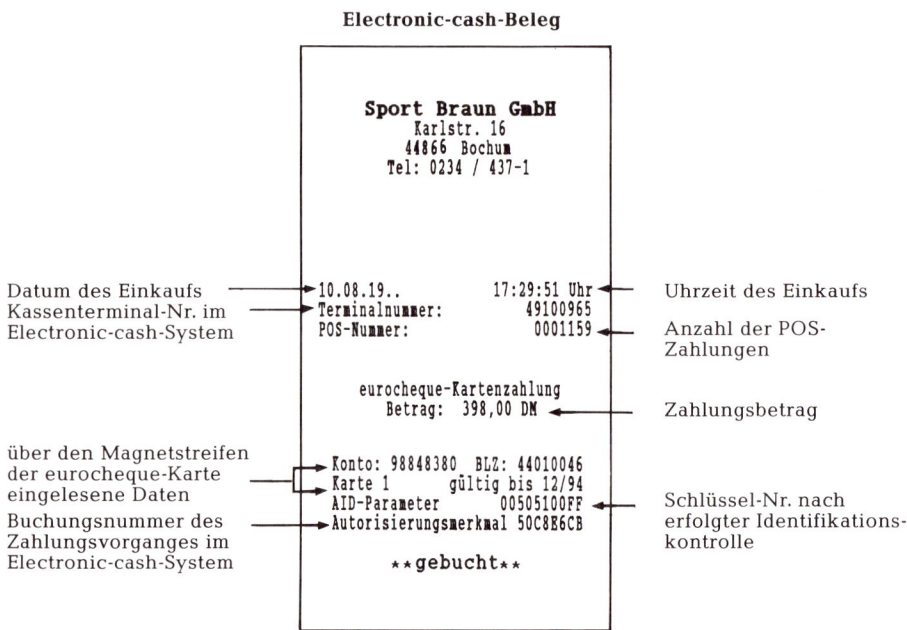

Electronic-cash-Beleg

Nach der maschinellen Erfassung der Kassierdaten (z.B. durch einen Scanner, vgl. S. 222 f.) ermittelt die elektronische Datenkasse den Rechnungsbetrag. Mit Hilfe eines an dieses Kassenterminal angeschlossenen Zusatzgerätes werden die auf dem Magnetstreifen der Plastikkarte enthaltenen Daten des Kunden (Kontonummer und Bankleitzahl) in das System eingelesen. Der Kunde tippt dann über die Tastatur des Zusatzgerätes seine persönliche Geheimnummer ein, die ihn als berechtigten Benutzer der Plastikkarte ausweist. Nachdem die Geheimnummer elektronisch geprüft worden ist und das Konto des Kunden eine entsprechende Deckung aufweist –

die Rechnerzentrale zeigt „grünes Licht" –, wird der Rechnungsbetrag automatisch vom Bankkonto des Kunden auf das Händlerkonto umgebucht. Der Kunde erhält dann die von ihm gekaufte Ware zusammen mit einem Bon über den getätigten Einkauf.

Trotz einiger Probleme (im technischen Bereich, auf der Kostenseite) darf damit gerechnet werden, daß große Supermärkte und Discounter im Lebensmitteleinzelhandel sowie größere Waren- und Kaufhäuser diese Datenkassen mit angeschlossenem POS-Terminal einsetzen werden.

3.3.4 Vorteile des bargeldlosen Zahlungsverkehrs

Durch die Teilnahme am bargeldlosen Zahlungsverkehr wird die **Sicherheit** und **Bequemlichkeit** von Zahlungsvorgängen erhöht.

Durch die Zahlung mit Überweisung oder Verrechnungsscheck entfällt die Gefahr des Verlierens von Bargeld bzw. des Diebstahls.

Geldschulden sind Bringschulden, d.h., der Schuldner ist verpflichtet, dem Gläubiger das Geld zu übergeben. Beauftragt der Zahlungspflichtige hierzu die Postbank bzw. ein Kreditinstitut, so haftet er zwar weiterhin für den Zugang des Geldes, kann aber von dem entsprechenden Institut Ersatz seines Schadens verlangen, falls der Geldbetrag dem Konto des Empfängers nicht gutgeschrieben wurde.

Durch die Einrichtung von **Daueraufträgen und Lastschriftverfahren** entfällt für den Zahlungspflichtigen die Notwendigkeit, jeden einzelnen Zahlungsvorgang gesondert zu veranlassen. Verrechnungsschecks und Überweisungen können zur Bearbeitung versandt werden.

Aus banktechnischen Abrechnungsgründen ist die bargeldlose Zahlung in der Regel um einen Tag **schneller** als die Barzahlung oder die halbbare Zahlung. Zudem ist die Buchung zwischen Konten im Rahmen der bargeldlosen Zahlung **kostengünstiger** als etwa die Bareinzahlung auf ein Konto, um eine Zahlungsverpflichtung im Rahmen des halbbaren Zahlungsverkehrs zu erfüllen. So kostet bei Banken und Sparkassen ein Buchungsvorgang

- im **bargeldlosen Zahlungsverkehr** durchschnittlich 0,50 DM,
- im **halbbaren Zahlungsverkehr** bei Bareinzahlung zugunsten Dritter durchschnittlich
  - 3 DM, wenn der Zahlungsempfänger sein Konto bei dem Kreditinstitut hat, bei dem der Zahlungspflichtige bar einzahlt;
  - 5 DM, wenn der Zahlungsempfänger sein Konto bei einem anderen Kreditinstitut hat, so daß für die Gutschrift ein oder mehrere Gironetze eingeschaltet werden müssen.

Im Einzelfall gibt die jeweilige Gebührenübersicht, die im Kassenraum zur Einsicht aushängt, Auskunft über die Kosten des halbbaren und bargeldlosen Zahlungsverkehrs.

Zusammenfassung

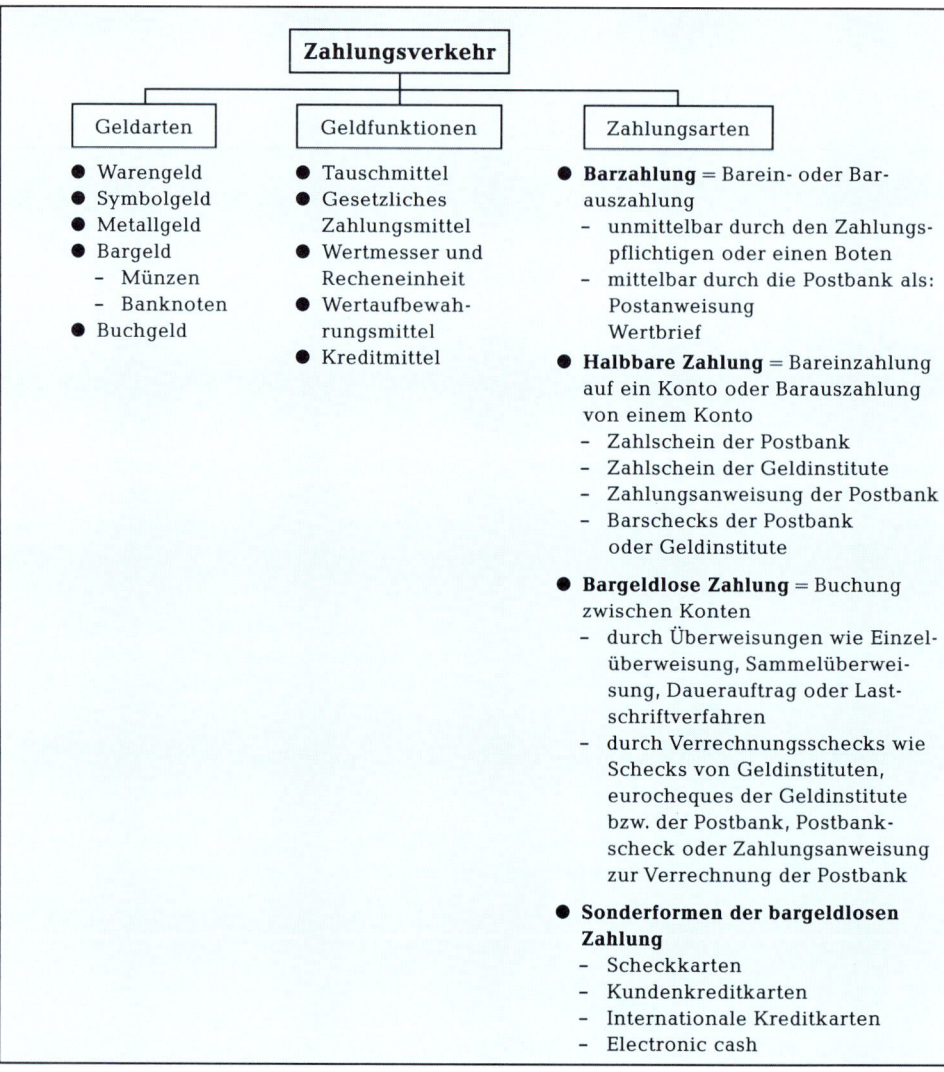

Zahlungsverkehr

| Geldarten | Geldfunktionen | Zahlungsarten |

Geldarten
- Warengeld
- Symbolgeld
- Metallgeld
- Bargeld
  - Münzen
  - Banknoten
- Buchgeld

Geldfunktionen
- Tauschmittel
- Gesetzliches Zahlungsmittel
- Wertmesser und Recheneinheit
- Wertaufbewahrungsmittel
- Kreditmittel

Zahlungsarten
- **Barzahlung** = Barein- oder Barauszahlung
  - unmittelbar durch den Zahlungspflichtigen oder einen Boten
  - mittelbar durch die Postbank als: Postanweisung Wertbrief
- **Halbbare Zahlung** = Bareinzahlung auf ein Konto oder Barauszahlung von einem Konto
  - Zahlschein der Postbank
  - Zahlschein der Geldinstitute
  - Zahlungsanweisung der Postbank
  - Barschecks der Postbank oder Geldinstitute
- **Bargeldlose Zahlung** = Buchung zwischen Konten
  - durch Überweisungen wie Einzelüberweisung, Sammelüberweisung, Dauerauftrag oder Lastschriftverfahren
  - durch Verrechnungsschecks wie Schecks von Geldinstituten, eurocheques der Geldinstitute bzw. der Postbank, Postbankscheck oder Zahlungsanweisung zur Verrechnung der Postbank
- **Sonderformen der bargeldlosen Zahlung**
  - Scheckkarten
  - Kundenkreditkarten
  - Internationale Kreditkarten
  - Electronic cash

Aufgaben

(1) Erläutern Sie den Unterschied zwischen Kurant- und Scheidegeld!

(2) Welche Funktionen kann Geld erfüllen?

(3) Welche Angaben sollten auf einer Quittung enthalten sein, bzw. welche Belege gelten im Einzelhandel als Zahlungsbestätigung?

(4) Beschreiben Sie die Zahlungsarten der mittelbaren Barzahlung!

(5) Worin unterscheiden sich Zahlschein der Postbank und Postanweisung?

168

(6) An welche Voraussetzungen ist die Teilnahme am halbbaren bzw. bargeldlosen Zahlungsverkehr gebunden?

(7) Füllen Sie für einen Zahlungsvorgang in Ihrem Ausbildungsbetrieb einen Zahlschein der Postbank aus!

(8) Erläutern Sie den Stellenwert des Barschecks für den Zahlungsverkehr!

(9) Welche Sicherungsmöglichkeiten für Barschecks sollte man stets beachten?

(10) Unterscheiden Sie halbbare und bargeldlose Zahlung!

(11) Welche Vorteile bietet der bargeldlose Zahlungsverkehr?

(12) In welchen Fällen würden Sie Überweisungen durch Dauerauftrag oder durch Lastschriftverfahren vornehmen?

(13) Worin liegen wesentliche Unterschiede zwischen Abbuchungsauftrag und Einzugsermächtigung?

(14) Grenzen Sie die gesetzlichen Bestandteile eines Schecks gegenüber den kaufmännischen Bestandteilen ab!

(15) Wie wird ein Barscheck zum Verrechnungsscheck?

(16) Was sollte derjenige, der einen eurocheque als Zahlung annimmt, stets überprüfen?

(17) Welche Zahlungsart würden Sie in folgenden Geschäftsvorfällen wählen? Begründen Sie Ihre Meinung!

    a) Vier zum 15. 11. 19. . fällige Rechnungen gegenüber verschiedenen Lieferanten;

    b) Leasingraten für das Fotokopiergerät;

    c) Reisekostenvergütung für die Dienstreise des Prokuristen;

    d) Zahlung einer Lieferantenrechnung in Höhe von 35 860 DM unter Skontoausnutzung, bei der der zuständige Sachbearbeiter irrtümlich den Zahlungstermin übersehen hat;

    e) Zahlung der Versicherungsprämie für Feuer und Diebstahl;

    f) Jubiläumszuwendung für eine langjährige Mitarbeiterin;

    g) Lohnsteuer und Sozialversicherungsbeiträge für die Beschäftigten;

    h) monatliche Rechnung der Vertragstankstelle;

    i) monatliche Fernmelderechnung der Telekom.

(18) Wodurch unterscheidet sich der zur Verrechnung ausgestellte Postbank Scheck von der Zahlungsanweisung zur Verrechnung?

(19) Beschreiben Sie die gebräuchlichen Sonderformen der bargeldlosen Zahlung!

(20) Erläutern Sie am Beispiel Ihres Ausbildungsbetriebes die Bedeutung des „Plastikgeldes"!

(21) Stellen Sie den typischen Ablauf eines elektronischen Zahlungsvorganges (Electronic cash) dar!

Das Lager

1 Bedeutung der Lagerhaltung

▶ **Ziele der Lagerhaltung**

Für die Einzelhandelsunternehmung ist es unerläßlich, Waren kurz-, mittel- oder auch langfristig aufbewahren zu können, um stets verkaufsbereit zu sein. Die Beschaffung benötigter Artikel wird zeitlich und mengenmäßig in der Regel jedoch nicht so durchführbar sein, daß der Weiterverkauf augenblicklich nach Anlieferung erfolgen kann. Die **Ausgleichsfunktion** zwischen Beschaffung und Absatz übernimmt das Lager. Ähnlich wie eine Talsperre sorgt es dafür, daß Nachfrageschwankungen überbrückt werden können.

Eine sinnvolle Lagerhaltung bietet der Einzelhandelsunternehmung demnach wesentliche **Vorteile**:
– den Kunden kann ein vollständiges Warensortiment vorgestellt werden,
– die Liefer- und Verkaufsbereitschaft bleibt gewährleistet,
– der Ausgleich zwischen Warenbeschaffung und Warenabsatz wird sichergestellt.

Darüber hinaus können:
– Preisvorteile beim Bezug von Waren genutzt werden (Mengenrabatte, Senkung der Versandkosten)
– besonders günstige Angebote der Lieferanten in Anspruch genommen werden (Gelegenheitseinkäufe)

▶ **Arten des Lagers**

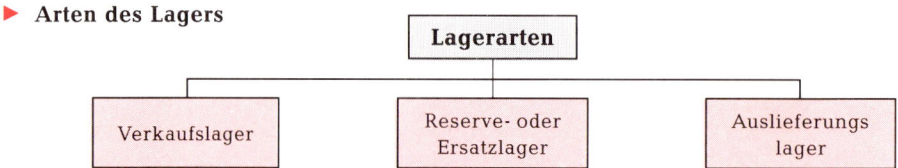

● **Verkaufslager**

In den Verkaufsräumen kleinerer Einzelhandelsgeschäfte kann das gesamte Warensortiment verkaufsbereit zur Verfügung stehen. Eine zusätzliche Lagerhaltung entfällt aus Platzgründen oder weil die Nachfrage relativ einheitlich und überschaubar ist.

● **Reserve- oder Ersatzlager**

Größere Unternehmungen benötigen in jedem Fall ein zusätzliches Reserve- oder Ersatzlager. Waren, die im Verkaufsraum noch in ausreichender Menge ausliegen bzw. solche, die noch zum Verkauf vorbereitet werden müssen (auspacken, prüfen, auszeichnen), werden hier bereitgehalten. Das Reservelager sollte sich möglichst nahe an den Verkaufsräumen befinden, damit ein rasches Auffüllen benötigter Artikel möglich ist.

● **Auslieferungslager**

Darüber hinaus werden in einigen Branchen Auslieferungslager an verschiedenen Orten eingerichtet, um eine rasche Belieferung der Abnehmer zu gewährleisten (z.B. im Möbelhandel).

2 Lagereinrichtung

▶ **Lagergröße**

Die Größe des Lagers richtet sich danach:

- **welche Warenart** bereitgehalten werden soll (Schmuck, Bekleidung oder Möbel)
- **wieviel Artikel** im Durchschnitt umgesetzt werden (5 oder 20 Fernsehgeräte pro Tag)
- **wieviel Zeit** benötigt wird, um die Waren zu beschaffen (Lieferzeit 2 Tage oder 4 Wochen)

▶ **Erreichbarkeit der Waren**

Die übersichtliche Anordnung der Waren im Lager ermöglicht ein reibungsloses und gefahrloses Arbeiten. Bei der Einrichtung und Kontrolle des Lagerraumes sollte daher darauf geachtet werden, daß Durchgänge ausreichend breit und nicht zugestellt sind. Jeder Warenart ist eine bestimmte Lagerstelle zuzuordnen, die für das Personal aus einem Lagerplan ersichtlich sein muß.

▶ **Lagerausstattung**

Regale, Schränke und Ständer ermöglichen je nach Warenart ein ordnungsgemäßes Lagern der Güter. Lichtschutzeinrichtungen, Kühl- und Klimaanlagen schützen vor Qualitätsverlusten. Gabelstapler, Aufzüge, Paletten, Transportbänder und Kräne dienen der sachgemäßen Beförderung innerhalb der Lagerräume. Alarmanlagen, Feuerlöscheinrichtungen und besonders zu verschließende Behältnisse sichern die lagernden Waren. Packtische, Waagen, Zählautomaten und Meßlatten ermöglichen eine Kontrolle und sachgemäße Verkaufsvorbereitung.

3 Arbeiten im Lager

Da der Lagerbestand einen erheblichen Wert für die Einzelhandelsunternehmung darstellt, ist der Überwachung und Pflege der Ware besondere Aufmerksamkeit zu widmen.

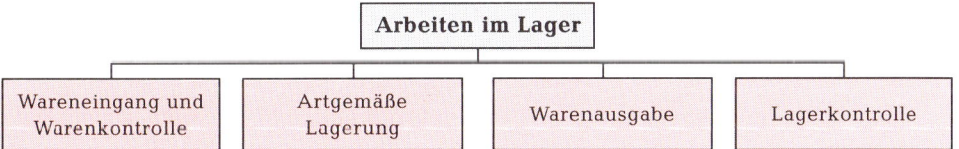

3.1 Wareneingang und Warenkontrolle

Bei Lieferung einer bestellten Warensendung wird deren Ordnungsmäßigkeit überprüft. Erst danach kann die Ware endgültig angenommen und die Rechnung beglichen werden.

▶ **Adresse, Stückzahl und Verpackung**

Beim Wareneingang sind die Adresse und die Anzahl der gelieferten Versandstücke zu kontrollieren und mit den Begleitpapieren (Lieferschein, Frachtbrief, Expreß- oder Paketkarte) zu vergleichen. Werden Unstimmigkeiten in der gelieferten Stückzahl festgestellt oder ist die Verpackung beschädigt, wird ein entsprechender Vermerk in den Begleitpapieren angebracht und vom Transporteur (Fahrer des Lieferanten,

Beauftragter der Bundespost oder der Deutschen Bahn AG, Spediteur) bestätigt. Damit wird sichergestellt, daß:

- die fehlenden Stücke nachgeliefert werden müssen,
- bei einer später festgestellten – aufgrund der Verpackungsbeschädigung eingetretenen – Warenbeeinträchtigung eine Reklamation erfolgreich durchgesetzt werden kann.

Ist die Warenlieferung nicht für den Einzelhändler bestimmt oder liegen erhebliche Schäden an der Verpackung vor bzw. lehnt der Transporteur die Bestätigung des Mangels ab, sollte die Annahme der Sendung verweigert werden.

Erst wenn sichergestellt ist, daß die Lieferung äußerlich nicht zu beanstanden ist, wird der Einzelhändler die Sendung quittieren.

▶ **Fehler in der Menge, Art, Güte und Beschaffenheit der Ware**

Die Warenlieferung durch den Hersteller oder Großhändler stellt für den Einzelhändler einen zweiseitigen Handelskauf dar. Damit ist er verpflichtet, die Waren unverzüglich auf Fehler zu untersuchen. Stimmt die Menge, Güte, Art oder Beschaffenheit nicht mit der Bestellung überein, wird umgehend eine schriftliche Mitteilung an den entsprechenden Lieferanten veranlaßt (§§ 377, 378 HGB).

Ist die Ware hingegen einwandfrei, wird sie in das Lager aufgenommen und dort eingeordnet. Der Neuzugang wird im Wareneingangsbuch bzw. in der Lagerkartei erfaßt.

3.2 Artgemäße Lagerung

Die artgemäße, d. h. auf die jeweilige Beschaffenheit der Ware abgestimmte Lagerung ist Voraussetzung dafür, daß Artikel ohne Qualitätsverlust über längere Zeit aufbewahrt werden können.

Je nach Warenart sind folgende Einflüsse auszuschließen:

- **Wärme** (z. B. bei Lebensmitteln, Süßigkeiten, Wein)
- **Feuchtigkeit** (z. B. bei Möbeln, Bekleidung, Papierwaren)
- **Trockenheit** (z. B. bei Wolle, Tabakwaren)
- **Licht** (z. B. bei Stoffen, Büchern, Farben)
- **Geruchsübertragung auf andere Waren** (z. B. durch Fisch, Käse, Parfümerieartikel)

Voraussetzung für eine der Warenart entsprechende Lagerung ist, daß das Lager und seine Einrichtungen ständig gepflegt und auf Funktionstauglichkeit überprüft werden.

3.3 Warenausgabe

Zu den Aufgaben der Lagerhaltung gehört es ferner, dafür Sorge zu tragen, daß die Waren bei Anforderung unverzüglich und reibungslos in den Verkaufsraum übernommen werden können.

▶ **Sicherstellung der Verkaufsbereitschaft**

Häufig ist es sinnvoll, die Preisauszeichnung bereits im Lager durchzuführen. Zudem müssen die Waren ausgepackt und eventuell gesäubert bzw. zusammengesetzt werden (Gartengeräte, Möbel, Haushaltgeräte).

▶ **Ausgabebuchung**

Die Ausgabe der Waren ist schriftlich festzuhalten. Wie der Eingang von Waren wird auch der Abgang in der Lagerkartei vermerkt. Damit wird eine fortlaufende Kontrolle des Lagerbestandes ermöglicht.

3.4 Lagerkontrolle

Die Lagerkontrolle in der Einzelhandelsunternehmung umfaßt Maßnahmen der qualitäts-, mengen- und wertmäßigen Überprüfung. Es muß stets bekannt sein, in welchem Umfang sich der Lagerbestand durch Verkäufe, Verderb, Schwund oder Diebstahl verringert hat.

Um sicherzustellen, daß die Waren auch durch längere Lagerung nicht an Qualität verlieren, sind ständige Stichproben erforderlich.

- – Verderblichkeit von Lebensmitteln
- – Farbverluste bei Textilien
- – Korrosion bei Eisen- und Stahlwaren

Um Angaben über die Mengenbestände und deren Wert zu erhalten, ist der Anfangsbestand des Lagers mit den Zu- und Abgängen zu verrechnen. Dabei wird gleichzeitig deutlich, welche Artikel des Sortiments in ungenügendem Umfang nachgefragt und daher aus dem Angebot herausgenommen werden sollten (Ladenhüter).

Dem Einzelhändler stehen zur Mengen- und Wertkontrolle der Lagerbestände verschiedene Ermittlungsverfahren zur Verfügung:

- – laufende Lagerkontrolle
- – Inventur und Inventar
- – Lagerhaltungskennzahlen

▶ **Laufende Lagerkontrolle**

Aus der Lagerkontrollkarte geht der jeweils aktuelle Bestand eines Artikels hervor. Zugänge und Abgänge werden kontinuierlich vermerkt.

Artikel: Handtaschen   Art.-Nr. 387431

Meldebestand: 25   Mindestbestand: 5   Karte Nr.

Dat.	Zugang	Abgang	Bestand	Beleg	Dat.	Zugang	Abgang	Bestand	Beleg	Dat.	Zugang	Abgang	Bestand	Beleg
02.01.			39											
08.01.		14	25											
12.01.	35	20	40											
20.01.		4	36											
26.01.		12	24											
05.02.	36	20	40											

▶ **Inventur und Inventar**

Die **Inventur** ist eine mengen- und wertmäßige Bestandsaufnahme, die der Einzelhändler für jedes Geschäftsjahr durchzuführen hat (§ 240 HGB). Durch Zählen, Messen, Wiegen und Schätzen wird der tatsächliche Bestand **(Ist-Menge)** eines jeden Artikels erfaßt und auf einem Inventurzählzettel festgehalten. Häufig ergeben sich durch Schwund, Diebstahl, Verderb, fehlerhafte Eintragungen in der Lagerkartei oder unkorrekte Inventuraufnahme Abweichungen zu dem Warenbestand, der laut Lagerkartei vorhanden sein müßte **(Soll-Menge)**.

Auszug aus einer Inventurliste eines Haushalts- und Eisenwarengeschäftes

Inventur Bestandsaufnahme am ___02.01.19..___   Blatt-Nr. __13__

Lagerstelle / Abteilung _____   Kostenstelle

Artikelgruppe __Eisenwaren__

Gegenstand	Lager-Nr Bestell-Nr	Menge	Einheit kg Stück usw.			Inventurwert einzeln	Inventurwert gesamt	Bemerkunge
1 Harken	642323	10	Stck.					
2 Schaufeln	673485	20	Stck.					
3 Spaten	724217	20	Stck.					
4 Maschendraht	382415	98	m					
5 Pappnägel	427710	20	kg					
6 Kupferkabel 3-adrig	583224	524	m					
7 Schrauben M 6 x 60	653213	10,4	kg					
8 Maurerhammer	387554	25	Stck.					
9 Kreuzschraubenzieher	323810	17	Stck.					
10								

Die einzelnen Artikel werden mit den entsprechenden Preisen zu einer Vermögensübersicht aufaddiert.

Durch die Inventur werden jedoch nicht nur die mit Einstandspreisen versehenen Vermögenswerte eines Einzelhändlers (z.B. Warenbestände, Lager- und Ladeneinrichtung, Fahrzeuge) ermittelt, sondern auch alle Schulden, wie z.B. Warenverbindlichkeiten und Darlehen.

Die durch die Inventur festgestellten Vermögensteile und Schulden werden abschließend in einem besonderen Bestandsverzeichnis, dem **Inventar**, in folgender Gliederung ausgewiesen:

A. Vermögensteile

    I.   Anlagevermögen (z.B. Gebäude)
    II. Umlaufvermögen (z.B. Waren)

B. Schulden

    I.   Langfristige Verbindlichkeiten (z.B. Hypotheken)
    II. Kurzfristige Verbindlichkeiten (z.B. Schulden bei Lieferanten)

C. Reinvermögen (Eigenkapital)

$$A ./. B = C$$

Das Inventar muß mit Ort und Datum versehen und vom Inhaber der Einzelhandelsunternehmung **eigenhändig** unterschrieben werden (§ 245 HGB). Die Inventarverzeichnisse sind mindestens zehn Jahre lang aufzubewahren (§ 257 HGB).

▶ **Lagerhaltungskennzahlen**

Für den Einzelhändler ist es notwendig, soviel Waren am Lager zu halten, daß er stets liefer- und verkaufsbereit bleibt. Zu **große Lagerbestände** bergen vielfältige Risiken. Sie erhöhen die Lagerhaltungskosten, entziehen der Unternehmung finanzielle Mittel, die anderweitig besser einzusetzen wären, und erhöhen die Gefahr des Verderbs, des Diebstahls oder der Beschädigung, bewirken Verluste durch Veralterung bzw. notwendige Preissenkungen der gelagerten Ware.

Zu **geringe Lagermengen** können überhastete und teure Bestellungen erforderlich machen. Daher müssen die Lagerbestände und der Lagerumschlag wert- und zahlenmäßig ständig erfaßt und als aussagefähige Kennzahlen dargestellt werden.

● **Mindestbestand (eiserner Bestand)**

Zum Schutz vor unvorhersehbaren Ereignissen (Ausfall eines Lieferanten, plötzliche Mehrnachfrage nach bestimmten Artikeln) ist ein Mindestbestand notwendig, der dauernd am Lager gehalten werden muß.

● **Meldebestand**

Eine Bestellung hat so rechtzeitig zu erfolgen, daß eine Nachfrage jederzeit gedeckt werden kann, ohne den Mindestbestand anzugreifen. Der Meldebestand bestimmt daher den Bestellzeitpunkt für eine neue Warenlieferung.

Meldebestand = abgesetzte Menge während der Lieferzeit + Mindestbestand

Die abgesetzte Menge während der Lieferzeit wird durch den täglichen Verkauf und die Dauer bis zur Lieferung (in Tagen) bestimmt.

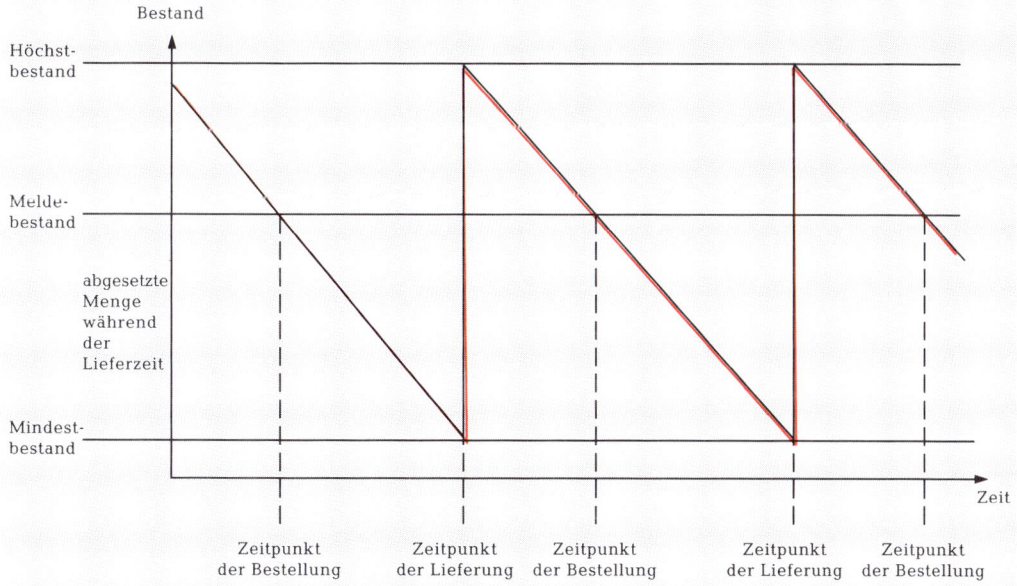

Ein Lederwareneinzelhändler muß zur Beschaffung einer bestimmten Sorte roter Damen-handtaschen mit einer Lieferzeit von 10 Tagen rechnen. Als Mindestbestand legt er auf-grund seiner langjährigen Erfahrung 5 Stück fest, als Höchstbestand 40. Zudem geht er von einem durchschnittlichen täglichen Absatz von 2 Stück aus.

Meldebestand = (2 x 10) + 5 = 25

Sind am Lager also nur noch 25 Handtaschen dieses Typs vorrätig, muß er soviel Stück ordern, daß der vorab festgelegte Höchstbestand bei Lieferung wieder erreicht wird.

> **Bestellmenge** = Höchstbestand ./. Mindestbestand + Menge, die beim Bestellzeit-punkt den Meldebestand unterschritten hat

Bestellmenge = 40 ./. 5 + 0 = 35

● **Höchstbestand**

Der Höchstbestand legt die maximale Menge an Waren fest, die am Lager vorrätig sein soll. Er wird jeweils nach Eintreffen der neuen Lieferung erreicht und hängt ab:

- vom Mindestbestand und der täglich abgesetzten Menge,
- von der Größe der Lagerfläche,
- von den finanziellen Möglichkeiten des Einzelhändlers,
- von der Art (Lagerfähigkeit) der Waren.

● **Durchschnittlicher Lagerbestand**

Diese Kennzahl gibt an, welche Warenbestände durchschnittlich während eines bestimmten Zeitabschnittes am Lager vorhanden sind.

> **Durchschnittlicher Lagerbestand pro Jahr** $= \dfrac{\text{Jahresanfangsbestand} + \text{Jahresendbestand}}{2}$

Jahresanfangs- und -endbestand werden durch die Inventur ermittelt.

> **Durchschnittlicher Lagerbestand pro Monat** $= \dfrac{\text{Monatsanfangsbestand} + \text{Monatsendbestand}}{2}$

Anfangsbestand Juni: 30 000 Stück
Endbestand Juni: 20 000 Stück

Durchschnittlicher Lagerbestand für Juni $= \dfrac{30\,000 + 20\,000}{2} = 25\,000$ Stück

Will man den durchschnittlichen Lagerbestand nicht für einen bestimmten Monat (etwa Juni) ermitteln, sondern den Durchschnittslagerbestand pro Monat auf das Jahr bezogen, gilt folgende Rechnung:

> **Durchschnittlicher Lagerbestand pro Monat auf das Jahr bezogen** $= \dfrac{\frac{1}{2}\text{Jahresanfangsbestand} + 11\,\text{Monatsbestände}}{12} + \dfrac{\frac{1}{2}\text{Jahresendbestand}}{12}$

Jahresanfangsbestand:		15 000 Stück
Jahresendbestand:		10 000 Stück
11 Monatsbestände:		131 500 Stück

$$\text{durchschnittlicher Lagerbestand pro Monat auf das Jahr bezogen} = \frac{7\,500 + 131\,500 + 5\,000}{12} = \underline{\underline{12\,000 \text{ Stück}}}$$

Monatsanfangs- und -endbestände werden durch die laufenden Buchungen in der Lagerkartei ermittelt.

● **Lagerumschlagshäufigkeit**

Mit dieser Kennzahl wird ausgedrückt, wie oft der durchschnittliche Lagerbestand das Lager pro Jahr verläßt.

$$\boxed{\textbf{Umschlagshäufigkeit} \quad = \quad \frac{\text{Wareneinsatz pro Jahr}}{\text{durchschnittlicher Lagerbestand pro Jahr}}}$$

Der Wareneinsatz ist der Wert der Waren zum Bezugspreis (Anschaffungspreis).

Will man die Umschlagshäufigkeit nur mengenmäßig ermitteln, gilt:

$$\boxed{\textbf{Umschlagshäufigkeit} \quad = \quad \frac{\text{Menge der abgesetzten Waren pro Jahr}}{\text{durchschnittlicher Lagerbestand pro Jahr}}}$$

- Wareneinsatz 400 000 DM; durchschnittlicher Lagerbestand 50 000 DM

$$\text{Umschlagshäufigkeit} \quad = \quad \frac{400\,000 \text{ DM}}{50\,000 \text{ DM}} = \underline{\underline{8}}$$

- Menge der abgesetzten Ware 100 000 Stück; durchschnittlicher Lagerbestand 10 000 Stück

$$\text{Umschlagshäufigkeit} \quad = \quad \frac{100\,000}{10\,000} = \underline{\underline{10}}$$

● **Durchschnittliche Lagerdauer**

Die Lagerdauer ist der Zeitraum zwischen Wareneingang und Warenausgang. Die durchschnittliche Lagerdauer kann errechnet werden aus:

$$\boxed{\textbf{Durchschnittliche Lagerdauer} \quad = \quad \frac{360 \text{ Tage}}{\text{Umschlagshäufigkeit}}}$$

Wareneinsatz 200 000 DM; durchschnittlicher Lagerbestand 40 000 DM

$$\text{Umschlagshäufigkeit} \quad = \quad \frac{200\,000}{40\,000} = 5$$

$$\text{Durchschnittliche Lagerdauer} \quad = \quad \frac{360 \text{ Tage}}{5} = \underline{\underline{72 \text{ Tage}}}$$

12 Käseborn/Siekerkötter – ISBN 3-8120-0081-4

3.5 Wirtschaftlichkeit der Lagerhaltung

Hauptziel der Lagerhaltung einer Einzelhandelsunternehmung ist es, die Liefer- und Verkaufsbereitschaft immer gewährleisten zu können. Würden dazu möglichst große Mengen der einzelnen Artikel in Reserve gehalten, wäre zwar die Lieferbereitschaft jederzeit gesichert, die Kosten der Lagerhaltung und damit auch der Preis pro Artikel würden allerdings unverhältnismäßig erhöht.

Zu den Lagerhaltungskosten zählen:

● **Kosten der Einrichtung und des Betriebes**

Wartung der Lagerausstattung, Abschreibung, Strom- und Heizungskosten, Zinsen für das in die Einrichtung investierte Kapital.

● **Kosten der Verwaltung**

Löhne und Gehälter für die Mitarbeiter im Lager und Aufwendungen für Büromaterial.

● **Risikokosten**

Mengenverluste durch Beschädigung, Diebstahl oder Verderb; Wertverluste durch Geschmacks- und Modewandel, durch nach dem Einkauf der Waren notwendige Preissenkungen; Versicherungsprämien.

● **Zinskosten**

Mit dem im Lagerbestand gebundenen Kapital kann der Einzelhändler keine Zinserträge bei seiner Bank erwirtschaften. Je nach Lagerdauer und dem beim Geldinstitut zu erreichenden Zinssatz ergibt sich die Höhe des Lagerzinses. Je kürzer die Lagerdauer (je höher also die Umschlagshäufigkeit), desto geringer fällt dieser Kostenanteil aus.

Wareneinsatz pro Jahr	durchschnittlicher Lagerbestand	Umschlagshäufigkeit	durchschnittliche Lagerdauer	Zinskosten pro durchschnittlicher Lagerdauer (Jahreszins 6%)
400 000 DM	50 000 DM	$\dfrac{400\,000}{50\,000} = 8$	$\dfrac{360}{8} = 45$ Tage	0,75 % von 50 000 DM = 375 DM (für 45 Tage)
400 000 DM	40 000 DM	$\dfrac{400\,000}{40\,000} = 10$	$\dfrac{360}{10} = 36$ Tage	0,6 % von 40 000 DM = 240 DM (für 36 Tage)

Durch einen zu hohen Lagerbestand wird zudem die allgemeine finanzielle Situation der Einzelhandelsunternehmung negativ beeinflußt. Die im Lager gebundenen Geldbeträge können nicht für andere notwendige Investitionen (Umbau der Geschäftsräume, Erneuerung der Ladeneinrichtung, Kauf von Fahrzeugen usw.) ausgegeben werden, oder es wird sogar erforderlich, diese Anschaffungen durch Kredite zu finanzieren.

Die Einzelhandelsunternehmung sollte daher bemüht sein, mit einem gut kalkulierten Lagerbestand sowohl die Verkaufsbereitschaft zu gewährleisten als auch die Kosten der Lagerhaltung möglichst gering zu halten.

Zusammenfassung

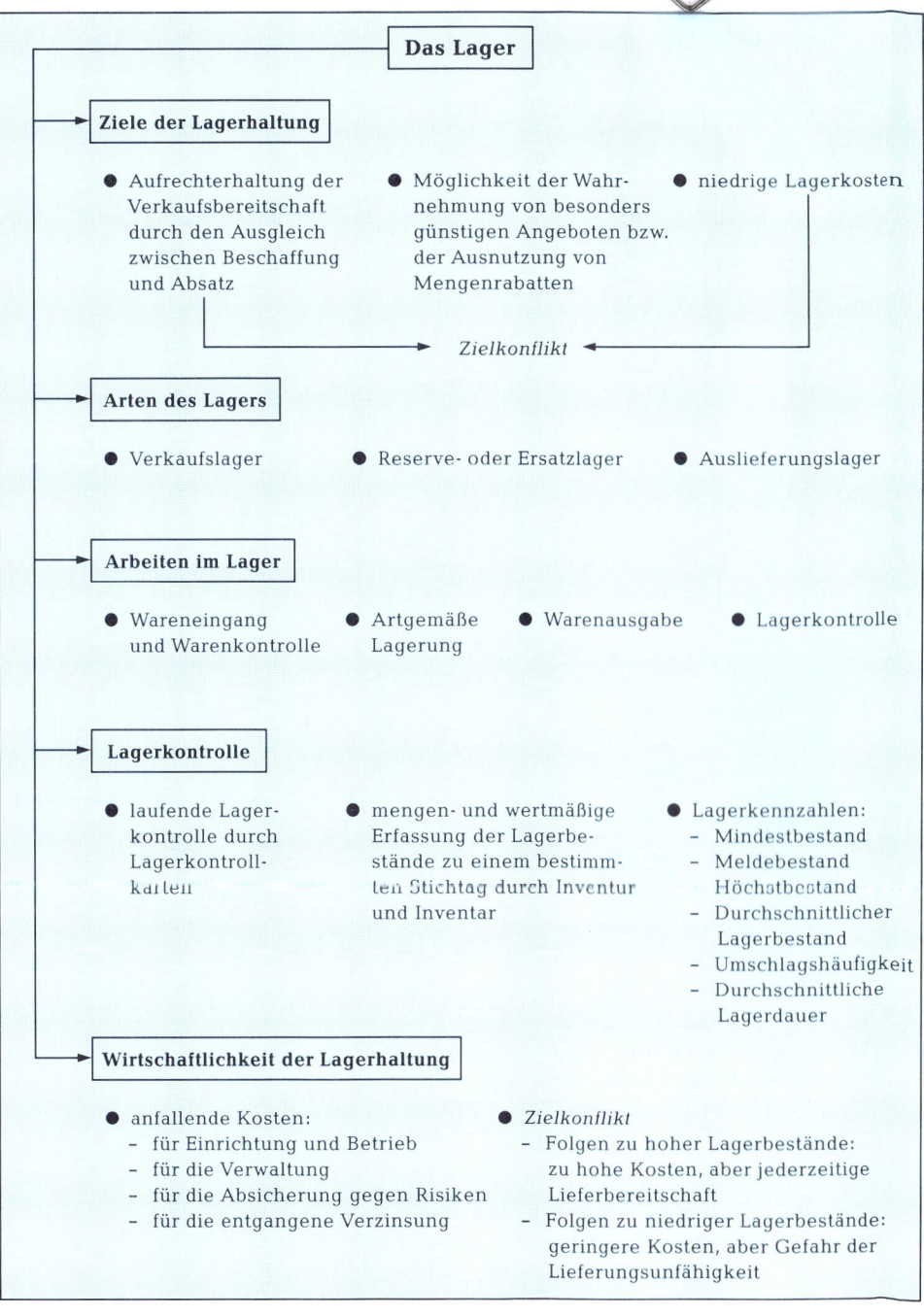

Das Lager

Ziele der Lagerhaltung

- Aufrechterhaltung der Verkaufsbereitschaft durch den Ausgleich zwischen Beschaffung und Absatz
- Möglichkeit der Wahrnehmung von besonders günstigen Angeboten bzw. der Ausnutzung von Mengenrabatten
- niedrige Lagerkosten

Zielkonflikt

Arten des Lagers

- Verkaufslager
- Reserve- oder Ersatzlager
- Auslieferungslager

Arbeiten im Lager

- Wareneingang und Warenkontrolle
- Artgemäße Lagerung
- Warenausgabe
- Lagerkontrolle

Lagerkontrolle

- laufende Lagerkontrolle durch Lagerkontrollkarten
- mengen- und wertmäßige Erfassung der Lagerbestände zu einem bestimmten Stichtag durch Inventur und Inventar
- Lagerkennzahlen:
  - Mindestbestand
  - Meldebestand
  - Höchstbestand
  - Durchschnittlicher Lagerbestand
  - Umschlagshäufigkeit
  - Durchschnittliche Lagerdauer

Wirtschaftlichkeit der Lagerhaltung

- anfallende Kosten:
  - für Einrichtung und Betrieb
  - für die Verwaltung
  - für die Absicherung gegen Risiken
  - für die entgangene Verzinsung
- *Zielkonflikt*
  - Folgen zu hoher Lagerbestände: zu hohe Kosten, aber jederzeitige Lieferbereitschaft
  - Folgen zu niedriger Lagerbestände: geringere Kosten, aber Gefahr der Lieferungsunfähigkeit

Aufgaben

(1) Nennen Sie Gründe, die eine Einzelhandelsunternehmung zur Einrichtung eines Lagers veranlassen werden!

(2) Erläutern Sie den Unterschied zwischen einem Verkaufslager und einem Reserve- oder Ersatzlager!

(3) Von welchen Faktoren hängt die Größe des Lagers ab?

(4) Welche Kontrollen sollten in einer Einzelhandelsunternehmung beim Wareneingang durchgeführt werden?

(5) Warum ist es für einen Einzelhändler von besonderer Bedeutung, die Wareneingangs- kontrolle sorgfältig durchzuführen?

(6) Beschreiben Sie Ursachen, die dazu führen können, daß die aus der Lagerkontroll- karte zu entnehmenden Zahlenangaben über den Warenbestand von dem Bestand abweichen, der durch die Inventur ermittelt wurde!

(7) Erläutern Sie die Begriffe Inventur und Inventar!

(8) Die Lieferzeit eines Artikels, für den ein Mindestbestand von 15 Stück festgelegt wurde, beträgt 8 Tage. Berechnen Sie:

    a) den Meldebestand, wenn täglich ein Warenabsatz von 5 Stück unterstellt wird,

    b) die Bestellmenge, wenn sich der Höchstbestand auf 100 Stück belaufen soll, und der Meldebestand zum Zeitpunkt der Bestellung um 10 Stück unterschritten wurde!

(9) Folgende Bestände wurden in einer Einzelhandelsunternehmung ermittelt:

02.01.	18 500 DM	30.04.	19 000 DM	31.08.	19 000 DM
31.01.	15 500 DM	31.05.	19 500 DM	30.09.	18 500 DM
28.02.	16 500 DM	30.06.	22 000 DM	31.10.	17 000 DM
31.03.	14 000 DM	31.07.	23 000 DM	30.11.	22 000 DM
				31.12.	25 500 DM

Berechnen Sie:

    a) den durchschnittlichen Lagerbestand pro Jahr,

    b) den durchschnittlichen Lagerbestand für den Monat Januar,

    c) den durchschnittlichen Lagerbestand pro Monat bezogen auf das Jahr,

    d) die Lagerumschlagshäufigkeit, wenn ein jährlicher Wareneinsatz von 880 000 DM angenommen wird,

    e) die durchschnittliche Lagerdauer!

Wie ändern sich die Lagerumschlagshäufigkeit und die durchschnittliche Lager- dauer, wenn sich der Wareneinsatz auf 440 000 DM verringert, und welchen Einfluß hat diese Änderung auf die Kosten der Lagerhaltung?

(10) Welche Haupteinflußgrößen schlagen sich in den Lagerhaltungskosten nieder? Nennen Sie Beispiele!

(11) Eine Einzelhandelsunternehmung setzt jährlich Waren im Wert von 600 000 DM ein. Der durchschnittliche Lagerbestand beträgt 50 000 DM. Errechnen Sie die Zinskosten pro durchschnittlicher Lagerdauer, wenn ein jährlicher Zinssatz von 8 % unterstellt wird!

(12) Erläutern Sie den Zielkonflikt der Lagerhaltung!

Der Warenabsatz

1 Verkaufszeiten im Einzelhandel

▶ **Allgemeine Öffnungszeiten**

Nach dem **Ladenschlußgesetz** dürfen Einzelhandelsunternehmungen für den geschäftlichen Verkehr mit den Kunden geöffnet sein (§ 3 LadschlG):

- **montags bis freitags** von 7.00 bis 18.30 Uhr;
- **samstags** von 7.00 bis 14.00 Uhr (an den vier aufeinanderfolgenden Samstagen vor dem 24. Dezember sowie an jedem ersten Samstag im Monat – falls dieser ein Feiertag ist, am zweiten Samstag – bis 18.00 Uhr, in den Monaten April bis September bis 16.00 Uhr);
- (sofern der Donnerstag kein gesetzlicher Feiertag ist) **donnerstags** bis 20.30 Uhr (Ausnahme: Gründonnerstag), wenn durch diesen Dienstleistungsabend die zulässige Gesamtöffnungszeit in der Woche nicht überschritten wird.

  Fallen Heiligabend und Silvester auf Werktage, wird der Ladenschluß auf 14.00 Uhr festgelegt.

▶ **Ausnahmeregelungen**

- Apotheken, Tankstellen, Verkaufsstellen auf Personenbahnhöfen, Flughäfen und Fährhäfen sowie Markt- und Messestände dürfen auch an Sonn- und Feiertagen bestimmte Waren anbieten (§§ 4, 6, 8, 9 und 14 LadschlG).

- Verkaufsstellen für Zeitungen und Zeitschriften, für Blumen, Bäcker- und Konditorwaren, für frische Früchte und Milch haben die Erlaubnis, an Sonn- und Feiertagen für 2 bis 5 Stunden zu öffnen (§ 12 LadschlG).

- In ländlichen Gebieten ist die zuständige Verwaltungsbehörde berechtigt, den Warenverkauf an Sonn- und Feiertagen bis zu 2 Stunden zu genehmigen (§ 11 LadschlG).

- In Kur- und Erholungsorten können z.B. Früchte, Tabakwaren, alkoholfreie Getränke, Milch, Süßwaren und Blumen vom Einzelhändler an jährlich bis zu 40 Sonn- und Feiertagen für die Dauer von jeweils bis zu 8 Stunden angeboten werden (§ 10 LadschlG).

- In Städten mit über 200 000 Einwohnern dürfen Verkaufsstellen in Bahnhöfen zur Versorgung von Berufspendlern und Reisenden an Werktagen von 6.00 bis 22.00 Uhr geöffnet sein (§ 8 II a LadschlG).

2 Sortimentsgestaltung

Unter einem **Sortiment** versteht man die Gesamtheit aller von einer Unternehmung angebotenen Güter.

- *Fachgeschäfte des Einzelhandels* verfügen über ein tiefes, aber enges Sortiment (nur eine Warengruppe wie Lebensmittel, Schuhe, Möbel oder Sportartikel, diese aber in verschiedenen Qualitäten und Preisklassen).

- *Warenhäuser* hingegen halten sämtliche Waren des Haushaltbedarfs in vielfältigen Abstufungen bereit (breites und tiefes Sortiment).

Die Gestaltung des Sortimentes muß sich den ständig wandelnden Marktbedingungen anpassen, um den Verkaufserfolg zu sichern. Maßnahmen zur Veränderung der angebotenen **Produktpalette** sind:

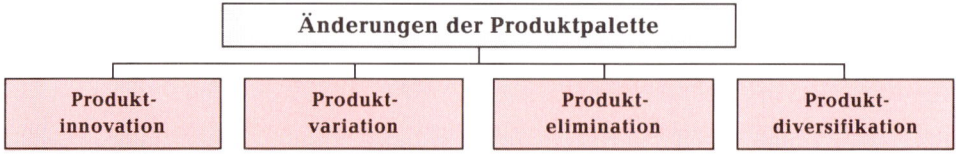

Änderungen der Produktpalette

| Produkt-innovation | Produkt-variation | Produkt-elimination | Produkt-diversifikation |

▶ **Produktinnovation**

Zur langfristigen Sicherung einer Unternehmung spielt die Übernahme von Innovationen (Neuerungen) in die Produktpalette eine wichtige Rolle. **Produktneuheiten** erweitern das Angebot an die Kunden und verbessern damit die Absatzchancen.

> Innovationen, die in den letzten Jahren Käufer ansprachen, waren z. B. Computer, CD-Spieler, Camcorder, DAT-Recorder, Satellitenantennenanlagen, Laserdrucker, Fertigmenüs sowie Halogenleuchten.

▶ **Produktvariation**

Gelingt es nicht, neue Entwicklungen am Markt vorzustellen, kann ein weiteres Mittel der Produktpolitik darin bestehen, bestimmte Eigenschaften bereits bekannter Waren zu verändern, um damit Absatzmöglichkeiten zu bewahren oder zu verbessern. **Veränderungen** an schon vorhandenen Produkten können sich dabei etwa auf folgende Einzelheiten beziehen:

● **Veränderungen in Qualität, Funktionsfähigkeit oder Recycling- und Entsorgungseignung**, d. h. Änderung der technischen Konstruktion oder des Materials bzw. des Inhalts der Dienstleistungen;

● **Veränderung in der Gestaltung**, d. h. der Farbe, Form oder Verpackung;

● **Veränderung der Kennzeichnung**, d. h. des Produktnamens oder des Markenzeichens.

▶ **Produktelimination**

Produktelimination (Elimination = Beseitigung, Entfernung) bedeutet die **Herausnahme von Gütern** aus dem bisherigen Sortiment. Gründe für derartige Überlegungen können z. B. sein:

● **Änderungen der Wünsche der Abnehmer**

> Durch das ausgeprägte Sicherheitsbedürfnis werden vermehrt Kraftfahrzeuge mit Airbag nachgefragt.

● **Veränderte gesetzliche Vorschriften**

> Durch das Einfuhrverbot bestimmter Tierfelle können entsprechende Erzeugnisse nicht mehr angeboten werden.

● **Negativer Einfluß des Produktes auf den guten Ruf (Image) der Unternehmung**

> Eine angebotene Ware ist zu reparaturanfällig oder enthält Schadstoffe.

▶ **Produktdiversifikation**

Unter Diversifikation (Diversifikation = Abwechslung, Vielfalt) wird die **Aufnahme zusätzlicher Produkte** in das Angebot einer Unternehmung verstanden. Häufig stehen diese neuen Produkte in einem Zusammenhang mit dem bisherigen Leistungsprogramm. Sie können jedoch auch ganz anderer Art sein (eine Tankstelle bietet während der gesetzlichen Ladenöffnungszeiten in einem Shop Süßigkeiten und Spirituosen an). Zudem erweist es sich häufig als sinnvoll, **Zusatzangebote** in das Sortiment aufzunehmen, d.h. Angebote zu unterbreiten, die die Funktionsfähigkeit anderer Waren erst ermöglichen oder verbessern bzw. die eigentliche Ware ergänzen.

- ● *Waren, die die Funktionsfähigkeit anderer Produkte ergänzen oder verbessern*
  - – auslaufsichere Batterien zum Kassettenrecorder,
  - – Imprägnierspray zum Wildledermantel,
  - – Elektrogeräte für Einbauküchen;
- ● *ergänzende Waren*
  - – Hemd zum Anzug,
  - – Ohrringe zur Halskette,
  - – beim Kauf eines Computers wird dem Kunden gleichzeitig ein Standard-Softwarepaket angeboten.

3 Preisermittlung und Preisauszeichnung

3.1 Preisermittlung

Die Preispolitik einer Einzelhandelsunternehmung umfaßt die Ermittlung der Verkaufspreise für die im Sortiment enthaltenen Artikel und die laufende Anpassung dieser Absatzpreise an die sich verändernden Marktverhältnisse. Einen ersten Anhaltspunkt dafür, welcher Preis vom Kunden verlangt werden sollte, bietet die auf betrieblichen Daten aufbauende **Kalkulation**.

▶ **Kalkulierter Verkaufspreis**

Der Einzelhandelsunternehmung entstehen von der Warenbeschaffung bis zum Verkauf Kosten. Der kalkulierte Verkaufspreis sollte diese Kosten decken und zusätzlich einen angemessenen Gewinn berücksichtigen.

Für einen Handelsbetrieb bestehen diese Kosten z.B. im Erwerb der weiter zu veräußernden Waren, in Ausgaben für Personal, Miete, Steuern. Der zu fordernde Bruttoverkaufspreis wird aber auch die gewährten Rabatte und Skonti einbeziehen.

	Listeneinkaufspreis	300,00 DM
./.	10 % Liefererrabatt	30,00 DM
	Zieleinkaufspreis	270,00 DM
./.	3 % Skonto	8,10 DM
	Bareinkaufspreis	261,90 DM
+	Bezugskosten	13,10 DM
	Bezugspreis	275,00 DM
+	30 % Handlungskosten (Zinsen, Abschreibungen, Werbung, Steuern,	
	Miete, Personal, Sachkosten für Geschäftsräume usw.)	82,50 DM
	Selbstkostenpreis	357,50 DM
+	30 % Gewinnzuschlag	107,25 DM
	Barverkaufspreis	464,75 DM
+	2 % Kundenskonto i.H.	9,48 DM
	Zielverkaufspreis	474,23 DM
+	3 % Kundenrabatt i.H.	14,67 DM
	Nettoverkaufspreis	488,90 DM
+	15 % Umsatzsteuer	73,34 DM
	Bruttoverkaufspreis (Auszeichnungspreis)	562,24 DM

Von den dargestellten für das angebotene Warensortiment üblichen Zuschlagssätzen wird dann abgewichen, wenn Güter mit geringen Absatzmöglichkeiten, niedrigen

Preisen oder wenn Sonderangebote verkauft werden sollen. Die hier auftretenden Erlösschmälerungen können durch eine Erhöhung des Zuschlagssatzes bei anderen (etwa höherwertigen oder besser absetzbaren) Waren wieder aufgefangen werden **(Mischkalkulation)**.

Ob sich dieser kalkulierte Preis am Markt tatsächlich durchsetzen läßt, hängt vor allem vom Verhalten der anderen anbietenden Einzelhandelsunternehmungen und der Kunden ab. Ist die Zahl der Anbieter klein, oder ist sogar nur ein Anbieter vorhanden, und fragen viele Kunden die Waren nach, wird sich der so ermittelte Verkaufspreis realisieren lassen. Bieten allerdings viele Konkurrenten ihre Produkte an, bestimmen **Angebot und Nachfrage** den **Marktpreis**.

▶ Marktpreis

In diesem Fall hat der Einzelhändler selbst kaum Einfluß auf die Preisgestaltung. Er muß sich am **Gleichgewichtspreis** orientieren, der sich durch das Verhältnis von Angebot und Nachfrage bildet. Ist ein Artikel in großer Menge am Markt erhältlich, wird der zu erzielende Preis niedriger sein; verringert sich die angebotene Menge, steigt der mögliche Verkaufspreis.

Liegt der am Markt zu erzielende Gleichgewichtspreis über dem kalkulierten Preis, erhöht sich die Einnahme des Einzelhändlers. Ist der Marktpreis geringer als der errechnete Preis, kann es unter Umständen sinnvoller sein, den entsprechenden Artikel nicht mehr anzubieten, da sonst Verluste drohen (Verkauf unter dem Selbstkostenpreis).

Hat der Einzelhändler also seinen Verkaufspreis kalkuliert, kann er sich auf die Marktgegebenheiten einstellen, indem er an den Preisen seiner Konkurrenten seinen tatsächlich zu fordernden Verkaufspreis ausrichtet.

▶ Gebundene Verkaufspreise

In einigen wenigen Fällen kommt es vor, daß der Verkaufspreis dem Einzelhändler fest vorgegeben wird. Bei Verlagserzeugnissen wie Büchern, Zeitungen und Zeitschriften kann der Hersteller dem Einzelhändler den Verkaufspreis vorschreiben (§ 16 GWB). Diese **„Preisbindung der zweiten Hand"** bewirkt, daß Druckerzeugnisse nur zu diesen festgelegten Preisen an Endverbraucher abgegeben werden dürfen. Für andere Artikel als Verlagserzeugnisse ist eine Preisbindung der zweiten Hand verboten (§ 15 GWB).

Grundsätzlich untersagt sind auch Preisabsprachen zwischen den konkurrierenden Einzelhändlern. So wäre es z. B. nicht statthaft, daß sich die Bäcker und Konditoren einer Stadt über den Verkaufspreis für Backwaren vertraglich einigten (Verbot des Preiskartells gemäß § 1 GWB).

▶ Empfohlener Verkaufspreis

Da Hersteller in der Regel den Einzelhändlern den Verkaufspreis für Waren nicht vorschreiben dürfen, sprechen sie häufig **unverbindliche Preisempfehlungen** aus. Zu diesen **Richtpreisen** kann der Einzelhändler die Artikel anbieten; er kann aber auch einen höheren oder niedrigeren Preis verlangen. Preisempfehlungen sind nur für **Markenartikel** zulässig (§ 38 a GWB).

Markenartikel sind Waren:
- die mit einem Firmennamen oder Markenzeichen gekennzeichnet sind,
- die stets in gleicher Aufmachung angeboten werden,
- deren Lieferung in gleichbleibender oder verbesserter Güte gewährleistet ist.

► **Preisstrategien**

Ist der Verkaufspreis der Ware weitgehend festgelegt, können noch gewisse „**Feinabstimmungen"** vorgenommen werden.

● **Psychologische Preisgestaltung**

In ihrer Preisgestaltung muß die Einzelhandelsunternehmung bestimmte, beim Verbraucher bestehende Preisbarrieren beachten. Jenseits dieser Schwelle wird der Kauf einer Ware nicht mehr ohne weiteres durchgeführt werden. Die psychologische Preisgestaltung arbeitet daher mit **gebrochenen Preisen**.

▮ Ein Kaufhaus bietet einen Anzug nicht für 508,50 DM, sondern für 499,00 DM an.

● **Rabattgewährung**

Beim Kauf eines Artikels gewährt der Einzelhändler in bestimmten Fällen Barzahlungsrabatte. Die Höhe dieses Nachlasses ist auf 3 % beschränkt (§ 2 RabattG).

Autoverkäufer gab 7% Rabatt – 5000 DM Strafe

Marburg.(dpa) Zur Zahlung von 5000 Mark an das Konkurrenzunternehmen VAG (VW/Audi) verurteilte die Kammer für Handelssachen beim Landgericht Marburg einen Ford-Autohändler wegen Verstoßes gegen das Rabattgesetz. Die Kammer sah es als erwiesen an, daß der Verkäufer des Marburger Autohauses bei den Verhandlungen über einen Neuwagenkauf einen Rabatt von sieben Prozent zugesagt hatte. Damit folgte das Gericht der Aussage zweier Testkäufer.

Die beiden Testkäufer, die als freie Mitarbeiter für ein Bad Homburger Treuhandbüro tätig sind, stellten sich den Autohändlern als Ehe-

paar vor, das einen Neuwagen kaufen wollte. Nachdem die Einzelheiten über Farbe, Ausstattung und Extras geklärt waren, kamen die Testkäufer auf den Preis zu sprechen. Der Verkäufer im Marburger Autohaus habe ihnen sieben Prozent Preisnachlaß bei Barzahlung angeboten, sagten die Zeugen vor Gericht. Die Testkäufer handelten im Auftrag der VAG-Organisation.

Im Falle der Zuwiderhandlung gegen das Verbot, Preisnachlässe bei Barzahlung von mehr als drei Prozent zu gewähren, wurde ein Ordnungsgeld in Höhe von 500000 Mark angedroht.

● **Preisdifferenzierungen**

Werden für die gleiche Ware von verschiedenen Kundenkreisen unterschiedliche Preise gefordert, spricht man von Preisdifferenzierung.

– **Räumliche Preisdifferenzierung**

Waren werden in verschiedenen Gebieten zu unterschiedlichen Preisen abgesetzt.

▮ Eine Einzelhandelsunternehmung unterhält in mehreren Städten Filialen. Je nach Kaufkraft (Einkommen) des jeweiligen Kundenkreises werden die Waren zu unterschiedlichen Preisen angeboten.

– **Zeitliche Preisdifferenzierung**

Waren werden in verschiedenen Zeiten zu unterschiedlichen Preisen verkauft.

▮ Sonderpreise im Sommer- und Winterschlußverkauf

– **Sachliche Preisdifferenzierung**

Waren werden je nach Verwendungszweck mit unterschiedlichen Preisen versehen.

▮ Salz als Speisesalz oder Streusalz
Mineralöl als Heizöl oder Dieselkraftstoff

3.2 Preisauszeichnung

Preisklarheit und Preiswahrheit ermöglichen dem Verbraucher eine rasche und zuverlässige Information über das preisliche Warenangebot konkurrierender Einzelhandelsunternehmungen. Eine solche Preisauszeichnung ist

- sowohl gesetzlich vorgeschrieben
- als auch aus betrieblichen Gründen notwendig.

▶ **Vorschriften zur Preisauszeichnung**

Die **Preisangabenverordnung** regelt die Auszeichnung von Waren, die für Endverbraucher bestimmt sind.

Wer Endverbrauchern Waren anbietet bzw. für Waren unter Angabe von Preisen wirbt, hat die Preise so anzugeben, wie sie einschließlich Umsatzsteuer und sonstigen Preisbestandteilen (außer Rabatten) zu zahlen sind (§ 1 I PAngV). Mit den Preisen sind auch die üblichen Verkaufs- oder Leistungseinheiten und die Gütebezeichnungen anzugeben (§ 1 I PAngV).

● **Auszeichnungspflicht für Waren**

- Waren, die in **Schaufenstern** und **Schaukästen** oder **Verkaufsständen** ausgestellt werden, sind mit Preisschildern oder Beschriftungen zu versehen. Diese Preisangaben sind an den Waren selbst oder den Behältnissen bzw. Regalen anzubringen (§ 2 II PAngV).

- Bei Waren, die nach **Musterbüchern** angeboten werden (z.B. bei Tapeten, Teppichböden, Stoffen), müssen die Preise für die Verkaufseinheit auf den Mustern oder den damit verbundenen Preisschildern bzw. in Preisverzeichnissen angegeben sein (§ 2 III PAngV).

- Waren, die nach **Katalogen** oder **Warenlisten** angeboten werden, müssen die Preise neben den Warenabbildungen oder -beschreibungen enthalten bzw. den Anmerkungen oder angeschlossenen Preisverzeichnissen entnommen werden können (§ 2 IV PAngV).

● **Ausnahmen von der Auszeichnungspflicht**

Ausnahmen von der Preisauszeichnungspflicht gelten für:

- Kunstgegenstände, Sammlerstücke und Antiquitäten;
- Waren, die in Werbevorführungen angeboten werden;
- Blumen und Pflanzen, die unmittelbar vom Freiland oder Treibhaus verkauft werden (§ 7 II PAngV).

▶ **Betriebliche Preisauszeichnungsgründe**

Die Preisauszeichnung ermöglicht:

- dem **Kunden** eine sofortige Feststellung des Warenpreises und damit eine Überprüfung beim Kassieren,

- dem **Einzelhändler** die jederzeitige Ermittlung des Preises der Ware und somit eine schnelle innerbetriebliche Kontrolle (Inventur).

4 Verkaufsbedingungen

Neben dem Preis werden zwischen Einzelhändler und Kunden auch andere mit dem Erwerb einer Ware verbundene Vereinbarungen getroffen. Beförderungs- und Verpackungskosten, Lieferzeit, Preisnachlässe (Rabatt) und Kreditgewährungen (Ratenkauf) bilden den wesentlichen Inhalt der in den **Lieferungs- und Zahlungsbedingungen** festgelegten Vertragsbestandteile (vgl. S. 82 ff.).

Kundendienstangebote und die Gewährung von Kulanz erweitern das Verkaufsangebot der Einzelhandelsunternehmung. In einigen Fällen wird den Kunden zudem die Möglichkeit eingeräumt, einen Warenkredit in Anspruch zu nehmen.

4.1 Kundendienst

Jede Einzelhandelsunternehmung wird bemüht sein, ihren Kunden bestimmte Service-Leistungen anzubieten. Einige dieser Dienstleistungen sind beim Verkauf von Waren unentbehrlich, andere stellen freiwillige Zusatzangebote des Einzelhändlers dar.

▶ **Service-Leistungen innerhalb der Einzelhandelsunternehmung**

Zunächst umfaßt der Kundendienst im Verkaufslokal folgende Leistungen:

– fachkundige und höfliche Verkaufsberatung;

– Bereitstellung von Einrichtungen zur Erleichterung des Kaufs bzw. zur angenehmen Gestaltung der Einkaufsdurchführung;

> Parkplätze, Fahrstühle und Rolltreppen, Fernsprecher, Toiletten und Waschräume, Erfrischungsräume, Sitzgelegenheiten in den Abteilungen, Spielzimmer für Kinder, Gepäckaufbewahrung, Klimaanlage

– Möglichkeiten der telefonischen Warenbestellung, der Änderung von Textilien oder der Mitnahme von Waren zur Auswahl;

> Versandhäuser, Versicherungen, Reiseveranstalter, Zeitungsverlage oder Autovermieter übernehmen häufig die Fernsprechgebühren für ihre Kunden, wenn sie anrufen. In diesem Fall bezahlt man nur den Ortstarif, d.h. eine Gebühr wie für ein Ortsgespräch, selbst dann, wenn die angerufene Unternehmung Hunderte von Kilometern entfernt ist.
>
> Voraussetzung für dieses Verfahren ist, daß die entsprechende Unternehmung an den Service 0130 der Deutschen Bundespost angeschlossen ist. Zu wählen ist dann die Rufnummer 0130 und eine vierstellige Nummer des jeweiligen anzurufenden Unternehmens.

– Angebot von Teilzahlungskrediten.

▶ **Service-Leistungen im Anschluß an den Kauf**

Die Betreuung der Kunden ist nicht mit dem Warenerwerb beendet. Oft ist es notwendig, die bestellten Waren anzuliefern, sie in der Wohnung des Käufers zusammenzusetzen und später zu warten.

> Anlieferung von Möbeln, Einbau von Küchen, Anschluß von Beleuchtungskörpern, Ausrichten von Fernsehantennen

Auch notwendige Reparatur- und Pflegearbeiten werden in eigener Werkstatt oder in Zusammenarbeit mit dem Hersteller durchgeführt. Selbstverständlich ist die Beseitigung von Mängeln in der Garantiezeit (mindestens 6 Monate) für den Kunden kostenfrei.

4.2 Umtausch mangelfreier Ware

Nicht selten wird von Kunden der Wunsch an den Einzelhändler herangetragen, **Waren ohne Mängel** umtauschen zu können. Im Gegensatz zu mangelhaften Waren, bei denen ein Rechtsanspruch auf Rückgabe besteht (Reklamation), ist der Einzelhändler in diesem Fall nicht verpflichtet, dem Kundenwunsch nachzukommen. Allerdings liegt es im Interesse jeder Einzelhandelsunternehmung, ihren Kunden soweit als möglich entgegenzukommen und die Ware in den Fällen eines Fehlkaufes oder dann, wenn sie nach dem Kauf nicht mehr gefällt, aus **Kulanz** (= Gefälligkeit) umzutauschen.

– *Fehlkäufe*
Neue Schuhe drücken; ein für eine andere Person gekaufter Pullover ist zu weit; eine verschenkte CD-Platte ist bereits vorhanden.

– *Nichtgefallen einer gekauften Ware*
Ein neues Oberhemd paßt nicht zum Anzug, der Teppich nicht zur farblichen Gestaltung des Wohnraumes.

Wird bereits beim Kauf der Ware ein Umtauschrecht vereinbart – wie es häufig vorkommt, wenn ein Kunde den Artikel für eine andere Person erwirbt **(Geschenkkäufe)** –, ist es ratsam, die Umtauschfrist auf dem Kassenzettel vermerken zu lassen. Im Fall der vorherigen Zusicherung eines Umtausches erwirbt der Kunde nämlich einen Rechtsanspruch auf Rückgabe der Ware in einer bestimmten Frist.

Umtauschvoraussetzungen sind von Einzelhandelsunternehmung zu Einzelhandelsunternehmung verschieden:

● Manche verlangen grundsätzlich die Vorlage des Kassenbons oder -zettels

● Die Ware muß sich selbstverständlich in einwandfreiem Zustand befinden

● Bestimmte Waren werden vom Umtausch ausgeschlossen, etwa:
   – Lebensmittel
   – bereits getragene Wäsche
   – für den Kunden zugeschnittene Artikel (z.B. Stoffe)
   – Waren aus Sonderverkaufsveranstaltungen

Für die zurückgegebene Ware wird der Kaufpreis gutgeschrieben, ein Anspruch auf Auszahlung besteht nicht. Ist ein neu ausgewählter Artikel teurer, kann zugezahlt werden, ist er preisgünstiger, sollte die Restsumme ausgezahlt oder ein Gutschein zum späteren Einlösen ausgestellt werden.

Zur Vermeidung von Umtauschaktionen, die das Verkaufspersonal zusätzlich belasten, bieten sich folgende Möglichkeiten an:

● **Kundenberatung**
   Der Verkäufer sollte sich im Verkaufsgespräch um eine sachkundige, umfassende Beratung der Kunden bemühen.

● **Auswahl**
   Manche Einzelhandelsunternehmungen überlassen guten Kunden für einige Zeit eine Auswahl von Waren. Sie können dann in ihrer häuslichen Umgebung in Ruhe überlegen, für welchen Artikel sie sich entscheiden wollen.

● **Gutschein**
   Auch Geschenkgutscheine können vermeiden, daß ein Umtausch erforderlich wird. Einige Branchen, wie z.B. Buchhändler und Blumengeschäfte, bedienen sich schon seit langem dieser Art der Geschenkübermittlung.

4.3 Kreditkäufe

Beim Erwerb von Waren des täglichen Bedarfs, aber auch bei der Anschaffung vieler höherwertiger Güter, wie etwa Möbel, Elektrogeräte oder teurer Bekleidung, begleicht der Kunde den Rechnungsbetrag bar. Verfügt er im Augenblick allerdings nicht über ausreichende finanzielle Mittel, und kann oder soll der Kauf des Artikels nicht zeitlich aufgeschoben werden, ist eine Kreditaufnahme notwendig. Zu diesem Zweck wendet sich der Kunde mit dem Wunsch an sein Geldinstitut, ihm für einen bestimmten Zeitraum (etwa 12, 24 oder 36 Monate) den benötigten Geldbetrag zur Verfügung zu stellen. Während in diesem Beispiel der Einzelhändler beim Kaufvertragsabschluß nichts von der Kreditaufnahme seines Kunden erfährt, kann er in anderen Fällen diese Kreditgewährung selbst oder gemeinsam mit einem Geldinstitut übernehmen.

Die Gewährung von Warenkrediten gehört zu den Dienstleistungsangeboten mancher Einzelhandelsunternehmung, sie schafft zusätzliche Kaufanreize und bindet den Kunden stärker an das Geschäft. Allerdings muß der Einzelhändler bei der Einräumung derartiger Finanzierungsmöglichkeiten stets berücksichtigen, daß seine eigene Zahlungsfähigkeit nicht gefährdet und das Risiko des Ausfalls von Forderungen (der Kunde kann den Kredit nicht zurückerstatten) nicht zu hoch wird.

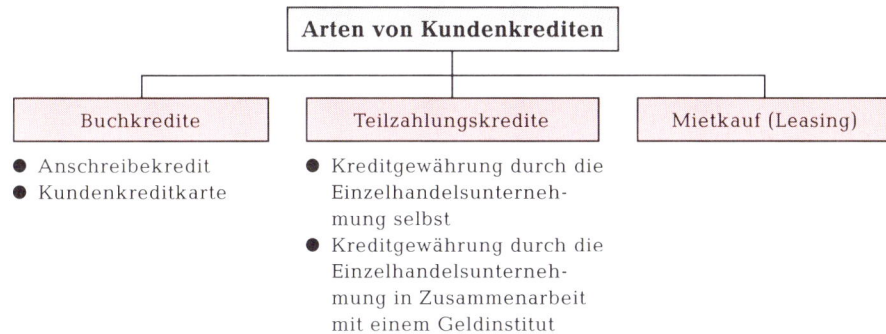

4.3.1 Buchkredite

Beim Buchkredit begleicht der Kunde die Rechnung nicht sofort bar, sondern verschiebt die Zahlung auf einen späteren Zeitpunkt (etwa das Monatsende oder den nächsten Lohn- bzw. Gehaltstermin). Zinsen oder sonstige Kreditkosten werden von der Einzelhandelsunternehmung nicht berechnet. Buchkredite stellen daher ein besonderes Entgegenkommen an gute Kunden dar, die diesen in der Höhe begrenzten Kredit für kurze Zeit beanspruchen möchten.

▶ **Anschreibekredit**

Früher waren Buchkredite in Form des Anschreibekredits üblich. Die Zahlungsbeträge für Waren, die der Kunde im Laufe des Monats bezog, wurden in Kundenbüchern angeschrieben.

▶ **Kundenkreditkarten**

Heute räumen größere Einzelhandelsunternehmungen ihren Kunden einen Kreditspielraum ein, bis zu dessen vereinbarter Höchstgrenze gegen Vorlage einer Kundenkreditkarte beliebige Waren erstanden werden können. Die Kundenkreditkarte ist in der Regel für ein Jahr gültig und kann bei Vorlage eines Personalausweises und einer Verdienstbescheinigung ausgestellt werden. Auch hier werden nach bestimmten Zeiträumen die Einkaufsbeträge dem Kunden in Rechnung gestellt und von dessen Girokonto abgebucht.

4.3.2 Teilzahlungskredite

Beim Teilzahlungskredit verpflichtet sich der Kunde, auf den Kaufpreis der Ware eine Anzahlung zu leisten und den Restbetrag in mehreren **Raten** (meist monatlich) zu begleichen. Der Teilzahlungskredit ist für den Kunden nicht kostenlos. Er hat Zinsen zu entrichten und auch sonst entstehende Kosten zu tragen. Steht der **Kredit nicht in Zusammenhang mit einem Warengeschäft**, wie es bei Verträgen zwischen Geldinstituten und ihren Kunden normalerweise der Fall ist, liegt ein reiner Darlehensvertrag und kein Teilzahlungsvertrag vor. In beiden Fällen sind jedoch die Bestimmungen des **Verbraucherkreditgesetzes** zu beachten.

4.3.2.1 Arten von Teilzahlungskrediten

Teilzahlungskredite lassen sich nach dem Kreditgeber unterscheiden:

- Kreditgewährung durch die Einzelhandelsunternehmung selbst, bei großen Unternehmungen durch spezielle Kreditabteilungen

- Kreditgewährung durch die Einzelhandelsunternehmung in Zusammenarbeit mit einem Geldinstitut

  - manche Einzelhandelsunternehmungen verfügen über eine ihnen angeschlossene Bank, die die Kreditvergabe übernimmt

    > Noris-Bank des Versandhauses Quelle
    > V.A.G Bank für die Vertragshändler des Autoherstellers Volkswagen/Audi

  - andere Einzelhandelsunternehmungen arbeiten bei der Kreditgewährung mit einem ihnen nicht angeschlossenen Geldinstitut zusammen. Dieses Institut räumt dem Kunden einen Kredit ein, für den dieser die gewünschte Ware in der entsprechenden Einzelhandelsunternehmung ersteht.

4.3.2.2 Verbraucherkreditgesetz (VerbrKrG)

▶ Bedeutung des Verbraucherkreditgesetzes

Im heutigen Wirtschaftsleben sind kreditfinanzierte Käufe von besonderer Bedeutung. Vor allem bei höherwertigen Gebrauchsgütern kann die Kaufsumme häufig nicht in voller Höhe aus angesparten Mitteln beglichen werden. Das Verbraucherkreditgesetz bestimmt, unter welchen Voraussetzungen die Kreditaufnahme oder eine Vereinbarung über die Teilzahlung rechtswirksam ist. **Das Gesetz gilt insbesondere dann nicht, wenn:**

- der ausgezahlte Kreditbetrag oder der Barzahlungspreis bei Teilzahlung 400 DM nicht übersteigt;

- die Kreditfinanzierung oder Teilzahlungsvereinbarung auf nicht mehr als drei Monate vereinbart wurde;

- ein Arbeitgeber mit seinem Arbeitnehmer einen Kreditvertrag abschließt, bei dem die Zinsen unter den marktüblichen Sätzen liegen.

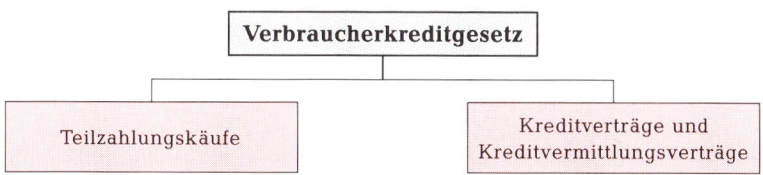

Verbraucherkreditgesetz	
Teilzahlungskäufe	Kreditverträge und Kreditvermittlungsverträge

▶ **Bestimmungen des Verbraucherkreditgesetzes**

Die Kreditgewährung bedarf der schriftlichen Form. In der Vertragsurkunde müssen enthalten sein:

● bei **Teilzahlungskäufen** (§ 4 I Satz 2 VerbrKrG)

– der **Barzahlungspreis** (Preis, den der Käufer zu entrichten hätte, wenn bei Übergabe der Sache der Preis in voller Höhe fällig wäre);

– der **Teilzahlungspreis** (Anzahlung und alle vom Käufer zu entrichtenden Raten einschließlich Zinsen und sonstiger Kosten);

– **Betrag, Anzahl und Fälligkeit der einzelnen Teilzahlungen**;

– der **effektive Jahreszins**[1];

– Kosten einer eventuell abzuschließenden **Versicherung**;

– eventuell zu bestellende **Sicherheiten**.

Barzahlungspreis und effektiver Jahreszins müssen dann nicht angegeben werden, wenn der Kreditgeber nur gegen Teilzahlungen Sachen liefert oder Leistungen erbringt.

● bei **Kreditverträgen** (§ 4 I Satz 1 VerbrKrG)

– der **Nettokreditbetrag** oder die Höchstgrenze des Kredites;

– der **Gesamtbetrag aller** vom Verbraucher zu entrichtenden **Teilzahlungen** einschließlich Zinsen und sonstiger Kosten;

– die **Art und Weise der Kreditrückzahlung**;

– der **Zinssatz und alle sonstigen Kosten** des Kredites einschließlich etwaiger Vermittlungskosten;

– der **effektive Jahreszins**[1] oder mindestens der anfängliche effektive Jahreszins;

– Kosten einer eventuell abzuschließenden **Versicherung**;

– eventuell zu bestellende **Sicherheiten**.

Ein **Kreditvertrag** wird nur dann wirksam, wenn der Verbraucher ihn nicht innerhalb einer Woche **schriftlich widerruft** (§ 7 I VerbrKrG). Die Belehrung über das Widerrufsrecht ist gesondert zu unterschreiben. Unterbleibt dies, erlischt es erst nach vollständiger Erbringung der Leistung, spätestens jedoch ein Jahr nach Abschluß des Kreditvertrages (§ 7 II VerbrKrG).

---

1 Der effektive Jahreszins ist die in einem Prozentsatz des Barzahlungspreises oder des Nettokreditbetrages anzugebende Gesamtbelastung pro Jahr. Die Berechnung des effektiven und des anfänglichen effektiven Jahreszinses richtet sich nach § 4 PAngV.

Für den **Versandhandel gilt eine Besonderheit**: Wird dem Verbraucher das uneinge-schränkte Recht eingeräumt, die Sache innerhalb einer Woche zurückzugeben, ent-fällt das Widerrufsrecht. Der Konsument kann dann die Sache zurücksenden oder – bei nicht postpaketversandfähigen Waren – schriftlich die Rücknahme vom Kreditgeber verlangen. Rücksendung und Rücknahme erfolgen auf Kosten und Gefahr des Kredit-gebers (§ 8 II VerbrKrG).

Ein **Teilzahlungskredit** ist seitens des Kreditgebers nur unter der folgenden Voraus-setzung **vorzeitig kündbar** (damit wäre die gesamte Restschuld des Kredites fällig):

- Der Kreditnehmer ist mit mindestens zwei aufeinanderfolgenden Raten in Verzug, **und** dieser Betrag beläuft sich auf mindestens 10 % (bei einer Kreditlaufzeit von mehr als drei Jahren 5 %) des Kreditbetrages, **und**

- der Kreditgeber hat dem Verbraucher eine zweiwöchige Frist zur Zahlung des rückständigen Betrages eingeräumt **und** dieser ist der Forderung nicht nachge-kommen (§ 12 I VerbrKrG).

Damit ist es einem Kreditgeber nicht möglich, einen Teilzahlungskredit sofort zu kün-digen, wenn sich der Konsument vorübergehend in Zahlungsschwierigkeiten be-findet.

4.3.2.3 Sicherung von Teilzahlungskrediten

Zur Verminderung des mit einer Kreditgewährung grundsätzlich verbundenen Risikos wird der Kreditgeber stets darum bemüht sein, seine Forderungen aus dem Teilzahlungs-kredit abzusichern.

▶ **Auskunft bei der „Schutzvereinigung für allgemeine Kreditsicherung"**

Soll ein größerer Kredit gewährt werden, wird die Einzelhandelsunternehmung zunächst Informationen bei der **„Schutzvereinigung für allgemeine Kreditsicherung"** (Schufa) darüber einholen, ob der Kunde bereits andere Kreditverpflichtungen einge-gangen ist. Darüber hinaus kann in Erfahrung gebracht werden, ob und inwieweit bisherige Zahlungsverpflichtungen ordnungsgemäß erfüllt wurden. Die Auskunft bei der Schufa soll demnach dazu beitragen, die Kreditwürdigkeit des Käufers möglichst genau zu beurteilen.

▶ **Eigentumsvorbehalt**

Tritt die Einzelhandelsunternehmung selbst als Kreditgeber auf, so wird sie zur Sicherung ihrer Forderung das Eigentum an der Ware solange an den Käufer nicht übereignen, bis dieser den vollen Kaufpreis entrichtet hat. Die Unternehmung liefert also unter Eigentumsvorbehalt (§ 455 BGB), d.h., der Käufer wird nicht Eigentümer der Ware, kann sie aber bereits nutzen.

Will der Verkäufer die Ware nur unter Eigentumsvorbehalt liefern, so müssen die Vertragspartner eine entsprechende Vereinbarung treffen. Diese Vereinbarung wird in der Regel in den Allgemeinen Geschäftsbedingungen durch folgende Klausel ausgedrückt: **„Die Ware bleibt bis zur vollständigen Bezahlung unser Eigentum"**.

4.3.3 Mietkauf (Leasing)

Beim Mietkauf überläßt der Einzelhändler (Leasinggeber) eine Ware für bestimmte Zeit dem Kunden (Leasingnehmer). Aber auch der Einzelhändler kann gegen Entgelt als Leasingnehmer das Nutzungsrecht z.B. an Ladeneinrichtungen oder EDV-Anlagen erwerben (vgl. S. 294 f.). Für die Nutzung zahlt der Mieter Leasingraten. Ihre Höhe hängt vom Wert des Objektes ab, davon, wie lange die Ware zum Gebrauch überlassen werden soll, und ob der Leasinggeber Kosten, die in der Leasingzeit anfallen, übernimmt.

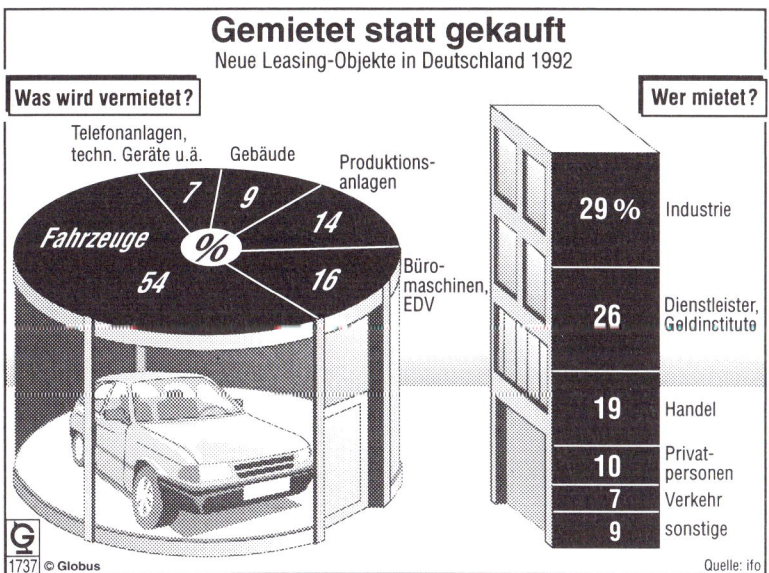

Mietet ein Kunde in einer Einzelhandelsunternehmung ein Farbfernsehgerät für die Dauer von 12 Monaten, richtet sich die Höhe der monatlichen Leasinggebühr auch danach, welcher Vertragspartner eventuell anfallende Reparatur- oder Wartungskosten trägt.

Häufig ist es möglich, einen Leasingvertrag über die ursprüngliche Vertragsdauer hinaus zu verlängern oder aber nach Ablauf der Vertragsdauer die gemietete Sache zu kaufen. Dann werden die gezahlten Leasingraten ganz oder teilweise auf den Kaufpreis angerechnet.

V.A.G Leasing GmbH
LEASING-BESTELLUNG FÜR GESCHÄFTSFAHRZEUGE

Name

Vermittelnder Betrieb   Betr.-Nr.

Straße

PLZ   Ort

Zeichen des Bestellers

Rahmenabkommen für Volkswagen-
und Audi Automobile   RA-Nr.

Wir bestellen bei der V.A.G Leasing GmbH zu umseitigen Leasing-Bedingungen für Geschäftsfahrzeuge und zu den der Bestellung beigefügten Gewährleistungsbedingungen des Fahrzeugherstellers in serienmäßigem Lieferumfang folgendes Fahrzeug, das die V.A.G Leasing GmbH bei dem vermittelnden Betrieb (Verkäufer) auf unseren Wunsch erwirbt:

Stückzahl	Modell-Nr.	Modell-Bezeichnung	Farbschlüssel	Farbe

M-Nummer   Mehr-/Minderausstattungen

Vertragsdauer in Monaten

Jährliche Fahrleistung in km

Verwendungszweck

Liefertermin/
Lieferfrist ab Bestellung

M-Gruppe/Zubehör   verbindlich/unverbindlich (Unzutreffendes streichen)

Dienstleistungen der V.A.G Leasing GmbH

– **Kfz-Versicherungen mit individueller Ein- und Weiterstufung**

Kfz-Haftpflichtversicherung mit unbegrenzter Deckung, Kfz-Vollversicherung mit DM 650,– Selbstbeteiligung, Fahrzeug-Schadenabwicklung und Verauslagung unfallbedingter Reparaturkosten am Leasing-Fahrzeug.

| | Eingeschlossen |

Zum Abschluß vorgenannter Versicherungen über die VW-Versicherungsvermittlungs-GmbH wird die V.A.G Leasing GmbH hiermit ermächtigt. Die Prämie für die Fahrzeugversicherungen wird nach Ausfertigung der Police im darin ausgewiesenen Umfang von der V.A.G Leasing GmbH namens und für Rechnung des Versicherers eingezogen. **Sie ist nicht in der Leasing-Rate enthalten.**

Übernahme der Kosten für   Bei Einschluß bitte ankreuzen

Monatliche Leasing-Rate
je Fahrzeug in DM ohne USt

– **Wartung und Verschleißreparaturen**

– **Reifenersatz   Art   Anzahl**

Pf pro Mehrkilometer ohne USt

– **Kfz-Steuer**

Pf pro Minderkilometer ohne USt

– **Verkehrs-Rechtsschutzversicherung**

Die jeweils gültige Umsatzsteuer wird zusätzlich berechnet.

– **Rundfunkgebühren der GEZ**

Überführungs- und Zulassungskosten berechnet der ausliefernde Betrieb separat.

Vereinbarungen (Vertragsabrechnung, Individualabreden, Betriebskosten-Abrechnung und -Analyse)

Der Besteller ermächtigt die V.A.G Leasing GmbH widerruflich, die jeweils fälligen Zahlungen aus dem Vertragsverhältnis bei der

Bank/Ort

Konto-Nr.   BLZ
mittels Lastschrift einzuziehen.

Ort   Datum   Rechtsverbindliche Unterschrift(en) mit Firmenbezeichnung
Firmenstempel des Bestellers

VORSITZENDER DES AUFSICHTSRATES: Richard Berthold · GESCHÄFTSFÜHRUNG: Peter Schneider, Udo Schülke · SITZ DER GESELLSCHAFT: Braunschweig, Amtsgericht Braunschweig HRB 1858 · ANSCHRIFT: Postfach 53 47, 3300 Braunschweig · BANKEN/POSTGIRO: Commerzbank AG, Wolfsburg, Kto. 684 000 300 (BLZ 269 410 53), Deutsche Bank AG, Wolfsburg, Kto. 014 444 400 (BLZ 269 710 38), Dresdner Bank AG, Wolfsburg, Kto. 303 630 300 (BLZ 269 810 62), PostGiro Hannover, Kto. 170 60-301 (BLZ 250 100 30)

V.A.G Leasing GmbH

V.A.G V/501/0185

Zusammenfassung

Das Warenangebot

Allgemeine Verkaufszeiten

Bestimmen sich nach dem Ladenschlußgesetz:

z.B.
- montags, dienstags, mittwochs, freitags:
  7.00 – 18.30 Uhr
- donnerstags: 7.00 – 20.30 Uhr (Dienstleistungsabend)
- samstags: 7.00 – 14.00 Uhr
- an den letzten vier Samstagen vor dem 24.12. sowie jeweils am ersten Samstag im Monat:
  7.00 – 18.00 Uhr (in den Monaten Oktober – März) bzw.
  7.00 – 16.00 Uhr (in den Monaten April – September)

Sortimentsgestaltung

Abstimmung der angebotenen Waren auf die Marktgegebenheiten durch:
- Übernahme von Produktinnovationen in das Sortiment
- Veränderung des Sortiments mittels Produktvariation
- Herausnahme von Waren aus dem bisherigen Sortiment
- Aufnahme zusätzlicher Waren in das Sortiment

Preisermittlung und Preisauszeichnung

- grundlegende Preisgestaltung
  - kalkulierter Verkaufspreis
  - Marktpreis
  - gebundener Verkaufspreis
  - empfohlener Verkaufspreis

- Preisstrategien
  - psychologische Preisgestaltung
  - Rabattgewährung
  - Preisdifferenzierung

- Preisauszeichnung
  - Preise für Waren, die an Endverbraucher verkauft werden, müssen so angegeben werden, wie sie einschließlich Umsatzsteuer zu zahlen sind
  - Waren in Schaufenstern, Schaukästen, Verkaufsständern, Musterbüchern oder Warenlisten müssen ausgezeichnet werden

● **Kundendienst**

Service-Leistungen innerhalb der Einzelhandelsunternehmung
- fachkundige, höfliche Beratung
- Einrichtungen, die den Kauf erleichtern bzw. zu einer angenehmen Gestaltung der Verkaufsdurchführung beitragen
- Teilzahlungsangebote, Waren zur Auswahl, telefonische Warenbestellung

Service-Leistungen im Anschluß an den Kauf
- Anliefern und Zusammenstellen von Waren
- Wartungs- und Pflegearbeiten
- Reparaturdurchführung

● **Umtausch mangelfreier Ware**

Waren ohne Mängel können vom Einzelhändler aus Kulanzgründen umgetauscht werden

Der Einzelhändler ist allerdings nicht verpflichtet, diesem Kundenwunsch nachzukommen

Zur Vermeidung eines Umtausches bieten sich an
- Kundenberatung
- Auswahllieferungen
- Gutscheine

● **Kreditkäufe**

■ Buchkredite

Die Bezahlung der Ware wird auf einen späteren Zeitpunkt verschoben, ohne daß Zinsen oder sonstige Kosten entstehen
- Anschreibekredite
- Kundenkreditkarte

■ Teilzahlungskredite

Auf den Kaufpreis der Ware wird eine Anzahlung geleistet und der Restbetrag dann in mehreren Raten abgezahlt
- Das Verbraucherkreditgesetz gibt an, welche Einzelangaben in einem Teilzahlungskaufvertrag enthalten sein müssen, legt fest, daß das Widerrufsrecht gesondert zu unterschreiben ist und bestimmt, wann der Kunde verpflichtet werden kann, die gesamt Restschuld sofort zu entrichten
- Teilzahlungskredite werden dadurch gesichert, daß über den Kunden Auskünfte bei der Schufa eingeholt oder die Ware unter Eigentumsvorbehalt geliefert wird

■ Mietkauf (Leasing)

Beim Mietkauf überläßt der Einzelhändler dem Kunden für bestimmte Zeit eine Ware zur Nutzung

Aufgaben

(1) *Nennen Sie die durch das Ladenschlußgesetz bestimmten allgemeinen Öffnungszeiten einer Einzelhandelsunternehmung!*

(2) *Was ist unter einem Sortiment zu verstehen, und welche Maßnahmen können zu einer Veränderung der Produktpalette führen?*

(3) *Beschreiben Sie Produktdiversifikationen, die sich zur Sortimentsveränderung in Ihrem Ausbildungsbetrieb anbieten könnten!*

(4) Beschreiben Sie Möglichkeiten der grundlegenden Festlegung des Warenverkaufspreises für den Einzelhändler!

(5) Kalkulieren Sie – ausgehend von einem Listeneinkaufspreis von 500 DM – den Bruttoverkaufspreis (Auszeichnungspreis) einer Ware! Bestimmen Sie die Höhe der Zu- und Abschläge so, wie es in Ihrem Ausbildungsbetrieb üblich ist!

(6) Welche Vor- und Nachteile können sich beim Verkauf von Waren mit „unverbindlichen Preisempfehlungen" für die Einzelhandelsunternehmung ergeben?

(7) Was sind Markenartikel? Nennen Sie Beispiele!

(8) Erläutern Sie Arten der Preisstrategien an Beispielen!

(9) Welche Gründe sprechen dafür, Waren klar und unmißverständlich mit Preisen auszuzeichnen?

(10) Welche Kundendienstleistungen kann der Einzelhändler bereits im Geschäft und welche nach Abschluß des Kaufs anbieten?

(11) Bilden Sie jeweils ein Beispiel zu folgenden Arten von Kreditkäufen:
   a) Buchkredit
   b) Teilzahlungskredit
   c) Mietkauf!

(12) Nennen Sie die wichtigsten Bestimmungen, die das Verbraucherkreditgesetz für Teilzahlungskäufe vorschreibt!

(13) Wodurch kann sich der Einzelhandelskaufmann bei Teilzahlungskrediten absichern?

(14) Erläutern Sie den Unterschied zwischen Umtausch und Reklamation!

5 Kundenkreis und Verkaufsabschluß

5.1 Kundenkreis und Kundenarten

5.1.1 Kundenkreis

Der Kundenkreis einer Einzelhandelsunternehmung bestimmt sich im wesentlichen nach:
- dem Standort,
- der Betriebsform,
- dem Sortiment.

▶ **Standort**

Die Erreichbarkeit des Ladenlokals ist sowohl für die Anzahl der Käufer als auch für die Zusammensetzung des Kundenkreises von Bedeutung.

Ist keine geeignete Anbindung an das öffentliche Verkehrsnetz gegeben oder stehen Parkplätze nicht in ausreichendem Maße zur Verfügung, werden bestimmte Kunden (etwa ältere Menschen) vom Besuch dieser Verkaufsstätte absehen.

▶ **Betriebsform**

Während Fach- und Spezialgeschäfte relativ wenige, von den Kaufmotiven sich ähnlich verhaltende Kunden ansprechen (Sportler, Raucher, Hutträger, Fotoamateure, Liebhaber von Süßigkeiten), muß ein Warenhaus oder ein Versandhandel größere Kundenzahlen mit unterschiedlicheren Kaufabsichten berücksichtigen.

▶ **Sortiment**

Die Breite und Tiefe des Sortiments und das durchschnittliche Preisniveau der angebotenen Waren haben erheblichen Einfluß auf die Zusammensetzung des Kundenkreises.

> Die Käufer in einem Textilwarenhaus werden sich von denen in einem exklusiven Modehaus nicht nur nach ihrer Anzahl, sondern vor allem nach ihrer Kaufkraft unterscheiden.
>
> Kaufkraft bedeutet, daß sich die Möglichkeit des Warenerwerbs nach der Höhe des Einkommens richtet.

5.1.2 Kundenarten

Der Kundenkreis kann einerseits nach der Einkommenshöhe (Kaufkraft) in verschiedene Kundenarten eingeteilt werden; andererseits stellen aber auch Frauen, Männer, Kinder, Jugendliche, Erwachsene, Verheiratete, Familien mit Kindern usw. Kundenarten dar, die für sie typische Artikel nachfragen bzw. am Umsatz einzelner Warengruppen in besonders hohem Maße beteiligt sind.

> Jugendliche: Schallplatten oder Jeans
> Frauen: modische Kleidung oder Waschmittel
> Männer: Foto- u. Filmbedarf, Tabakwaren oder Heimwerkerbedarf
> Jungverheiratete: Einrichtungsgegenstände
> Familien mit Kindern: Spielzeug

Nach der **Bindung** an eine bestimmte Einzelhandelsunternehmung läßt sich im weiteren folgende Gruppenbildung vornehmen:
- Stammkunden
- Laufkunden
- Besichtigungskunden
- Sehkunden

▶ **Stammkunden**

Stammkunden kaufen regelmäßig in „ihrem Geschäft". Sie sind dem Verkaufspersonal nicht selten namentlich bekannt. Ein besonderes Vertrauensverhältnis bestimmt die Verkaufsatmosphäre. Stammkunden sichern vor allem Fach- und Spezialgeschäften einen regelmäßigen Umsatz. Ihre Zufriedenheit mit dem Geschäft, dem Verkaufspersonal und den Waren macht sie zu einem wichtigen „Werbefaktor" für den Einzelhändler. Stammkunden sollten in einer Kundenkartei erfaßt und ständig (z. B. durch Werbebriefe) über günstige Angebote oder Sonderverkaufsmaßnahmen unterrichtet werden.

▶ **Laufkunden**

Der Anteil an Laufkunden einer Einzelhandelsunternehmung ist nicht zuletzt abhängig vom Standort des Geschäftes. In Fußgängerzonen, an Verkehrsknotenpunkten und in Einkaufszentren wird es häufiger der Fall sein, daß Kunden ihre Einkäufe dort tätigen, „wo sie gerade vorbeikommen". Eine ansprechende Schaufenstergestaltung kann die Aufmerksamkeit dieser Passanten hervorrufen. Werbeaktionen, Sonderverkaufsveranstaltungen oder Warenvorführungen regen zudem zum Besuch der Verkaufsräume an.

▶ **Besichtigungskunden**

Besichtigungskunden wollen sich in mehreren Einzelhandelsunternehmungen einen Überblick über eine bestimmte Ware verschaffen. Sie haben zwar Kaufabsichten, informieren sich aber zunächst über die unterschiedliche Preisgestaltung und lassen sich verschiedene Artikel vorlegen, vorführen und erklären. Ausschlaggebend dafür, daß es schließlich zum Kaufabschluß kommt, ist nicht nur der Warenpreis, sondern die durch gute Warenkenntnisse unterstützten Argumente des Verkäufers; diesem sollte es auch gelingen, die besondere Leistungsbereitschaft der Einzelhandelsunternehmung (Serviceangebote) hervorzuheben.

► **Sehkunden**

Sehkunden legen keinen Wert auf die Beratung durch das Verkaufspersonal. Sie hegen noch keine Kaufabsicht, sondern wollen möglichst ungestört die Verkaufsräume „durchstöbern" können. Dort, wo ihr Interesse auf irgendeine Art und Weise geweckt wird, prüfen sie einzelne Artikel eingehender. Erscheint ihnen ein Angebot besonders günstig, kann es zu Spontankäufen kommen.

5.2 Das Verkaufsgespräch

Die wohl schwierigste, aber auch zugleich wichtigste und interessanteste Tätigkeit der Mitarbeiter einer Einzelhandelsunternehmung ist das Führen der Verkaufsgespräche. Während in Bedienungsgeschäften die Betreuung unmittelbar, nachdem der Kunde den Verkaufsraum betreten hat, einsetzen sollte, wird in Geschäften mit Vorwahl der direkte Kundenkontakt zunächst vermieden. Der Verkäufer tritt erst dann in Erscheinung, wenn seine Unterstützung offensichtlich gewünscht wird. Er beobachtet zunächst und wählt den Zeitpunkt des Ansprechens so aus, daß er einerseits dem Kunden genügend Zeit einräumt, sich mit dem Artikel vertraut zu machen, ihn aber andererseits rechtzeitig bei der Kaufentscheidung unterstützen kann.

5.2.1 Empfang des Kunden

Betritt der Kunde bereits mit festen Kaufvorstellungen das Geschäft, möchte er möglichst rasch beachtet und angesprochen werden. Ist er den Mitarbeitern bekannt, bietet sich die namentliche Begrüßung an. Kann bereits abgesehen werden, daß die Verkaufsberatung längere Zeit in Anspruch nehmen wird, sollten Sitzgelegenheiten angeboten, hinderliche Taschen und Garderobe sicher aufbewahrt, für Raucher Aschenbecher bereitgestellt und eventuell Erfrischungen (Tee, Kaffee, Fruchtsaft) gereicht werden. Kindern kann die Zeit der Verkaufsverhandlungen mit Spielzeug verkürzt werden.

5.2.2 Ermittlung des Kaufwunsches und Vorlage der Ware

Ist der Kaufwunsch des Kunden noch unbestimmt, wird der Verkäufer zunächst bemüht sein, genaueres über die Art der gewünschten Ware und den Verwendungszweck zu erfahren. Erst danach kann er entscheiden:

– in welchen und in wieviel Variationen der Artikel vorgelegt bzw. vorgeführt werden soll,
– welche Preisklasse angemessen erscheint,
– wie das Vorlegen bzw. Vorführen gestaltet werden kann.

► **Wieviel Ware soll vorgelegt bzw. vorgeführt werden?**

Werden viele Variationen eines Artikels dem Kunden zusammen vorgestellt, ist das sachgerechte Bewerten erschwert. Der Käufer wird möglicherweise überfordert und unsicher. Drei oder vier Alternativen, die sachkundig erläutert werden, bieten eher die Gewähr einer befriedigenden Kaufentscheidung. Wird ein Artikel abgelehnt, sollte er beiseite geräumt und durch eine, dem geäußerten Kundenwunsch eher entsprechende Ware ersetzt werden. Wird hingegen einem Artikel vom Kunden erkennbar zugesprochen, sollte nur noch auf ausdrücklichen Wunsch eine zusätzliche Vorlage erfolgen.

Bietet der Verkäufer allerdings zu wenig Auswahl an, könnten dem Kunden Zweifel an der Leistungsbereitschaft des Geschäftes oder dem Beratungswillen des Verkäufers kommen.

▶ Welche Preisklasse erscheint angemessen?

Beginnen sollte die Vorlage bzw. Vorführung mit Artikeln von mittlerem Preisniveau. Der Kunde wird selbst durch seine Reaktion andeuten, ob er eher preisgünstigere oder teurere Waren wünscht, bzw. ob die Frage des Preises nur von untergeordneter Bedeutung ist, und eher Qualität, Verwendungsmöglichkeiten, besondere Ausstattung und Gestaltung seine Kaufentscheidung beeinflussen. Äußert der Käufer seine Preisvorstellungen nicht von sich aus, sollten sie bei den meisten Artikeln auch nicht direkt nachgefragt werden.

▶ Wie gestaltet sich das Vorlegen oder Vorführen?

Entscheidend ist zunächst die Warenart. Vorgelegt werden z.B. Bekleidungsartikel oder Schuhe (die durch Anproben auf ihre Paßform überprüfbar sind), Porzellan, Bücher oder Schmuck.

In ihrer Funktionsweise vorgeführt werden können etwa Elektrogeräte, Unterhaltungselektronik oder Möbel. Selbstverständlich ist, daß sich die so dargebotenen Waren in einwandfreiem, gepflegtem Zustand befinden müssen.

Bei einigen Artikeln kann es ratsam sein, den Geschäftsraum zur Demonstration zu verlassen. Künstliches Licht beeinflußt z.B. eine korrekte Farbwiedergabe. Für das Vorführen von Fotoapparaten, Filmgeräten oder Ferngläsern ist die Enge des Geschäftslokales hinderlich.

5.2.3 Kaufmotive und Kundeneinwände

▶ Kaufmotive

Kaufmotive sind Beweggründe des Kunden, die ihn zur Aufnahme von Verkaufsverhandlungen bzw. zur Auswahl einer bestimmten Ware veranlassen. Der Verkäufer sollte versuchen, diese Motive im Gespräch zu erkennen, um bessere Verkaufsargumente vorbringen und um gezielter auf Kundeneinwände eingehen zu können.

- ● **Sachliche Beweggründe** beim Kauf sind z.B. Preisgünstigkeit, Haltbarkeit, geringe Energiekosten, Arbeitserleichterung oder Funktionstauglichkeit.

- ● **Gefühlsmäßige Beweggründe** können sein: Anerkennung zu erlangen, Eindruck zu erwecken, mit der Mode gehen zu wollen oder sich von anderen abzuheben.

> Kaufmotive treten in der Regel „gebündelt" auf. So kann sich die Auswahl eines bestimmten Pkw auf sachliche Überlegungen (geringe Unterhaltskosten, lange Haltbarkeit, günstiger Preis) und auf gefühlsmäßige Beweggründe (Prestige, Sportlichkeit, Farbe) stützen.

▶ Kundeneinwände

Bedenken der Kunden gegen die Ware, ihren Preis, ihren Zustand oder ihre Qualität sind – falls die Einwände unberechtigt sind – sachlich und freundlich zu widerlegen. Dabei kommen einer gründlichen Warenkenntnis und der Gesprächsführung, die nicht überreden, sondern überzeugen sollte, besondere Bedeutung zu.

Berechtigte Kundeneinwände sind anzuerkennen. Wird eine bestimmte Farbe abgelehnt, ein Material vom Käufer verworfen oder gar Beschädigungen an der ausgesuchten Ware festgestellt, sollte der Verkäufer nicht versuchen, diese Argumente zu übergehen oder gar zu bestreiten.

5.3 Der Verkaufsabschluß

Endet das Verkaufsgespräch für beide Partner mit einem befriedigenden Ergebnis, wird der Kaufvertragsabschluß vorbereitet.

5.3.1 Der Kaufvertrag mit dem Kunden

Ebenso wie bei der Warenbeschaffung (Vertragspartner sind Einzelhändler und Lieferant; vgl. S. 67ff. und S. 92ff.) kommt ein Kaufvertrag zwischen dem Einzelhändler und seinem Kunden durch **zwei übereinstimmende Willenserklärungen** zustande, nämlich durch **Antrag** und **Annahme**. Auch in diesem Fall können Antrag und Annahme sowohl vom Verkäufer als auch vom Käufer ausgehen.

– Ein Kunde betritt eine Buchhandlung, nimmt aus einem Ständer einen Reiseführer zum Preis von 7,80 DM und legt ihn dem Verkäufer vor (Antrag). Der Verkäufer prüft das Exemplar und geht zur Kasse (Annahme).

– Bestellt der Kunde ein zur Zeit nicht vorrätiges Buch (Antrag = Bestellung), kommt erst durch das Ausfüllen des Bestellscheins (Annahme = Auftragsbestätigung) ein Kaufvertrag zustande.

– Ein Kunde betritt ein Textilfachgeschäft und äußert den Wunsch, einen Anzug zu erwerben (Anfrage). Der Verkäufer legt ihm den Artikel vor und berät ihn (Antrag = verbindliches Angebot). Willigt der Käufer in die Vertragsbedingungen ein (Annahme = verbindliche Bestellung), ist der Kaufvertrag wirksam.

Antrag und Annahme können schriftlich, mündlich oder durch schlüssiges Verhalten abgegeben werden.

Erwirbt ein Kunde in einer Einzelhandelsunternehmung Waren, handelt es sich stets um einen einseitigen Handelskauf, d.h., nur für den Einzelhändler ist das Geschäft ein Handelsgeschäft (vgl. S. 102). Beide Vertragspartner müssen zum wirksamen Abschluß eines Kaufvertrages voll geschäftsfähig sein (vgl. S. 73).

Mit dem Abschluß des Kaufvertrages ergeben sich für Verkäufer und Käufer bestimmte Rechte und Pflichten:

● **Der Verkäufer**

– muß die Ware übergeben
– hat das Eigentum an der Ware zu übertragen

● **Der Käufer**

– muß die Ware abnehmen
– hat den vereinbarten Kaufpreis zu entrichten

5.3.2 Zusammenstellen und Verpacken der Ware

Die Zusammenstellung und Verpackung der vom Kunden erworbenen Waren wird häufig vom Verkäufer, der das Verkaufsgespräch geführt und den Kaufvertrag abgeschlossen hat, selbst vorgenommen.

Nur in großen Fachgeschäften, Waren- und Kaufhäusern sind spezielle Packtische an den Sammelkassen eingerichtet, an denen der Kunde unter Vorlage des vom Verkäufer ausgestellten Kassenzettels bzw. des vom Artikel abgetrennten Preisetiketts zunächst den Rechnungsbetrag begleicht und dann die bereits verpackte Ware in Empfang nimmt.

Die Verpackung von Produkten erfüllt in erster Linie den Zweck, die Waren beim Transport und bei der Lagerung vor Beschädigung und Verderb zu schützen. Sie muß auf die jeweilige Ware abgestimmt gestaltet sein und die Anforderungen an zweckmäßige Beförderung und leichte Handhabbarkeit erfüllen.

Verpackungen müssen gewährleisten, daß:

● verbrauchsgerechte Mengen angeboten und entnommen werden können

▮ Waschmittel in unterschiedlichen Packungsgrößen.

● ein leicht handhabbarer Umgang mit dem Produkt ermöglicht wird

▌ Behälter für Flüssigkeiten sollten ein problemloses Öffnen, sicheres Wiederverschließen und vollständiges Entleeren gewährleisten.

In zunehmendem Maße werden der Verpackung auch **Servicefunktionen** übertragen. Diese Aufgabenstellung umfaßt z.B.:

– die Möglichkeit, Lebensmittel in der Verpackung zuzubereiten und auf den Tisch zu bringen,

– die Bildung von Bedarfseinheiten (Menüs in Flugzeugen),

– die Wiederverwendungsmöglichkeiten von Verpackungen (Waren verpackt in Trinkgläsern oder Eimern).

Verpackungen können zudem als Werbeträger für das verkaufende Einzelhandelsgeschäft bzw. die Ware selbst Verwendung finden (Einkaufstüten, Tragetaschen, Einwickelpapier oder Klebeetiketten mit Firmenaufdruck oder Markennamen).

Die Verpackungspraxis wird in letzter Zeit aus Umweltüberlegungen heftig kritisiert. Insbesondere wird beklagt, daß es zu viele und zu aufwendige Verpackungen gibt, die weit über die erforderlichen Verpackungsfunktionen hinausgehen und dadurch den Müllanfall in einem Maße vergrößern, daß dieser unter ökologisch vertretbaren Gesichtspunkten nur schwerlich zu beseitigen ist. Aus diesen Feststellungen ergeben sich Forderungen in bezug auf eine **umweltgerechte Verpackungsgestaltung:**

– Verringerung der Verpackungsmenge auf das notwendige Maß,

– Einführung wiederverwendungsfähiger Verpackungen,

– Herstellung leicht zu vernichtender bzw. recyclinggerechter[1] Verpackungen.

Auf immer mehr Verpackungen finden sich neuerdings derartige Recyclingsymbole für Kunststoffe (hier für Polyethylen). Sie sollen darauf hinweisen, daß sich diese Materialien – zumindest theoretisch – getrennt sammeln und wiederverwerten lassen. In der Praxis fehlen jedoch oft die Sammelsysteme.

Quelle: test 1/1992, S. 11

Erneute Gewinnung von Rohstoffen aus wiederaufbereitbaren Müllbestandteilen wie z.B. Altglas und -papier

► **Verpackungsverordnung**

Mit der **Verordnung über die Vermeidung von Verpackungsabfällen (Verpackungs-verordnung – VerpackV)** nimmt der Gesetzgeber Hersteller bzw. Vertreiber von Verpackungen in die Pflicht,

● Transport-, Verkaufs- und Umverpackungen zurückzunehmen und zu verwerten;

● Getränkeverpackungen sowie Verpackungen für Wasch- und Reinigungsmittel und Dispersionsfarben zurückzunehmen und mit einem – bei der Rückgabe der Verpackung zu erstattenden – Pfand zu belegen.

Die Rücknahmepflicht für die vom Konsumenten gebrauchten **Verkaufsverpackungen** (wie z.B. Becher, Beutel, Dosen, Flaschen oder Kartonagen) entfällt für solche Hersteller und Vertreiber, die sich an einem System beteiligen, das folgende Anforderungen erfüllt: Im jeweiligen Einzugsgebiet ist flächendeckend eine regelmäßige Abholung der gebrauchten Verpackungsmaterialien beim Endverbraucher (Holsysteme), in der Nähe des Endverbrauchers durch Container bzw. andere geeignete Sammelbehältnisse (Bringsysteme) oder durch eine Kombination von Hol- und Bringsystemen sicherzustellen, so daß die gesammelten Verpackungen sortiert und stofflich verwertet werden. Dabei sind die bestehenden Systeme der kommunalen Gebietskörperschaften einzubeziehen (§ 6 III VerpackV).

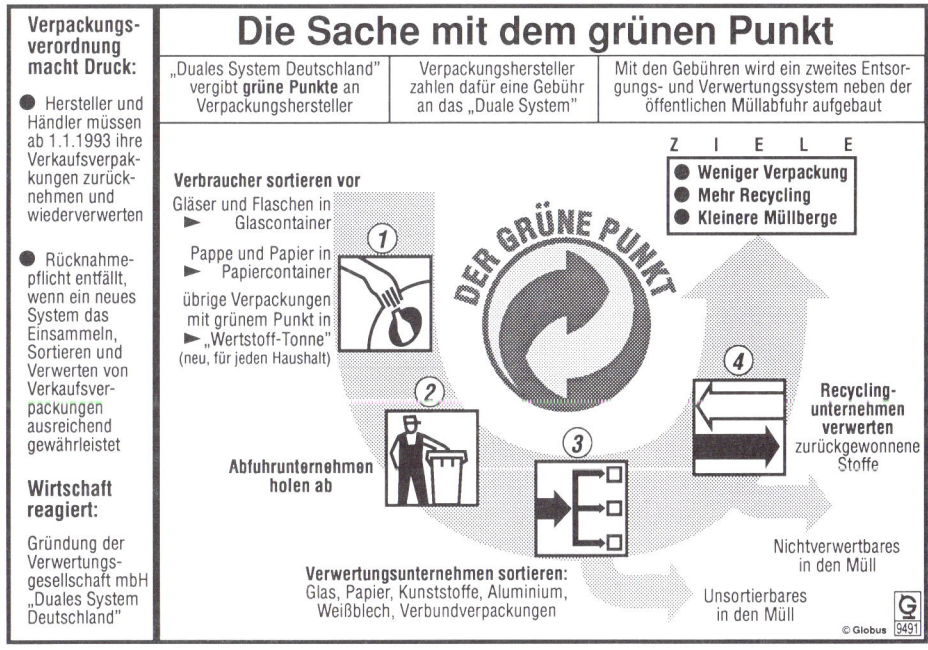

Die Sache mit dem grünen Punkt

Neben diesen Rücknahme- und Verwertungs- bzw. Pfanderhebungspflichten sind Hersteller und Vertreiber angehalten, Verpackungen aus umweltverträglichen und die stoffliche Verwertung nicht belastenden Materialien herzustellen (§ 1 I VerpackV). Darüber hinaus sind Abfälle aus Verpackungen dadurch zu vermeiden, daß Verpackungen

● nach Volumen und Gewicht auf das zum Schutz des Füllgutes und auf das zur Vermarktung unmittelbar notwendige Maß beschränkt werden;

- so beschaffen sein müssen, daß sie wiederbefüllt werden können, soweit dies technisch möglich und zumutbar sowie mit den auf das Füllgut bezogenen Vorschriften vereinbar ist;

- stofflich verwertet werden, soweit die Voraussetzungen für eine Wiederbefüllung nicht vorliegen (§ 1 II VerpackV).

Der Grüne Punkt ist kein Verpackungs-Gütesiegel

Umweltbewußte Kunden sollten sich nicht irreführen lassen

Ob auf Bierdosen, Süßigkeiten, Milchtüten oder Weinflaschen – man findet ihn inzwischen fast überall: den „grünen Punkt". Bis Mitte des Jahres, so die Zielvorgabe von Industrie und Handel, sollen etwa 70 % aller Verpackungen mit diesem Kennzeichen versehen sein. Noch wissen viele Verbraucher mit der neuartigen Markierung nicht viel anzufangen, doch die anbietende Wirtschaft preist den „grünen Punkt" bereits heute als „pragmatischen Ansatz, um die Müllflut zu bremsen".

Bei den Verbraucherverbänden ist man skeptisch. Der „grüne Punkt", so heißt es dort, werde kaum zur Abfallvermeidung beitragen. Mit ihm wollten Industrie und Handel nur dem von Bonn angedrohten Zwangspfand und der Rücknahmepflicht für Verpackungen entgehen. Tatsächlich ist der „grüne Punkt", der alle wiederverwertbaren Verpackungen kennzeichnen soll, vor dem Hintergrund der stufenweise in Kraft tretenden Verpackungsverordnung entstanden. Nach dieser Verordnung müßte der Handel ab 1. Januar 1993 von seinen Kunden alle Verkaufsverpackungen unentgeltlich zurücknehmen. Ein Hintertürchen aber gibt es: Statt der Rücknahme von Verpackungen im oder am Laden können die Unternehmer Verpackungen auch über „endverbrauchernahe Erfassungssysteme", sogenannte „duale Systeme", zurücknehmen.

Von dieser Ausnahmeregelung machen Industrie und Handel jetzt Gebrauch. In ganz Deutschland wird zusätzlich zur normalen Müllabfuhr ein zweites Sammelsystem aufgebaut. Jeder Haushalt wird mit einer zusätzlichen Mülltonne ausgestattet, einer sogenannten Werttonne, vorgesehen für alle Verpackungen, außer Glas und Papier, die mit einem grünen Punkt gekennzeichnet sind.

Vor Mißverständnissen muß jedoch gewarnt werden. Der „grüne Punkt" bedeutet beileibe nicht, daß das so gekennzeichnete Produkt umweltfreundlich ist, und er sagt noch nicht einmal etwas darüber aus, ob die Verpackung umweltfreundlich ist. Bei den Verbraucherverbänden empfiehlt man daher: „Wer umweltbewußt einkaufen will, sollte bevorzugt Ware kaufen, die lose angeboten wird, oder zumindest auf aufwendig verpackte Produkte verzichten."

Quelle: Westfälischer Anzeiger vom 14.05.1992

Zusammenfassung

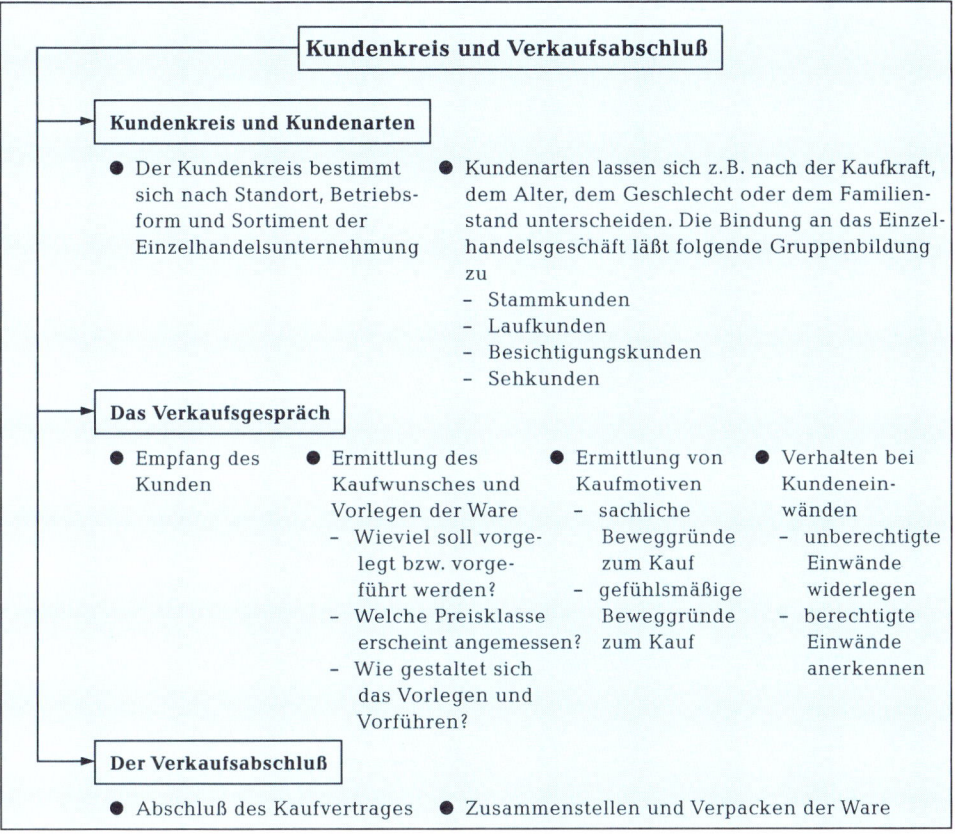

Kundenkreis und Verkaufsabschluß

Kundenkreis und Kundenarten

- Der Kundenkreis bestimmt sich nach Standort, Betriebsform und Sortiment der Einzelhandelsunternehmung

- Kundenarten lassen sich z.B. nach der Kaufkraft, dem Alter, dem Geschlecht oder dem Familienstand unterscheiden. Die Bindung an das Einzelhandelsgeschäft läßt folgende Gruppenbildung zu
  - Stammkunden
  - Laufkunden
  - Besichtigungskunden
  - Sehkunden

Das Verkaufsgespräch

- Empfang des Kunden

- Ermittlung des Kaufwunsches und Vorlegen der Ware
  - Wieviel soll vorgelegt bzw. vorgeführt werden?
  - Welche Preisklasse erscheint angemessen?
  - Wie gestaltet sich das Vorlegen und Vorführen?

- Ermittlung von Kaufmotiven
  - sachliche Beweggründe zum Kauf
  - gefühlsmäßige Beweggründe zum Kauf

- Verhalten bei Kundeneinwänden
  - unberechtigte Einwände widerlegen
  - berechtigte Einwände anerkennen

Der Verkaufsabschluß

- Abschluß des Kaufvertrages
- Zusammenstellen und Verpacken der Ware

Aufgaben

(1) Bilden Sie jeweils ein Beispiel, in dem der Standort, die Betriebsform oder das Sortiment den Kundenkreis des Einzelhändlers bestimmt!

(2) Verdeutlichen Sie die Kundenarten Stammkunden, Laufkunden und Besichtigungskunden!

(3) Worin unterscheidet sich der Empfang eines Kunden in einem Bedienungsgeschäft von dem in einem Geschäft mit Vorwahl?

(4) Welche Fragen sollten Sie, bevor die Ware vorgelegt oder vorgeführt wird, entschieden haben? Erläutern Sie die richtige Vorgehensweise!

(5) Was sind Kaufmotive und welche Arten kennen Sie?

(6) Wie begegnen Sie unberechtigten und wie berechtigten Kundeneinwänden beim Verkaufsgespräch? Verdeutlichen Sie Ihr Vorgehen an einem Beispiel!

(7) Welche Tätigkeiten sind notwendig, daß nach Abschluß des eigentlichen Verkaufsgespräches der Verkaufsabschluß erreicht wird?

(8) Welcher Zweck kann mit einer bestimmten Art der Verpackung von Waren verfolgt werden?

(9) Skizzieren Sie den Stellenwert der Verpackungsverordnung aus der Sicht der Hersteller, des Handels und des ökologisch verantwortungsbewußten Endverbrauchers!

6 Sonderfälle beim Verkauf

6.1 Zusatzangebote

Hat sich der Kunde aufgrund des Verkaufsgespräches entschlossen, einen bestimmten Artikel zu erwerben, kann es sinnvoll, in einigen Fällen sogar notwendig sein, daß vom Verkaufspersonal auf Zusatzangebote hingewiesen wird.

● Zusatzangebote, die die Funktionsfähigkeit der Ware erst **ermöglichen** bzw. **verbessern**

- Batterien zum Kassettenrecorder
- Nähgarn zum Kleiderstoff
- Staubauffangbeutel zum Staubsauger
- Imprägnierspray zum Wildledermantel
- Blumenfrisch zu Schnittblumen

● Zusatzangebote, die die Ware **ergänzen**

- Bluse zum Rock
- Gürtel zur Hose
- Socken zu Schuhen

● Zusatzangebote, die in **keiner direkten Verbindung** zur Ware stehen

Der Verkäufer weist auf aktuelle Sonderangebote hin oder empfiehlt Produkte, die neu in das Sortiment der Einzelhandelsunternehmung aufgenommen wurden.

Zusatzangebote sollten nie aufgedrängt werden, sondern sind als ergänzende Kundendienstleistung zu verstehen. In einigen Fällen kann es sinnvoll sein, diese Angebote bereits im Verkaufsgespräch, das um die eigentlich gewünschte Ware geführt wird, anzubieten. Meist erscheint allerdings ein Hinweis erst nach Beendigung des Hauptverkaufs angebracht.

6.2 Zugaben

Zugaben sind Artikel, die beim Warenverkauf kostenfrei mitgeliefert oder gegen ein geringfügiges, offenbar nur zum Schein verlangtes Entgelt gewährt werden.

Damit stellen Zugaben in erster Linie Werbemittel dar, die die Kunden zum erneuten Einkauf in dieser Einzelhandelsunternehmung bewegen sollen.

Eine Packung Tee wird zusammen mit einer entsprechenden Tasse angeboten. Der handelsübliche Preis dieser Tasse beträgt 5,00 DM. Bei diesem Kombinationsangebot werden aber nur 0,50 DM gefordert. Da also der Angebotspreis erheblich unter dem normalen „Verkehrswert" der Tasse liegt, wird es sich um ein nur zum Schein verlangtes Entgelt handeln.

Im geschäftlichen Verkehr ist es **grundsätzlich verboten, neben einer Ware eine Zugabe anzubieten, anzukündigen oder zu gewähren** (§ 1 ZugabeVO).

Ausgenommen sind allerdings:

● Waren von **geringem Wert**;

- Luftballons, Kugelschreiber, Bonbons, Taschenkalender

● Waren von geringerem Wert, die als **Werbeträger** dauerhaft und deutlich sichtbar mit einem Firmenaufdruck versehen sind;

Gegenstände mit Kennzeichnung der reklametreibenden Firma wie etwa Schlüsseletui oder Wandkalender

- **handelsübliches Zubehör** zur Ware oder **handelsübliche Nebenleistungen**;

  – Kleiderbügel beim Mantelkauf
  – Gläser oder Flaschenöffner beim Getränkekauf
  – Aufstellen und Anschließen einer gekauften Waschmaschine

6.3 Verkauf von in Schaufenstern ausgestellten Waren

▶ Rechtliche Voraussetzungen

Das Verkaufspersonal einer Einzelhandelsunternehmung ist nicht verpflichtet, Waren, die im Schaufenster ausgestellt sind, an einen Kunden zu verkaufen. **Schaufensterauslagen sind keine bindenden Angebote**; sie richten sich nicht an eine bestimmte Person, sondern an die Allgemeinheit, eine Vielzahl von Personen. Mit dieser Warendarbietung will der Einzelhändler seine Kunden auffordern, von sich aus „ein Angebot abzugeben", er bittet sie also, mit ihm oder einem seiner Mitarbeiter in Verkaufsverhandlungen einzutreten (vgl. S. 77).

Nach der Preisangabenverordnung sind Waren, die im Schaufenster ausgestellt werden, mit Preisen (einschließlich Umsatzsteuer) zu versehen (§§ 1 und 2 PAngV) (vgl. S. 186). Ist eine ausgestellte Ware versehentlich falsch ausgezeichnet (eine Handtasche ist mit 198,00 DM anstatt 398,00 DM angegeben), muß der Einzelhändler die Ware **nicht** zu diesem Preis veräußern. Er ist an sein Angebot nicht gebunden und kann im Verkaufsgespräch den Irrtum über die Preisauszeichnung vortragen (§ 119 BGB). Sind Artikel allerdings wissentlich falsch ausgezeichnet, oder ist die ausgestellte Ware in den Geschäftsräumen nicht erhältlich (es sei denn, es handelt sich um ein Stückgut), liegt ein Verstoß gegen das „Gesetz gegen den unlauteren Wettbewerb" vor. In diesem Fall hätte die Schaufensterauslage nur die Aufgabe, Kunden in das Ladenlokal zu locken (unerlaubtes „Lockvogelangebot" gemäß §§ 3 und 4 UWG).

Ausgestellte Waren, die in den Geschäftsräumen nicht erhältlich sind und nur als Dekorationsstücke dienen, sind mit einem Schild „Dekorationsstück", „unverkäuflich" oder „Leihgabe der Firma . . . ." zu kennzeichnen.

▶ Entnahme von Schaufensterwaren

Möchte ein Kunde Ware aus dem Schaufenster erwerben, sei es, weil sie ihm besonders gut gefällt oder ein Bekleidungsstück nur noch dort in seiner Größe vorrätig ist, wird der Einzelhändler versuchen, diesen Wunsch zu erfüllen. Beeinträchtigt die Warenentnahme die Dekoration, oder ist es während der Verkaufszeit schwierig, den Artikel zu entnehmen, wird man den Kunden bitten, bis zum Dekorationswechsel oder bis zum nächsten Tag zu warten. In beiden Fällen kann eine Anzahlung gefordert und muß die Ware mit dem Vermerk „verkauft" versehen werden. Das Gesamtbild des Schaufensters wird nach der Entnahme durch einen geeigneten Artikel wieder hergestellt.

Kundenbenachrichtigung:

Sport Braun GmbH

Sport Braun GmbH Postfach 101010 44710 Bochum

Herrn
Michael Pape
Tellweg 34

44866 Bochum

Karlstraße 16
44866 Bochum
✆   0234/437-1
Telefax 0234/437-506

Sparkasse Bochum
BLZ 430 500 01
Konto-Nr. 27 83 94

Geschäftszeit
Mo - Fr 9.00 - 18.30 h
Sa   9.00 - 14.00 h

Ihre Zeichen/Ihre Nachricht vom Unsere Zeichen	Durchwahl	Bochum
	121	25.03.19..

Sehr geehrter Herr Pape,

am 20.02.19.. waren Sie am Kauf des **Jogginganzuges "Olympia"**, der in unserem Schaufenster ausgestellt war, interessiert. Da es uns jedoch nicht möglich war, den Anzug aus der Dekoration herauszunehmen, erklärten Sie sich bereit, bis zur Umdekoration zu warten.

Dieses Wochenende gestalten wir unsere Schaufensterauslagen neu. Der Jogging-anzug liegt ab Montag morgen in unseren Geschäftsräumen zur Abholung bereit.

Selbstverständlich wird Ihre Anzahlung von 20,00 DM bei der Bezahlung verrechnet.

Mit freundlichen Grüßen

Sport Braun GmbH

Braun

Braun

6.4 Verkauf von Waren an Minderjährige

Beim Verkauf von Waren muß der Einzelhändler beachten, daß das einem Kaufvertrag zugrunde liegende Rechtsgeschäft für bestimmte Personengruppen nichtig sein kann. Dies trifft insbesondere auf nicht voll geschäftsfähige Kinder und Jugendliche zu. **Geschäftsfähigkeit** bedeutet, Rechtsgeschäfte selbständig und rechtsgültig abschließen zu können (vgl. S. 72 f.).

▶ **Verkauf an Kinder unter 7 Jahre**

Kinder unter 7 Jahre sind **geschäftsunfähig** und können demnach für sich selbst keine rechtsgültigen Geschäfte abschließen; für sie handeln Eltern, Vormund oder Betreuer. Sofern dennoch an ein Kind in diesem Alter Ware verkauft wird, kann dessen gesetzlicher Vertreter diese an den Einzelhändler zurückgeben und die Erstattung des Kaufpreises verlangen.

Wird das Kind allerdings von einer unbeschränkt geschäftsfähigen Person (z. B. mit einem Einkaufszettel) zu einem Einzelhändler geschickt, so tritt es dort als **Bote** auf. In diesem Fall kommt ein gültiger Kaufvertrag zwischen dem Kaufmann und dem Auftraggeber des Kindes (z. B. den Eltern) zustande.

▶ **Verkauf an Kinder und Jugendliche zwischen 7 und 18 Jahre**

Personen, die das 7. Lebensjahr vollendet haben, aber noch nicht 18 Jahre alt sind, verfügen über eine **beschränkte Geschäftsfähigkeit**. Schließen sie Rechtsgeschäfte ab, so sind diese nur gültig, wenn vom gesetzlichen Vertreter eine Einwilligung (vorherige Zustimmung) oder eine Genehmigung (nachträgliche Zustimmung) vorliegt.

Lediglich Kaufverträge, die mit Mitteln des Taschengeldes beglichen werden können, sind auch ohne Mitwirkung des gesetzlichen Vertreters rechtswirksam.

6.5 Gesetz gegen den unlauteren Wettbewerb

Bei allen zur Förderung seines Verkaufserfolges eingesetzten Maßnahmen hat der Einzelhändler darauf zu achten, daß er seine Konkurrenten nicht durch **wettbewerbswidrige Maßnahmen** in ihren eigenen Bemühungen um die Kunden einschränkt oder behindert. Das **UWG** will damit einen fairen Wettstreit zwischen allen Unternehmungen am Markt sicherstellen und gleichzeitig die Konsumenten vor irreführenden Angaben schützen. Somit stellt das UWG eine Rechtsnorm dar, die indirekt über die Stärkung des Wettbewerbs den Schutz des Verbrauchers bewirkt.

Verhält sich eine Unternehmung wettbewerbswidrig, kann dieses **Verhalten abgemahnt** werden. In diesem Fall wird die Unternehmung von einem Mitkonkurrenten, einem Verbraucherverband, einer Industrie- und Handelskammer, einer Handwerkskammer, einer Zentrale zur Bekämpfung des unlauteren Wettbewerbs oder einem Abmahnverein aufgefordert, diese bestimmte Maßnahme zu unterlassen (§ 13 UWG). Ein einzelner Konsument ist allerdings nicht berechtigt, gegen wettbewerbswidriges Verhalten vorzugehen.

Ist die „**Aufforderung auf Unterlassung**" berechtigt und stellt der entsprechende Anbieter sein Tun trotzdem nicht ein, kann vom Gericht für den Fall der nochmaligen Wiederholung dieser Maßnahme ein Ordnungsgeld angeordnet werden.

14 Käseborn/Siekerkötter – ISBN 3-8120-0081-4

Werbeaussage „ohne Tierversuche" unzulässig

cri **Frankfurt a.M.** Unternehmungen dürfen für Lippenstifte, Puder und andere Pflege-Produkte nicht mit den Slogans „Kosmetik ohne Tierversuche" oder „Schönheit ohne Grausamkeit" werben. Da hilft es auch nichts, wenn letzterer Spruch in englischer Sprache – „Beauty without cruelty" – auf der Verpackung prangt. Mit diesem Urteil hat jetzt das Oberlandesgericht Frankfurt die Berufung eines Berliner Unternehmens gegen einen entsprechenden Beschluß des Landgerichts abgewiesen (AZ: 6 U 138/84) und ihm bei Zuwiderhandlung ein Ordnungsgeld in Höhe von bis zu 500 000 DM angedroht.

Die Richter stützten sich bei ihrer Entscheidung auf ein Sachverständigengutachten. Die Experten stellten darin fest, daß ein Kosmetikartikel laut geltendem bundesdeutschen sowie EG-Recht erst dann im Handel verkauft werden darf, wenn seine Substanzen zuvor in Tierversuchen auf Unbedenklichkeit überprüft worden waren. Keine Firma könne daher von ihren Erzeugnissen behaupten, sie seien ohne derartige Experimente zusammengerührt worden.

Das Urteil ist noch nicht rechtskräftig. Die Frankfurter Zentrale zur Bekämpfung unlauteren Wettbewerbs hat allerdings angekündigt, gegen alle Hersteller vorzugehen, die weiterhin versuchten, mit unwahrer Werbung „Tierfreunde für sich einzunehmen".

(Quelle: Frankfurter Rundschau, 30.12.88, S. 8)

Als wettbewerbswidrig werden u.a. grundsätzlich folgende Handlungsweisen eingestuft:

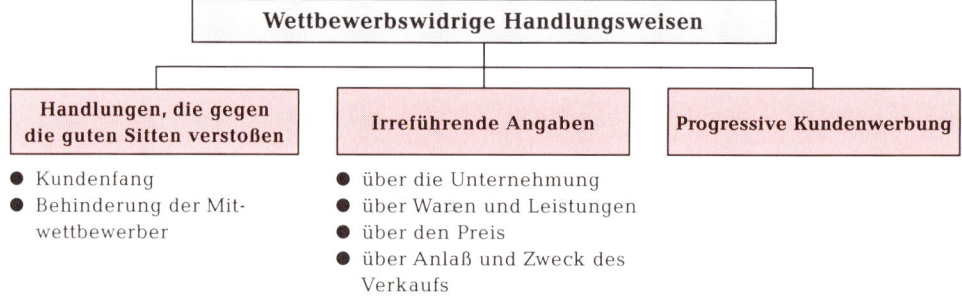

Wettbewerbswidrige Handlungsweisen

Handlungen, die gegen die guten Sitten verstoßen	**Irreführende Angaben**	**Progressive Kundenwerbung**

● Kundenfang
● Behinderung der Mitwettbewerber

● über die Unternehmung
● über Waren und Leistungen
● über den Preis
● über Anlaß und Zweck des Verkaufs

6.5.1 Handlungen, die gegen die guten Sitten verstoßen *(§ 1 UWG)*

Der Begriff **„gute Sitten"** ist zunächst ein unbestimmter Rechtsbegriff. Es bedarf im Einzelfall der genaueren Überprüfung, was als sittenwidriges Verhalten anzusehen ist. Beispiele aus der Rechtsprechung geben dazu Hinweise.

6.5.1.1 Kundenfang

Die Ansprache von Kunden ist zur Verbesserung des Warenabsatzes üblich und zulässig. Nur dann, wenn durch übertriebene Maßnahmen die Entscheidungsfreiheit der Käufer eingeschränkt wird, ist das Verhalten sittenwidrig.

- *Belästigungen:* Passanten auf öffentlichen Straßen einzeln anzusprechen, um sie zu veranlassen, ein Geschäft aufzusuchen und dort Waren oder Dienstleistungen zu erwerben, ist sittenwidrig. Die plötzliche Zwangslage, sich mit einem Angebot beschäftigen zu müssen, kann bei manchen Personen dazu führen, die Ware oder Dienstleistung deshalb zu erwerben, um der Belästigung zu entgehen.

- *Angstwerbung:* Wer Angst, etwa vor einer Inflation, schürt, um Waren abzusetzen, handelt gegen die guten Sitten. Der Slogan „Brillanten contra Inflation" ist daher unzulässig.

- Für Werbegegenstände von geringem Wert, die als *Zugaben* (vgl. S. 206) erlaubt sind, darf gemäß UWG nicht mit Ankündigungen wie „kostenlos", „Geschenk" oder „Präsent" geworben werden.

6.5.1.2 Behinderung der Mitwettbewerber

Der freie Wettbewerb gestattet es Anbietern, Kunden von Konkurrenten abzuziehen und an das eigene Geschäft zu binden. Allerdings verbietet das UWG, daß dabei die anderen Anbieter wettbewerbswidrig behindert werden.

- *Boykott:* Ein Informationsdienst für den Handel forderte Fachhändler auf, solche Hersteller zu benennen, die ihre Waren auch an Verbrauchermärkte lieferten. Ziel der Aktion war die Vorbereitung von Maßnahmen, mit denen bei den Herstellern eine Liefersperre für Verbrauchermärkte erreicht werden konnte. Die Wettbewerbsfähigkeit der Facheinzelhändler sollte hier mit unlauteren Mitteln verbessert werden.

- *Vergleichende Werbung:* Der Vergleich zwischen Waren und Dienstleistungen verschiedener Anbieter ist nicht grundsätzlich verboten. Geht der Vergleich allerdings über wahrheitsgemäße Aussagen hinaus, ist er gemäß § 1 UWG unzulässig. Dies wäre z.B. der Fall, wenn ein Obst- und Gemüsehändler in einer Zeitung verspräche: „Kaufen Sie Äpfel nur bei mir. Die anderen Obst- und Gemüsegeschäfte führen schlechtere Qualität!".

6.5.2 Irreführende Angaben *(§ 3 UWG)*

Werbeaussagen müssen wahr und klar verständlich sein. Irreführend sind solche Behauptungen, die bei einem bestimmten Personenkreis einen unrichtigen Eindruck erwecken können. Dabei kann der „Personenkreis" als Kundengruppen (Autofahrer, Frauen, Jugendliche) oder Kreis von Fachleuten (Einzelhändler, Hersteller) verstanden werden.

Irreführend ist es, für den Verkauf eines Pkw mit dem Hinweis zu werben: „Sie haben vier Monate Preisschutz". Dabei wird bei einem bestimmten „Personenkreis", den Pkw-Käufern, der Eindruck erweckt, es handele sich um einen besonderen Vorteil. Dabei sind alle Händler gemäß § 11 Nr. 1 AGBG verpflichtet, bei Lieferzeiten bis zu vier Monaten beim Verkauf von Waren an Endverbraucher keine Preiserhöhungen vorzunehmen.

6.5.2.1 Irreführung über die Unternehmung

Werbeaussagen über das Unternehmen sind für Kunden von besonderer Bedeutung. Aus Größe und Leistungsfähigkeit des Anbieters, den Kenntnissen und Erfahrungen des Inhabers oder dem erworbenen Image leiten Käufer Vorstellungen zu Warenqualitäten und -preisen ab. Aussagen, die Angaben zur Unternehmung verfälschen, sind daher unzulässig.

- Ein Fahrlehrer erwarb 1982 eine bereits 1960 gegründete Fahrschule. 1985 inserierte er in einer Zeitung „25 Jahre Fahrschule Rainer S.". Diese Werbung ist irreführend, da er das Unternehmen nicht selbst 25 Jahre leitete.
- Unzulässig ist die Werbung mit Fotos der Unternehmung dann, wenn der werbende Kaufmann selbst nur einen Teil der abgebildeten Gebäude nutzt.

6.5.2.2 Irreführung über Waren und Leistungen

Kunden interessieren beim Kauf Informationen über den Hersteller und Verkäufer einer Ware sowie über die Herkunft des Artikels und dessen Güte. Auch über die Bezugsart und die Menge der vorrätigen Waren wünschen Käufer Angaben. Auch hier sind Irreführungen unzulässig.

- Das Anführen von Testergebnissen der „Stiftung Warentest" ist dann irreführend, wenn ein alter Test bekanntgemacht wird, obwohl schon neue Prüfergebnisse zu diesem Produkt vorliegen.

- Mit dem Zusatz „de Paris" darf nicht für ein Parfüm aus Deutschland geworben werden.
- Eine Warenhauskette bot in der Bundesrepublik Deutschland Quarzuhren mit der Werbeaussage „eine Markenuhr, die sich jeder leisten kann" an. Die Uhren wurden in Asien hergestellt und über Versandhändler und Warenhausgruppen vertrieben. Die Werbung war deshalb irreführend, weil der angesprochene Personenkreis mit „Markenuhr" eine über den Fachhandel vertriebene Qualitätsuhr versteht.

6.5.2.3 Irreführung über den Preis

Täuschungen über den Verkaufspreis von Gütern sind bereits durch die Preisangabenverordnung (vgl. S. 186) untersagt. Zusätzlich erklärt das UWG eine Reihe von Preisaussagen in Werbebotschaften für irreführend.

- Eine Werbung mit dem Zusatz „empfohlener Preis" ist unzulässig.
- Die Ankündigung, für gebrauchte Gegenstände „Höchstpreise" zu zahlen, ist irreführend. Ein Einzelhändler warb mit folgendem Text: „Alt gegen Neu. Wir zahlen für Ihr altes Fernseh-, Video- und HiFi-Gerät Höchstpreise. Auch dann, wenn Sie kein Neugerät erwerben". Das Gericht hielt es hingegen durchaus für möglich, daß Konkurrenten bei der Inzahlungnahme von Altgeräten höhere Preise gewähren und untersagte die Werbeaussage.

6.5.2.4 Irreführung über Anlaß und Zweck des Verkaufs

Die Ankündigung von Sonderverkaufsveranstaltungen weckt im Verbraucher den Eindruck, besondere Preisvorteile zu erhalten. Besondere Verkaufsveranstaltungen im Einzelhandel sind – zur Vermeidung von Wettbewerbsverzerrungen zwischen konkurrierenden Unternehmungen – gesetzlich gesondert geregelt. Zu diesen Veranstaltungen zählen **Sonderveranstaltungen** (§ 7 UWG) und **Räumungsverkäufe** (§ 8 UWG).

6.5.2.4.1 Sonderveranstaltungen

Sonderveranstaltungen, die im Einzelhandel der Beschleunigung des Warenabsatzes dienen, den Eindruck der Gewährung besonderer Kaufvorteile erwecken und außerhalb des normalen Geschäftsverkehrs stattfinden, sind grundsätzlich verboten (§ 7 I UWG). Als Sonderveranstaltungen gelten **nicht die Sonderangebote**, die den Kunden im täglichen Geschäftsbetrieb offeriert werden.

Abweichend vom grundsätzlichen Sonderveranstaltungsverbot sind allerdings Jubiläumsverkäufe sowie Winter- und Sommerschlußverkäufe zulässig (§ 7 III UWG):

▶ **Jubiläumsverkäufe**

Diese Sonderveranstaltung ist zur Feier des Bestehens einer Unternehmung im selben Geschäftszweig alle 25 Jahre für jeweils 12 Werktage möglich.

▶ **Winter- und Sommerschlußverkäufe**

Schlußverkäufe werden zweimal im Jahr am Ende einer Saison durchgeführt. Der Sommerschlußverkauf (SSV) beginnt am letzten Montag im Juli, der Winterschlußverkauf (WSV) am letzten Montag im Januar. Die Verkaufszeit beträgt jeweils 12 Werktage.

Zum Verkauf dürfen in **beiden Fällen** angeboten werden: Textilien, Bekleidungsgegenstände, Schuhwaren, Lederwaren und Sportartikel.

Räumungsverkäufe sind zulässig als vorübergehende Maßnahme zum beschleunigten Warenabsatz (§ 8 I UWG) sowie als Maßnahme, um den gesamten Geschäftsbetrieb endgültig oder wenigstens für längere Zeit einzustellen (§ 8 II UWG).

▶ **Räumungsverkäufe als vorübergehende Maßnahme**

Ist die Räumung eines vorhandenen Warenvorrates infolge eines Schadens durch Feuer, Wasser, Sturm bzw. vor Durchführung eines (nach baurechtlichen Vorschriften anzeige- oder genehmigungspflichtigen) Umbauvorhabens notwendig, darf ein entsprechender Warenverkauf zu verbilligten Preisen für höchstens 12 Werktage durchgeführt werden.

Räumungsverkäufe nach § 8 I UWG sind eine Woche vor ihrer Ankündigung der zuständigen Stelle (Industrie- und Handelskammer oder Handwerkskammer) anzuzeigen. Grund, Beginn, Ende und Ort des Verkaufs sowie Art, Beschaffenheit und Menge der zu räumenden Waren sind anzugeben. Bei Räumungsverkäufen, die durch bauliche Maßnahmen veranlaßt werden, ist außerdem die entsprechende umzubauende Verkaufsfläche zu benennen (§ 8 III UWG).

▶ **Räumungsverkäufe zur Aufgabe des Geschäftsbetriebes**

Räumungsverkäufe, die durch die Aufgabe des gesamten Geschäftsbetriebs bedingt sind, dürfen höchstens 24 Werktage umfassen. Allerdings darf mindestens drei Jahre vor diesem Verkauf kein Räumungsverkauf wegen Aufgabe eines Geschäftsbetriebs gleicher Art stattgefunden haben (§ 8 II UWG).

Diese Art des Räumungsverkaufes ist der zuständigen Stelle 14 Tage vor Ankündigung anzuzeigen. Neben den bereits genannten Tatsachen ist zudem hierbei die Dauer der Führung des Geschäftsbetriebs anzugeben (§ 8 III UWG).

§ 3 UWG verbietet zudem **irreführende Bezeichnungen, die vorspiegeln, es handele sich um eine Sonderverkaufsmaßnahme.**

> Ein Textileinzelhändler kündigte Ende Februar in einer Zeitungsanzeige an: „Wir hatten keinen Winterschlußverkauf, jetzt Sommer-Start-Verkauf". Dabei waren die Buchstaben WSV und SSV besonders hervorgehoben. Da der Kunde die Kürzel WSV und SSV für Winter- und Sommerschlußverkäufe kennt, ist die Übernahme des Kürzels SSV für Sommer-Start-Verkauf irreführend.

6.5.3 Progressive Kundenwerbung *(§ 6 c UWG)*

Privatpersonen sollen vor den Gefahren sogenannter **„Schneeballsysteme"** geschützt werden. Diese Verkaufssysteme sind dadurch gekennzeichnet, daß durch Werbung Personen zum Kauf von Waren dadurch gewonnen werden, daß man ihnen Vorteile verspricht, falls sie Drittpersonen zum Abschluß gleichartiger Geschäfte überreden können usw. So entsteht eine Kette sich gegenseitig werbender Kunden. Werbeaktionen dieser Art werden mit Freiheitsstrafen bis zu 2 Jahren oder Geldstrafen geahndet.

Zusammenfassung

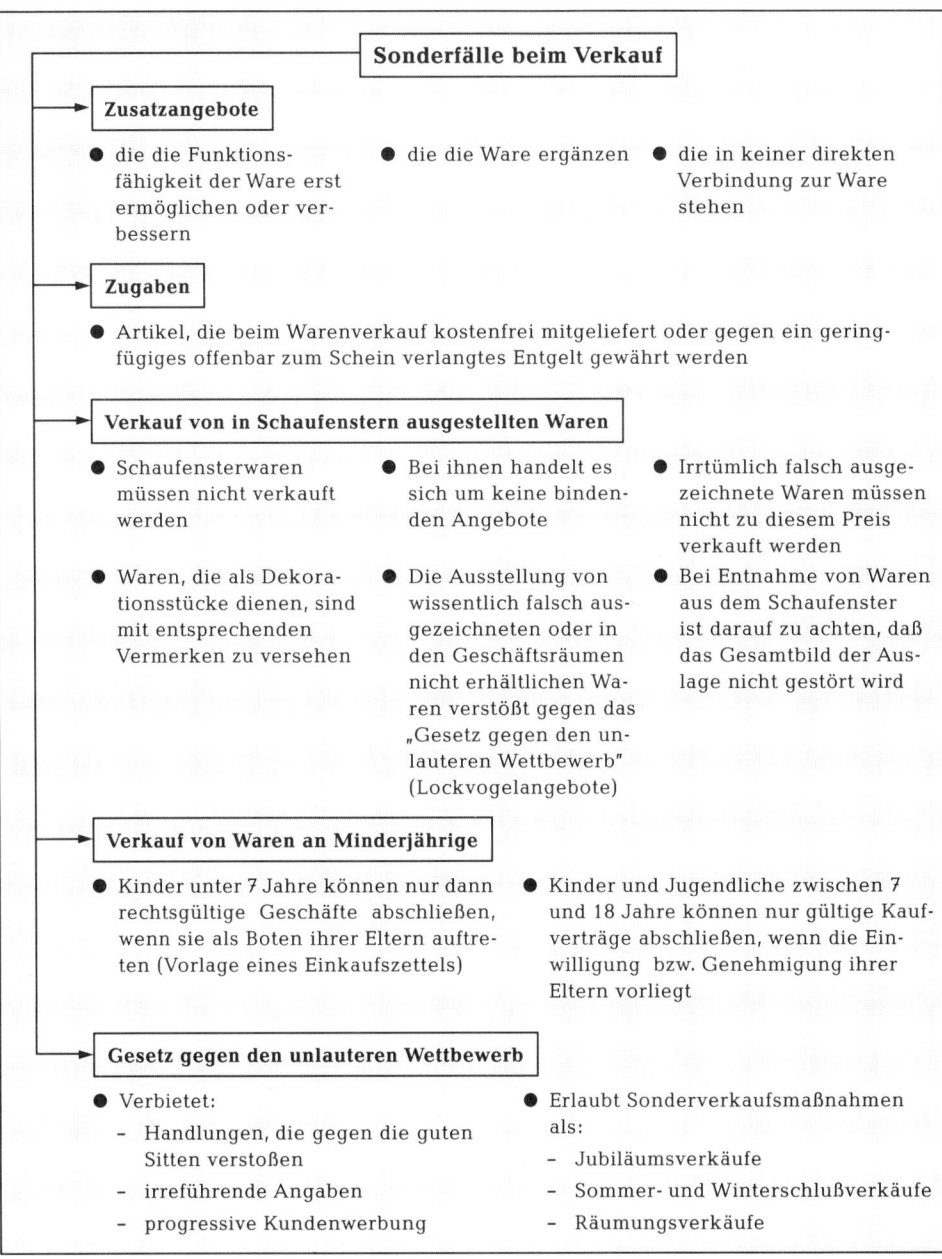

Sonderfälle beim Verkauf

Zusatzangebote

- die die Funktionsfähigkeit der Ware erst ermöglichen oder verbessern
- die die Ware ergänzen
- die in keiner direkten Verbindung zur Ware stehen

Zugaben

- Artikel, die beim Warenverkauf kostenfrei mitgeliefert oder gegen ein geringfügiges offenbar zum Schein verlangtes Entgelt gewährt werden

Verkauf von in Schaufenstern ausgestellten Waren

- Schaufensterwaren müssen nicht verkauft werden
- Waren, die als Dekorationsstücke dienen, sind mit entsprechenden Vermerken zu versehen
- Bei ihnen handelt es sich um keine bindenden Angebote
- Die Ausstellung von wissentlich falsch ausgezeichneten oder in den Geschäftsräumen nicht erhältlichen Waren verstößt gegen das „Gesetz gegen den unlauteren Wettbewerb" (Lockvogelangebote)
- Irrtümlich falsch ausgezeichnete Waren müssen nicht zu diesem Preis verkauft werden
- Bei Entnahme von Waren aus dem Schaufenster ist darauf zu achten, daß das Gesamtbild der Auslage nicht gestört wird

Verkauf von Waren an Minderjährige

- Kinder unter 7 Jahre können nur dann rechtsgültige Geschäfte abschließen, wenn sie als Boten ihrer Eltern auftreten (Vorlage eines Einkaufszettels)
- Kinder und Jugendliche zwischen 7 und 18 Jahre können nur gültige Kaufverträge abschließen, wenn die Einwilligung bzw. Genehmigung ihrer Eltern vorliegt

Gesetz gegen den unlauteren Wettbewerb

- Verbietet:
  - Handlungen, die gegen die guten Sitten verstoßen
  - irreführende Angaben
  - progressive Kundenwerbung
- Erlaubt Sonderverkaufsmaßnahmen als:
  - Jubiläumsverkäufe
  - Sommer- und Winterschlußverkäufe
  - Räumungsverkäufe

Aufgaben

(1) Welchen Zweck sollen Zusatzangebote bewirken?

(2) In welchem Rahmen sind Zugaben beim Warenverkauf gestattet?

(3) Warum müssen in Schaufenstern ausgestellte Waren nicht verkauft werden?

(4) Was verstehen Sie unter einem „Lockvogelangebot"?

(5) Welchen Zweck verfolgt das UWG?

(6) Nennen Sie Beispiele, bei denen Handlungen gemäß § 1 UWG gegen die „guten Sitten" verstoßen!

(7) Verdeutlichen Sie, wann eine Aussage als „irreführend" anzusehen ist!

(8) Beschreiben Sie rechtlich zulässige Verkaufsweisen bei
   a) Jubiläumsverkäufen
   b) Räumungsverkäufen
   c) Saisonschlußverkäufen!

(9) Sie möchten Ihren „Weihnachts-Sonder-Verkauf" werblich groß mit dem Kürzel „WSV" herausstellen. Was sagt das UWG?

7 Die Bezahlung der Ware

Zum Abschluß der Verkaufsdurchführung begleicht der Kunde den Warenpreis, der Verkäufer übergibt und übereignet die Ware.

7.1 Kassenorganisation

In kleineren Einzelhandelsunternehmungen ist zur Abwicklung des Zahlungsvorganges häufig nur eine Kassenstelle eingerichtet. Größere Geschäfte mit Bedienung oder Vorwahl haben für jede Abteilung mehrere Einzelkassen, an denen bestimmte Warengruppen abgerechnet werden; häufig verfügen sie auch über eine Sammel- oder Hauptkasse. In Selbstbedienungsunternehmungen sind mehrere Kassenstellen am Geschäftsausgang nebeneinandergereiht.

Beim Kassieren des Warenpreises hat das Personal bestimmte **Kassiervorschriften** zu beachten:
- Feststellung des Gesamtpreises und Übermittlung an den Kunden,
- Entgegennahme der Zahlungsmittel (und gegebenenfalls Prüfung mit Hilfe der Scheckkarte),
- Vorzählen des Wechselgeldes,
- Kaufpreis in die Kasse legen und diese schließen,
- Ware mit Kassenbon an den Kunden aushändigen.

Die jeweilige Kassenorganisation sollte gewährleisten:
- Abwicklung der Zahlungsvorgänge in kurzer Zeit,
- Ausführung des Kassierens ohne Fehler,
- Erstellung aussagefähiger Belege für Kunde und Einzelhändler, die in Umtausch- bzw. Reklamationsfällen Verwendung finden können,

– kostengünstige Erfassung der Kassierdaten als Informations- und Entscheidungs-
grundlage für die Planung (z.B. Beschaffungs- und Lagerplan), Steuerung (z.B.
Sortimentsgestaltung oder Warenplazierung) und Kontrolle (z.B. Umsatz- oder Lagerkontrolle) der Warenbewegungen im Rahmen eines Warenwirtschaftssystems (vgl.
S. 266 ff.).

Verschiedene Kassensysteme erfüllen diese Anforderungen in unterschiedlichem
Maße.

7.2 Kassensysteme

7.2.1 Offene Ladenkasse

Ein solches System, bei dem sich die Kasse auf Hebeldruck öffnet, die eingenommenen
Beträge in ein Schubfach gelegt werden, eine schriftliche Erfassung der Einnahmen
allerdings nicht erfolgt, sollte auch in kleineren Einzelhandelsunternehmungen keine
Verwendung mehr finden. Hier kann nämlich der Bestand nur nach Geschäftsschluß
durch Zählen (Kassensturz) festgestellt werden. Zu Planungs-, Steuerungs- und Kontroll-
zwecken von Warenbewegungen innerhalb eines Warenwirtschaftssystems sind offene
Ladenkassen nicht geeignet.

7.2.2 Schreibkasse

In diesem Fall – einer ebenfalls unzureichenden und veralteten Kassierweise – werden
die eingenommenen Beträge handschriftlich auf einem Papierstreifen notiert, der bei
jeder Kassenöffnung weitertransportiert wird. Eine nachträgliche Veränderung der auf-
gezeichneten Beträge ist nicht möglich. Schreibkassen bieten keine Möglichkeiten, um
die sich aus dem Warenverkauf ergebenden Informationen zur Planung, Steuerung und
Kontrolle des Warenflusses nutzbar zu machen.

7.2.3 Elektromagnetische Registrierkasse

Dieses mit einem Rechen- und Schreibwerk ausgestattete Kassensystem druckt den
Rechnungsbetrag entweder auf einem **Kassenbon** oder einem **Kassenzettel** aus. Alle so
registrierten Summen werden auf einem Kontrollstreifen aufaddiert und als Tagesumsatz festgehalten. Die mit elektromagnetischen Registrierkassen mengen- und
wertmäßig erfaßbaren Warenverkäufe liefern dem Einzel-
händler in der Regel nur **warengruppenbezogene** Informationen, die vor allem aufgrund ihrer relativ geringen Aussage-
kraft nur sehr begrenzt zur wirkungsvollen Planung,
Steuerung und Kontrolle des Warenflusses in der Unternehmung eingesetzt werden können.

kottmann

04/07/19..

▶ **Kassenbon**

Die Eingabe der einzelnen Beträge erfolgt von Hand über
eine Zehnertastatur, die Endsumme erscheint auf Tasten-
druck. In Lebensmittelgeschäften und Warenhäusern, dort
also, wo große Warenmengen umgesetzt werden, wird als
Beleg ein Kassenbon ausgedruckt.

```
**0018**
    20    6.00
BETR     12.00
 28501##
BAR      12.00

1432 000 12:42
```

► **Kassenzettel**

In den Fällen, wo mengenmäßig weniger Waren umgesetzt werden (z.B. in Fachgeschäften), trägt der Verkäufer auf einem Kassenzettel handschriftlich folgende Daten ein:

– Menge der gekauften Ware
– Artikelbezeichnung
– Artikelnummer
– Einzelpreise
– Gesamtpreis
– Verkäuferzeichen

An der Kasse wird die Endsumme durch Eintippen der Einzelbeträge nachkontrolliert, der Kassenzettel in einen Schlitz der Registrierkasse eingeführt und maschinell mit dem Datum des Verkaufstages, der fortlaufenden Buchungsnummer und dem Endpreis versehen. Die Durchschrift des Kassenzettels bleibt als Buchungsbeleg zurück, das Original erhält der Kunde als Beleg.

SPORT BRAUN GMBH

Karlstr. 16 – Telefon 02 34 / 4 37-1
44866 Bochum

Sparkasse Bochum 27 8394
(BLZ 430 500 01)

Anz.	Datum: 7. 12. 19.		Preis	DM	Pf
1	*Jogginganzug*			62,	50

Umtausch bis 31. 12.

Endbetrag enthält _15_ % = _____ DM Mehrwertsteuer

Verk _Ha._   2-00230   Bei Irrtum od. Umtausch wollen Sie diesen Kassenzettel vorlegen.

7DE 29260   *62.50

7.2.4 Elektronische Kassen

Etwa seit Mitte der 70er Jahre werden zunehmend elektronische Kassen in Betrieben des Einzelhandels eingesetzt. Hier haben sie die mechanischen Registrierkassen mehr und mehr verdrängt. Diese **elektronischen Kassen (Kassenterminals)** sind im Laufe der Zeit soweit fortentwickelt worden, daß sie – als technische Voraussetzung für ein computergestütztes Warenwirtschaftssystem (vgl. S. 266 ff.) – auch als Dateneingabegeräte für die elektronische Datenverarbeitung nutzbar gemacht werden können. In diesem Fall können über das Kassenterminal als Eingabeeinheit zeitgleich mit dem Warenverkauf alle Umsätze lückenlos und artikelgenau mengen- und wertmäßig erfaßt werden. Die sich so ergebenden aktuellen Informationen werden in der EDV-Anlage gespeichert und stehen zu jedem Zeitpunkt für artikel- bzw. warengruppenbezogene Abfragen und innerbetriebliche Auswertungen zur Verfügung.

Kassenterminals als Bestandteil einer EDV-Anlage

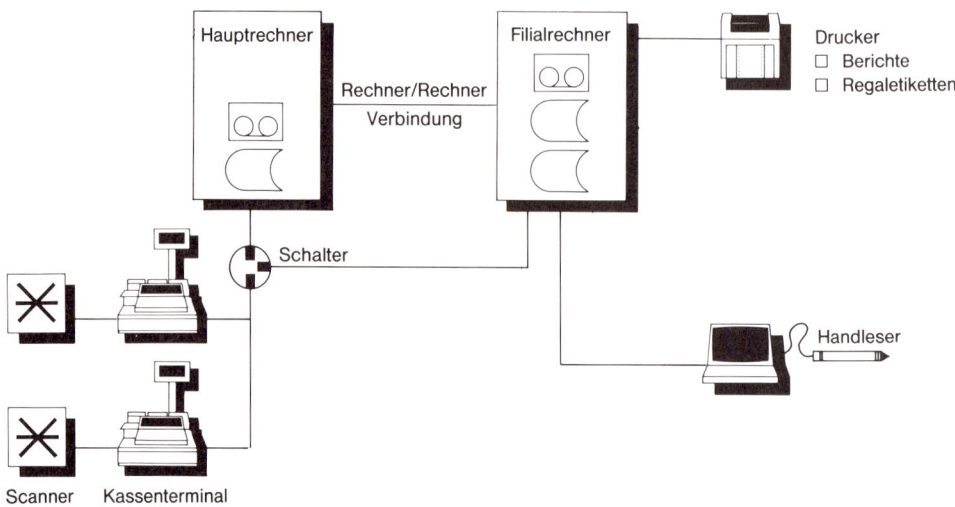

▶ **Kassenterminal**

Das Kassenterminal ist eine zur Dateneingabe (z. B. Artikelnummer, Preis) und Daten-
ausgabe (z. B. Kassenbon für den Kunden, Angabe des Rückgeldes) ausgerüstete
Registrierkasse. Sie ist über Datenleitungen mit der Zentraleinheit einer EDV-Anlage
als dem eigentlichen Ort der Datenverarbeitung verbunden. Die am Kassenterminal
ein- und ausgegebenen Daten werden also an einem anderen Ort als dem der Erfassung und Ausgabe verarbeitet.

Es finden aber auch Kassenterminals Verwendung, die infolge eigener Rechen- und
Speicherkapazitäten programmierbar sind. Solche Kassenterminals werden deshalb
auch als **„intelligent"** bezeichnet, da sie die Zentraleinheit der EDV-Anlage entlasten.
Hier fallen also der Ort der Erfassung und Ausgabe mit dem der Verarbeitung zusammen.

Die **Vorteile beim Einsatz eines Kassenterminals** liegen u. a. in der:

– Beschleunigung des Kassiervorganges

– Preissicherheit für Kunden und Einzelhandelsbetrieb

– Rückgeldautomatik mit maschineller Münzausgabe durch Sorter

– Arbeitserleichterung für die Kassiererin

– Möglichkeit innerbetrieblicher Datenauswertung zur Ermittlung der richtigen
   Bestellzeitpunkte, artikelgenauer Erfolgskontrolle und Erstellung von Umsatzstatistiken

– bargeldlosen Zahlung mit direkter Buchung bei Kreditinstituten (Electronic cash,
   vgl. S. 166)

Kassenterminal im Supermarkt-Einsatz

Die Datenaufnahme im Verkaufsbereich und ihre Verarbeitung kann somit eine wertvolle Hilfe für Kunden, Verkaufspersonal und Geschäftsleitung sein. Bei der Erfassung der Kassierdaten (Artikelnummer, Preis, Artikelbezeichnung) bestehen folgende Möglichkeiten:

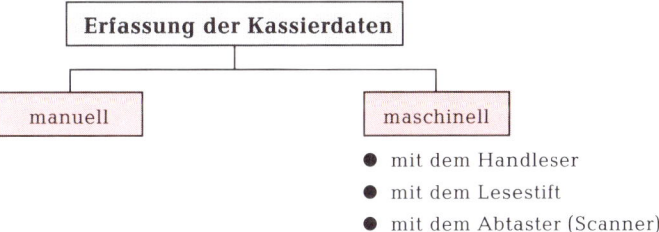

- mit dem Handleser
- mit dem Lesestift
- mit dem Abtaster (Scanner)

● **Manuelle Erfassung der Kassierdaten**

Die Kassierdaten werden über die entsprechende Betätigung der Tastatur in das Kassenterminal eingegeben. Dieses Verfahren ist relativ langsam und unsicher. Außerdem setzt diese Form der Registrierung der verkauften Artikel die Einzelauszeichnung der Waren voraus.

● **Maschinelle Erfassung der Kassierdaten**

Mit hoher Geschwindigkeit werden die maschinenlesbaren Daten automatisch in das Kassenterminal eingelesen. Diese optischen Zeichenerkennungsverfahren arbeiten nach dem Prinzip der Feststellung von Hell-/Dunkelfeldern.

Häufig werden bei der maschinellen Erfassung der Kassierdaten statt der kompakten die sogenannten **modularen Kassensysteme** eingesetzt. Sie bestehen aus einzelnen Geräten (Modulen) wie z.B. Kundenanzeige, Geldschublade, Tastatur, Rechner- und Steuereinheit und Kassenzetteldrucker. Der Einsatz solcher modularen Kassensysteme ist besonders bedienerfreundlich, da die einzelnen Module eines Kassenarbeitsplatzes so angeordnet werden können, daß sie der Kassiererin ein bequemes Arbeiten ermöglichen.

Individuelle Gestaltung eines Kassenarbeitsplatzes

– Handleser

Der Handleser erfaßt die nicht verschlüsselten Daten, die als Buchstaben, Zahlen und Sonderzeichen auf einem elektronisch lesbaren Etikett, mit dem die Ware ausgezeichnet ist, dargestellt sind. Daher ist eine Einzelauszeichnung eines jeden Artikels mit einem solchen Etikett erforderlich. Dieser elektronisch lesbare Code wird als OCR-Schrift (**O**ptical **C**haracter **R**eading) bezeichnet.

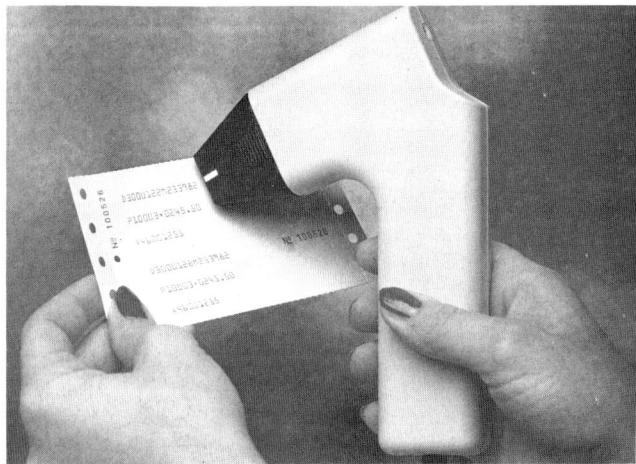

Handleser für OCR-Schrift

– **Lesestift**

Der elektronische Lesestift erfaßt die auf einem Etikett aufgedruckten, in Form eines Strich- oder Balkencodes verschlüsselten elektronisch lesbaren Daten. Ein akustisches Signal zeigt der Kassiererin an, wenn der Lesevorgang zu wiederholen ist, weil die Kassierdaten nicht oder nicht vollständig erfaßt worden sind.

– **Lesestift für individuellen Strichcode**

Verschiedene Betriebe verwenden einen hausinternen (individuellen) Strich- oder Balkencode, in dem Daten wie Artikelnummer und Preis verschlüsselt sind. Die Kassiererin tastet mit dem Lesestift das Etikett ab und erfaßt so die Kassierdaten. Diese Vorgehensweise erfordert die Einzelauszeichnung der Waren mit einem solchen maschinenlesbaren Etikett.

– **Lesestift für EAN-Balkencode**

Der EAN-Balkencode (Europäische Artikel-Nummer) ist eine genormte Strichcodierung, die vom Hersteller auf die Waren aufgedruckt wird. In dieser Codierung ist eine 13stellige Ziffernfolge verschlüsselt.

4 012345 003154

Länder-kennzeichen	Bundeseinheitliche Betriebsnummer „bbn"			individuelle Artikelnummer des Herstellers				Prüf-ziffer
4	0	1 2 3 4 5		0	0	3	1 5	4
Centrale für Coorganis. für die Bundes-republik Deutschland	FRANZ SCHUSTER KG Traveweg 23569 Lübeck			Lübecker Edelmarzipan Geschenkpackung 100 g				99% Si-cher-heit

Die Europäische Artikel-Nummer (EAN) als genormter Balkencode und die Entschlüsselung der Ziffernfolge

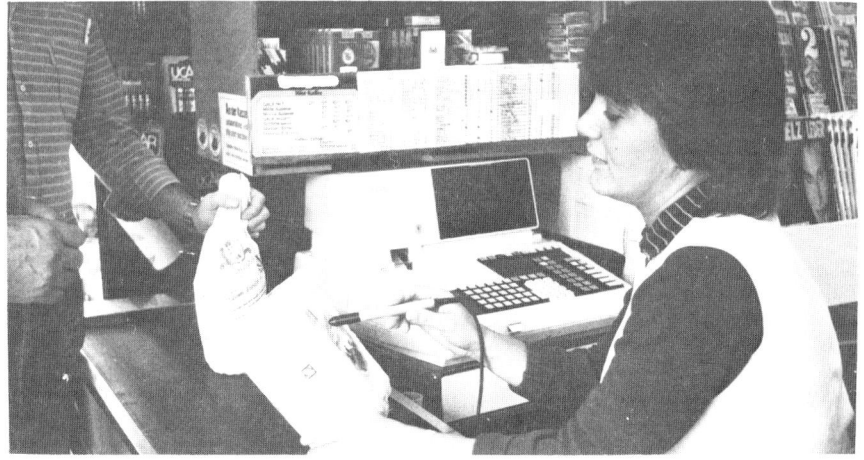

Erfassung des EAN-Balkencodes mit dem Lesestift

- **Abtaster (Scanner)**

  In Supermarkten mit hoher Kundenfrequenz werden zunehmend sogenannte Tisch-Scanner eingesetzt. Hierbei zieht die Kassiererin den Artikel über den Abtaster, der hinter dem Förderband unter einer Glasplatte im Kassentisch eingebaut ist. Ein akustisches Signal zeigt dem Kunden und der Kassiererin die Registrierung des Artikels an.

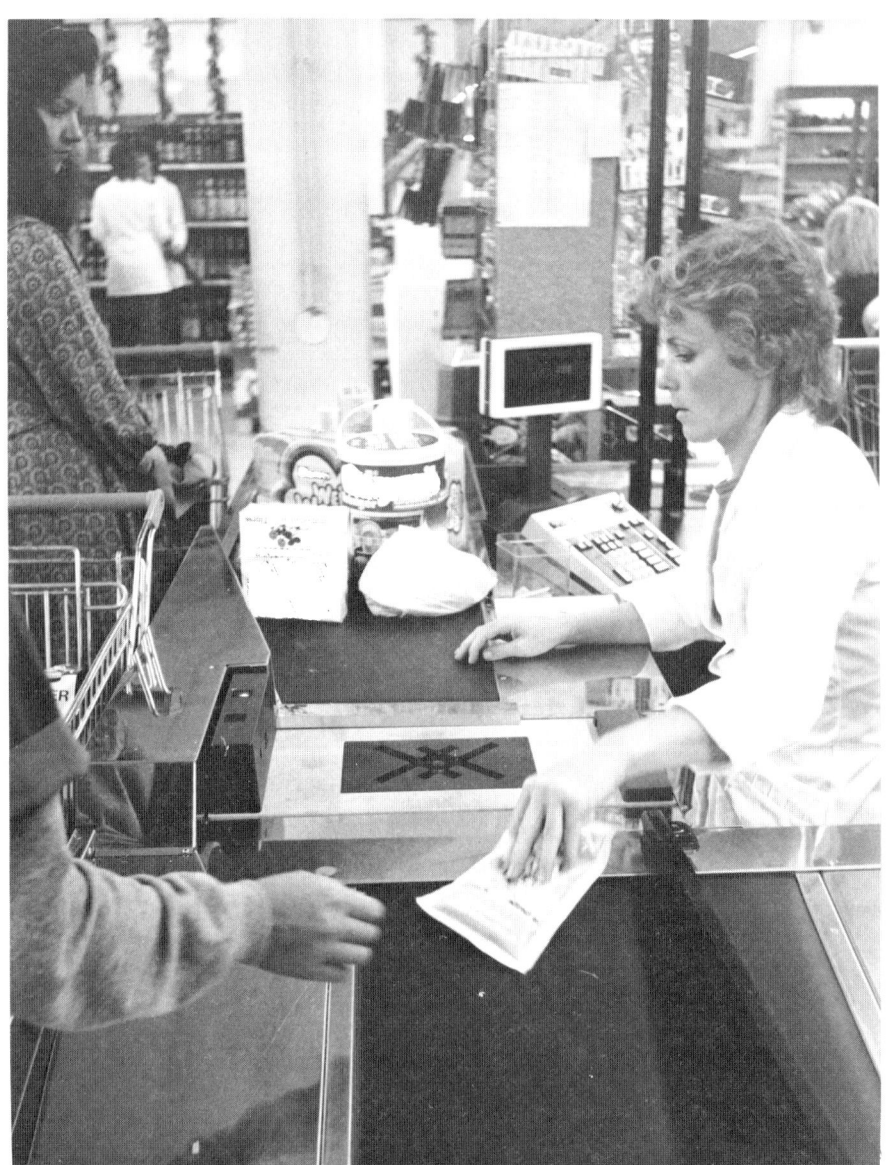

Abtaster (Scanner) im Supermarkt-Kassenplatz

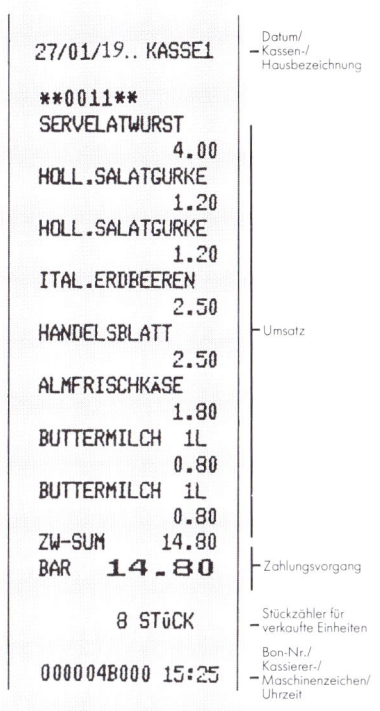

```
27/01/19.. KASSE1          Datum/
                         — Kassen-/
                           Hausbezeichnung
**0011**
SERVELATWURST
          4.00
HOLL.SALATGURKE
          1.20
HOLL.SALATGURKE
          1.20
ITAL.ERDBEEREN
          2.50
HANDELSBLATT             ⊢ Umsatz
          2.50
ALMFRISCHKÄSE
          1.80
BUTTERMILCH  1L
          0.80
BUTTERMILCH  1L
          0.80
ZW-SUM   14.80
BAR     14.80           ⊢ Zahlungsvorgang

     8 STÜCK              Stückzähler für
                         — verkaufte Einheiten
                           Bon-Nr./
                           Kassierer-/
000004B000 15:25         — Maschinenzeichen/
                           Uhrzeit
```

Klartext-Bon

Die Arbeitsweise des Scanners erfolgt in der Weise, daß der über einen Lichtstrahl eingelesene EAN-Code entschlüsselt wird. Diese Information wird vom Kassenterminal dem Computer zur Verarbeitung gemeldet. Der Computer ruft die zu dieser Information gespeicherte Artikelbezeichnung und Preisangabe ab und meldet sie an die Kasse zurück. Dort erscheinen beide Angaben auf der Leuchtanzeige und auf dem Kassenzettel. Preis und Artikelbezeichnung sind also nicht im Strichcode enthalten, sondern werden aus dem Speicher der EDV-Anlage abgerufen. Somit ist es stets möglich, den Preis eines jeden einzelnen Artikels der jeweiligen Marktsituation (z. B. bei Sonderangeboten) anzupassen. Zudem erhält der Kunde einen aussagefähigen und kontrollierbaren Kassenzettel („Klartext-Bon").

Für scannfähige Artikel ist ein manuelles Eintippen der Preise nicht mehr erforderlich, so daß absolute Preissicherheit gegeben ist. Außerdem erübrigt sich die Einzelauszeichnung für scannfähige Artikel. Der Kunde kann den Preis der Ware am Regal ablesen.

8 Warenzustellung

Viele Einzelhändler übernehmen im Rahmen ihres Kundendienstes die Zustellung der Waren an den Käufer. Die Wahl des Transportmittels richtet sich dabei nach Größe und Gewicht der Güter und darüber hinaus nach der Entfernung zum Bestimmungsort. Der Einzelhändler kann zwischen der unternehmenseigenen Zustellung oder der Zustellung durch fremde Transporteure wie Deutsche Post AG, Deutsche Bahn AG, Fuhrunternehmungen oder private Paketdienste wählen.

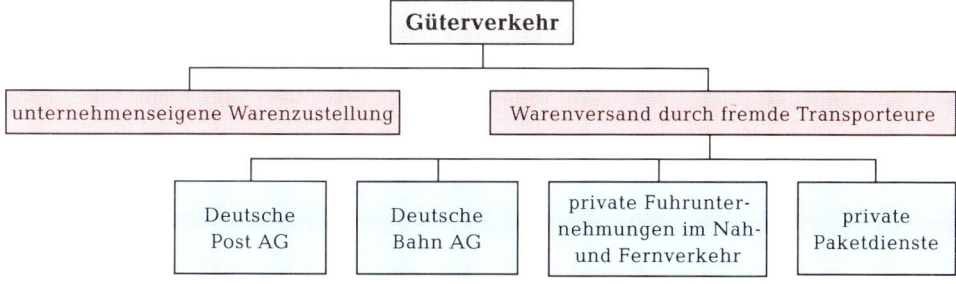

8.1 Unternehmenseigene Warenzustellung

Eine Auslieferung von Ware durch **unternehmenseigene Fahrzeuge** erfolgt in der Regel nur in einem begrenzten Umkreis vom Geschäftssitz des Einzelhändlers. Aufgrund eines vorher festgelegten Zustellungsplanes werden die Kunden in unterschiedlichen Wohngebieten an bestimmten Wochentagen beliefert.

Eilige bzw. kleine Warensendungen können auch durch **Boten** überbracht werden, sofern die Wohnung in der Nähe des Einzelhändlers liegt.

Lieferschein

Absender
Textilfabrik O.Weber KG
Postfach 1250

52013 Aachen

Nr. 36498

Datum
03.08.19..

Empfänger
Sport Braun GmbH

Karlstr. 16

44866 Bochum

Ort
Aachen

Ihre Bestellabteilung
Br/Wi

Ihre Bestellnummer
52/7

Ihre Bestellung vom
30.07.19..

Bearbeitungsvermerk

Sie erhalten per

☐ Fracht ☐ Post ☐ Spediteur ☒ frei

☐ Eilgut ☐ Expreß ☐ Schnellpaket ☐ unfrei

| 25 | Herren-Trainingsanzüge |

Textilfabrik O. Weber KG

52013 Aachen

i.A. A. Hofmann

Die gelieferte Ware bleibt bis zur vollständigen Bezahlung Eigentum des Lieferanten

Die Ware wird vom Boten oder Fahrer mit einem von ihm zu unterschreibenden **Liefer-schein**, auf dem Name und Anschrift des Kunden, Lieferschein-Nummer sowie Warenart und Warenmenge aufgeführt sind, an den Kunden ausgehändigt. Dieser unterschreibt nach ordnungsgemäßer Anlieferung den Empfangsschein, der die gleichen Angaben wie der Lieferschein enthält. Ist die Ware noch nicht bezahlt oder nur angezahlt, hat der Überbringer in der Regel das Recht, den Kaufpreis entgegenzunehmen.

Ist der Kunde bei der Lieferung der Ware nicht anzutreffen, nimmt sie der Bote bzw. Fahrer wieder mit und hinterläßt eine Nachricht. Soll die Ware an einen Nachbarn ausgehändigt werden, so ist es ratsam, dies bei Angabe der Anschrift vermerken zu lassen.

8.2 Warenversand durch fremde Transporteure

Liegt der Bestimmungsort der Ware außerhalb des Bereiches der eigenen Zustellung, wird sich der Einzelhändler fremder Transporteure bedienen.

8.2.1 Güterverkehr mit der Deutschen Post AG

Die Deutsche Post AG bietet dem Einzelhändler für die Warenzustellung folgende **Versandarten** und **Versendungsformen** an:

▶ **Versandarten**

● **Pakete**

Zulässig ist der Versand von Gegenständen aller Art, von Waren und Mitteilungen. Das Versandgut muß sich nach Ausdehnung und Form zur Beförderung mit der Paketpost eignen. Die Beförderungsgebühr richtet sich ausschließlich nach dem **Gewicht**. Während für Schalter-Pakete im Privatkundenbereich ein Höchstgewicht von 20 kg gilt, dürfen selbstgebuchte Pakete im Geschäftskundenbereich bis zu 31,5 kg wiegen. Für sperrige Pakete wird ein Zuschlag von 10 DM erhoben.

Dem Paket muß eine **Paketkarte** beigegeben sein. Sie besteht aus dem Abschnitt für den Absender **(Einlieferungsschein)**, der vom Postbeamten abgestempelt wird, und der eigentlichen Paketkarte, auf der der Empfänger den Erhalt der Sendung quittiert. Einer Paketkarte dürfen bis zu 10 freigemachte Pakete an **einen** Empfänger eingeliefert werden.

Das Paket kann **frei** (Absender zahlt Entgelt) oder **unfrei** (Empfänger zahlt Entgelt) aufgegeben werden.

Bei Verlust oder Beschädigung ersetzt die Post den nachweislich entstandenen Schaden bis zu einer Höhe von 1 000 DM.

● Postgut

Diese Versandart ist den **Selbstbuchern** für gewöhnliche Paketsendungen mit gleichbleibender Einlieferungsnummer vorbehalten. Die Selbstbucher erhalten von der Post Einlieferungsbücher, in die sie die selbst ermittelten Entgelte eintragen; hierdurch wird jede Sendung verbilligt.

Die Sendungen müssen vom Absender freigemacht werden und die Bezeichnung „Postgut" tragen. Für Postgüter übernimmt die Deutsche Bundespost keine Haftung.

● Päckchen

Päckchen sind eine geeignete Versandart bis zu einem Höchstgewicht von 2 kg. Die Sendungen müssen vom Absender freigemacht werden und den Vermerk „Päckchen" tragen. Für Verlust oder Beschädigung übernimmt die Post keine Haftung.

Päckchen sind kostengünstiger als Briefe und Pakete; befördert werden sie mit der Paketpost.

● Büchersendungen

Mit dieser Versandart können Bücher bis zum Höchstgewicht von 2 000 g zu ermäßigtem Entgelt verschickt werden. Die Sendungen müssen zum Zweck der Überprüfung unverschlossen sein, freigemacht werden und die Aufschrift „Büchersendung" tragen. Es wird keine Haftung übernommen.

● Warensendungen

Es handelt sich hierbei um den verbilligten Versand von Gegenständen ohne briefliche Mitteilungen bis zu einem Höchstgewicht von 500 g. Warensendungen können Proben, Muster sowie kleine Gegenstände enthalten.

Die Sendungen müssen vom Absender freigemacht und mit der Bezeichnung „Warensendung" versehen werden. Auch hier ist eine Haftung ausgeschlossen.

▶ Versendungsformen

● Schnellsendung

Päckchen, Pakete und Postgüter werden als Schnellsendung vorrangig mit den schnellsten Landwegverbindungen zum Bestimmungsort befördert. Erreichen sie

am Eingangstag nicht die übliche Paketzustellung, so werden sie an Werktagen bis 21.00 Uhr, an Sonn- und Feiertagen bis 12.00 Uhr gesondert zugestellt.

Der Absender muß die Sendungen freimachen und zusätzlich ein Schnellsendungsentgelt entrichten. Schnellsendungen werden mit dem besonderen Klebezettel „Schnellsendung" gekennzeichnet.

● Eilzustellung

Durch diese Versendungsform ist gewährleistet, daß Briefe, Postkarten oder Schnellsendungen grundsätzlich nicht mit der gewöhnlichen Auslieferung, sondern durch einen gesonderten Boten unmittelbar nach Eingang zugestellt werden. Dies erfolgt zwischen 6.00 und 22.00 Uhr gegen ein zusätzliches Eilzustellentgelt. In größeren Städten ist auch eine Zustellung zwischen 22.00 und 6.00 Uhr gegen ein höheres Entgelt und mit dem Zusatz „auch nachts" möglich.

Die Sendung ist vom Absender freizumachen und oberhalb der Anschrift mit dem Vermerk „Eilzustellung" oder mit dem entsprechenden Klebezettel zu versehen.

● Wertsendung

Pakete und Briefe können bis zu einem Höchstbetrag von 100 000 DM, bei Luftpostbeförderung bis 10 000 DM, gegen Beschädigung oder Verlust versichert werden. Die Post ersetzt dann den tatsächlich entstandenen Schaden bis zu den zuvor genannten Höchstgrenzen.

Der Absender muß die Sendung freimachen und die Aufschrift „Wert .... DM" oberhalb der Anschrift angeben. Pakete mit einer Wertangabe über 3000 DM (Briefe über 1 000 DM) sind zu versiegeln. Zusätzlich zum üblichen Beförderungsentgelt ist ein gestaffeltes Wertentgelt zu entrichten. Eine Einlieferungsbescheinigung wird für den Absender ausgestellt.

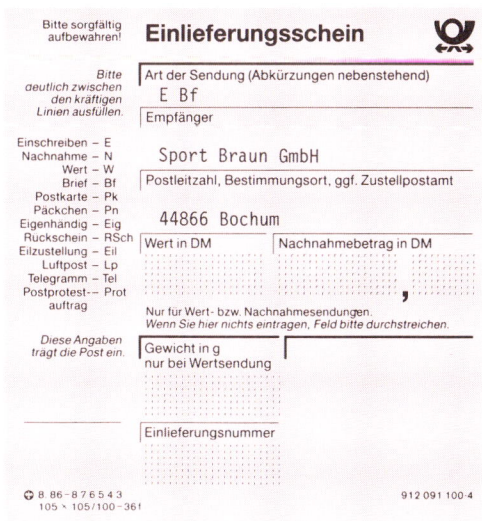

● Einschreiben

Päckchen, Briefe und Postkarten können gegen ein zusätzliches Einschreibentgelt versichert werden. Bei Verlust zahlt die Post einen Pauschalbetrag von 50 DM.

Die Sendung ist freizumachen und oberhalb der Anschrift der Vermerk „Einschreiben" anzugeben. Ein Einlieferungsschein ist auszufüllen, den der Absender als Quittung abgestempelt zurückerhält. Der Empfänger muß den Erhalt der Sendung quittieren.

Ein Einschreiben kann auch mit dem Vermerk „Rückschein" versehen werden. Dann muß der Empfänger auf dem Rückschein, den die Post dem Absender zustellt, den Erhalt bestätigen.

● **Nachnahmesendung**

Pakete, Päckchen, Postgüter, Briefe und Postkarten, die mit dem Vermerk „Nachnahme" und der Angabe des Nachnahmebetrages (höchstens 3000 DM) versehen sind, werden nur ausgeliefert, wenn der Empfänger die angegebene Summe bezahlt.

Der Absender muß die Sendung freimachen und einen Zahlschein beifügen, damit der eingezogene Betrag dem Postbank Girokonto des Absenders gutgeschrieben werden kann.

Berechnung eines Nachnahmebetrages

Eine Warensendung im Wert von 450 DM soll an einen Kunden auf dessen Kosten ausgeliefert werden:

Warenwert	450,00 DM
+ Paketentgelt (bis 5 kg)	7,60 DM
+ Nachnahmeentgelt	3,00 DM
+ Paket-Zustellentgelt (im voraus entrichtet)	2,50 DM
	463,10 DM
+ 15% USt	69,47 DM
Rechnungsbetrag auf dem Nachnahme-Zahlschein, der dem Girokonto des Absenders gutgeschrieben wird	532,57 DM
+ Entgelt für die Geldübermittlung	3,00 DM
Nachnahmebetrag, der vom Empfänger eingezogen wird	535,57 DM

Allerdings kann sich der Empfangsberechtigte zum Zeitpunkt der Auslieferung weigern, den Nachnahmebetrag zu zahlen (**Annahmeverweigerung**). In diesem Fall – die Sendung gilt als unzustellbar – wird die Nachnahmesendung an den Absender zurückgesandt.

Auf sein Verlangen kann sich der Empfänger jedoch auch eine Einlösungsfrist von sieben Werktagen einräumen lassen. Nach Verstreichen dieses Zeitraumes gilt die Sendung ebenfalls als unzustellbar.

● **Luftpostsendung**

Mit dieser Versendungsform wird die schnellstmögliche Beförderung in das Ausland erreicht. Briefe, Postkarten und Postanweisungen werden in alle europäischen Länder zuschlagsfrei befördert. Auf Päckchen oder Pakete bzw. Sendungen in außereuropäische Länder sind Zuschläge zu entrichten.

Bei Luftpostsendungen dürfen bestimmte Höchstmaße (z.B. 100 x 50 x 50 cm bei Paketen) nicht überschritten werden. Die Sendungen sind freizumachen und oberhalb der Anschrift mit dem Vermerk „Mit Luftpost" oder dem Klebezettel mit dem Aufdruck „Mit Luftpost/Par Avion" zu kennzeichnen.

▶ Behandlung von Postsendungen durch den Empfänger

Beschädigte Sendungen müssen vom Empfänger unmittelbar nach der Zustellung beanstandet werden. Ein entsprechender Vermerk sollte auf den Begleitpapieren angebracht und vom Postzusteller bestätigt werden. Diese Vorgehensweise ist wichtig,

- da die Ersatzpflicht der Post ausgeschlossen ist, wenn die Sendung unbeanstandet angenommen wurde;
- damit sichergestellt wird, daß bei einer eventuellen Warenbeschädigung Reklamationen gegen den Absender erfolgreich durchgesetzt werden können.

Bei unaufgefordert zugesandten Waren kann der Empfänger die Annahme verweigern. Die Sendung kann aber auch angenommen, in Augenschein genommen und gegebenenfalls zurückgesandt oder zur Abholung bereitgestellt werden.

Erreicht eine erwartete Sendung den Empfänger nicht, sollte er sich mit dem Absender in Verbindung setzen. Dieser kann dann einen **Nachforschungsantrag** einleiten, und zwar bei dem Postamt, bei dem er die Sendung aufgegeben hat.

8.2.2 Güterverkehr mit der Deutschen Bahn AG

Der Deutschen Bahn AG – dem Zusammenschluß von Bundes- und Reichsbahn – stehen verschiedene Versandarten zur Verfügung, die sich nach dem Umfang der Sendung und nach der Schnelligkeit der Beförderung unterscheiden lassen.

▶ Versandarten nach dem Umfang der Sendung

● Stückgut

Die Sendung besteht aus einzelnen Kisten, Ballen, Säcken, Fässern usw. im Gewicht von etwa 20 – 4 000 kg. Das Stückgut wird entweder am Stückgutbahnhof aufgegeben oder durch die Deutsche Bahn AG im Stückgut-Hausverkehr mit Lkw abgeholt bzw. zugestellt.

Zur Erleichterung des Versandes werden auf Wunsch Lademittel vermietet:

- **Kleincontainer** mit einem Laderaum von 1 – 3 Kubikmetern (m^3) in Stahl-Holzbauweise;
- **Collicos** als zusammenlegbare Transportbehältnisse aus Aluminium;
- **Paletten** als unterfahrbare und stapelbare Lademittel.

Für den Versender liegen hierbei die Vorteile in:

- der Einsparung teurer Verpackungen;
- der Ermäßigung der Frachtkosten (da das Eigengewicht der zur Verfügung gestellten Lademittel nicht mitberechnet wird);
- einer kostenlosen Rücksendung der Lademittel.

Einzelne Stückgüter von verschiedenen Absendern können von der Deutschen Bahn AG zusammengefaßt und gemeinsam als **Sammelladung** transportiert werden.

● Wagenladung

Massengüter wie etwa Holz, Kohle, Sand werden als Wagenladung in Güter- oder Spezialwagen (Kessel- und Kühlwagen) transportiert.

► **Versandarten nach der Schnelligkeit der Beförderung**

● **Frachtgut**

Stückgüter und Wagenladungen können am Güterbahnhof als Frachtgut aufgeliefert werden. Hierzu ist ein **Frachtbrief** auszufüllen, der vier Ausfertigungen enthält, und zwar:

- ein **Versandblatt** für den Versandbahnhof,
- ein **Frachtbriefdoppel** für den Absender,
- ein **Empfangsblatt** für den Bestimmungsbahnhof,
- ein **Frachtbrief** für den Empfänger.

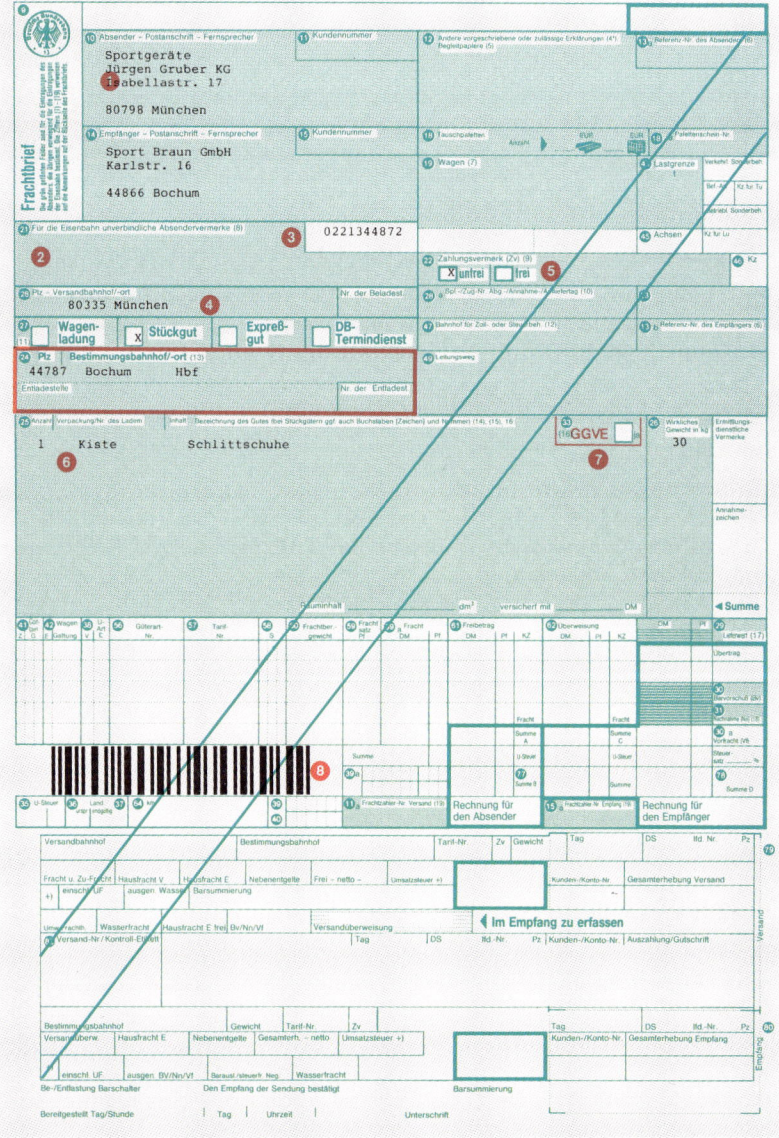

Enthält der Frachtbrief den Vermerk „frei", so hat der Absender die Beförderungskosten, die nach dem Gewicht der ganzen Sendung sowie nach Entfernungszonen berechnet wurden, bezahlt. Ist kein Vermerk auf dem Frachtbrief oder der Vermerk „unfrei", muß der Empfänger die Transportkosten übernehmen.

Will man bei Frachtsendungen den Rechnungsbetrag per Nachnahme einziehen lassen, sind die entsprechenden Felder des Frachtbriefes auszufüllen.

Die Deutsche Bahn AG haftet für Schäden durch Verlust oder Beschädigung sowie bei Überschreitung der Lieferfristen, nicht aber für Schäden, die durch höhere Gewalt, durch die Beschaffenheit des Gutes, mangelhafte Verpackung oder Verladung entstanden sind.

● Eilgut

Während Stückgut nur als Fracht- oder Expreßgut befördert wird, können Wagenladungen entweder als Fracht- oder Eilgut versandt werden. Die Beförderungsfrist beträgt pro angefangene 300 Tarifkilometer einen Tag. Der Eilgutfrachtbrief ist durch seine rote Umrandung besonders kenntlich gemacht. Zum normalen Frachtsatz wird beim Eilgut ein Zuschlag erhoben.

● Expreßgut

Der Versand als Expreßgut ist eine schnelle Beförderungsmöglichkeit für Warenlieferungen, da er in normalen Personen-, Eil- oder D-Zügen geschieht, und das Expreßgut stets mit dem nächsten Gepäckwagen abgefertigt wird. Hierdurch sind bereits 96 % aller Sendungen am nächsten Tag beim Empfänger, da Expreßgut beförderungstechnisch wie Reisegepäck behandelt wird. In der Regel können Stückgüter bis 200 kg[1] als Expreßgut versandt werden, bei dessen Auflieferung ebenfalls ein **Frachtbrief** auszufüllen ist.

Der Einzelhandel ist mit ca. 15 % am Expreßgutverkehr beteiligt. Typische Expreßgutwaren sind: Anzüge und Kleider in Hängekartons, Unterbekleidung, Schuhe, Lederwaren, Elektrogeräte, Ersatzteile aller Art, Nahrungsmittel, Blumen und Tiere. Hierbei können sowohl **Collicos** als auch **Kleincontainer** eingesetzt werden.

● IC-Kuriergut

Besonders eilige Sendungen bis zu einem Höchstgewicht von 20 kg pro Stück können mit dem IC-Kurierdienst befördert werden. Als Kuriergut eignen sich alle Sendungen,

- die die Länge von 1 m nicht übersteigen;
- deren Länge und Umfang zusammengenommen 2 m nicht überschreiten.[2]

Die Deutsche Bahn AG befördert die als Kuriergut angenommenen Sendungen im dichten **InterCity-Netz** nach EC/IC-Fahrplan im Stundentakt zu den angeschlossenen ICE-/EC-/IC-Bahnhöfen.

---

1 Je nach Gewicht, Entfernungszone und gewählter Leistungsvariante (Bahnhof – Bahnhof, Haus – Bahnhof/Bahnhof – Haus bzw. Haus – Haus) erhöht sich der Frachtsatz für Sendungen über 200 kg je angefangene 10 kg.

2 Abweichungen können individuell vereinbart werden.

Die schnellen Bahnhöfe.
InterCity-Kurierdienst.

Aschaffenburg Hbf
Augsburg Hbf
Baden-Baden*
Bamberg*
Basel Bad Bf
Berlin Hbf*
Berlin Zoo*
Bielefeld Hbf
Bochum Hbf
Bonn Hbf
Braunschweig Hbf
Bremen Hbf
Darmstadt Hbf*
Dortmund Hbf
Dresden Hbf*
Dresden-Neustadt*
Düsseldorf Hbf

Duisburg Hbf
Eisenach*
Erfurt Hbf*
Erlangen*
Essen Hbf
Frankfurt (M) Hbf
Frankfurt (M) Flughafen
Freiburg (Brsg) Hbf
Fulda
Göttingen
Hagen Hbf
Hamburg-Altona
Hamburg-Dammtor
Hamburg-Harburg
Hamburg Hbf
Hamm (Westf)

Hannover Hbf
Heidelberg Hbf
Homburg (Saar) Hbf*
Ingolstadt Hbf*
Kaiserslautern Hbf*
Karlsruhe Hbf
Kassel-Wilhelmshöhe
Koblenz Hbf
Köln Hbf
Leipzig Hbf*
Lübeck Hbf*
Magdeburg Hbf*
Mainz Hbf
Mannheim Hbf
München Hbf
München-Pasing

Münster (Westf) Hbf
Nürnberg Hbf
Offenburg*
Osnabrück Hbf
Passau Hbf*
Potsdam Stadt*
Regensburg Hbf*
Rostock Hbf*
Saarbrücken Hbf*
Schwerin (Meckl) Hbf*
Solingen-Ohligs
Suttgart Hbf
Ulm Hbf
Wiesbaden Hbf
Würzburg Hbf
Wuppertal Hbf

Anmerkungen:

Bahnhofsnamen unterstrichen = Umladebahnhof

    * = kein Stundentakt

Die Beförderung von und nach anderen ICE-/EC-/IC-Bahnhöfen kann vereinbart werden.

Will eine in Dortmund angesiedelte Unternehmung ein besonders eiliges Warenmuster mit dem IC-Kurierdienst nach München schicken, so ist die Sendung bis 30 Minuten vor Abfahrt des gewünschten IC/EC-Zuges zusammen mit einer ausgefüllten IC-Kuriergutkarte und gegen Zahlung von 140 DM am Gepäckschalter des Dortmunder Hauptbahnhofes aufzugeben. In ganz eiligen Fällen kann die Sendung aber auch bis zu 1 Minute vor Abfahrt des Zuges im IC-Kuriergut-Abteil, das sich im ersten 2.-Klasse-Wagen neben dem Zugrestaurant befindet, abgegeben werden.

Der Empfänger in München kann das IC-Kuriergut sofort nach der Ankunft des Zuges am Bestimmungsbahnhof entweder direkt am Zug oder aber schon 15 Minuten später am Gepäckschalter abholen.

Sollte IC-Kuriergut nicht mit dem vorgeschriebenen IC-Zug am Bestimmungsbahnhof eintreffen oder dem Empfänger nicht spätestens 15 Minuten nach Ankunft des vorgeschriebenen IC-Zuges zur Verfügung gestellt werden können, wird die Fracht erstattet.

Auf Wunsch werden einem Kunden, der Kuriergut nicht selbst anliefern oder abholen will, Referenz-Unternehmungen des IC-Kurierdienstes benannt, die gegen Entrichtung eines weiteren Entgeltes den Transport der Sendung als Stadt- oder Überlandfahrt von Schreibtisch zu Schreibtisch übernehmen.

8.2.3 Güterverkehr durch private Fuhrunternehmungen im Nah- und Fernverkehr

Neben der Deutschen Bundespost Postdienst und der Deutschen Bahn AG kann der Einzelhändler für seine Warenlieferungen auch private Fuhrunternehmungen in Anspruch nehmen.

▶ **Verkehrsarten**

● **Güternahverkehr**

Im gewerblichen Güternahverkehr werden Warenlieferungen mit Kraftfahrzeugen im Umkreis von 50 km Luftlinie vom Standort des Unternehmens durchgeführt. Der Güternahverkehr ist für Lastkraftwagen mit einer Nutzlast von mehr als 750 kg erlaubnispflichtig. Die Erlaubnis wird von Stadt- oder Kreisverwaltungen erteilt.

● **Güterfernverkehr**

Die gewerbliche Güterbeförderung über 50 km vom Standort des Transportunternehmers fällt unter den Güterfernverkehr. Genehmigungen sind vom zuständigen Regierungspräsidenten für jeden einzelnen Lkw notwendig. Die Anzahl der zu vergebenden Konzessionen ist begrenzt.

▶ **Transportbeteiligte**

● **Frachtführer**

Frachtführer sind selbständige Kaufleute, die die gewerbsmäßige Beförderung von Gütern übernehmen, ohne sich jedoch mit den zum Transport erforderlichen Vor- und Hilfsleistungen (u.a. Abschluß von Versicherungen, Beschaffung von Zolldokumenten) zu befassen. Frachtführer handeln in **eigenem Namen, aber für fremde Rechnung** (des Auftraggebers). Der Frachtführer ist stets Kaufmann und wird aufgrund eines Frachtvertrages tätig, der die Bedingungen über die Beförderung enthält.

● **Spediteur**

Der Spediteur ist Kaufmann, der gewerbsmäßig **in eigenem Namen, aber für fremde Rechnung** (des Versenders) die Beförderung von Gütern durch einen Frachtführer besorgt. Er tritt damit als **Transportvermittler** auf und übernimmt meist alle zum Transport gehörenden Hilfsgeschäfte wie etwa Versicherung und Lagerung der Ware oder Besorgung von erforderlichen Dokumenten wie z.B. Frachtbrief und Zolldeklaration. Oft übernimmt der Spediteur auch selbst die Funktion des Frachtführers, indem er die Ware mit **eigenen Transportmitteln** befördert.

● **Lagerhalter**

Der Lagerhalter übernimmt gegen Entgelt gewerbsmäßig Güter zur vorübergehenden **Aufbewahrung** in sein Lagerhaus. Lagerfähig sind bewegliche Sachen. Geld, Wertpapiere sowie nicht in geschlossenen Behältnissen verwahrte Tiere können jedoch nicht Gegenstand eines Lagervertrages sein.

Da sich das Lagergeschäft zu einem erheblichen Teil auf die Aufbewahrung von Waren an großen Umschlagplätzen erstreckt, sind viele Lagerhalter zugleich auch Spediteure.

8.2.4 Private Paketdienste

In den letzten Jahren sind der Deutschen Post AG durch private Paketdienste (z.B. United Parcel Service „UPS", Deutscher Paketdienst „DPD") Konkurrenten erwachsen, die vor allem darum bemüht sind, die bisher üblichen Zustellzeiten für Pakete zu verkürzen. Die Sendungen werden beim Kunden abgeholt und mit eigenen Transportmitteln zum Empfänger befördert.

Lieferungen sollen am ersten bzw. zweiten Werktag nach Abholung den Adressaten erreicht haben.

> Ein heute bei einem UPS-Kunden in Flensburg abgeholtes Paket erreicht den Empfänger in München innerhalb von einem Arbeitstag. Kosten für Transport und Zustellung eines 5-kg-Paketes: 21,60 DM inkl. Mehrwertsteuer.

Während die Deutsche Post AG im Privatkundenbereich Pakete nur bis zu einem Höchstgewicht von 20 kg befördert, läßt z.B. UPS Pakete bis zu 31,5 kg zu. Die Länge des Paketes darf dabei bis zu 2,70 m, die Größe bis zu 3,30 m (Länge plus Gurtumfang) betragen. Darüber hinaus übernehmen private Paketdienste auch die Beförderung von flachen, unzerbrechlichen Artikeln und Dokumentsendungen größeren Umfangs (z.B. UPS EXPRESS PAK).

Die Paketbeförderung durch UPS erstreckt sich nur auf Güter mit einem Wert bis zu 15 000 DM. Neben gefährlichen Gütern sind zudem Artikel von außergewöhnlichem Wert wie z.B. Münzen, Banknoten, Briefmarken von der Beförderung ausgeschlossen. Werden dennoch derartige Güter ohne besonderen Hinweis übergeben, so haftet der Auftraggeber für jeden daraus entstehenden Schaden.

Beim United Parcel Service schließt der Beförderungstarif für ein Paket automatisch eine Haftung für den Verlust oder die Beschädigung bis zu einer Höchstgrenze von 500 DM pro Paket ein. Wünscht der Kunde jedoch eine weitergehende Haftung, so wird diese gegen Berechnung der im Tarif angegebenen Zuschläge und gegen Angabe des entsprechenden Wertes auf dem Absendebeleg bis 15 000 DM übernommen.

9 Nachrichtenübermittlung

Nicht nur der Bezug und Absatz von Waren, sondern auch alle anderen kaufmännischen Tätigkeiten im Einzelhandel bedingen den inner- bzw. außerbetrieblichen Austausch von Nachrichten. Die Übermittlung schriftlicher und fernmündlicher Mitteilungen Dritter zählt insbesondere zu den Aufgaben der Deutschen Post AG bzw. der Deutschen Telekom AG.

9.1 Postdienste

Die „traditionellen" Postdienste zeichnen sich dadurch aus, daß die für eine Einzelhandelsunternehmung bestimmte Korrespondenz in der Regel durch den Postzusteller abgeliefert bzw. nachzuweisende Sendungen – wie etwa Einschreiben oder Wertsendungen – gegen Unterschrift ausgehändigt werden.

Möglich ist aber auch die Einrichtung eines Postfaches beim örtlich zuständigen Postamt. In diesem Fall müssen die Sendungen dort vom Einzelhändler oder einem von ihm Bevollmächtigten abgeholt werden. Der Vorteil liegt darin, daß unabhängig von den normalen Zustellzeiten das Postfach auch mehrmals täglich geleert werden kann. Trotz Postfach werden u. a. Eilzustellungen und Sendungen mit dem Vermerk „Eigenhändig" direkt zugestellt.

► **Briefe**

Der Brief gilt als das klassische Mittel der vertraulichen Weitergabe von Nachrichten. Briefe werden schnell befördert. Als Versendungsformen sind Eilzustellungen, Einschreiben, Nachnahme-, Luftpost- sowie Wertsendungen zugelassen. Das Höchstgewicht für Briefe beträgt 1 000 g, für Briefe ins Ausland 2 000 g. Der Standardbrief im Inlandsverkehr ist 14 bis 23,5 cm lang, 9 bis 12,5 cm breit, 0,5 cm hoch und darf bis zu 20 g wiegen.

► **Postkarten**

Sie sollen dem amtlichen Muster entsprechen und können mit einer Antwortkarte verbunden sein. Postkarten sind zulässig als Einschreiben, Nachnahme, Luftpost, Eilzustellung und Werbeantwort.

► **Infopost**

Unter bestimmten Voraussetzungen können Drucksachen gleichen Inhalts zu einem ermäßigten Entgelt an einen größeren Empfängerkreis aufgegeben werden.

► **Postwurfsendungen**

Als Postwurfsendungen können aufschriftlose Sendungen mit gleichem Inhalt versandt werden, die entweder an alle Haushalte mit der Tagespost, an alle Haushalte oder an alle Briefabholer verteilt werden. Das Höchstgewicht beträgt 100 g, bei Sendungen an Briefabholer 1 000 g. Die Postwurfsendung darf die Abmaße 14 bis 32,4 cm Länge, 9 bis 22,9 cm Breite nicht über- oder unterschreiten und maximal 5 cm hoch sein.

Basisprodukte und Sendungsarten	Höchstformat Länge	Breite (Höhe)	Höchst- dicke	Höchst- gewicht	Entgelte DM (Stand 01.09.94)
Postkarte	162 mm	114 mm			0,80
Standardbrief Infopost – Standard Büchersendung – Standard Warensendung – Standard	235 mm	125 mm	5 mm	20 g	1,00 0,45 0,80 0,80
Kompaktbrief Infopost – Kompakt Büchersendung – Kompakt Warensendung – Kompakt	235 mm	125 mm	10 mm	50 g	2,00 0,55–0,76 1,10 1,30
Großbrief Infopost – Groß Büchersendung – Groß Warensendung – Groß	353 mm	250 mm	20 mm	500 g 1 000 g 500 g 500 g	3,00 0,65–2,00 1,50 2,50
Maxibrief Infopost – Maxi Büchersendung – Maxi Warensendung – Maxi	353 mm	250 mm	50 mm	1 000 g 1 000 g 1 000 g 500 g	4,00 1,35–2,70 2,50 3,00
Postwurfsendung an – Haushalte mit Tagespost – alle Haushalte – alle Briefabholer	324 mm	229 mm	50 mm	100 g 100 g 1 000 g	0,08–0,30 0,23–0,45 0,23–1,50

9.2 Analoge Fernmeldedienste

Die Vermittlungstechnik bei den „traditionellen" Fernmeldediensten, und zwar dem Telefon- und Telegrammdienst, beruht auf der stufenlosen Übertragung verschieden starker Strombewegungen **(analoge Technik)**.

▶ **Telefondienst**

Das Telefon stellt zur Zeit das wichtigste technische Mittel zur Individualkommunikation zwischen zwei Fernsprechteilnehmern dar.

Von den zahlreichen privat und geschäftlich genutzten Fernsprechanschlüssen in der Bundesrepublik Deutschland können die Teilnehmer in allen Erdteilen erreicht werden. Die meisten Verbindungen werden im Selbstwählverkehr hergestellt.

Insbesondere in größeren Unternehmungen verzweigt sich der Teilnehmerhauptanschluß des öffentlichen Fernmeldenetzes in eine vom Be-

Analogtechnik beim Telefonieren

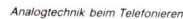
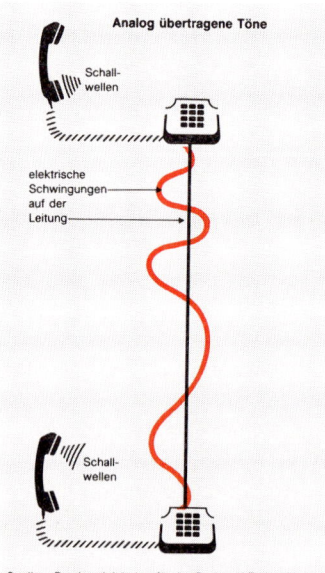

Quelle: Bundesministerium für das Post- und Fernmeldewesen: Postbuch 1988, Braunschweig 1988, S. 490

treiber erworbene **Nebenstellenanlage**. Neben der Möglichkeit, am Telefonverkehr des öffentlichen Fernmeldenetzes teilzunehmen, dienen die einzelnen Sprechstellen dieser privaten Telefonanlagen auch der betriebsinternen Kommunikation.

▶ **Telegrammdienst**

Telegramme, die am Postschalter mit einem Formblatt oder auch telefonisch aufgegeben werden können, sind schriftliche Nachrichten, die den Empfänger im In- und Ausland in der Regel innerhalb weniger Stunden erreichen. Telegrafische Geldüberweisungen sind ebenfalls möglich. Am Bestimmungsort werden Telegramme in der Regel durch Boten zugestellt.

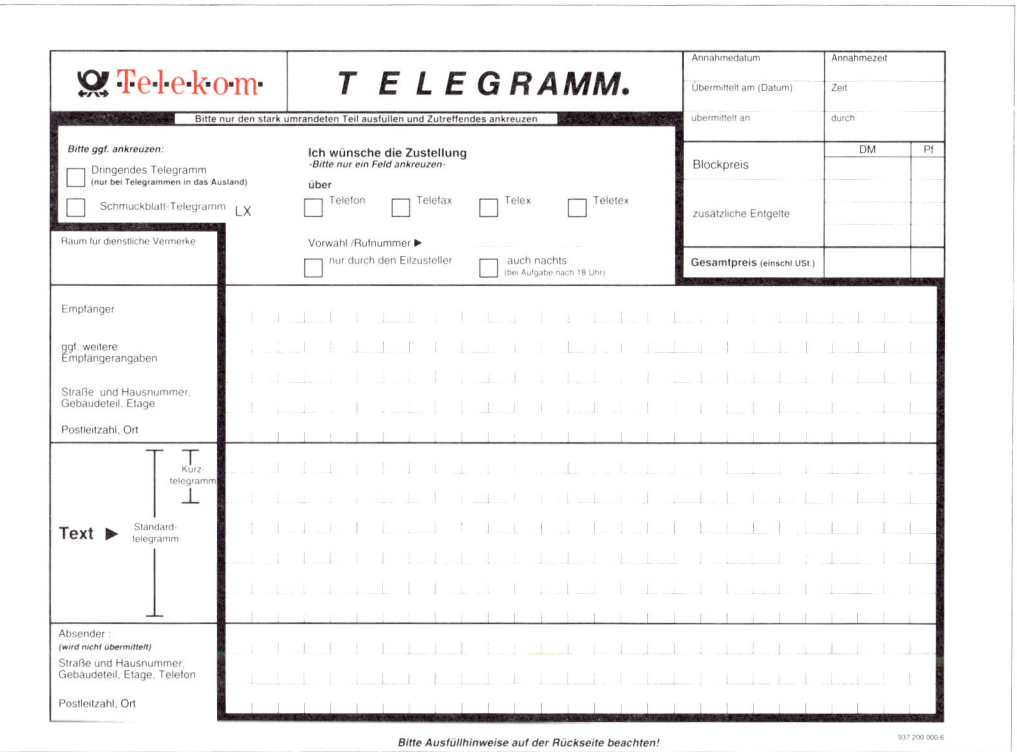

9.3 Informations- und Kommunikationsdienste über öffentliche Netze

Die Weiterentwicklung der Technik – besonders im Bereich der Mikroelektronik – hat seit Mitte der siebziger Jahre zu neuen Formen von elektronischen Informationsaustausch-, -abruf- und -verarbeitungssystemen, den **„Neuen Medien"**, geführt. Die breite Nutzung dieser neuen Techniken der Information und Kommunikation im geschäftlichen und privaten Bereich wird durch den Rückgriff auf die von der Deutschen Bundespost[1] eingerichteten öffentlichen Netze möglich.

---

1 Diese Dienste werden heute von der Deutschen Telekom AG angeboten.

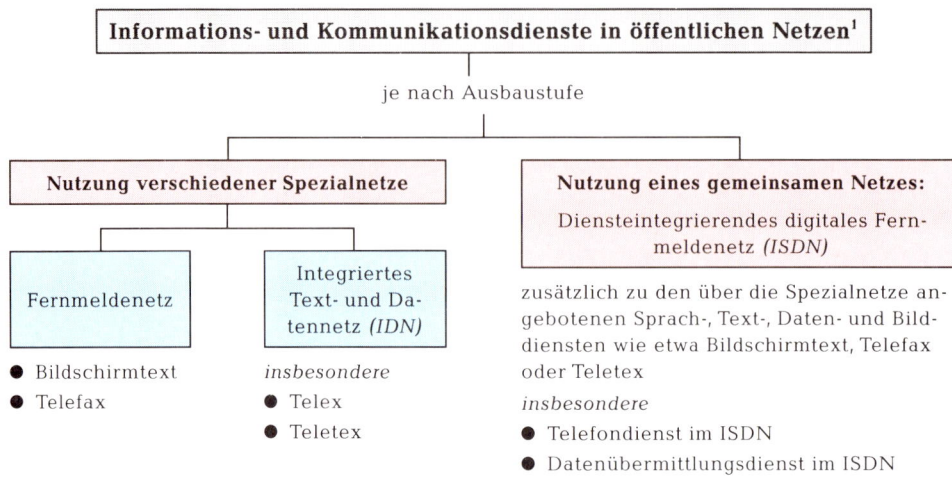

Informations- und Kommunikationsdienste in öffentlichen Netzen[1]

je nach Ausbaustufe

Nutzung verschiedener Spezialnetze

Fernmeldenetz	Integriertes Text- und Datennetz *(IDN)*
● Bildschirmtext	*insbesondere*
● Telefax	● Telex
	● Teletex

Nutzung eines gemeinsamen Netzes:

Diensteintegrierendes digitales Fernmeldenetz *(ISDN)*

zusätzlich zu den über die Spezialnetze angebotenen Sprach-, Text-, Daten- und Bilddiensten wie etwa Bildschirmtext, Telefax oder Teletex

insbesondere

● Telefondienst im ISDN

● Datenübermittlungsdienst im ISDN

▶ **Informations- und Kommunikationsdienste im Fernmeldenetz**

● **Bildschirmtext** *(Btx)*

Der seit 1983 zum Dienstleistungsangebot der Deutschen Bundespost zählende **B**ildschirm**tex**t (Btx) verbindet über die Btx-Anschlußbox Telefon und Farbmonitor (Fernsehgerät oder Bildschirm eines PC) zu einem Informations- und Kommunikationssystem.

Damit die ankommenden Signale in Btx-Seiten umgewandelt und auf dem Monitor dargestellt werden können, bedarf es eines **Decoders**. Dieses Zusatzgerät, das in modernen Fernsehgeräten zumeist fest eingebaut ist, kann auch nachgerüstet werden.

Im einfachsten Fall – hier können unter Eingabe der entsprechenden Zahl ausschließlich die angebotenen Seiten abgerufen werden – steuert der Btx-Teilnehmer das System über eine einfache, der Fernbedienung eines Fernsehgerätes ähnelnde Tastatur, die insbesondere die wichtigsten Sonderzeichen (z.B. #, *) für den Btx-Betrieb enthält. Um jedoch im Rahmen eines **Dialogbetriebes** mit einem der zahlreichen Informationsanbieter wechselseitig kommunizieren zu können – hier hat der Btx-Teilnehmer (etwa zur Ausführung von Überweisungen bei Banken, Sparkassen, Postbank oder zur Bestellung von Waren im Versandhandel) über ein Codewort Zugang zur EDV-Anlage des Informationsanbieters –, bedarf es jedoch einer erweiterten Tastatur. Diese verfügt zusätzlich über den vollen Buchstabenvorrat des Alphabetes.

In Verbindung mit entsprechenden Zusatzgeräten können die auf dem Bildschirm lesbaren Btx-Informationen auch ausgedruckt bzw. auf Disketten- oder Festplattenlaufwerken gespeichert und so einer späteren Be- oder Verarbeitung zugeführt werden.

---

1 ohne Berücksichtigung der Dienste, die über das Fernsehverteiler- bzw. Telekommunikationsnetz angeboten werden

Beispiele für Anwendung und Informationsanbieter

Anwendungen (Beispiele)	Mögliche Informationsanbieter (Auswahl)
1. Informationen für die Allgemeinheit	
Polistische Nachrichten	Tageszeitungen, Presseagenturen
Wetterbericht/Reisewetterbericht	Deutscher Wetterdienst
Sport	Tageszeitungen, Sportzeitungen
Lotto/Toto	Tageszeitungen, Klassenlotterien
Urlaubsreisen/Zimmernachweis	Reiseveranstalter, Reisebüros, Hotels
Fahrplanauskunft	DB, Verkehrs- und Fluggesellschaften
Theather- und Konzertprogramme	Veranstalter, Kommunen
Lokaler Veranstaltungskalender	Vereine, Kommunen, Parteien
Beststeller/Neuveröffentlichungen	Verlage, Buchclubs
Verkaufsangebote	Kaufhäuser, Versandhandel
Immobilien	Makler
Stellenangebote	Arbeitsämter, Firmen
Fachinformationen für Ärzte,	Datenbanken von Universitäten oder
Rechtsanwälte, Architekten usw.	privaten Institutionen
2. Anwendungen für den Einzelnen	
Bestellungen	Versandhandel, Buchclubs, Theaterkassen
Buchungen	Reiseveranstalter, Reisebüros
Überweisungen	Banken, Sparkassen, Postgiroämter
Schadensmeldungen	Versicherungen
3. Rechneranwendungen	
Finanzierung	Bausparkassen, Banken
Steuererklärung	Steuerberater, Finanzamt
Aus- und Weiterbildung	Fachverlage, Fernlehrinstitute
Tests	Psychologische Institute
Spiele	Unternehmen der Unterhaltungsbranche

Quelle: Bundesministerium für das Post- und Fernmeldewesen: Postbuch 1988, Braunschweig 1988, S. 390

● **Telefax** *(Fernkopieren)*

Mit dem 1979 eingeführten Telefaxdienst lassen sich alle **kopierfähigen Text- und Bildvorlagen**, also neben Schriftzeichen auch Zeichnungen, Verträge, Urkunden, Dokumente, Pläne, Diagramme und Unterschriften originalgetreu in kürzester Zeit über das Fermeldenetz übermitteln.

Dabei können die kopierfähigen Vorlagen entweder **direkt vom Telefax-Gerät des Absenders zum Fernkopierer des Adressaten** oder aber – unter Einschaltung der Postämter – **mit den Fernkopiergeräten der Deutschen Bundespost als Telebrief** zur Weiterleitung an den Empfänger übertragen werden. Außer der Eilzustellung sind bei Telebriefen keine besonderen Versendungsformen zulässig. Verlangt der Absender bei Einlieferung die Eilzustellung nicht, werden Telebriefe wie gewöhnliche Briefe ausgetragen, also dem Empfänger in der Regel erst am nächsten Werktag zugestellt. Darüber hinaus kann der Telebrief auch zur Abholung am Postamt bereitgestellt werden.

Durch die ständige Verbesserung der Telefaxgeräte und die Digitalisierung des Fernsprechnetzes kann derzeit eine komplette DIN A4-Seite mit ca. 3 000 Zeichen innerhalb einer Minute übermittelt werden. Im ISDN[1] wird sich diese Zeit auf nur neun Sekunden verkürzen.

Zur Zeit werden in der Bundesrepublik Deutschland ca. 1,2 Mio. postzugelassene Fernkopiergeräte geschäftlich und privat genutzt.

---

1 ISDN = Abkürzung für **I**ntegrated **S**ervices **D**igital **N**etwork (diensteintegrierendes digitales Fernmeldenetz), vgl. S. 241 ff.

► **Informations- und Kommunikationsdienste im integrierten Text- und Datennetz** *(IDN)*

● **Telex** *(Fernschreiben)*

Der bis 1986 ein eigenes Fernschreibnetz erfordernde Telexdienst ermöglicht es Teilnehmern, Nachrichten durch Fernschreiber im In- und Ausland auszutauschen. Im Gegensatz zum Telefonverkehr ist dabei die Anwesenheit des Empfängers nicht erforderlich. Gegenwärtig wird der Telexdienst auf digitaler Basis innerhalb des integrierten Text- und Datennetzes (IDN) bzw. ISDN (vgl. S. 241 ff.) angeboten.

Gemessen an heutigen Maßstäben ist die Technik des Telexdienstes trotz ihrer Übertragungssicherheit und Zuverlässigkeit aufgrund des begrenzten Zeichenvorrates (Umlaute wie ä oder ü können nicht dargestellt werden, nur Klein- oder Großschreibung) und der sehr geringen Übertragungsgeschwindigkeit von 400 Zeichen pro Minute als überholt einzustufen. Darüber hinaus ist dem Fernschreiben in Gestalt der komfortableren Kommunikationsdienste, etwa dem Teletex (Bürofernschreiben) oder dem Telefax (Fernkopieren), eine erhebliche Konkurrenz erwachsen.

● **Teletex** *(Bürofernschreiben)*

Der 1981 eingerichtete Teletex ist ein international standardisierter Textkommunikationsdienst für die Bürokommunikation, der die bekannten Funktionen von Büromaschinen (z.B. Personal-Computer [PC], Textsystemen, Speicherschreibmaschinen) **um die Kommunikationsmöglichkeit** erweitert. Mit Teletexendgeräten läßt sich somit nicht nur die Korrespondenz **an einem Arbeitsplatz** erstellen und überarbeiten, sondern auch empfangen bzw. absenden.

Als Teletexendgeräte eignen sich neben Speicherschreibmaschinen mit Zeilendisplay oder Bildschirm insbesondere auch Textsysteme und Personal-Computer. Die Übertragungsgeschwindigkeit der Daten beim Bürofernschreiben beläuft sich auf 2400 Zeichen[1] je Sekunde, so daß für die Übermittlung einer DIN A4-Textseite nur ca. 10 Sekunden benötigt werden. Da damit die wesentlichen Nachteile des Telex überwunden sind, ist zu erwarten, daß der Teletex langfristig das Fernschreiben verdrängen wird.

Aufgrund dessen, daß die im Rahmen des Bürofernschreibens übertragenen Texte nicht nur beim Empfänger inhalts-, format- und layoutgetreu wiedergegeben, sondern dort auch elektronisch gespeichert, be- und verarbeitet werden können, bietet Teletex die Chance,

– die Bürokommunikation schneller und komfortabler zu gestalten;

– den Postzustelldienst weitgehend zu erübrigen.

Der Bürofernschreibdienst verfügt über einen Zeichenvorrat von insgesamt 309 verschiedenen Buchstaben und Sonderzeichen.

> Je nach nationaler Tastatur ist für die Texterstellung nur eine Teilmenge dieser 309 Zeichen – wie z.B. der übliche Zeichenvorrat einer Büroschreibmaschine – nutzbar, während ein Teletexendgerät alle Buchstaben und Sonderzeichen des Zeichenvorrates darstellen und empfangen kann.
>
> **Buchstaben**
>
> A B C D E F G H I J K L M N O P Q R S T U V W X Y Z
>
> a b c d e f g h i j k l m n o p q r s t u v w x y z

---

1 Bei diesen Zeichen handelt es sich um binäre Ziffern, und zwar um eine Folge von nur zwei verschiedenen Zeichen, der binären Null und der binären Eins. Mit Hilfe dieses Dualcodes lassen sich die unterschiedlichsten Zeichen darstellen.

Buchstaben (Fortsetzung)

Á á À à Â â Ä ä å Ã ā Ǎ ǎ Ȧ ā Ā ā Ą ą Æ æ

Ć ć Ĉ ĉ Č č Ċ ç Ç   Ď ď Đ ð ơ

É é È è Ê ê Ë ë Ě ě Ė ė Ē ē Ę ę

ġ Ĝ ĝ Ğ ğ Ġ ġ Ģ Ĥ ĥ н ħ

Í í Ì ì Î î Ï ï Ĩ ĩ Ī ī İ ı Ī ĩ ǐ ǔ ij ı Ĵ ĵ

Ķ ķ ĸ   Ĺ ĺ Ľ ľ Ļ ļ Ł ł Ŀ ŀ

Ń ń Ñ ñ Ň ň Ņ ņ Ŋ ŋ ᵐ

Ó ó Ò ò Ô ô Ö ö Õ õ Ō ō Ő ő ō ō Ø ø Œ œ

Ŕ ŕ Ř ř Ŗ ŗ

Ś ś Ŝ ŝ Š š Ş ş ẞ ß Ŧ ŧ Ţ Ŧ ŧ Þ þ

Ú ú Ù ù Û û Ü ü Ũ ũ Ŭ ŭ Ű ű Ů ů Ų ų Ū ū Ǔ ǔ

Ŵ ŵ Ý ý Ŷ ŷ ẏ Ÿ ÿ Ź ź Ž ž Ż ż

Ziffern, Exponenten und Brüche

1 2 3 4 5 6 7 8 9 0 ² ³ ½ ¼ ¾

Währungszeichen

¤ ₤ $ ¥ ¢

Satzzeichen

! ¡ " ' ( ) , _ - . / : ; ? ¿ « »

Arithmetische Zeichen

+ ± < > = ÷ ×

Sonstige Schriftzeichen

% & * © [ ] µ | □ ° ℔ a § ¶ ' ´ ` ¨

Quelle: Bundesministerium für das Post- und Fernmeldewesen: Postbuch 1988, Braunschweig 1988, S. 373

▶ **Informations- und Kommunikationsdienste im diensteintegrierenden digitalen Fernmeldenetz** *(ISDN)*

Wurden vor Einführung des diensteintegrierenden digitalen Fernmeldenetzes für die unterschiedlichen Informations- und Kommunikationsdienste der Post jeweils eigene Leitungen und Anschlüsse benötigt, können die im ISDN angebotenen **Sprach-, Test-, Daten- und Bilddienste über ein gemeinsames Netz**, und zwar über das auf digitale Signale umgestellte bestehende Fernmeldenetz, übertragen werden.

1986 fügte die Deutsche Bundespost das frühere Fernschreibnetz in das integrierte Text und Datennetz (IDN) ein, welches bereits ab 1988 zusammen mit dem bis zu diesem Zeitpunkt eigenständigen Fernsprechnetz zur ersten Stufe des diensteintegrierenden digitalen Fernmeldenetzes (ISDN) kombiniert wurde. Nach den Plänen der Post soll das bestehende, bisher mit analogen Signalen arbeitende Fernsprechnetz kontinuierlich auf die digitale Vermittlungstechnik umgestellt werden. Das seit 1988 in einigen Großstädten und Ballungsräumen im Rahmen eines Pilotprojektes laufende digitale ISDN soll in den alten Bundesländern ab 1993 flächendeckend zur Verfügung stehen.

Die Abkürzung ISDN bedeutet im einzelnen:

I = Integrated: Alle Fernmeldedienste kommen über eine Leitung der Post und einen einzigen Anschluß mit einheitlicher Rufnummer zum Kunden.

S = Services: Der ISDN-Teilnehmer kann ein breiteres Angebot an Fernmeldediensten nutzen. Neben Sprache, Texten, Daten werden auch Bilder übermittelt. Hierbei lassen sich zwei Dienste kombinieren (z. B. Bilder mit Texten oder Sprache mit Bild des Gesprächspartners).

241

16 Käseborn/Siekerkötter – ISBN 3-8120-0081-4

D =	**D**igital:	Die einheitliche digitale Übertragung ermöglicht erst die gemeinsame Nutzung des Netzes durch die verschiedenen Dienste. Dabei werden die Signale nicht mehr wie bisher in Schwingungen, sondern als Folge von Ziffern (z.B. „Strom" oder „Nichtstrom") übertragen. Die Übermittlung wird dadurch wesentlich klarer, weniger störanfällig und erheblich schneller.
N =	**N**etwork:	Das vorhandene Telefonnetz bleibt bestehen, wird aber durch die Digitalisierung besser genutzt. So kann etwas gleichzeitig telefoniert und gefaxt werden. Über das Telefonkabel werden zwei Basiskanäle zur Nachrichtenübertragung (mit 64000 Zeichen[1] je Sekunde) und ein Signalisierungskanal (mit 16000 Zeichen[1] je Sekunde) angeboten, welcher die verschiedenen Dienste sowie den Auf- und Abbau der Verbindung steuert.

In Anlehnung an: Bundesministerium für das Post- und Fernmeldewesen: ISDN – Alles über ein Netz, Bonn o. J., S. 5, 22

Die im ISDN angebotenen Informations- und Kommunikationsdienste unterscheiden sich in ihrer Art nicht von den gleichnamigen Diensten, die die Bundespost über die verschiedenen Spezialnetze zur Verfügung stellt. Allerdings zeichnen sich die im ISDN angebotenen Dienste insbesondere durch größere Qualität und Leistungsfähigkeit sowie mehr Komfort aus.

Digitaltechnik beim Telefonieren

● Telefondienst im ISDN

Neben einer Qualitätssteigerung bei der Informationsübermittlung (bessere Sprachverständlichkeit, störungsfreie Gespräche, Verringerung der Rauschanteile) sowie der Möglichkeit, parallel zur Sprachkommunikation und zu ihrer Unterstützung andere Kommunikationsarten zu aktivieren, zeichnet sich der Telefondienst im ISDN durch **zahlreiche neue Dienstmerkmale** aus, die bisher nicht angeboten werden konnten.

Zu diesen neuen Dienstleistungen zählen unter anderem:[2]

– **Anklopfen mit Übermittlung der Rufnummer des rufenden Teilnehmers**

Unter Anzeige der Telefonnummer des rufenden Teilnehmers am Endgerät des Gerufenen wird während einer bestehenden Verbindung mit einem Anklopfton auf einen weiteren Anruf aufmerksam gemacht. Dabei kann der Gerufene den neuen Verbindungswunsch übernehmen oder auch ignorieren.

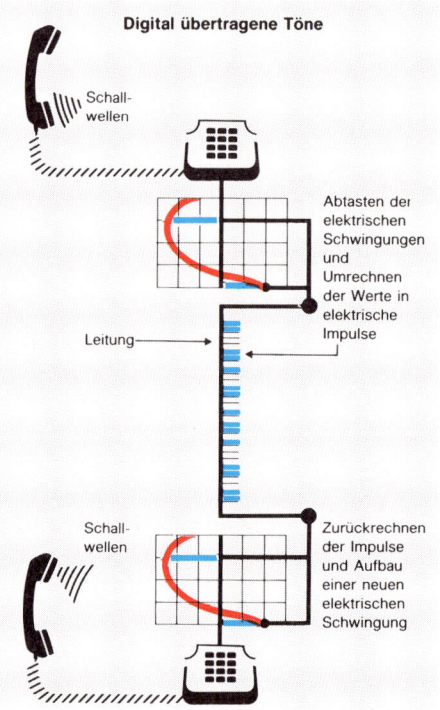

Quelle: Bundesministerium für das Post- und Fernmeldewesen: Postbuch 1988, Braunschweig 1988, S. 490

---

1 Bei diesen Zeichen handelt es sich um binäre Ziffern, und zwar um eine Folge von nur zwei verschiedenen Zeichen, der binären Null und der binären Eins. Mit Hilfe dieses Dualcodes lassen sich die unterschiedlichsten Zeichen darstellen.

2 Vgl.: Bundesministerium für das Post- und Fernmeldewesen: Postbuch 1988, Braunschweig 1988, S. 498 f.

- **Anrufumleitung**

  Diese Dienstleistung ermöglicht es dem gerufenen Teilnehmer, ankommende Verbindungswünsche unmittelbar zu einem vorher eingegebenen Ziel (z.B. Telefonauftragsdienst) umzuleiten. Diese Umleitung des Anrufes wird dem rufenden ISDN-Teilnehmer angezeigt.

- **Anrufweiterschaltung**

  Ist ein ankommender Ruf nach ca. 15 Sekunden nicht abgefragt, wird der Verbindungswunsch zu einem zuvor eingegebenen Ziel (z.B. Telefonauftragsdienst) weitergeleitet. Wie bei der Anrufumleitung wird auch hier dem rufenden ISDN-Teilnehmer die Weiterleitung angezeigt.

- **Bildtelefon**

  Im ISDN können Bewegtbildfolgen mit mäßig schnellen Bewegungsabläufen mit ansprechender Qualität übertragen werden. Insbesondere im geschäftlichen Anwendungsbereich wird dabei die Festbildübertragung hoher Qualität mit der Möglichkeit interaktiver Änderungen von großer Bedeutung sein.

- **Dreierkonferenz**

  Über eine Konferenzschaltung lassen sich drei Teilnehmer so zusammenschalten, daß eine gleichzeitige Sprechverbindung zwischen den Gesprächspartnern möglich ist.

● **Datenübermittlungsdienst im ISDN**

Mit ihrem Datenübermittlungsdienst ermöglicht die Deutsche Telekom AG die Kommunikation zwischen Maschinen (z.B. Computern). Solche Anwendungen werden unter dem Begriff der **Datenfernverarbeitung** zusammengefaßt, wobei die Datenfernverarbeitung als das Zusammenwirken von der in den Zuständigkeitsbereich des jeweiligen Anwenders fallenden **Datenverarbeitung** und der zu den gesetzlichen Aufgaben der Post zählenden **Datenübertragung** angesehen wird.

Unter Verringerung der zur Zeit vorhandenen Vielzahl unterschiedlicher Übertragungsgeschwindigkeiten kann die Deutsche Telekom AG aufgrund der Digitalisierung mit dem ISDN einen außerordentlich leistungsfähigen und wirtschaftlichen Datenübertragungsweg zur Verfügung stellen. Im diensteintegrierenden digitalen Fernmeldenetz kann ein Vielfaches dessen übertragen werden, was heute in Wählnetzen zur Datenübermittlung überwiegend genutzt wird.

In unserer zunehmend von Information und Kommunikation geprägten Gesellschaft gewinnt der **elektronische Nachrichtenverkehr auf digitaler Basis** immer mehr an Bedeutung. Da der damit verbundene schnellere Informationsaustausch aktueller Daten die Effektivität einer Einzelhandelsunternehmung, die ihre erwerbswirtschaftlichen Zielsetzungen möglichst erfolgreich am Markt verwirklichen will, entscheidend mitbestimmt, dürfte der elektronische Nachrichtenverkehr – zumindest im geschäftlichen Bereich – der gewohnten schriftlichen Nachricht (z.B. Brief, Telegramm, Telex) den Rang ablaufen.

Zusammenfassung

Warenbezahlung, Warenzustellung, Nachrichtenübermittlung

Warenbezahlung

- ● an offenen Ladenkassen
- ● an Schreibkassen
- ● an elektromagnetischen Registrierkassen
  (Kassenzettel, Kassenbon)
- ● an elektronischen Kassen

Güterverkehr

Unternehmenseigene Warenzustellung

- – mit Fahrzeugen
- – durch Boten

**Warenzustellung durch die
Deutsche Post AG**

- ● Versendungsform ● mögliche Versandart
  - – Schnellsendung   für Pakete, Päckchen,
                        Postgüter
  - – Eilzustellung   für Pakete, Päckchen,
                        Postgüter
  - – Wertsendung   für Pakete
  - – Einschreiben   für Päckchen
  - – Nachnahme-   für Pakete, Päckchen
    sendung
  - – Luftpostsendung   für Pakete, Päckchen
  - – keine besondere   für Büchersendungen
    Versendungs-   und Warensendungen
    form

**Warenzustellung durch die
Deutsche Bahn AG**

- ● Versandart nach dem Umfang der
  Sendung
  - – Stückgut/Sammelladung
  - – Wagenladung
- ● Versandart nach der Schnelligkeit
  der Beförderung
  - – Frachtgut (für Stückgüter und
    Wagenladungen)
  - – Eilgut (für Wagenladungen)
  - – Expreßgut (für Stückgüter
    bis 200 kg)
  - – IC-Kuriergut (für Sendungen
    bis zu 20 kg)

**Güterverkehr durch private Fuhr-
unternehmungen**

- ● Versandart
  - – Güternahverkehr (bis 50 km)
  - – Güterfernverkehr (über 50 km)
- ● Transportbeteiligte
  - – Frachtführer
  - – Spediteur
  - – Lagerhalter

Private Paketdienste

- ● Versandart
  - – Pakete
  - – flache, unzerbrechliche Artikel
  - – Dokumentensendungen
    größeren Umfangs

Postdienste der Deutschen Post AG

- Versendungsform
  - Eilzustellung, Einschreiben, Nachnahmesendung, Luftpostsendung
  - Wertsendung
  - Eilzustellung
  - keine besondere Versendungsform

- mögliche Versandart für Postkarten und Briefe

  für Briefe
  für Telebriefe
  für Infopost, Postwurfsendungen

Informations- und Kommunikationsdienste der Deutschen Telekom AG

- Telefondienst   } auf Basis ana-
- Telegrammdienst   } loger Vermittlungstechnik

- Bildschirmtext   unter Nutzung
- Telefax   des Fernmelde-
- Telex   bzw. integrier-
- Teletex   ten Text- und
                     Datennetes

- Bildschirmtext im ISDN
- Telefax im ISDN   unter Nutzung
- Teletex im ISDN   des dienste-
- Telefondienst im   integrierenden
  ISDN   digitalen Fern-
- Datenübermitt-   meldenetzes
  lungsdienst im
  ISDN

Aufgaben

(1) *Beschreiben Sie verschiedene Kassensysteme, und verdeutlichen Sie die jeweiligen Vor- und Nachteile!*

(2) *Auf welche Weise sollten folgende Waren dem Empfänger zugestellt werden? Begründen Sie Ihre Antwort!*

   a) *Eine in einem großen Möbelgeschäft bestellte Polstergarnitur*

   b) *Ein wertvoller Ring zur Reparatur an einen weiter entfernt wohnenden Juwelier*

   c) *Ein dringend benötigtes Ersatzteil (kleine Ausmaße, geringes Gewicht)*

   d) *Textilien im Wert von 2 500 DM, die nur gegen Barzahlung an den Kunden ausgehändigt werden sollen*

   e) *3 Fässer à 100 l Wein von Trier nach Dortmund*

   f) *5 Tonnen leicht verderblichen Obstes von Hamburg nach Hannover*

   g) *Eine von einem in der Nähe des Einzelhändlers wohnenden Kunden telefonisch bestellte Lebensmittellieferung von 5 kg Gewicht*

(3) *Was bedeutet es, wenn eine Sendung „unfrei" aufgegeben wird?*

(4) *Stellen Sie Vor- und Nachteile der Leistungen der verschiedenen Güterverkehrsbetreiber gegenüber!*

(5) *Beschreiben Sie an einem Beispiel die notwendige Vorgehensweise zur Absendung eines Paketes!*

(6) Verdeutlichen Sie die wesentlichen Postdienste bei der Nachrichtenübermittlung durch die Deutsche Post AG und die Deutsche Telekom AG!

(7) Erläutern Sie die Schadensersatzleistungen der Deutschen Post AG bei Verlust:
   a) eines Einschreibebriefes
   b) eines Paketes
   c) eines Wertpaketes mit Wertangabe 3 000 DM!

(8) Welche Versandarten lassen sich für die Deutsche Bahn AG nach der Schnelligkeit des Transportes unterscheiden?

(9) In welchen Fällen würden Sie die Warenanlieferung durch einen Spediteur bzw. einen Frachtführer besorgen lassen?

(10) Stellen Sie die Bedeutung des Nachrichtenverkehrs am Beispiel Ihres Ausbildungsbetriebes dar!

(11) Welche grundsätzlichen Möglichkeiten stehen einer Einzelhandelsunternehmung offen, um in den Besitz der für sie bestimmten Geschäftskorrespondenz zu gelangen?

(12) Beschreiben Sie die Informations- und Kommunikationsdienste, die in Ihrem Ausbildungsbetrieb genutzt werden!

(13) Worin unterscheidet sich der Telex vom Telefax bzw. Teletex?

(14) Was verbirgt sich hinter der Abkürzung ISDN? Erläutern Sie die einzelnen Begriffsbestandteile!

(15) Durch welche neuen Dienstleistungen läßt sich der Telefondienst im ISDN charakterisieren?

(16) Auf welche Weise würden Sie folgende Nachrichten dem Empfänger zustellen?
   a) Den Widerruf einer Warenbestellung
   b) Eine dringende Zahlungsaufforderung an einen säumigen Kunden
   c) Die für einen Importeur im Ausland bestimmten Frachtpapiere
   d) Konstruktionszeichnungen, die den Geschäftspartner unverzüglich erreichen müssen
   e) Die plötzlich notwendig werdende Absage eines Treffens mit Geschäftsfreunden
   f) Werbebriefe an Stammkunden

10 Werbung

Zu einer erfolgreichen Geschäftstätigkeit ist es für eine Einzelhandelsunternehmung Voraussetzung, ihre Kunden stets in geeigneter Weise über das Geschäft, das angebotene Sortiment und besondere Verkaufsmaßnahmen zu unterrichten. Zudem benötigt der Einzelhändler selbst umfassende Kenntnisse über das Warenangebot verschiedener Lieferanten. In beiden Fällen kann Werbung die notwendigen Informationen vermitteln.

10.1 Begriff und Bereiche der Werbung

Aufgabe der Werbung ist es, das Kaufverhalten der Kunden im Sinne des Werbetreibenden zu beeinflussen. Zu diesem Zweck werden Maßnahmen der Absatzwerbung, der Verkaufsförderung und der Öffentlichkeitsarbeit (Public Relations) einzeln oder gemeinsam eingesetzt.

▶ **Absatzwerbung**

Absatzwerbung will dem Käufer **Informationen über das Angebot an Waren, Dienst- und Serviceleistungen der Unternehmung übermitteln** und ihn zum Erwerb der Güter veranlassen.

▶ **Verkaufsförderung**

Während sich die Absatzwerbung eher um den stetigen Absatz der Waren bemüht, wollen Verkaufsförderungsmaßnahmen einen **zusätzlichen, kurzfristigen Anreiz** zum Kauf bestimmter Produkte schaffen.

● **Verkaufsförderung bei Käufen durch Konsumenten**
  - Verteilung von Gutscheinen oder kostenlosen Proben
  - Vorführung von Verwendungsmöglichkeiten bestimmter Produkte am Verkaufsort
  - Preisausschreiben

● **Verkaufsförderung bei Käufen durch den Handel**
  - Bereitstellung von Werbematerialien durch den Hersteller
  - Gewährung von Preisnachlässen beim Warenbezug zu einem bestimmten Zeitpunkt

▶ **Öffentlichkeitsarbeit (Public Relations)**

Die **positive Selbstdarstellung der Unternehmung** ergänzt die Werbe- und Verkaufsförderungsaktivitäten. Es soll Verständnis für die eigenen Tätigkeiten geschaffen werden, ohne bestimmte Produkte zu erwähnen. Ziel ist, eine Atmosphäre des Vertrauens zwischen der Unternehmung und ihren Lieferanten, Kunden und anderen Bezugsgruppen zu schaffen. Gleichzeitig wird damit der Einsatz produktbezogener Werbeaktionen vorbereitet.

DATEN, FAKTEN, ANALYSEN IN DIREKTEM ZUGRIFF

Wer als Unternehmen nicht auf der Insel landen möchte, hält den direkten Zugriff auf aktuelle Markt- und Unternehmensdaten immer in Fluß.

Das Electronic-banking-Angebot der Sparkasse öffnet dafür alle Schleusen: Ob es um Bilanz- oder Branchenkennzahlen, um finanzielle oder strategische Unternehmensplanung, um Produkt- und Marketinginformationen vor Ort oder weltweit geht – die ⹂Firmenberatung stellt die individuellen Analyse-, Beratungs- und Datenbankinstrumente bereit. Und das so kostengünstig und kompatibel wie möglich: PC genügt!

Tagesgeschäft ist wichtig, Zukunftsdenken unverzichtbar. Planen Sie das Electronic-banking-Angebot der Sparkasse einfach mit ein.

wenn's um Geld geht – Sparkasse

Unternehmen der ⹂Finanzgruppe

10.2 Arten der Werbung

Die Durchführung von Werbeaktionen kann sowohl durch den Einzelhändler allein als auch in Zusammenarbeit mit anderen Unternehmungen erfolgen.

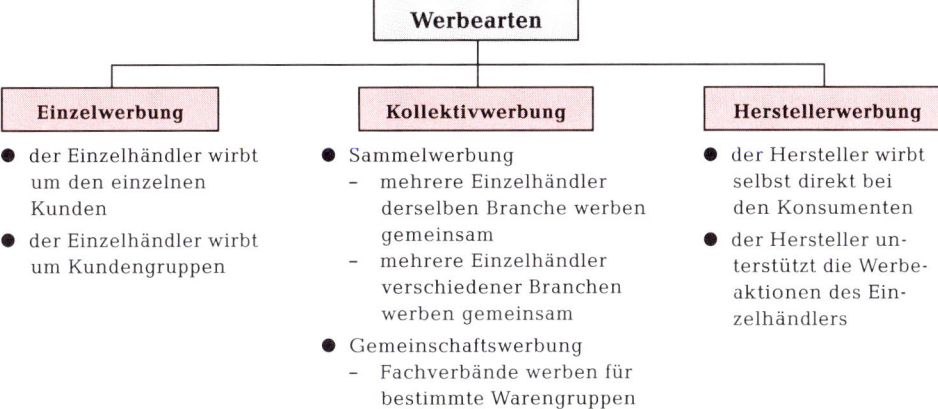

▶ **Einzelwerbung**

In diesem Fall bemüht sich der Einzelhändler allein um die Bekanntmachung seiner Verkaufsangebote.

● **Werbung um den einzelnen Kunden**

Zur gezielten persönlichen Information werden **Werbeziele** häufig unter Hinzufügen von Prospekten versandt (vgl. Brief S. 250).

● **Werbung um Kundengruppen**

Werbung, die sich an viele Kunden gleichzeitig richten soll, kann etwa durch Anzeigen in der örtlichen Tagespresse, durch Werbeanschläge (Plakate), Rundfunksendungen oder durch das Verteilen von Handzetteln übermittelt werden.

▶ **Kollektivwerbung**

Führen mehrere Unternehmungen ihre Werbeaktionen gemeinsam durch, spricht man von Kollektivwerbung.

● **Sammelwerbung**

Da Werbeaktionen, die auf einen größeren Kreis von Verbrauchern abgestimmt sind, erhebliche Kosten verursachen, werden Einzelhändler bemüht sein, sich in „Werbegemeinschaften" zusammenzuschließen, um gemeinsam ihre Produkte vorzustellen. Die beteiligten Unternehmungen werden den Umworbenen namentlich bekanntgemacht.

– **Mehrere Einzelhändler derselben Branche werben gemeinsam**

Die an der Werbeaktion Beteiligten stellen diejenige Ware vor, die von allen angeboten wird.

> – Die Vertragshändler eines Autoherstellers kündigen regional gemeinsam die Vorstellung der neuen Pkw-Modelle für den 15.01.19.. an.
> – Die Buchhändler einer Stadt informieren über Neuerscheinungen.

Sport Braun GmbH

Sport Braun GmbH   Postfach 101010   44710 Bochum

Herrn
Peter Theobald
Goethestraße 37

44791 Bochum

Karlstraße 16
44866 Bochum
℡   0234/437-1
Telefax 0234/437-506

Sparkasse Bochum
BLZ 430 500 01
Konto-Nr. 27 83 94

Geschäftszeit
Mo - Fr 9.00 - 18.30 h
Sa   9.00 - 14.00 h

Ihre Zeichen/Ihre Nachricht vom Unsere Zeichen	*Durchwahl*	*Bochum*
	121	05.03.19..

Sehr geehrter Herr Theobald,

wir haben die Anregungen unserer Kunden aufgenommen und das Sortiment
erweitert. In den umgebauten Geschäftsräumen in der **Karlstraße 16** finden
Sie ab dem **25. März d. J.** auch

☞ **Surfbretter** in verschiedenen Ausführungen

sowie

☞ **Zubehör** und **entsprechende Bekleidung.**

Da Sie seit langem Kunde unserer Abteilung **"Wassersport"** sind, rechnen wir
besonders mit Ihrem Interesse.

Überzeugen Sie sich persönlich von der Qualität der Artikel!
Unsere Fachberater würden sich über Ihren Besuch freuen.

Mit freundlichen Grüßen

Sport Braun GmbH

Braun

250

– **Mehrere Einzelhändler verschiedener Branchen werben gemeinsam**

Einzelhändler einer Stadt, einer Einkaufsstraße, eines Einkaufszentrums oder einer Interessengemeinschaft werben gemeinsam.

> – Ankündigung einer Werbewoche (z. B. „Englische Woche") für ein Einkaufszentrum
> – Zeitungsbeilagen, in denen sich die Einzelhändler einer Region mit ihren aktuellen Angeboten gemeinsam vorstellen

● **Gemeinschaftswerbung**

Die vor allem von Fachverbänden des Einzelhandels durchgeführten Werbeaktionen verfolgen das Ziel:

– die Aufmerksamkeit auf bestimmte Warengruppen zu lenken

– die Nachfrage nach diesen Waren zu steigern

Dabei werden die Firmen der in der entsprechenden Branche tätigen Einzelhändler nicht genannt.

> – „Aus deutschen Landen frisch auf den Tisch"
> – „Ohne Blumen fehlt Dir was"

▶ **Herstellerwerbung**

In vielen Fällen unterstützt der Produzent die Werbebemühungen des Einzelhändlers.

● **Der Hersteller wirbt selbst direkt bei den Konsumenten**

Durch Zeitungs- und Zeitschriftenartikel, durch Rundfunk- und Fernsehsendungen wendet sich der Hersteller direkt an die Endverbraucher und regt deren Nachfrage nach seinen Produkten an.

● **Der Hersteller unterstützt die Werbeaktionen des Einzelhändlers**

Zudem kann der Warenproduzent die Werbebemühungen der Einzelhandelsunternehmungen finanziell oder durch Werbematerial, Werbeberatung und spezielle Verkaufsveranstaltungen unterstützen.

10.3 Funktionen der Werbung

Werbung verfolgt in allen angesprochenen Fällen das Ziel, bisherige, möglichst aber auch neue Kunden anzusprechen, sie mit Informationen zu versorgen, ihre Aufmerksamkeit und Neugier zu wecken und für ihre Bedürfnisse das entsprechende Angebot vorzustellen.

Im einzelnen gilt es:

– eine Geschäftseröffnung oder die Einführung neuer Produkte bekannt zu machen,

– fortlaufend an die im Sortiment geführten Waren zu erinnern,

– Informationen über Sonderveranstaltungen, Preisänderungen, Geschäftsvergrößerungen oder zusätzliche Serviceleistungen bekannt zu machen,

– eine positive Einstellung der Kunden zur Einzelhandelsunternehmung zu bewirken,

– die eigenen Waren von denen der Konkurrenz abzugrenzen.

10.4 Werbemittel und Werbeträger

Mit der Festlegung der Werbemittel und Werbeträger bestimmt der Einzelhändler, auf welche Weise die Informationen dem Kunden vorgestellt werden sollen.

Als **Werbeträger**, also als Vermittlungs- und Transportmedien, stehen z. B. Zeitungen, Zeitschriften, Rundfunk und Fernsehen oder Plakatanschlagflächen zur Auswahl.

Werbemittel gestalten die Werbebotschaft. So ist z. B. der über den Werbeträger „Werbefernsehen" gesendete „Werbefilm" ein Werbemittel, das die Produktinformation in akustischer (Worte) und optischer (Bilder und Zeichen) Weise verdeutlicht.

Die einzusetzenden Werbemittel lassen sich dahingehend unterscheiden, ob sich der Einzelhändler in seiner Unternehmung selbst oder außerhalb um Kunden bemühen möchte.

Wie \ Wo	Werbemittel innerhalb der Einzelhandelsunternehmung	Werbemittel außerhalb der Einzelhandelsunternehmung
optisch	● Packungsmaterial ● Warenpräsentation im Verkaufsraum ● Warenpräsentation im Schaufenster	● Schaukasten und Vitrine ● Leuchtmittel ● Handzettel ● Katalog und Prospekt ● Anzeige ● Werbebrief ● Werbeanschlag
akustisch	● Schallplatte und Tonband ● Lautsprecherdurchsage	● Rundfunkwerbung
optisch/ akustisch	● Videovorführung ● Warenvorführungen und Verkaufsgespräch	● Warenvorführungen auf Veranstaltungen und Ausstellungen ● Kinowerbung ● Fernsehwerbung

10.4.1 Werbemittel innerhalb der Einzelhandelsunternehmung

▶ **Packungsmaterial**

Packungen, die ansprechend gestaltet sind, d. h., die in Form, Farbe und Beschriftung das Kundeninteresse wecken, heben die Ware aus ihrer „Anonymität" und grenzen sie von Konkurrenzprodukten ab. Da die Erstellung der Packung den Aufgaben des Herstellers zuzurechnen ist, kann der Einzelhändler nur bedingt Einfluß nehmen, indem er z. B. bei der Auswahl der in das Sortiment zu übernehmenden Produkte auf diesen Aspekt achtet. Indirekt verbleibt ihm die Möglichkeit, durch geschickte Warenpräsentation die Vorteile der verschiedenen Packungen besonders zu betonen.

▶ **Warenpräsentation im Verkaufsraum**

Auch von der Gestaltung, Aufteilung und Ausstattung des Verkaufsraumes gehen werbewirksame und damit verkaufsfördernde Impulse aus. Eine übersichtliche Warenpräsentation erleichtert die Auswahl der gewünschten Artikel. Gondeln und Ständer stellen besonders günstige Angebote heraus, Hänger weisen z. B. auf Sonderverkaufsmaßnahmen hin.

▶ Warenpräsentation im Schaufenster

Eine ansprechende Warenauslage ist Voraussetzung dafür, daß Schaufenster die Aufmerksamkeit der Kunden wecken und zum Betrachten einladen. Nicht nur während, sondern auch nach den Geschäftszeiten vermittelt das Schaufenster einen Überblick über das Warensortiment des Einzelhändlers. Es soll Anregungen und Informationen vermitteln, zum Betreten des Verkaufsraumes auffordern und den Kunden ermöglichen, eine Vorauswahl zwischen den zum Kauf in Frage kommenden Produkten verschiedener Einzelhändler zu treffen.

Häufig beauftragt die Einzelhandelsunternehmung spezielle Fachkräfte (z.B. Dekorateure) mit der Ausgestaltung der Schaufenster; nicht selten fällt diese Aufgabe aber auch dem eigenen Verkaufspersonal zu. Die Werbewirkung, die von einem Schaufenster ausgeht, hängt nicht nur von der Warenanordnung ab. Schaufenstergröße und -tiefe, Beleuchtung und Farbgestaltung sind zusätzliche Elemente, die den ansprechenden Charakter der Auslagen bestimmen.

Schaufenster können gestaltet werden als:

- **Übersichtsfenster**, d.h., es wird ein Überblick über das gesamte Sortiment gegeben.

  | Schuh-, Elektro-, Schreibwaren-, Foto- oder Spielwarengeschäfte stellen ihr Warenangebot möglichst umfassend dar.

- **Stapelfenster**, d.h., es wird eine bestimmte Warengruppe vorgestellt.

  | Ein Warenhaus stellt in einem Schaufenster Möbel vor, in einem anderen Kinderkleidung, in einem dritten „Alles für den Heimwerker".

- **Phantasiefenster**, d.h., unter einem bestimmten „Thema" werden verschiedene Waren zusammengestellt.

  | Zu den Themen „Urlaub", „Olympiade", „Französische Woche" oder „Karneval" werden die entsprechenden Artikel gemeinsam dekoriert.

▶ Schallplatte und Tonband

Einige Einzelhandelsunternehmungen setzen zur Unterstützung der Verkaufsatmosphäre Musik ein. Vor allem Boutiquen vertrauen auf die verkaufsfördernde Wirkung dieses Werbemittels.

▶ Lautsprecherdurchsage

Sollen die Kunden auf besonders preisgünstige Angebote oder Sonderveranstaltungen hingewiesen werden bzw. gilt es, Sortimentsneuheiten vorzustellen, bietet sich eine Lautsprecherdurchsage an.

▶ Videovorführung

Bei manchen Produkten kann es zweckmäßig sein, ihre Eigenschaften durch Videofilme zu unterstreichen. Größere Warenhäuser setzen dieses Werbemittel z.B. bei Kosmetika, Haushaltsgeräten und Bekleidung zur Beratung von Kunden ein. Denselben Zweck verfolgen Reisebüros, wenn sie durch Videovorführungen ihren Besuchern Eindrücke über verschiedene Urlaubsziele vermitteln.

► **Warenvorführungen und Verkaufsgespräch**

Warenvorführungen sprechen Kunden an, die sich zu diesem Zeitpunkt im Verkaufsraum aufhalten. Produkte und ihre Verwendungsmöglichkeiten werden vorgestellt. Häufig werden diese Vorführungen durch Beauftragte des Herstellers unterstützt.

- Anwendungsmöglichkeiten von Personal-Computern werden demonstriert.
- Die neue Herbst- und Winterbekleidung wird vorgestellt.

Der direkte Kontakt zwischen Verkäufer und Kunden ermöglicht eine persönliche Beratung. Der Verkäufer kann die Ware vorstellen und auf Argumente des Kunden individuell eingehen.

10.4.2 Werbemittel außerhalb der Einzelhandelsunternehmung

► **Schaukasten und Vitrine**

Schaukasten und Vitrine ergänzen die Informations- und Aufforderungsfunktion des Schaufensters. Vor der Einzelhandelsunternehmung, in Ladenpassagen oder an Orten mit hohem Passantenaufkommen (Fußgängerzonen, Bahnhöfe) zeigt der Einzelhändler in Schaukästen und Vitrinen einen Teil seines Warenangebotes mit dem Hinweis, wo und wie seine Verkaufsräume zu erreichen sind.

► **Leuchtmittel**

Zu diesen Werbemitteln zählen das erleuchtete Firmenschild, die durch Laufschriften auf einer Anzeigentafel vermittelten Werbebotschaften, beleuchtete Warensymbole oder überdimensionale Warenabbildungen (Flaschen, Eisbecher oder Zigarettenschachteln). Damit· ist es auch bei Dunkelheit möglich, die entsprechende Einkaufsstätte ausfindig zu machen bzw. Waren effektvoll darzustellen.

► **Handzettel**

Für kleinere Einzelhandelsgeschäfte stellt der Handzettel das wohl gebräuchlichste Werbemittel dar. Die in der näheren Umgebung gelegenen Haushaltungen können gezielt über aktuelle Sonderverkaufsmaßnahmen informiert werden, oder die Handzettel werden an Passanten in den Einkaufszonen verteilt.

Die Kosten dieser Maßnahme sind relativ gering. Die Verteilung der Handzettel erfolgt meist durch speziell für diese Tätigkeit eingestellte Aushilfskräfte, aber auch durch das Verkaufspersonal des Einzelhändlers.

► **Katalog und Prospekt**

Kataloge, die das Warenangebot umfassend darstellen, sind in der Regel nur im Versandhandel üblich. Größere Einzelhändler verwenden zur Bekanntmachung ausgewählter Artikel ihres Sortiments den **Prospekt**. Diese häufig mehrfarbig gestalteten und mit Preisen versehenen Produktdarstellungen werden als Postwurfsendungen oder als Beilage in den örtlichen Zeitungen verschickt.

► **Anzeige**

In den Lokalzeitungen wird der Einzelhändler auch durch Anzeigen auf sein Geschäft und seine Artikel aufmerksam machen. Illustrierte und Fachzeitschriften eignen sich als Werbeträger für eine Anzeige nur sehr bedingt. In Illustrierten wird eher der Hersteller selbst die Werbung placieren. Überregionale Fachzeitschriften können nur für

Einzelhändler mit ganz speziellen Sortimenten (z.B. Motorrad-, Angel- oder Segel-zubehör) in Frage kommen. Allerdings ist zu bedenken, daß die Kunden nur bereit sein werden, größere Entfernungen vom Wohnort zur Einkaufsstätte des annoncie-renden Einzelhändlers in Kauf zu nehmen, wenn kein anderer, näher gelegener über das gleiche Sortiment verfügt.

Über den Erfolg einer Anzeige entscheidet neben der Gestaltung nicht zuletzt der **Erscheinungszeitpunkt** (vor den Wochenenden, vor Feiertagen oder zum Monats-anfang).

Die **Kosten** dieser Werbemaßnahme richten sich nach der Gestaltung und dem Umfang der Anzeige sowie nach Art und Auflagenhöhe der ausgewählten Zeitung. Für jeden dieser Werbeträger kann ein sogenannter **„Tausenderpreis"** berechnet werden. Er besagt, wie teuer es ist, 1000 Lesern die Werbebotschaft zu übermitteln.

Für zwei Zeitungen ließe sich dieser Tausenderpreis wie folgt berechnen:

$$\text{Tausenderpreis} = \frac{\text{Preis je Anzeigenseite x } 1\,000}{\text{Gesamtleserschaft pro Auflage}}$$

	Zeitung 1	Zeitung 2
Preis je Anzeigenseite	2 000 DM	4 000 DM
Auflage	100 000	100 000
Leser pro Exemplar (jede Zeitung wird nicht nur vom Käufer, sondern auch von anderen Personen gelesen)	2	5
Gesamtleserschaft pro Auflage	200 000	500 000
Tausenderpreis	10 DM	8 DM

▶ **Werbebrief**

Mit einem Werbebrief spricht der Einzelhändler seine Kunden persönlich an. Die benötigten Angaben ent-nimmt er etwa der Kunden-kartei. Anlässe zur Versen-dung dieser Werbebriefe sind beispielsweise die Vor-stellung neuer Kollektionen oder die Ankündigung von Sonderverkaufsmaßnahmen (vgl. Brief S. 250).

Das Geld für die Werbung
Einnahmen erfaßbarer Werbeträger 1993 in Mrd. DM

Publikumszeitschriften 3,21
Werbung per Post 4,35
Tages zeitungen 9,98
Anzeigenblätter 2,60
Fachzeitschriften 2,19
Fernsehen 4,83
Adreßbücher 2,10
Hörfunk 1,01
Außenwerbung 0,94
Wochen-, Sonntagszeitungen 0,45
Zeitungs-supplements 0,27
Kino 0,26

	1990	1991	1992	1993	1994 (Prognose)
Werbeinvestitionen in Deutschland in Mrd. DM	39,5	43,6	47,2	48,8	50,4
davon: Einnahmen erfaßbarer Werbeträger in Mrd. DM	24,6	28,3	31,3	32,2	33,1

Quelle: ZAW
© Globus 1978

▶ **Werbeanschlag**

Werbeflächen, die der Einzel-händler als Träger seiner Werbebotschaft nutzt, können Hauswände, Litfaßsäulen, Plakatwände, eigene Fahr-zeuge oder öffentliche Verkehrsmittel sein.

▶ Rundfunkwerbung

Vor allem Hersteller und nur selten größere Einzelhandelsunternehmungen wenden sich über den Rundfunk an die Käufer. Mit diesem Werbemittel wird ein relativ großer Kreis von Personen angesprochen, indem neben dem eigentlichen Werbetext häufig ein einprägsamer **Werbeslogan** mit Musikuntermalung vorgestellt wird.

▶ Warenvorführungen auf Veranstaltungen und Ausstellungen

Bei regionalen Veranstaltungen oder Ausstellungen geben neben Herstellern auch Einzelhändler einen Überblick über ihr Warensortiment. Neue Kunden können gewonnen und zum Besuch des Einzelhandelsgeschäfts veranlaßt werden.

▶ Kinowerbung

Werbemittel der Kinowerbung sind Dia und Werbefilm. Der Einzelhändler wird in der Regel das Dia verwenden, um sein Geschäft und das Sortiment vorzustellen. Erläuternde Kommentare mit Musikuntermalung unterstützen die optischen Eindrücke.

Werbefilme vermitteln dagegen vor allem Produktwerbung von Herstellern.

▶ Fernsehwerbung

Der Einsatz von im Fernsehen gesendeten Werbespots kommt aufgrund der sehr hohen Kosten nur für wenige große Einzelhandelsunternehmungen oder die Hersteller selbst in Frage. Allerdings wird durch dieses Medium eine ungleich höhere Zahl von Verbrauchern angesprochen, als es bei den meisten anderen Werbeträgern der Fall ist.

Kosten ausgesuchter Werbeträger

Werbeträger	Kosten	
	Preis pro 30 Sekunden Sendezeit	Anmerkungen
Werbefernsehen		
NDR, Hamburg	18 210 DM	Januar – Mai, September – Dezember; dienstags bis freitags ab 19.00 Uhr
HR, Frankfurt (TV REGIONAL hessen 1)	9 540 DM	Januar – Mai, September – Dezember; montags bis samstags 19.10 – 19.20 Uhr
ZDF, Mainz	93 000 DM	Januar/Mai, September/Dezember; montags bis samstags 19.20 Uhr
RTL-Plus, Frankfurt	82 210 DM	März, April, Dezember; montags bis sonntags 19.30–23.00[1] Uhr
SAT 1, Mainz	41 160 DM	September – Dezember; montags bis samstags 18.45–23.00 Uhr
MDR TV, Sachsen	4 200 DM	Januar–Mai, September–Dezember; montags bis freitags 17.30–20.00 Uhr
Hörfunk		
WDR 2, Köln	6 000 DM	montags – samstags in der Zeit von 8.00 – 9.00 Uhr
Bayern 3, München	3 300 DM	montags – samstags, z.B. in der Zeit von 7.52 – 7.59 Uhr
Sender Freies Berlin 88`8	720 DM	montags – samstags in der Zeit von 8.00 – 9.00 Uhr
Antenne Brandenburg	1 200 DM	montags bis samstags in der Zeit von 6.00–10.00 Uhr

---

1 Super Prime Time Unterbrecherinseln

Werbeträger	Kosten		
	Grundpreis pro ganzer Anzeigenseite		
	schwarz-weiß	2 Zusatzfarben	vierfarbig
Tageszeitungen			
Frankfurter Rundschau	30 576,00 DM[1]	39 104,00 DM	42 224,00 DM
Bild (ges. Bundesgebiet)	386 918,40 DM	504 250,00 DM	509 400,00 DM
Wirtschaftszeitungen			
Handelsblatt	33 729,00 DM	51 377,60 DM	57 446,40 DM
Wochenzeitungen			
Die Zeit	42 432,00 DM	61 568,00 DM	69 056,00 DM
Sonntagszeitungen			
Welt am Sonntag	48 153,60 DM	60 403,20 DM	62 650,00 DM
Regionale Zeitungen			
Ruhr Nachrichten Wirt-schaftsraum Dortmund	28 595,00 DM	39 102,00 DM	42 892,50 DM

1 montags – freitags, samstags 33 280 DM / 41 184 DM / 44 304 DM

Quelle: Media Daten: Handbuch der elektronischen Werbeträger bzw. Handbuch der deutschen Werbe-träger 4/92

10.5 Werbeplanung

Zur Durchführung einer Werbeaktion genügt es nicht, daß die Einzelhandelsunter-nehmung Werbemittel und -träger auswählt. Vielmehr bedarf es einer Reihe weiterer Überlegungen, die sich auf folgende Aspekte erstrecken sollten:

- Festlegung der **Werbeziele**

- Einschaltung einer **Werbeagentur**

- Auswahl der **Zielgruppe**

- Entscheidung über Höhe und Verteilung des **Werbebudgets**

- Bestimmung des Einsatzzeitpunktes der **Werbemaßnahme**

▶ **Festlegung der Werbeziele**

Die an die Kunden zu übermittelnde Botschaft muß geeignet sein, das geplante Werbeziel zu verwirklichen.

> Will ein Einzelhändler auf einen Sonderverkauf hinweisen, reicht es nicht, nur Verkaufs-förderungsmaßnahmen innerhalb des Geschäftes vorzusehen, sondern er muß diese Aktion z.B. über Anzeige oder Handzettel einem größeren Personenkreis bekanntmachen.

▶ **Werbeagenturen**

Größere Einzelhandelsunternehmungen beauftragen häufig Werbeagenturen mit der Planung bzw. Gestaltung ihrer Werbeaktionen. Sofern sie nicht über eigene Werbeabteilungen verfügen oder die Mitarbeiter nicht die entsprechenden Er-fahrungen besitzen, ist es ratsam, Spezialisten aus Agenturen mit der Durchführung von Werbemaßnahmen zu betrauen.

17 Käseborn/Siekerkötter – ISBN 3-8120-0081-4

▶ Auswahl der Zielgruppe

Diejenigen Personen, die von einer Werbebotschaft angesprochen werden sollen, werden als Zielgruppe bezeichnet.

> Während jedermann Lebensmittel benötigt, kommen für Mofas, Brautmoden, Campingbedarf oder wertvolle Teppiche nur bestimmte Abnehmer in Frage.

Die Gestaltung der Werbebotschaft und die Auswahl des Werbemittels bzw. Werbeträgers sollten auf diese Zielgruppe abgestimmt sein.

▶ Entscheidung über Höhe und Verteilung des Werbebudgets

Bei der Planung einer Werbeaktion ist es von entscheidender Bedeutung, welche Geldmittel zur Verfügung stehen. Bei der Festlegung der Höhe des Werbebudgets kann sich die Einzelhandelsunternehmung an folgenden Maßstäben orientieren:

– eigene Ausgaben für Werbung im letzten Geschäftsjahr

– Ausgaben der Konkurrenten

– bestimmte Prozentsätze des Umsatzes oder Gewinns

Der so festgelegte Betrag muß den einzelnen Werbemitteln zugeordnet und so verteilt werden, daß er für den gesamten Planungszeitraum ausreicht.

▶ Bestimmung des Einsatzzeitpunktes der Werbemaßnahme

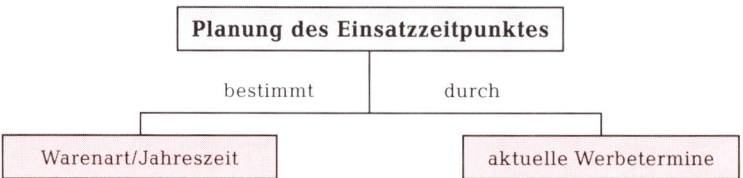

● Warenart/Jahreszeit

Jede Einzelhandelsunternehmung muß zur Bestimmung des Einsatzzeitpunktes von Werbemaßnahmen zunächst die von ihr vertriebene Warenart berücksichtigen.

> Werbung für:
> – Frühjahrs- und Sommer- bzw. Herbst- und Winterkollektionen im Bekleidungshandel
> – Karnevalsartikel, Sportgeräte, Oster- und Weihnachtsspezialitäten
> – den neuen Weinjahrgang

● Aktuelle Werbetermine

Daneben fordern aktuelle Anlässe (wie u. a. Festwochen, Ausstellungen, Jubiläen, Geschäftseröffnung, Winter- und Sommerschlußverkauf) den Einsatz von Werbemaßnahmen. Gezielt kann auch dann geworben werden, wenn die Kaufgewohnheiten der Kunden Berücksichtigung finden.

> Anzeigen und Prospekte in Tageszeitungen vor Wochenenden oder Feiertagen

10.6 Werbegrundsätze

Bei der Planung, Gestaltung und Durchführung von Werbemaßnahmen sollte die Einzelhandelsunternehmung folgende Grundsätze beachten:

▶ **Grundsatz der Klarheit**

Die durch Werbung vermittelte Information muß von den Angesprochenen verstanden werden.

▶ **Grundsatz der Originalität**

Eine Werbebotschaft sollte in Bild, Text oder Ton so gestaltet sein, daß sie die Aufmerksamkeit der Kunden erweckt und sich von Aussagen der Konkurrenten deutlich abhebt.

▶ **Grundsatz der Einheitlichkeit**

Einzelne Werbemaßnahmen müssen aufeinander abgestimmt sein. Unterstützt z.B. der Hersteller den Einzelhändler bei dessen Werbebemühungen, müssen sich die eingesetzten Werbemittel ergänzen und dürfen sich nicht überschneiden.

> Kündigt der Hersteller ein neues Produkt überregional in Fernsehen oder Rundfunk an, kann der Einzelhändler seinerseits diese Aktion durch Handzettel, Anzeigen in der Lokalpresse oder Verkaufsförderungsmaßnahmen unterstützen.

▶ **Grundsatz der Wirtschaftlichkeit**

Der angestrebte Werbeerfolg sollte mit einem für die Einzelhandelsunternehmung vertretbaren Werbeetat erreicht werden können.

▶ **Grundsatz der Wahrheit**

Die Aussagen in einer Werbebotschaft müssen den tatsächlichen Gegebenheiten entsprechen. Irreführungen oder Unwahrheiten sind zu unterlassen und sogar gesetzlich verboten (vgl. S. 209 ff.).

10.7 Werbeerfolgskontrolle

Für eine Einzelhandelsunternehmung ist es nicht leicht festzustellen, inwieweit durch eine bestimmte Werbemaßnahme das angestrebte Werbeziel tatsächlich erreicht wurde. Der Werbeerfolg bezieht sich nicht nur auf wirtschaftliche Größen, sondern kann auch andere positive Auswirkungen für die Unternehmung haben.

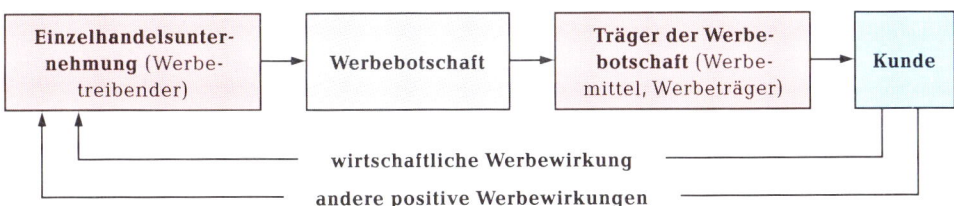

259

▶ **Wirtschaftliche Werbewirkung**

Wirtschaftliche Werbewirkungen beziehen sich auf:

- Veränderungen in den abgesetzten Warenmengen,
- Veränderungen in den erzielten Umsätzen oder Gewinnen.

▶ **Andere positive Werbewirkungen**

Durch eine Werbebotschaft sollte es gelingen:

- Aufmerksamkeit auf ein Gut oder eine Einkaufsstätte zu lenken,
- Kenntnisse über Waren und Dienstleistungen oder Einkaufsstätten zu vermitteln,
- den Kunden in die Lage zu versetzen, ein bestimmtes Gut aus den konkurrierenden Angeboten wiederzuerkennen, sich also daran zu erinnern,
- Einstellungen von Käufern zum Gut oder zur Einkaufsstätte positiv zu beeinflussen,
- die Kaufbereitschaft der Kunden für ein Gut in einer bestimmten Einkaufsstätte zu schaffen.

Zusammenfassung

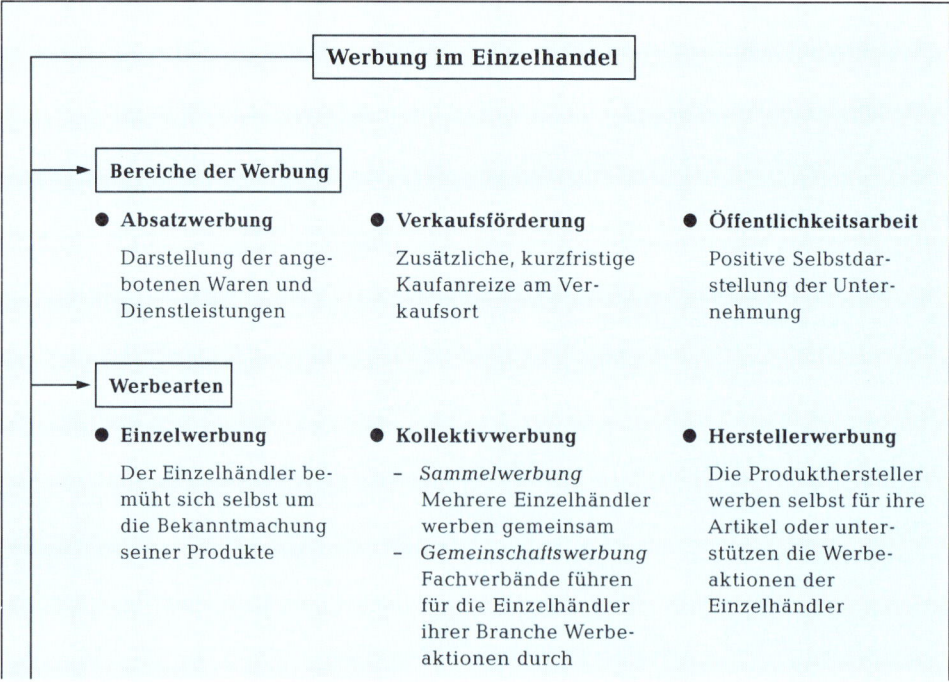

260

Werbemittel

- innerhalb der Einzelhandelsunternehmung

  Packungsmaterial, Warenpräsentation
  im Verkaufsraum und Schaufenster,
  Schallplatte und Tonband, Lautsprecherdurchsage, Videovorführung,
  Warenvorführung und Verkaufsgespräch

- außerhalb der Einzelhandelsunternehmung

  Schaukasten und Vitrine, Leuchtmittel,
  Handzettel, Katalog und Prospekt, Anzeige, Werbebrief, Werbeanschlag, Rund-
  funkwerbung, Warenvorführung auf Veranstaltungen und Ausstellungen, Kinowerbung, Fernsehwerbung

Werbeplanung

- Festlegung der Werbeziele
- Einschaltung einer Werbeagentur
- Auswahl der Zielgruppe
- Entscheidung über Höhe und Verteilung des Werbebudgets
- Bestimmung des Einsatzzeitpunktes der Werbemaßnahme

Werbegrundsätze

- Klarheit
- Originalität
- Einheitlichkeit
- Wirtschaftlichkeit
- Wahrheit

Werbeziele

- Eine Werbebotschaft sollte:
  - Aufmerksamkeit auf ein Gut oder eine
    Einkaufsstätte lenken
  - Kenntnisse über Waren und Dienst-
    leistungen oder Einkaufsstätten vermitteln
  - den Kunden in die Lage versetzen,
    ein Gut aus den konkurrierenden
    Angeboten wiederzuerkennen
  - die Einstellung vom Käufer zum Gut
    bzw. zur Einkaufsstätte positiv beeinflussen
  - die Kaufbereitschaft der Kunden wecken

  um damit:
  - die abgesetzte Waren-
    menge zu erhöhen und
    den erzielten Umsatz
    bzw. Gewinn zu ver-
    bessern

Aufgaben

(1) Grenzen Sie Absatzwerbung, Verkaufsförderung und Öffentlichkeitsarbeit voneinander ab, und beschreiben Sie je ein Beispiel für diese Werbebereiche aus Ihrem Ausbildungsbetrieb!

(2) Bilden Sie Beispiele für Werbeaktionen, in denen der Einzelhändler allein, mit anderen Einzelhändlern derselben Branche oder mit solchen anderer Branchen tätig werden könnte!

(3) Beschreiben Sie Gemeinschafts- und Herstellerwerbung!

(4) Verfassen Sie für Ihren Ausbildungsbetrieb einen Werbebrief, in dem den Kunden ein günstiges Angebot offeriert wird!

(5) Welche Werbemittel würden Sie in den geschilderten Fällen verwenden? Begründen Sie Ihre Entscheidung!

   a) Ein Lebensmittelhändler will auf Sonderangebote hinweisen, die ab Freitag in seinen Verkaufsräumen angeboten werden.

   b) Unter dem Thema „Wassersport" möchte ein Warenhaus die zu diesem Anlaß passenden Artikel gemeinsam den Kunden vorstellen.

   c) Während der Geschäftzeit entschließt sich die Geschäftsleitung, einen Posten Herrenoberhemden besonders preisgünstig anzubieten.

   d) Ein neues Küchengerät, das nicht ganz einfach zu bedienen ist, soll den Käufern vorgestellt werden.

   e) Eine Einzelhandelsunternehmung, die etwas außerhalb der Haupteinkaufsstraße einer Stadt liegt, möchte stetig an sich und das geführte Sortiment erinnern.

(6) Nennen Sie diejenigen Werbemittel, die für eine Einzelhandelsunternehmung mittlerer Größe in der Regel nur in Frage kommen, und begründen Sie Ihre Auswahl!

(7) Erläutern Sie die Begriffe Übersichtsfenster, Stapelfenster und Phantasiefenster, und bilden Sie Beispiele, wie in den drei Fällen die Auslage gestaltet wird!

(8) Was verstehen Sie unter einer Zielgruppe? Bilden Sie einige Beispiele!

(9) Nennen Sie aktuelle Werbetermine Ihres Ausbildungsbetriebes!

(10) Stellen Sie die Grundsätze der Werbung dar!

(11) Welche Werbewirkungen sollten mit einer Werbebotschaft erreicht werden können?

1 Wesen und Ziele von Warenwirtschaftssystemen

Inwieweit eine Einzelhandelsunternehmung ihre erwerbswirtschaftlichen Zielsetzungen (vgl. S. 342) erfolgreich am Markt verwirklichen kann, ist vom Ergebnis unternehmerischer Entscheidungen abhängig. Diese Entscheidungen, die insbesondere durch sich ändernde Markterfordernisse und sich wandelnde Kundenbedürfnisse auf einem unter Wettbewerbsdruck stehenden Markt mit Risiken behaftet sind, werden auf der Grundlage von **Informationen** getroffen. Damit bestimmen Art und Umfang der zur Verfügung stehenden Informationen maßgeblich die Qualität unternehmerischer Entscheidungen.

Um möglichst genaue, aktuelle und lückenlose Informationen über die Warenbewegungen in einer Einzelhandelsunternehmung zu gewinnen, ist es erforderlich, den gesamten Warenfluß des Handelsbetriebes vom Warenein- bis zum Warenausgang datenmäßig abzubilden. Die Erfassung relevanter Warendaten erstreckt sich dabei auf die **mengen- und wertmäßigen Warenbewegungen** innerhalb der betrieblichen Funktionsbereiche Einkauf, Lagerhaltung und Verkauf. Erst die zielgerichtete (artikel- bzw. warengruppenbezogene) Verarbeitung und Aufbereitung der sich aus den Warenbewegungen ergebenden Informationen können zur **Planung, Kontrolle** und **Steuerung des Warenflusses** im Handelsbetrieb eingesetzt werden. Dadurch wird es ermöglicht, die eigentliche Aufgabe des Handels zu erfüllen, d. h., die richtigen Waren in der richtigen Menge zum richtigen Zeitpunkt am richtigen Ort bereitzustellen.

> Die Erfassung der Warenein- und -ausgänge sowie der Verluste durch Beschädigung oder Diebstahl in der Abteilung „Sportartikel" bildet die Grundlage für Entscheidungen über diese Warengruppe. Ein Vergleich mit vorgegebenen Plandaten, mit Umsatzzahlen der Vorjahre oder mit Umsatzkennzahlen anderer Abteilungen ermöglicht nähere Aussagen über notwendige Reaktionen der Unternehmensleitung. So können Unregelmäßigkeiten im geplanten Betriebsablauf (wie etwa ein einschneidender Umsatzrückgang) nicht nur rechtzeitig erkannt, sondern auch durch geeignete Gegenmaßnahmen (Umstrukturierung des Sortiments, personelle Veränderungen oder gar Aufgabe des Produktbereiches) beseitigt werden.

Warenwirtschaftssysteme sind manuelle oder computergestützte Organisationsverfahren zur Erfassung sowie zur zielgerichteten Verarbeitung und Aufbereitung von Warenbewegungsdaten. Durch sie kann der mengen- und wertmäßige Warenfluß in der Einzelhandelsunternehmung optimal geplant, kontrolliert und gesteuert werden. Die konkrete organisatorische Ausgestaltung eines Warenwirtschaftssystems hängt im Einzelfall insbesondere von der Branche, der Anzahl der im Sortiment geführten Artikel (Sortimentsstruktur) und der Umsatzhöhe der jeweiligen Einzelhandelsunternehmung ab.

Zur Erreichung der Zielsetzungen ist es erforderlich, die mengen- und wertmäßigen Warenbewegungsdaten innerhalb eines Warenwirtschaftssystems möglichst

- **artikelgenau,**
- **lückenlos** und
- **zeitgleich mit dem Warenfluß** (aktuell)

zu erfassen, um diese Daten zielgerecht als Grundlage für betriebliche Entscheidungsprozesse verarbeiten und aufbereiten zu können.

2 Erfassung von Warenbewegungen

Um über den Umsatz und die Kosten den Unternehmenserfolg wirkungsvoll am Markt beeinflussen zu können, müssen Warenwirtschaftssysteme im Einzelhandel vielfältige Informationen erfassen, und zwar über:

- die **Bestellvorbereitung** oder Disposition und die Entscheidungsregel für Bestellungen, z.B. Limite,
- die **Bestellabwicklung**,
- den **Wareneingang**,
- die **Rechnungskontrolle**,
- die **Warenauszeichnung**, wo erforderlich,
- die **Lager- oder Ladenzuweisung**,
- die **Lagerbestandsführung**,
- die **Lagerstandortführung**,
- die **Lagerentnahme**, die Auslagerung,
- den **Warenausgang**,
- die **Lieferscheinerstellung** und **Rechnungserstellung**,
- die **Zahlungsabwicklung**,
- die Information aus der körperlichen **Inventur**.

Vom Zeitpunkt der Warenbestellung an lassen sich im Handelsbetrieb an allen Stationen des Warenflusses Daten nach Mengen und Werten erfassen. Dazu werden verschiedene Informationsträger wie Rechnungen, Lieferscheine, Lagerkartei, Inventur- und Inventarlisten oder Kassenbelege verwandt.

Informationen und Informationsträger an den Stationen des Warenflusses

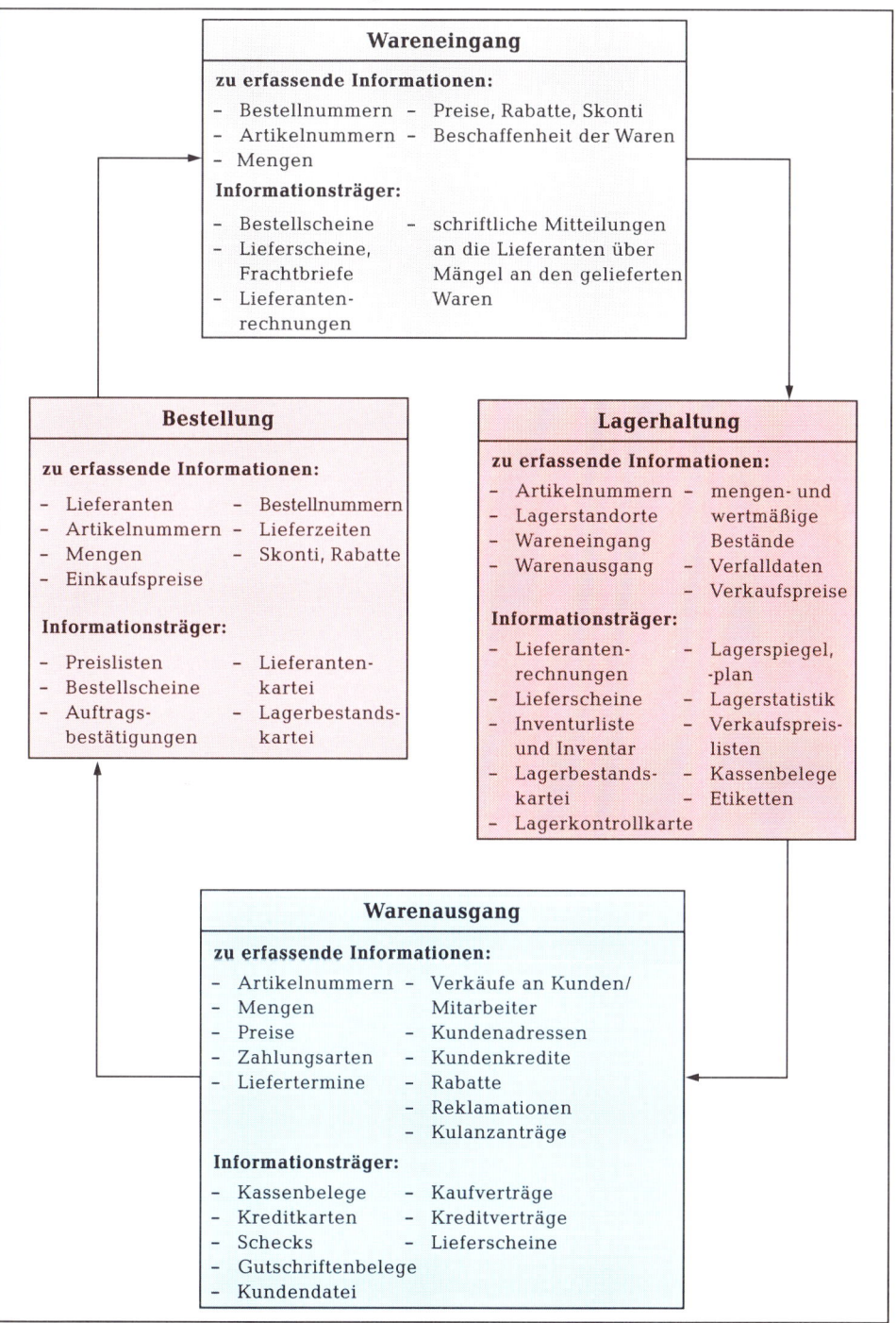

Wareneingang

zu erfassende Informationen:

- Bestellnummern – Preise, Rabatte, Skonti
- Artikelnummern – Beschaffenheit der Waren
- Mengen

Informationsträger:

- Bestellscheine – schriftliche Mitteilungen
- Lieferscheine, an die Lieferanten über
  Frachtbriefe Mängel an den gelieferten
- Lieferanten- Waren
  rechnungen

Bestellung

zu erfassende Informationen:

- Lieferanten – Bestellnummern
- Artikelnummern – Lieferzeiten
- Mengen – Skonti, Rabatte
- Einkaufspreise

Informationsträger:

- Preislisten – Lieferanten-
- Bestellscheine kartei
- Auftrags- – Lagerbestands-
  bestätigungen kartei

Lagerhaltung

zu erfassende Informationen:

- Artikelnummern – mengen- und
- Lagerstandorte wertmäßige
- Wareneingang Bestände
- Warenausgang – Verfalldaten
  – Verkaufspreise

Informationsträger:

- Lieferanten- – Lagerspiegel,
  rechnungen -plan
- Lieferscheine – Lagerstatistik
- Inventurliste – Verkaufspreis-
  und Inventar listen
- Lagerbestands- – Kassenbelege
  kartei – Etiketten
- Lagerkontrollkarte

Warenausgang

zu erfassende Informationen:

- Artikelnummern – Verkäufe an Kunden/
- Mengen Mitarbeiter
- Preise – Kundenadressen
- Zahlungsarten – Kundenkredite
- Liefertermine – Rabatte
  – Reklamationen
  – Kulanzanträge

Informationsträger:

- Kassenbelege – Kaufverträge
- Kreditkarten – Kreditverträge
- Schecks – Lieferscheine
- Gutschriftenbelege
- Kundendatei

3 Arten von Warenwirtschaftssystemen

Aufgrund der unterschiedlich organisierten Erfassung, Verarbeitung und Aufbereitung relevanter Warenbewegungsdaten erfüllen **manuelle** und **computergestützte Verfahren** die Zielsetzungen von Warenwirtschaftssystemen in verschiedenem Maße.

Eigenschaften von Warenwirtschaftssystemen zur Planung, Kontrolle und Steuerung des Warenflusses

manuelle Warenwirt-schaftssysteme	**computergestützte Waren-wirtschaftssysteme**

u.a:

- in der Regel warengruppenbezogene Erfassung der Warenbewegungsdaten über Registrierkassen
- Bestandsführung und -fortschreibung durch handerstellte Belege
- hoher Erfassungsaufwand, zum Teil verbunden mit Mehrfacherfassung derselben Daten
- zum Teil große Zeitabstände von der Entstehung bis zur Auswertung der zur Verfügung stehenden warengruppenbezogenen Informationen
- hoher Zeitaufwand für manuelle Auswertungen der Warenbewegungsdaten in Form von Statistiken und Übersichten erforderlich
- warengruppenbezogene Auswertungen erfolgen zu vorgegebenen Stichtagen bzw. zu bestimmten Anlässen

u.a.:

- artikelgenaue Erfassung der Warenbewegungsdaten über EDV-fähige Kassen (Kassenterminals)
- automatische Bestandsführung und -fortschreibung auf Basis der elektronischen Datenverarbeitung durch lückenlose Erfassung aller Warenbewegungen vom Warenein- bis zum -ausgang
- geringer Erfassungsaufwand in den betrieblichen Funktionsbereichen mit einmaliger Erfassung der Eingabedaten
- Rationalisierungseffekte etwa durch verminderte Papierflut, vereinfachten Preisänderungsdienst, reduzierten Auszeichnungsaufwand sowie durch einen schnelleren, kostengünstigeren, direkten und fehlerfreien Zugriff auf die gespeicherten Warenbewegungsdaten **(Hard-savings)**
- Verbesserung der Informationsbasis für betriebliche Entscheidungsprozesse durch aktuellere und ausführlichere artikelbezogene Abfragen und Auswertungen bei frei wählbaren Zeitintervallen (z.B. Tag, Monat, Jahr) der durch die lückenlose Abbildung des Warenflusses gewonnenen Daten **(Soft-savings)**
- artikelgenaue Auswertungen nach beliebigen Kriterien zu jedem Zeitpunkt möglich wie etwa Tagesumsatz, Umsatz in % des Gesamtumsatzes für einzelne Artikel bzw. Warengruppen, Wareneinsatz, Lagerumschlagshäufigkeit, -dauer und -zinsen
- Entlastung der Mitarbeiter und Führungsebenen von Routineaufgaben

3.1 Manuelle Warenwirtschaftssysteme

Die lückenlose Erfassung, aktuelle Verarbeitung und Aufbereitung von Warenbewegungsdaten durch handerstellte Belege (Karteikarten, Wareneingangspapiere, Inventurlisten, Warengruppenzuordnungen oder ähnliche organisatorische Hilfsmittel) mittels herkömmlicher Warenwirtschaftssysteme hat sich insbesondere bei Handelsbetrieben mit einem umfassenden Sortiment als zu aufwendig erwiesen. Darüber hinaus sind auch die geschicktest organisierten manuellen Warenwirtschaftssysteme schnell überfordert und stoßen an die Grenzen ihrer Leistungsfähigkeit, wenn die mengen- und wertmäßigen Warenbewegungen mit vertretbarem Aufwand artikelgenau erfaßt werden sollen. Daher begnügte man sich in der Praxis häufig mit groben Ergebniswerten oder aber griff auf Erfahrungswerte zurück.

3.2 Computergestützte Warenwirtschaftssysteme

Insbesondere aufgrund der trotz gestiegener Leistungsfähigkeit im Preis gesunkenen Hardware werden manuelle Warenwirtschaftssysteme zunehmend von computergestützten abgelöst. Darüber hinaus hat das Aufkommen der EDV-fähigen Kassensysteme (Kassenterminals) den Einsatz rechnergestützter Warenwirtschaftssysteme im Einzelhandel begünstigt und zu einer wirtschaftlichen Erfassung der Warenverkaufsdaten (z.B. Menge, Artikelbezeichnung, Preis, Zahlungsart) geführt.

> So stützt sich insbesondere im Lebensmittel-Einzelhandel die Arbeit mit Warenwirtschaftssystemen auf Grundlage der elektronischen Datenverarbeitung auf die Scannerkassen. Mit diesen Abtastern wird der bereits vom Hersteller oder Lieferant eines Erzeugnisses angebrachte und genormte EAN- Balkencode maschinell über Tisch- bzw. Handscanner erfaßt. Auf diese Weise können die an den Kunden verkauften Artikel vom System eindeutig identifiziert und die so gewonnenen Daten für innerbetriebliche Auswertungen genutzt werden.

Die Gegenüberstellung wesentlicher Eigenschaften manueller und computergestützter Warenwirtschaftssysteme macht deutlich, daß der für fundierte betriebliche Entscheidungsprozesse erforderliche aktuelle Informationsbedarf ab einer bestimmten Größenordnung der in der Einzelhandelsunternehmung anfallenden Warenbewegungsdaten nur **personenunabhängig** mit Hilfe der elektronischen Datenverarbeitung **überschaubar** und **wirtschaftlich** gedeckt werden kann.

Für die im Einzelhandel Beschäftigten ist der Einsatz computergestützter Warenwirtschaftssysteme und der damit verbundenen Technik nicht nur mit einer Umstellung in vielen Arbeitsbereichen verbunden, sondern setzt auch eine entsprechende Qualifikation der Mitarbeiter voraus. So erfordert zum Beispiel der Umgang mit EDV-fähigen Kassensystemen, mobilen Datenerfassungsgeräten oder das Erstellen und Interpretieren betriebswirtschaftlicher Auswertungen etwa zur Sortiments- oder Aktionserfolgskontrolle entsprechende Schulung.

3.2.1 Hard-savings

Zunächst stand der mit dem Einsatz computergestützter Warenwirtschaftssysteme unmittelbar verbundene Nutzen im Vordergrund, daß Arbeitsabläufe rationeller gestaltet werden konnten (Hard-savings). Unter **Hard-savings** sind die meßbaren, zu einer direkten Kostensenkung führenden Vorteile zu verstehen.

Zu den Hard-savings, die durch eine rationellere Gestaltung der Arbeitsabläufe zu einer direkten Kostensenkung führen, zählen u. a.:

- Beschleunigung des Kassiervorganges
- erhöhte Preissicherheit durch Reduzierung fehlerhafter Eingaben bei der Kassierdatenerfassung
- Vermeidung von Verlusten durch Auszeichnungsfehler
- vereinfachter Preisänderungsdienst durch Wegfall der Umzeichnung bei Preisänderungen
- reduzierter Auszeichnungsaufwand durch Verzicht auf Einzelpreisauszeichnung
- Senkung von Inventurdifferenzen durch gezieltere Bestandskontrollen
- verminderte Belegerstellung
- verbesserte Bestandsfortschreibung

3.2.2 Soft-savings

In zunehmendem Maße gewinnen jedoch die Soft-savings gegenüber den Hard-savings an Bedeutung. **Soft-savings**, die die nicht eindeutig in Geldwerten meßbaren strategischen Vorteile beinhalten, spiegeln den Nutzen wider, den die aktuelleren und ausführlicheren Informationen eines computergestützten Warenwirtschaftssystems für die Qualität der betrieblichen Entscheidungen bringen können.

Die Soft-savings, die durch die verbesserte Informationsbasis die Qualität der betrieblichen Entscheidungsprozesse steigern können, erstrecken sich insbesondere auf Entscheidungen im Rahmen:

- einer verbesserten Sortimentsüberwachung durch laufende Anpassung des Sortiments an die Kundenwünsche
- einer verbesserten Angebotspräsentation durch Verkaufsflächenoptimierung
- einer erleichterten und sicheren Preiskalkulation
- einer den Anforderungen entsprechenden Personaleinsatzplanung
- einer optimalen Bestandshaltung zur Minderung des im Lagerbestand gebundenen Kapitals
- einer verbesserten Planung und Erfolgskontrolle verkaufsfördernder Maßnahmen (Aktionsanalysen)
- eines aktuellen Bestellwesens, um stets liefer- und verkaufsbereit sein zu können
- einer bedarfsgerechten Disposition. Damit wird sichergestellt, daß nachgefragte Artikel auch vorhanden sind und nicht mehr verkäufliche aus dem Sortiment entfernt werden. Verluste durch falsche Dispositionen werden vermieden.

4 Voraussetzungen für den Einsatz computergestützter Warenwirtschaftssysteme

Die **rechnergestützte Erfassung** der Warendaten, die die Grundlage für die wirkungsvolle Planung, Kontrolle und Steuerung des Warenflusses in der Einzelhandelsunternehmung bildet, ist von bestimmten technischen und organisatorischen Voraussetzungen abhängig. Sie bedingt ein auf die Anforderungen der speziellen Unternehmung abgestimmtes Datenverarbeitungssystem, bestehend aus Hard- und Software.

4.1 Hardware

Alle elektronischen und mechanischen Geräte einer Datenverarbeitungsanlage bilden die **Hardware**. Sie besteht aus **Eingabeeinheiten,** der **Zentraleinheit** und **Ausgabeeinheiten**.

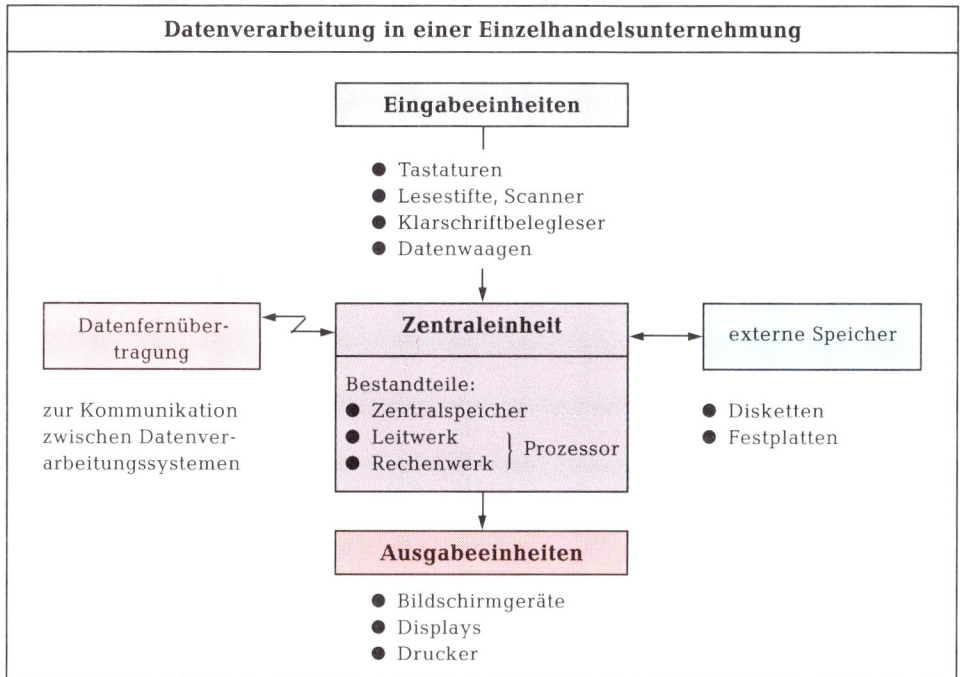

Datenverarbeitung in einer Einzelhandelsunternehmung

Eingabeeinheiten

- Tastaturen
- Lesestifte, Scanner
- Klarschriftbelegleser
- Datenwaagen

Datenfernüber-tragung

zur Kommunikation zwischen Datenver-arbeitungssystemen

Zentraleinheit

Bestandteile:
- Zentralspeicher
- Leitwerk
- Rechenwerk } Prozessor

externe Speicher

- Disketten
- Festplatten

Ausgabeeinheiten

- Bildschirmgeräte
- Displays
- Drucker

▶ **Eingabeeinheiten**

Eingabeeinheiten sind Geräte, die die Eingabe von Daten in den Arbeitsspeicher ermöglichen. Dazu zählen im Einzelhandel insbesondere:

- **Tastaturen** an Bildschirmarbeitsplätzen

- **Kassentastaturen, Lesestifte, Scanner** (vgl. S. 219 ff.)

- **Klarschriftbelegleser** zur maschinellen Erfassung von Daten auf Informations-trägern wie Schecks oder Lieferscheinen

- **Datenwaagen** (z.B. in Gemüse-, Fleisch- oder Käseabteilungen)

▶ **Zentraleinheit**

Die Zentraleinheit, die das gesamte System überwacht, steuert und auf die benötigten Daten zugreift, ist das Kernstück jeder Datenverarbeitungsanlage. Sie besteht aus dem **Zentralspeicher**, der u.a. den Arbeitsspeicher enthält, dem **Leitwerk** und dem **Rechenwerk**. Das Leitwerk sorgt für die Durchführung der einzelnen Befehle eines Programms, während das Rechenwerk die Rechenoperationen ausführt. Leit- und Rechenwerk bilden den Prozessor.

Bei der Verarbeitung müssen sowohl das Programm als auch die dafür notwendigen Daten im Zentralspeicher verfügbar sein. Der Prozessor holt sich während des Pro-grammverlaufs schrittweise Programmbefehle und Daten aus dem Zentralspeicher, interpretiert und verarbeitet sie und speichert die Ergebnisse anschließend wieder ab. Das Fassungsvermögen des Zentralspeichers ist begrenzt; für die dauerhafte Auf-bewahrung der Daten dienen **externe Datenträger (Speicher)**, z.B. **Disketten** oder **Festplatten**.

► **Ausgabeeinheiten**

Ausgabeeinheiten dienen der Ausgabe von Daten aus dem Arbeitsspeicher. Um die gespeicherten Daten direkt an den Benutzer auszugeben, finden im Einzelhandel folgende Ausgabeeinheiten Verwendung:

– **Bildschirme (Monitore)**

– **Displays**, z. B. als Anzeigegeräte für das Rückgeld an der Kasse bzw. Gewichts- und Preisangaben an Waagen

– **Drucker** (z. B. zum Ausdruck von Journalen, Protokollen und Analysen)

  Belegdrucker (z. B. zum Ausdrucken von Kassenbons)

  Etikettendrucker (z. B. zum Ausdrucken von Waren- und Regaletiketten)

► **Datenfernübertragung**

Zentraleinheit sowie Eingabe- und Ausgabeeinheiten bilden das **interne Informationssystem** der Einzelhandelsunternehmung. Soll etwa zur Abwicklung von Bestellungen, Anfragen oder Zahlungsvorgängen zusätzlich ein direkter Datenaustausch mit Herstellern, Lieferanten, Banken oder bei Filialgeschäften mit dem leitenden Hauptgeschäft erfolgen, benötigt man Geräte zur **Datenfernübertragung**. Durch die Benutzung entsprechender Netze der Deutschen Bundespost können Daten mit normalen Ein- und Ausgabeeinheiten auch über weitere Strecken zwischen einem Benutzer und einem Datenverarbeitungssystem transportiert werden. Für die Datenfernübertragung bedarf es eines Zusatzgerätes (Modems), mit dem die zu transportierenden Daten in die für die Übertragung erforderliche Form umgesetzt bzw. für den Anwender später in ihre ursprüngliche Form zurückverwandelt werden.

Da in das Bildschirmtextsystem (Btx) auch eine Datenübertragung eingeschlossen werden kann, ist es möglich, Datenverarbeitungsanwendungen (z. B. Bestellungen) zu realisieren, ohne über eigene Rechnerkapazitäten zu verfügen.

Ein Lebensmitteleinzelhändler übermittelt seine Obst- und Gemüsebestellung per Btx an seinen Großhändler. Über den Bildschirm wird seine Bestellung sofort bestätigt.

4.2 Software

Die technischen Geräte einer Datenverarbeitungsanlage können nur tätig sein, wenn ihnen bestimmte Befehle (Eingabe-, Rechen-, Speicher-, Vergleichs-, Übertragungs- oder Ausgabebefehle) zur Ausführung übermittelt werden. Die Summe aufeinanderfolgender Befehle zur Durchführung einer Aufgabe ergibt das **Programm**. Die Gesamtheit aller in einer Datenverarbeitungsanlage einsetzbaren Programme wird als **Software** bezeichnet. Damit stellt die Hardware einer Datenverarbeitungsanlage erst gemeinsam mit der Software eine funktionsfähige Einheit dar.

270

▶ **System- und Anwendungssoftware**

Die **Systemsoftware** ist maschinenorientiert und wird grundsätzlich vom Hardware-Hersteller mitgeliefert. Dagegen dient die **Anwendungssoftware** der Bewältigung unternehmensspezifischer Aufgaben. Anwendungssoftware wird in der Regel nicht vom Hersteller, sondern von Software-Entwicklern angeboten und im Einsatz betreut. Daneben kann Anwendungssoftware auch durch qualifiziertes Personal betriebsintern erstellt werden.

Im Handel werden sowohl **Standardanwendungsprogramme** als auch „maßgeschneiderte" **Individualprogramme** eingesetzt. Standardanwendungsprogramme sind vorgefertigte Programme, in denen bereits die Erfahrungen vieler Anwender berücksichtigt worden sind. Da sie für eine Vielzahl möglicher Anwender angeboten werden, sind Standardanwendungsprogramme zwar kostengünstiger als Individualprogramme, können jedoch nicht in dem Maße auf unternehmensinterne Sonderfälle abgestimmt werden, wie dies bei Individualprogrammen möglich ist.

▶ **Modularer Aufbau**

Einen Mittelweg zwischen diesen Softwarelösungen stellt der **modulare Aufbau verschiedener Programme** dar. Hier werden Standardprogramme als Grundelemente eingesetzt, die den Kundenwünschen durch Zusätze oder Programmänderungen angepaßt werden können.

Je nach Branche, Sortimentsstruktur, Umsatzhöhe und dem Grad der gewünschten Genauigkeit wird ein computergestütztes Warenwirtschaftssystem in den verschiedenen Anwendungsfeldern u. a. folgende Leistungen bieten:

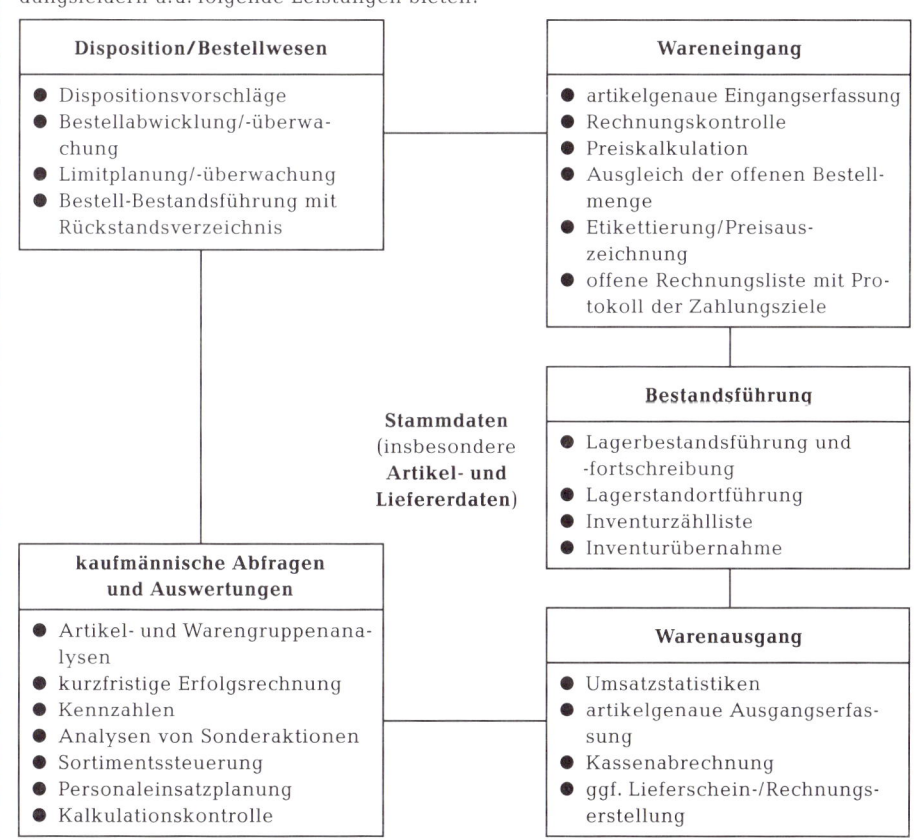

Disposition/Bestellwesen
- Dispositionsvorschläge
- Bestellabwicklung/-überwachung
- Limitplanung/-überwachung
- Bestell-Bestandsführung mit Rückstandsverzeichnis

Wareneingang
- artikelgenaue Eingangserfassung
- Rechnungskontrolle
- Preiskalkulation
- Ausgleich der offenen Bestellmenge
- Etikettierung/Preisauszeichnung
- offene Rechnungsliste mit Protokoll der Zahlungsziele

Stammdaten (insbesondere **Artikel- und Liefererdaten**)

Bestandsführung
- Lagerbestandsführung und -fortschreibung
- Lagerstandortführung
- Inventurzählliste
- Inventurübernahme

kaufmännische Abfragen und Auswertungen
- Artikel- und Warengruppenanalysen
- kurzfristige Erfolgsrechnung
- Kennzahlen
- Analysen von Sonderaktionen
- Sortimentssteuerung
- Personaleinsatzplanung
- Kalkulationskontrolle

Warenausgang
- Umsatzstatistiken
- artikelgenaue Ausgangserfassung
- Kassenabrechnung
- ggf. Lieferschein-/Rechnungserstellung

4.3 Artikelcodierung

▶ **Codierung**

Grundlegende Bedingung für den Einsatz computergestützter Warenwirtschaftssysteme im Einzelhandel ist die Codierung aller im Sortiment geführten Artikel, um sie

Eingabe- und Ausgabeeinheiten zur Erfassung und Abrechnung gewichtsabhängiger Frischware

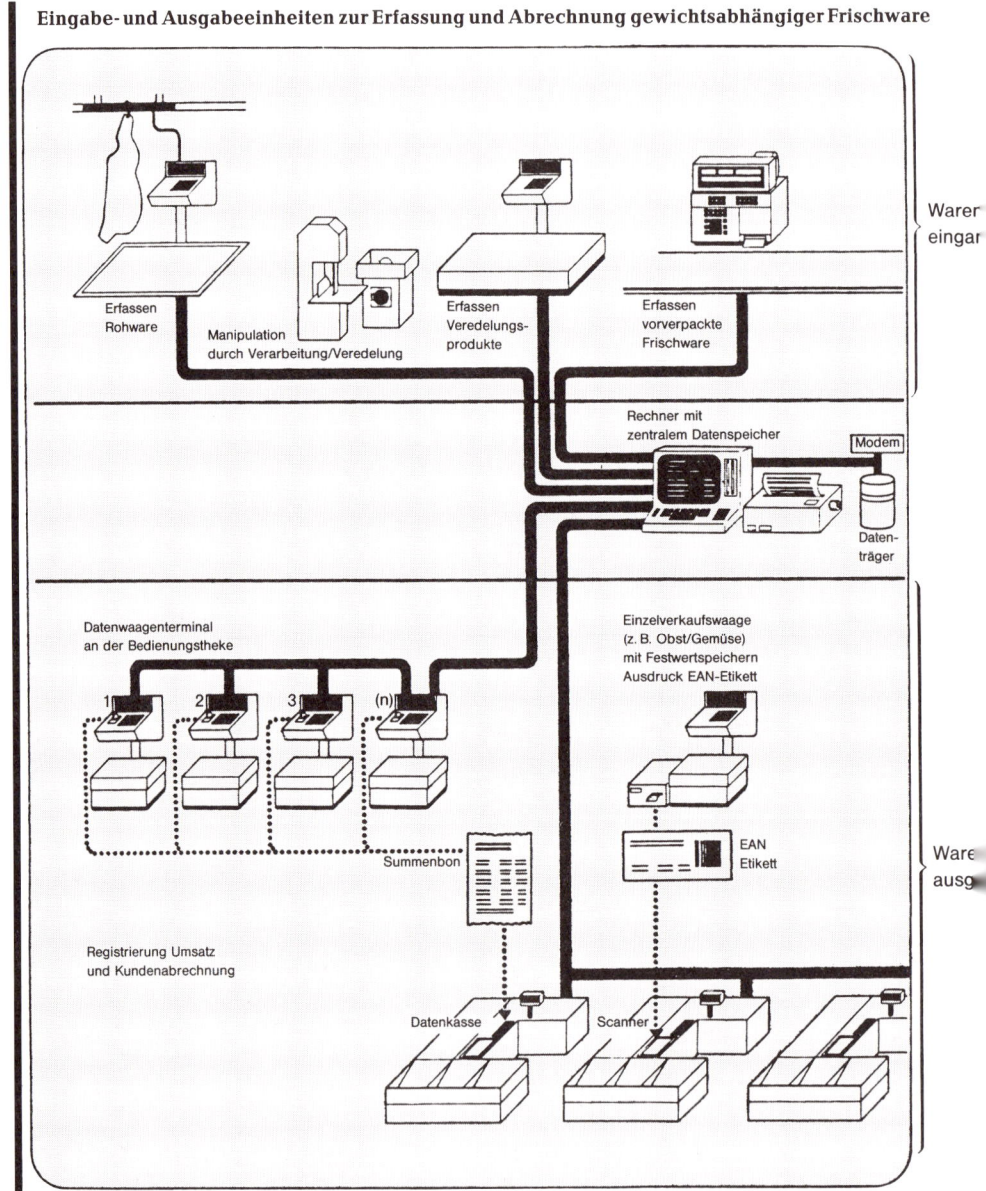

Quelle: geändert nach: Schulte, K.; Steckenborn, I.; Balsberg, L.: Systeme der Warenwirtschaft im Handel, Köln, 1981, S. 144

einer manuellen oder maschinellen Erfassung zugänglich zu machen. Dabei finden sowohl **hausinterne** (individuelle) Codes, die nach den spezifischen Belangen der jeweiligen Unternehmung konstruiert werden, als auch **standardisierte** (genormte) Artikelcodierungen – insbesondere in Gestalt der Europäischen Artikel-Nummer – Verwendung. So sind im Textileinzelhandel in der Regel hausinterne Codierungen in OCR-Schrift (vgl. S. 220) anzutreffen, während sich der Lebensmitteleinzelhandel häufig der genormten EAN-Codierung (vgl. S. 221) bedient.

▶ **Stamm- und Bewegungsdaten**

Die in den hausinternen bzw. genormten Codierungen verschlüsselten, immer wieder benötigten Artikeldaten (z.B. EAN, Artikelbezeichnung oder Artikelpreis) bilden zusammen mit den Lieferer- und ggf. Kundendaten (insbesondere beim Versandhandel) die **Stammdaten** eines computergestützten Warenwirtschaftssystems. Diese einmal erfaßten Daten ändern sich in der Regel nicht, Anpassungen (z.B. Artikelpreisänderungen) erfolgen über den Änderungsdienst. Im Gegensatz zu den Stammdaten unterliegen die **Bewegungsdaten** durch Zu- und Abgänge einer fortlaufenden oder häufigen Änderung (z.B. Lagerbestand oder offene Bestellmenge).

Die Kommunikation zwischen Einzelhändler und Großhändler (bzw. Hersteller) etwa bei Bestellvorgängen oder Retouren wird durch die standardisierte Warencodierung erleichtert, da in allen Bereichen des Warenflusses die gleiche 8- bzw. 13stellige Ziffernfolge zur Kennzeichnung eines Artikels verwendet wird.

Im Lebensmitteleinzelhandel ist die artikelgenaue Erfassung **gewichtsabhängiger Frischprodukte** (Obst, Gemüse, Fleisch, Wurst, Käse) im Bedienungsbereich sowie **geringwertiger Waren** nicht immer sinnvoll und wirtschaftlich. Da sich beispielsweise in einer Packeinheit in der Regel unterschiedliche Artikel befinden (z.B. verschiedene Wurstwaren), kann nur eine warengruppenbezogene Erfassung der Umsätze erfolgen. Anders ist es bei vorverpackten Frischwaren, die heute ebenfalls mit einer Codierung versehen werden können.

Mobile Datenerfassung

4.4 Mobile Datenerfassungsgeräte

Häufig ist es erforderlich, Warendaten direkt am Ort ihrer Entstehung über eine Tastatur, einen Lesestift oder eine Lesepistole zu erfassen, um sie einer späteren Verarbeitung im Zentralrechner zuführen zu können. Dazu bedient sich der Einzelhändler **transportabler (mobiler) Datenerfassungsgeräte.** Die mit diesen tragbaren, nicht an einen festen Arbeitsplatz gebundenen Geräte aufgenommenen Daten können u.a.:

– auf **Datenträgern** gespeichert oder

– über **Datenleitungen** (auch Datenfernübertragung) an die Zentraleinheit übermittelt werden.

Mobile Datenerfassungsgeräte eignen sich insbesondere für körperliche Inventuren und Dispositionserfassungen.

Quelle: Daten auf Trab, In: absatzwirtschaft, Heft 2, 1982, S. 72

5 Planung, Kontrolle und Steuerung von Warenbewegungen

Mit Hilfe spezieller Softwareprogramme können Daten differenziert erfaßt, nach vorgegebenen Kriterien aufbereitet und wieder ausgegeben werden. Sie bilden die Grundlage der Planung, Kontrolle und Steuerung des Warenflusses.

> An Kassenterminals werden die Verkaufsdaten aufgeschlüsselt eingelesen.
>
> – Artikelnummer   – Kundenkauf oder Personalkauf
> – Artikelmenge und Preis   – Verkäuferkennzahlen
> – Barverkauf oder Scheckverkauf
>
> Diese neuen Daten führen zu einer Veränderung der in der Zentraleinheit des Rechners geführten Dateien (Lagerhaltung, Umsatz).
>
> Ist der Meldebestand eines Artikels damit erreicht, führt diese Information zur Aufnahme der entsprechenden Waren in die Bestelldatei. Anhand der ausgedruckten Bestelliste kann ein Mitarbeiter die sofortige Lieferung veranlassen.

5.1 Planung des Warenflusses

Unter Planung ist die „gedankliche Vorwegnahme" des künftigen Handelns zu verstehen. Zur Planung zählen im wesentlichen die Kosten-, Erlös-, Finanz- und Erfolgsplanung.

Planung ist jedoch im weiteren ein Oberbegriff, der alle Arten von organisatorischen Maßnahmen im Ablauf des Unternehmungsgeschehens betrifft. Für die Einzelhandelsunternehmung bedeutet dies – auf der Grundlage eines rechnergestützten Warenwirtschaftssystems – die Aufstellung eines **Wirtschaftsplans**. In ihm werden für einen bestimmten Zeitraum Ziele und Umfang der beabsichtigten Tätigkeit beschrieben und festgelegt.

Nach dem Zeitraum der Planung kann unterschieden werden:

● **Kurzfristige Planung** (bis zu einem Jahr)

  ▮ Schaufenstergestaltungen, Einkäufe von Waren

● **Langfristige Planung** (länger als ein Jahr)

  ▮ Veränderungen der Betriebsgröße, Eröffnung von Filialen, Erweiterungen des Sortiments

Ausgangspunkt der Planungsüberlegungen ist der **Absatzplan**, der aufgrund von Untersuchungen des Marktes und des Käuferbedarfs aufgestellt wird. Entsprechend dem beabsichtigten Absatz sind folgende Pläne festzulegen:

– **Beschaffungsplan** für die einzukaufenden Waren (vgl. S. 67 ff.)
– **Lagerplan** für die Größe und Einrichtung des Lagers (vgl. S. 170 ff.)
– **Werbeplan** zur Durchführung von Werbemaßnahmen (vgl. S. 257 ff.)
– **Finanzplan** zur Finanzierung des betrieblichen Geschehens

5.2 Kontrolle des Warenflusses

5.2.1 Umsatzkontrolle

Eine bedeutende Zielgröße für die Einzelhandelsunternehmung ist der Gesamtumsatz, da von seiner Höhe der wirtschaftliche Erfolg im wesentlichen abhängig ist. Umsatzkontrollen können unter verschiedenen Gesichtspunkten durchgeführt werden:

– täglicher, wöchentlicher, monatlicher und jährlicher **Gesamtumsatz**
– Umsatz je **Filiale**
– Umsatz je **Abteilung** und/oder **Warengruppe** und/oder **Artikel**
– Umsatz je **Verkäufer** und **Kunde**
– Umsatz je m^2 **Geschäftsfläche** bzw. **Verkaufsfläche**

Ein Vergleich mit den Umsatzzahlen der Vorjahre zeigt positive oder negative Entwicklungen auf, die entsprechende Reaktionen der Unternehmensleitung ermöglichen. Hierzu zählen veränderte oder verstärkte Werbemaßnahmen, Sortimentsbereinigung, Betriebsgrößenänderung und Verkäuferschulung.

Durchschnittliche Absatzzahlen in ausgewählten Einzelhandels-
branchen im Jahr 1991 1)

Branche	Absatz			Kredit-verkäufe in % des Absatzes
	je beschäf-tigte Person	je qm		
		Geschäfts-fläche	Verkaufs-fläche	
		in DM		
Lebensmitteleinzelhandel	273200	6900	9220	1,1
Tabakwareneinzelhandel	355000	15350 2)	22270 2)	0,2
Gemischwarengeschäfte	307300	3600	5480	3,9
Textileinzelhandel	242000	5170	7510	9,2
darunter mit vorwiegend				
Herren- u. Knabenbekl.	277800	5910	8440	5,1
Damenoberbekleidung	242200	6230	8970	4,3
Herren-, Dam.-, Kinderoberbekl.	246500	4880	6630	4,9
Wäsche, Miederw. u. Badeart.	229200	7210	11190	2,5
Teppichen und Gardinen	228000	3790	5720	55,7
gemischtem Sortiment	204400	3650	5290	3,6
Schuheinzelhandel	206300	3990	7440	1,7
Lederwareneinzelhandel	218200	5480	8290	0,9
Möbeleinzelhandel	378900	1710	2370	39,5
Glas-, Porzellan-, u. Keramik-Eh.	208900	3620	6100	6,1
Eisenwaren- u. Hausrathandel	282200	3730	10480	46,5
darunter mit vorwiegend				
Haus- u. Küchengeräten	207200	3180	5750	11,5
Kleineisenwaren, Werkzeugen 3)	347700	5830	22450	72,8
gemischtem Sortiment	222800	2770	5220	26,8
Tapeten- u. Bodenbelaghandel	217400	2490	5210	36,3
Beleuchtungs- u. Elektro-Eh.	268500	4690	9410	40,9
Radio- u. Ferseheinzelhandel	255000	6460	12550	22,5
Photoeinzelhandel	247500	9100	15220	11,6
Uhren-, Juw.-, Gold- u. Silberw.-Eh.	247200	12200	21630	4,8
Spielwareneinzelhandel	231900	4340	6570	1,1
Sportartikeleinzelhandel	262700	4830	6950	7,3
Drogerien	182900	3780	6470	2,1
Bürowirtschaftl. Fachhandel	279500	6980	15470	64,0
Sortimentsbuchhandel	239800	8550	13010	28,8
Blumenfachgeschäfte	118400	3740	7590	10,8
Facheinzelhandel insgesamt	269100	5970	9200	12,9
ohne Lebens- u. Genußmittel	266700	5420	9190	19,8

1) Durchschnittsergebnisse aller am Betriebsvergleich des Instituts für Handelsforschung an der Universität zu Köln teilnehmenden Einzelhandels-Fachgeschäfte. – 2) Ohne Automatenabsatz. – 3) Einschl. Baubeschläge

Quelle: Bundesarbeitsgemeinschaft der Mittel- und Großbetriebe des Einzelhandels e.V. (Hrsg.): Vademecum des Einzelhandels 1993, Köln 1993, S. 57

5.2.2 Lagerkontrolle

Das Warenlager verursacht für den Einzelhandelsbetrieb erhebliche Kosten. Aus diesem Grund muß eine ständige Überprüfung der Wirtschaftlichkeit des Lagers mit Hilfe der **Lagerhaltungskennzahlen** vorgenommen werden (vgl. S. 175 ff.). Insbesondere geht es hierbei um folgende Feststellungen:

● Durchschnittlicher **Lagerbestand** pro Monat bzw. Jahr; dieser bildet die Grundlage zur Errechnung der Kennzahlen der Lagerbewegung.

● Durchschnittliche **Lagerumschlagshäufigkeit**; sie gibt an, wie oft im Jahr die durchschnittliche Lagermenge eines Artikels verkauft wurde. Je höher die Lagerumschlagshäufigkeit ist, desto geringer sind der Kapitaleinsatz und die Kosten der Lagerhaltung.

● Durchschnittliche **Lagerdauer** in Tagen; sie gibt an, wieviel Tage ein Artikel im Durchschnitt gelagert wurde. Bei hoher Lagerumschlagshäufigkeit ist die Lagerdauer entsprechend kurz.

● **Lagerzinsen** sind ein wesentlicher Bestandteil der Lagerkosten; je kürzer die Lagerdauer ist, desto geringer ist der Zinsverlust.

Durchschnittliche Lagerzahlen im Facheinzelhandel

Jahr	Lagerbestand je beschäftigter Person	Lagerumschlags- häufigkeit	Lagerdauer in Tagen
1970	17 900,00 DM	4,6	78
1980	21 400,00 DM	4,1	88
1985	43 800,00 DM	3,6	100
1990	46 300,00 DM	4,0	91
1991	46 900,00 DM	4,1	89

Quelle: Bundesarbeitsgemeinschaft der Mittel- und Großbetriebe des Einzelhandels e.V. (Hrsg.): Vademecum des Einzelhandels 1993, Köln 1993, S. 55

5.2.3 Kostenkontrolle

In der Einzelhandelsunternehmung werden folgende Kosten unterschieden:

● **Fixe Kosten**

Dies sind feststehende Kosten, die meist über einen längeren Zeitraum gleichbleiben und sich nicht verändern, wenn der Umsatz steigt oder fällt.

▮ Teile der Personalkosten, Miete, Abschreibungen auf Gebäude

● **Variable Kosten**

Hierbei handelt es sich um veränderliche Kosten, die in Abhängigkeit zur Umsatzentwicklung stehen.

▮ Verpackungsmaterial, Versandkosten

Bei der Kostenkontrolle werden die geplanten mit den tatsächlich entstandenen Kosten verglichen. Die einzelnen Kostenarten, z. B. Personal- und Mietkosten, werden für die gesamte Unternehmung und für einzelne Abteilungen kontrolliert.

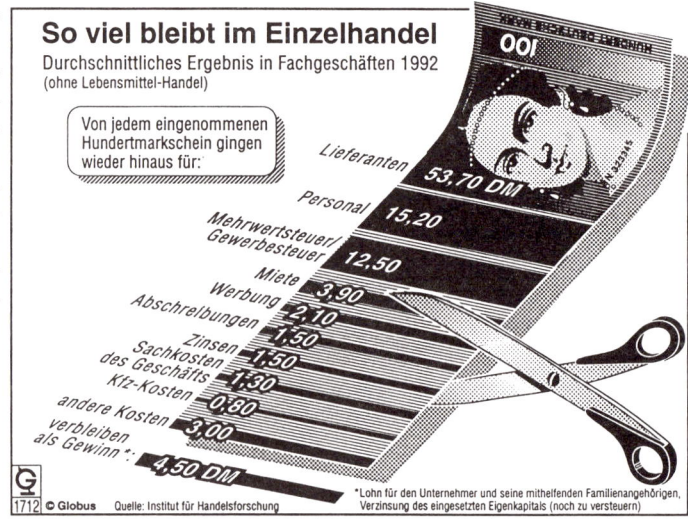

So viel bleibt im Einzelhandel
Durchschnittliches Ergebnis in Fachgeschäften 1992
(ohne Lebensmittel-Handel)

Von jedem eingenommenen Hundertmarkschein gingen wieder hinaus für:

Lieferanten 53,70 DM
Personal 15,20
Mehrwertsteuer/ Gewerbesteuer 12,50
Miete 3,90
Werbung 2,10
Abschreibungen 1,50
Zinsen 1,50
Sachkosten des Geschäfts 1,30
Kfz-Kosten 0,80
andere Kosten 3,00
verbleiben als Gewinn*: 4,50 DM

1712 © Globus   Quelle: Institut für Handelsforschung

*Lohn für den Unternehmer und seine mithelfenden Familienangehörigen, Verzinsung des eingesetzten Eigenkapitals (noch zu versteuern)

5.2.4 Kalkulationskontrolle

In der Kalkulationskontrolle werden Kosten, Preisnachlässe und erwarteter Gewinn, die vor dem Verkauf kalkuliert worden sind, mit der tatsächlichen Entwicklung verglichen. Die Gegenüberstellung der Soll-Werte der **Vorkalkulation** mit den Ist-Werten der **Nachkalkulation** zeigt, ob die Einzelhandelsunternehmung wie geplant gewirtschaftet hat. Bei Abweichungen zum Nachteil der Unternehmung sind die Aufschlagssätze für die Kalkulation der Verkaufspreise zu erhöhen. Ist dies aufgrund der Marktsituation nicht möglich, müssen Einsparungen vorgenommen oder der Umsatz gesteigert werden, andernfalls sinkt der Reingewinn.

$$\text{Kalkulationsaufschlag} = \frac{(\text{Nettoverkaufspreis} - \text{Bezugspreis}) \cdot 100}{\text{Bezugspreis}}$$

Umsatz zum Nettoverkaufspreis 50 000,00 DM
Umsatz zum Bezugspreis 37 500,00 DM

$$\frac{(50\,000 - 37\,500) \cdot 100}{37\,500} = \underline{33{,}3\ \%\ \text{Kalkulationsaufschlag}}$$

5.2.5 Liquiditätskontrolle

Die Einzelhandelsunternehmung benötigt stets ausreichende finanzielle Mittel, um ihren Zahlungsverpflichtungen termingerecht nachkommen zu können. Zur Überprüfung einer gesicherten Zahlungsbereitschaft müssen Liquiditätskontrollen durchgeführt werden. Hierbei unterscheidet man verschiedene Stufen der Liquidität:

● **Liquidität 1. Grades**

Sie gibt Auskunft darüber, ob die **baren Mittel** (Bargeld, Bank- und Postgiroguthaben) ausreichen, sofort fällige Verbindlichkeiten zu begleichen.

$$\text{Liquidität 1. Grades} = \frac{\text{Bargeld} \cdot 100}{\text{sofort fällige Verbindlichkeiten}}$$

● **Liquidität 2. Grades**

Hierbei handelt es sich um **einzugsbedingte Mittel**, die erst durch Einzug zu flüssigen Mitteln werden (Forderungen an Kunden, Wechselforderungen); sie dienen zum Ausgleich kurzfristiger Verbindlichkeiten.

$$\text{Liquidität 2. Grades} = \frac{(\text{Barmittel} + \text{kurzfristige Forderungen}) \cdot 100}{\text{sofort fällige} + \text{kurzfristige Verbindlichkeiten}}$$

● **Liquidität 3. Grades**

Dies sind Bestandteile des Vermögens, die als **umsatzbedingte Mittel** erst durch Verkauf zu flüssigen Mitteln werden (Warenbestände). Hierdurch wird die Zahlungsbereitschaft über einen mittelfristigen Zeitraum gesichert.

$$\text{Liquidität 3. Grades} = \frac{(\text{Barmittel} + \text{kurzfr. Forderungen} + \text{Warenbestand}) \cdot 100}{\text{sofort fällige, kurz- und mittelfristige Verbindlichkeiten}}$$

5.2.6 Rentabilitätskontrolle

Die Rentabilitätsberechnung gibt Aufschluß darüber, ob sich der Einsatz des Kapitals in der Unternehmung gelohnt hat, also rentabel war. Die absolute Höhe des Jahresgewinns, die in der Gewinn- und Verlustrechnung als Ergebnis ausgewiesen wird, sagt hierzu nur wenig aus. Der Gewinn muß vielmehr prozentual zum **Kapital** bzw. zum **Umsatz** in Beziehung gesetzt werden.

Je nachdem, zu welcher Bezugsgröße der Gewinn ins Verhältnis gebracht wird, können verschiedene **Rentabilitätskennzahlen** unterschieden werden.

▶ **Kapitalrentabilität**

Hierbei wird der Reingewinn eines Geschäftsjahres in Beziehung zum Eigenkapital oder zum Gesamtkapital gesetzt:

● **Eigenkapitalrentabilität**

$$\text{Eigenkapitalrentabilität} = \frac{\text{Reingewinn} \cdot 100}{\text{Eigenkapital}}$$

Die Kennzahl gibt an, welche Rendite das in der Unternehmung eingesetzte Eigenkapital erzielt hat.

● **Gesamtkapitalrentabilität**

$$\text{Gesamtkapitalrentabilität} = \frac{(\text{Reingewinn} + \text{Fremdkapitalzinsen}) \cdot 100}{\text{Gesamtkapital}}$$

Der Gewinn der Unternehmung wurde mit dem gesamten Unternehmenskapital (Eigenkapital + Fremdkapital) erwirtschaftet. Insofern wird in dieser Berechnung auch der Gewinn mit dem eingesetzten Gesamtkapital verglichen. Da in der Gewinn- und Verlustrechnung der Gewinn um die Zinsen für Fremdkapital vermindert wurde, müssen diese Zinsaufwendungen zum Gewinn hinzugerechnet werden.

Durch die Kennzahl zur Gesamtkapitalrentabilität ermittelt die Unternehmung, ob sich der Einsatz von Fremdkapital gelohnt hat. Dies ist dann der Fall, wenn die Eigenkapitalrentabilität größer ist als die Gesamtkapitalrentabilität. Die Aufnahme von Fremdkapital ist solange sinnvoll, wie der dadurch erreichte Gewinnzuwachs größer als die Fremdkapitalzinsen ist.

▶ **Umsatzrentabilität**

$$\text{Umsatzrentabilität} = \frac{\text{Reingewinn} \cdot 100}{\text{Umsatz}}$$

Bei dieser Rentabilitätsberechnung wird der Jahresgewinn zum Umsatz der Unternehmung in Beziehung gesetzt. Das Ergebnis zeigt den Prozentsatz des Reingewinns vom Umsatz.

5.2.7 Kurzfristige Erfolgsrechnung

Zum Ende eines jeden Geschäftsjahres wird in der Erfolgsrechnung auf dem Gewinn- und Verlustkonto durch Gegenüberstellung aller Aufwendungen und Erträge der Reingewinn ermittelt. Diese jährlich vorgeschriebene Feststellung des Gesamterfolgs reicht jedoch für die Unternehmensführung in der Regel nicht aus. Sie benötigt auch einen Einblick in den **Betriebserfolg während des Geschäftsjahres**.

Aus diesem Grund werden in der „kurzfristigen Erfolgsrechnung" jeweils monatlich oder quartalsweise die Aufwendungen den Erträgen gegenübergestellt, die wertmäßigen Warenbewegungen kontrolliert und die Verkaufserfolge insgesamt bzw. in einzelnen Warengruppen ermittelt. Die auf diese Weise gewonnenen Erkenntnisse ermöglichen der Unternehmung eine fortlaufende Anpassung an veränderte Marktgegebenheiten.

5.2.8 Betriebsvergleich

Im Rahmen von Betriebsvergleichen werden betriebswirtschaftliche Kennzahlen der gleichen Rechnungsperiode denen vergleichbarer Einzelhandelsbetriebe oder den Durchschnittswerten der gesamten Branche gegenübergestellt.

Der Zweck solcher Vergleiche liegt darin, daß die einzelne Unternehmung ihre wirtschaftlichen Leistungen an denen anderer messen und bewerten kann. Bei unterdurchschnittlichem Ergebnis der eigenen Ertragskraft sind Überlegungen mit dem Ziel einer Verbesserung (z.B. Rationalisierungsmaßnahmen) anzustellen.

Kennzahlen für zwischenbetriebliche Vergleiche werden von Einzelhandelsverbänden (z.B. Bundesarbeitsgemeinschaft der Mittel- und Großbetriebe des Einzelhandels e.V.), von Einkaufsgenossenschaften und vom Institut für Handelsforschung an der Universität zu Köln regelmäßig veröffentlicht.

5.3 Steuerung des Warenflusses

Die **Kontrolldaten** (Ist-Daten) bieten im Vergleich mit den **Plandaten** (Soll-Daten) Anhaltspunkte für notwendige Änderungen in der Unternehmenspolitik. So kann es z.B. notwendig werden, die Preisgestaltung neu zu überdenken, Rationalisierungsmaßnahmen einzuleiten, den Einsatz des Personals neu zu gestalten oder das Sortiment zu ändern bzw. die Waren anders zu plazieren.

5.3.1 Warenplazierung

Einige der mittels eines rechnergesteuerten Warenwirtschaftssystems erfaßten Informationen dienen zur Optimierung der Warenplazierung (Verkaufs- bzw. Regalflächenoptimierung). So können vor allem Umsatzkennzahlen (Umsatz je Abteilung, je Warengruppe oder je Artikel) die Anordnung der Abteilungen im Verkaufsraum, die Präsentation der Warengruppen in den Abteilungen und die Anordnung der Artikel in Regalen oder sonstigen Warenträgern mit bestimmen.

Aber auch die Umschlagshäufigkeit pro Artikel oder die Deckungsbeitrage[1] je qm oder laufendem Meter der Warenpräsentationsfläche geben Aufschluß über eventuell sinnvolle Umplazierungen.

Die **Anordnung der Waren** kann sich nach folgenden Faustregeln richten:
- Abteilungen mit geringen Umsatzzahlen werden in der Nähe der Eingänge angeordnet;
- bei der Abteilungsplanung können die Waren nach Bedarfshäufigkeit gegliedert werden, d.h., es werden nicht Artikel gemeinsam präsentiert, die sachlich zusammengehören, sondern die ähnliche Umschlagshäufigkeiten haben;
- Warengruppen mit niedriger Umschlagshäufigkeit werden als „Shop-in-the-Shop" in Abteilungen mit bedarfsverwandten Warengruppen geführt;

---

1 Deckungsbeiträge geben an, welchen Beitrag einzelne Waren zur Deckung der fixen Kosten leisten.

- Warengruppen, wie Süßwaren oder Tabakwaren, die besonders der Diebstahlgefahr ausgesetzt sind, werden in der Nähe von Bedienungsabteilungen oder in Kassennähe plaziert;
- auch die Anordnung der Waren auf den Warenträgern kann von den ermittelten Kennzahlen beeinflußt werden:
  - auf den oberen Regalböden werden umschlagsschwache Artikel in höherer Preislage angeordnet;
  - in Augen- und Griffhöhe finden sich solche Artikel, die der mittleren Preisklasse zugehören und vergleichsweise hohe Umschlagszahlen aufweisen;
  - auf den unteren Böden finden sperrige, umschlagsstarke, oft nur mit geringer Handelsspanne versehene Artikel Platz.

5.3.2 Sortimentsgestaltung

Ziel der **Sortimentspolitik** ist, das Warenangebot so zu gestalten, daß es in Breite und Tiefe der Kundennachfrage entspricht und damit dazu beiträgt, die geplanten Umsätze zu erreichen.

Zur Sortimentsgestaltung stehen folgende **Instrumente** zur Verfügung:
- die Aufnahme bisher nicht geführter Artikel oder Artikelgruppen in das Sortiment;
- die Herausnahme bisher geführter Artikel oder Artikelgruppen aus dem Sortiment.

Zudem ist die Sortimentsgestaltung von **Planungsgrößen** abhängig:
- Welche Restriktionen gibt es auf dem Beschaffungsmarkt? Das heißt, wann müssen bestimmte Waren geordert werden? Über welchen Zeitraum sind Artikel überhaupt erhältlich?
- Welche Lagerflächen können für die einzelnen Warengruppen eingeplant werden?
- Welche Sortimentstiefe soll geführt werden, z.B. Damenoberbekleidung in den Größen 34–56?

Eine weitere Planungsgröße wirtschaftlicher Sortimentsgestaltung sind Informationen über die **mengenmäßige** und **zeitliche Verteilung der Nachfrage** pro Artikel im Planungszeitraum.

Um Artikel ersetzen bzw. ergänzen zu können, ist es notwendig, daß die Einkäufer der Unternehmung über Produktinnovationen und -variationen (vgl. S. 182) im Großhandel bzw. bei den Herstellern informiert sind. Daneben dient die Erfassung von Kundenwünschen, also Nachfragen nach Artikeln, die nicht im Sortiment geführt werden, zur Anpassung und Vervollständigung des Angebotes.

Basis einer optimalen Sortimentsgestaltung sind daher die im Warenwirtschaftssystem erfaßten Informationen zu **Beschaffung** (z.B. Zeitraum, in dem Ware geliefert werden kann), **Lagerhaltung** (z.B. Lagerfläche, Umschlagshäufigkeit) und **Absatz** (Kundenwünsche, Umsätze).

5.3.3 Personaleinsatzplanung

Die Personaleinsatzplanung soll gewährleisten, daß die Anzahl der Mitarbeiter – vor allem im Verkauf – ständig an die Veränderung der Arbeitsbelastung angepaßt werden kann. Trotz zeitlich stark schwankender Nachfrage soll die personelle Einsatzbereitschaft stets aufrechterhalten werden.

Als **Bestimmungsgrößen** für den Personalbedarf werden dabei wieder Kennzahlen aus dem elektronisch gesteuerten Warenwirtschaftssystem benötigt.

▶ **Umsatz** nach Abteilungen oder Warengruppen, nach stündlichen, täglichen oder wöchentlichen bzw. monatlichen Schwankungen des Umsatzes (Maßstab für die Arbeitsbelastung)

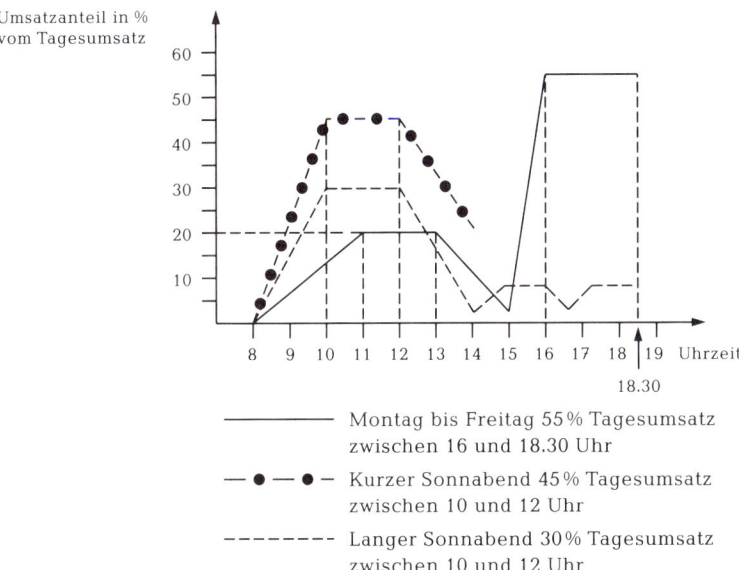

Die wöchentlichen und stündlichen Umsatzschwankungen in einem Selbstbedienungswarenhaus

———————— Montag bis Freitag 55% Tagesumsatz
zwischen 16 und 18.30 Uhr

— ● — ● — Kurzer Sonnabend 45% Tagesumsatz
zwischen 10 und 12 Uhr

-------- Langer Sonnabend 30% Tagesumsatz
zwischen 10 und 12 Uhr

▶ Die Qualifikation und die Anzahl des einzusetzenden Personals richtet sich auch danach, welche **Tätigkeiten** auszuführen sind, welchen **Zeitbedarf** diese Arbeiten erfordern und welche **Umsatzgröße** damit erzielt wird.

> In einer Abteilung werden im Durchschnitt zur Erzielung eines Umsatzes von 100 DM zwanzig Minuten benötigt. Diese 20 Minuten gliedern sich in die Haupttätigkeit des Kundenkontaktes (Verkaufsgespräch, Waren holen, kassieren) mit 15 Minuten und in Nebentätigkeiten wie Waren einräumen, Waren pflegen, Waren auszeichnen und Warentransport mit 5 Minuten.
>
> Eine Anpassung des Personalbedarfs an Umsatzschwankungen ist nur für die mit dem direkten Kundenkontakt verbundenen Arbeiten notwendig.

Die Personaleinsatzplanung muß also festlegen, zu welchen Zeiten zusätzlich zum Stammpersonal weitere Mitarbeiter tätig sein müssen, welche Qualifikationen sie benötigen und wieviel zusätzliche Mitarbeiter notwendig sind.

In einigen Fällen kann eine Nachfrage durch Umbesetzungen von Personal zwischen den Abteilungen aufgefangen werden. Teilzeitbeschäftigte und Aushilfen werden für besonders umsatzstarke Zeiten (verkaufsoffene Samstage, Schlußverkäufe oder das Weihnachtsgeschäft) eingeplant. Fachlich nicht vorgebildete Kräfte können stundenweise angestellt werden, um zum Beispiel vor Geschäftseröffnung die Regalauffüllung zu übernehmen.

Zusammenfassung

```
┌─────────────────────────────────────────────────────────────────────────┐
│                    ┌──────────────────────────────────┐                   │
│                    │     Warenwirtschaftssysteme       │                   │
│                    └──────────────────────────────────┘                   │
```

Wesen und Ziele

Organisationsverfahren zur Erfassung sowie zur zielgerichteten Verarbeitung und Aufbereitung von Warenbewegungsdaten, um durch fundierte betriebliche Entscheidungsprozesse den mengen- und wertmäßigen Warenfluß in der Einzelhandelsunternehmung stets optimal planen, kontrollieren und steuern zu können.

Die **Zielerreichung** setzt möglichst eine artikelgenaue, lückenlose und aktuelle Erfassung der mengen- und wertmäßigen Warenbewegungsdaten in den betrieblichen Funktionsbereichen Einkauf, Lagerhaltung und Verkauf voraus.

Erfassung von Warenbewegungen

- an allen Stationen des Warenflusses nach Menge und Wert
- anhand von Informationsträgern wie Rechnungen, Lieferscheinen, Lagerkarteikarten oder Kassenbelegen

Arten von Warenwirtschaftssystemen

- **Manuelle Warenwirtschaftssysteme** sind häufig nicht in der Lage, die mengen- und wertmäßigen Warenbewegungsdaten mit vertretbarem Aufwand artikelgenau, lückenlos und aktuell zu erfassen, aufzubereiten und zu verarbeiten, so daß man sich bei betrieblichen Entscheidungen auf grobe Ergebnis- bzw. Erfahrungswerte stützt.
- **Computergestützte Warenwirtschaftssysteme**
  - gestatten, den für fundierte betriebliche Entscheidungsprozesse erforderlichen aktuellen Informationsbedarf über die vielfältigen mengen- und wertmäßigen Warenbewegungen personenunabhängig, überschaubar und wirtschaftlich zu decken. Dabei gewinnen in der betrieblichen Praxis die **Soft-savings** (strategische Vorteile aufgrund aktueller und ausführlicher Informationen) gegenüber den **Hard-savings** (durch eine rationellere Gestaltung der Arbeitsabläufe zu einer direkten Kostensenkung führende Vorteile) zunehmend an Bedeutung;
  - setzten individuelle oder standardisierte **Artikelcodierungen** voraus, die über Datenverarbeitungssysteme (Hard-, Software, mobile Datenerfassungsgeräte) eingelesen und zielgerichtet (artikel- und warengruppenbezogen) verarbeitet werden können.

Planung des Warenflusses

- auf Grundlage der durch die Datenverarbeitung erfaßten Informationen über Warenbewegungen
- in Wirtschaftsplänen
  - Beschaffungsplan
  - Lagerplan
  - Absatzplan

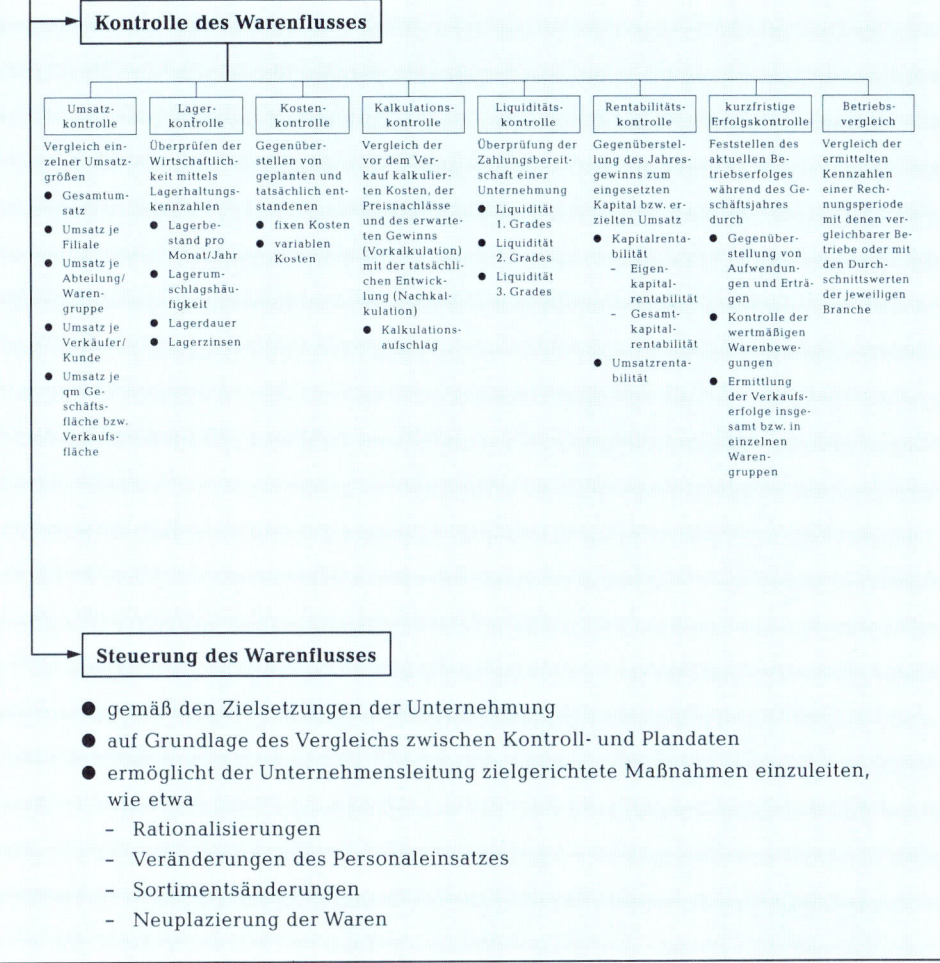

Kontrolle des Warenflusses							
Umsatz-kontrolle	Lager-kontrolle	Kosten-kontrolle	Kalkulations-kontrolle	Liquiditäts-kontrolle	Rentabilitäts-kontrolle	kurzfristige Erfolgskontrolle	Betriebs-vergleich
Vergleich einzelner Umsatzgrößen ● Gesamtumsatz ● Umsatz je Filiale ● Umsatz je Abteilung/Warengruppe ● Umsatz je Verkäufer/Kunde ● Umsatz je qm Geschäftsfläche bzw. Verkaufsfläche	Überprüfen der Wirtschaftlichkeit mittels Lagerhaltungskennzahlen ● Lagerbestand pro Monat/Jahr ● Lagerumschlagshäufigkeit ● Lagerdauer ● Lagerzinsen	Gegenüberstellen von geplanten und tatsächlich entstandenen ● fixen Kosten ● variablen Kosten	Vergleich der vor dem Verkauf kalkulierten Kosten, der Preisnachlässe und des erwarteten Gewinns (Vorkalkulation) mit der tatsächlichen Entwicklung (Nachkalkulation) ● Kalkulationsaufschlag	Überprüfung der Zahlungsbereitschaft einer Unternehmung ● Liquidität 1. Grades ● Liquidität 2. Grades ● Liquidität 3. Grades	Gegenüberstellung des Jahresgewinns zum eingesetzten Kapital bzw. erzielten Umsatz ● Kapitalrentabilität – Eigenkapitalrentabilität – Gesamtkapitalrentabilität ● Umsatzrentabilität	Feststellen des aktuellen Betriebserfolges während des Geschäftsjahres durch ● Gegenüberstellung von Aufwendungen und Erträgen ● Kontrolle der wertmäßigen Warenbewegungen ● Ermittlung der Verkaufserfolge insgesamt bzw. in einzelnen Warengruppen	Vergleich der ermittelten Kennzahlen einer Rechnungsperiode mit denen vergleichbarer Betriebe oder mit den Durchschnittswerten der jeweiligen Branche

Steuerung des Warenflusses

● gemäß den Zielsetzungen der Unternehmung
● auf Grundlage des Vergleichs zwischen Kontroll- und Plandaten
● ermöglicht der Unternehmensleitung zielgerichtete Maßnahmen einzuleiten, wie etwa
  - Rationalisierungen
  - Veränderungen des Personaleinsatzes
  - Sortimentsänderungen
  - Neuplazierung der Waren

Aufgaben

(1) Erläutern Sie die Zielsetzung von Warenwirtschaftssystemen!

(2) In welchen Stationen des Warenflusses werden in Ihrem Ausbildungsbetrieb Daten erfaßt und welche sind es?

(3) Nennen Sie wichtige Informationsträger!

(4) Erläutern Sie wesentliche Unterschiede zwischen manuellen und computergestützten Warenwirtschaftssystemen!

(5) Grenzen Sie Hard- und Soft-savings gegeneinander ab!

(6) Welche Chancen und Risiken sind mit dem Einsatz von Warenwirtschaftssystemen auf Basis der elektronischen Datenverarbeitung verbunden?

(7) Beschreiben Sie das in Ihrem Ausbildungsbetrieb eingesetzte manuelle bzw. computergestützte Warenwirtschaftssystem!

(8) Welche Voraussetzungen müssen in einer Unternehmung geschaffen werden, damit die Datenerfassung, -aufbereitung und -ausgabe rechnergesteuert erfolgen kann?

(9) Beschreiben Sie Eingabe- und Ausgabeeinheiten, die mit einer Datenverarbeitungsanlage verbunden werden können!

(10) Was verstehen Sie unter der Planung des Warenflusses?

(11) Nennen Sie Möglichkeiten der betrieblichen Erfolgskontrolle!

(12) Stellen Sie dar, welche Konsequenzen eine Unternehmensleitung ziehen wird, wenn
   a) der Umsatz in der Haushaltswarenabteilung innerhalb von 3 Monaten um 25 % gefallen ist,
   b) die Lagerumschlagshäufigkeit für einen Artikel im Jahre 1993 10 betrug und für 1994 ein Wert von 3 ermittelt wurde,
   c) die tatsächlich entstandenen Kosten der Abteilung „Einkauf" den Sollwert um 33 % überschritten haben!

(13) Berechnen Sie den Kalkulationsaufschlag, wenn Waren zum Nettoverkaufspreis von 200 000 DM umgesetzt wurden, für deren Bezug aber 125 000 DM aufgewendet werden mußten!

(14) Verdeutlichen Sie die verschiedenen Stufen der Liquidität! Welcher Gedanke spiegelt sich in dieser Unterscheidung wider?

(15) Warum kann das in der Gewinn- und Verlustrechnung als Reingewinn ausgewiesene Ergebnis keine ausreichende Antwort auf die Frage geben, ob der Einsatz des Kapitals in der Unternehmung rentabel war?

(16) Nennen Sie die Möglichkeiten der Rentabilitätskontrolle! Zu welchen Bezugsgrößen wird der Gewinn jeweils ins Verhältnis gesetzt?

(17) Nennen Sie Kennzahlen, die die Plazierung der Waren im Verkaufsraum mitbestimmen können, und verdeutlichen Sie diese Überlegungen an Beispielen!

(18) Welche Möglichkeiten der Sortimentsoptimierung bieten sich für eine Einzelhandelsunternehmung?

(19) Von welchen Größen ist die Personaleinsatzplanung unter anderem abhängig?

(20) Bestimmen Sie für Ihren Ausbildungsbetrieb die Zeiten besonders hoher Arbeitsbelastung (Kundennachfrage), und beschreiben Sie, wie der Personaleinsatz für diese Zeiten in Ihrer Unternehmung geplant ist!

Finanzierung

Jede Einzelhandelsunternehmung benötigt zu ihrer Gründung, aber auch zur Durchführung der laufenden Geschäftstätigkeit Kapital. Alle Maßnahmen, durch die Geld und Sachmittel beschafft werden können, werden als **Finanzierung** bezeichnet.

1 Finanzierungsanlässe

- **Investitionsvorhaben**, die das **Anlagevermögen** betreffen

  | Kauf eines Grundstücks oder Gebäudes
  | Einrichtung von Geschäfts- und Büroräumen

- **Laufende Geschäftstätigkeit**, die sich auf das **Umlaufvermögen** auswirkt

  | Beschaffung von Waren
  | Zahlung von Löhnen, Mieten, Steuern

2 Finanzierungsarten

Wie Kapital beschafft und verwendet wurde, läßt sich z.B. aus der Bilanz einer Unternehmung entnehmen.

Bilanz zum 31.12.19..

Aktiva		Passiva	
I. Anlagevermögen		**I. Eigenkapital**	282045,00
Gebäude	130000,00		
Maschinen	45600,00	**II. Fremdkapital**	
Fuhrpark	71400,00		
Betriebs- und		Verbindlichkeiten gegen-	
Geschäftsausstattung	50000,00	über Kreditinstituten	78420,00
		Verbindlichkeiten aus	
II. Umlaufvermögen		Lieferungen und	
		Leistungen	12500,00
Vorräte	31950,00	Wechsel-	
Forderungen	47695,00	verbindlichkeiten	2100,00
Kasse	1250,00	Sonstige	
Bank	2315,00	Verbindlichkeiten	5145,00
	380210,00		380210,00

Wie wurde das Kapital verwendet?
= Kapitalverwendung
= Investitionen

Wie wurde das Kapital aufgebracht?
= Kapitalbeschaffung
= Finanzierung

Eigenkapital und Fremdkapital können der Unternehmung auf unterschiedliche Weise zur Verfügung gestellt werden. Dabei lassen sich u. a. folgende **Kapitalbeschaffungsmaßnahmen** unterscheiden:

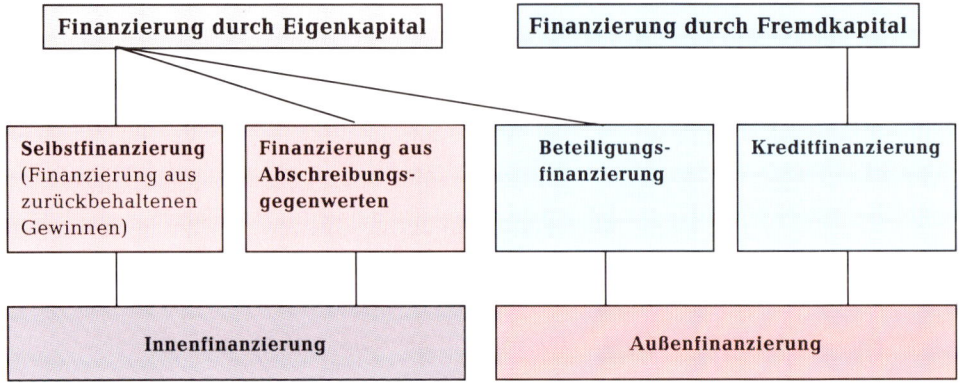

2.1 Innenfinanzierung

Die Unternehmung bringt die benötigten Mittel aus eigener Kraft auf. Dies kann geschehen durch:

– Selbstfinanzierung;
– Finanzierung aus Abschreibungsgegenwerten.

▶ **Selbstfinanzierung**

Die Bereitstellung von Mitteln durch das Nichtausschütten (bei Kapitalgesellschaften bzw. die Nichtentnahme bei Personengesellschaften) aus den in der Unternehmung erwirtschafteten Gewinnen nennt man Selbstfinanzierung.

> – In einer Aktiengesellschaft wird nur ein Teil des Jahresüberschusses als Dividende an die Aktionäre ausgeschüttet, der Rest als Eigenkapitalanteile in die Rücklagen eingestellt.
>
> – Ein Einzelunternehmer entnimmt nur die Hälfte des Jahresüberschusses aus der Unternehmung, der andere Teil wird als zusätzliches Eigenkapital seinem Kapitalkonto gutgeschrieben.

▶ **Finanzierung aus Abschreibungsgegenwerten**

Gegenstände des Anlagevermögens (Maschinen, Anlagen, Kraftfahrzeuge, Betriebs- und Geschäftsausstattung, Gebäude) verlieren mit ihrer Nutzung bzw. im Zeitablauf an Wert. Dieser Tatsache wird dadurch Rechnung getragen, daß die jährlich für eine spätere Neuanschaffung erforderlichen Abschreibungsbeträge in den Preisen der von der Unternehmung verkauften Güter kalkuliert werden.

Werden diese Abschreibungswerte jedoch nicht aufgespart, sondern zwischenzeitlich anderen Verwendungszwecken zugeführt, liegt Innenfinanzierung vor.

Eine Unternehmung finanziert aus Eigenkapitalmitteln fünf Pkw zum Preis von jeweils 40 000 DM. Jährlich werden 25 % der Anschaffungskosten abgeschrieben. Die Abschreibungsgegenwerte werden für die Anschaffung neuer Pkw verwandt.

Jahr	Bestand an Pkw	Gesamtwert der Anschaffungskosten	Abschreibung (25% vom Anschaffungswert)	Flüssige Mittel am Ende des Jahres	Anzahl der Pkw, die neu beschafft werden können	restliche flüssige Mittel nach dem Pkw-Kauf zu Beginn des neuen Jahres
1991	5	200 000 DM	50 000 DM	50 000 DM	1	10 000 DM
1992	6	240 000 DM	60 000 DM	70 000 DM	1	30 000 DM
1993	7	280 000 DM	70 000 DM	100 000 DM	2	20 000 DM
1994	9	360 000 DM	90 000 DM	110 000 DM	2	30 000 DM
1995	6*	240 000 DM	60 000 DM	90 000 DM	2	10 000 DM
1996	7*	280 000 DM	70 000 DM	80 000 DM	2	–
1997	6*	240 000 DM	60 000 DM	60 000 DM	1	20 000 DM

* Im Jahre 1995 sind 5 Pkw abgeschrieben, im Jahre 1996 bzw. 1997 jeweils ein weiterer.

2.2 Außenfinanzierung

Bei der Außenfinanzierung wird der Unternehmung Kapital von Dritten (von Außenstehenden) zur Verfügung gestellt. Dabei sind zu unterscheiden:
- Beteiligungsfinanzierung;
- Kreditfinanzierung.

▶ Beteiligungsfinanzierung

Hierbei wird **Eigenkapital** zur Verfügung gestellt und damit werden **Eigentumsrechte** an der Unternehmung erworben. Dies bedeutet:
- das Kapital wird der Unternehmung zeitlich unbefristet überlassen;
- es besteht kein Anspruch auf Verzinsung des Kapitals;
- der Kapitalgeber hat Mitsprache- bzw. Kontrollrechte in der Unternehmung;
- in der Regel haftet der Kapitalgeber – zumindest bis zur Höhe der geleisteten Einlage – für die Verluste der Unternehmung;
- ein Gewinnbeteiligungsanspruch ist vorhanden.

> - Ein neuer Gesellschafter tritt als Kommanditist in eine Kommanditgesellschaft ein.
> - Durch die Ausgabe neuer Aktien wird der Eigenkapitalanteil (Grundkapital) einer Aktiengesellschaft erhöht.

▶ Kreditfinanzierung

Bei der Kreditfinanzierung wird der Unternehmung **Fremdkapital** zur Verfügung gestellt. Dies bedeutet:
- die Kreditzusage ist in aller Regel an Sicherheiten gebunden;
- die Überlassung des Kapitals ist zeitlich befristet;
- die Unternehmung ist mit festen Zinsen belastet;
- die Kapitalgeber haben in der Regel keinen Einfluß auf die Unternehmensentscheidungen;
- es besteht ein Anspruch auf Rückzahlung des Kredites für den Kapitalgeber.

Möglichkeiten der Kreditfinanzierung werden in der Regel von Kreditinstituten, aber auch von staatlichen Stellen oder Versicherungsinstituten angeboten.

3 Kreditarten

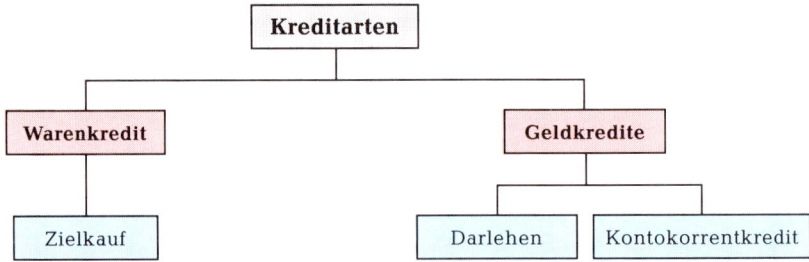

▶ **Warenkredit** (Zielkauf)

Beim Zielkauf gewährt ein **Lieferant** dem Einzelhändler mit der Warenlieferung gleichzeitig einen Zahlungsaufschub, z.B. „Zahlung innerhalb von 30 Tagen ohne Abzug". Zahlt der Einzelhändler vor Ablauf dieser Frist, kann er vom Rechnungsbetrag einen bestimmten Prozentsatz als Skonto einbehalten, z.B. „Zahlung innerhalb von 30 Tagen ohne Abzug, innerhalb 10 Tagen 3% Skonto".

▶ **Geldkredite**

Bei Geldkrediten hat der Kreditnehmer die Möglichkeit, über das ihm zur Verfügung gestellte Geld frei zu verfügen, d.h., er ist bei einem Warenkauf nicht an eine bestimmte Unternehmung gebunden.

● **Darlehen** (§§ 607 ff. BGB)

Darlehen werden in einer Summe oder in bestimmten Teilbeträgen an den Schuldner ausgezahlt bzw. seinem Girokonto gutgeschrieben. Der Darlehensnehmer verpflichtet sich, die Darlehenssumme in oder nach einer vorab festgelegten Zeit zurückzuerstatten **(Tilgung)**. Zinsen werden ab der Bereitstellung der Darlehenssumme berechnet, unabhängig davon, ob das Darlehen auch tatsächlich beansprucht wird.

Die Rückzahlung kann erfolgen als:

– **Fälligkeits- oder Kündigungsdarlehen**, d.h., die Darlehenssumme wird nach Ablauf der vereinbarten Zeit bzw. nach Kündigung des Vertrages in einer Summe fällig. Während der Laufzeit sind nur Zinsen zu entrichten.

– **Annuitätendarlehen**, d.h., der Schuldner zahlt über die gesamte Laufzeit gleich hohe Beträge **(Annuitäten)**, die sich aus Zins- und Tilgungsanteilen zusammensetzen. Im Laufe der Zeit sinkt der Zinsanteil, während der Tilgungsanteil in den gleichbleibenden Annuitäten steigt.

– **Abzahlungsdarlehen**, d.h., die Tilgung erfolgt in gleich hohen Raten. Da damit die Restschuld laufend geringer wird, sinkt die Zinsbelastung, und die einzelnen vom Schuldner zu entrichtenden Zahlungen werden hier fortlaufend geringer.

288

Darlehensbedingungen:

Darlehenshöhe 10 000 DM; effektiver Zins 12 %; Laufzeit 5 Jahre

Fälligkeits- oder Kündigungsdarlehen:

Jahr	Darlehenssumme/ Restschuld	Zins	Tilgung	jährliche Rate
1	10 000 DM	1 200 DM	–	1 200 DM
2	10 000 DM	1 200 DM	–	1 200 DM
3	10 000 DM	1 200 DM	–	1 200 DM
4	10 000 DM	1 200 DM	–	1 200 DM
5	10 000 DM	1 200 DM	10 000 DM	11 200 DM

Annuitätendarlehen:

Jahr	Darlehenssumme/ Restschuld	Zins	Tilgung	Annuität[1]
1	10 000,00 DM	1 200,00 DM	1 574,10 DM	2 774,10 DM
2	8 425,90 DM	1 011,11 DM	1 762,99 DM	2 774,10 DM
3	6 662,91 DM	799,55 DM	1 974,55 DM	2 774,10 DM
4	4 688,36 DM	562,60 DM	2 211,50 DM	2 774,10 DM
5	2 476,86 DM	297,22 DM	2 476,88 DM	2 774,10 DM

Abzahlungsdarlehen:

Jahr	Darlehenssumme/ Restschuld	Zins	Tilgung	Annuität[1]
1	10 000 DM	1 200 DM	2 000 DM	3 200 DM
2	8 000 DM	960 DM	2 000 DM	2 960 DM
3	6 000 DM	720 DM	2 000 DM	2 720 DM
4	4 000 DM	480 DM	2 000 DM	2 480 DM
5	2 000 DM	240 DM	2 000 DM	2 240 DM

---

1 Annuität = jährliche Rate aus Zins und Tilgung; beim Annuitätendarlehen ist die Rate stets gleich (feste Annuität), beim Abzahlungsdarlehen verringert sich die Rate (fallende Annuität).

BESONDERHEITEN

– Neben Geld können auch andere **vertretbare Sachen als Darlehen** gewährt werden. In diesem Fall ist der Darlehensnehmer jedoch verpflichtet, das Empfangene in Sachen gleicher Art, Güte und Menge zurückzuerstatten (§ 607 BGB).

> In einer Kleingartenanlage überläßt ein Hobbygärtner seinem Nachbarn einen Sack Hochmoortorf. Der Empfänger ist dann als Darlehensnehmer verpflichtet, den Torf in gleicher Art, Güte und Menge zurückzuerstatten.

– Bei Kreditgewährungen gegenüber Endverbrauchern zur Finanzierung von Anschaffungen sind die Bestimmungen des Verbraucherkreditgesetzes (vgl. S. 190 ff.) zu beachten.

19 Käseborn/Siekerkötter – ISBN 3-8120-0081-4

● **Kontokorrentkredit** (§§ 355 ff. HGB)

Der Kontokorrentkredit gehört zu den kurzfristigen Krediten und soll einen vorübergehenden Zahlungsbedarf decken. Aufgrund seiner hohen Zinskosten sollte
er nur dann in Anspruch genommen werden, wenn der Ausgleich des Kontostan-
des (etwa durch den Eingang eigener Forderungen) in absehbarer Zeit ausgeglichen werden kann.

Beim Kontokorrent (= laufende Rechnung) wird es dem Kunden gestattet, bis zu
einem vorab festgelegten Höchstbetrag (Limit) auch dann noch Abbuchungen vornehmen zu lassen, wenn das Konto kein Guthaben mehr aufweist. Der in Anspruch
genommene Kredit wird laufend mit eingehenden Gutschriften verrechnet.

Im Gegensatz zum Darlehen hat der Kontokorrentkredit den Vorteil, daß zwar eine
Kreditzusage in bestimmter Höhe besteht, **Sollzinsen** aber nur für die tatsächlich
beanspruchten Mittel berechnet werden. Daneben ist eine **Kreditprovision** für die
Bereitstellung des Kredites (auch bei Nichtinanspruchnahme) zu zahlen (etwa 3 %).
Überzieht der Kunde den eingeräumten Kreditspielraum, hat er zudem **Über-
ziehungszinsen** zu entrichten.[1]

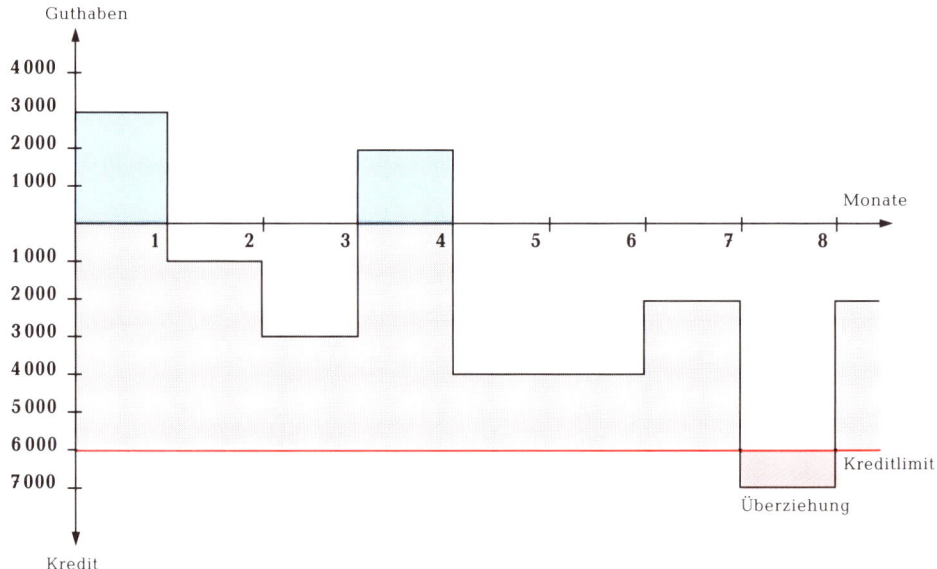

▶ **Kostenvergleich zwischen Waren- und Geldkredit**

In bestimmten Situationen kann sich die Frage stellen, ob es günstiger ist, den Warenbezug über einen Zielkauf (Warenkredit) zu finanzieren und auf die übliche Skonto-
einräumung zu verzichten oder den Rechnungsbetrag über einen Bankkredit (Geldkredit) zu begleichen und damit die Möglichkeit zu erhalten, den Skonto in Anspruch
zu nehmen.

> Eine Unternehmung bezieht Waren von ihrem Lieferanten in Höhe von 10000 DM. Die Zah-
> lungsbedingung lautet: „30 Tage netto Kasse; bei Zahlung innerhalb von 10 Tagen 3 % Skonto".
> Für einen Kontokorrentkredit der Hausbank wären 12 % effektiver Jahreszins zu entrichten.
> Der Kredit könnte durch den Eingang eigener Forderungen nach 20 Tagen ausgeglichen
> werden.

1 Gleiches gilt bei der Überziehung der bei Gehaltskonten (Girokonten) vereinbarten Dispositionskredite.

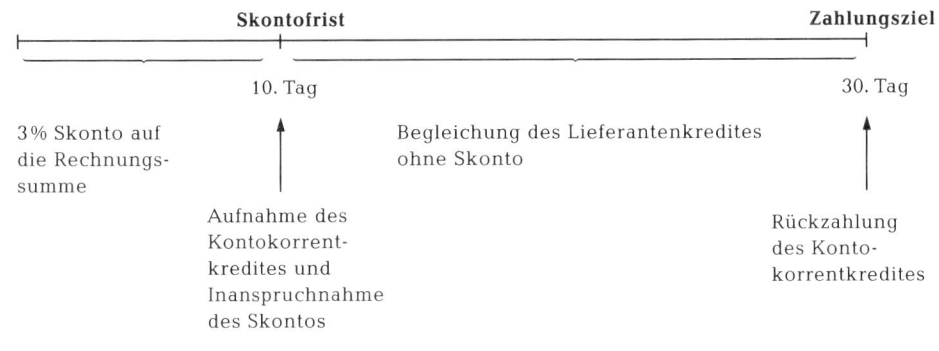

- *Skonto*

  - Bei Inanspruchnahme des Skontos müßte am 10. Tag ein Bareinkaufspreis von:

Rechnungsbetrag	10 000,00 DM
./. 3 % Skonto	300,00 DM
	9 700,00 DM

  beglichen werden.

  - Die Inanspruchnahme des Skontos entspricht bei der in der kaufmännischen Praxis angewandten Überschlagsrechnung einer Jahresverzinsung von:

$$i \ = \ \frac{\text{Skontosatz in \% } \cdot 360}{\text{Zahlungsziel ./. Skontofrist}} \ = \ \frac{3 \cdot 360}{30 ./. 10} \ = \ \underline{\underline{54 \%}}$$

- *Kontokorrentkredit*

  Die Zinskosten bei Inanspruchnahme des Kontokorrentkredites belaufen sich auf:

$$Z \ = \ \frac{\text{Kapital} \cdot \text{Tage} \cdot \text{Prozentsatz}}{360 \cdot 100} \ = \ \frac{9700 \cdot 20 \cdot 12}{360 \cdot 100} \ = \ \underline{\underline{64,66 \text{ DM}}}$$

  Die Ersparnis bei Ausnutzung des Skontos und Aufnahme des Kontokorrentkredites beträgt:

	300,00 DM	Skonto
./.	64,66 DM	Zinskosten Kredit
	235,34 DM	

Besteht bei kurzzeitigen Zahlungsschwierigkeiten die Möglichkeit, eine Warenlieferung durch eine Kreditaufnahme zu finanzieren, sollte davon Gebrauch gemacht werden. Lieferantenkredite (bei nicht ausgenutztem Skonto) gehören zu den teuersten Finanzierungsarten! Die Begleichung von Rechnungen durch einen kurzfristigen Bankkredit wird stets vorteilhafter sein.

4 Kreditsicherungen

Die Sicherung eines Kredits soll den Geldgeber vor Verlust schützen, wenn der Schuldner den Kredit nicht zurückzahlt. Kredite können durch die Haftung von Personen (Personalkredite) oder durch Gegenstände (Realkredite) gesichert werden.

Kreditsicherung

Personalkredite	**Realkredite**
insbesondere:	*insbesondere:*
● Blankokredit	● Sicherungsübereignung
● Bürgschaft	● Lombardkredit
● Wechseldiskontkredit	● Grundpfandrechte
● Zession	– Hypothek
	– Grundschuld

▶ **Personalkredite**

Diese Art der Kredite wird durch den Kreditnehmer bzw. durch andere mithaftende Personen abgesichert.

● **Blankokredit**

Beim Blankokredit ist allein die Person des Kreditnehmers ausschlaggebend für die Gewährung des Kredites. Die Bank beurteilt die bisherigen Geschäftsbeziehungen mit dem Kunden. Sein Zahlungsverhalten, seine Vermögenslage und sein „guter Ruf" werden bei der Festlegung der Kredithöhe berücksichtigt.

● **Bürgschaft**

Bei einer Bürgschaft verpflichten sich neben dem Kreditnehmer noch eine oder mehrere Personen (Bürgen) gegenüber dem Kreditgeber, für die Verbindlichkeiten des Schuldners einzustehen (§ 765 BGB). Folgende Bürgschaftsarten sind zu unterscheiden:

– **Selbstschuldnerische Bürgschaft** (§ 773 BGB), bei der ein Bürge sofort zahlen muß, wenn der Schuldner nicht zahlen kann oder will. Diese Art der Bürgschaft ist unter Kaufleuten vorgesehen.

– **Gesamtschuldnerische Bürgschaft** (§ 769 BGB), bei der der Kreditgeber seine Forderungen an alle bürgenden Personen oder nur eine davon richten kann.

– **Ausfallbürgschaft** (§ 771 BGB), bei der der Bürge erst in Anspruch genommen werden kann, wenn zuvor alle außergerichtlichen und gerichtlichen Maßnahmen (Klage und Zwangsvollstreckung) gegen den Hauptschuldner nicht zur Befriedigung des Kreditgebers geführt haben.

● **Wechseldiskontkredit**

Der Kreditnehmer verkauft einen noch nicht fälligen Wechsel an seine Bank. Diese stellt ihm den Gegenwert des Wechsels unter Abzug von Diskontzinsen, Provision und Spesen zur Verfügung. Für die Bank handelt es sich um ein Kreditgeschäft, da sie die Wechselsumme spätestens erst am Verfalltag wieder hereinbekommt. Hierfür haften mindestens der Bezogene und der Aussteller (vgl. S. 301).

Zession

Zur Sicherung eines gewährten Kredites tritt der Kreditnehmer seine Kundenforderungen an die Bank ab. Die Zession ist also eine Übertragung eines Anspruchs vom bisherigen Gläubiger auf einen Dritten.

- Eine **stille Zession** liegt vor, wenn dem Schuldner des Kreditnehmers die Forderungsabtretung an die Bank nicht mitgeteilt wird (§ 407 I BGB).
- Eine **offene Zession** liegt vor, wenn der Schuldner des Kreditnehmers von der Forderungsabtretung benachrichtigt wird. In diesem Fall darf der Schuldner nicht mehr an den Kreditnehmer, sondern nur noch an die Bank zahlen (§ 407 I BGB). Zahlt er trotzdem an den Kreditnehmer, ist er gegenüber der Bank **nicht** von seiner Leistungspflicht befreit.

▶ Realkredite

Realkredite werden durch Sachen (Dinge) abgesichert. Deshalb wird auch von dinglich gesicherten Krediten gesprochen.

● Sicherungsübereignung (§ 930 BGB)

Bei dieser Kreditsicherung läßt sich die Bank vom Kreditnehmer bewegliche Sachen (Waren, Geschäftsausstattung, Kraftfahrzeuge) übereignen. Das Kreditinstitut wird Eigentümer, der Kreditnehmer bleibt Besitzer; er kann also mit den übereigneten Gegenständen weiterarbeiten und die Verkaufserlöse zur Tilgung des Kredites oder zum Kauf neuer Waren (die dann bereits im voraus übereignet sind) verwenden. Bei Nichtrückzahlung des Kredits kann die Bank aus den übereigneten Gegenständen ihre Forderungen befriedigen.

● Lombardkredit (§§ 1204 ff. BGB)

Unter Lombardkredit versteht man die Verpfändung beweglicher Gegenstände (u. a. Wertpapiere, Edelmetalle) gegen Gewährung eines kurzfristigen Kredits. Der Kreditnehmer bleibt Eigentümer, das Kreditinstitut wird Besitzer. Neben dem Kreditvertrag wird ein Pfandvertrag geschlossen (§§ 1204 ff. BGB). Begleicht der Schuldner seine Verpflichtungen nicht, kann der Kreditgeber das Pfand verkaufen.

● Grundpfandrechte

Zur Sicherung langfristiger Kredite verlangen die Kreditinstitute in der Regel eine Verpfändung wertbeständiger, unbeweglicher Sachen (Grundstücke, Gebäude). Dieses Grundpfandrecht wird in das Grundbuch eingetragen, da eine Übergabe des Pfandes nicht möglich ist. Grundpfandrechte sind:

- **Hypothek** (§ 1113 BGB), bei der dem Kreditgeber neben dem Vermögen des Kreditnehmers auch das Grundstück als Pfand haftet;
- **Grundschuld** (§ 1191 BGB), bei der als Sicherung ausschließlich das Grundstück haftet, nicht jedoch der Kreditnehmer persönlich.

5 Kreditersetzende Maßnahmen

5.1 Leasing

Durch das Leasing erwirbt eine Unternehmung[1] (Leasingnehmer) gegen Entgelt Nutzungsrechte an Maschinen, Ladeneinrichtungen, Kopiergeräten, Kraftfahrzeugen, EDV-Anlagen oder Gebäuden (Gegenstände des Anlagevermögens) von einem Leasinggeber. Die Ausgestaltung des Leasingvertrages kann sehr unterschiedlich vorgenommen werden. Sie reicht vom normalen Mietvertrag bis zum verdeckten Raten-Kaufvertrag.

▶ **Formen des Leasing nach der Laufzeit**

● **Kurzfristige Leasingverträge** (Operating-Leasing)

Hierbei handelt es sich um solche Mietverträge, die von beiden Vertragspartnern kurzfristig kündbar sind (Laufzeit unter 2 Jahren). Die Leasingraten sind vom Leasingnehmer als Aufwand zu verrechnen und als Betriebsausgaben steuerlich abzugsfähig.

● **Langfristige Leasingverträge** (Financial-Leasing)

Hier wird eine bestimmte Grundmietzeit vereinbart, in der der Vertrag von beiden Seiten nicht gekündigt werden kann. Die Grundmietzeit beträgt meist 3 – 6 Jahre. Nicht in jedem Fall ist die steuerliche Absetzbarkeit der Leasingraten gegeben.

▶ **Formen des Leasing nach dem Leasinggeber**

● **Direktes Leasing**

Der Hersteller des Leasingobjektes tritt als Leasinggeber auf. Der Leasingnehmer zahlt die für die Nutzung zu entrichtenden Leasingraten an den Hersteller.

● **Indirektes Leasing**

Zwischen den Herstellern des Leasingobjektes und den Leasingnehmern tritt eine Unternehmung als Leasinggeber. Sie erwirbt durch einen Kaufvertrag das Eigentumsrecht am Leasingobjekt und stellt es durch einen Leasingvertrag dem Leasingnehmer zur Verfügung.

Eine besondere Leasingvariante liegt vor, wenn eine Unternehmung die Anlagegüter zunächst selbst erwirbt, um sie dann an eine Leasinggesellschaft zu verkaufen, die ihrerseits das Leasingobjekt wiederum der Unternehmung aufgrund eines Leasingvertrages zur Nutzung überläßt („Sale – lease back"). Da die als Leasinggeber auftretenden Unternehmungen (Leasinggesellschaften) in der Regel nicht in der Lage sind, die von ihnen erworbenen Leasingobjekte vollständig aus eigenen Mitteln zu finanzieren, werden sie sich über Kreditinstitute refinanzieren. In diesem Fall zahlt der Leasingnehmer die Leasingraten:

- an die **Leasinggesellschaft** (bei stiller Zession) oder
- an das **Kreditinstitut**, bei dem sich die Leasinggesellschaft refinanziert hat (bei offener Zession).

---

1 Auch für den privaten Bereich können im Rahmen des Konsumgüterleasings Pkw, Fernseh- und Videogeräte, Waschmaschinen oder sogar Möbel geleast werden.

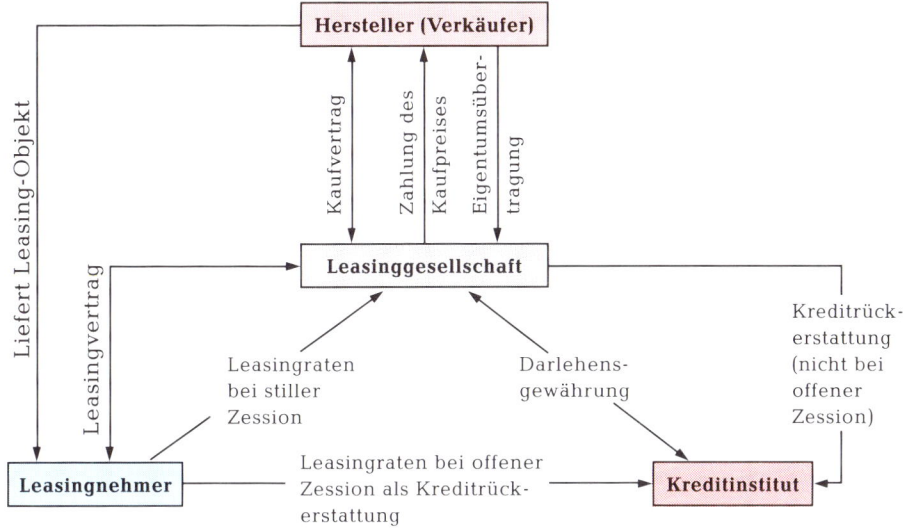

Neben der Bereitstellung des zu nutzenden Gutes kann der Leasinggeber gegen entsprechende Gebühren, d. h. höhere Raten, auch die Wartung und Reparatur der überlassenen Anlagegüter übernehmen. Zudem ist bei einer Reihe von Leasingverträgen vorgesehen, daß der Leasingnehmer nach Ablauf der Vertragsdauer das Leasingobjekt erwerben kann.

Vorteile des Leasing für den Leasingnehmer:

- Er kann auch dann **Investitionsmaßnahmen** durchführen, wenn er nicht über ausreichende finanzielle Mittel verfügt.
- In einigen Fällen übernimmt der Leasinggeber die Wartung und Reparatur der überlassenen Güter.
- Er kann schneller auf **technische Weiterentwicklungen** reagieren, da Leasingverträge mit kurzer Laufzeit den Ersatz des „veralteten" Gutes ermöglichen.
- Er hat unter bestimmten Voraussetzungen die Möglichkeit, **Steuervorteile** durch das Absetzen der monatlichen Mietraten zu erzielen.

Nachteile des Leasing für den Leasingnehmer ergeben sich aus den **relativ hohen Leasingraten** (diese Mietraten können 20–50 % über dem Anschaffungswert des Gegenstandes liegen). Leasingobjekte können zudem nicht als Sicherheiten für weitere Kreditaufnahmen dienen.

5.2 Factoring

Das als Finanzierungshilfe des Umlaufvermögens dienende Factoring ist eine besondere **Form der Forderungsabtretung** (Zession). Der Factor (Bank oder spezielle Factorgesellschaft) kauft Forderungen eines Kunden an, die dieser gegenüber Dritten aus Warenlieferungen geltend machen kann.

Vorteil für den Factoringnehmer (Kunde) ist, daß seine Forderungen von der Bank bevorschußt werden. Er erhält also sofort und nicht erst am Fälligkeitstag seiner Forderungen Geld ausgezahlt. Für diese **Finanzierungsfunktion** berechnet der Factor neben banküblichen Vorschußzinsen (Zins für die Zeit zwischen Auszahlung und Fälligkeit der Forderung) auch eine Gebühr für seine Leistung. Der Factor kann zudem eine **Delkredere-funktion** anbieten, d. h. das Risiko eines Forderungsausfalls übernehmen. Darüber hinaus eröffnet er seinem Kunden die Möglichkeit, für ihn die Debitorenbuchhaltung (Kundenbuchhaltung), die Rechnungsausstellung, den Forderungseinzug und ein eventuell notwendig werdendes Mahnverfahren zu übernehmen **(Dienstleistungsfunktion)**. Für die Delkredere- und Dienstleistungsfunktion werden zusätzliche Gebühren berechnet.

Wie bei der Zession sind beim Factoring offene und stille Forderungsabtretungen zu unterscheiden. Die eigentliche Form des Factorings ist die der offenen Forderungsabtretung, bei der der Factor sowohl die Finanzierungsfunktion als auch die Delkredere- und Dienstleistungsfunktion übernimmt.

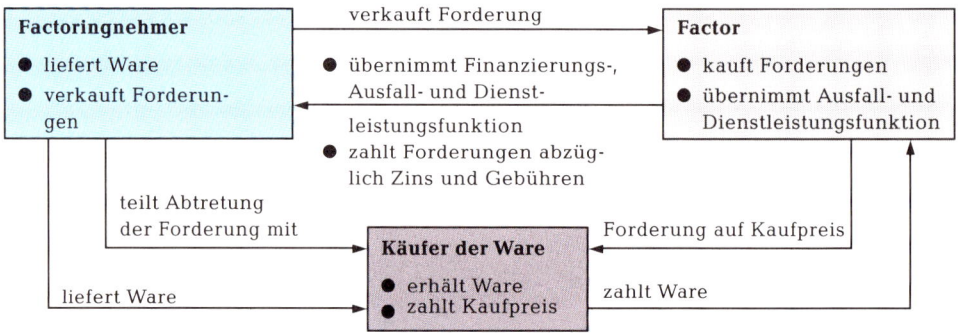

Übernimmt der Factor neben der Finanzierungsfunktion auch die Delkredere- und Dienstleistungsfunktion, kann auf seiten des Factoringnehmers selbstverständlich die Überwachung der Zahlungseingänge der verkauften Forderungen entfallen. Da eine solche Forderungsabtretung in der Regel jedoch mit hohen Zinsen und Gebühren verbunden ist, sollte eine Unternehmung, die ihre Umsätze ohne die Inanspruchnahme eines Bankkredites kurzfristig finanzieren will, vom Factoring nur dann Gebrauch machen, wenn die eigene Kreditlinie dieses erforderlich macht oder aber die eigene Kreditwürdigkeit geschont werden soll.

6 Finanzierung durch Wechselkredite

Der Einzelhändler Thomas Braun kann die Rechnung seines Lieferanten, der Otto Weber KG, auch bei Einräumung des im Geschäftsverkehr üblichen Zahlungszieles von 30 Tagen nicht begleichen. Er möchte, daß ihm sein Lieferant ein längeres Zahlungsziel einräumt. In diesem Fall kann sich die Otto Weber KG bereiterklären, einen **Wechsel** auf Thomas Braun zu ziehen.

Textilfabrik
Otto Weber KG

Otto Weber KG Postfach 12 50 52013 Aachen
Einschreiben

Sport Braun GmbH
z.H. Herrn Braun
Karlstraße 16

44866 Bochum

Ihre Zeichen/Ihre Nachricht vom	Unsere Zeichen	Durchwahl	Datum
	we-wo	234	26.10.19..

Wechselziehung

Sehr geehrter Herr Braun,

gemäß unserer Vereinbarung vom 24.10.19.. soll der Ausgleich unserer Rechnung Nr. 3971 vom 21.10.19.. in Höhe von 593,00 DM per Wechsel erfolgen. Der Wechsel ist am 28.01.19.. fällig.

Wir bitten Sie, uns umgehend den beigefügten Wechsel unterschrieben zurückzusenden.

Mit freundlichen Grüßen

Textilfabrik Otto Weber KG

Otto Weber

(Weber)

Anlage
1 Wechsel

Geschäftsräume	Geschäftszeit	Telefon	Kontoverbindungen	Postbank Köln
Hammerweg 63	Mo - Fr 10.00 h - 16.30 h	0241/97 34 01	Rheinische Bank Aachen	BLZ 370 100 50
53074 Aachen		Telefax	BLZ 390 108 32	Kto.Nr. 79321-503
		0241/97 34 10	Kto.Nr. 2041059	

Mit diesem Wechsel verspricht der Einzelhändler, nach Ablauf einer bestimmten Frist (in der Regel 90 Tage) die Verbindlichkeit gegenüber seinem Lieferanten zu begleichen. Der Wechsel dient damit als:

- **Kreditmittel** (Der Gläubiger gewährt dem Schuldner ein Zahlungsziel.)
- **Zahlungsmittel** (Mit der Unterschrift des Schuldners wird der Wechsel – ähnlich wie ein Verrechnungsscheck – an Geldes Statt weitergegeben.)

▶ **Bestandteile des Wechsels**

Ein ordnungsgemäß ausgefüllter Wechsel kann zu den in Art. 1 Wechselgesetz aufgeführten gesetzlichen Bestandteilen ergänzende Vermerke für den kaufmännischen Geschäftsverkehr enthalten.

Bestandteile des Wechsels	
Gesetzliche Bestandteile gemäß Art. 1 WG	**Kaufmännische Bestandteile**
① Bezeichnung Wechsel in der Urkunde	Ⓐ Ortsnummer
② unbedingte Anweisung, eine bestimmte Geldsumme zu zahlen	Ⓑ Wiederholung des Zahlungsortes
③ Name dessen, der zahlen soll (Bezogener)	Ⓒ Wiederholung des Verfalltages
④ Angabe des Verfalltages, d.h. des Zeitpunktes, an dem die Wechselschuld fällig wird	Ⓓ Zusatz „Erste Ausfertigung"
⑤ Angabe des Zahlungsortes	Ⓔ Ordervermerk
⑥ Name dessen, an den oder an dessen Order gezahlt werden soll (Remittent)	Ⓕ Wechselbetrag
⑦ Ort und Tag der Wechselausstellung	Ⓖ Zahlstellenvermerk
⑧ Unterschrift des Ausstellers (Gläubigers)	Ⓗ Anschrift des Ausstellers

▶ **Arten des Wechsels**

● **Der gezogene Wechsel (Tratte)** (Art. 1 – 74 WG)

Zieht ein Lieferant (Wechselaussteller) auf den Einzelhändler (Bezogener) einen Wechsel, wird dieser Wechsel als Tratte (lat. trahere = ziehen) bezeichnet. Erst mit der Unterschrift des Bezogenen („Querschreiben" auf der Vorderseite des Wechsels) wird diese Tratte akzeptiert. Durch das **Akzept** wird aus der Zahlungsanweisung eine Zahlungsverpflichtung, den Wechsel am Fälligkeitstag einzulösen. Dabei kann zwischen Wechseln **„an eigene Order"** und **„an fremde Order"** unterschieden werden.

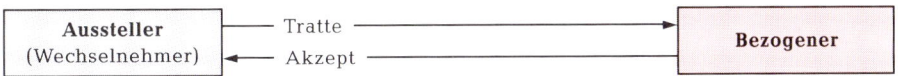

- **Wechsel an eigene Order**

An diesem Wechselgeschäft sind zunächst nur zwei Personen beteiligt. Der Bezogene (Einzelhändler) wird angewiesen, an den Wechselaussteller (Lieferanten) zu zahlen. Der Wechselaussteller hält sich jedoch die Möglichkeit offen, diesen Wechsel an eine beliebige dritte Person weiterzugeben, er weiß allerdings zum Zeitpunkt der Wechselausstellung noch nicht an wen. Wechselaussteller und derjenige, an den gezahlt werden soll (Wechselnehmer), sind zunächst ein und dieselbe Person.

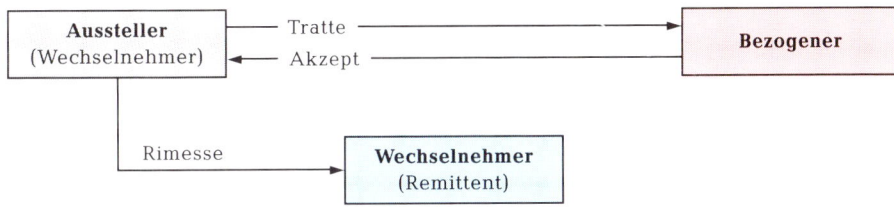

- **Wechsel an fremde Order**

In diesem Fall wird als Wechselnehmer bereits bei der Ausstellung des Wechsels eine dritte Person namentlich aufgeführt, z. B. „... zahlen Sie am ... an Weberei Franz Weimann GmbH ...". Der Wechselaussteller weiß also bereits, daß er den Wechsel zur Begleichung eigener Verbindlichkeiten an die Weberei weitergeben will. Hier sind also von vornherein drei Personen am Wechselgeschäft beteiligt: der Aussteller (Otto Weber KG), der Bezogene (Sport Braun GmbH) und der Wechselnehmer (Weberei Franz Weimann GmbH).

● **Der eigene Wechsel (Solawechsel)** (Art. 75 – 78 WG)

Der Solawechsel wird auf die eigene Person ausgestellt, d. h., Aussteller und Bezogener sind identisch. Mit dieser Wechselform wird ein Zahlungsversprechen abgegeben, die Wechselsumme zum Fälligkeitstag an den Wechselnehmer zu zahlen. An diesem Geschäft sind also ebenfalls nur zwei Personen beteiligt. In der Praxis dient der Solawechsel zur Sicherung erhaltener Darlehen.

► **Verwendungsmöglichkeiten des Wechsels**

● **Aufbewahrung des Wechsels bis zum Verfalltag**

Derjenige, der einen Wechsel annimmt, kann ihn bis zur Fälligkeit aufbewahren und dann selbst dem Bezogenen zur Zahlung vorlegen bzw. durch eine Bank einziehen lassen.

● **Verpfändung des Wechsels**

Benötigt der Wechselnehmer während der Laufzeit des Wechsels selbst Geld, kann er ihn bei einem Geldinstitut hinterlegen. Das Kreditinstitut wird daraufhin ein kurzfristiges Darlehen gewähren, dessen Höhe allerdings geringer ist als die Wechselsumme.

● **Verkauf des Wechsels**

Unter bestimmten Voraussetzungen, die im Wechselgesetz festgelegt sind, kann der Wechselnehmer den Wechsel vor dem Verfalltag an ein Geldinstitut verkaufen. Die Bank zahlt ihm die Wechselsumme aus, abzüglich der Zinsen vom Einreichungstag bis zum Verfalltag **(Diskont)** sowie von Provision und Spesen.

● **Weitergabe des Wechsels als Zahlungsmittel**

Will der Wechselnehmer eigene Verbindlichkeiten gegenüber Dritten begleichen, kann er den Wechsel an seine Gläubiger übertragen. Dazu ist ein Übertragungsvermerk auf der Rückseite des Wechselformulars erforderlich (**Indossament**, „in dosso" = auf dem Rücken).

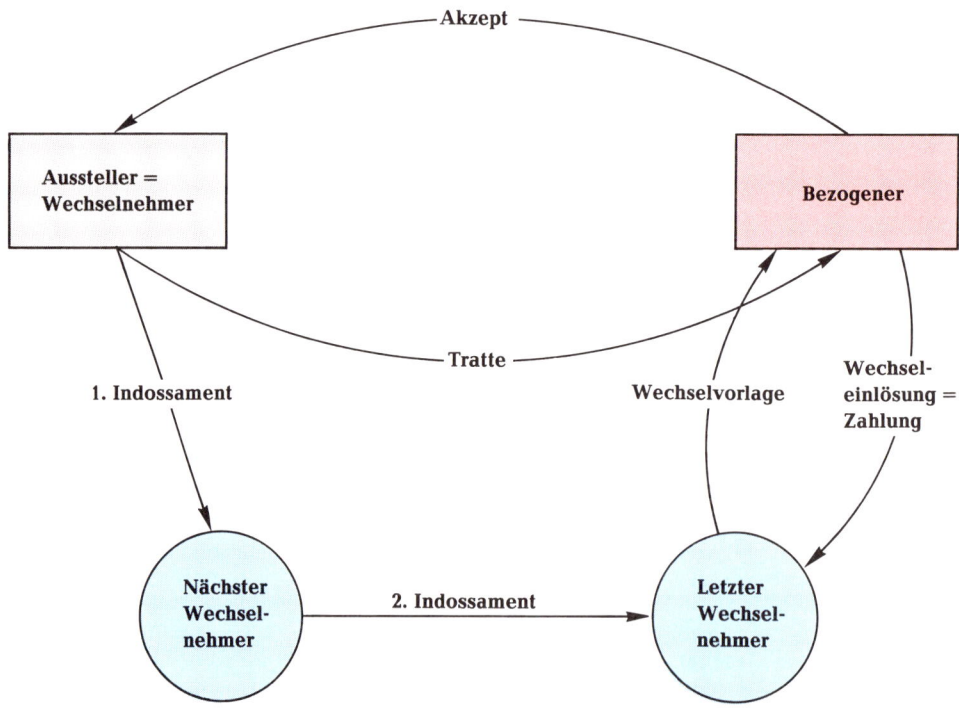

Arten des Indossaments

Vollindossament
Es enthält sämtliche Angaben

Kurz- oder Blankoindossament
Der Indossant setzt als Übertragungsvermerk nur seine Unterschrift auf den Wechsel.

Rektaindossament
Durch den Zusatz „nicht an deren Order" haftet der Indossant bei Weitergabe des Wechsels nur dem direkt Nachstehenden.

Angstindossament
Mit dem Zusatz „ohne Obligo" wird die Haftung des Indossanten den Nachstehenden gegenüber ausgeschlossen.

Inkasso- oder Einzugsindossament
Der Indossant beauftragt die Bank, den Wechsel beim Bezogenen einzuziehen.

Quittungsvermerk

Rückseite eines Wechselformulars

Für uns an die Weberei Franz Weimann GmbH, Mönchengladbach

Aachen, den 05.11.19..

Otto Weber KG

Weber

Franz Weimann GmbH

Weimann

Für uns an die Paul Klein OHG, Essen, nicht an deren Order

Dortmund, den 10.12.19..

Gebr. Roth

Roth

Für uns an die Firma Peters GmbH, Köln, ohne Obligo

Essen, den 05.01.19..

Paul Klein OHG

Klein

Für uns an die Deutsche Bank AG, Köln, zum Inkasso

Köln, den 24.01.19..

Peters GmbH

Peters

Betrag erhalten

Köln, den 28.01.19..

Deutsche Bank AG

i.V. *Hofmann*

▶ Wechseleinzug

Der letzte Wechselnehmer muß den Wechsel am Verfalltag, spätestens an einem der beiden folgenden Werktage, zur Zahlung vorlegen (Art. 38 WG). Dies kann er persönlich tun, bzw. er kann ein Geldinstitut oder die Bundespost (letztere nur bis zu einer Wechselsumme von 3 000 DM) mit dem Einzug beauftragen. Der Bezogene wird den Wechsel prüfen, die Berechtigung des Wechselinhabers zum Einzug feststellen und dann den entsprechenden Betrag auszahlen bzw. dem Konto des Vorlegenden gutschreiben. Der Bezogene erhält den eingelösten Wechsel mit einem Quittungsvermerk zurück (Art. 39 I WG).

▶ Störungen im Wechselverkehr („Notleidender Wechsel")

Störungen im Wechselverkehr ergeben sich dann, wenn der Bezogene am Fälligkeitstag nicht in der Lage ist, den Wechsel einzulösen.

● **Wechselverlängerung (Prolongation)**

Kommt ein Einzelhändler als Bezogener eines Wechsels kurzfristig in Zahlungs-schwierigkeiten, so daß es ihm am Verfalltag nicht möglich ist, den Wechsel ein-zulösen, wird er sich bemühen, ihn zu verlängern (prolongieren). Eine Verlänge-rung hätte zudem den Vorteil, daß nur sehr wenige Personen von der momentanen Zahlungsunfähigkeit des Einzelhändlers erfahren würden.

Zu diesem Zweck wendet sich der Bezogene rechtzeitig mit der Bitte um Prolon-gation an den Wechselaussteller.

– **Der Wechsel wurde vom Aussteller noch nicht weitergegeben**

Aussteller und Bezogener einigen sich auf die Verlängerung des Zahlungsziels. Der alte Wechsel wird vernichtet, d. h. quittiert dem Bezogenen ausgehändigt, und ein neuer Wechsel mit einem späteren Verfalltag ausgestellt. Natürlich muß der neue Wechsel wieder vom Bezogenen akzeptiert und dem Aussteller zu-gesandt werden.

– **Der Wechsel wurde vom Aussteller durch Indossament übertragen**

Befindet sich der alte Wechsel in Umlauf, so wendet sich der Bezogene dennoch an den Aussteller, und zwar mit der Bitte, ihm den zur Einlösung des alten Wechsels erforderlichen Geldbetrag zur Verfügung zu stellen. Der Vorteil dieser Vorgehensweise liegt darin, daß nicht alle Indossanten ihr Einver-ständnis zur Prolongation erklären müssen. Der alte Wechsel wird eingelöst. Über die Wechselsumme wird ein neuer Wechsel mit späterem Verfalltag aus-gestellt (Prolongationswechsel). Der Bezogene muß dem Aussteller die bei der Wechselprolongation entstandenen Kosten ersetzen.

● **Wechselprotest und -regreß** (Art. 43 ff. und 79 ff. WG)

Der letzte Wechselnehmer hat das Recht auf Rückgriff (Regreß) unter der Voraus-setzung, daß er ordnungsgemäß Protest erhoben hat. Bei der in der Praxis am häufigsten vorkommenden Form des Wechselprotests muß der Wechselinhaber öffentlich beurkunden lassen, daß der Bezogene den Wechsel am Verfalltag nicht bezahlen konnte (Rückgriff mangels Zahlung). Bei Beträgen bis 3 000 DM kann die Beurkundung durch die Deutsche Bundespost Postdienst erfolgen, darüber hinaus muß ein Gerichtsvollzieher oder Notar die Verweigerung der Zahlung feststellen.

Die amtliche Protesturkunde berechtigt den letzten Wechselinhaber, im Rahmen seines Rückgriffrechtes jeden beliebigen Vordermann (einen der Indossanten, den Aussteller oder den Bezogenen) in Anspruch zu nehmen. Dabei ist der letzte Inhaber des protestierten Wechsels nicht an eine bestimmte Reihenfolge ge-bunden. Er kann sich zwar an seinen unmittelbaren Vordermann wenden, dieser dann an seinen usw., so daß in umgekehrter Reihenfolge der Indossamente jeweils der unmittelbare Vordermann in Regreß genommen wird **(Reihenregreß)**. Es kann aber auch sein, daß sich der letzte Wechselinhaber oder einer seiner Vorder-männer nicht an diese Reihenfolge hält. In diesem Fall **(Sprungregreß)** wird irgend-ein als zahlungsfähig angesehener Vordermann in Anspruch genommen.

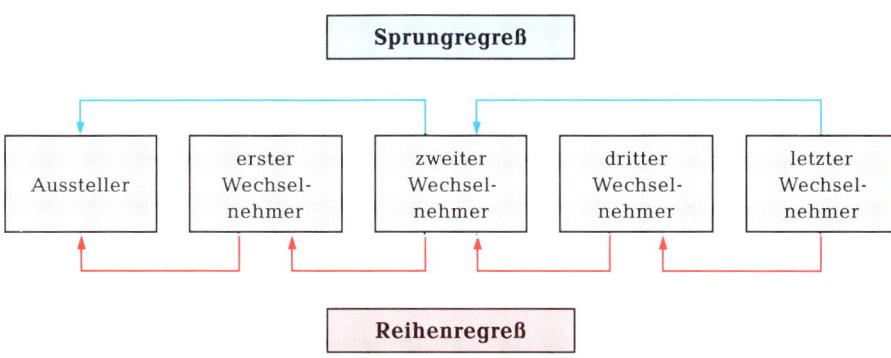

Wird der protestierte Wechsel auf dem Wege des Rückgriffs schließlich dem Aussteller vorgelegt, kann dieser seinerseits versuchen, den Bezogenen in Anspruch zu nehmen. Er wird ihn mit der Wechselsumme und den entstandenen Regreßkosten belasten.

● **Regreßkosten**

Im Fall des Rückgriffs kann jeder Inhaber des protestierten Wechsels den von ihm in Anspruch Genommenen mit folgenden Kosten belasten:

– **Wechselsumme**

– **Kosten des Protests** (z.B. bei Inanspruchnahme eines Notars eine Wechselprotestgebühr, deren Höhe sich nach dem Gesetz über die Kosten in Angelegenheiten der freiwilligen Gerichtsbarkeit [Kostenordnung] bemißt)

– **Verzugszinsen**, mindestens 6%

– $^1/_3$% **Provision** von der Wechselsumme

– **sonstige Auslagen** (Telefonate, Porto usw.)

● **Wechselklage**

Gelingt es dem Aussteller nicht, den Wechsel beim Bezogenen einzulösen, wird er eine Wechselklage einreichen. Natürlich kann auch jeder andere Wechselinhaber gegen seine Vordermänner, den Aussteller oder den Bezogenen klagen. Durch einen Wechselprozeß kommt der Kläger schneller zu seinem Geld als durch einen normalen Zivilprozeß. Das Urteil ist sofort vollstreckbar, d.h., der Kläger kann durch den Gerichtsvollzieher seine Forderungen einziehen lassen.

▶ **Wechselverlust** (Art. 90 WG)

Wird ein Wechsel verloren oder gestohlen, ist es zweckmäßig, sofort alle Indossanten, den Aussteller und den Bezogenen zu informieren. Gleichzeitig sollte ein Antrag beim zuständigen Gericht gestellt werden, den Wechsel für ungültig zu erklären.

Zusammenfassung

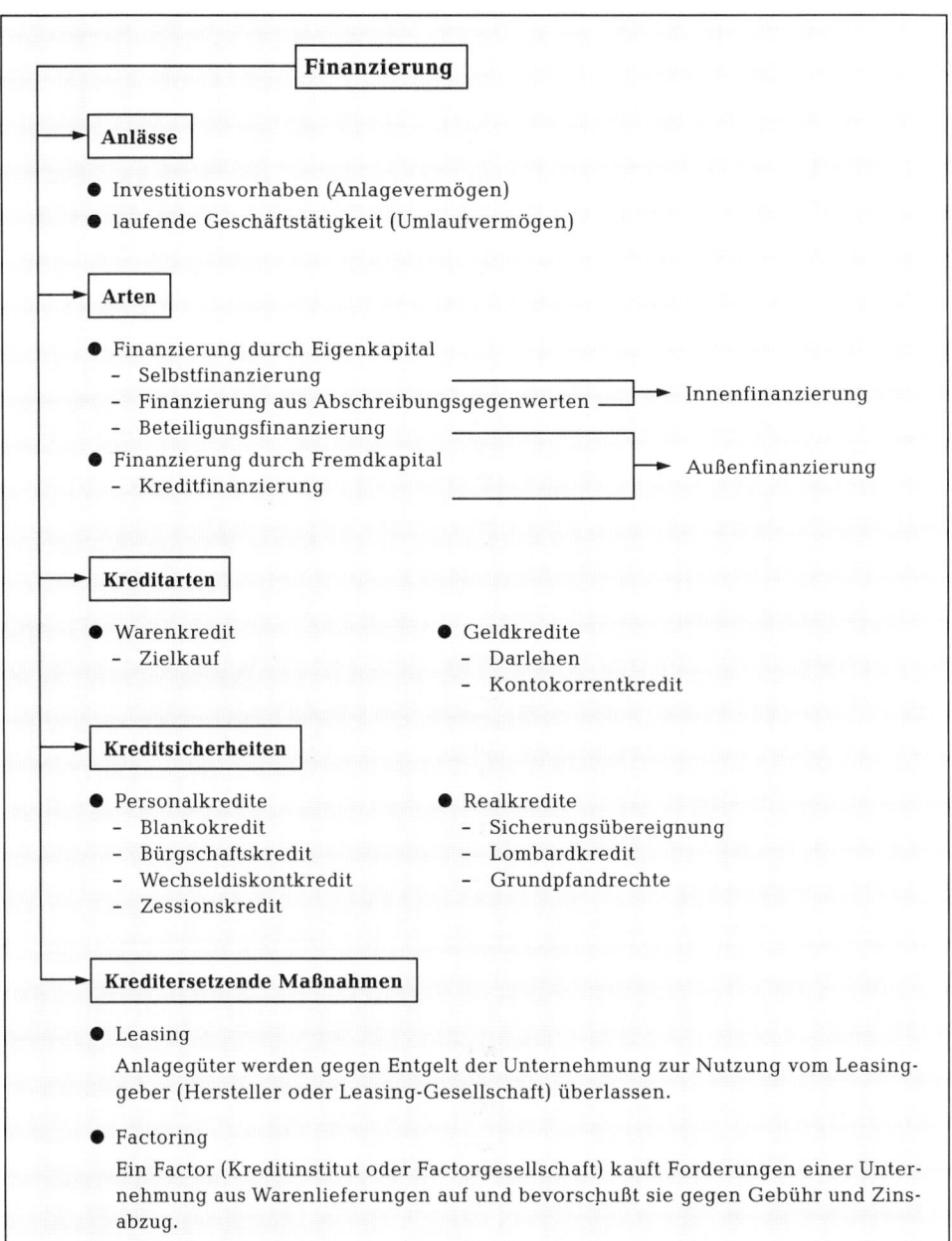

Finanzierung

Anlässe

- Investitionsvorhaben (Anlagevermögen)
- laufende Geschäftstätigkeit (Umlaufvermögen)

Arten

- Finanzierung durch Eigenkapital
  - Selbstfinanzierung
  - Finanzierung aus Abschreibungsgegenwerten ────► Innenfinanzierung
  - Beteiligungsfinanzierung
- Finanzierung durch Fremdkapital
  - Kreditfinanzierung ────► Außenfinanzierung

Kreditarten

- Warenkredit
  - Zielkauf
- Geldkredite
  - Darlehen
  - Kontokorrentkredit

Kreditsicherheiten

- Personalkredite
  - Blankokredit
  - Bürgschaftskredit
  - Wechseldiskontkredit
  - Zessionskredit
- Realkredite
  - Sicherungsübereignung
  - Lombardkredit
  - Grundpfandrechte

Krediteratzende Maßnahmen

- Leasing
  Anlagegüter werden gegen Entgelt der Unternehmung zur Nutzung vom Leasing-geber (Hersteller oder Leasing-Gesellschaft) überlassen.

- Factoring
  Ein Factor (Kreditinstitut oder Factorgesellschaft) kauft Forderungen einer Unter-nehmung aus Warenlieferungen auf und bevorschußt sie gegen Gebühr und Zins-abzug.

Aufgaben

(1) *Erläutern Sie den Begriff Finanzierung!*

(2) *Durch welche Kapitalbeschaffungsmaßnahmen können der Unternehmung finanzielle Mittel*

    a) *in Form von Eigenkapital*

    b) *in Form von Fremdkapital*

    zur Verfügung gestellt werden?

(3) *Stellen Sie grundlegende Unterschiede von Beteiligungs- und Kreditfinanzierung dar!*

(4) *Unterscheiden Sie Waren- und Geldkredite!*

(5) *Wodurch unterscheidet sich die Annuität eines Annuitätendarlehens von der eines Abzahlungsdarlehens?*

(6) *Welche Kosten verursacht die Einräumung eines Kontokorrentkredites?*

(7) *Ein Lieferant gewährt dem Einzelhändler bei einer Warenlieferung im Wert von 8 500 DM einen Zahlungsaufschub „Zahlung innerhalb 20 Tagen netto Kasse, innerhalb 8 Tagen 3 % Skonto".*

    a) *Welcher Bareinkaufspreis ist bei Inanspruchnahme des Skontos am 8. Tag zu entrichten?*

    b) *Welche Jahresverzinsung würde die Skontoinanspruchnahme bedeuten?*

    c) *Welchen Betrag kann der Kunde einsparen, wenn er zur Ausnutzung des Skontos seinen Kontokorrentkredit bei 15 % Zinsen in Anspruch nimmt?*

(8) *Worin unterscheidet sich die offene von der stillen Zession?*

(9) *Stellen Sie die Sicherungsübereignung dem Pfandrecht gegenüber!*

(10) *Welche Realsicherheiten an Immobilien sind denkbar?*

(11) *Wie wird durch Leasing und Factoring die Kreditaufnahme bei Banken und Sparkassen vermieden?*

(12) *Warum wird ein Wechsel in der Regel an „eigene Order" ausgestellt?*

(13) *Beschreiben Sie Verwendungsmöglichkeiten des Wechsels!*

(14) *Welche Möglichkeiten bestehen für einen Indossanten, die eigene Haftung zu begrenzen?*

(15) *Worum würden Sie als Einzelhändler bemüht sein, wenn Sie einen auf sich gezogenen Wechsel zum Verfalltag wahrscheinlich nicht einlösen können? Erläutern Sie die Vorgehensweise, falls der Wechsel bereits durch Indossament weitergegeben wurde!*

(16) *An einem Wechselgeschäft sind neben dem Aussteller und dem Bezogenen fünf Indossanten beteiligt. Verdeutlichen Sie an diesem Beispiel die unterschiedlichen Regreßarten!*

(17) *Stellen Sie für eine Verbindlichkeit Ihres Ausbildungsbetriebes (Bezogener) einen Wechsel (Laufzeit 2 Monate) aus Sicht eines Lieferanten (Aussteller) aus!*

Steuern und Versicherungen

1 Steuern

1.1 Notwendigkeit der Besteuerung

Bund, Länder und Gemeinden müssen vielfältige Aufgaben wahrnehmen wie u. a. in den Bereichen Verteidigung, soziale Sicherung, Verkehr, Bildung und Städtebau. Zur Finanzierung dieser Ausgaben benötigt der Staat Einnahmen.

Diese Staatseinnahmen werden hauptsächlich durch **Abgaben** erzielt, die sich aus Steuern, Gebühren und Beiträgen zusammensetzen:

- **Steuern** sind zwangsweise zu zahlende Abgaben, denen keine unmittelbare Gegen-leistung gegenübersteht.

- **Gebühren** werden für die **Inanspruchnahme** öffentlicher Dienstleistungen erhoben.

  > Gebühren für Leistungen der Gerichte, für das Ausstellen eines Reisepasses oder Führerscheins, für die Beglaubigung von Urkunden

- **Beiträge,** die der Finanzierung gemeinschaftlicher Einrichtungen dienen, werden im Gegensatz zu den Gebühren schon dann fällig, wenn lediglich die **Möglichkeit** der Leistungsinanspruchnahme besteht.

  > Anliegerbeiträge von Grundstückseigentümern für Straßenbau und Kanalisation, Kurtaxe, Rundfunk- und Fernsehbeiträge

Die Gegenüberstellung der erwarteten Einnahmen und der geplanten Ausgaben des Bundes erfolgt im **Bundeshaushalt**. Länder und Gemeinden erstellen ebenfalls einen jährlichen Haushaltsplan. Übersteigen die Ausgaben die Einnahmen, muß sich der Staat durch die Aufnahme von Krediten verschulden.

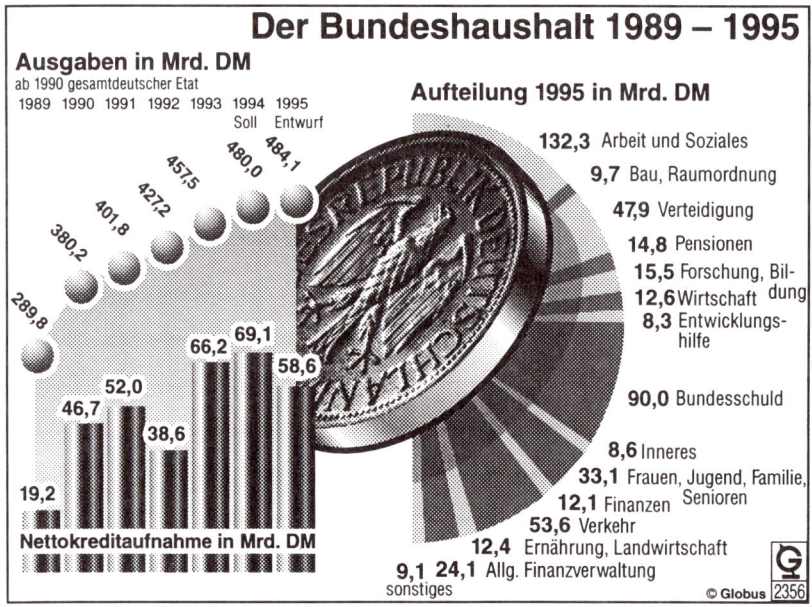

Der Bundeshaushalt 1989 – 1995

Ausgaben in Mrd. DM
ab 1990 gesamtdeutscher Etat
1989 1990 1991 1992 1993 1994 1995
Soll Entwurf

289,8 · 380,2 · 401,8 · 427,2 · 457,5 · 480,0 · 484,1

Nettokreditaufnahme in Mrd. DM
19,2 · 46,7 · 52,0 · 38,6 · 66,2 · 69,1 · 58,6

Aufteilung 1995 in Mrd. DM

132,3 Arbeit und Soziales
9,7 Bau, Raumordnung
47,9 Verteidigung
14,8 Pensionen
15,5 Forschung, Bildung
12,6 Wirtschaft
8,3 Entwicklungshilfe
90,0 Bundesschuld
8,6 Inneres
33,1 Frauen, Jugend, Familie, Senioren
12,1 Finanzen
53,6 Verkehr
12,4 Ernährung, Landwirtschaft
24,1 Allg. Finanzverwaltung
9,1 sonstiges

© Globus 2356

1.2 Steuerarten

Steuern können nach folgenden Gesichtspunkten gegliedert werden:

▶ **Einteilung nach dem Steuerempfänger**

Maßgeblich ist hierbei, wem die Erträge der einzelnen Steuern zufließen.

● **Bundessteuern,** die ausschließlich der Bund erhält (z.B. Versicherungsteuer, Mineralölsteuer).

● **Landessteuern,** die die einzelnen Bundesländer erhalten (z.B. Biersteuer, Kraftfahrzeugsteuer, Erbschaft-, Schenkung- und Vermögensteuer).

● **Gemeindesteuern,** die den Gemeinden zufließen (z.B. Grundsteuer, Hundesteuer, Vergnügungsteuer, Anteil an der Gewerbesteuer).

● **Gemeinschaftsteuern,** die Bund und Ländern zu bestimmten Anteilen zufließen (z.B. Lohn- und Einkommensteuer, Körperschaftsteuer, Umsatzsteuer). Die Höhe dieser Anteile wird jeweils gesetzlich festgelegt.

● **Kirchensteuern**, die den verschiedenen steuererhebungsberechtigten Religionsgemeinschaften (z.B. der evangelischen oder der römisch-katholischen Kirche) zur Erfüllung ihrer kirchlichen Aufgaben dienen.

▶ **Einteilung nach der Erhebungsart**

● **Direkte Steuern,** die vom Steuerzahler unmittelbar an das Finanzamt abzuführen sind (z.B. Einkommen- und Vermögensteuer).

● **Indirekte Steuern,** die in den Güterpreisen enthalten sind, von den Unternehmungen eingezogen und an das Finanzamt weitergeleitet werden (z.B. Umsatzsteuer).

▶ **Einteilung nach dem Steuergegenstand**

● **Besitzsteuern** sind entweder

– **Personensteuern,** die bei natürlichen (z.B. Einkommensteuer) und juristischen (z.B. Körperschaftsteuer) Personen erhoben werden oder

– **Realsteuern,** die auf Objekte bezogen werden (z.B. Gewerbesteuer, Grundsteuer).

● **Verkehrsteuern,** bei denen der Warenumsatz (Umsatzsteuer) und der Umschlag bestimmter Werte (Wertpapiere) besteuert wird.

● **Verbrauchsteuern,** die für den Verbrauch bestimmter Waren erhoben werden (z.B. Mineralölsteuer)

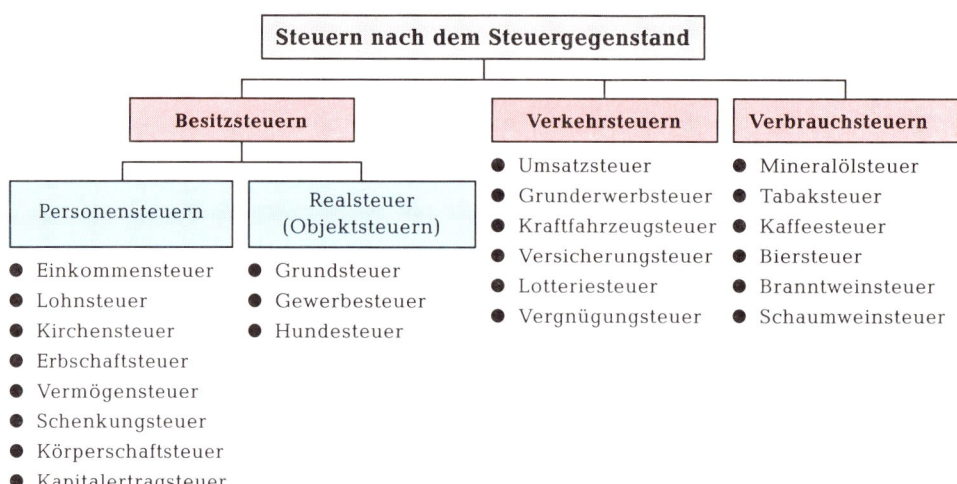

Steuern nach dem Steuergegenstand

Besitzsteuern

Personensteuern

- Einkommensteuer
- Lohnsteuer
- Kirchensteuer
- Erbschaftsteuer
- Vermögensteuer
- Schenkungsteuer
- Körperschaftsteuer
- Kapitalertragsteuer

Realsteuer (Objektsteuern)

- Grundsteuer
- Gewerbesteuer
- Hundesteuer

Verkehrsteuern

- Umsatzsteuer
- Grunderwerbsteuer
- Kraftfahrzeugsteuer
- Versicherungsteuer
- Lotteriesteuer
- Vergnügungsteuer

Verbrauchsteuern

- Mineralölsteuer
- Tabaksteuer
- Kaffeesteuer
- Biersteuer
- Branntweinsteuer
- Schaumweinsteuer

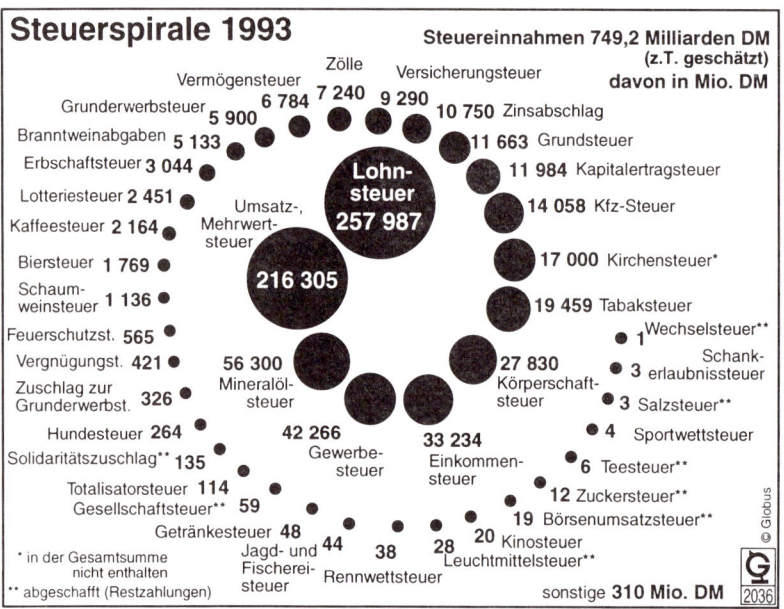

Steuerspirale 1993

Steuereinnahmen 749,2 Milliarden DM (z.T. geschätzt) davon in Mio. DM

Vermögensteuer 6 784
Zölle 7 240
Versicherungsteuer 9 290
Grunderwerbsteuer 5 900
10 750 Zinsabschlag
Branntweinabgaben 5 133
11 663 Grundsteuer
Erbschaftsteuer 3 044
11 984 Kapitalertragsteuer
Lotteriesteuer 2 451
14 058 Kfz-Steuer
Kaffeesteuer 2 164
Umsatz-, Mehrwertsteuer 216 305
Lohn-steuer 257 987
17 000 Kirchensteuer*
Biersteuer 1 769
19 459 Tabaksteuer
Schaumweinsteuer 1 136
1 Wechselsteuer**
Feuerschutzst. 565
Vergnügungst. 421
Mineralölsteuer 56 300
Körperschaftsteuer 27 830
3 erlaubnissteuer
Zuschlag zur Grunderwerbst. 326
3 Salzsteuer**
Hundesteuer 264
Gewerbesteuer 42 266
Einkommensteuer 33 234
4 Sportwettsteuer
Solidaritätszuschlag** 135
6 Teesteuer**
Totalisatorsteuer 114
12 Zuckersteuer**
Gesellschaftsteuer** 59
19 Börsenumsatzsteuer**
Getränkesteuer 48
Jagd- und Fischereisteuer 44
Rennwettsteuer 38
28 Leuchtmittelsteuer**
20 Kinosteuer

* in der Gesamtsumme nicht enthalten
** abgeschafft (Restzahlungen)

sonstige 310 Mio. DM

© Globus 2036

1.3 Steuererhebungsverfahren am Beispiel der Personensteuern

Für den Einzug der aufgrund der erzielten Steuereinnahmen wichtigsten Personensteuern (Lohn- und Einkommensteuer) finden zwei Verfahren Anwendung: das Abzugs- und das Veranlagungsverfahren.

▶ **Abzugsverfahren**

Bei jeder Lohn- und Gehaltszahlung ist der Arbeitgeber verpflichtet, die anfallende **Lohnsteuer** mit Hilfe entsprechender Tabellen zu ermitteln, einzubehalten und an das Finanzamt abzuführen.

Der Bruttolohn eines Arbeitnehmers mindert sich demnach um die Lohnsteuer (in der Regel auch um die Kirchensteuer) und um die Arbeitnehmerbeiträge zur Sozialversicherung.

▶ **Veranlagungsverfahren**

Die **Einkommensteuer** wird im Wege der Veranlagung erhoben. Der Steuerpflichtige hat hierzu dem Finanzamt auf amtlichen Vordrucken eine **Steuererklärung** einzureichen. Die Angaben beziehen sich auf einen vergangenen Veranlagungszeitraum (in der Regel das letzte Kalenderjahr) und müssen jeweils bis zum 31. Mai vorgelegt werden; häufig wird eine Verlängerung bis zum 30. September gewährt.

Das Finanzamt prüft die Steuererklärung mit den beigefügten Unterlagen und teilt dem Steuerpflichtigen in einem **Steuerbescheid** die Steuerschuld mit. Die vom Steuerpflichtigen im Veranlagungszeitraum bereits monatlich bzw. vierteljährlich geleisteten Abschläge werden auf die vom Finanzamt ermittelte Steuerschuld angerechnet, so daß der Steuerpflichtige für den Veranlagungszeitraum entweder eine Nachzahlung zu leisten hat bzw. den überzahlten Betrag erstattet bekommt.

Neben der Einkommensteuer werden u.a. auch die Körperschaft-, Erbschaft- und Vermögensteuer im Veranlagungsverfahren erhoben.

1.4 Wichtige Steuern für den Einzelhändler

1.4.1 Einkommensteuer[1]

Gegenstand der Einkommensteuer ist das Einkommen der natürlichen Personen. Alle Einkünfte eines Steuerpflichtigen innerhalb eines Kalenderjahres werden nach seinen Angaben in der Steuererklärung zusammen veranlagt.

▶ **Einkunftsarten**

Das Einkommensteuergesetz unterscheidet sieben Arten von Einkünften (§ 2 EStG):

Einkunftsarten	Beispiele
1. Einkünfte aus **Land- und Forstwirtschaft**	Wald- und Landbau, Tierhaltung
2. Einkünfte aus **Gewerbebetrieb**	Einzelhandelsunternehmung, Industrie, Handwerk
3. Einkünfte aus **selbständiger Arbeit**	Arzt, Rechtsanwalt, Steuerberater
4. Einkünfte aus **nichtselbständiger Arbeit**	Löhne und Gehälter von Arbeitnehmern
5. Einkünfte aus **Kapitalvermögen**[2]	Zinsen, Dividenden
6. Einkünfte aus **Vermietung und Verpachtung**	Wohnungen, Grundstücke
7. **Sonstige Einkünfte**	Spekulationsgewinne[3]

1 Alle Angaben zur Einkommensteuer beziehen sich auf die Veranlagungszeiträume ab 1990.

2 Der bei den Einkünften aus Kapitalvermögen in den Veranlagungszeiträumen bis 1992 gewährte Sparerfreibetrag von 600/1 200 DM (Unverheiratete/Verheiratete) wurde seit 01.01.1993 auf 6 000/12 000 DM angehoben. Sofern der Sparer bei der auszahlenden Stelle keine Freistellung beantragt (Freistellungsauftrag, mit dem die überwiegende Zahl von Zinseinkünften von vornherein steuerfrei bleibt), wird von den Zinsen aus Kapitalforderungen grundsätzlich ein 30%iger Zinsabschlag einbehalten. Dieser Abschlag stellt einen auf die Einkommensteuer des jeweiligen Veranlagungszeitraumes anrechenbaren Steuerabzug mit Vorauszahlungscharakter dar.

3 Bei Spekulationsgeschäften werden Güter innerhalb bestimmter Fristen (z.B. bei Grundstücken 2 Jahre) nach ihrer Anschaffung wieder veräußert.

▶ Ermittlung des zu versteuernden Einkommens

Die sich aus den verschiedenen Einkunftsarten ergebenden Einkünfte eines Steuerpflichtigen können vor der Besteuerung um bestimmte **abzugsfähige Ausgaben** (Betriebsausgaben, Werbungskosten, Sonderausgaben und außergewöhnliche Belastungen) gemindert werden.

● Betriebsausgaben (§ 4 EStG)

Hierbei handelt es sich um Aufwendungen, die durch den Betrieb des Steuerpflichtigen oder seinen selbständig ausgeübten Beruf verursacht werden.

❚ Abschreibung der Betriebs- und Geschäftsausstattung

Betriebsausgaben kommen nur bei Einkünften aus Land- und Forstwirtschaft, Gewerbebetrieb und selbständiger Arbeit in Betracht.

● Werbungskosten (§ 9 EStG)

Dies sind Aufwendungen eines Steuerpflichtigen, die der Erwerbung, Sicherung und Erhaltung der Einnahmen dienen und somit durch die Berufsausübung hervorgerufen werden. Sie können bei Einkünften aus nichtselbständiger Arbeit, Kapitalvermögen, Vermietung und Verpachtung sowie bei sonstigen Einkünften anfallen und jeweils dort abgezogen werden.

Werbungskosten bei Einkünften aus nichtselbständiger Arbeit:
- Kosten der Fahrten zwischen Wohnung und Arbeitsstätte
- Beiträge zu Berufsverbänden (Gewerkschaftsbeiträge)
- Aufwendungen für Arbeitsmittel (Fachliteratur, Berufskleidung)
- Aufwendungen zur beruflichen Fortbildung (Kursgebühren)

Werbungskosten bei Einkünften aus Vermietung und Verpachtung:
- Ausgaben zur Instandhaltung

Bei Einkünften aus nichtselbständiger Arbeit sind Werbungskosten nur anzugeben und zu belegen, wenn sie den Betrag von **2 000 DM** übersteigen. Dieser **Arbeitnehmer-Pauschbetrag** wird bei dieser Einkunftsart stets abgezogen. Bei Einnahmen aus Kapitalvermögen wird ein Pauschbetrag von 100 DM, bei Verheirateten von 200 DM berücksichtigt.

● Sonderausgaben (§ 10 EStG)

Sonderausgaben sind Aufwendungen der privaten Lebensführung und stehen mit keiner Einkunftsart in einem wirtschaftlichen Zusammenhang. Sie sind vom Gesetzgeber aus sozial-, gesellschafts- und wirtschaftspolitischen Gründen für abzugsfähig erklärt worden. Sonderausgaben sind entweder unbeschränkt oder im Rahmen bestimmter Höchstbeträge beschränkt abzugsfähig.

Sonderausgaben

unbeschränkt abzugsfähig	beschränkt abzugsfähig

unbeschränkt abzugsfähig

● **gezahlte Kirchensteuer**

Die von den Mitgliedern anerkannter Religionsgemeinschaften zu entrichtende Kirchensteuer, die je nach Bundesland im Regelfall 8 oder 9% beträgt, wird in einem Prozentsatz der Einkommensteuer/Lohnsteuer festgesetzt. Mit Ausnahme von Baden-Württemberg, Bayern, Bremen und Hamburg beträgt der Steuersatz 9%.

In einigen Bundesländern werden Kirchensteuermindestbeträge erhoben.

● **Steuerberatungskosten**

beschränkt abzugsfähig

● **Vorsorgeaufwendungen**

– Beiträge zu privaten Kranken-, Unfall- und Haftpflichtversicherungen, der gesetzlichen Sozialversicherung und der privaten Lebensversicherung

– Beiträge an Bausparkassen zur Erlangung von Baudarlehen (solange nicht die Wohnungsbauprämie in Anspruch genommen wird)

● **Berufsausbildungskosten**

Kosten der eigenen Berufsausbildung oder Weiterbildung in einem bisher nicht ausgeübten Beruf

● **Spenden**

Ausgaben zur Förderung mildtätiger, kirchlicher, religiöser, wissenschaftlicher und staatspolitischer Zwecke

● **Außergewöhnliche Belastungen** (§§ 33, 33 a EStG)

Als außergewöhnliche Belastungen sind Aufwendungen abziehbar, die dem Steuerpflichtigen zwangsläufig erwachsen, z.B. durch Krankheit, Körperbehinderung, Berufsausbildung der Kinder oder Unterstützung bedürftiger Angehöriger.

Die als außergewöhnliche Belastungen anfallenden Kosten können allerdings nicht in voller Höhe steuermindernd abgezogen werden. In jedem Fall muß der Steuerpflichtige einen Teil der Aufwendungen als **„zumutbare Belastung"** selbst tragen.

Vereinfachte Ermittlung des zu versteuernden Einkommens eines Einzelhändlers

Einkünfte aus dem Einzelhandelsbetrieb ./. Betriebsausgaben	=	Gewinn
Einkünfte aus Kapitalvermögen ./. Werbungskosten	=	Überschuß der Einnahmen über die Werbungskosten
Einkünfte aus Vermietung und Verpachtung ./. Werbungskosten	=	Überschuß der Einnahmen über die Werbungskosten
	=	Summe der Einkünfte
	./.	Sonderausgaben
	./.	außergewöhnliche Belastungen
	=	Einkommen
	./.	Sonderfreibeträge (z.B. Kinderfreibetrag[1])
	=	zu versteuerndes Einkommen (bildet die Bemessungsgrundlage für die tarifliche Einkommensteuer)

1 Für jedes steuerlich zu berücksichtigende Kind wird ab 1992 für zusammenveranlagte Eltern ein Kinderfreibetrag in Höhe von 4 104 DM gewährt. Dieser Freibetrag wird bei der Ermittlung des zu versteuernden Einkommens vom Einkommen abgezogen, vermindert also dessen Höhe.

▶ Aufbau des Einkommensteuertarifs

Die Höhe des zu zahlenden Steuerbetrages richtet sich im wesentlichen nach der Einkommenshöhe eines Steuerpflichtigen.

Der viergeteilte Steuertarif
Aufbau des Einkommensteuertarifs (gültig seit 1990)

Nullzone

Steuerfrei bleiben für:

Ledige 5 616 DM

Verheiratete 11 232 DM

des Jahreseinkommens*

Untere Proportionalzone

Einem gleichbleibenden Steuersatz unterliegen diese Teile des Einkommens:

bei **Ledigen 5 617** DM bis **8 153** DM

bei **Verheirateten 11233** DM bis **16307** DM

Steuersatz 19 %

Progressionszone

Einem linear steigenden Steuersatz unterliegen diese Teile des Einkommens:

19 bis 53 %

bei **Ledigen 8 154** DM bis **120 041** DM

bei **Verheirateten 16 308** DM bis **240 083** DM

Obere Proportionalzone

Einem gleichbleibenden Steuersatz unterliegt:

53 %

bei **Ledigen** alles über **120 041** DM

bei **Verheirateten** alles über **240 083** DM

Steuerfrei

*** nach Abzug** aller Freibeträge und Pauschalen

Die Steuermilderung

Zur Steuerfreistellung des Existenzminimums aufgrund der Entscheidung des Bundesverfassungsgerichts gilt seit 1. Januar 1993 eine Steuermilderung im unteren Teil des Tarifs.

Einkommensgrenzen:

Als Existenzminimum gilt – orientiert an der Sozialhilfe (1994) – **11 069** DM für **Ledige** und **22 139** DM für **Verheiratete** ohne Kinder. Erwerbsbezüge* in dieser Höhe sind steuerfrei.

Darüber hinaus steigen die Steuerbeträge an, bis sie in den Normaltrarif von 1990 einmünden. Dies gilt für **Ledige** mit Erwerbsbezügen* bis **13 607** DM. Für Familien gelten entsprechend höhere Grenzen.

Für höhere Einkommen bleibt der Steuertarif von 1990 (Normaltarif) bestehen.

Steuerfrei

Gemildert

*** „Erwerbsbezüge"** = Bruttoeinkommen einschließlich aller sonst steuerfreien Einnahmen, die zur Deckung des existenznotwendigen Bedarfs verwendet werden können.

1759 © Globus

GRUNDTARIF: für Unverheiratete

zu versteuerndes Einkommen in DM		tarifliche Ein-kommensteuer in DM	zu versteuerndes Einkommen in DM		tarifliche Ein-kommensteuer in DM	zu versteuerndes Einkommen in DM		tarifliche Ein-kommensteuer in DM
von	bis		von	bis		von	bis	
27432	27485	4712	28512	28565	4983	29592	29645	5257
27486	27539	4726	28566	28619	4996	29646	29699	5271
27540	27593	4739	28620	28673	5010	29700	29753	5284
27594	27647	4753	28674	28727	5024	29754	29807	5298
27648	27701	4766	28728	28781	5037	29808	29861	5312
27702	27755	4780	28782	28835	5051	29862	29915	5326
27756	27809	4793	28836	28889	5065	29916	29969	5340
27810	27863	4807	28890	28943	5078	29970	30023	5354
27864	27917	4820	28944	28997	5092	30024	30077	5367
27918	27971	4834	28998	29051	5106	30078	30131	5381
27972	28025	4847	29052	29105	5119	30132	30185	5395
28026	28079	4861	29106	29159	5133	30186	30239	5409
28080	28133	4874	29160	29213	5147	30240	30293	5423
28134	28187	4888	29214	29267	5161	30294	30347	5437
28188	28241	4901	29268	29321	5174	30348	30401	5451
28242	28295	4915	29322	29375	5188	30402	30455	5465
28296	28349	4928	29376	29429	5202	30456	30509	5479
28350	28403	4942	29430	29483	5215	30510	30563	5492
28404	28457	4956	29484	29537	5229	30564	30617	5506
28458	28511	4969	29538	29591	5243	30618	30671	5520

SPLITTINGTARIF: für Verheiratete

zu versteuerndes Einkommen in DM		tarifliche Ein-kommensteuer in DM	zu versteuerndes Einkommen in DM		tarifliche Ein-kommensteuer in DM	zu versteuerndes Einkommen in DM		tarifliche Ein-kommensteuer in DM
von	bis		von	bis		von	bis	
27432	27539	3172	29592	29699	3624	31752	31859	4082
27540	27647	3196	29700	29807	3646	31860	31967	4104
27648	27755	3218	29808	29915	3670	31968	32075	4128
27756	27863	3240	29916	30023	3692	32076	32183	4150
27864	27971	3262	30024	30131	3714	32184	32291	4174
27972	28079	3284	30132	30239	3738	32292	32399	4198
28080	28187	3308	30240	30347	3760	32400	32507	4220
28188	28295	3330	30348	30455	3784	32508	32615	4244
28296	28403	3352	30456	30563	3806	32616	32723	4266
28404	28511	3374	30564	30671	3828	32724	32831	4290
28512	28619	3398	30672	30779	3852	32832	32939	4314
28620	28727	3420	30780	30887	3874	32940	33047	4336
28728	28835	3442	30888	30995	3896	33040	33155	4360
28836	28943	3466	30996	31103	3920	33156	33263	4384
28944	29051	3488	31104	31211	3944	33264	33371	4406
29052	29159	3510	31212	31319	3966	33372	33479	4430
29160	29267	3534	31320	31427	3990	33480	33587	4454
29268	29375	3556	31428	31535	4012	33588	33695	4476
29376	29483	3578	31536	31643	4036	33696	33803	4500
29484	29591	3602	31644	31751	4058	33804	33911	4524

Während Unverheiratete nach der **Grundtabelle** besteuert werden, gilt für Verheiratete der **„Splittingtarif"**. Dabei werden die Einkünfte der Ehepartner addiert und die zu entrichtende Einkommensteuer aus der Splittingtabelle abgelesen.

Während ein Lediger mit einem zu versteuernden Jahreseinkommen zwischen 27756 DM und 27809 DM 4793 DM Einkommensteuer zu zahlen hat, müßte ein Ehepaar für das gleiche Jahreseinkommen nur 3240 DM entrichten.

1.4.2 Lohnsteuer[1]

Bei Arbeitnehmern wird die vom Arbeitslohn zu zahlende Lohnsteuer im Wege des Abzugsverfahrens vom Arbeitgeber einbehalten und an das Finanzamt abgeführt. Die Lohnsteuer ist somit nur eine Erhebungsform der Einkommensteuer bei **Einkünften aus nichtselbständiger Arbeit**, also keine Steuer eigener Art. Lohnsteuerpflichtig sind normalerweise alle Unverheirateten mit einem zu versteuernden Einkommen bis zu 27 000 DM und Verheiratete bis 54 000 DM.

▶ **Steuerkarte**

Grundlage des Lohnsteuerabzugs ist die Steuerkarte, die von der Gemeinde für jedes Kalenderjahr neu ausgestellt wird. Sie enthält alle für die Steuerermittlung wichtigen Daten wie Familienstand, Anzahl der im Haushalt lebenden Kinder unter 18 Jahre, Religionszugehörigkeit, Zahl der Kinderfreibeträge und Steuerklasse.

▶ **Steuerklassen**

Steuerpflichtige werden in sechs unterschiedliche Steuerklassen eingeteilt, die die persönlichen Verhältnisse des Arbeitnehmers berücksichtigen.

Steuerklasse	Personenkreis der Arbeitnehmer
I	● Unverheiratete (Ledige, Verwitwete, Geschiedene) und dauernd Getrenntlebende ohne Kinder
II	● Unverheiratete und dauernd Getrenntlebende mit Kindern

III	● Verheiratete, wenn der Ehegatte
	   – keinen Arbeitslohn bezieht oder
	   – in Steuerklasse V eingestuft ist
	● Verwitwete für das Kalenderjahr, das dem Todesjahr des Ehegatten folgt

IV	● Verheiratete, wenn der Ehepartner ebenfalls Arbeitslohn bezieht und ebenso in Steuerklasse IV eingestuft ist
V	● Verheiratete, wenn der Ehepartner ebenfalls Arbeitslohn bezieht und in Steuerklasse III eingestuft ist
VI	● Steuerpflichtige, die aus mehr als einem Arbeitsverhältnis Einkünfte beziehen

Die für einen Arbeitnehmer laut Steuerkarte maßgebliche Steuerklassenzuordnung beeinflußt über den unterschiedlich hohen Lohnsteuerabzug (und Kirchensteuerabzug für Mitglieder anerkannter Religionsgemeinschaften) die Höhe des monatlichen Nettoentgeltes.

Dabei ist bei **gleichem monatlichen Bruttolohn** die Steuerbelastung:

● in den **Steuerklassen I und IV** gleich hoch;

● in der **Steuerklasse II** aufgrund der in der Tabelle eingearbeiteten Kinderfreibeträge geringer als in Klasse I;

● in der **Steuerklasse III** am geringsten, da entweder nur ein Ehepartner Arbeitslohn bezieht (Alleinverdiener) oder der mitarbeitende, in der Regel weniger verdienende Ehepartner durch die Einstufung in Steuerklasse V trotz geringeren Entgelts der hohen Steuerbelastung der Klasse V unterliegt;

---

1 Die Angaben zur Lohnsteuer beziehen sich auf die Veranlagungszeiträume ab 1993.

- in der **Steuerklasse V** im Vergleich zu den Klassen I bis IV hoch, da der mitarbeitende, in der Regel mehr verdienende Ehepartner, der in der Steuerklasse III eingestuft ist, trotz höheren Entgelts der geringeren Steuerbelastung der Klasse III unterliegt;

- in der **Steuerklasse VI** am höchsten, da in der Regel aus mehreren Arbeitsverhältnissen Einkünfte bezogen werden.

Brutto-lohn (monatlich)	Steuer-klasse Betrag in DM	Abzüge an Lohn- und Kirchensteuer[1] ab 1993					
		I[2]	II (mit 1,0 Kinderfrei-betrag)	III[2]	IV[2]	V[2]	VI[2]
1 591,00	Lohnsteuer	129,41	–	34,16	129,41	308,83	354,83
	Kirchensteuer	11,64	–	3,07	11,64	27,79	31,93
	Summe	141,05	–	37,23	141,05	336,62	386,76
2 026,00	Lohnsteuer	205,16	39,33	102,66	205,16	433,33	484,50
	Kirchensteuer	18,46	3,54	9,23	18,46	38,99	43,60
	Summe	223,62	42,87	111,89	223,62	472,32	528,10
2 531,00	Lohnsteuer	316,16	135,91	183,83	316,16	594,16	651,50
	Kirchensteuer	28,45	12,23	16,54	28,45	53,47	58,63
	Summe	344,61	148,14	200,37	344,61	647,63	710,13
4 111,00	Lohnsteuer	753,66	525,08	458,16	753,66	1 218,66	1 295,00
	Kirchensteuer	67,83	47,26	41,23	67,83	109,67	116,55
	Summe	821,49	572,34	499,39	821,49	1 328,33	1 411,55

1 Der Kirchensteuersatz beträgt 9 % der Lohnsteuer.
2 ohne Kinderfreibetrag

▶ **Antragsveranlagung**

Es ist möglich, daß im Laufe eines Kalenderjahres zuviel Lohnsteuer einbehalten wurde. Dies kann etwa dadurch geschehen, daß:

- der Steuerpflichtige nicht das ganze Jahr über in einem Beschäftigungsverhältnis gestanden hat;

- sich Änderungen im Familienstand (Heirat, Tod) oder der Kinderzahl ergeben haben;

- dem Steuerpflichtigen Werbungskosten, Sonderausgaben oder außergewöhnliche Belastungen entstanden sind, die über den Pauschal- bzw. Freibeträgen liegen.

Die überzahlte Lohnsteuer wird dem Arbeitnehmer nach Ablauf des Jahres erstattet. Dies geschieht im Wege der Einkommensteuererklärung (einschließlich Lohnsteuer-Jahresausgleich), die vom Arbeitnehmer auf einem Formular beim Finanzamt beantragt werden **kann**, und zwar bis spätestens zwei Jahre **nach Ablauf** des Veranlagungszeitraumes (also für 1994 bis spätestens 31.12.1996).

In bestimmten Fällen ist auch für Arbeitnehmer zur Feststellung der Jahressteuerschuld eine Veranlagung zur Einkommensteuer **zwingend vorgeschrieben.** Hierbei handelt es sich insbesondere um die Fälle, in denen Arbeitnehmer neben ihrem Arbeitslohn noch andere Einkünfte bezogen haben (z.B. aus Vermietung und Verpachtung) oder in denen bestimmte Einkommensgrenzen überschritten wurden (z.B. bei Ehegatten 54 000 DM).

Bei der Veranlagung zur Einkommensteuer werden ebenfalls zuviel einbehaltene Steuern erstattet, aber auch zuwenig erhobene nachgefordert.

Die Einzelhandelskauffrau Claudia Bertram erzielte laut Steuerkarte im Veranlagungszeitraum 1993 einen Bruttoarbeitslohn in Höhe von 25 413 DM, aus Sparguthaben flossen
ihr Zinserträge in Höhe von 811 DM zu. Da die Angestellte Werbungskosten und Sonderausgaben geltend machen kann, reicht sie mit dem nachfolgenden Formular ihre Einkommensteuererklärung ein und beantragt die Festsetzung der Arbeitnehmer-Sparzulage.

Neben den allgemeinen Angaben zu ihrer Person gibt die Steuerpflichtige an den entsprechenden Stellen des Formulars Auskunft über die entstandenen Sonderausgaben, den
Arbeitslohn und die Werbungskosten. Zu den Werbungskosten bei den Einkünften aus
nichtselbständiger Arbeit zählen auch die Aufwendungen für Fahrten mit dem eigenen Pkw
zwischen Wohnung und Arbeitsstätte. Dabei werden für eine einfache Fahrt, also die Hinfahrt
oder die Rückfahrt, 0,65 DM je Kilometer veranschlagt. Außergewöhnliche Belastungen sind
Frau Bertram nicht entstanden.

Das Finanzamt berechnet das zu versteuernde Einkommen, ermittelt die von Frau Bertram für
den Veranlagungszeitraum 1993 zu zahlende Lohn- und Kirchensteuer, setzt die Arbeitnehmer-Sparzulage fest und überweist den Erstattungsbetrag in Höhe von 990,10 DM auf das
Konto der Einzelhandelskauffrau.

**Jahresausgleichsbescheid für 1993 über Lohn- und Kirchensteuer
und Arbeitnehmer-Sparzulage**

Berechnung des zu versteuernden Einkommens	DM	DM
Einkünfte aus nichtselbständiger Arbeit	25 413	
./. Werbungskosten	3 416	
= Summe der Einkünfte/Gesamtbetrag der Einkünfte	21 997	**21 997**
./. Sonderausgaben, davon		6 472
beschränkt abzugsfähig	5 849	
unbeschränkt abzugsfähig	623	
= Einkommen/zu versteuerndes Einkommen		**15 525**

zu entrichtende Jahreslohnsteuer laut Grundtabelle:	**1 960,00 DM**
zu entrichtende Kirchensteuer (9 % der Jahreslohnsteuer)	**176,40 DM**

Berechnung des Erstattungsbetrages

	Lohnsteuer DM	Kirchen-steuer DM	Erstattung DM
Abzug vom Lohn der Steuerpflichtigen	2 696,61	242,69	
./. zu entrichtende Beträge	1 960,00	176,40	
= zuviel gezahlte Beträge	736,61	66,29	802,90
+ Arbeitnehmer-Sparzulage (20 % von 936 DM)			187,20
			990,10

Da sich die Bausparkassenbeiträge bei den beschränkt abzugsfähigen Sonderausgaben nicht
ausgewirkt haben, wird das Finanzamt Frau Bertram in seinem Bescheid auf die Möglichkeit
hinweisen, eine Wohnungsbauprämie zu beantragen. Maßgeblich dafür ist das zu versteuernde Einkommen des Veranlagungszeitraumes. Die Einkommensgrenze beträgt für
Unverheiratete 27 000 DM, für Ehegatten 54 000 DM.

11	StNr.	14 94	11	StNr.	1 94	Vorg.	Fallgruppe

1994

Eingangsstempel

[X] **Einkommensteuererklärung**
[X] **Antrag auf Festsetzung der Arbeitnehmer-Sparzulage**

[ ] **Erklärung zur Feststellung des verbleibenden Verlustabzugs**

An das Finanzamt
Bochum-Süd

Steuernummer
350/1235/9311

bei Wohnsitzwechsel: bisheriges Finanzamt

Ich rechne mit einer Einkommensteuererstattung

Zeile		**Allgemeine Angaben**	
99	**10**	**Steuerpflichtige Person (Stpfl.), bei Ehegatten: Ehemann**	Telefonische Rückfragen tagsüber unter Nr.

Ordnungsmerkmal des Vorjahrs

				68

Anschrift 69

| 2 | 11 | Name | B e r t r a m |
| 3 | 13 | Vorname | C l a u d i a |

Titel d. Stpfl./Ehemanns 14 | Titel d. Ehefrau 18

| 4 | 72 | | Tag | Monat | Jahr | Religion | Ausgeübter Beruf |
| | | Geburtsdatum | 2 3 | 1 2 | 6 6 | rk | |

Anrede 10 | Steuerpflichtige Person 40 | Postempfänger

| 5 | 22 | Straße und Hausnummer | P o s t s t r. 8 |

Kz | Wert

| 6 | 20 | Postleitzahl, derzeitiger Wohnort | 4 4 8 0 9 B o c h u m |

| 7 | | Verheiratet seit dem | Verwitwet seit dem | Geschieden seit dem | Dauernd getrennt lebend seit dem |

| 8 | | | | | | 99 | 17 | Kz | Wert |

Art der Steuerfestsetzung

| 9 | 15 | Ehefrau: Vorname | | 10 |

| 10 | 16 | ggf. von Zeile 2 abweichender Name | | 11 | KFB 1 | A | B | Alter A | B | Religion A | B |

| 11 | 73 | | Tag | Monat | Jahr | Religion | Ausgeübter Beruf | | 24 | KFB 0,5 | 14 | Kinderzahl für Berlin-Zulage |
| | | Geburtsdatum | | | | | |

| 12 | | Straße und Hausnummer, Postleitzahl, derzeitiger Wohnort (falls von Zeilen 5 und 6 abweichend) | | 64 | ⁴/₅ KFB 1 | 65 | ⅓ KFB 1 |

| 13 | | **Nur von Ehegatten auszufüllen:** [ ] Zusammenveranlagung [ ] Getrennte Veranlagung [ ] Besondere Veranlagung für das Jahr der Eheschließung | Wir haben Gütergemeinschaft vereinbart [ ] Nein [ ] Ja | 68 | ⁴/₅ KFB 0,5 | 69 | ⅓ KFB 0,5 |

| 14 | | **Bankverbindung** Bitte stets angeben! | | 86 | Haushaltsfreibetrag Ja = 1 | Kz | Wert |

15	31	Nummer des Bankkontos, Postgirokontos, Sparbuchs, Postsparbuchs	4 5 1 9 1 2 0 0	Bankleitzahl 30	4 3 0 5 0 0 0 1	77	von	bis	A	Dauer der KiSt.-Pflicht von Monat
16	34	Geldinstitut (Zweigstelle) und Ort	S p a r k a s s e B o c h u m		78	von	bis	B	bis Monat
17		Kontoinhaber lt. Zeilen 2 u. 3 oder: [32]	Name (im Fall der Abtretung bitte amtlichen Abtretungsvordruck beifügen)	73	Angaben zur Erstattung	83	Bescheid ohne Anschrift Ja = 1

| 18 | | **Der Steuerbescheid soll nicht mir/uns zugesandt werden, sondern** | | 74 | Veranlagungsart | 75 | Zahl d. zusätzl. Bescheide |

19	41	Name		KSO 22	N 19	FW 53
20	42	Vorname		GSE 21	L 20	V 23
21	43	Straße und Hausnummer oder Postfach		AUS 55	E 54	GV 51
22	45	Postleitzahl, Wohnort		FO 57	Kz	Wert

| 23 | | **Unterschrift** Die mit der Steuererklärung angeforderten Daten werden aufgrund der §§ 149 ff. der Abgabenordnung und der §§ 25, 46 des Einkommensteuergesetzes erhoben. | NBL 56 | | |

Ich versichere, daß ich die Angaben in diesem Vordruck und den Anlagen wahrheitsgemäß nach bestem Wissen und Gewissen gemacht habe. Mir ist bekannt, daß Angaben über Kindschaftsverhältnisse erforderlichenfalls der für die Ausstellung von Lohnsteuerkarten zuständigen Gemeinde mitgeteilt werden.

Wir sind damit einverstanden, daß die Bescheide einschließlich etwaiger Änderungsbescheide einem der unterzeichnenden Ehegatten zugleich mit Wirkung für und gegen den anderen Ehegatten bekanntgegeben werden.

Bei der Anfertigung dieser Steuererklärung/dieses Antrags und der Anlagen hat mitgewirkt:

| 27 | 11.02.19.. | *Claudia Bertram* |
| | Datum, Unterschrift(en) Anträge/Steuererklärungen sind eigenhändig – bei Ehegatten von beiden – zu unterschreiben. | |

ESt 1 A – 6.406.000 9.94

Nordrhein-Westfalen

Zeile	**Angaben zu Kindern**				**Kindschaftsverhältnis zur/zum**				Bei Pflegekindern:
					Stpfl./Ehemann		**Ehefrau**		Empfangene Unterhalts-
29	**Vorname des Kindes** (ggf. auch abweichen-der Familienname)	Geboren am	bei Wohnsitz im Ausland: Staat eintragen		leibliches Kind/ Adoptivkind	Pflegekind	leibliches Kind/ Adoptivkind	Pflegekind	leistungen/Pflegegelder DM
30	1								
31	2								
32	3								
33	4								

Von diesen Kindern sind vor dem 2. 1. 1976 – bei a bis d nach dem 1. 1. 1967 – geboren und

34 a) standen in Berufsausbildung (Angabe der Schule, der Ausbildungsstelle usw.; Hinweis auf Zeilen 101 bis 110)
    b) konnten eine Berufsausbildung mangels Ausbildungsplatzes nicht beginnen oder fortsetzen   vom – bis
35 c) leisteten Grundwehrdienst, Zivildienst, befreienden Dienst (nur bei Unterbrechung der Berufsausbildung; bitte erläutern)
    d) leisteten ein freiwilliges soziales oder ökologisches Jahr
36 e) konnten sich wegen körperlicher, geistiger oder seelischer Behinderung nicht selbst unterhalten

zu Nr. ▼ (Hinweis auf Zeilen 87 bis 90)

37

38

39

Kindschaftsverhältnis zu weiteren Personen

	ist durch Tod des anderen Elternteils vor dem 1.1.94 erloschen	hat bestanden zu (Name, letztbekannte Anschrift u. Geburtsdatum dieser Personen, Art des Kindschaftsverhältnisses)	Angaben nur bei leiblichen Eltern (Elternteil) eines Pflegekindes, falls das Pflegekindschaftsverhältnis am 1. 1. 1994 bestand:	
40			Höhe der Unterhaltsverpflichtung DM	Geleisteter Unterhalt DM
41 zu Nr.				
42				
43				

	Ich beantrage den vollen Kinderfreibetrag, weil der andere Elternteil				Ich habe der Übertragung des
44 zu Nr.	seine Unterhaltsverpflichtung nicht mind. zu 75 v.H. erfüllt hat	im Ausland lebte	der Übertragung lt. **Anlage K** zugestimmt hat		Kinderfreibetrags auf den anderen Elternteil zugestimmt
45	Ja	Ja	Ja		Ja
46	Ja	Ja	Ja		Ja
47	Ja	Ja	Ja		Ja

	Die Kinder lt. Zeilen 41 bis 43 waren am 1. 1. 1994 (oder erstmals 1994) mit Wohnung im Inland gemeldet		Bei Kindern, die bei beiden Elternteilen gemeldet sind:
48 zu Nr.	bei dem Stpfl. / dem nicht dauernd getrennt lebenden Ehegatten	und / oder bei sonstigen Personen (Name und Anschrift, ggfs. Verwandtschaftsverhältnis zum Kind) oder in (Anschrift)	
49			Ich beantrage die Zuordnung der Kinder. Die Mutter hat lt. **Anlage K** zugestimmt.
50			Ich habe zugestimmt, daß die Kinder dem Vater zugeordnet werden.

Einkünfte im Kalenderjahr 1994 **aus**

51	**Kapitalvermögen**	lt. **Anlage KSO** (Seite 1)	X Die Einnahmen aus Kapitalvermögen betragen nicht mehr als **6 100 DM**, bei Zusammenveranlagung **12 200 DM**. Zur Anrechnung des **Steuerabzugs** Anlage KSO abgeben.

					99	18
52	**Sonstige Einkünfte**	lt. **Anlage KSO** (Seite 2)			Kz	Wert
53	**nichtselbständiger Arbeit**	X lt. **Anlage N** für steuerpflichtige Person (bei Ehegatten: Ehemann)	lt. **Anlage N** für Ehefrau			
54	**Gewerbebetrieb/selbständiger Arbeit**	lt. **Anlage GSE**	Land- und Forstwirtschaft	lt. **Anlage L**		
55	**Vermietung und Verpachtung**	lt. **Anlage(n) V**	Anzahl	**Ausländische Einkünfte** lt. **Anlage(n) AUS**	Anzahl	

Förderung des Wohneigentums

56		lt. **Anlage(n) FW**	Anzahl

Angaben zum Existenzminimum

			ist nicht beigefügt, weil die Höhe der Erwerbsbezüge die Anwendung der ESt-Zusatztabelle ausschließt	ist nicht beigefügt, weil keine der auf Seite 4 der Anleitung ESt aufgeführten Erwerbsbezüge zugeflossen sind		1 = keine Erwerbsbezüge 2 = hohe Erwerbsbezüge
57	**Anlage E**	ist beigefügt			14	
					Kz	Wert

Sonstige Angaben

58

	Einkommensersatzleistungen, die dem Progressionsvorbehalt unterliegen, z.B. Krankengeld, Mutterschaftsgeld (soweit nicht in Zeile 7 der Anlage N eingetragen) lt. beigefügter Bescheinigung	20 Stpfl./Ehemann DM	21 Ehefrau DM	
59				

60 **Nur bei geschiedenen oder dauernd getrennt lebenden Elternpaaren oder bei Eltern nichtehelicher Kinder:**
    Laut beigefügtem gemeinsamen Antrag sind die Ausbildungsfreibeträge auf einen Elternteil zu übertragen und/oder die für Kinder zu gewährenden Pauschbeträge für Behinderte/Hinterbliebene in einem anderen Verhältnis als je zur Hälfte aufzuteilen.

61 **Nur bei getrennter Veranlagung von Ehegatten ausfüllen:**
    Laut beigefügtem gemeinsamen Antrag beträgt der bei mir zu berücksichtigende Anteil an den Aufwendungen für ein hauswirtschaftliches Beschäftigungsverhältnis und den außergewöhnlichen Belastungen   v.H.

Zeile	**Sonderausgaben**				**99** **13**

Sonderausgaben

Zeile			DM	DM	30
62	**Arbeitnehmeranteil am Gesamtsozialversicherungsbeitrag** und/oder befreiende Lebensversicherung sowie andere gleichgestellte Aufwendungen (ohne steuerfreie Zuschüsse des Arbeitgebers)			Stpfl./Ehemann	
63	– In der Regel auf der Lohnsteuerkarte bescheinigt –		30 4765	31 Ehefrau	31
64	**Freiwillige** Angestellten-, Arbeiterrenten-, Höher**versicherung** (abzüglich steuerfreier Arbeitgeberzuschuß) sowie Beiträge von Nichtarbeitnehmern zur gesetzlichen Altersversorgung		41	Stpfl./Ehegatten	41
65	**Krankenversicherung** (freiwillige Beiträge sowie Beiträge von Nichtarbeitnehmern zur gesetzl. Krankenversicherung – abzüglich steuerfreie Zuschüsse. z. B. des Arbeitgebers –)	in 1994 gezahlte Beiträge 219	in 1994 erstattete Beiträge – 26 ▶	40 193		40 / 42
66	**Unfallversicherung**	338	– ▶	42 338		44
67	**Lebensversicherung** ohne vermögenswirksame Leistungen (einschl. Sterbekasse u. Zusatzversorgung; ohne Beträge in Zeile 63)	1800	– ▶	44 1800		43
68	**Haftpflichtversicherung** (ohne Kasko-, Hausrat- und Rechtsschutzversicherung)	636	– ▶	43 597		35
69	**Bausparbeiträge**, die als Sonderausgaben geltend gemacht werden – ohne vermögenswirksame Leistungen – Institut, Vertrags-Nr. und Vertragsbeginn	Für 1994 habe(n) ich/wir und die nach dem 1. 1. 1977 geborenen Kinder eine **Wohnungsbauprämie beantragt:**	X Nein ☐ Ja		Eingangsdatum
70		Bescheinigte Beiträge ▶	35 1200		38 / 11
71	**Renten**	Rechtsgrund, Datum des Vertrags	11 tatsächlich gezahlt	12 abziehbar v. H.	12 v. H.
72	**Dauernde Lasten**	Rechtsgrund, Datum des Vertrags		10	10
73	**Unterhaltsleistungen** an den geschiedenen/dauernd getrennt lebenden Ehegatten lt. **Anlage U**			39	39
74	**Kirchensteuer**		13 in 1994 gezahlt 243	14 in 1994 erstattet 59	13 / 14
75	**Zinsen** für Nachforderung und Stundung von Steuern, Aussetzung der Vollziehung			78	78
76	**Aufwendungen für ein hauswirtschaftliches Beschäftigungsverhältnis,** für das Pflichtbeiträge zur gesetzlichen Rentenversicherung entrichtet wurden			22	22
77	Zum Haushalt gehörten nach dem 1. 1. 1984 geborene Kinder lt. Zeile(n) Nr.		hilflose Person(en)	16 vom – bis	16 / 17
78	**Steuerberatungskosten**			16	71
79	Aufwendungen für die eigene **Berufsausbildung** oder die Weiterbildung in einem nicht ausgeübten Beruf	Art der Aus-/Weiterbildung Grundlagen des Pascal		17 239	18
80	**Schulgeld** an Ersatz- oder Ergänzungsschulen für das Kind lt. Zeile	Bezeichnung der Schule		71	19
81	**Spenden** und Beiträge für wissenschaftliche, mildtätige und kulturelle Zwecke	lt. beigef. Bestätigungen	lt. Nachweis Betriebsfinanzamt + ▶	18	20 / 70
82	für kirchliche, religiöse und gemeinnützige Zwecke	200	+ ▶	19 200	Summe der Umsätze, Gehälter und Löhne
83	**Mitgliedsbeiträge und Spenden** an politische Parteien (§§ 34 g, 10 b EStG)		+ ▶	20	21 / 72
84	an unabhängige Wählervereinigungen (§ 34 g EStG)		+ ▶	70	Verlustrücktrag A aus 96 / 74
85	**Verlustabzug** nach § 10 d EStG lt. Feststellungsbescheid zum 31. 12. 1993		72 Stpfl./Ehemann	73 Ehefrau	Verlustrücktrag A aus 95 / 76
86	(Bitte weder in Rot noch mit Minuszeichen eintragen) **Nicht ausgeglichene Verluste 1994** Antrag auf Verlustrücktrag		nach 1992	nach 1993	73

Außergewöhnliche Belastungen

Zeile									
87	**Behinderte und Hinterbliebene**				Nachweis	ist beigefügt.	hat bereits vorgelegen.		Verlustrücktrag B aus 96 75
88	Name	Ausweis/Rentenbescheid/Bescheinigung ausgestellt am		gültig bis	hinterblieben	behindert	blind / ständig hilflos	geh- und stehbehindert	Grad der Behinderung	Verlustrücktrag B aus 95 77 56 1. Person *)
89										57 2. Person *)
90										*) bei Blinden und ständig Pflegebedürftigen „300" eintragen
91	**Beschäftigung** einer Hilfe im Haushalt	Aufwendungen DM	ohne Pflegebedürftigkeit	**Heimunterbringung** zur dauernden Pflege	Unterbringung: Art der Dienstleistungskosten				Hinterblieb.Pauschbetrag 58 Anzahl
92	vom – bis	Antragsgrund, Name und Anschrift der beschäftigten / der untergebrachten Person								Hilfe im Haushalt/Unterbr.
93	**Pflege-Pauschbetrag** wegen persönlicher Pflege einer ständig hilflosen Person in deren oder in meiner Wohnung im Inland			Nachweis der Hilfosigkeit	ist beigefügt.	hat bereits vorgelegen.			60 Pflege-Pauschbetrag 79
94	Name, Anschrift u. Verwandtschaftsverhältnis der hilflosen Person(en)			Name anderer Pflegekräfte					

Name und Vorname	**Anlage N**	**1994**
Claudia Bertram		
Steuernummer	**Jeder Ehegatte**	
350/1235/9311	mit Einkünften aus nichtselbständiger Arbeit hat eine eigene Anlage N abzugeben	99 4
		89

Einkünfte aus nichtselbständiger Arbeit

Zeile	**Angaben zum Arbeitslohn**	DM	Pf	DM	Pf	Veranlagungs-grund
1		Erste Lohnsteuerkarte		Weitere Lohnsteuerkarte(n)		85
2	Bruttoarbeitslohn	10 25413	—	11		10
3	Lohnsteuer	40 2696	61	41		40 / 42
4	Kirchensteuer lt/rf (ev)	42 242	69	43		44
5	Kirchensteuer rk/ak	44		45		11
6	Kurzarbeiter- u. Schlechtwettergeld, Zuschuß z. Mutterschaftsgeld, Verdienstausfallentschädigung nach d. Bundes-Seuchengesetz, Aufstockungsbeträge nach d. Altersteilzeitgesetz (lt. Lohnsteuerkarte)			19	—	41 / 43
7	Andere Lohnersatzleistungen (z.B. Arbeitslosengeld, Arbeitslosenhilfe, Altersübergangsgeld, Überbrückungsgeld lt. Bescheinigung d. Arbeitsamts u. Krankengeld, Mutterschaftsgeld lt. Leistungsnachweis)			20	—	45
8	Angaben über Zeiten und Gründe der Nichtbeschäftigung (Nachweise bitte beifügen)					19
9	Steuerfreier Arbeitslohn nach Doppelbesteuerungsabkommen (DBA), zwischenstaatlichen Übereinkommen (ZÜ), Auslandstätigkeitserlaß (ATE)	Staat/Organisation	39 DBA/ZÜ	36 ATE		20 / 32
10	Versorgungsbezüge (in Zeile 2 enthalten)	32	—	In den Versorgungs-bezügen lt. Zeilen 10 und 11 enthaltene Bezüge mit ausgezahlter Berlin-Zulage	23 —	13
11	Arbeitslohn und Versorgungs-bezüge für mehrere Jahre	13 Arbeitslohn —	33 Versorgungsbezüge —			33
12	Entschädigungen, die ermäßigt zu besteuern sind			66 Arbeitslohn	—	23
13	Steuerabzugbeträge zu Zeilen 11 und 12	46 Lohnsteuer	48 Kirchenst. lt/rf (ev)	49 Kirchenst. rk/ak		24 / 37 Einkünfte zu Kz 66
14	Berlinver-günstigung — Nach dem Berlinförderungsgesetz ausgezahlte **Arbeitnehmerzulagen** lt. Lohnsteuerkarte			26		26
15	**Nur ausfüllen** bei Abgabe des Vordrucks **in Berlin (West)**	In Zeilen 2, 11 und 12 enthaltene Arbeits-löhne (ohne Versorgungsbezüge), die **nicht** aus Berlin (West) sind		22	—	22
16	**Nur ausfüllen** bei Abgabe des Vordrucks **außerhalb** von Berlin (West)	In Zeilen 2, 11 und 12 enthaltene Arbeitslöhne, für die **Berlin-Zulagen** ausgezahlt worden sind		21	—	Kz Wert
17	Grenzgänger nach	Beschäftigungsland	Arbeitslohn ▶	16 in ausländ. Währung		
18	Steuerpflichtiger Arbeitslohn, von dem kein Steuerabzug vorgenommen worden ist			15		
19	Steuerfrei erhaltene Aufwandsentschädigung	aus der Tätigkeit als		Betrag		

Zeile	**Vermögenswirksame Leistungen**	**Bitte stets Bescheinigung des Anlageinstituts usw. beifügen.**	99 5	Stpfl./Ehemann = 7 Ehefrau = 8	89
20	**Art der Anlage (1. Vertrag)**			40	Anlageart
21	Sparvertrag / Ver-mögensbeteiligung ☐ Wertpapier-Kaufvertrag ☐ Beteiligungs-vertrag ☐ Bauspar-vertrag ☐				
22	Lebens-versicherung ☐ Konten-sparvertrag ☐ Besonderer Wert-papiersparvertrag ☐ Wohnungsbau ☐ (z.B. Entschuldung)	41 Institutsschlüssel für Sparzulage	41		
23	Anlageinstitut, Unternehmen, Empfänger	Vertrags-Nummer	42		
24	Sparvertrag über Wertpapiere, SPK Bochum, 4519058	42	Vermögenswirk-same Leistungen	43 DM 936	43	Kz Wert
25	Ende der Sperrfrist (bei vorzeitiger Verfügung über Wertpapier-Kaufverträge und Beteiligungsverträge bitte Begründung auf besonderem Blatt)	44 Datum	44		
26	**Art der Anlage (2. Vertrag)** Sparvertrag / Ver-mögensbeteiligung ☐ Wertpapier-Kaufvertrag ☐ Beteiligungs-vertrag ☐ Bauspar-vertrag ☐			45	Anlageart
27	Lebens-versicherung ☐ Konten-sparvertrag ☐ Besonderer Wert-papiersparvertrag ☐ Wohnungsbau ☐ (z.B. Entschuldung)	46 Institutsschlüssel für Sparzulage	46		
28	Anlageinstitut, Unternehmen, Empfänger	47 Vertrags-Nummer	47		
29		Vermögenswirk-same Leistungen	48 DM	48	Kz Wert
30	Ende der Sperrfrist (bei vorzeitiger Verfügung über Wertpapier-Kaufverträge und Beteiligungsverträge bitte Begründung auf besonderem Blatt)	49 Datum	49		

Anlage N für Einkünfte aus nichtselbständiger Arbeit – 8.986.000   9.94

Nordrhein-Westfalen

Zeile						99	8	Stpfl./Ehem = 7

31 Es bestand 1994 **keine gesetzliche Rentenversicherungspflicht**, jedoch eine Anwartschaft auf Altersversorgung (ganz oder teilweise ohne eigene Beitragsleistung) aus dem aktiven Dienstverhältnis

als

89 | | | Ehefr. = 8

32 ☐ als Beamter ☐ als Vorstandsmitglied/ GmbH-Gesellschafter-Geschäftsführer

33 Es bestand 1994 **keine gesetzliche Rentenversicherungspflicht** und auch keine Anwartschaft auf Altersversorgung oder eine Anwartschaft nur aufgrund eigener Beitragsleistung aus der Tätigkeit

35

34 ☐ als Vorstandsmitglied/ GmbH-Gesellschafter-Geschäftsführer ☐ im Rahmen von Ehegatten- arbeitsverträgen, die vor dem 1.1.1967 abgeschloss. wurden ☐ als (z.B. Praktikant, Student)

Bemessungsgrundlg. für Vorwegabzug ohne Kürz.

15

Ich habe 1994 bezogen

35 ☐ beamtenrechtliche od. gleichgestellte Versorgungsbezüge ☐ Altersruhegeld aus der gesetzlichen Rentenversicherung

40

41

Werbungskosten

36 **Fahrten zwischen Wohnung und Arbeitsstätte**
Aufwendungen für Fahrten mit eigenem oder zur Nutzung überlassenem

43

37 ☒ privatem Pkw ☐ Firmenwagen ☐ Motorrad/ Motorroller Letztes amtl. Kennzeichen **BO-L 353** ☐ Moped/ Mofa ☐ Fahr- rad

44

Erhöhter Kilometersatz wegen Behinderung

46

38 Arbeitstage je Woche **5** Urlaubs- und Krankheitstage **30** ☐ Behinderungsgrad mindestens 70 ☐ Behinderungsgrad mindestens 50 und erhebliche Gehbehinderung

47

39 Arbeitsstätte in (Ort und Straße) – ggf. nach besonderer Aufstellung –
44866 Bochum, Karlstr.16 | Einsatzwechseltätigkeit vom – bis | **40** benutzt an **2 2 6** Tagen | **41** einfache Entfernung **1 9** km | **61** | Schlüssel. zu Kz 41

40 | | **43** Tagen | **44** km | **62** | Schlüssel. zu Kz 44

41 | | **46** Tagen | **47** km | **63** | Schlüssel. zu Kz 47

42 Aufwendungen für Fahrten mit öffentlichen Verkehrsmitteln | DM | steuerfrei ersetzt DM | **49** DM | **49**

43 Fahrtkostenersatz, der vom Arbeitgeber pauschal besteuert oder bei Einsatzwechseltätigkeit steuerfrei gezahlt wurde | **50** | **50**

44 Beiträge zu Berufsverbänden (Bezeichnung der Verbände)
Deutsche Angestellten Gewerkschaft | **51** **254** | **51**

45 Aufwendungen für Arbeitsmittel – soweit nicht steuerfrei ersetzt – (Art der Arbeitsmittel bitte einzeln angeben) DM
Fachliteratur **223**

46 | + | **52** **223** | **52**

47 **Weitere Werbungskosten** (z.B. Fortbildungskosten, Reisekosten bei Dienstreisen und Dienstgängen) – soweit nicht steuerfrei ersetzt –
Bewerbungskosten **117**

48 **Pauschale für Kontoführung** + **30**

49 +

50 + | **53** **147** | **53**

51 **Pauschbeträge für Mehraufwendungen für Verpflegung**

52 bei Einsatzwechseltätigkeit über 6 Stunden Zahl der Tage × 8 DM | DM | Vom Arbeit- geber steuerfrei ersetzt

53 bei Fahrtätigkeit über 6 Stunden Zahl der Tage × 8 DM über 12 Stunden Zahl der Tage × 16 DM | DM |

54 Art der Tätigkeit | Summe Zeilen 52 und 53 DM | DM | **54** | **54**

55 **Mehraufwendungen für doppelte Haushaltsführung**
Der doppelte Haushalt wurde aus beruflichem Anlaß begründet | Beschäftigungsort | | Werbungskosten zu Zeile 9 **57**

56 Grund am und hat seitdem ununter- brochen bestanden bis 1994 | Mein Ehegatte hat sich an meinem Beschäftigungs- ort aufgehalten vom – bis |

57 Eigener Hausstand ☐ Nein ☐ Ja, in seit | Falls nein, wurde Unterkunft am bisherigen Ort beibehalten? ☐ Nein ☐ Ja | **85** | Werbungskosten zu Zeile 16

58 Kosten d. ersten Fahrt zum Beschäftigungsort u. d. letzten Fahrt zum eigenen Hausstand ☐ mit öffentlichen Verkehrsmitteln ☐ mit eigenem Kfz Entfernung km × DM = DM | **86** | Werbungskosten zu Zeile 15

59 Fahrtkosten für Heimfahrten ☐ mit öffentlichen Verkehrsmitteln ☐ m. eigenem Kfz (Ent- fernung km) Einzelfahrt DM Anzahl × = DM

60 Kosten der Unterkunft am Arbeitsort (lt. Nachweis) DM | Vom Arbeit- geber steuerfrei ersetzt | **87** | Werbungskosten zu Versorgungs- bezügen

61 Mehraufwendungen für Verpflegung täglich DM × Zahl der Tage = DM

62 Summe der Zeilen 58 bis 61 DM | DM | **55** | **55**

63 **Besondere Pauschbeträge für bestimmte Berufsgruppen**
(Bitte die Berufsgruppe genau bezeichnen und Aufstellung über steuerfreien Ersatz des Arbeitgebers beifügen) | **56** | **56**

Anlage N

21 Käseborn/Siekerkötter · ISBN 3-8120-4

1.4.3 Umsatzsteuer

Die Umsatzsteuer, die auch **Mehrwertsteuer** genannt wird, belastet grundsätzlich den gesamten privaten und öffentlichen Verbrauch von Gütern (Waren und Dienstleistungen).

▶ **Steuerschuldner** (§ 2 UStG)

Steuerschuldner ist der Unternehmer, d.h. natürliche und juristische Personen, die eine gewerbliche oder berufliche Tätigkeit selbständig ausüben.

▶ **Steuerpflichtige Umsätze** (§ 1 UStG)

Der Umsatzsteuer unterliegen folgende Vorgänge:

– **Lieferungen** und **sonstige Leistungen** eines Unternehmers im Inland gegen Entgelt,
– **Eigenverbrauch** bei Entnahme von Waren für private Zwecke oder bei privater Nutzung betrieblicher Gegenstände,
– **Einfuhr von Waren** in das Inland (Einfuhrumsatzsteuer).

▶ **Steuerfreie Umsätze** (§ 4 UStG)

Das Umsatzsteuergesetz sieht zahlreiche Steuerbefreiungen vor wie z.B. beim Export von Gütern, Leistungen der Deutschen Bundespost, Umsätze im Geld- und Kapitalverkehr, Einkünfte aus Vermietung und Verpachtung, Arzthonorare.

▶ **Umsatzsteuerbefreiung** (§ 19 UStG)

Bei Unternehmungen, deren Umsatz (zuzüglich der darauf entfallenden Umsatzsteuer) im vorangegangenen Kalenderjahr 25 000 DM nicht überstiegen hat und im laufenden Kalenderjahr voraussichtlich 100 000 DM nicht übersteigt, wird die geschuldete Umsatzsteuer nicht erhoben. Macht ein solcher Kleinunternehmer von diesem **Wahlrecht** auf Steuerbefreiung Gebrauch, so entfällt für ihn gleichzeitig das Recht, die ihm in Rechnung gestellte Vorsteuer abzuziehen (Vorsteuerabzug). Da diese Steuerbefreiung ohne Vorsteuerabzug für einen Kleinunternehmer keineswegs immer vorteilhaft ist, kann er gegenüber dem Finanzamt den Verzicht auf die Steuerbefreiung erklären, um den Vorsteuerabzug vornehmen zu können. Allerdings ist er an diese Erklärung für mindestens fünf Kalenderjahre gebunden.

▶ **Steuersätze** (§ 12 UStG)

Der allgemeine Steuersatz beträgt z.Z. 15%. Daneben gibt es für bestimmte Umsätze den ermäßigten Satz von 7% (z.B. für Lebensmittel, Bücher, Zeitungen, Zeitschriften sowie im Personennahverkehr).

▶ **Berechnung der Zahllast** (§ 15 UStG)

Jeder Unternehmer wendet den jeweiligen Steuersatz auf seine Umsätze an und stellt die Umsatzsteuer seinen Kunden in Rechnung. An das Finanzamt muß er jedoch nicht den gesamten vereinnahmten Steuerbetrag abführen, sondern er kann die ihm von seinen Lieferanten in Rechnung gestellte Umsatzsteuer, die sogenannte **Vorsteuer**, abziehen. Als Differenz ergibt sich die **Zahllast**, die er bis zum 10. des folgenden Monats an das Finanzamt weiterleiten muß.

Umsatzsteuer ./. Vorsteuer = Zahllast

Durch den Abzug der Vorsteuer wird erreicht, daß letztlich nur der auf jeder einzelnen Umsatzstufe erzielte **Mehrwert** besteuert wird (Mehrwertsteuer).

Mehrstufiger Warenweg mit Vorsteuerabzug

Umsatzstufen	Rechnungen	Umsatzsteuer ./. Vorsteuer = Zahllast		
Textilfabrik	Nettopreis 1 000,00 DM + 15% USt 150,00 DM Bruttopreis 1 150,00 DM	150,00 DM	———	150,00 DM
Großhandel	Nettopreis 1 700,00 DM + 15% USt 255,00 DM Bruttopreis 1 955,00 DM	255,00 DM	150,00 DM	105,00 DM
Einzelhandel ↓ **ENDVERBRAUCHER**	Nettopreis 2 500,00 DM + 15% USt 375,00 DM Bruttopreis 2 875,00 DM	375,00 DM	255,00 DM	120,00 DM
	Probe:	780,00 DM	./. 405,00 DM =	375,00 DM

In der Kette der Umsatzstufen wird die Mehrwertsteuer vom Erzeuger der Ware bis zum Endverbraucher offen überwälzt. Jeder Unternehmer läßt sich von seinem Abnehmer sowohl seine Zahllast, die er an das Finanzamt abführt, als auch die Umsatzsteuer, die ihm seine Vorlieferanten in Rechnung stellten, bezahlen. Die Umsatzsteuer ist somit für den Unternehmer ein **durchlaufender Posten**, der ihn nicht belastet. **Die Umsatzsteuer trägt normalerweise der Endverbraucher.** Nur wenn es dem Einzelhändler in Ausnahmefällen nicht gelingt, einen über dem Einkaufspreis liegenden Verkaufserlös zu erzielen, wird er einen Teil der Mehrwertsteuer selbst tragen müssen.

▶ **Ausstellung von Rechnungen** (§ 14 UStG)

Bei Lieferungen und Leistungen an eine andere Unternehmung müssen Nettopreis und Umsatzsteuer getrennt ausgewiesen werden, weil der Käufer die in Rechnung gestellte Umsatzsteuer bei der Ermittlung seiner Zahllast als Vorsteuer abziehen kann.

Bei Rechnungen an Endverbraucher ist die gesonderte Angabe der Umsatzsteuer nicht erforderlich (Einzelhandel).

1.4.4 Gewerbesteuer

Steuergegenstand bei der Gewerbesteuer ist der Gewerbebetrieb, d.h. seine Ertragskraft (Gewerbeertrag) und das in ihm arbeitende Kapital (Gewerbekapital).

Die Gewerbesteuer, die zu den **Gemeindesteuern** zählt, stellt die wichtigste Einnahmequelle der Kommunen zur Bestreitung ihrer öffentlichen Ausgaben dar.

▶ **Gewerbeertrag**

Grundlage für die Ermittlung des Gewerbeertrages ist der ermittelte **Gewinn**, so wie er nach den Vorschriften des Einkommen- oder Körperschaftsteuergesetzes festzustellen ist.

► **Gewerbekapital**

Als Gewerbekapital gilt der Einheitswert des gewerblichen Betriebes, der durch das Finanzamt festgestellt wird.

► **Steuermeßbeträge und Hebesatz**

Bei der Berechnung der Gewerbesteuer werden vom Gewerbeertrag und vom Gewerbekapital mit Hilfe von Steuermeßzahlen **Meßbeträge** ermittelt.

● **Steuermeßzahl vom Gewerbeertrag**

Die Steuermeßzahl des auf volle 100 DM abgerundeten Gewerbeertrages ist nach dem Gewerbeertrag gestaffelt, und zwar wird in 24 000 DM-Schritten ein von 1 – 5 % ansteigender Prozentsatz erhoben. Steuerfrei bleibt für Einzelunternehmungen und Personengesellschaften ein Betrag von 48 000 DM.

● **Steuermeßzahl vom Gewerbekapital**

Die Steuermeßzahl des auf volle 1 000 DM abgerundeten Gewerbekapitals beträgt 2‰. Steuerfrei bleibt ein Betrag von 120 000 DM.

Beide Meßbeträge werden zu einem **einheitlichen Steuermeßbetrag** zusammengefaßt und mit dem von den Gemeinden in einer Prozentzahl festgelegten **Hebesatz** – er liegt zwischen 140 und 550 % – multipliziert. Das Ergebnis ist die fällige Gewerbesteuerschuld.

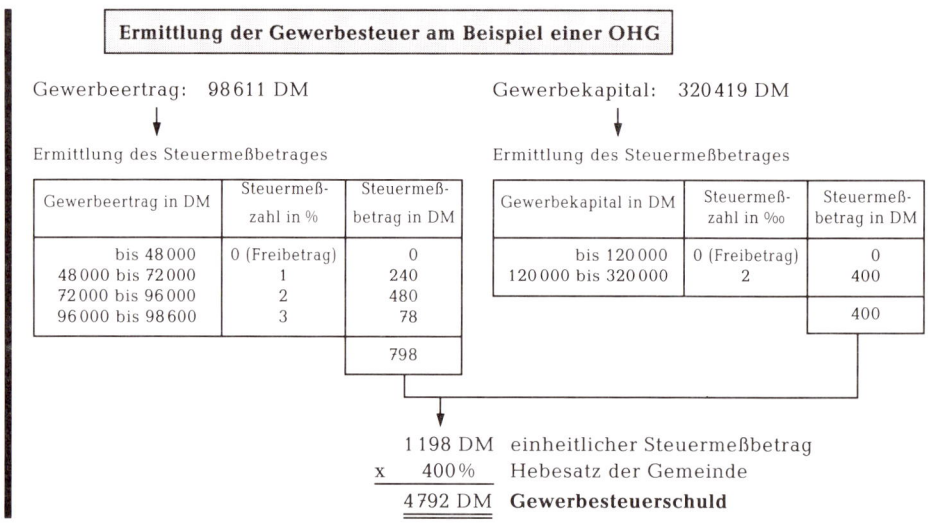

Ermittlung der Gewerbesteuer am Beispiel einer OHG

Gewerbeertrag: 98 611 DM   Gewerbekapital: 320 419 DM

Ermittlung des Steuermeßbetrages   Ermittlung des Steuermeßbetrages

Gewerbeertrag in DM	Steuermeß-zahl in %	Steuermeß-betrag in DM
bis 48 000	0 (Freibetrag)	0
48 000 bis 72 000	1	240
72 000 bis 96 000	2	480
96 000 bis 98 600	3	78
		798

Gewerbekapital in DM	Steuermeß-zahl in ‰	Steuermeß-betrag in DM
bis 120 000	0 (Freibetrag)	0
120 000 bis 320 000	2	400
		400

1 198 DM   einheitlicher Steuermeßbetrag
x   400 %   Hebesatz der Gemeinde
4 792 DM   **Gewerbesteuerschuld**

2 Versicherungen

2.1 Risikoübernahme durch Versicherungen

Versicherungen dienen dem Schutz vor Risiken und übernehmen die Deckung eines Geldbedarfs in Schadensfällen. Mit den von einer Vielzahl von Versicherungsmitgliedern (Einzelpersonen und Unternehmungen) gezahlten Prämien können Schäden und Verluste unterschiedlichster Art ausgeglichen werden.

2.2 Versicherungsarten

Je nachdem, ob es sich um eine **Pflichtversicherung** (Zwangsversicherung) oder um eine freiwillige **Vertragsversicherung** handelt, können folgende Grundformen von Versicherungen unterschieden werden:

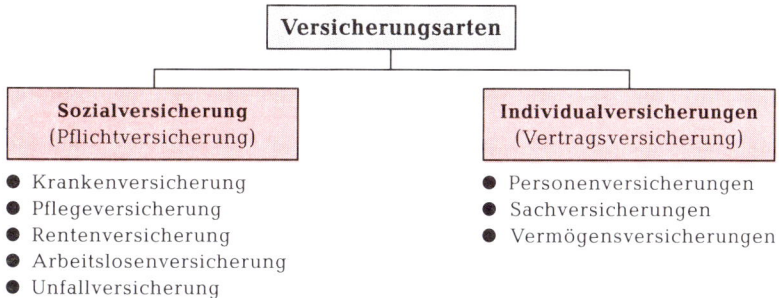

Sozialversicherung (Pflichtversicherung)	**Individualversicherungen** (Vertragsversicherung)

- Krankenversicherung
- Pflegeversicherung
- Rentenversicherung
- Arbeitslosenversicherung
- Unfallversicherung

- Personenversicherungen
- Sachversicherungen
- Vermögensversicherungen

2.2.1 Sozialversicherung

Die Sozialversicherung (vgl. S. 399 ff.) ist eine gesetzlich vorgeschriebene Pflichtversicherung für die Mehrheit der Arbeitnehmer und deren Familienangehörige. Ihre Aufgabenstellung ist eine gemeinschaftliche Vorsorge gegen Lebens- und Beschäftigungsrisiken. Die Sozialversicherung umfaßt die Zweige:

- **Krankenversicherung** zum Schutz des einzelnen und der Familie; sie erbringt Leistungen zur Erhaltung oder Wiederherstellung der Gesundheit
- **Pflegeversicherung**, die bei Pflegebedürftigkeit Sachleistungen und Pflegegeld gewährt oder pflegebedingte Aufwendungen erstattet
- **Rentenversicherung**, die bei Erwerbsminderung, Alter oder Tod Renten zahlt
- **Arbeitslosenversicherung**, deren Aufgaben in Maßnahmen zur Arbeitsförderung, zur Sicherung von Arbeitsplätzen und in finanziellen Leistungen an Arbeitslose bestehen
- **Unfallversicherung** zum Zweck der Verhütung von Arbeitsunfällen und zur Minderung oder Beseitigung von Unfallfolgen und Berufskrankheiten

2.2.2 Individualversicherungen

Während die Sozialversicherung als Zwangsversicherung nur personenbezogene Risiken deckt, umfassen die auf der Grundlage freiwilliger Verträge beruhenden Individualversicherungen personen-, sach- und vermögensbezogene Risiken. In der Sozialversicherung sind das Versicherungsverhältnis und die Leistungen aufgrund bestimmter gesetzlicher Vorschriften geregelt. Die Beiträge richten sich nach dem Einkommen des Versicherten. Eine Individualversicherung kommt demgegenüber durch **freie ver-**

tragliche Vereinbarungen zwischen dem Versicherten und der Versicherungsgesellschaft zustande. Die Höhe der vom Versicherten zu zahlenden Prämie richtet sich nach der Art des Risikos und dem Umfang der vereinbarten Leistungen.

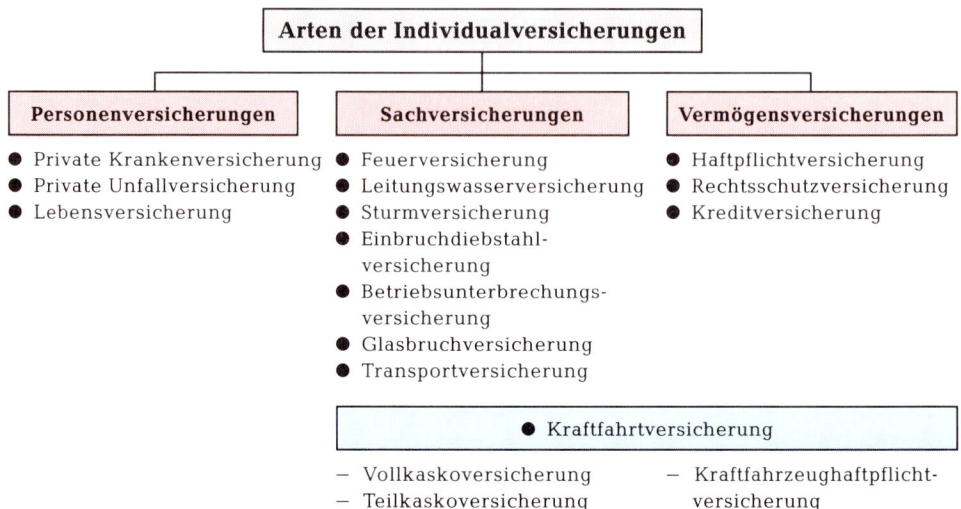

▶ **Personenversicherungen**

Wie die verschiedenen Zweige der gesetzlichen Sozialversicherung dienen auch die privatvertraglich abgeschlossenen Versicherungen dem Schutz vor Lebensrisiken einzelner Personen.

● **Private Krankenversicherung**

Je nach Versicherungsvereinbarung können durch eine private Krankenversicherung **Krankheitskosten** (Arztkosten, Arzneimittel), **Krankenhauskosten** und **Krankenhaustagegelder** gezahlt werden. Zu unterschiedlichen Prämien werden unterschiedliche Leistungen gewährt. Eine volle Kostenerstattung wird häufig nicht vereinbart. Der Versicherte erhält hierfür einen Prämiennachlaß und soll außerdem durch eine gewisse Selbstbeteiligung zur verantwortungsbewußten Inanspruchnahme der Versicherung veranlaßt werden. Je geringer das Eintrittsalter ist, desto niedriger wird die Prämie bemessen. Die private Krankenversicherung, die für nicht Pflichtversicherte die gesetzliche Krankenversicherung ersetzt, bietet aber auch für Pflichtversicherte ergänzende Leistungen an.

> Ein Einzelhandelskaufmann, der aufgrund seiner Einkommensverhältnisse in der gesetzlichen Krankenversicherung pflichtversichert ist, schließt mit einer privaten Krankenversicherung eine Zusatzversicherung ab, die es ihm z. B. bei einem Krankenhausaufenthalt ermöglicht, als Privatpatient behandelt und untergebracht zu werden.

● **Private Unfallversicherung**

Bei Unfällen **im privaten Bereich** (Haushalt, Freizeit, Sport, Urlaub) gewährt die gesetzliche Unfallversicherung keine Leistungen. Hierfür ist der Abschluß einer privaten Unfallversicherung erforderlich. Sie erstattet die Kosten der Heilbehandlung nach einem Unfall, zahlt eine Abfindung bzw. laufende Renten oder bei Tod des Versicherten eine Abfindung an die Hinterbliebenen.

Personen, die nicht der gesetzlichen Unfallversicherung unterliegen (selbständig Tätige wie etwa Ärzte und Zahnärzte), können auch für ihre berufliche Tätigkeit eine private Unfallversicherung abschließen.

● **Lebensversicherung**

Ähnlich wie die gesetzliche Rentenversicherung bezweckt auch die Lebensversicherung eine **Alters- und Hinterbliebenenversorgung**. Die Vertragsvereinbarungen beinhalten in der Regel, daß der Versicherte bei Erreichen eines bestimmten Alters („Erlebensfall") die vereinbarte Summe als einmalige Zahlung oder in Form wiederkehrender Leistungen als Rente erhält. Bei vorzeitigem Ableben des Versicherten bekommen die Hinterbliebenen die gesamte Vertragssumme ausbezahlt.

► **Sachversicherungen**

Die wichtigste Aufgabe der Sachversicherungen ist es, Schutz gegen Ereignisse (u. a. Feuer, Wasser und Sturm sowie Verluste durch Diebstahl und Glasbruch) zu bieten, die **Sachschäden** hervorrufen.

● **Feuerversicherung**

Sie reguliert Schäden, die durch Brand, Blitzschlag oder Explosion entstanden sind. Hinzu kommt die Absicherung von Folgeschäden durch Löschwasser, Aufräum- oder Abbrucharbeiten.

● **Leitungswasserversicherung**

Diese ersetzt Schäden, die durch Wasser infolge von Rohrbrüchen (Frost, Rost, Überdruck) entstehen.

● **Sturmversicherung**

Sie ersetzt Schäden an Gebäuden, die durch Sturm (ab Windstärke acht) verursacht worden sind.

● **Einbruchdiebstahlversicherung**

Sie leistet bei Einbruch oder Diebstahl für entwendete, zerstörte oder beschädigte Gegenstände sowie für Beschädigungen am Gebäude selbst.

● **Betriebsunterbrechungsversicherung**

Muß die Betriebstätigkeit des Versicherungsnehmers infolge eines Sachschadens (z. B. Brand) für einige Zeit unterbrochen werden, so werden der Gewinnausfall und die laufenden Geschäftskosten ersetzt.

● **Glasbruchversicherung**

Durch diese Versicherung werden zerbrochene Fensterscheiben, Glastüren, Schrank- und Bildverglasungen sowie Glasplatten ersetzt.

● **Transportversicherung**

Sie erstreckt sich auf Schäden, die beim Transport und Warenumschlag von Gütern entstehen.

● **Kraftfahrtversicherung**

Es handelt sich bei der **Kraftfahrzeughaftpflichtversicherung** um eine vom Staat vorgeschriebene **Pflichtversicherung**, die dem Versicherungsnehmer die Gewißheit gibt, daß Schäden, die mit seinem Fahrzeug angerichtet werden, abgedeckt sind. Schäden am eigenen Fahrzeug müssen selbst getragen werden, es sei denn, es ist eine **freiwillige Voll- oder Teilkaskoversicherung** abgeschlossen worden. Darüber hinaus kann noch eine **Insassenunfallversicherung** vereinbart werden, die Fahrer und Mitfahrer gegen Unfallfolgen schützt.

▶ Vermögensversicherungen

Vermögensversicherungen bieten Schutz gegen **Vermögensschäden**, die u. a. durch Haftpflichtansprüche Dritter hervorgerufen werden können.

● Haftpflichtversicherung

Sie gewährt dem Versicherten Schutz gegen Schäden, für die er anderen Personen gegenüber ersatzpflichtig ist, z.B. Personen- oder Sachschäden, die Kunden infolge eines Unfalls im Einzelhandelsgeschäft zugefügt werden.

● Rechtsschutzversicherung

Der Versicherungsschutz erstreckt sich insbesondere auf Rechtsanwalts- und Gerichtskosten, die dem Einzelhändler bei der Rechtsverfolgung (Durchsetzen eigener Ansprüche) und bei der Rechtsverteidigung (Abwehr fremder Ansprüche) entstehen.

● Kreditversicherung

Diese Vermögensversicherung trägt zumindest einen Teil des Verlustes, der einem Einzelhändler entsteht, wenn Kunden, denen ein Zahlungsziel gewährt wurde, ihren Verpflichtungen nicht nachkommen.

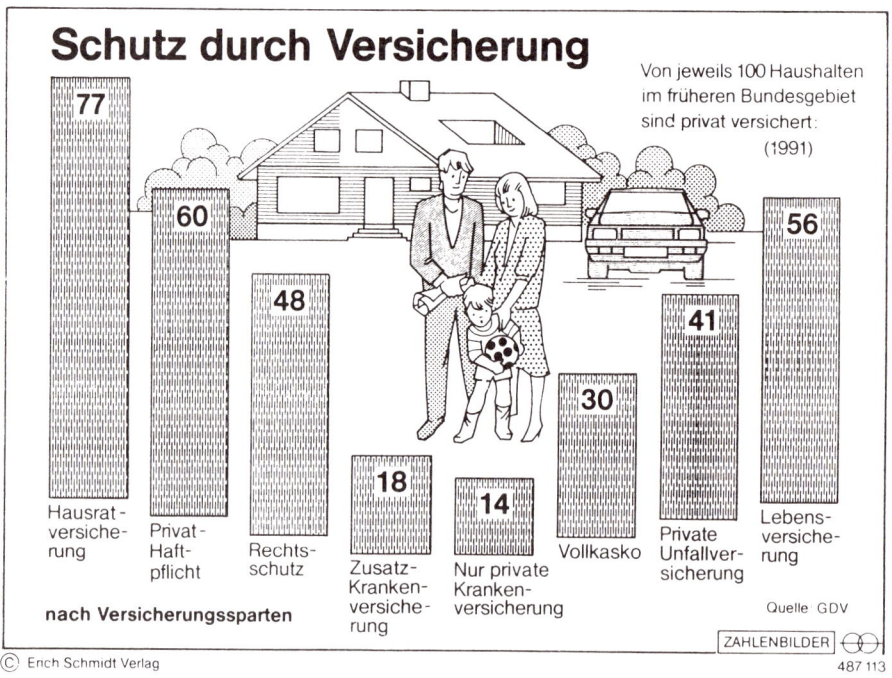

Schutz durch Versicherung

Von jeweils 100 Haushalten im früheren Bundesgebiet sind privat versichert: (1991)

77 — Hausrat-versicherung
60 — Privat-Haftpflicht
48 — Rechts-schutz
18 — Zusatz-Kranken-versicherung
14 — Nur private Kranken-versicherung
30 — Vollkasko
41 — Private Unfallver-sicherung
56 — Lebens-versiche-rung

nach Versicherungssparten

Quelle: GDV

ZAHLENBILDER

© Erich Schmidt Verlag

487 113

328

Zusammenfassung

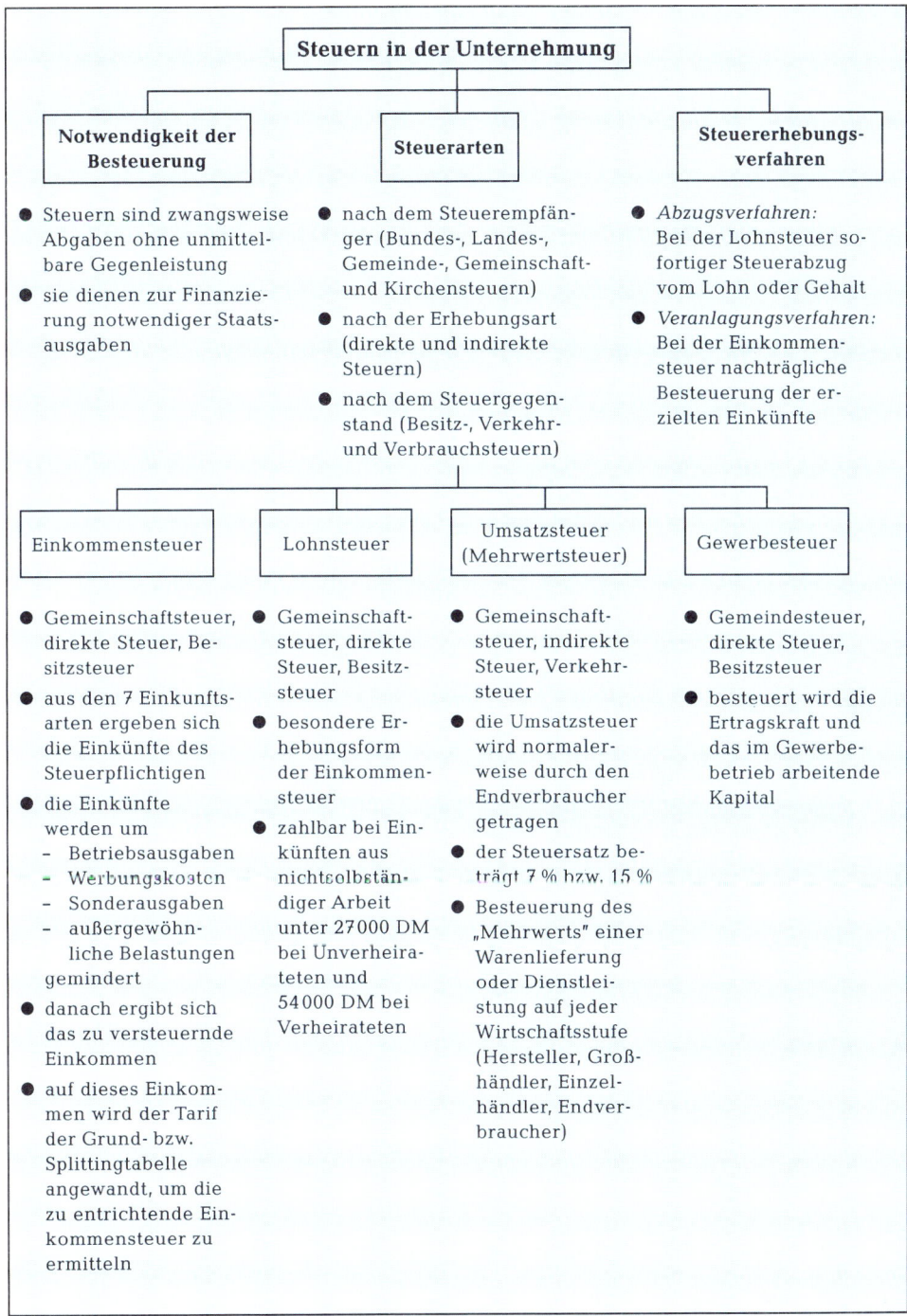

Steuern in der Unternehmung

Notwendigkeit der Besteuerung

- Steuern sind zwangsweise Abgaben ohne unmittelbare Gegenleistung
- sie dienen zur Finanzierung notwendiger Staatsausgaben

Steuerarten

- nach dem Steuerempfänger (Bundes-, Landes-, Gemeinde-, Gemeinschaft- und Kirchensteuern)
- nach der Erhebungsart (direkte und indirekte Steuern)
- nach dem Steuergegenstand (Besitz-, Verkehr- und Verbrauchsteuern)

Steuererhebungsverfahren

- *Abzugsverfahren:* Bei der Lohnsteuer sofortiger Steuerabzug vom Lohn oder Gehalt
- *Veranlagungsverfahren:* Bei der Einkommensteuer nachträgliche Besteuerung der erzielten Einkünfte

Einkommensteuer

- Gemeinschaftsteuer, direkte Steuer, Besitzsteuer
- aus den 7 Einkunftsarten ergeben sich die Einkünfte des Steuerpflichtigen
- die Einkünfte werden um
  - Betriebsausgaben
  - Werbungskosten
  - Sonderausgaben
  - außergewöhnliche Belastungen
  gemindert
- danach ergibt sich das zu versteuernde Einkommen
- auf dieses Einkommen wird der Tarif der Grund- bzw. Splittingtabelle angewandt, um die zu entrichtende Einkommensteuer zu ermitteln

Lohnsteuer

- Gemeinschaftsteuer, direkte Steuer, Besitzsteuer
- besondere Erhebungsform der Einkommensteuer
- zahlbar bei Einkünften aus nichtselbständiger Arbeit unter 27 000 DM bei Unverheirateten und 54 000 DM bei Verheirateten

Umsatzsteuer (Mehrwertsteuer)

- Gemeinschaftsteuer, indirekte Steuer, Verkehrsteuer
- die Umsatzsteuer wird normalerweise durch den Endverbraucher getragen
- der Steuersatz beträgt 7 % bzw. 15 %
- Besteuerung des „Mehrwerts" einer Warenlieferung oder Dienstleistung auf jeder Wirtschaftsstufe (Hersteller, Großhändler, Einzelhändler, Endverbraucher)

Gewerbesteuer

- Gemeindesteuer, direkte Steuer, Besitzsteuer
- besteuert wird die Ertragskraft und das im Gewerbebetrieb arbeitende Kapital

329

Aufgaben

(1) Grenzen Sie Steuern, Gebühren und Beiträge voneinander ab!

(2) Worin besteht der Unterschied zwischen Werbungskosten und Sonderausgaben?

(3) Einem Steuerpflichtigen sind im Veranlagungszeitraum folgende abzugsfähige Ausgaben entstanden. Handelt es sich dabei um Betriebsausgaben, Werbungskosten, Sonderausgaben oder außergewöhnliche Belastungen? Begründen Sie Ihre Meinung!
   a) Jahresabonnement der Fachzeitschrift „Der Einzelhandel"
   b) Eigenanteil an einer Sehhilfe
   c) gezahlte Kirchensteuer
   d) Gewerkschaftsbeiträge
   e) Abschreibung auf ein neu angeschafftes Kassenterminal

(4) Von welcher Größe wird die tarifliche Einkommensteuer ermittelt?

(5) In welchen Fällen kann bzw. muß eine Antragsveranlagung, also eine Einkommensteuererklärung (einschließlich Lohnsteuer-Jahresausgleich), durchgeführt werden?
   a) Ein lediger Arbeitnehmer erzielt Jahreseinkünfte in Höhe von 22 000 DM.
   b) Ein Ehepaar hat jährliche Einkünfte von 65 000 DM.
   c) Ein lediger Arbeitnehmer erzielt Einkünfte aus nichtselbständiger Arbeit in Höhe von 20 000 DM sowie Einkünfte aus Vermietung und Verpachtung in Höhe von 5 000 DM.

(6) Warum ist es für einen Arbeitnehmer in der Regel vorteilhaft, eine Einkommensteuererklärung (einschließlich Lohnsteuer-Jahresausgleich) durchzuführen?

(7) Erläutern Sie die Begriffe:
   a) Mehrwert
   b) Vorsteuer
   c) Zahllast!

(8) Ein Großhändler berechnet für eine Warenlieferung an einen Einzelhändler einen Nettopreis von 2 500 DM. Die Mehrwertsteuer beträgt 15 %, die Vorsteuer 200 DM. Was muß der Großhändler als Zahllast an das Finanzamt abführen?

(9) Erklären Sie die Begriffe Gewerbeertrag und Gewerbekapital!

(10) Welche Aufgaben übernehmen Versicherungen für die Einzelhandelsunternehmung?

(11) Grenzen Sie die Pflichtversicherung von den Vertragsversicherungen ab!

(12) Welche Versicherungen schützen den Einzelhändler bzw. seine Mitarbeiter vor persönlichen Lebensrisiken?

(13) Beschreiben Sie wichtige Versicherungsarten, die durch Sachschäden eingetretene Verluste ausgleichen!

(14) Warum ist eine Haftpflichtversicherung für eine Einzelhandelsunternehmung von besonderer Bedeutung?

(15) Erläutern Sie den besonderen Charakter, den die Kraftfahrtversicherung unter den Individualversicherungen einnimmt!

Die Unternehmung im Einzelhandel

1 Voraussetzungen zur Gründung einer Unternehmung

Will jemand eine Einzelhandelsunternehmung gründen, muß er bestimmte persönliche und fachliche Voraussetzungen erfüllen sowie rechtliche Vorschriften beachten.

1.1 Kenntnisse und Fähigkeiten

Die fachliche Eignung zur Führung einer Handelsunternehmung wird üblicherweise durch den Kaufmannsgehilfenbrief in einem Ausbildungsberuf des Handels nachgewiesen. Sollen Auszubildende eingestellt werden, hat der für die Ausbildung Zuständige seine besondere fachliche und pädagogische Eignung durch Ablegung der Ausbildereignungsprüfung vor der Industrie- und Handelskammer nachzuweisen.

Sowohl der Inhaber einer Einzelhandelsunternehmung als auch seine Mitarbeiter bedürfen zur erfolgreichen Erfüllung ihrer Aufgaben bestimmter persönlicher und fachlicher Voraussetzungen.

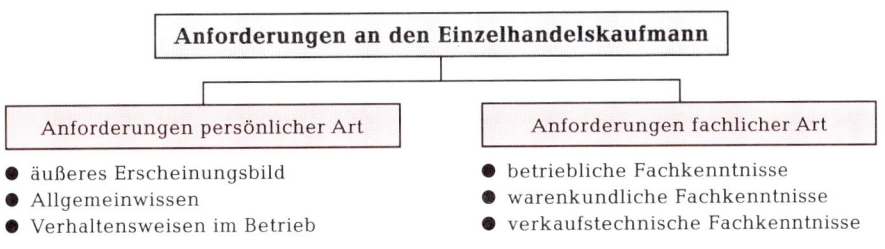

▶ **Persönliche Anforderungen an den Einzelhandelskaufmann**

● **Äußeres Erscheinungsbild**

Beim Betreten eines Einzelhandelsgeschäftes erhält der Kunde einen ersten Eindruck über den Verkäufer durch dessen äußeres Erscheinungsbild. Eine ordentliche, gepflegte und dem Gesamtbild des Geschäftes entsprechende **Kleidung** trägt zu einem positiven Eindruck bei. Richtige **Körperpflege** (Frisur, Hände) unterstreicht den Gesamteindruck über das Verkaufspersonal. Ein freundlicher **Gesichtsausdruck** zeigt dem Kunden, daß der Verkäufer gern mit ihm in Kontakt zu treten wünscht. Ansprechende **Umgangsformen** (Höflichkeit, Hilfsbereitschaft, Geduld) und eine natürliche **Körperhaltung** runden das positive äußere Erscheinungsbild des Verkäufers ab.

● **Allgemeinwissen**

Gutes Allgemeinwissen ist ebenfalls eine wichtige Voraussetzung für erfolgreiche Verkaufstätigkeit. Unerläßlich ist die einwandfreie Beherrschung der **Muttersprache** („gutes Deutsch") und das Verfügen über ausreichende **Rechenfertigkeiten**. Grundkenntnisse in einer **Fremdsprache** (insbesondere Englisch) können häufig von Vorteil sein. Eine grundlegende **Allgemeinbildung** wird die Gesprächsführung beim Verkauf erleichtern, da Kunden sich häufig auch über Dinge zu unterhalten wünschen, die den Kaufwunsch nicht unmittelbar betreffen (Politik, Sport, Kunst, Musik, Literatur).

● **Verhaltensweisen im Betrieb**

Neben den Verhaltensweisen zwischen Verkäufer und Kunden sind auch bestimmte Spielregeln innerhalb des Betriebes zu berücksichtigen. Ein gutes Betriebsklima wird einerseits geprägt durch ehrliches, höfliches und respektvolles (allerdings nicht unterwürfiges) Verhalten gegenüber den **Vorgesetzten** und andererseits durch faires, korrektes und natürliches Verhalten gegenüber den **Mitarbeitern**.

▶ **Fachliche Anforderungen an den Einzelhandelskaufmann**

● **Betriebliche Fachkenntnisse**

Gute betriebliche Kenntnisse sind zur Durchführung einer erfolgreichen Verkaufstätigkeit notwendig. Hierzu gehören insbesondere Kenntnisse über:

- die eigene **Branche** (Lebensmittel, Bekleidung usw.) und Informationen über die wichtigsten Konkurrenten,

- **innerbetriebliche Organisation** (Regelung der Arbeitsabläufe, Abteilungsbildung, personelle Über- bzw. Unterordnung),

- **Geschäftspolitik** (Preis-, Sortiments- und Personalpolitik),

- besondere betriebliche **Verkaufsmaßnahmen** (Sonderverkäufe, Werbeaktivitäten).

● **Warenkundliche Fachkenntnisse**

Warenkundliche Kenntnisse sind für den Verkäufer notwendig, damit er den Kunden über die wichtigsten Eigenschaften einer Ware und ihren Gebrauchsnutzen unterrichten kann.

- Informationen über die **Eigenschaften der Ware** beziehen sich auf die Herstellung (verwendete Rohstoffe, Ursprungsland), die Qualität (Materialbeschaffenheit, Strapazierfähigkeit) und das Aussehen (Geschmacksrichtung).

- Mitteilungen über den **Gebrauchsnutzen der Ware** beziehen sich auf die Einsatz- und Verwendungsmöglichkeiten für den Kunden.

● **Verkaufstechnische Fachkenntnisse**

Der Verkäufer muß wissen, daß eine Verkaufshandlung in mehreren aufeinanderfolgenden Phasen ablaufen sollte: Nach der Kontaktaufnahme durch die Begrüßung des Kunden folgt die Frage nach dem **Kaufwunsch**. Es schließt sich das Vorführen der Ware an, wobei bestimmte **Verkaufsargumente** vorgetragen und Kundenfragen beantwortet werden. Ziel dieser Tätigkeiten ist der **Verkaufsabschluß** mit der Bestätigung des Kaufs durch Verkäufer und Käufer. Der Verkaufsprozeß endet mit der Verabschiedung des Kunden.

Möglichkeiten zur Aneignung warenkundlicher und verkaufstechnischer Fachkenntnisse ergeben sich für den Verkäufer durch die Teilnahme an Fortbildungsveranstaltungen in den Bildungszentren und Fachschulen des Einzelhandels. Darüber hinaus bilden Fachzeitschriften und der Besuch von Messen und Ausstellungen eine wichtige Informationsquelle.

1.2 Rechtliche Voraussetzungen

Grundsätzlich ist jedermann der Betrieb eines Gewerbes gestattet (Gewerbefreiheit gem. § 1 GewO), sofern er rechts- und geschäftsfähig ist (vgl. S. 72 f.).

Vollkaufleute müssen ihre Unternehmung und die Firma zur Eintragung in das Handelsregister beim Amtsgericht anmelden.

1.2.1 Kaufmannseigenschaft *(§§ 1 – 7 HGB)*

Im täglichen Sprachgebrauch ist es üblich, diejenigen Mitarbeiter einer Unternehmung, die kaufmännische Tätigkeiten ausüben, als **„Kaufleute"** zu bezeichnen.

Kaufmann im Sinne des Handelsgesetzbuches ist dagegen nur derjenige, der ein **Handelsgewerbe betreibt** (§ 1 I HGB).

Ein Handelsgewerbe ist dann gegeben, wenn folgende Kennzeichen vorliegen:

- eine **selbständige auf Dauer angelegte Tätigkeit**,
- die **nach außen erkennbar ist** und
- die mit **Gewinnerzielungsabsicht** durchgeführt wird.

> **BESONDERHEIT:**
>
> Angehörige **freier Berufe** (Ärzte, Rechtsanwälte, Steuerberater, Künstler, Architekten) betreiben **kein** Gewerbe, obwohl die aufgeführten Merkmale auch auf sie zutreffen.

Das Handelsgesetzbuch unterscheidet zwischen verschiedenen **Arten von Kaufleuten**, und zwar je nach:

- **Unternehmungsform;**
- **Art und Umfang des Geschäftsbetriebes**.

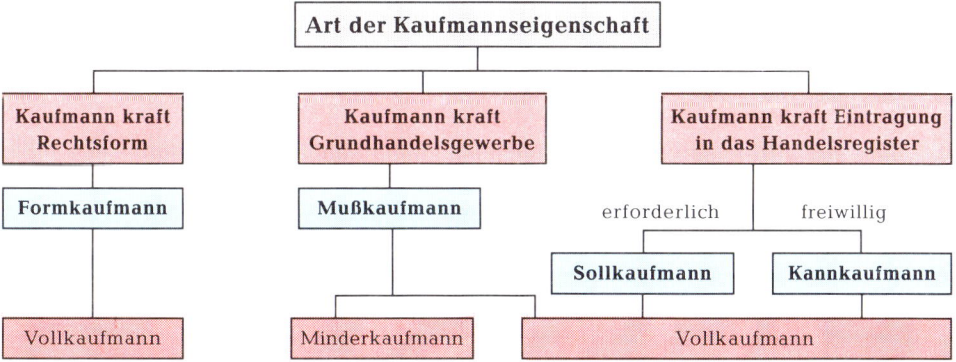

▶ **Kaufmann kraft Rechtsform**

Kaufmann kraft Rechtsform **(Formkaufmann)** sind bestimmte Unternehmungen ohne Rücksicht auf Art oder Umfang des Geschäftsbetriebes. So erlangen die Gesellschaft mit beschränkter Haftung, die Aktiengesellschaft und die eingetragene Genossenschaft mit der Eintragung in das Handelsregister die Kaufmannseigenschaft. Sie sind grundsätzlich Vollkaufleute (§ 6 II HGB).

333

● **Vollkaufmann**

Bei Vollkaufleuten wird angenommen, daß ihre Unternehmungen so groß sind, daß sie einen in kaufmännischer Weise eingerichteten Geschäftsbetrieb erfordern. Diese Notwendigkeit wird ab einer bestimmten Umsatzhöhe oder Beschäftigtenzahl eintreten. Vollkaufleute unterliegen unbeschränkt den Bestimmungen des Handelsgesetzbuches, führen eine Firma und sind zur Handelsregistereintragung verpflichtet.

▶ **Kaufmann kraft Grundhandelsgewerbe**

Kaufmann kraft Grundhandelsgewerbe ist, wer eines der in § 1 II HGB aufgeführten Gewerbe betreibt. Für Kaufleute kraft Gesetz **(Mußkaufleute)** ist die Eintragung in das Handelsregister zwar vorgeschrieben, sie erwerben die Kaufmannseigenschaft aber bereits ohne diese Eintragung. Mit Beginn des Gewerbes sind sie Kaufmann.

Zu den Grundhandelsgewerben zählen z. B.:

● **Handelsbetriebe** (Groß- und Einzelhandel, Import- und Exportbetriebe);
● **Industriebetriebe**;
● **Banken und Versicherungen**;
● **Makler, Kommissionäre, Handelsvertreter**;
● **Frachtführer und Spediteure**.

Mußkaufleute sind entweder **Voll- oder Minderkaufleute**.

● **Minderkaufleute**

Zahlreiche kleinere Unternehmungen, die ein Grundhandelsgewerbe betreiben, benötigen keinen in kaufmännischer Weise eingerichteten Geschäftsbetrieb (z. B. Kioske, Imbißstände). Auf sie finden einige Regelungen des Handelsgesetzbuches keine Anwendung, d. h., sie dürfen keine Firma führen oder Prokura erteilen (§ 4 HGB). Trotzdem sind sie kraft Gesetz **Mußkaufmann**.

▶ **Kaufmann kraft Eintragung in das Handelsregister**

● **Sollkaufmann**

Wer ein Gewerbe betreibt, das nicht zu den in § 1 II HGB aufgeführten Grundhandelsgewerben zählt, erlangt die Kaufmannseigenschaft, wenn:

– Art und Umfang der Unternehmung einen in kaufmännischer Weise eingerichteten Geschäftsbetrieb erfordern **und**
– die Firma in das Handelsregister eingetragen wird (§ 2 HGB).

> Zu den Sollkaufleuten gehören größere Betriebe verschiedener Branchen wie z. B. Bauunternehmungen, Werbeagenturen, Theater, Kinos, Pfandleihen und Hotels.

● **Kannkaufmann**

Land- und forstwirtschaftliche Betriebe besitzen im allgemeinen keine Kaufmannseigenschaft (§ 3 I HGB). Ist allerdings ein in kaufmännischer Weise eingerichteter Geschäftsbetrieb notwendig oder sind Nebenbetriebe in entsprechender Größe vorhanden (z. B. Mühlen, Molkereien, Sägewerke, Brennereien), **kann** der Unternehmer seinen Betrieb bzw. den entsprechenden Nebenbetrieb als Firma in das Handelsregister eintragen lassen (§ 3 II HGB). Mit dieser Eintragung wird die Kaufmannseigenschaft erworben.

Soll- und Kannkaufleute sind stets **Vollkaufleute**.

Kaufmannseigenschaft		
Formkaufmann	**Sollkaufmann**	**Kannkaufmann**
Eintragung Pflicht	Eintragung Pflicht	Eintragung freiwillig
Die Eintragung in das Handelsregister ist **konstitutiv** (rechtsbegründend), d.h., die Kaufmannseigenschaft wird erst mit der Eintragung erlangt.		
Mußkaufmann als Minderkaufmann	**Mußkaufmann als Vollkaufmann**	
keine Eintragung	Eintragung Pflicht	
	Die Eintragung in das Handelsregister ist **deklaratorisch** (rechtsbezeugend), d.h., die Kaufmannseigenschaft ist bereits ohne Eintragung gegeben.	

(Zeile links: **Handelsregister**)

Notwendigkeit eines in kaufmännischer Weise eingerichteten Geschäftsbetriebes

Wann im Einzelfall Art und Umfang der Tätigkeit einen in kaufmännischer Weise eingerichteten Geschäftsbetrieb erfordern, ist gesetzlich nicht geregelt. Vielmehr hat der Bundesgerichtshof dazu in einem Urteil vom 28.04.1960 festgestellt, daß bei einer solchen Entscheidung über die **Notwendigkeit kaufmännischer Einrichtungen** die Verhältnisse des einzelnen Betriebes in ihrer Gesamtheit zu würdigen sind.

Insbesondere sind dabei in Betracht zu ziehen:
- die Zahl der Beschäftigten und die Art ihrer Tätigkeit,
- der Umsatz,
- das Anlage- und Betriebskapital,
- die Vielfalt der erbrachten Leistungen und Geschäftsbeziehungen,
- die Inanspruchnahme von Kredit,
- die Teilnahme am Wechselverkehr.

Die Entscheidung, ob ein in kaufmännischer Weise eingerichteter Geschäftsbetrieb notwendig ist, trifft das Amtsgericht – ggf. mit Unterstützung der zuständigen Industrie- und Handelskammer oder Handwerkskammer.

Ein in kaufmännischer Weise eingerichteter Geschäftsbetrieb wird zudem an einer kaufmännischen Buchführung erkennbar. Die Steuergesetzgebung legt fest, wer buchführungspflichtig ist.

§ 141 I AO nennt fünf Kriterien, nach denen gewerbliche Unternehmer sowie Land- und Forstwirte verpflichtet sind, selbst dann Bücher zu führen und aufgrund jährlicher Bestandsaufnahmen Abschlüsse zu machen, wenn sich aus § 140 AO aufgrund anderer Gesetze (wie z.B. HGB, AktG, GmbHG oder GenG) keine Buchführungspflicht ergibt:
- Umsätze von mehr als 500 000 DM im Kalenderjahr oder
- ein Betriebsvermögen von mehr als 125 000 DM oder
- selbstbewirtschaftete land- und forstwirtschaftliche Flächen mit einem Wirtschaftswert von mehr als 40 000 DM oder
- einen Gewinn aus Gewerbebetrieb von mehr als 36 000 DM im Wirtschaftsjahr oder
- einen Gewinn aus Land- und Forstwirtschaft von mehr als 36 000 DM im Kalenderjahr.

Ist eines dieser Kriterien zur Buchführungspflicht erfüllt, wird davon ausgegangen, daß auch ein in kaufmännischer Weise eingerichteter Geschäftsbetrieb erforderlich ist.

1.2.2 Firma *(§§ 17 – 37 HGB)*

Die Firma eines Vollkaufmanns ist der Name, unter dem er seine Geschäfte betreibt und mit dem er unterschreibt (§ 17 I HGB).

Umgangssprachlich wird als Firma häufig die Unternehmung eines Kaufmanns bezeichnet. Das Gesetz versteht jedoch unter dem Begriff der Firma den **Handelsnamen des Kaufmanns**. Dieser kann mit dem bürgerlichen Namen identisch sein, er kann sich aber auch von diesem unterscheiden. Im letztgenannten Fall hat der Kaufmann zwei Namen: in privaten Angelegenheiten führt er den bürgerlichen Namen, in seiner Handelstätigkeit benutzt er den Handelsnamen, also die Firma.

Jeder Vollkaufmann ist verpflichtet, eine Firma zu führen und diese beim Handelsregister anzumelden (§ 29 HGB). Minderkaufleute können keine Firma führen (§ 4 I HGB).

Bei der Wahl der Firma sind neben der Rechtsform einer Unternehmung vier allgemeine Grundsätze zu beachten.

▶ **Grundsätze der Firmenwahl**

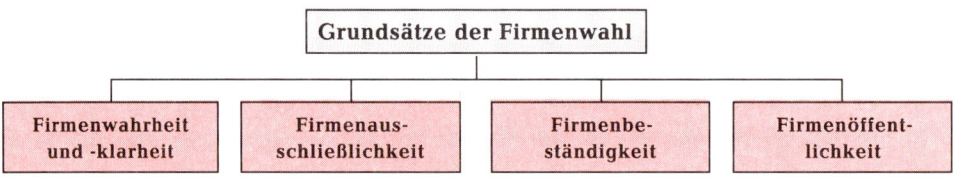

● **Firmenwahrheit und -klarheit**

Die Firma soll über den Geschäftsinhaber bzw. über Art und Umfang seiner Tätigkeit informieren. Aussagen, die Außenstehenden falsche Eindrücke über die Unternehmung vermitteln könnten, sind zu unterlassen (§ 18 II HGB).

> – Beim „Schuhhaus Georg Albers" erwarten Kunden, daß es sich um ein Schuhe anbietendes Fachgeschäft handelt und nicht etwa um einen Betrieb, der ausschließlich Schuhe repariert.
>
> – Die Firma „Elektrobau Würzburg GmbH" erweckt den Eindruck, es handele sich um die einzige oder doch mindestens bedeutendste Unternehmung dieser Branche am Ort. Ist dies nicht der Fall, dürfte die Firma unter dieser Bezeichnung nicht geführt werden.

● **Firmenausschließlichkeit**

Die Firma muß sich von den bereits am Ort vorhandenen Handelsnamen deutlich unterscheiden (§ 30 HGB). Das „Gesetz gegen den unlauteren Wettbewerb" fordert sogar, daß Verwechslungen mit einer anderen Firma grundsätzlich auszuschließen sind (§ 16 UWG).

● **Firmenbeständigkeit**

Wechselt der Inhaber einer Unternehmung, darf die bisherige Firma beibehalten werden. Voraussetzung ist allerdings, daß der frühere Geschäftseigentümer oder seine Erben zustimmen (§ 22 I HGB).

Mit der Firma wird häufig ein Bild, eine Vorstellung über die Unternehmung und ihre Leistungen verbunden (Image). Ist es im Laufe langjähriger Geschäftstätigkeit gelungen, durch die Qualität der Produkte und die ansprechende Geschäftspolitik das Vertrauen der Kunden zu gewinnen, stellt der Name einer Unternehmung einen erheblichen Wert dar. Dieser **Firmenwert** sollte auch beim Wechsel des Geschäftsinhabers erhalten bleiben können.

Stefan Beyer möchte aus Altersgründen seine Unternehmung, eine bekannte, angesehene Druckerei, an Thomas Steier veräußern. Beide einigen sich, daß die Unternehmung unter der alten Firma weitergeführt werden soll, da der gute Ruf, der mit diesem Namen verbunden ist, Steier den Eintritt in das Geschäftsleben erleichtern kann. Steier firmiert also weiter unter „Druckerei Stefan Beyer". Denkbar wäre auch der Zusatz „Druckerei Stefan Beyer – Nachfolger".

Nicht möglich ist es, die Firma ohne das dazugehörige Handelsgeschäft zu veräußern (§ 23 HGB).

Stefan Beyer könnte daher nicht die Druckerei aufgeben und einer anderen Unternehmung erlauben, seinen bisherigen Handelsnamen zu führen, ohne daß diese auch das Handelsgeschäft weiterführt.

● Firmenöffentlichkeit

Jeder Vollkaufmann ist verpflichtet, die Firma oder mögliche spätere Änderungen des Handelsnamens zur Eintragung in das Handelsregister anzumelden (§§ 29 und 31 HGB). Damit wird gewährleistet, daß die Öffentlichkeit – also Kunden, Lieferanten, Banken und Behörden – erfährt, unter welcher Firma Geschäftsvorgänge abgewickelt werden.

▶ Firmierung verschiedener Unternehmungsformen

Für die verschiedenen Unternehmungsformen gibt es unterschiedliche Vorschriften zur jeweiligen Firma:

● Der **Einzelunternehmer** firmiert mit seinem Familiennamen und mindestens einem ausgeschriebenen Vornamen. Erlaubt ist ein Zusatz, der den Geschäftszweig kenntlich macht (§ 18 HGB).

Die Firma eines alleinigen Inhabers eines Einzelhandelsgeschäftes lautet: „Werner Bach, Fleischerei".

● Bei einer **Offenen Handelsgesellschaft (OHG)** besteht die Firma aus dem Familiennamen mindestens eines Gesellschafters und einem Zusatz, der diese Gesellschaftsform kennzeichnet. Möglich ist auch, daß aus den Familiennamen aller Gesellschafter die Firma gebildet wird (§ 19 HGB).

Petra Neumann und Rolf Förster sind Inhaber eines Einzelhandelsgeschäftes. Mögliche Firmennamen wären: „Neumann OHG" oder „Förster OHG"
„Neumann & Co" oder „Förster & Co"
„Neumann und Förster" oder „Förster und Neumann"

22 Käseborn/Siekerkötter – ISBN 3-8120-0081-4

- Bei einer **Kommanditgesellschaft (KG)** muß die Firma den Familiennamen mindestens eines mit seinem gesamten Vermögen haftenden Gesellschafters und einen die Gesellschaftsform bezeichnenden Zusatz enthalten. Diejenigen Gesellschafter, die nur mit ihrer Kapitaleinlage haften (Kommanditisten), dürfen in der Firma nicht genannt werden (§ 19 HGB).

  | Heinz Klaas haftet mit seinem gesamten Vermögen, Lothar Bold nur mit seiner Kapitaleinlage. Mögliche Firmennamen wären: „Klaas KG", „Klaas & Co".

- Die Firma der **GmbH & Co. KG** muß die volle Firmenbezeichnung der GmbH enthalten, da dies der Name des „persönlich haftenden Gesellschafters" ist. Es muß in der Firma ein das Vorhandensein eines Gesellschaftsverhältnisses andeutender Zusatz enthalten sein, in der Regel „& Co. KG".

  | Autohaus Wagner GmbH & Co. KG

- Die Firma einer **Gesellschaft mit beschränkter Haftung (GmbH)** muß den Tätigkeitsbereich der Unternehmung anzeigen oder den bzw. die Namen der Gesellschafter enthalten. In jedem Fall ist der Zusatz „mit beschränkter Haftung" notwendig (§ 4 GmbHG).

  | „Gräfe GmbH", „Bäumer und Hilger GmbH", „Wertkauf GmbH", „Goldpfeil Lederwaren GmbH", „Hertie Waren- und Kaufhaus GmbH"

- Die Firma einer **Aktiengesellschaft (AG),** die dem Tätigkeitsbereich der Unternehmung zu entnehmen ist, muß den Zusatz „Aktiengesellschaft" enthalten (§ 4 AktG).

  | „Karstadt AG", „Horten AG", „Bayerische Motorenwerke AG", „Hoesch Hüttenwerke AG"

- Die Firma einer **Genossenschaft (eG)** muß vom Tätigkeitsbereich der Unternehmung abgeleitet sein. Der Name von Genossen darf nicht in die Firma aufgenommen werden. Sie muß den Zusatz „eingetragene Genossenschaft" enthalten (§ 3 GenG).

  | „CO OP Dortmund Konsumgenossenschaft eG", „Edeka Ruhr-Lippe eG"

1.2.3 Handelsregister *(§§ 8 – 16 HGB)*

Das Handelsregister ist ein öffentliches Verzeichnis, das bei den Amtsgerichten geführt wird. Jeder Vollkaufmann hat die Gründung seiner Einzelhandelsunternehmung in dieses Register eintragen zu lassen (§ 29 HGB).

Das Handelsregister wird in zwei Abteilungen geführt:

- **Abteilung A**
  Einzelkaufleute und Personengesellschaften (z.B. OHG, KG)

- **Abteilung B**
  Kapitalgesellschaften (z.B.: GmbH, AG)

Genossenschaften werden in ein gesondertes **Genossenschaftsregister** eingetragen.

Ziel der Handelsregistereintragungen ist, daß sich jedermann über wichtige rechtliche Verhältnisse von Unternehmungen informieren kann.

Einzutragen sind z. B.:

- Firma und Ort der Handelsniederlassung (§ 29 HGB);
- entsprechend der Unternehmungsform Inhaber, Gesellschafter, Geschäftsführer oder Vorstandsmitglieder;
- Änderungen der Firma, Auflösung des Einzelhandelsbetriebes (§ 31 HGB).

Eintragungen im Handelsregister werden im Bundesanzeiger und mindestens einer örtlichen Tageszeitung veröffentlicht (§ 10 HGB).

Amtsgericht Dortmund

Neueintragungen

30.7.1993 Ruth Klemp GmbH (DO, Sölder Kirchweg 32). Sitz. Dortmund. Der Gesellschaftsvertrag ist am 5. Juli 1993 festgestellt. Gegenstand des Unternehmens ist die Verwaltung und Verwertung von Grundstücken und grundstücksgleichen Rechten. Die Gesellschaft ist insbesondere berufen, die Geschäfte der Fa. Ruth Klemp GmbH & Co. GbR mbH als deren persönlich haftende Gesellschafterin zu führen. Stammkapital: 50 000 DM. Geschäftsführerin ist Ruth Klemp.

(HRB 10774)

13.8.1993 „Tauffenbach Bräu" Gastronomie Verwaltungs-GmbH (DO, Menglinghauser Str. 20). Sitz: Dortmund. Der Gesellschaftsvertrag ist am 9. Juli 1993 festgestellt. Gegenstand des Unternehmens ist der Erwerb und die Verwaltung von Beteiligungen sowie die Übernahme der persönlichen Haftung und die Geschäftsführung bei Handelsgesellschaften. Insbesondere die Beteiligung als persönlich haftende geschäftsführende Gesellschafterin an der „Tauffenbach Bräu" Gastronomie GmbH & Co. KG, die den Vertrieb von Bier und die Führung von Botrioben des Gaststättengewerbes zum Gegenstand hat. Stammkapital: 50 000 DM. Geschäftsführer sind Wilhelm Steven gen. Assheuer, und Ralf Haven-Teubner.

(HRB 10783)

Veränderungen

20.7.1993 Brau und Brunnen AG vorm. Dortmunder Union-Schultheiss Brauerei Aktiengesellschaft. Gesamtprokurist: Assessor Stephan Hüssen.

(HRB 3 636)

22.7.1993 Hellweg Getränke Verwaltungs GmbH. Durch Gesellschafterbeschluß vom 10. März 1993 ist § 8 (Geschäftsführung, Vertretung) des Gesellschaftsvertrages geändert worden. Günter Täger ist zum weiteren Geschäftsführer bestellt. Die Prokura Günter Täger ist erloschen.

(HRB 7273)

23.8.1993 Tandberg Data GmbH. Durch Gesellschafterbeschluß vom 18. Mai 1993 ist das Stammkapital der Gesellschaft um 1 000 000 DM auf 5 000 000 DM erhöht und § 4 des Gesellschaftsvertrages entsprechend geändert worden.

(HRB 5 589)

Löschungen

7.8.1993 HOREGA Hotel-Restaurant- und Gaststätten Betriebsgesellschaft mbH. (HRB 5 596)

24.8.1993 Karl Bulz, Büroeinrichtungen.

(HRB 7778)

23.8.1993 ACS Automobile Chrysler Simca GmbH.

(HRB 4 575)

Quelle: Industrie- und Handelskammer zu Dortmund (Hrsg.): Ruhrwirtschaft, Heft 10, 1993, S. 79 ff.

1.2.4 Sonstige Anmeldevorschriften

Neben der erforderlichen Eintragung eines Einzelhandelsbetriebes in das Handesregister beim zuständigen Amtsgericht muß die Unternehmungsgründung der Gewerbebehörde (Amt für öffentliche Ordnung) angezeigt werden (§ 14 GewO). Innerhalb von drei Tagen bescheinigt sie die Anmeldung.

Nach Eingang der Anzeige verständigt die Gewerbebehörde andere amtliche Stellen, deren Aufgabenbereich durch die Tätigkeit der Unternehmung berührt wird:

- Finanzamt (steuerliche Erfassung)
- Gewerbeaufsichtsamt (Überwachung von Arbeitsrechts- und Arbeitsschutzbestimmungen)
- Industrie- und Handelskammer (Pflichtmitgliedschaft gewerbesteuerlicher Betriebe)
- Berufsgenossenschaft (Unfallversicherung)

Zusammenfassung

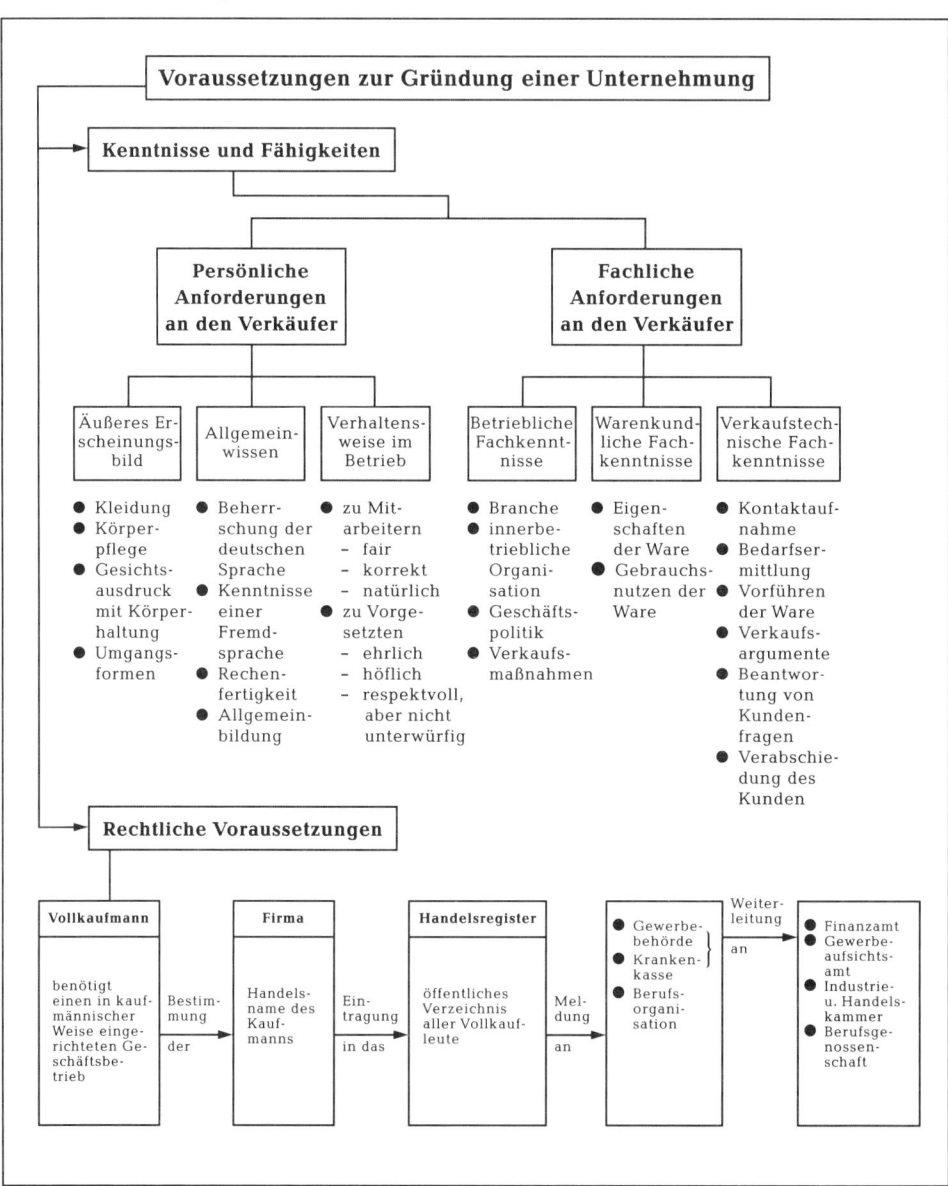

Aufgaben

(1) Das äußere Erscheinungsbild einer Verkäuferin/eines Verkäufers sollte dem Gesamtbild des Geschäftes entsprechen. Verdeutlichen Sie diese Aussage am Beispiel Ihres Ausbildungsbetriebes!

(2) Welche fachlichen Anforderungen werden speziell in Ihrem Ausbildungsbetrieb an Sie gestellt?

(3) Beschreiben Sie an einem selbst gewählten Beispiel den Ablauf einer Verkaufsverhandlung!

(4) Was ist unter einem Handels- bzw. Grundhandelsgewerbe zu verstehen?

(5) Diskutieren Sie Gründe, die dazu geführt haben könnten, daß bei Freiberuflern kein Handelsgewerbe angenommen wird!

(6) Zu welchem Zeitpunkt erlangen Formkaufleute, Kannkaufleute und Sollkaufleute ihre Kaufmannseigenschaft?

(7) Wodurch unterscheiden sich
    a) Voll- und Minderkaufleute,
    b) Muß- und Formkaufleute?

(8) Prüfen Sie in den folgenden Fällen, ob und welche Kaufmannseigenschaft im Sinne des HGB vorliegt! Begründen Sie Ihre Meinung!
    a) Huber & Co., Büromaschinengroßhandel,
    b) Zementwerke GmbH mit 53 Beschäftigten,
    c) Grillstube,
    d) Kino als Familienbetrieb,
    e) Spedition Wagner,
    f) Speiselokal mit 30 Beschäftigten,
    g) Werbeagentur mit jährlichen Umsätzen von mehr als 700 000 DM,
    h) Schreinermeister Wurm macht sich zusammen mit seinen Gesellen selbständig,
    i) die als Nebenbetrieb zur Landwirtschaft anzusehende Kornbrennerei mit einem jährlichem Umsatz von mehr als 100 000 DM.

(9) Verdeutlichen Sie, was unter der Firma einer Unternehmung zu verstehen ist!

(10) Ein Vollkaufmann will folgende Tatbestände über seine Unternehmung in das Handelsregister eintragen lassen. Prüfen Sie, welche Eintragungen nicht zulässig sind!
    a) Erteilung von Prokura
    b) Umsatz im letzten Geschäftsjahr
    c) Anzahl der Mitarbeiter
    d) Erteilung von Handlungsvollmacht
    e) Ort der Niederlassung.

(11) Nennen Sie zehn tatsächlich existierende Firmen, und ermitteln Sie hierzu die jeweilige Unternehmungsform!

(12) Beschreiben Sie die Bedeutung des Handelsregisters!

(13) Bei welchen Stellen muß die Gründung einer Einzelhandelsunternehmung angemeldet werden?

2 Unternehmerische Zielsetzungen

Jede unternehmerische Tätigkeit ist zunächst darauf ausgerichtet, spezielle Leistungen zur Deckung des Bedarfs einzelner und der Gesamtgesellschaft bereitzustellen.

Für eine Reihe von Unternehmungen ist dieses **Bedarfsdeckungsprinzip** bestimmender als für andere. So sind z.B. einige öffentliche Unternehmungen auch daran gehalten, ihre Aufgaben zu erfüllen, wenn kein Gewinn erwirtschaftet werden kann.

Dies gilt etwa für die Deutsche Bahn AG bzw. für andere öffentliche Verkehrsbetriebe (die zur Versorgung der Bevölkerung in bestimmtem Rahmen unrentable Strecken aufrechterhalten müssen) oder für Krankenhäuser und Theater.

Andere öffentliche Unternehmungen erwirtschaften hingegen trotz der Bedarfsdeckungsaufgabe einen – teilweise nicht unerheblichen – Gewinn, wie z.B. kommunale Versorgungsbetriebe (Strom- und Wasserwerke) oder Sparkassen.

Für die meisten Unternehmungen steht hingegen das **erwerbswirtschaftliche Ziel** im Vordergrund, d.h., neben der gesamtgesellschaftlichen Bedarfsdeckung verfolgen sie individuelle Einzelziele.

Zielfestlegungen stellen Aussagen über erwünschte Zustände dar, d.h., sie geben Auskunft über die wirtschaftlichen und sozialen Aufgaben, die eine Unternehmung zu erfüllen sucht.

Grundziel einer erwerbswirtschaftlichen Unternehmung ist langfristig die Gewinnerzielung. Darüber hinaus gibt es aber noch eine Reihe anderer Ziele, die sich eine Unternehmung setzt oder setzen sollte.

2.1 Erwerbswirtschaftliche Unternehmensziele

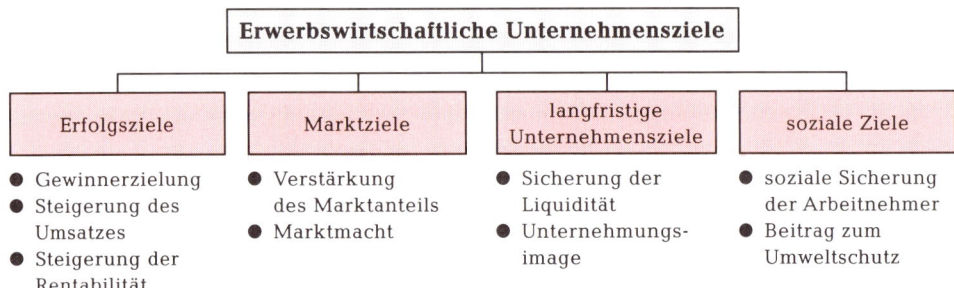

2.1.1 Erfolgsziele

Erfolgsziele sind unmittelbar mit der „Einkommenserzielung" der Unternehmung verbunden.

▶ **Gewinnerzielung**

Gewinnerzielung ist die Voraussetzung für den Fortbestand einer erwerbswirtschaftlichen Unternehmung. Sie ist nur dann existenzfähig, wenn ihre Erträge aus der Leistungserstellung oder -verwertung die angefallenen Aufwendungen übersteigen.

$$\text{Gewinn} \;=\; \text{Ertrag} \;./.\; \text{Aufwendungen}$$

▶ Steigerung des Umsatzes

Umsatz ist der in Geld bewertete Leistungsabsatz einer Unternehmung.

$$\boxed{\text{Umsatz} \; = \; \text{abgesetzte Gütermenge} \; \times \; \text{Preise}}$$

Der Umsatz ist mit dem Gewinn eng verbunden, denn höherer Umsatz bringt in der Regel auch höheren Gewinn.

▶ Steigerung der Rentabilität

Der Gewinn einer Unternehmung sagt noch nichts darüber aus, ob sich der Einsatz des Kapitals gelohnt hat. Erst die Kennzahl „Rentabilität" läßt erkennen, ob eine „angemessene Verzinsung des eingesetzten Kapitals" erreicht werden konnte.

$$\boxed{\text{Rentabilität} \; = \; \frac{\text{Gewinn} \; \times \; 100}{\text{Kapital}}}$$

> Eine Einzelhandelsunternehmung erwirtschaftet im Geschäftsjahr 60 000 DM Gewinn. In der Betriebs- und Geschäftsausstattung bzw. im Warenlager sind 300 000 DM investiert.
>
> $$\text{Rentabilität} \; = \; \frac{60\,000 \times 100}{300\,000} = 20\,\%$$
>
> Mit dem erwirtschafteten Gewinn wird eine Verzinsung des eingesetzten Kapitals von 20 % erzielt.

2.1.2 Marktziele

Diese Ziele dienen der Behauptung und Verbesserung der Marktposition einer Unternehmung.

▶ Verstärkung des Marktanteils

Gelingt es der Unternehmung, die am Markt abgesetzten Güter oder Dienstleistungen mengen- oder wertmäßig zu erhöhen, d.h. im Verhältnis zum Umfang des Gesamtmarktes mehr zu verkaufen, verbessert sie ihren Marktanteil.

> Ein Hersteller von Kraftfahrzeugen kann seine bisherige Marktposition auf dem Personenkraftwagenmarkt von 12 % durch die Entwicklung neuer Modelle in Verbindung mit einer speziellen Werbestrategie auf 18 % erhöhen.

▶ Marktmacht

Marktmacht bedeutet die Möglichkeit der Einflußnahme auf andere Marktteilnehmer. Vor allem Großunternehmen können eine derartige Macht am Markt erlangen, so daß der Wettbewerb mit anderen Anbietern stark eingeschränkt oder sogar ganz aufgehoben wird. Marktmacht kann sich aus dem Marktanteil der Unternehmung oder ihrer Finanzkraft bzw. der Verflechtung mit anderen Unternehmungen (vgl. S. 369 f.) ableiten. Sie kann dazu mißbraucht werden, anderen Marktteilnehmern (Lieferanten, Abnehmer) Bedingungen zu diktieren.

> – Waren werden unter Selbstkosten verkauft, nur um Mitwettbewerber vom Markt zu verdrängen.
> – Lieferanten werden besondere Konditionen abverlangt, die dieser anderen Abnehmern nicht gewähren darf.

2.1.3 Langfristige Unternehmensziele

Jede Unternehmenstätigkeit ist mit Risiken behaftet. Der Chance, Gewinn zu erzielen, steht das entsprechende Risiko des Verlustes gegenüber. Die langfristige Unternehmenspolitik muß daher auch von Sicherheitsgedanken geprägt werden.

▶ **Sicherung der Liquidität**

Liquidität bedeutet **Zahlungsfähigkeit**. Gegenwärtige und zukünftige Zahlungsverpflichtungen müssen uneingeschränkt erfüllbar sein. Diese Zahlungsbereitschaft kann durch Liquiditätskennzahlen überprüft werden.

So gibt die Liquidität 1. Grades an, ob die vorhandenen baren Mittel (Bargeld, Bank- und Postgiroguthaben) zur Deckung der sofort fälligen Verbindlichkeiten ausreichen.

▶ **Pflege des Unternehmungsimage**

Imagepflege bedeutet die Aufrechterhaltung oder Schaffung eines „**guten Rufes"** der Unternehmung in der Öffentlichkeit, verbunden mit einer Wertschätzung für die von ihr angebotenen Produkte. Diese Einschätzung der Unternehmung und ihrer Leistungen durch Außenstehende ist von erheblicher Bedeutung für die dauerhafte erfolgreiche Tätigkeit.

2.1.4 Soziale Ziele

Soziale Ziele verlangen die Verwirklichung von Zuständen, die für die Mitarbeiter der Unternehmung und die Gesamtgesellschaft von besonderem Wert sind.

▶ **Soziale Sicherung der Mitarbeiter**

Unternehmungen übernehmen mit der Bereitstellung von Leistungen gleichzeitig die Pflicht der Fürsorge für ihre Mitarbeiter. Dazu zählt die gerechte Entlohnung, die Schaffung menschlicher (humaner) Arbeitsbedingungen, die Arbeitsplatzsicherung und die Beteiligung von Arbeitnehmern an Entscheidungen in der Unternehmung (Mitbestimmung).

▶ **Beitrag zum Umweltschutz**

Mögliche Gesundheits- und Sicherheitsrisiken für den Menschen und seine Lebensgrundlagen werden durch die Umweltschutzdiskussion einer immer breiteren Öffentlichkeit bewußt. Unternehmungen und Verbraucher stehen mit der natürlichen Umwelt in Austauschbeziehungen. Dabei erfolgt eine Beeinträchtigung der Umwelt auf zwei Ebenen.

● **Die Umwelt wird mit Abfällen und Schadstoffen belastet**, die bei der Produktion bzw. beim Verbrauch von Gütern anfallen. Dazu zählen:
  – bauliche Maßnahmen (die Errichtung neuer industrieller Anlagen, Straßen- und Flughafenbau),
  – die Belastung der Luft mit Schadstoffen,
  – die Lärmbelästigung,
  – die Verseuchung der Gewässer,
  – die Verseuchung des Erdreichs,
  – das Anwachsen der Haus- und Industriemüllmengen.

● Neben der Belastung der Umwelt durch Abfälle und Schadstoffe ist es der **übermäßige und teilweise sinnlose Verbrauch von Ressourcen** (Rohstoffe und Energie), der die Lebensbedingungen auch zukünftiger Generationen beeinflußt.

Der Beitrag zum Umweltschutz einer Unternehmung muß daher u. a. folgende Maßnahmen umfassen:

– Einsatz energie- und rohstoffsparender Produktionsverfahren,
– Reduzierung der Schadstoffmengen bei der Produktion,
– Verminderung der Abgabe von Schadstoffen an die Umwelt, d. h. Auffangen, Aufbereiten und Entsorgen der Schadstoffe,
– Reduzierung der anfallenden Abfälle, nicht zuletzt durch die Verringerung unnötiger Verpackungsmaterialien (Müllvermeidung),
– Rückgewinnung (Recycling) und Rückführung wertvoller Rohstoffe in den Produktionsprozeß bis an die Grenze des technisch Möglichen.

2.2 Zielkonflikte

Einige der vorgestellten Unternehmensziele stehen untereinander in **Konkurrenz**, einige **ergänzen sich**.

Konkurrierende Ziele können u. a. sein:
– Umweltschutzmaßnahmen zur kurzfristigen Gewinnerzielung,
– Verstärkung der Marktmacht zur Verbesserung des Unternehmungsimage.

Ergänzende Ziele können z. B. sein:
– der Beitrag zum Umweltschutz und die Pflege des Unternehmungsimage,
– die Verstärkung des Marktanteils und die Marktmacht.

Aufgaben

(1) Grenzen Sie das *Bedarfsdeckungsprinzip* vom *erwerbswirtschaftlichen Ziel* ab!

(2) Nennen Sie Beispiele für Unternehmungen, die dem Bedarfsdeckungsprinzip folgen, ohne Gewinn erwirtschaften zu müssen!

(3) Verdeutlichen Sie den Zusammenhang zwischen den Unternehmenszielen „Gewinnerzielung" und „Rentabilität"!

(4) Zeigen Sie Möglichkeiten auf, wie eine Einzelhandelsunternehmung ihre Marktmacht steigern könnte!

(5) Erläutern Sie Maßnahmen zur Pflege des Unternehmungsimage!

(6) Vergleichen Sie „Arbeitsplatzsicherung" mit anderen Unternehmenszielen. Sind es konkurrierende oder sich ergänzende Ziele?

(7) Skizzieren Sie Umweltschutzmaßnahmen speziell im Einzelhandel!

3 Unternehmungsformen im Einzelhandel

Bei der Gründung einer Unternehmung wird die **Wahl der geeigneten Rechtsform** insbesondere durch folgende Gegebenheiten bestimmt:

● Was ist der Gegenstand des Unternehmens, d. h., welche Produkte sollen hergestellt, welche Waren verkauft oder welche Dienstleistungen angeboten werden?

● Wieviel Personen sind an der Unternehmensgründung beteiligt?

● Wieviel Kapital ist vorhanden bzw. kann beschafft werden?

● Soll nur mit dem Geschäftsvermögen der Unternehmung oder auch mit dem Privatvermögen der Beteiligten gehaftet werden?

● In welcher Art beabsichtigen die Gründer in der Unternehmung „mitzuarbeiten", d. h., wollen sie nur Kapital zur Verfügung stellen oder auch ihre Arbeitskraft einsetzen?

Zur Wahl stehen folgende Unternehmungsformen:

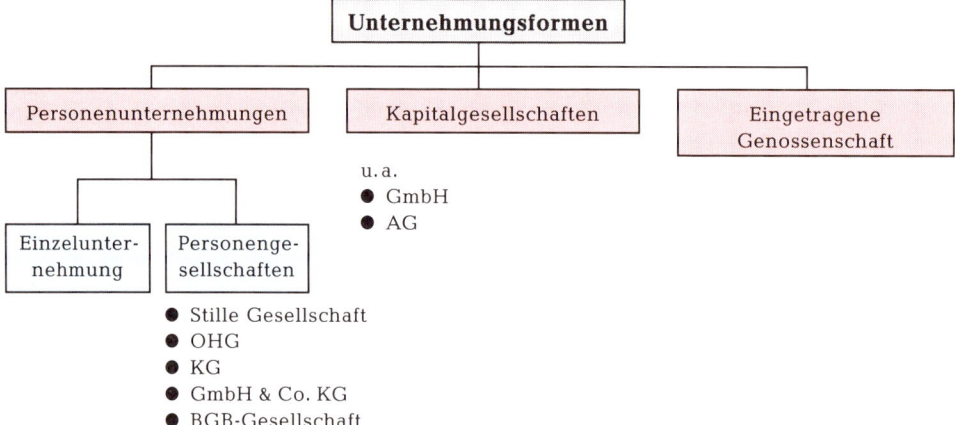

3.1 Personenunternehmungen

3.1.1 Einzelunternehmung

Ein großer Teil der Klein- und Mittelbetriebe im Einzelhandel wird als Einzelunternehmung geführt. Der Kaufmann ist alleiniger Inhaber und vereinigt daher alle Rechte und Pflichten aus dem Geschäftsbetrieb in seiner Person.

● Der Einzelunternehmer bringt das **Kapital** allein aus seinem Privatvermögen oder durch Bankkredite auf.

● Hieraus folgt die gesamte Übernahme des Risikos bei Kapitalverlust, d. h., er haftet **unbeschränkt** mit dem **Geschäfts- und Privatvermögen.** Allerdings fällt ihm auch der gesamte erwirtschaftete **Gewinn** zu.

● Der Inhaber einer Einzelunternehmung leitet das Geschäft allein, muß also seine **Entscheidungen** nicht mit anderen abstimmen und kann somit rasch handeln.

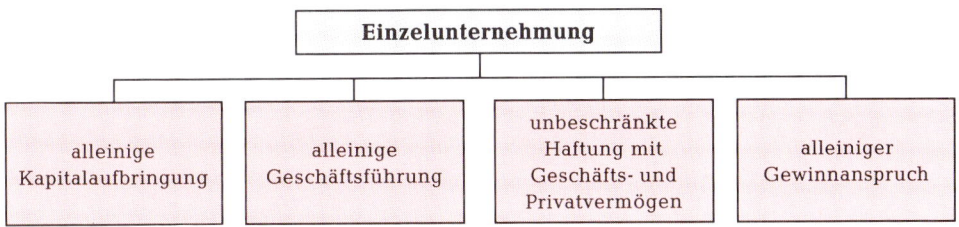

▶ Nachteile einer Einzelunternehmung

Die Nachteile dieser Unternehmungsform bestehen zunächst in der Übernahme des Haftungsrisikos auch mit dem **Privatvermögen** des Einzelunternehmers. Probleme können sich zudem daraus ergeben, daß er Entscheidungen allein treffen muß.

Eine besondere Schwierigkeit liegt in der nur begrenzt möglichen Erhöhung von Eigen- und Fremdkapital, die z. B. für eine Geschäftserweiterung notwendig werden kann. Das **Eigenkapital** kann nur erhöht werden durch:

– Übertragung von Privatvermögen auf die Unternehmung oder

– nicht entnommenen Gewinn.

Für eine Person ist diese Art der Bereitstellung von Kapital nur in beschränktem Umfang möglich. Auch die Zuführung von **Fremdkapital** scheitert häufig an den nicht ausreichend vorhandenen Sicherheiten (Grundstücke, Gebäude, Wertpapiere), die von Banken gefordert werden.

3.1.2 Personengesellschaften

Bei Personengesellschaften schließen sich mindestens zwei Personen zusammen, um eine Handelsunternehmung zu führen. In diesem Fall haften in der Regel einer oder mehrere der Beteiligten mit dem **Geschäfts- und Privatvermögen** für die Verbindlichkeiten der Unternehmung, mindestens ein Gesellschafter leitet die Unternehmung **persönlich**.

3.1.2.1 Stille Gesellschaft *(§§ 230 – 237 HGB)*

▶ Begriff

Bei der Gründung einer Unternehmung tritt häufig das Problem auf, das erforderliche Kapital zu beschaffen. Der Geschäftsinhaber könnte sich deshalb bemühen, eine Person zu finden, die sich mit einer **Kapitaleinlage** (Geld- oder Sachwerte) beteiligt. Dieser „stille Gesellschafter" tritt nach außen nicht in Erscheinung, sein eingebrachtes Kapital geht in das Vermögen des Geschäftsinhabers über.

▶ Gründung

Die Gründung der stillen Gesellschaft erfolgt durch den Abschluß eines formlosen Vertrages. Es erfolgt keine Eintragung in das Handelsregister. Jede Person kann stiller Gesellschafter werden, d. h., sie braucht kein Kaufmann zu sein. Auch für juristische Personen ist diese Form der Beteiligung möglich.

▶ Rechte und Pflichten

Die Geschäftsführung wird allein durch den Inhaber des Handelsgewerbes ausgeübt. Er vertritt die Unternehmung nach außen und schließt unter seiner Firma alle

Geschäfte ab. Der stille Gesellschafter hat kein Recht und keine Verpflichtung zur Mitarbeit. Ihm steht ein angemessener Gewinnanteil zu; von etwaigen Verlusten kann er sich vertraglich ausschließen lassen. Wurde ein derartiger Ausschluß nicht vereinbart, haftet er für Verbindlichkeiten nur bis zur Höhe seiner Einlage. Der stille Gesellschafter kann zum Ende des Geschäftsjahres Einblick in die Bilanz und in die ihr zugrunde liegenden Unterlagen verlangen.

▶ **Auflösung**

- Beschluß des Inhabers und des stillen Gesellschafters,

- Kündigung des Vertrages spätestens sechs Monate vor Ablauf des Geschäftsjahres,

- Konkurs des Geschäftsinhabers,

- Tod des Geschäftsinhabers (nicht beim Tod des stillen Gesellschafters).

▶ **Bedeutung**

Die Konstruktion einer stillen Gesellschaft gibt dem Kaufmann die Möglichkeit der Kapitalbeschaffung, ohne den Kapitalgeber an geschäftlichen Entscheidungen beteiligen zu müssen. Darüber hinaus wird für Außenstehende nicht erkennbar, daß ein anderer eine Einlage in die Unternehmung eingebracht hat.

3.1.2.2 Offene Handelsgesellschaft (OHG) *(§§ 105 – 160 HGB)*

▶ **Begriff** (§ 105 I HGB)

Bei einer OHG schließen sich mindestens zwei Personen mit dem Ziel zusammen, ein Handelsgewerbe unter gemeinsamer Firma zu betreiben. Alle Gesellschafter haften für die Verbindlichkeiten der Unternehmung unbeschränkt **mit ihrem Geschäfts- und Privatvermögen**.

▶ **Gründung**

Die Gründung einer OHG setzt den Abschluß eines Gesellschaftsvertrages voraus. In ihm werden die Rechte und Pflichten der einzelnen Gesellschafter festgelegt. Der Vertrag ist zwar an keine bestimmte Form gebunden, wird in der Regel jedoch schriftlich abgefaßt. Er muß nur dann notariell beglaubigt werden, wenn einer der Gesellschafter ein Grundstück in die Unternehmung einbringt.

Die OHG wird in das Handelsregister eingetragen, wodurch der Geschäftsbetrieb offiziell aufgenommen ist. Wird eine Einzelhandelsunternehmung als OHG gegründet und ist ein in kaufmännischer Weise eingerichteter Geschäftsbetrieb erforderlich (Vollkaufmann), so entsteht diese Unternehmung in der Regel schon mit dem Beginn der Geschäfte, selbst wenn noch keine Handelsregistereintragung erfolgt ist.

▶ **Pflichten und Rechte der Gesellschafter untereinander (INNENVERHÄLTNIS)** (§§ 109 – 122 HGB)

Die Rechte und Pflichten der Gesellschafter können im **Gesellschaftsvertrag** frei vereinbart werden. Sind zu bestimmten Punkten keine Regelungen vorgesehen, gelten die entsprechenden gesetzlichen Bestimmungen (HGB, BGB), die im folgenden dargestellt werden.

● Pflichten der Gesellschafter

– Einlagepflicht (§ 706 BGB)

Bei der Gründung der OHG ist jeder Gesellschafter verpflichtet, die vereinbarten Einlagen (Geld, Wertpapiere, Grundstücke, Gebäude, Maschinen, Werkzeuge, Geschäftseinrichtung usw.) zu leisten. Damit werden diese Geld- oder
Sachleistungen Bestandteile des Gesellschaftsvermögens.

– Pflicht zur Mitarbeit (§ 114 HGB)

Jeder Gesellschafter ist zur Mitarbeit in der Geschäftsführung berechtigt und
verpflichtet.

– Wettbewerbsverbot (§ 112 I HGB)

Ohne Einwilligung der anderen darf kein Gesellschafter im gleichen Handels-
zweig Geschäfte auf eigene Rechnung ausführen oder als persönlich haftender
Gesellschafter einer anderen Unternehmung der gleichen Branche angehören.

– Verlustbeteiligung (§ 121 III HGB)

Endet ein Geschäftsjahr mit einem Verlust, so muß dieser von allen Gesellschaftern zu gleichen Teilen getragen werden. Es erfolgt eine entsprechende
Kürzung der auf den Kapitalkonten der Gesellschafter geführten Anteile.

● Rechte der Gesellschafter

– Geschäftsführung (§§ 114 - 117 HGB)

Über die Durchführung gewöhnlicher Geschäfte (täglich anfallende Vorgänge
wie der An- und Verkauf von Waren) kann jeder Gesellschafter allein entscheiden. Für nicht alltägliche Geschäfte (z. B. Kauf eines Grundstücks, grundlegende Veränderung im Warenangebot, Gewährung eines besonders hohen
Kredits an einen Kunden, Erteilung einer Prokura) ist der Beschluß aller Gesellschafter notwendig.

– Gewinnverteilung (§ 121 HGB)

Vom erwirtschafteten Gewinn erhält jeder Gesellschafter am Ende des
Geschäftsjahres zunächst 4 % seines Kapitalanteils. Der gegebenenfalls darüber
hinausgehende Betrag wird zu gleichen Teilen (also „nach Köpfen") verteilt.

Ein Jahresgewinn von 90 000 DM soll gemäß dieser Regelung verteilt werden:

Gesell-schafter	Kapitalanteil (Einlage)	4 % Zinsen auf die Einlage	Kopfanteil	Gesamtgewinn
Weiß	90 000 DM	3 600 DM	42 000 DM	45 600 DM
Schwarz	60 000 DM	2 400 DM	42 000 DM	44 400 DM
	150 000 DM	6 000 DM	84 000 DM	90 000 DM

Der Gesamtbetrag, den jeder Gesellschafter erhält, wird seinem Kapitalkonto
gutgeschrieben.

– Privatentnahme (§ 122 HGB)

Jeder Gesellschafter kann bereits während des Jahres Geld bis zum Betrag von
4 % seines Kapitalanteils der Geschäftskasse entnehmen. Damit soll ihm die
Bestreitung des Lebensunterhaltes ermöglicht werden. Diese vorab entnommenen Beträge werden mit dem späteren Gewinnanteil verrechnet.

> Im Gesellschaftsvertrag der OHG wird in der Regel folgende Vereinbarung über Entnahmen und Gewinnverteilung getroffen:
>
> Die Gesellschafter erhalten ein monatliches Geschäftsführergehalt in bestimmter Höhe (Entnahmen). Am Jahresende wird der verbleibende Reingewinn in der Weise aufgeteilt, daß zunächst ein bestimmter Prozentsatz als Verzinsung auf die jeweiligen Kapitalanteile der Gesellschafter an diese ausgeschüttet wird. Der Rest wird nach Köpfen verteilt.

– **Kündigungsrecht** (§ 132 HGB)

Jeder Gesellschafter ist berechtigt, den Gesellschaftsvertrag zum Schluß eines Geschäftsjahres mit einer Frist von mindestens sechs Monaten zu kündigen.

▶ **Das Verhältnis der Gesellschaft gegenüber Dritten (AUSSENVERHÄLTNIS)** (§§ 123 – 130 b HGB)

Während die Gesellschafter untereinander (Innenverhältnis) ihre Rechtsbeziehungen im Gesellschaftsvertrag frei regeln können, sind sie in ihrem Verhältnis zu Kunden, Lieferanten, Banken usw. (Außenverhältnis) an bestimmte gesetzliche Vorgaben gebunden.

● **Vertretung** (§§ 125, 126 HGB)

Jeder Gesellschafter ist grundsätzlich berechtigt, die OHG allein gegenüber Außenstehenden zu vertreten **(Einzelvertretungsmacht)**. Selbst dann, wenn einer der Gesellschafter einen Vertrag mit einem Kunden, Lieferanten oder einer Bank abschließt und seine Mitgesellschafter die ausgehandelten Bedingungen später ablehnen, ist die Vereinbarung rechtswirksam. Die Einzelvertretungsmacht gilt sowohl für gewöhnliche als auch außergewöhnliche Rechtsgeschäfte.

> Bold und Krause, die beiden Gesellschafter einer OHG, haben im Gesellschaftsvertrag „Gesamtgeschäftsführung" vereinbart (Innenverhältnis). Krause erwirbt ohne Zustimmung Bolds eine neue Kühlanlage. Der Kaufvertrag ist wirksam, da Krause „Einzelvertretungsmacht" hat (Außenverhältnis). Allerdings verstößt er in diesem Fall gegen die vereinbarte Gesamtgeschäftsführung. Bold könnte, falls durch den Kauf der Anlage der OHG ein Schaden entstünde, Krause zum Ersatz dieses Schadens heranziehen.

Abweichend von der Regelung zur Einzelvertretung kann im Gesellschaftsvertrag **„Gesamtvertretung"** (d.h., alle oder mehrere Gesellschafter sind nur gemeinsam zur Vertretung berechtigt) vereinbart werden, oder es wird bestimmt, daß ein Gesellschafter nur mit einem Prokuristen gemeinsam handeln darf. Derartige Änderungen der gesetzlichen Vertretungsmacht sind allerdings nur zulässig, wenn sie ins Handelsregister eingetragen werden, damit sich Außenstehende über diese Sachlage informieren können.

● **Haftung** (§§ 128 – 130 HGB)

Grundsätzlich entspricht die Haftung der Gesellschafter einer OHG der des Einzelunternehmers. Die Haftung ist:

– **unbeschränkt,** d.h., sie bezieht sich auf das Geschäfts- und Privatvermögen;

– **unmittelbar,** d.h., ein Gläubiger kann sich zum Ausgleich bestehender Verbindlichkeiten direkt an einen der Gesellschafter wenden;

– **solidarisch** (gesamtschuldnerisch), d.h., jeder Gesellschafter haftet allein für alle Schulden der Gesellschaft.

Jeder Gesellschafter, der aus der OHG ausscheidet, haftet noch fünf Jahre für die bei seinem Ausscheiden bestehenden Verbindlichkeiten. Tritt ein Gesellschafter neu in die OHG ein, so haftet er für die zu diesem Zeitpunkt bestehenden Schulden.

- **Auflösung** (§§ 131 ff. HGB)

  Auflösungsgründe einer OHG können sein:
  - Ablauf der vereinbarten Dauer der OHG,
  - Auflösungsbeschluß der Gesellschafter,
  - Tod oder Kündigung eines Gesellschafters (sofern im Gesellschaftsvertrag nicht geregelt ist, daß die OHG von den verbleibenden Gesellschaftern weitergeführt werden kann),
  - Konkurseröffnung (gerichtliche Auflösung der Gesellschaft bei Zahlungsunfähigkeit) über das Vermögen der OHG oder eines Gesellschafters.

Bedeutung der OHG

Die OHG ist eine typische Personengesellschaft. Wie der Einzelunternehmer, so bringen die Gesellschafter der OHG das Kapital selbst auf, führen die Unternehmung persönlich und tragen das volle Risiko. Die OHG bietet die Möglichkeit der Aufgabenverteilung auf die Gesellschafter bei gleicher Verantwortung und ist aufgrund der unbeschränkten, unmittelbaren und solidarischen Haftung von hoher Kreditwürdigkeit. Gleichzeitig bewirkt dieses Haftungsrisiko (mit Geschäfts- und Privatvermögen) allerdings, daß nur noch selten kleine und mittlere Betriebe des Einzelhandels in dieser Rechtsform gegründet werden.

3.1.2.3 Kommanditgesellschaft (KG) *(§§ 161 – 177 a HGB)*

Begriff (§ 161 HGB)

Die KG ist wie die OHG eine Personengesellschaft. Allerdings unterscheidet man bei ihr zwei Arten von Gesellschaftern:

- **Komplementär**

  Dieser haftet für die Verbindlichkeiten der Unternehmung wie alle Gesellschafter einer OHG, nämlich mit seinem Privat- und Geschäftsvermögen **(Vollhafter)**.

- **Kommanditist**

  Er haftet mit seiner geleisteten Kapitaleinlage **(Teilhafter)**.

Gründung (§ 162 HGB)

Mindestens ein Komplementär und ein Kommanditist schließen einen Gesellschaftsvertrag ab. In das Handelsregister werden eingetragen:
- die Namen aller Gesellschafter,
- die Höhe der Kapitaleinlagen der Kommanditisten.

Nur die Zahl der Kommanditisten wird öffentlich bekanntgegeben.

► **Pflichten und Rechte der Gesellschafter untereinander (INNENVERHÄLTNIS)**
(§§ 164 – 169 HGB)

● **Komplementär**

Für die Vollhafter gelten die gleichen Bestimmungen wie für die Gesellschafter der OHG (§ 161 II HGB), d.h., sie führen die Geschäfte der Unternehmung.

● **Kommanditist**

– **Einlagepflicht** laut Gesellschaftsvertrag (Geld- oder Sachwerte) (§ 706 BGB)

– **Geschäftsführung** (§ 164 HGB)

Die Kommanditisten sind von der Geschäftsführung ausgeschlossen. Bei außergewöhnlichen Geschäften steht ihnen allerdings ein Widerspruchsrecht zu, d.h., ihre Zustimmung ist erforderlich.

– **Kontrollrecht** (§ 166 I HGB)

Die Kommanditisten können den Jahresabschluß anhand der entsprechenden Einzelunterlagen überprüfen.

– **Gewinnbeteiligung** (§ 168 HGB)

Komplementäre und Kommanditisten erhalten zunächst vom Gewinn 4% als Verzinsung ihres Kapitalanteils. Der Rest wird in einem angemessenen Verhältnis verteilt, d.h., die Mitarbeit und die größere Haftung der Komplementäre werden stärker bewertet als nur die Kapitalbeteiligung der Kommanditisten.

> Im Gesellschaftsvertrag ist festgelegt, daß alle Teilhaber gemäß HGB zunächst 4% ihrer Kapitalanteile erhalten. Der Restgewinn soll zu 75% an den Komplementär und zu je 12,5% an die beiden Kommanditisten fallen. Bei einem Jahresgewinn von 312000 DM ergibt sich folgende Gewinnverteilung:

Gesell-schafter	Kapitalanteil (Einlage)	4% Zins auf Einlage	Kopfanteil	Gesamtgewinn
Komple-mentär	100000 DM	4000 DM	225000 DM	229000 DM
Komman-ditist 1	100000 DM	4000 DM	37500 DM	41500 DM
Komman-ditist 2	100000 DM	4000 DM	37500 DM	41500 DM
	300000 DM	12000 DM	300000 DM	312000 DM

– **Kündigungsrecht** (§ 132 HGB)

Der Kommanditist kann mit einer Frist von sechs Monaten zum Ende des Geschäftsjahres kündigen.

► **Das Verhältnis der Gesellschafter gegenüber Dritten (AUSSENVERHÄLTNIS)**

● **Komplementär**

Für die Vollhafter gelten die gleichen Bestimmungen wie für die Gesellschafter der OHG (§ 161 II HGB), d.h., sie vertreten die Unternehmung nach außen.

- **Kommanditist**

  - **Vertretung** (§ 170 HGB)

    Kommanditisten sind zur Vertretung der KG gegenüber Dritten nicht berechtigt.

  - **Haftung** (§ 171 I HGB)

    Die Kommanditisten haften nur in Höhe ihrer Einlagen.

- **Auflösung**

  Für die KG gelten die gleichen Auflösungsgründe wie für die OHG (§ 131 HGB). Allerdings ist der Tod eines Kommanditisten kein Auflösungsgrund (§ 177 HGB).

▶ **Bedeutung der KG**

Die KG bietet der Einzelunternehmung oder der OHG die Möglichkeit zur Erweiterung der Kapitalgrundlage, ohne dem Geldgeber (Kommanditist) Einfluß auf die Geschäftsführung oder gar die Vertretung einzuräumen. Ferner ist die Unternehmung nicht mit festen Zinsverpflichtungen belastet, wie bei einem Bankkredit.

3.1.2.4 GmbH & Co. KG *(GmbHG und §§ 161–177 a HGB)*

▶ **Begriff**

Die GmbH & Co. KG ist eine Personengesellschaft (Kommanditgesellschaft), bei der

- eine GmbH (Gesellschaft mit beschränkter Haftung) als Komplementär auftritt und

- natürliche Personen die Kommanditisten sind.

Durch diese Konstruktion haftet, obwohl es sich um eine Personengesellschaft handelt, keine natürliche Person mit ihrem Privatvermögen. Neben den in der Regel geringen Einlagen der Kommanditisten steht als Haftungskapital nur das Stammkapital der GmbH (mindestens 50 000 DM) zur Verfügung.

▶ **Gründung**

Zur Errichtung einer GmbH & Co. KG ist ein Gesellschaftsvertrag zwischen der GmbH und den Kommanditisten erforderlich. Eine GmbH & Co. KG kann dadurch gegründet werden, daß:

- zu einer bestehenden GmbH Kommanditisten hinzutreten,

- eine GmbH Komplementär bei einer bestehenden KG wird,

- GmbH und GmbH & Co. KG aufeinanderfolgend gegründet werden.

▶ **Pflichten und Rechte der Gesellschafter**

Es gelten dieselben Pflichten und Rechte wie bei einer KG. Zu beachten sind allerdings folgende Besonderheiten:

- Der Komplementär (GmbH) haftet nur mit seinem Geschäftsvermögen.

- Die Vertretung der GmbH & Co. KG nach außen wird durch die Geschäftsführer der GmbH wahrgenommen.

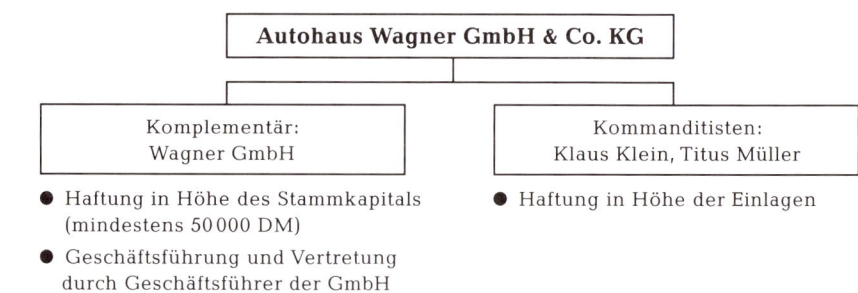

Autohaus Wagner GmbH & Co. KG

| Komplementär: Wagner GmbH | Kommanditisten: Klaus Klein, Titus Müller |

- Haftung in Höhe des Stammkapitals (mindestens 50 000 DM)
- Geschäftsführung und Vertretung durch Geschäftsführer der GmbH

- Haftung in Höhe der Einlagen

▶ Bedeutung der GmbH & Co. KG

In den letzten zwei Jahrzehnten sind zunehmend Unternehmungen in Form der GmbH & Co. KG gegründet worden. Eine wichtige Begründung liegt in der Haftungsbeschränkung im Vergleich zur KG.

3.1.2.5 Gesellschaft bürgerlichen Rechts (BGB-Gesellschaft) *(§§ 705 – 740 BGB)*

▶ Begriff

Die Gesellschaft bürgerlichen Rechts ist eine Sonderform der Personengesellschaft. Bei ihr schließen sich mindestens zwei Personen zur Erreichung eines gemeinsamen Zieles zusammen (§ 705 BGB). Im Gegensatz zu den anderen Gesellschaftsformen kann die BGB-Gesellschaft auch zu **nicht gewerbsmäßigen Zwecken** gegründet werden; sie ist daher **keine Handelsgesellschaft**.

Die BGB-Gesellschaft bietet für bestimmte Tätigkeiten die einzige Möglichkeit, eine Gesellschaft zu gründen. Sie findet Anwendung bei:

- **Minderkaufleuten**

  > Zwei Personen betreiben gemeinsam einen Fotokopier-Shop. Da für diese Tätigkeit ein in kaufmännischer Weise eingerichteter Geschäftsbetrieb nicht erforderlich ist, sind sie Minderkaufleute und können sich nur in Form der BGB-Gesellschaft zusammenschließen.

- **freien Berufen**

  > Sozietäten von Rechtsanwälten oder Gemeinschaftspraxen von Ärzten

- **der gemeinsamen Durchführung einzelner Geschäftsvorfälle**

  > Mehrere Banken schließen sich zusammen, um einen Großkredit für einen Kunden aufbringen zu können (Konsortium) bzw. um Aktien an der Börse unterzubringen.

- **nicht gewerbsmäßigen Zwecken**

  > Zwei Städte betreiben gemeinsam ein Theater; mehrere Personen schließen sich zur Förderung der deutsch-französischen Freundschaft zusammen.

▶ Gründung

Die Gründung der Gesellschaft bürgerlichen Rechts erfolgt durch Abschluß eines formlosen Vertrages zwischen den Gesellschaftern. Gesellschafter können sowohl Privatpersonen als auch Kaufleute (natürliche und juristische Personen) sein.

Die Gesellschaft kann auch durch schlüssiges Verhalten zustande kommen, d.h., es werden vorab zwischen den Gesellschaftern keine vertraglichen Regelungen vereinbart.

▮ Mehrere Personen unternehmen eine gemeinsam gebuchte Reise.

▶ Firma

Da die BGB-Gesellschaft keine Handelsgesellschaft ist und an ihr auch Privatpersonen beteiligt sein können, kann sie nicht ins Handelsregister eingetragen werden, kann keine Firma geführt werden, gelten für sie nicht die Bestimmungen des Handelsgesetzbuches.

▶ Rechte und Pflichten

Die Gesellschafter sind verpflichtet, an dem gemeinsamen Zweck der Gesellschaft mitzuwirken. Sie haben die im Gesellschaftsvertrag festgelegten Beiträge (§ 706 BGB) entweder in Form von Geld- oder Sachwerten oder auch in Form von Arbeitsleistungen zu entrichten.

Die einzelnen Gesellschafter haben, sofern es sich um einen gewerbsmäßigen Zweck handelt, Anspruch auf Gewinnbeteiligung.

▶ Geschäftsführung und Vertretung

Zur Geschäftsführung und Vertretung sind alle Gesellschafter nur gemeinschaftlich berechtigt und verpflichtet (§§ 707, 709, 714 BGB), es sei denn, im Gesellschaftsvertrag ist eine andere Vereinbarung getroffen.

▶ Haftung

Die Gesellschafter haften wie die der OHG oder wie die Komplementäre der KG, also unbeschränkt mit Gesellschafts- und Privatvermögen, unmittelbar und solidarisch.

▶ Auflösung

Die Gesellschaft bürgerlichen Rechts endet:
- mit Erreichung des vereinbarten Zwecks (§ 726 BGB);
- durch Tod eines Gesellschafters (§ 727 BGB);
- durch Kündigung eines Gesellschafters (§ 723 BGB);
- durch Konkurseröffnung über das Vermögen eines Gesellschafters (§ 728 BGB).

3.2 Kapitalgesellschaften

Bei **Personengesellschaften** haftet mindestens ein Gesellschafter mit seinem Geschäfts- und Privatvermögen (Ausnahme: GmbH & Co. KG), der die Geschäfte der Unternehmung führt und die Gesellschaft nach außen vertritt.

Demgegenüber kennen **Kapitalgesellschaften keine persönliche Haftung.** Hier ist es nur das von den Gesellschaftern aufgebrachte Kapital (Gesellschaftsvermögen), das für die Verbindlichkeiten der Unternehmung einsteht. Diese Gesellschafter sind aber häufig nicht an der Unternehmensleitung beteiligt. Während für Personengesellschaften natürliche Personen (Eigentümer) charakteristisch sind, besitzen Kapitalgesellschaften eine eigene Rechtspersönlichkeit, d.h., sie sind juristische Personen. Darüber hinaus zeichnen sich Kapitalgesellschaften dadurch aus, daß der Gesetzgeber mit dem Betriebsverfassungsgesetz 1952 (BetrVG 1952), dem Mitbestimmungsgesetz 1976 (MitbestG) bzw. dem Montan-Mitbestimmungsgesetz 1951 (Montan-MitbestG) eine Interessenvertretung und Mitbestimmung der Arbeitnehmer in den Unternehmensorganen (Vorstand/Aufsichtsrat) vorschreibt, um so zu einer Demokratisierung der Arbeitswelt beizutragen.

3.2.1 Gesellschaft mit beschränkter Haftung (GmbH) *(§§ 1 – 85 GmbHG)*

▶ **Begriff**

Wie bei allen juristischen Personen steht als Haftungskapital nur das Gesellschaftsvermögen zur Verfügung, d.h., keiner der Gesellschafter haftet mit seinem Privatvermögen für die Verbindlichkeiten der Unternehmung.

▶ **Gründung** (§§ 1 ff. GmbHG)

Die **zu jedem gesetzlich zulässigen Zweck** zu errichtende GmbH kann durch eine oder mehrere Personen gegründet werden. Der Gesellschaftsvertrag **(Satzung)** ist von einem Notar zu beurkunden. Zunächst müssen die Geschäftsführer bestimmt werden. Diese können entweder die Gesellschafter selbst sein, oder andere Personen werden zu Geschäftsführern bestellt. Die Gesellschafter haben ihre Einlagen zu leisten, und die GmbH ist beim Handelsregister anzumelden.

▶ **Stammkapital** (§ 5 GmbHG)

Für die GmbH ist ein Mindestkapital von 50 000 DM vorgeschrieben **(Stammkapital oder gezeichnetes Kapital)**. Es setzt sich aus den **Stammeinlagen** (mindestens 500 DM) der einzelnen Gesellschafter zusammen.

▶ **Organe der GmbH**

● **Geschäftsführer** (§§ 6, 35 ff. GmbHG)

Der oder die Geschäftsführer leiten die Unternehmung und vertreten sie nach außen.

● **Gesellschafterversammlung** (§§ 48 ff. GmbHG)

Sie wird durch die Geschäftsführer einberufen und hat folgende Aufgaben:
– Feststellung des Jahresabschlusses und der Gewinnverteilung,
– Bestellung und Abberufung von Geschäftsführern,
– Bestellung von Prokuristen,
– Überwachung der Geschäftsführung.

● **Aufsichtsrat** (§ 52 GmbHG)

Die Bestellung eines Aufsichtsrates kann durch die Satzung vorgeschrieben sein.

Für eine GmbH mit mehr als 500 Arbeitnehmern ist nach den Mitbestimmungsgesetzen ein Aufsichtsrat zu bilden. In diesem Fall werden auch Vertreter der Arbeitnehmer an der Überwachung der Geschäftsführung beteiligt.

▶ **Pflichten und Rechte der Gesellschafter**

● **Einzahlung der Stammeinlagen** (§ 19 GmbHG)

- **Stimmrecht** (§ 47 GmbHG)

  Entscheidungen in der Gesellschafterversammlung erfolgen mit der Mehrheit der abgegebenen Stimmen. Jeder Gesellschafter hat pro 100 DM seiner Stammeinlage eine Stimme.

- **Gewinnbeteiligung** (§ 29 GmbHG)

  Die Verteilung des Jahresüberschusses erfolgt im Verhältnis der Geschäftsanteile.

▶ **Auflösung der GmbH** (§§ 60 ff. GmbHG)

Auflösungsgründe einer GmbH können sein:
- Ablauf der im Gesellschaftsvertrag bestimmten Zeit,
- Auflösungsbeschluß der Gesellschafter mit Dreiviertelmehrheit,
- Konkurseröffnung.

▶ **Bedeutung der GmbH**

Die GmbH hat in den letzten Jahren zunehmend an Bedeutung gewonnen. Die Vielzahl der Neugründungen ist auf das geringe Mindestkapital und insbesondere auf die Möglichkeit der Haftungsbeschränkung im Vergleich zu den Personengesellschaften (OHG, KG) zurückzuführen.

3.2.2 Aktiengesellschaft (AG) *(§§ 1 – 410 AktG)*

▶ **Begriff**

Die Aktiengesellschaft gilt als Handelsgesellschaft, auch wenn der Gegenstand des Unternehmens nicht im Betrieb eines Handelsgewerbes (vgl. S. 333) besteht (§ 3 AktG). Die Gesellschafter **(Aktionäre)** sind mit Einlagen an dem in Anteile **(Aktien)** zerlegten **Grundkapital** beteiligt. Sie haften nicht persönlich für die Verbindlichkeiten der Gesellschaft, sondern nur bis zur Höhe ihrer Beteiligung (Aktien).

▶ **Gründung** (§§ 2 ff. AktG)

Zur Gründung einer AG sind eine oder mehrere Personen erforderlich. Sie schließen einen Gesellschaftsvertrag **(Satzung)** ab, der durch einen Notar beurkundet werden muß. Aufsichtsrat und Vorstand werden gebildet. Mindestens ein Viertel des notwendigen Grundkapitals muß zur Verfügung gestellt werden. Anschließend wird die AG durch die Gründer, den Aufsichtsrat und den Vorstand beim Handelsregister angemeldet.

▶ **Grundkapital** (§§ 1, 6 ff. AktG)

Die AG besitzt ein in Aktien zerlegtes Grundkapital (= gezeichnetes Kapital). Die Mindesthöhe des Grundkapitals beträgt 100 000 DM. Aktien sind Urkunden über die Beteiligung an einer AG. Maßgebend für die Größe dieser Beteiligung ist der auf der Aktie aufgedruckte Betrag, der sogenannte **Nennwert**. Der Mindestnennwert ist fünf DM, höhere Beträge müssen auf volle fünf DM lauten.

Das Grundkapital der AG setzt sich aus der Summe aller Aktiennennbeträge zusammen. Vom **Nennwert** einer Aktie ist allerdings ihr **Kurswert** zu unterscheiden. Der Kurswert ist der Wert, zu dem die Aktie an der Börse gehandelt wird. Er ergibt sich durch Angebot und Nachfrage, ist in der Regel höher als der Nennwert und spiegelt die jeweilige wirtschaftliche Situation der Unternehmung wider.

▶ **Organe der AG**

Als juristische Person kann die AG nicht selbst handeln. Zur Durchführung ihrer Geschäfte benötigt sie daher bestimmte Organe, in denen natürliche Personen die Entscheidungen treffen.

● **Hauptversammlung** (§§ 118 – 137 AktG)

Die Hauptversammlung ist das **beschließende Organ** der AG. Sie besteht aus allen Aktionären und wird mindestens einmal jährlich vom Vorstand einberufen. Beschlüsse werden mit Mehrheit der abgegebenen Stimmen gefaßt, wobei das Stimmrecht nach Aktiennennbeträgen ausgeübt wird (z.B. pro 100 DM Nennbetrag 1 Stimme). Jeder Aktionär hat in der Hauptversammlung das Recht, Auskünfte über die Gesellschaft zu verlangen. Kleinaktionäre übertragen ihr Stimmrecht häufig an Bankenvertreter, so daß diese für eine Vielzahl von Beteiligten handeln können.

Aufgaben der Hauptversammlung sind:
- Wahl der Aktionärsvertreter in den Aufsichtsrat;
- Entscheidung über die Gewinnverwendung;
- Entlastung von Vorstand und Aufsichtsrat;
- Beschluß über grundsätzliche Fragen der Unternehmung (Satzungsänderungen, Kapitalerhöhung oder -herabsetzung, Auflösung der Gesellschaft).

● **Aufsichtsrat** (§§ 95 – 116 AktG)

Der Aufsichtsrat ist das **überwachende Organ** der AG. Seine **Aufgaben** sind:
- Bestellung des Vorstandes auf fünf Jahre;
- Überwachung der Geschäftsführung des Vorstandes (Überprüfung des Jahresabschlusses, des Lageberichtes und des Vorschlages zur Gewinnverteilung);
- Einberufung einer außerordentlichen Hauptversammlung, wenn dies das Wohl der Gesellschaft erfordert.

● **Vorstand** (§§ 76 – 94 AktG)

Der Vorstand ist das **ausführende Organ** der AG. Er leitet die Geschäfte und vertritt die Gesellschaft nach außen. Seine **Aufgaben** sind:
- Geschäftsführung und Vertretung;
- regelmäßige Unterrichtung des Aufsichtsrates über die Geschäftslage;
- Aufstellung des Jahresabschlusses, Erstellung des Lageberichtes;
- Einberufung der ordentlichen Hauptversammlung einmal jährlich.

▶ **Gewinnverteilung** (§ 60 AktG)

Sofern am Jahresende eine Gewinnverteilung erfolgt, wird ein bestimmter Prozentsatz auf den Nennwert jeder Aktie ausgeschüttet. Diese **Dividende** stellt eine Verzinsung des eingesetzten Kapitals für den Aktionär dar.

▶ **Auflösung der AG** (§ 262 AktG)

Auflösungsgründe einer AG können sein:
- Ablauf der in der Satzung bestimmten Zeit;
- Beschluß der Hauptversammlung mit mindestens dreiviertel des zu diesem Zeitpunkt vertretenen Grundkapitals;
- Konkurseröffnung.

▶ Bedeutung der AG

Die AG, die sich besonders als Gesellschaftsform für Großunternehmungen eignet, ermöglicht die Aufbringung bedeutender finanzieller Mittel dadurch, daß zahlreiche Einzelpersonen Geschäftsanteile in kleiner Stückelung (Aktie) übernehmen können. Das unternehmerische Risiko wird damit auf viele Aktionäre verteilt. Kapital und Unternehmensleitung sind getrennt. Der Aktionär (Kapitalgeber), der seine Aktie jederzeit veräußern kann, ist nicht auf Dauer an die Gesellschaft gebunden. Mit der Leitung der Unternehmung können Fachkräfte betraut werden, ohne daß diese selbst Kapital aufbringen müssen. Dabei kann allerdings die Situation eintreten, daß die Geschäftsleitung durch fehlerhafte Entscheidungen die Gesellschaft und ihre Aktionäre schädigt, ohne selbst mit eigenem Kapital hierfür haften zu müssen.

Mit der kleinen AG-Reform vom 2. August 1994, mit der unter anderem auch eine Einpersonengründung zugelassen wird, ist die Aktiengesellschaft auch für mittelständische Unternehmen wieder zugänglich und attraktiv. Durch sie können kleine und mittlere Unternehmen in eine Rechtsform hineinwachsen, die eine direkte Eigenkapitalfinanzierung bei Erhalt der Selbständigkeit ermöglicht.

3.3 Eingetragene Genossenschaft (eG) *(§§ 1 – 161 GenG)*

▶ Begriff

Eingetragene Genossenschaften verfolgen das Ziel, durch den Zusammenschluß ihrer Mitglieder (Genossen) dem einzelnen ähnliche Vorteile zu verschaffen, wie sie sonst nur Großunternehmungen in Anspruch nehmen können (preisgünstiger Einkauf, bessere Produktionsmöglichkeiten, größere Absatzchancen). Damit ist die Gewinnerzielung nicht das ursprüngliche Ziel, sondern die **Selbsthilfe** der Genossen untereinander.

▶ Arten von Genossenschaften

Genossenschaften können nach folgenden **Tätigkeitsbereichen** unterschieden werden:

● **Einkaufsgenossenschaften**

- im Einzelhandel (Edeka, Rewe, Spar)
- im Handwerk (Metzgereigenossenschaften)
- in der Landwirtschaft (zum Erwerb von Saatgut, Düngemitteln und Maschinen)

● **Produktions- und Absatzgenossenschaften**

Molkereigenossenschaften, Winzergenossenschaften, Obst- und Gemüseverwertungsgenossenschaften

● **Kreditgenossenschaften**

Raiffeisenbanken, Volksbanken

● **Baugenossenschaften**

Wohnungsbau, Wohnungsverwaltung

● **Verkehrsgenossenschaften**

Straßenverkehrsbetriebe, Binnenschiffahrt

▶ **Gründung** (§§ 4 ff. GenG)

Zur Gründung einer Genossenschaft sind mindestens **sieben Genossen** erforderlich, die den Gesellschaftsvertrag **(Statut)** schriftlich festlegen müssen. Nach der Wahl der Organe wird die Genossenschaft in das Genossenschaftsregister eingetragen.

▶ **Mitgliedschaft** (§ 15 I GenG)

Zum Erwerb der Mitgliedschaft in einer Genossenschaft muß eine Beitrittserklärung unterzeichnet werden.

▶ **Haftung** (§§ 2 und 6 GenG)

Jeder Genosse muß sich mit der im Statut festgelegten Einlage **(Geschäftsanteil)** an der Genossenschaft beteiligen. Der Einlagebetrag ist für alle Mitglieder gleich hoch. Allerdings kann das Statut bestimmen, daß sich Genossen mit mehreren Geschäftsanteilen beteiligen können. Im Gegensatz zu den Kapitalgesellschaften hat die Genossenschaft kein festes Grundkapital, da die Anzahl der Genossen nicht begrenzt ist. Die Genossen haften gegenüber der Genossenschaft nur in Höhe ihrer Einlagen, es sei denn, das Statut sieht vor, daß die Mitglieder im Konkursfall weitere Zahlungen zu leisten haben (Nachschußpflicht). Wurde diese Nachschußpflicht vertraglich ausgeschlossen, haftet gegenüber den Gläubigern nur das Gesellschaftsvermögen.

▶ **Organe der Genossenschaft**

Ähnlich wie die Aktiengesellschaft hat auch die Genossenschaft drei Organe.

● **Generalversammlung** (§§ 43 ff. GenG)

Oberstes Organ der Genossenschaft ist die Generalversammlung, in der jeder Genosse (unabhängig von der Anzahl seiner Geschäftsanteile) nur eine Stimme hat. Zu den **Aufgaben** der Generalversammlung zählen:
- Wahl von Aufsichtsrat und Vorstand;
- Beschluß über die Gewinn- und Verlustverteilung;
- Entlastung von Vorstand und Aufsichtsrat.

● **Aufsichtsrat** (§§ 9, 36 ff. GenG)

Der Aufsichtsrat besteht aus mindestens drei Genossen und kontrolliert die Tätigkeit des Vorstandes.

● **Vorstand** (§§ 24 ff. GenG)

Der Vorstand besteht aus mindestens zwei Genossen. Seine **Aufgaben** sind:
- Geschäftsführung und Vertretung;
- Aufstellung des Jahresabschlusses und des Lageberichtes;
- Führung des Verzeichnisses der Genossen;
- Einberufung der Generalversammlung.

▶ **Pflichten und Rechte der Genossen**

- Leistung der festgelegten Einlage;
- Benutzung genossenschaftlicher Einrichtungen;
- Beteiligung am Gewinn oder Verlust (§ 19 GenG);
- Kündigung (§ 65 GenG);
  Eine Kündigung kann zum Ablauf eines Geschäftsjahres mit dreimonatiger Frist erfolgen.

▶ **Auflösung der Genossenschaft** (§§ 78 ff. GenG)

Auflösungsgründe einer Genossenschaft können sein:

- Beschluß der Generalversammlung mit mindestens Dreiviertel der abgegebenen Stimmen;
- Ablauf der im Statut vereinbarten Zeit;
- Auflösung durch das Gericht bei Absinken der Mitgliederzahl unter sieben Personen;
- Konkurseröffnung.

▶ **Bedeutung der Genossenschaft**

Die Genossenschaften – entstanden während der Industrialisierung des 19. Jahrhunderts – waren zunächst vorwiegend Selbsthilfeorganisationen sozial und wirtschaftlich schwacher Gruppen. Heute sind sie in weitem Umfang zu kaufmännisch geführten Unternehmungen geworden, die ihre Mitglieder im Konkurrenzkampf mit den Großunternehmungen unterstützen.

Aufgaben

(1) Welche Vor- und Nachteile bietet die Einzelunternehmung gegenüber Personenunternehmungen und Kapitalgesellschaften?

(2) Aus welchem Grund wird der Stille Gesellschafter als „still" bezeichnet?

(3) Erläutern Sie die Begriffe „Innenverhältnis" und „Außenverhältnis" sowie „Geschäftsführung" und „Vertretung" am Beispiel der OHG!

(4) Nennen Sie die Unterschiede in der Gewinnverteilung bei OHG und KG!

(5) Beschreiben Sie die Unterschiede zwischen Komplementären und Kommanditisten!

(6) Wodurch unterscheidet sich die GmbH & Co. KG von einer KG?

(7) Warum nimmt die BGB-Gesellschaft unter den Personengesellschaften eine Sonderstellung ein?

(8) Konstruieren Sie für die verschiedenen Anwendungsbereiche der BGB-Gesellschaft jeweils ein Beispiel!

(9) Welches Mindestkapital einer GmbH ist vorgeschrieben, und wie hoch muß eine Stammeinlage sein?

(10) Verdeutlichen Sie die Begriffe „Grundkapital", „Aktie", „Nennwert" und „Kurswert"!

(11) Welche Aufgaben haben die Organe einer AG?

(12) Charakterisieren Sie die wesentlichen Unterschiede zwischen Personen- und Kapitalgesellschaften!

(13) Vergleichen Sie das Stimmrecht der Aktionäre einer AG mit dem Stimmrecht von Genossenschaftsmitgliedern!

Zusammenfassung

Rechtsformen von Unternehmungen

Unternehmungsform / Merkmale	Einzelunternehmung	Personengesellschaften					Kapitalgesellschaften		Eingetragene Genossenschaft
		Stille Gesellschaft	OHG	KG	GmbH & Co. KG	BGB-Gesellschaft	GmbH	AG	
Kapitalaufbringung	Einzelunternehmer bringt Kapital allein auf	Einzelunternehmer und stiller Gesellschafter	mindestens 2 Gesellschafter	mindestens 2 Gesellschafter: Komplementär u. Kommanditist	mindestens 2 Gesellschafter	mindestens 2 Gesellschafter	mindestens ein Gesellschafter mit 50 000 DM Stammkapital	mindestens ein Aktionär mit 100 000 DM Grundkapital	mindestens 7 Genossen
Haftung	mit Privat- und Geschäftsvermögen	Einzelunternehmer mit Privat- und Geschäftsvermögen; Stiller mit Einlage	alle Gesellschafter mit Privat- und Geschäftsvermögen	Komplementäre wie bei OHG; Kommanditisten mit Einlagen	Komplementär mit Geschäftsvermögen der GmbH; Kommanditisten mit Einlagen	alle Gesellschafter mit Privat- und Geschäftsvermögen	Gesellschaftsvermögen[1]	Gesellschaftsvermögen[1]	Genossen mit Geschäftsanteilen
Geschäftsführung	Einzelunternehmer	Einzelunternehmer: Kontrollrecht des Stillen	gewöhnliche Geschäfte; jeder Gesellschafter allein; außergewöhnliche Geschäfte: alle Gesellschafter gemeinsam	Komplementäre; Zustimmung der Kommanditisten bei außergewöhnlichen Geschäften erforderlich	Geschäftsführer der GmbH; Zustimmung der Kommanditisten bei außergewöhnlichen Geschäften erforderlich	alle Gesellschafter gemeinsam	Geschäftsführer: Kontrolle durch Gesellschafterversammlung und Aufsichtsrat	Vorstand: Kontrolle durch Hauptversammlung und Aufsichtsrat	Vorstand: Kontrolle durch Generalversammlung und Aufsichtsrat
Vertretung	Einzelunternehmer	Einzelunternehmer	jeder Gesellschafter allein	Komplementäre	Geschäftsführer der GmbH	alle Gesellschafter gemeinsam	Geschäftsführer	Vorstand	Vorstand
Gewinnzuweisung	allein an den Einzelunternehmer	an Einzelunternehmer und Stillen in angemessenem Verhältnis	4% auf Kapitalanteil; Rest nach Köpfen	4% auf Kapitalanteil; Rest in angemessenem Verhältnis	4% auf Kapitalanteil; Rest in angemessenem Verhältnis	nach Köpfen	im Verhältnis der Geschäftsanteile	im Verhältnis der Aktiennennbeträge (Dividende)	im Verhältnis der Geschäftsguthaben der einzelnen Genossen

1 Das Verlustrisiko des Gesellschafters (GmbH) bzw. Aktionärs (AG) ist auf die Höhe der Einlage beschränkt.

4 Mitarbeiter in der Einzelhandelsunternehmung

4.1 Tätigkeitsmerkmale der kaufmännischen Mitarbeiter im Einzelhandel

In einem kleinen Einzelhandelsgeschäft führt der Inhaber selbst alle wesentlichen kaufmännischen Aufgaben aus. Mit zunehmender Größe der Einzelhandelsunternehmung sind Mitarbeiter erforderlich, denen unterschiedliche Tätigkeiten übertragen werden. Mit steigender Berufserfahrung und zunehmender Qualifikation (z.B. durch Fortbildungsmaßnahmen) können diese Mitarbeiter mehr Verantwortung übernehmen. Es ergeben sich somit entsprechende Aufstiegsmöglichkeiten im Einzelhandel.

Nach der Ausbildung zum Einzelhandelskaufmann/zur Einzelhandelskauffrau können folgende Verantwortungsbereiche übernommen werden:

● **Erstverkäufer**, der in kleinen Geschäften den Inhaber, in größeren den Substitut vertritt.

● **Substitut**, der den Abteilungsleiter unterstützt, dessen Stellvertreter ist und der häufig nach guten Leistungen selbst Abteilungsleiter wird.

● **Abteilungsleiter**, der eigenverantwortlich eine Abteilung führt.

● **Geschäftsführer**, der die Verantwortung für alle Abteilungen einer Einzelhandelsunternehmung trägt.

Als weitere kaufmännische Mitarbeiter sind zu nennen:

● **Nachwuchskraft**, die meist eine weiterführende Schulbildung (z.B. Abitur) hat und durch intensive betriebliche Schulung zum Substituten ausgebildet wird.

● **Filialleiter**, der die Zweigstelle einer Einzelhandelsunternehmung selbständig leitet.

4.2 Rechtliche Stellung und Vollmachten der Mitarbeiter

Alle zuvor beschriebenen Mitarbeiter sind kaufmännische Angestellte. Sie unterscheiden sich allerdings hinsichtlich der ihnen eingeräumten Vollmachten.

4.2.1 Kaufmännischer Angestellter *(§§ 59 ff. HGB)*

▶ **Begriff** (§ 59 HGB)

Der kaufmännische Angestellte (im HGB als **Handlungsgehilfe** bezeichnet) ist ein Mitarbeiter, der in einem Handelsbetrieb kaufmännische Arbeiten verrichtet. Er steht in einem festen Arbeitsverhältnis und bezieht ein Gehalt.

> *Zu diesem Mitarbeiterkreis gehören:* Verkäufer, Kassierer, Einkäufer, Buchhalter, Sekretärinnen, Substituten, Filialleiter und Abteilungsleiter.
>
> *Keine kaufmännischen Angestellten sind:* Kraftfahrer, Handwerker, Pförtner und Hausdetektive.

▶ **Pflichten des kaufmännischen Angestellten**

● **Dienstleistungspflicht**

Der kaufmännische Angestellte ist verpflichtet, diejenigen Arbeiten zu verrichten, die im **Arbeitsvertrag** mit dem Arbeitgeber festgelegt wurden.

● **Treuepflicht**

Der kaufmännische Angestellte hat an der Erreichung der Unternehmungsziele mitzuwirken und nachteilige Handlungen zu unterlassen. Deshalb muß er über **Betriebs- und Geschäftsgeheimnisse** Verschwiegenheit wahren. Zudem ist er verpflichtet, drohende oder entstandene Schäden oder Störungen im Arbeitsvorgang zu melden.

● **Wettbewerbsverbot** (§ 60 I HGB)

Ohne Einwilligung des Arbeitgebers darf der kaufmännische Angestellte **kein eigenes Handelsgeschäft** betreiben. Selbst gelegentliche Geschäfte darf er im Geschäftszweig seines Arbeitgebers nicht abwickeln **(gesetzliches Wettbewerbsverbot)**.

▶ **Pflichten des Arbeitgebers**

● **Fürsorgepflicht** (§ 62 I HGB)

Der Arbeitgeber muß das Geschäft so einrichten und die Arbeitszeit so einteilen, daß die Gesundheit des Arbeitnehmers nicht beeinträchtigt wird.

● **Gehaltszahlung** (§§ 63 I, 64 HGB)

Spätestens am Ende eines Monats muß der Arbeitgeber das vereinbarte Gehalt zahlen, dessen Höhe durch **Tarif- bzw. Arbeitsvertrag** festgelegt wurde. Im Krankheitsfall hat der Angestellte Anspruch darauf, daß sein Gehalt bis zu sechs Wochen weitergezahlt wird. Zur Vergütung zählen auch:

- – Prämien
- – Provisionen und Gewinnbeteiligungen
- – Rabattgewährung beim Kauf im Geschäft (Personalkauf)
- – Weihnachtsgeld (Gratifikation)

● **Urlaubsgewährung**

Die Dauer des jährlichen Urlaubs richtet sich zunächst nach gesetzlichen Regelungen (Mindesturlaubsdauer), ferner nach den Tarifvereinbarungen.

● **Pflicht zur Ausstellung eines Zeugnisses** (§ 73 HGB)

Bei der Beendigung des Dienstverhältnisses kann der kaufmännische Angestellte ein schriftliches Zeugnis über Art und Dauer der Beschäftigung fordern **(einfaches Zeugnis)**. Darüber hinaus kann er verlangen, daß dieses auch über die Führung und Leistung Auskunft gibt **(qualifiziertes Zeugnis)**. Ein qualifiziertes Zeugnis darf allerdings keine negativen Beurteilungen enthalten.

▶ **Kündigung und Kündigungsschutz** (§§ 622, 626 BGB)

In der Regel sind Arbeitsverhältnisse auf Dauer angelegt. Zu ihrer Beendigung ist deshalb eine Kündigung notwendig. In bestimmten Ausnahmefällen (z.B. bei zeitlich befristeten Arbeitsverhältnissen wie bei Aushilfskräften im Sommerschlußverkauf) ist eine Kündigung nicht erforderlich (vgl. S. 418ff.).

4.2.2 Handlungsbevollmächtigter *(§§ 54 ff. HGB)*

Aus dem Kreis der Mitarbeiter, deren sich ein Kaufmann zur Führung seiner Unternehmung bedient, übernehmen bestimmte kaufmännische Angestellte besondere Verantwortung. Sie erhalten **„Vertretungsmacht"**.

Begriff (§ 54 I HGB)

Eine Handlungsvollmacht kann sich auf alle Tätigkeiten, die im täglichen Geschäftsverkehr anfallen, erstrecken.

▶ Arten und Umfang der Handlungsvollmacht

● Generalhandlungsvollmacht

Sie bezieht sich auf **alle gewöhnlichen Tätigkeiten** in einem Handelsgewerbe.

> Abteilungsleiter werden mit der Durchführung aller anfallenden Geschäfte betraut wie Einkauf und Verkauf von Waren, Zahlungsabwicklungen, Einstellung und Entlassung von Mitarbeitern.

● Arthandlungsvollmacht

Sie bezieht sich nur auf **bestimmte Arten von Geschäften**.

> Geschäfte gleicher Art werden dauernd von einer Person ausgeführt wie die Bestellung bestimmter Waren durch den Einkäufer oder die Entgegennahme von Zahlungen an einer Kasse.

● Spezialhandlungsvollmacht

Sie bezieht sich nur auf **ein einzelnes Geschäft**.

> Anmietung eines Lagerraumes, Entgegennahme einer Warensendung, Einlösung eines Barschecks

▶ Erteilung der Handlungsvollmacht

Eine Handlungsvollmacht kann vom Geschäftsinhaber oder seinem Prokuristen erteilt werden. Allerdings können Handlungsbevollmächtigte selbst beschränkte **Untervollmachten** erteilen.

> *Der Generalhandlungsbevollmächtigte erteilt:*
> – Arthandlungsvollmacht oder
> – Spezialhandlungsvollmacht
>
> *Der Arthandlungsbevollmächtigte erteilt:*
> – Spezialhandlungsvollmacht

▶ Zeichnung der Handlungsvollmacht (§ 57 HGB)

Der Handlungsbevollmächtigte unterzeichnet üblicherweise so, daß er zur Firma den Zusatz **i.A.** (im Auftrag) oder **i.V.** (in Vollmacht) mit seinem Namen anfügt.

Textilhaus Werner Holz	Schmuck-Krause GmbH
i. A. Büchner	i.V. A. Kreuzberg

▶ Erlöschen der Handlungsvollmacht

Gründe für die Beendigung des Vollmachtsverhältnisses sind:
– Auflösung des Arbeitsverhältnisses,
– Widerruf durch den Vollmachtgeber,
– endgültige Einstellung des Geschäftsbetriebes.

4.2.3 Prokurist *(§§ 48 ff. HGB)*

▶ **Begriff**

Die Prokura (lat. procurare = besorgen, verwalten) ist eine besonders weitgefaßte Vollmacht, die dazu berechtigt, eine Unternehmung voll zu vertreten. Der Prokurist kann also – im Gegensatz zum Handlungsbevollmächtigten – **auch außergewöhnliche Geschäfte** abschließen.

▶ **Arten der Prokura**

● **Einzelprokura**

Die Einzelprokura ermächtigt den Prokuristen allein, d.h. selbständig, alle Geschäfte des Handelsbetriebes auszuführen.

● **Gesamtprokura**

Bei der Gesamtprokura dürfen nur zwei oder mehr Prokuristen gemeinsam die Unternehmung vertreten.

● **Filialprokura**

In diesem Fall ist der Prokurist lediglich berechtigt, die Geschäfte einer Filiale abzuwickeln.

● **Gemischte Prokura**

Gemischte Prokura bedeutet, daß der Prokurist nur gemeinsam mit einem geschäftsführenden Gesellschafter einer OHG oder KG, dem Geschäftsführer einer GmbH oder einem Vorstandsmitglied einer AG handeln darf.

▶ **Umfang der Prokura** (§§ 49 f. HGB)

Die Prokura ermächtigt zu allen Arten von gerichtlichen und außergerichtlichen Geschäften und Rechtshandlungen, die der Betrieb irgendeines Handelsgewerbes mit sich bringt. Sie umfaßt demnach auch außergewöhnliche Geschäfte, allerdings **mit Ausnahme folgender Vorfälle**:
- Verkauf des Geschäfts,
- Änderung oder Löschung der Firma,
- Anmeldung des Konkurses,
- Prokuraerteilung an andere Mitarbeiter,
- Vornahme von Anmeldungen zum Handelsregister,
- Unterschreiben von Bilanzen oder Steuererklärungen,
- Leisten eines Eides für den Inhaber einer Unternehmung,
- Veräußerung oder Belastung von Grundstücken (falls ihm nicht eine zusätzliche Befugnis hierzu erteilt wurde).

Ein Kunde, der mit einem Prokuristen Geschäfte abschließt, kann sich grundsätzlich darauf verlassen, daß dieser tatsächlich die Unternehmung in allen Fällen (mit Ausnahme der oben genannten) vertreten darf. **Eine Beschränkung der Vollmacht gegenüber Außenstehenden ist somit nicht möglich.** Allerdings kann der Handlungsspielraum des Prokuristen für Tätigkeiten innerhalb der Unternehmung durch den Inhaber begrenzt werden.

> Wurde einem Prokuristen die Ausstellung von Wechseln untersagt und unterzeichnet er trotzdem einen Wechsel, so ist dieser zwar dem Außenstehenden gegenüber gültig (Außenverhältnis). Der Prokurist haftet jedoch gegenüber dem Inhaber der Unternehmung für einen möglicherweise eintretenden Schaden (Innenverhältnis).

► **Erteilung der Prokura** (§§ 48 I, 53 I HGB)

Die Prokura kann nur vom Inhaber des Handelsgeschäftes und nur durch ausdrückliche Erklärung erteilt werden. Sie muß zur Eintragung in das Handelsregister angemeldet werden. Dort hinterlegt der Prokurist seine Unterschrift.

► **Zeichnung der Prokura** (§ 51 HGB)

Der Prokurist hat in der Weise den Geschäftsverkehr abzuzeichnen, daß er zur Firma seinen Namen mit einem die Prokura andeutenden Zusatz anfügt. Dieser Zusatz lautet **ppa.** (= per procura).

Zeichnung bei Einzelprokura	*Zeichnung bei Gesamtprokura*
Klaus Wagner	Arndt, Hendler, Schneider OHG
Weingroßhandlung	Elektroinstallation
ppa. B. Friedrich	ppa. Schäfer ppa. Ellermann

B. Friedrich   *Schäfer*   *Ellermann*

► **Erlöschen der Prokura**

Die Prokura erlischt durch:
– Widerruf des Vollmachtgebers,
– Auflösung des Arbeitsverhältnisses,
– Geschäftsaufgabe, Konkurseröffnung oder Verkauf des Geschäftes.

Die Prokura bleibt allerdings solange bestehen, bis sie im Handelsregister gelöscht ist. So werden außenstehende Dritte solange geschützt, bis sie von der Löschung erfahren können.

Zusammenfassung

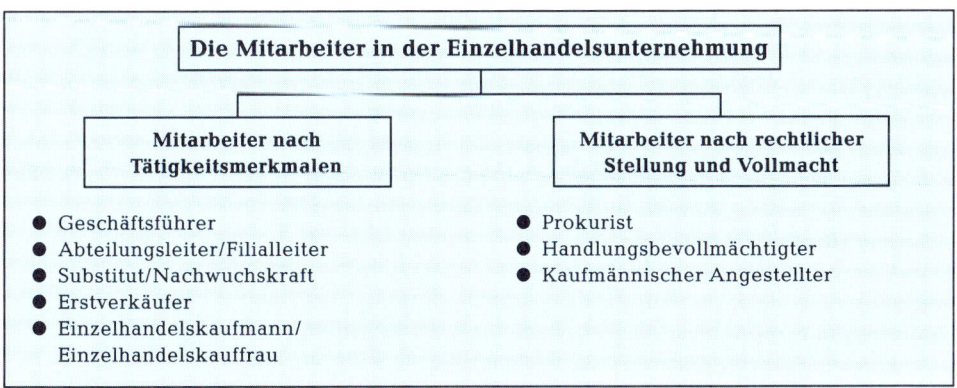

Die Mitarbeiter in der Einzelhandelsunternehmung	
Mitarbeiter nach Tätigkeitsmerkmalen	**Mitarbeiter nach rechtlicher Stellung und Vollmacht**
● Geschäftsführer	● Prokurist
● Abteilungsleiter/Filialleiter	● Handlungsbevollmächtigter
● Substitut/Nachwuchskraft	● Kaufmännischer Angestellter
● Erstverkäufer	
● Einzelhandelskaufmann/ Einzelhandelskauffrau	

Aufgaben

(1) Beschreiben Sie die Aufstiegsmöglichkeiten im Einzelhandel!

(2) Welche Rechte und Pflichten ergeben sich für den kaufmännischen Angestellten aus einem Arbeitsvertrag?

(3) Eine 32jährige kaufmännische Angestellte, die seit 14 Jahren in derselben Unternehmung tätig ist, will zum 01. September eine neue Stelle antreten. Wann muß sie spätestens kündigen?

(4) Erklären Sie die verschiedenen Vollmachtsarten bei Handlungsvollmacht und Prokura!

(5) Verdeutlichen Sie die Unterschiede zwischen einem Handlungsbevollmächtigten und einem Prokuristen!

5 Kooperation und Konzentration von Unternehmungen im Einzelhandel

5.1 Kooperationsformen

Unter **Kooperation** versteht man jede freiwillige, vertraglich geregelte Zusammenarbeit rechtlich und wirtschaftlich selbständiger Unternehmungen zur Verbesserung ihrer Leistungsfähigkeit. Man unterscheidet dabei einerseits „gemeinsames Handeln" und andererseits „festere gemeinsame Zusammenschlüsse".

▶ **Gemeinsames Handeln**

● **Standortkooperation im Einzelhandel**

Bei dieser Form der Zusammenarbeit bieten Einzelhandelsunternehmungen mit sich ergänzendem Sortiment ihre Waren in einem gemeinsamen Geschäftshaus an. Voraussetzung zum Gelingen einer solchen Kooperation ist, daß die beteiligten Unternehmungen bereit sind, ihre Geschäftspolitik aufeinander abzustimmen. Es muß darauf geachtet werden, daß die gleichen Käuferschichten angesprochen werden und die beteiligten Unternehmungen für die Kunden eine Einheit bilden.

> In den Geschäftsräumen vieler Supermärkte bieten selbständige Einzelhändler ergänzende Waren und Dienstleistungen (Reinigung, Backwaren, Tabakwaren, Zeitschriften oder Blumen) an.

● **Gemeinschaftswerbung**

Die Gemeinschaftswerbung gewinnt im Handel immer mehr an Bedeutung. Sie stellt eine Verstärkung und Ergänzung der individuellen Werbung des Einzelhändlers dar. Besonders häufig wirbt der Einzelhandel in Mittelstädten und Geschäftszentren der Großstädte gemeinsam. Die notwendigen finanziellen Mittel werden durch alle Werbetreibenden aufgebracht und anhand eines Schlüssels, der u. a. die jeweilige Geschäftsgröße berücksichtigt, umgelegt.

> So gehört es zu den Aufgaben der Werbegemeinschaften, Weihnachtsbeleuchtungen in den großen Einkaufsstraßen zu organisieren.

- **Zusammenarbeit auf dem Gebiet der elektronischen Datenverarbeitung**

Der Einzelhandelsbetrieb hat die Möglichkeit, sein Rechnungswesen auf betriebsfremde Rechenzentren zu übertragen. Die **„Betriebswirtschaftliche Beratungsstelle für den Einzelhandel"** (BBE) in Köln (eine Selbsthilfeeinrichtung der Hauptgemeinschaft des Deutschen Einzelhandels) ist ein Beispiel für die Zusammenarbeit der Einzelhändler auf dem Gebiet der EDV. Die BBE bietet Standardprogramme für die Finanzbuchhaltung und die Betriebsstatistik an.

▶ **Festere gemeinsame Zusammenschlüsse**

Aufgrund des verstärkten Wettbewerbs im Einzelhandel kam es zur Bildung von Gruppen, deren Aufgabe es ist, die Existenz und die Wettbewerbsfähigkeit der einzelnen selbständig bleibenden Unternehmungen zu sichern. Zu diesen Gruppen zählen Einkaufsgenossenschaften, freiwillige Ketten und Einkaufsverbände.

- **Einkaufsgenossenschaften**

  Einkaufsgenossenschaften sind Zusammenschlüsse von Einzelhändlern, nicht nur zum Zweck des gemeinsamen Einkaufs. Nachdem zunächst die Beschaffung von preisgünstigen Waren im Vordergrund stand, erstrecken sich die Aufgaben mittlerweile auch auf gemeinsame Werbung, Lagerhaltung und Organisationsfragen.

  ▌ EDEKA eG, REWE eG

- **Freiwillige Ketten**

  In freiwilligen Ketten arbeiten Großhändler mit vielen Einzelhändlern zusammen. Häufig übernimmt eine „Kettenzentrale" die allgemeinen Dienstleistungen (Beratung, Schulung und die Vorbereitung von Marketingaktionen) für die angeschlossenen Mitglieder.

  ▌ Spar, Vivo, A&O

- **Einkaufsverbände**

  In diesen Verbänden sind vornehmlich Facheinzelhändler zusammengeschlossen wie z. B. in der „Bundesvereinigung Deutscher Einkaufsverbände" (BEV). Daneben gibt es Verbände, die sich aus Großhandlungen oder Groß- und Einzelhandelsbetrieben zusammensetzen. Die Aufgaben der Einkaufsverbände liegen im verbilligten Einkauf, in der Sortimentsberatung, Standortanalyse und Werbung.

5.2 Konzentrationsformen

Unter **Konzentration** (Zusammenfassung) versteht man sowohl Formen der Zusammenarbeit als auch solche Zusammenschlüsse, bei denen die Unternehmungen mindestens einen Teil ihrer wirtschaftlichen Selbständigkeit aufgeben.

Im Gegensatz zur **Kooperation** besteht bei den meisten Formen der Konzentration viel eher die Gefahr, daß der Wettbewerb zwischen vorher konkurrierenden Unternehmungen eingeschränkt oder gar vollkommen unterbunden wird. Beherrschen einige wenige Unternehmungen den Markt, können sich kleinere Mitwettbewerber nicht mehr behaupten. Es besteht die Gefahr, daß Preise willkürlich festgelegt werden und sich nicht mehr durch Angebot und Nachfrage bilden oder daß die Wahlmöglichkeiten der Verbraucher beim Erwerb eines bestimmten Gutes erheblich eingeschränkt werden.

Derartige Konzentrationsformen treten am Markt insbesondere als Kartelle, Konzerne oder Trusts in Erscheinung.

▶ **Kartell**

Kartelle sind **vertragliche Vereinbarungen**, mit denen das gemeinsame Verhalten von Unternehmungen am Markt abgestimmt werden soll. Dabei bleiben die Vertragspartner in den Bereichen, die von der Absprache nicht betroffen werden, rechtlich und wirtschaftlich selbständig.

- Die Hersteller von Motorrädern vereinbaren, bei Lieferung an den Einzelhandel 25% Rabatt zu gewähren.
- Unternehmungen der Hohlglasindustrie einigen sich darauf, nur noch Flaschen bestimmter Größen zu produzieren.

▶ **Konzern**

Eine weitergehende Form der Konzentration stellt der Konzern dar. Hier bleiben die miteinander verbundenen Unternehmungen zwar **rechtlich selbständig, verlieren aber ihre wirtschaftliche Unabhängigkeit**. Häufig erwirbt eine Unternehmung die Kapitalmehrheit über andere und unterstellt sie damit einer **einheitlichen Leitung**.

▶ **Trust**

Der Trust ist ein Zusammenschluß von Unternehmungen, die ihre **rechtliche und wirtschaftliche Selbständigkeit aufgeben** und durch diese **Fusion** (= Verschmelzung) eine neue Gesellschaft bilden.

Konzentration im Einzelhandel

Die „Rewe-Leibbrand OHG" ist unter anderem an folgenden Unternehmungen beteiligt (die Höhe der jeweiligen Beteiligungen wird durch die %-Werte angegeben):

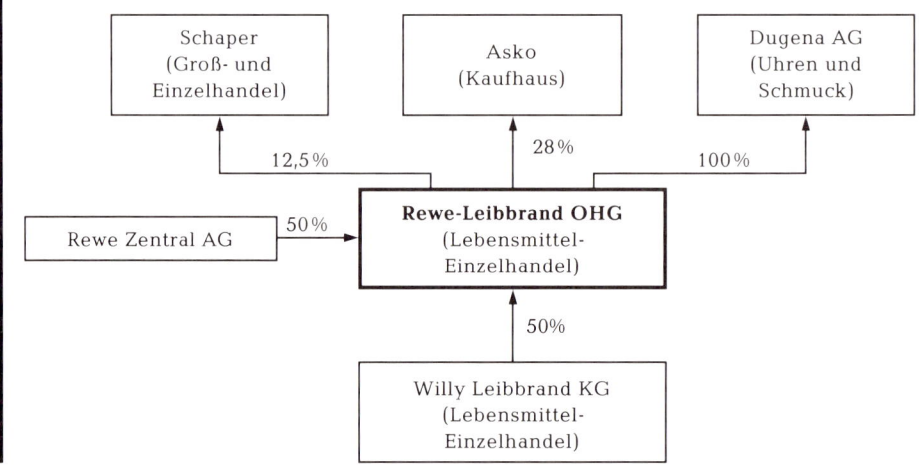

370

Zusammenfassung

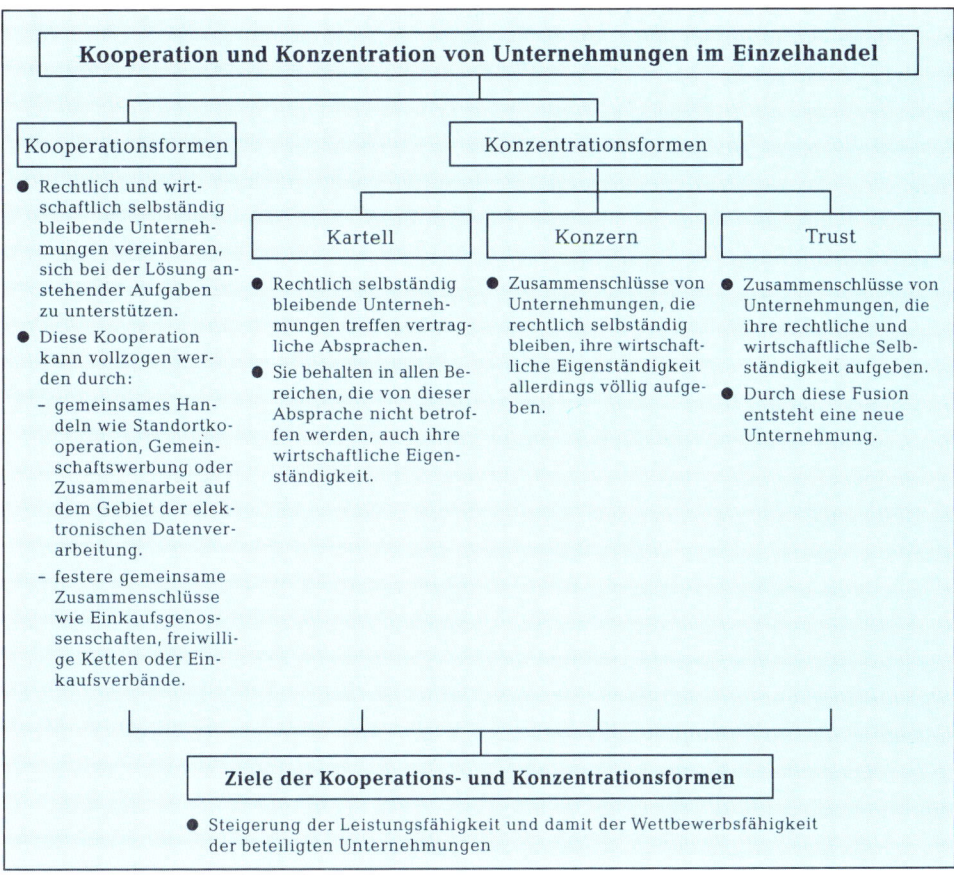

Kooperation und Konzentration von Unternehmungen im Einzelhandel

Kooperationsformen

- Rechtlich und wirtschaftlich selbständig bleibende Unternehmungen vereinbaren, sich bei der Lösung anstehender Aufgaben zu unterstützen.
- Diese Kooperation kann vollzogen werden durch:
  - gemeinsames Handeln wie Standortkooperation, Gemeinschaftswerbung oder Zusammenarbeit auf dem Gebiet der elektronischen Datenverarbeitung.
  - festere gemeinsame Zusammenschlüsse wie Einkaufsgenossenschaften, freiwillige Ketten oder Einkaufsverbände.

Konzentrationsformen

Kartell

- Rechtlich selbständig bleibende Unternehmungen treffen vertragliche Absprachen.
- Sie behalten in allen Bereichen, die von dieser Absprache nicht betroffen werden, auch ihre wirtschaftliche Eigenständigkeit.

Konzern

- Zusammenschlüsse von Unternehmungen, die rechtlich selbständig bleiben, ihre wirtschaftliche Eigenständigkeit allerdings völlig aufgeben.

Trust

- Zusammenschlüsse von Unternehmungen, die ihre rechtliche und wirtschaftliche Selbständigkeit aufgeben.
- Durch diese Fusion entsteht eine neue Unternehmung.

Ziele der Kooperations- und Konzentrationsformen

- Steigerung der Leistungsfähigkeit und damit der Wettbewerbsfähigkeit der beteiligten Unternehmungen

Aufgaben

(1) Nennen Sie weitere Kooperationsmöglichkeiten zwischen Einzelhandelsunternehmungen, und bilden Sie Beispiele!

(2) Um welche Form der Zusammenarbeit handelt es sich, wenn die in einem Warenhaus angebotenen Autoreifen von einem benachbarten Tankstelleninhaber aufgezogen werden? Begründen Sie Ihre Meinung!

(3) Welche Überlegungen könnten einen Einzelhändler dazu veranlassen, sein Rechnungswesen einem Rechenzentrum zu übertragen?

(4) Verdeutlichen Sie den Unterschied zwischen rechtlicher und wirtschaftlicher Selbständigkeit einer Einzelhandelsunternehmung an Beispielen!

(5) Beschreiben Sie wesentliche Unterschiede zwischen Kooperations- und Konzentrationsformen im Handel!

(6) Bei allen Zusammenschlüssen von Unternehmungen besteht grundsätzlich die Gefahr, daß die damit verbundene Macht zuungunsten anderer Marktteilnehmer ausgenutzt wird. Welche Folgen können sich für Mitkonkurrenten und Konsumenten aus der mißbräuchlichen Ausnutzung einer marktbeherrschenden Stellung ergeben?

6 Unternehmungskrisen

6.1 Ursachen für Unternehmungskrisen

Fehler bei Finanzierungs- und Investitionsentscheidungen können maßgeblich dazu beitragen, daß eine Unternehmung in wirtschaftliche Schwierigkeiten gerät und damit zur **„notleidenden Unternehmung"** wird. Grundsätzlich können Krisenursachen sowohl aus innerbetrieblichen Fehlentscheidungen resultieren als auch auf Einflußgrößen von außen zurückgeführt werden.

▶ **Innerbetriebliche Krisenursachen**

● Fehlplanungen und Fehlentscheidungen durch die **Geschäftsleitung**;

● Mangelhafte Auswahl von Mitarbeitern und unzureichende **Personalführung**;

● Über- oder Unterorganisation im **Betrieb**;

● Entscheidungsfehler im **Finanzbereich** durch Über- oder Unterfinanzierung;

● Fehlerhafte **Kapazitätsstruktur** durch zu großes oder zu geringes Anlage- und/ oder Umlaufvermögen.

▶ **Außerbetriebliche Krisenursachen**

● **Absatzeinbußen** infolge allgemeinen Konjunkturrückganges, durch Nachfrageverschiebungen (Modewandel) oder Veränderungen in der Wettbewerbssituation;

● Ausfall von **Forderungen**;

● Einschneidende Verknappung oder Verteuerung von **Rohstoffen** bzw. der zum Weiterverkauf bestimmten **Güter**;

● Verluste durch **höhere Gewalt** (Streiks, Naturkatastrophen);

● Einbußen infolge **politischer Maßnahmen** (Steuererhöhungen, Beschränkungen im Import und Export).

Befindet sich die Unternehmung in einer Kristensituation, können zur Abwendung der aufgetretenen Schwierigkeiten verschiedene Maßnahmen ergriffen werden. Führen diese zu keinem Erfolg, ist die Unternehmung freiwillig oder zwangsweise aufzulösen.

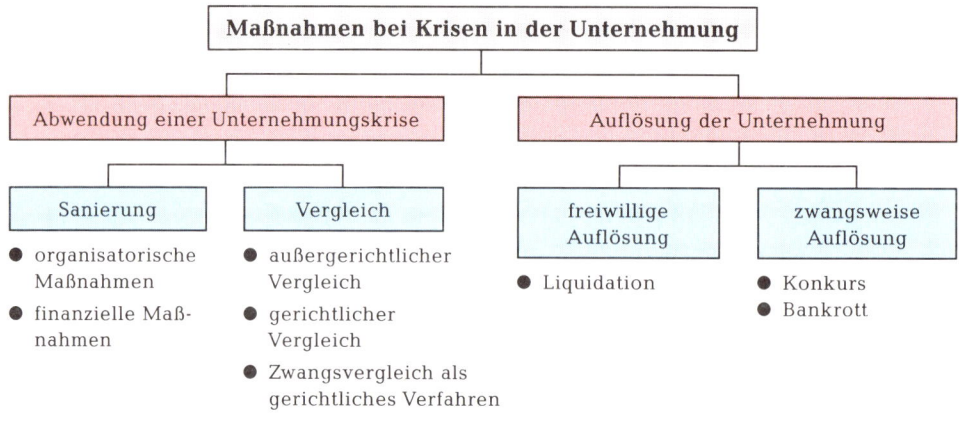

6.2 Maßnahmen zur Abwendung einer Unternehmungskrise

6.2.1 Sanierung

▶ **Begriff der Sanierung**

Unter Sanierung versteht man alle Maßnahmen organisatorischer und finanzieller Art, die eine in Schwierigkeiten geratene Unternehmung wieder funktions- und leistungsfähig machen sollen.

▶ **Organisatorische Maßnahmen**

- **Neugestaltung der Unternehmung** im kaufmännischen und/oder technischen Bereich;
- Veränderungen im **Personalbestand**;
- Überprüfung und gegebenenfalls Änderung des **Sortiments**;
- Einleitung von **Rationalisierungsmaßnahmen**;
- Verstärkte Bemühungen im **Absatzbereich** durch Auftragsbeschaffung und Werbeaktionen;
- Ausweichen auf **neue Geschäftsbereiche**.

▶ **Finanzielle Maßnahmen**

- **Eigenfinanzierung** durch Zuführung neuer Mittel wie Kapitalerhöhung durch die bisherigen Eigentümer oder Aufnahme weiterer Gesellschafter;
- **Fremdfinanzierung** durch Aufnahme von Darlehen oder Lieferantenkrediten.

6.2.2 Vergleich

▶ **Begriff des Vergleichs**

Durch einen Vergleich wird angestrebt, mit Hilfe der Gläubiger eine in Zahlungsschwierigkeiten geratene Unternehmung aus der Krise zu führen. Dabei erklären sich die Gläubiger in einer Vereinbarung bereit, entweder auf einen Teil ihrer Forderungen zu verzichten oder einen Zahlungsaufschub zu gewähren.

▶ **Außergerichtlicher Vergleich**

Bei diesem freiwilligen Vergleich bittet der in Zahlungsschwierigkeiten geratene Kaufmann die Gläubiger, einen der folgenden Vergleichsvorschläge zu akzeptieren, ohne hierbei ein Gericht in Anspruch zu nehmen:

- **Stundungsvergleich,** d. h. Zahlungsaufschub der Forderungen für eine bestimmte Zeit;
- **Erlaßvergleich,** d. h. teilweiser Verzicht auf Forderungen.

Vorteile des außergerichtlichen Vergleichs liegen in der schnellen Durchführbarkeit. Zudem entstehen keine Gerichtskosten, es bedarf keiner amtlichen Veröffentlichung der Vorgänge.

Nachteile zeigen sich häufig in der schwierigen Verhandlung mit den Gläubigern. Für diese kann sich das Problem ergeben, daß sie bei einem späteren Konkurs die zuvor erlassenen Forderungen nicht mehr geltend machen, sondern nur noch Restforderungen anmelden können.

▶ Gerichtlicher Vergleich

Kommt ein außergerichtlicher Vergleich nicht zustande, kann der Schuldner beim zuständigen Amtsgericht einen Antrag auf Eröffnung des Vergleichsverfahrens mit dem Ziel stellen, einen drohenden Konkurs abzuwenden. Mit dem Antrag reicht er u.a. folgende Unterlagen ein (§ 4 VerglO):

● **Vergleichsvorschlag**

Den Vergleichsgläubigern muß die Zahlung von mindestens 35% ihrer Forderungen geboten werden (§ 7 I VerglO). Bei einem Zahlungsziel von mehr als einem Jahr erhöht sich diese Vergleichsquote auf mindestens 40% (§ 7 II VerglO).

● **Vermögensaufstellung** (§ 5 VerglO)

● **Gläubiger- und Schuldnerverzeichnis** (§ 6 VerglO)

Das Gericht holt bei der Industrie- und Handelskammer ein **Gutachten** über den Schuldner ein und bestellt einen **Vergleichsverwalter** (§ 11 VerglO). Sodann wird die **Vergleichswürdigkeit** geprüft, d.h., es muß die Gewähr bestehen, daß der Schuldner nach dem Vergleichsverfahren wieder in der Lage sein wird, seinen Zahlungsverpflichtungen nachzukommen. Erscheint der Schuldner vergleichswürdig, wird die **Vergleichseröffnung** in das Handelsregister eingetragen und veröffentlicht (§§ 22 I und 23 II VerglO).

● **Zustandekommen des Vergleichs**

Bei der gerichtlichen Verhandlung, dem **Vergleichstermin**, wird über den Vergleichsvorschlag abgestimmt. Ein Vergleich kommt zustande, wenn bei einer

- **Vergleichsquote über 50%** die Mehrheit der Gläubiger, die mindestens 75% der Forderungen besitzen müssen, oder bei einer
- **Vergleichsquote unter 50%** die Mehrheit der Gläubiger, die mindestens 80% der Forderungen besitzen müssen,

zustimmt (§ 74 VerglO).

● **Folgen des Vergleichsverfahrens**

Bestätigt das Gericht den Vergleich, so ist dieser für alle am Verfahren beteiligten Gläubiger bindend (§§ 78, 82 VerglO). Der Vergleich wird in das Handelsregister eingetragen und veröffentlicht.

Kommt es bei den Bemühungen um einen Vergleich zu keiner Einigung unter den Gläubigern, so beschließt das Gericht über die Konkurseröffnung **(Anschlußkonkurs)** (§ 102 VerglO).

▶ Zwangsvergleich

Der Zwangsvergleich ist ein gerichtliches Verfahren, durch den ein bereits **eröffneter Konkurs** aufgehoben wird (§ 173 KO). Der Schuldner versucht hierdurch, seine Unternehmung vor der zwangsweisen Auflösung zu bewahren. Der Zwangsvergleich kann beschlossen werden, wenn die bevorrechtigten Gläubiger restlos befriedigt worden sind.

Zu den **bevorrechtigten Gläubigern** zählen:

- **Aussonderungsberechtigte** (§§ 43 – 46 KO)

Gläubiger mit Eigentumsrechten an Gegenständen, die sich im Besitz des Schuldners befinden.

> Unter Eigentumsvorbehalt gelieferte Waren
> Verliehene, vermietete oder verpachtete Gegenstände

374

- **Absonderungsberechtigte** (§§ 47–51 KO)

  Gläubiger, deren Forderungen durch ein Pfandrecht oder durch Sicherungsübereignung in besonderer Weise gesichert sind.

  ▮ Hypotheken, Grundschuld

- **Gläubiger mit vorzugsweiser Befriedigung ihrer Forderungen** (§ 61 KO)

  > Arbeitnehmer mit rückständigen Lohn- bzw. Gehaltsforderungen
  > Öffentliche Hand (Steuerzahlungen) für das letzte Jahr vor Eröffnung des Konkursverfahrens

● **Zustandekommen des Zwangsvergleichs**

Der Schuldner unterbreitet den Gläubigern einen **Vergleichsvorschlag**, der eine höhere Quote vorsieht, als beim Konkurs zu erwarten ist. Diese Vergleichsquote muß mindestens 20% der nicht bevorrechtigten Forderungen betragen (§ 187 KO).

Auf einer Gläubigerversammlung gilt der Vorschlag als angenommen, wenn die Mehrheit der nicht bevorrechtigten Gläubiger, die mindestens 75% der Forderungen auf sich vereinen, zustimmt (§ 182 KO).

● **Folgen des Zwangsvergleichs**

Nach der Bestätigung des Zwangsvergleichs durch das Gericht ist dieser für alle nichtbevorrechtigten Gläubiger bindend. Das Konkursverfahren wird aufgehoben, und die Restforderungen sind erlassen (§ 193 KO). Der Zwangsvergleich wird in das Handelsregister eingetragen und veröffentlicht.

6.3 Freiwillige Auflösung der Unternehmung

6.3.1 Auflösungsgründe

Gründe für die freiwillige Auflösung einer Unternehmung können persönlicher oder sachlicher Natur sein.

▶ **Persönliche Gründe**

- Krankheit bzw. Arbeitsunfähigkeit;
- Hohes Alter;
- Tod des Inhabers;

- Ausscheiden eines Gesellschafters;
- Streit unter den Gesellschaftern oder Erben.

▶ **Sachliche Gründe**

- Erreichen der Unternehmungsziele;
- Erdrückender Wettbewerb;

- Konjunkturkrisen;
- Zahlungsunfähigkeit.

6.3.2 Liquidation

Bei dieser freiwilligen Einstellung der Unternehmenstätigkeit werden alle Vermögenswerte in **liquide Mittel**, d.h. in Geld umgewandelt und bestehende Verbindlichkeiten beglichen. Eine solche Auflösung ist dann sinnvoll, wenn die künftige wirtschaftliche Existenz der Unternehmung nicht mehr gesichert erscheint.

Der Beginn der Liquidation ist beim Handelsregister anzumelden (§ 143 I HGB). Während der Liquidation erhält die Firma den Zusatz „**i. L.**" („in Liquidation"). Nach Beendigung wird die Firma im Handelsregister gelöscht (§ 157 HGB).

6.4 Zwangsweise Auflösung der Unternehmung

6.4.1 Konkurs

▶ **Begriff des Konkurses**

Der Konkurs ist die zwangsweise Auflösung einer Unternehmung durch das Amtsgericht. Hierdurch soll das gesamte Vermögen des Schuldners liquidiert und nach bestimmten Vorschriften zur Befriedigung an die Gläubiger verteilt werden.

▶ **Konkursvoraussetzungen**

Die Eröffnung eines Konkursverfahrens setzt die **Zahlungsunfähigkeit** des Schuldners voraus. Bei Kapitalgesellschaften wird auch im Fall der **Überschuldung** (das Vermögen deckt nicht mehr die Schulden) der Konkurs eröffnet (§§ 192, 207, 209 KO).

▶ **Konkurseröffnung**

Der Antrag auf Eröffnung eines Konkurses kann beim zuständigen Amtsgericht gestellt werden vom:

- **Schuldner** durch Einreichung eines Vermögens-, Schuldner- und Gläubigerverzeichnisses (§ 104 KO);

- **Gläubiger** (oder mehreren Gläubigern) durch den Nachweis der Zahlungsunfähigkeit des Schuldners (§ 105 KO).

Das Gericht entspricht dem Antrag, wenn das vorhandene Vermögen des Schuldners mindestens zur Deckung der Verfahrenskosten ausreicht. Anderenfalls wird der Antrag **mangels Masse** abgelehnt (§ 107 KO). Der Beschluß zur Konkurseröffnung wird in das Handelsregister eingetragen und veröffentlicht.

Unternehmungsgründungen, -liquidation und Insolvenzen
(in den alten Bundesländern)

Jahr	Gründungen	Liquidationen	Insolvenzen[1]
1982	2 695 000	2 065 000	15 876
1983	2 697 000	2 350 000	16 114
1984	3 100 000	2 503 000	16 760
1985	3 098 000	2 667 000	18 876
1986	3 023 000	2 676 000	18 842
1987	3 072 000	2 610 000	17 589
1988	3 263 000	2 644 000	15 963
1989	3 368 000	2 678 000	14 643
1990	3 716 000	2 799 000	13 271
1991	3 913 000	2 973 000	12 922
1992	4 169 000	3 180 000	14 117
1993	4 068 000	2 975 000	17 482

1 Konkursverfahren ohne Anschlußkonkurse, denen ein eröffnetes Vergleichsverfahren vorausgegangen ist, plus Vergleichsverfahren

In Anlehnung an: Institut der deutschen Wirtschaft Köln: Zahlen zur wirtschaftlichen Entwicklung der Bundesrepublik Deutschland Ausgabe 1994. Köln 1994, Tabellen 60 f.

▶ **Konkursverfahren**

Die Konkurseröffnung hat einschneidende Auswirkungen:

● Der **Konkursschuldner** verliert das Verwaltungs- und Verfügungsrecht über das zur Konkursmasse gehörende Vermögen. Er muß an seinem Wohnort verbleiben.

● Die **Konkursgläubiger** können ihre Forderungen innerhalb einer bestimmten Frist beim Gericht anmelden. Ihr Einzelzugriffsrecht ruht.

● Der vom Gericht bestellte **Konkursverwalter** nimmt die Interessen der Gläubiger wahr und hat folgende Aufgaben (§ 124 KO):
  – Übernahme der Geschäftsleitung;
  – Feststellung der Vermögensmasse;
  – Einziehung von Forderungen;
  – Veräußerung der Vermögensgegenstände;
  – Verteilung der Konkursmasse.

▶ **Beendigung des Konkursverfahrens**

In einer letzten Gläubigerversammlung wird das Konkursverfahren nach Vorlage einer Schlußabrechnung beendet (§§ 86, 161, 162 KO).

▶ **Folgen des Konkursverfahrens**

Die durch ein Konkursverfahren nicht voll befriedigten Gläubiger können ihre Restforderungen noch 30 Jahre lang gegen den Schuldner geltend machen, wenn dieser wieder zu Vermögen kommen sollte.

6.4.2 Bankrott

Ist der Konkurs durch den Schuldner fahrlässig oder vorsätzlich verschuldet worden, liegt Bankrott vor. Dieser hat strafrechtliche Folgen (Geldstrafen, Freiheitsstrafen) (§§ 283 ff. StGB).

▶ **Einfacher Bankrott**

Der einfache (fahrlässige) Bankrott ist in der Regel auf eine unordentliche Geschäfts- und Lebensführung zurückzuführen.

▶ **Betrügerischer Bankrott**

Der betrügerische Bankrott hat seine Ursache in vorsätzlichen Handlungen mit dem Zweck, die Gläubiger zu schädigen. Häufig werden hierbei Inventare, Gewinn- und Verlustrechnungen sowie Bilanzen gefälscht.

Zusammenfassung

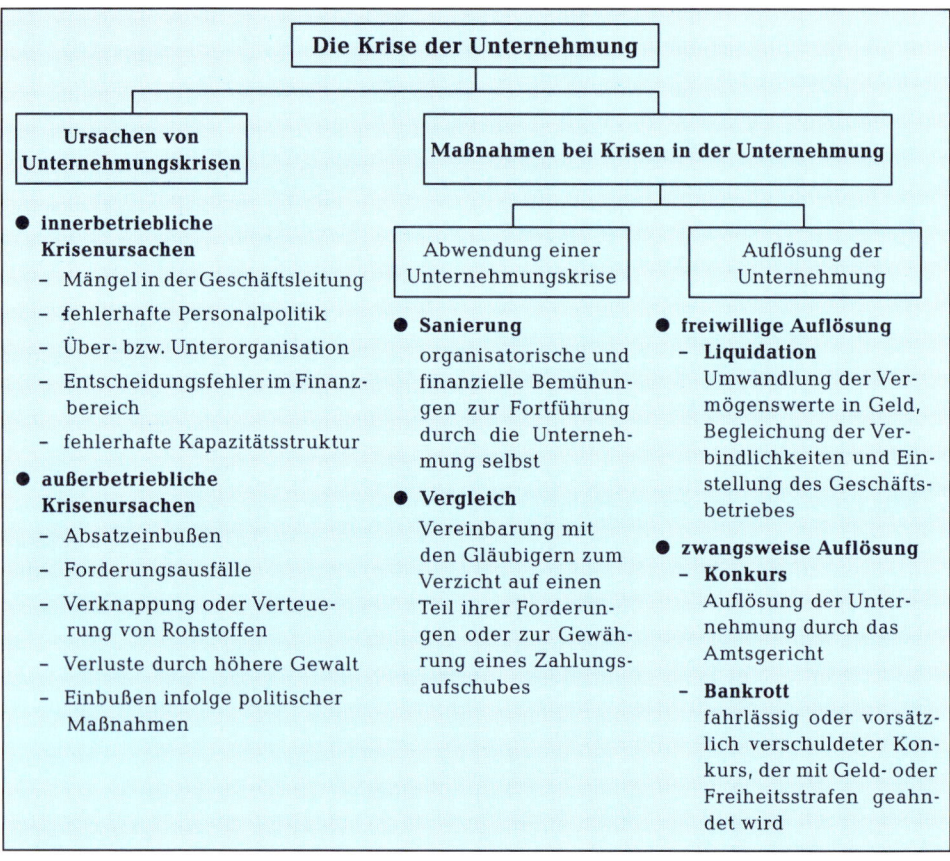

Die Krise der Unternehmung

Ursachen von Unternehmungskrisen

- **innerbetriebliche Krisenursachen**
  - Mängel in der Geschäftsleitung
  - fehlerhafte Personalpolitik
  - Über- bzw. Unterorganisation
  - Entscheidungsfehler im Finanzbereich
  - fehlerhafte Kapazitätsstruktur
- **außerbetriebliche Krisenursachen**
  - Absatzeinbußen
  - Forderungsausfälle
  - Verknappung oder Verteuerung von Rohstoffen
  - Verluste durch höhere Gewalt
  - Einbußen infolge politischer Maßnahmen

Maßnahmen bei Krisen in der Unternehmung

Abwendung einer Unternehmungskrise

- **Sanierung**
  organisatorische und finanzielle Bemühungen zur Fortführung durch die Unternehmung selbst
- **Vergleich**
  Vereinbarung mit den Gläubigern zum Verzicht auf einen Teil ihrer Forderungen oder zur Gewährung eines Zahlungsaufschubes

Auflösung der Unternehmung

- **freiwillige Auflösung**
  - **Liquidation**
    Umwandlung der Vermögenswerte in Geld, Begleichung der Verbindlichkeiten und Einstellung des Geschäftsbetriebes
- **zwangsweise Auflösung**
  - **Konkurs**
    Auflösung der Unternehmung durch das Amtsgericht
  - **Bankrott**
    fahrlässig oder vorsätzlich verschuldeter Konkurs, der mit Geld- oder Freiheitsstrafen geahndet wird

Aufgaben

(1) Beschreiben Sie Ursachen, die zu einer Krise für die Unternehmung führen können!

(2) Mit welchen Maßnahmen kann eine Sanierung durchgeführt werden?

(3) Verdeutlichen Sie den Unterschied zwischen einem gerichtlichen und einem außergerichtlichen Vergleich!

(4) Worin besteht der Unterschied zwischen einem Zwangsvergleich und einem Konkurs?

(5) Erläutern Sie die verschiedenen bevorrechtigten Gläubiger!

(6) Was versteht man unter einem mangels Masse abgelehnten Konkurs, und welche Folgen sind damit für die Beteiligten verbunden?

(7) Welche Gründe könnten zu einer freiwilligen Auflösung einer Unternehmung führen?

(8) Welche Voraussetzung muß zur Eröffnung eines Konkurses gegeben sein?

Berufstätigkeit im Einzelhandel

1 Qualifikationsanforderungen für die Berufstätigkeit im Einzelhandel

Grundlage der Tätigkeit im Einzelhandel ist der erfolgreiche Abschluß einer entsprechenden Berufsausbildung, insbesondere als Verkäufer/Verkäuferin bzw. Kaufmann/Kauffrau im Einzelhandel. Die in diesen Ausbildungsgängen vermittelten Fertigkeiten und Kenntnisse (vgl. S. 13 ff.) bilden die Voraussetzung für eine qualifizierte Berufsausübung.

Für die berufliche Weiterbildung des einzelnen Mitarbeiters, aber auch für die Unternehmung selbst, ist eine Fortbildung an den Fachschulen und Bildungszentren des Einzelhandels (vgl. S. 24 f.) sinnvoll. Zudem ist es erforderlich, daß sich der Einzelhandelskaufmann/die Einzelhandelskauffrau mit neuen Entwicklungen im Handel vertraut macht. Betriebliche Bildungsangebote und entsprechende Maßnahmen der Verbände und Kammern sollten wahrgenommen werden. Insbesondere der Einsatz neuer Technologien, aber auch sich wandelnde Verkaufsstrategien machen eine Weiterqualifikation notwendig.

2 Bewerbung um Anstellung als Kaufmann/Kauffrau im Einzelhandel

2.1 Möglichkeiten der Arbeitsplatzsuche

Ist die Möglichkeit der Weiterbeschäftigung nach Abschluß der Berufsausbildung im ausbildenden Einzelhandelsbetrieb nicht gegeben oder möchte man die bisherige Tätigkeit wechseln, wird die Bewerbung um einen neuen Arbeitsplatz notwendig. Diese Bewerbung kann erfolgen:

- durch die Vermittlung des Arbeitsamtes;
- aufgrund der Anzeige eines Arbeitgebers;
- mittels eigenem Zeitungsinserat;
- durch direkte Anfragen bei Unternehmungen.

▶ **Stellenvermittlung durch das Arbeitsamt**

Die örtlichen Arbeitsämter vermitteln zwischen Arbeitsplatzsuchendem und Unternehmungen, die neue Mitarbeiter einstellen möchten. Die Arbeitgeber melden dem zuständigen Arbeitsamt offene Stellen, das seinerseits bemüht ist, geeignete Bewerber zu finden. Die Einstellungsverhandlungen werden anschließend zwischen dem Einzelhandelskaufmann(-kauffrau) und der Unternehmung geführt.

▶ **Anzeige des Arbeitgebers**

In regionalen und überregionalen Tageszeitungen sowie in Fachzeitschriften bieten Arbeitgeber Tätigkeiten in ihren Unternehmungen an.

```
┌─────────────────────────────────────────────────────────────┐
│  Wir suchen einen/eine ausgebildete(n)                        │
│                                                               │
│  Einzelhandelskaufmann/Einzelhandelskauffrau                  │
│                                                               │
│  für unser Sportfachgeschäft                                  │
│                                                               │
│  Bei entsprechender Leistung sind gute Aufstiegsmöglichkeiten │
│  vorhanden. Eine Einstellung kann zum 1. April 19.. erfolgen. │
│  Bewerbungen mit den üblichen Unterlagen erbeten an           │
│                                                               │
│           Sport Braun GmbH                                    │
│           Karlstraße 16                                       │
│           44866 Bochum                                        │
│                                                               │
└─────────────────────────────────────────────────────────────┘
```

▶ **Eigenes Inserat**

Selbstverständlich ist es auch möglich, daß sich der/die Stellensuchende durch eine eigene Anzeige um einen Arbeitsplatz bemüht.

```
┌─────────────────────────────────────────────────────────────┐
│  Einzelhandelskauffrau, 19 Jahre, Realschulabschluß, Kaufmanns-│
│  gehilfenprüfung gut, Kenntnisse in Textverarbeitung (PC) und  │
│  Englisch, sucht zum 1. Juli 19.. Tätigkeit in einem           │
│  Bürofachgeschäft.                                             │
│                                                               │
│  Tel. (0 57 51) 46 22 89                                      │
└─────────────────────────────────────────────────────────────┘
```

▶ **Anfragen bei Unternehmungen**

Eine direkte Anfrage bei einer bestimmten Unternehmung kann dadurch begründet sein, daß man diese Unternehmung kennt, gerade dort arbeiten möchte oder hier derzeit offene Stellen vorhanden sind.

2.2 Erstellung von Bewerbungsunterlagen

Bewerbungsunterlagen vermitteln dem Arbeitgeber einen ersten Eindruck über seinen möglichen neuen Mitarbeiter. Sie sollten daher vollständig und in ansprechender Form gestaltet sein.

Die Bewerbung um eine Stelle geschieht in schriftlicher Form. Mit dem Bewerbungsschreiben werden in der Regel folgende Unterlagen eingereicht:

- Lebenslauf,
- Lichtbild,
- Kopien von Schul- und Ausbildungszeugnissen,
- Kopien der von bisherigen Arbeitgebern ausgestellten Zeugnisse.

► Das **Bewerbungsschreiben** ist in Form und Aufbau korrekt abzufassen und sollte auf die in der Stellenausschreibung genannten Anforderungen eingehen.

Beate Möllmann   Coloniastraße 26
                                                       44892 Bochum, 21.01.19..

Sport Braun GmbH
Karlstraße 16

44866 Bochum

Ihre Anzeige in der Rundschau vom 20.01.19..

Sehr geehrter Herr Braun,

hiermit bewerbe ich mich um die ausgeschriebene Stelle als Einzelhandelskauffrau in Ihrem Sportgeschäft.

Ich habe beim Warenhaus Fuchs gelernt und bin dort noch heute in ungekün-
digter Stellung beschäftigt. Mein Aufgabengebiet umfaßt alle im Verkauf
anfallenden Tätigkeiten.

Ich möchte meine jetzige Stelle aufgeben, da sie mir weder berufliche Weiterbildung noch Aufstiegsmöglichkeiten bietet.

Mein Abteilungsleiter, Herr Schulz, ist über meine Absicht unterrichtet und
wird Ihnen gerne Auskunft über mich erteilen.

Mit freundlichen Grüßen

Beate Möllmann

Anlagen
1 Lebenslauf
1 Lichtbild
3 Zeugniskopien

► Der **Lebenslauf** wird in tabellarischer Form maschinenschriftlich abgefaßt, damit er dem Arbeitgeber eine schnelle und leichte Übersicht über den bisherigen Werdegang des Bewerbers ermöglicht. Ein handgeschriebener Lebenslauf sollte nur dann eingereicht werden, wenn dieses in der Ausschreibung ausdrücklich verlangt wird.

Tabellarischer Lebenslauf

Angaben zur Person

Name	: Möllmann
Vorname	: Beate
Geburtsdatum	: 2. Januar 1971
Geburtsort	: Hannover
Wohnort	: Coloniastraße 26, 44892 Bochum
Familienstand	: ledig
Staatsangehörigkeit	: deutsch

Angaben zum Ausbildungsweg

Schulausbildung	: 1977 - 1981 Theresienschule, Bochum
	: 1981 - 1987 Freiherr-vom-Stein-Schule, Bochum
	Hauptschulabschluß am 21. Juni 1987
	: 1987 - 1990 Kaufmännische Berufsschule der Stadt Bochum

Berufsausbildung : August 1987 - Juli 1990
Ausbildung zur Kauffrau im Einzelhandel im Warenhaus Fuchs, Bochum

20. Juli 1990 Abschlußprüfung zur Kauffrau im Einzelhandel von der Industrie- und Handelskammer in Bochum mit der Note "gut"

Berufliche Tätigkeit

Seit 21. Juli 1990 im Ausbildungsbetrieb als Kauffrau im Einzelhandel

21. Januar 19..

Beate Möllmann

2.3 Vorstellungsgespräch

Bei der Entscheidung über die Einstellung eines Bewerbers/einer Bewerberin wird die Unternehmung zunächst die eingereichten Unterlagen beurteilen. Dabei spielen die äußere Gestaltung dieser Unterlagen, die inhaltlichen Aussagen im Bewerbungsschreiben und die Noten der Schul- und Ausbildungszeugnisse eine Rolle.

Kommt der Bewerber/die Bewerberin in die „engere Auswahl", wird er/sie zu einem Vorstellungsgespräch – ggf. bei größeren Unternehmungen zu einem zusätzlichen Test – geladen. Für dieses Gespräch sollten folgende Überlegungen Berücksichtigung finden:

3 Abschluß des Arbeitsvertrages

Bei der Einstellung eines neuen Mitarbeiters werden nur in einzelnen Fällen die Arbeitsbedingungen zwischen Arbeitgeber und Arbeitnehmer gesondert geregelt. Im allgemeinen gelten die zwischen den Tarifvertragsparteien ausgehandelten Tarifverträge als Grundlage des Arbeitsverhältnisses, und zwar für eine Vielzahl von Arbeitgebern und Arbeitnehmern.

3.1 Tarifverträge

Tarifvertragsparteien **(Sozialpartner)** sind Gewerkschaften, einzelne Arbeitgeber sowie Vereinigungen von Arbeitgebern.

Einzelarbeitsvertrag: Einzelner Arbeitgeber mit einzelnem Arbeitnehmer, z. B. Warenhaus Fischer mit seinem Geschäftsführer Werner Pütter.

Tarifvertrag als Grundlage
des Arbeitsverhältnisses: Arbeitgeber (oder Arbeitgeberverband) mit Gewerkschaft, z. B. Hauptgemeinschaft des Deutschen Einzelhandels mit der Deutschen Angestellten-Gewerkschaft.

► **Gewerkschaften und ihre Dachorganisationen**

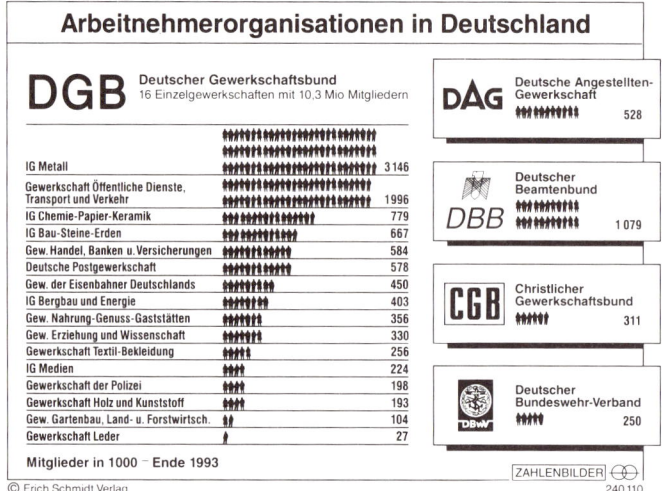

Das vorstehende Schaubild zeigt Dachorganisationen der deutschen Gewerkschaften. Herausragende Bedeutung kommt dabei dem Deutschen Gewerkschaftsbund **(DGB)** mit seinen 16 Einzelgewerkschaften zu. Sie sind überwiegend nach dem Industrieverbandsprinzip strukturiert, d.h., alle Arbeitnehmer eines bestimmten Industriezweiges sind in der entsprechenden Gewerkschaft organisiert, unabhängig davon, welchen Beruf sie in der Unternehmung ausüben.

Die Mitarbeiter im Einzelhandel sind überwiegend in der Deutschen Angestelltengewerkschaft (DAG) bzw. in der Gewerkschaft Handel, Banken, Versicherungen (HBV) organisiert.

► **Bundesvereinigung der Deutschen Arbeitgeberverbände**

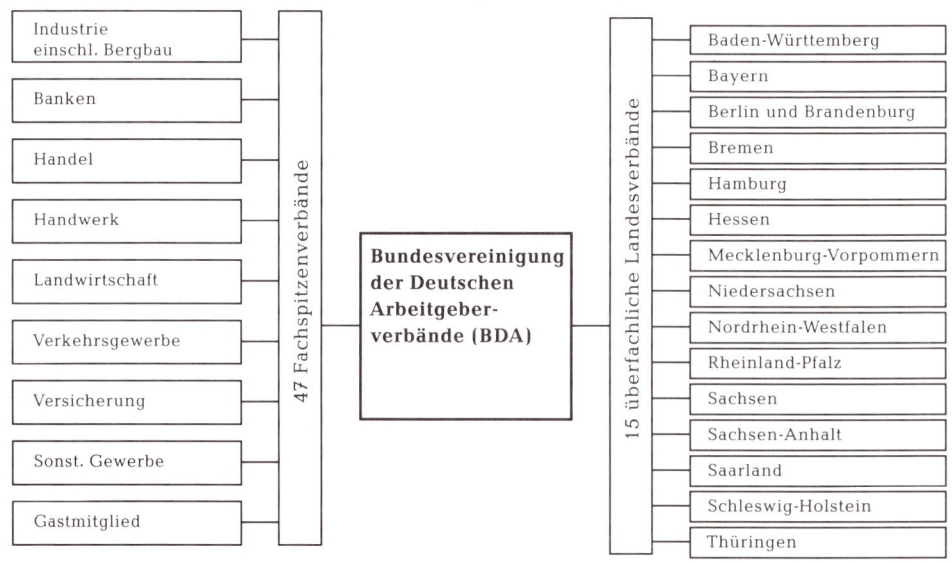

Spitzenorganisation der Arbeitgeberverbände ist die **Bundesvereinigung der Deutschen Arbeitgeberverbände (BDA).** Sie ist sowohl fachlich (in Fachverbände) als auch regional (in Landesverbände) gegliedert.

Zum Fachverband Handel im BDA gehören u. a. die Hauptgemeinschaft des Deutschen Einzelhandels und die Bundesarbeitsgemeinschaft der Mittel- und Großbetriebe des Einzelhandels.

3.1.1 Tarifautonomie

Tarifautonomie bedeutet, daß die Vertreter der Arbeitgeber und Arbeitnehmer **unabhängig von anderen** die Arbeitsbedingungen und Arbeitslöhne in Tarifverhandlungen vereinbaren können. Vor allem soll der Staat in diese Auseinandersetzungen nicht eingreifen.

3.1.2 Arten von Tarifverträgen

Tarifverträge regeln die Rechte und Pflichten der Tarifvertragsparteien und enthalten Bestimmungen über Inhalte, den Abschluß und die Beendigung von Arbeitsverhältnissen. Sie bedürfen der Schriftform (§ 1 TVG).

Tarifverträge legen Mindestinhalte (Mindestlöhne, Mindesturlaubstage) für die Arbeitsverhältnisse fest. Zulässig sind allerdings Änderungen dieser Regelungen zugunsten der Arbeitnehmer (§ 4 TVG). Tarifvertragsabschlüsse gelten normalerweise auch für nicht in Gewerkschaften organisierte Mitarbeiter.

Nach dem Inhalt unterscheidet man:

- **Rahmentarifverträge** (Manteltarifverträge), in denen allgemeine Arbeitsbedingungen wie Arbeitszeit, Urlaub, Mehrarbeit, Sonn- und Feiertagsarbeit geregelt werden.

- **Lohn- und Gehaltstarifverträge,** die die Löhne nach Beschäftigungs- und Gehaltsgruppen (abhängig von Ausbildung und Tätigkeit der Mitarbeiter) sowie nach Berufsjahren und Tarifgebieten festlegen.

In einem Gehaltstarifvertrag für den Einzelhandel sind folgende Gehaltsgruppen enthalten:

Gehaltsgruppe	Beschreibung der Tätigkeit	Beispiele
I	Angestellte mit einfacher kaufmännischer Tätigkeit	Verkäufer, Kassierer
II	Angestellte mit einer Tätigkeit, die erweiterte Fachkenntnisse und eine größere Verantwortung erfordert	Erster Verkäufer
III	Angestellte mit selbständiger Tätigkeit	Substitut, Erster Verkäufer mit Einkaufsbefugnis, Kassenaufsicht
IV	Angestellte in leitender Stellung mit Anweisungsbefugnissen	Abteilungsleiter, Einkäufer

25 Käseborn/Siekerkötter – ISBN 3-8120-0081-4

3.1.3 Tarifvertragsverhandlungen

An einen bestehenden Tarifvertrag sind die Parteien gebunden. Auch nach Kündigung oder Ablauf der vereinbarten Zeit gilt er weiter, bis ein neuer Vertrag ausgehandelt wurde (§ 4 TVG).

Die Aushandlung eines neuen Tarifvertrages vollzieht sich in folgenden Schritten:

● **Kündigung** des bestehenden Tarifvertrages durch die Tarifkommission der Arbeitgeber oder in der Regel durch die Tarifkommission der Gewerkschaft.

● Die Tarifparteien einigen sich auf einen **Verhandlungstermin**, bei dem die Gewerkschaft ihre Forderungen nach Verbesserung des Tarifinhalts bekanntgibt. Die Arbeitgebervertreter werden ihrerseits eigene Vorstellungen für einen Vertragsabschluß darlegen. Diese Tarifvertragsverhandlungen können bereits von Warnstreiks begleitet werden.

● Kommt es im Laufe der Tarifverhandlungen zu keiner Einigung, kann eine Partei das **Scheitern** dieser Verhandlungen erklären. In diesem Fall bleibt es entweder für einige Zeit bei einem „tariflosen" Zustand, oder es kommt zur Schlichtung.

● In einer Vielzahl von Tarifverträgen ist für diese Situation die Anrufung einer **Schieds- oder Schlichtungsstelle** vorgesehen. In ihr sind die gleiche Anzahl von Vertretern der Tarifparteien und ein unparteiischer Vorsitzender vertreten. Ziel ist das Erreichen eines für beide Seiten kompromißfähigen Verhandlungsergebnisses.

● Erkennen die Tarifparteien den Spruch der Schlichtungsstelle nicht an, werden die Verhandlungen für gescheitert erklärt. Die Friedenspflicht erlischt, d.h., es dürfen **Arbeitskampfmaßnahmen** ergriffen werden.

● Zur Vorbereitung eines **Streiks** wird in der Regel eine Urabstimmung unter den Mitgliedern der zuständigen Gewerkschaft durchgeführt. Bei einer vorgenommenen Urabstimmung muß die in der Satzung festgelegte Mitgliederzahl (in der Regel 75%) den Streik befürworten. In diesem Fall wird die Arbeitsniederlegung durch die Gewerkschaft ausgerufen.

● Mögliche Gegenmaßnahme der Arbeitgeber ist die **Aussperrung**, wobei die bestehenden Arbeitsverhältnisse bis zur Beendigung des Arbeitskampfes **ruhen**. Damit werden die Lohn- und Gehaltszahlungen eingestellt. Wird der Arbeitskampf beendet, müssen die Arbeitsverhältnisse wiederhergestellt werden. Aufgelöst bleiben nur solche mit Arbeitnehmern, die sich Verfehlungen haben zuschulden kommen lassen.

● Bereits während des Arbeitskampfes nehmen die Tarifparteien die Verhandlungen wieder auf. Kommt es zu einem Verhandlungsergebnis, müssen 25% der Gewerkschaftsmitglieder diesem Kompromiß und damit der **Beendigung des Streiks** zustimmen.

● Ein **neuer Vertrag** beendet die Tarifauseinandersetzungen.

Spielregeln für den Arbeitskampf

Tarifverhandlungen Gewerkschaften/Arbeitgeber oft begleitet von Warnstreiks

Erklärung des Scheiterns

Urabstimmung über Ergebnis; Streik-Ende

Neue Verhandlungen

Schlichtungsverfahren möglich*

Neuer Tarifvertrag

Gegenmaßnahme der Arbeitgeber: Aussperrung**

Erklärung des Scheiterns Ende der Friedenspflicht

Urabstimmung der Gewerkschaftsmitglieder über Streik

STREIK

© Globus 9368

*im öffentl. Dienst zwingend, wenn von einer Seite gefordert   **im öffentl. Dienst nicht praktiziert

Zusammenfassung

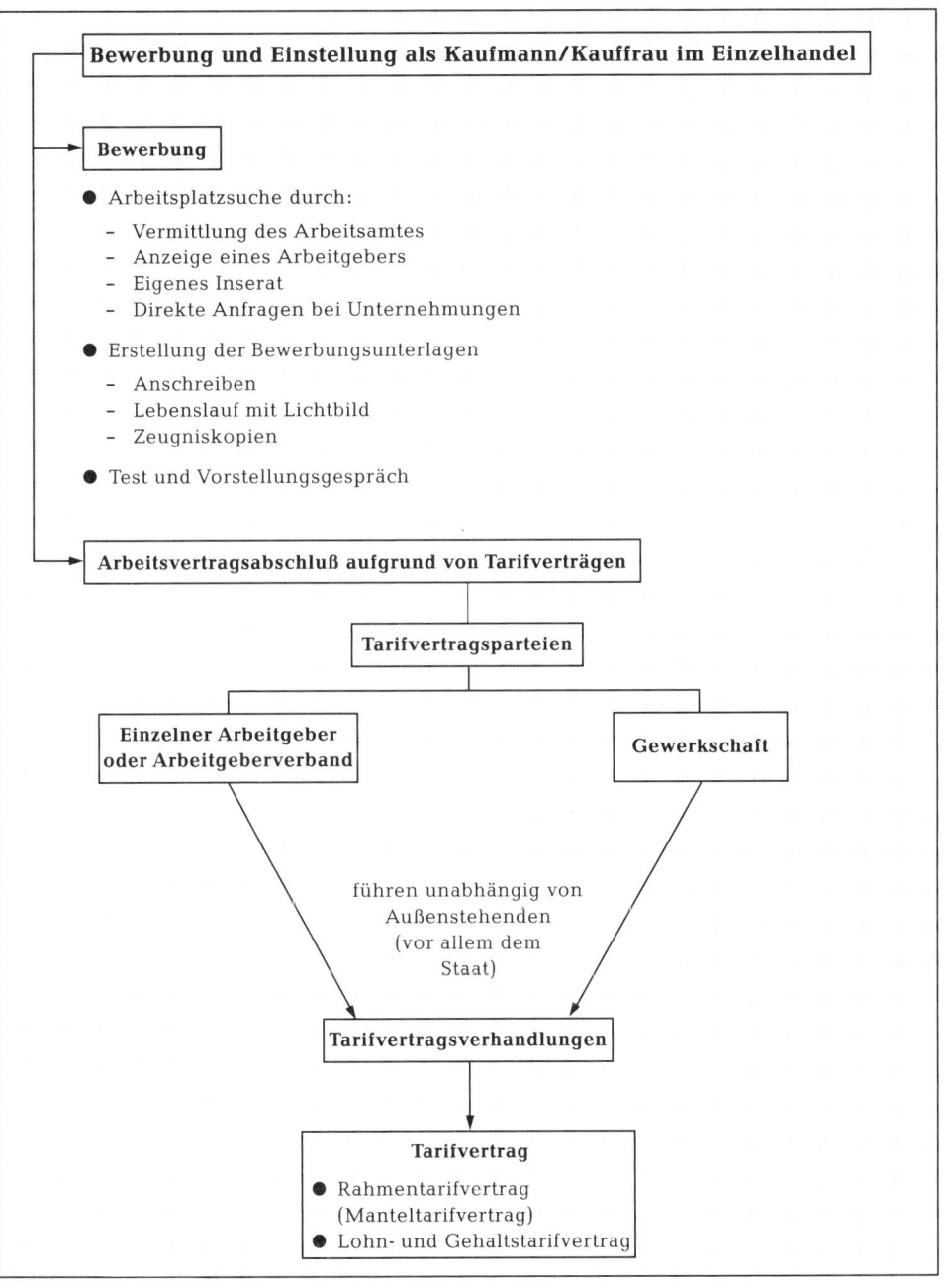

Bewerbung und Einstellung als Kaufmann/Kauffrau im Einzelhandel

Bewerbung

- Arbeitsplatzsuche durch:
  - Vermittlung des Arbeitsamtes
  - Anzeige eines Arbeitgebers
  - Eigenes Inserat
  - Direkte Anfragen bei Unternehmungen

- Erstellung der Bewerbungsunterlagen
  - Anschreiben
  - Lebenslauf mit Lichtbild
  - Zeugniskopien

- Test und Vorstellungsgespräch

Arbeitsvertragsabschluß aufgrund von Tarifverträgen

Tarifvertragsparteien

Einzelner Arbeitgeber oder Arbeitgeberverband

Gewerkschaft

führen unabhängig von Außenstehenden (vor allem dem Staat)

Tarifvertragsverhandlungen

Tarifvertrag
- Rahmentarifvertrag (Manteltarifvertrag)
- Lohn- und Gehaltstarifvertrag

Aufgaben

(1) Unterstellt, Sie wollen sich nach Ihrer Ausbildung in einer anderen Unternehmung als Kaufmann/Kauffrau im Einzelhandel bewerben. Erstellen Sie für diesen Fall Ihre persönlichen Bewerbungsunterlagen!

(2) Formulieren Sie Fragen, die Sie in einem Vorstellungsgespräch stellen würden!

(3) Stellen Sie zur Vorbereitung auf ein Rollenspiel Fragen aus der Sicht des Personalleiters an einen Bewerber um die Stelle eines (einer) Einzelhandelskaufmanns(-kauffrau) zusammen!

(4) Auf welcher Grundlage werden Arbeitsverträge abgeschlossen?

(5) Welche Bedeutung hat die Tarifautonomie für das Wirtschaftsleben der Bundesrepublik Deutschland?

(6) Erläutern Sie, was in Tarifverträgen festgelegt wird!

(7) Erklären Sie die Begriffe Schlichtung, Streik und Aussperrung!

(8) Beschreiben Sie den Verlauf einer Tarifvertragsverhandlung!

(9) Wodurch unterscheidet sich der Einzelarbeitsvertrag von einem Arbeitsvertrag, dem ein Tarifvertrag zugrunde liegt?

3.2 Entlohnung

Im Lohn- und Gehaltstarifvertrag wird das Arbeitsentgelt der Mitarbeiter eines Wirtschaftszweiges festgelegt.

3.2.1 Begriff des Lohns

Lohn ist der Preis für geleistete menschliche Arbeit. Unter diesem Begriff werden verschiedene Formen des Arbeitsentgeltes zusammengefaßt, und zwar sowohl der Lohn des Arbeiters, das Gehalt des Angestellten und Beamten als auch Prämien, Gratifikationen und Provisionen, die ein Arbeitnehmer zusätzlich zu seinem **Arbeitsentgelt** erhält.

3.2.2 Lohnformen

▶ **Zeitlohn**

Die Höhe des Entgeltes beim Zeitlohn ist dadurch gekennzeichnet, daß für eine feste Zeiteinheit (z.B. ein Monat für den kaufmännischen Angestellten) ein bestimmtes gleichbleibendes Gehalt gezahlt wird. Diese in Tarifverträgen festgelegte Einkommenshöhe richtet sich auch nach Alter, Familienstand, Kinderzahl und Dauer der Betriebszugehörigkeit.

► **Leistungslohn**

Durch zusätzliche Bezahlung bestimmter Leistungen wird häufig ein Anreiz geboten, das durch den Zeitlohn festgelegte Einkommen zu erhöhen.

● **Prämie**

Verkäufer, die einen festgelegten durchschnittlichen Verkaufsumsatz übertreffen, erhalten für diese Mehrleistung eine Prämie. Sie wird auch gezahlt, wenn bestimmte teure, modische oder ausgefallene Stücke verkauft werden.

● **Provision**

Provisionszahlungen berechnen sich in einem bestimmten Prozentsatz auf den erzielten Umsatz. Diese Zahlungen können auf der Leistung eines einzelnen Verkäufers oder dem Umsatzerfolg einer Gruppe bzw. ganzen Abteilung beruhen.

3.2.3 Mitarbeiterbeteiligung

Der Jahresgewinn einer Unternehmung steht rechtlich dem Kapitalgeber zu. Diesem Anspruch wird seit langem entgegengehalten, daß der Gewinn nicht nur durch die Bereitstellung des Kapitals, sondern ebenso durch die Arbeitsleistung der Mitarbeiter erwirtschaftet wird. Deshalb werden in manchen Unternehmungen die leitenden Angestellten (Geschäftsführer oder Filialleiter) oder alle Mitarbeiter zusätzlich am **Jahresgewinn** beteiligt.

Zusammenfassung

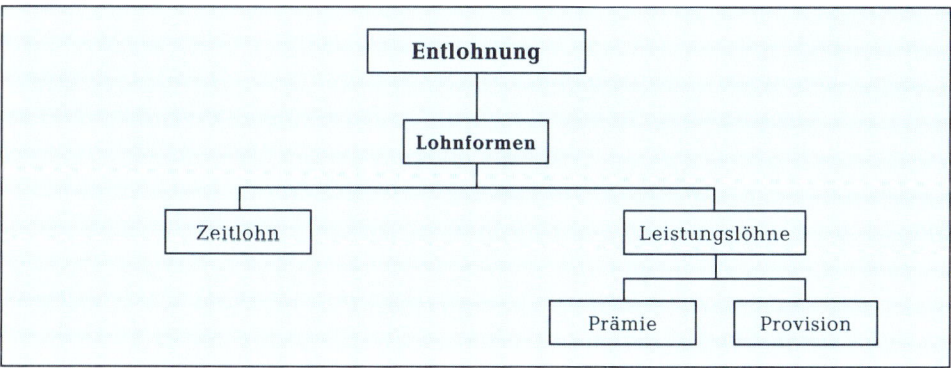

Aufgaben

(1) Welche Formen des Arbeitsentgeltes werden unter dem Begriff „Lohn" zusammengefaßt?

(2) Diskutieren Sie Vor- und Nachteile der einzelnen Lohnformen!

(3) Begründen Sie, warum es sinnvoll erscheint, die Mitarbeiter einer Unternehmung an deren jährlichen Erfolg zu beteiligen!

4 Rechtliche und soziale Sicherung der Mitarbeiter

4.1 Interessenvertretung und Mitbestimmung der Arbeitnehmer

Arbeitnehmer sollen die Möglichkeit haben, an Entscheidungen innerhalb der Unternehmung mitzuwirken, um gemeinsam ihre besonderen Interessen gegenüber den Arbeitgebern wahrnehmen zu können. Daher hat der Gesetzgeber rechtliche Grundlagen zur Mitbestimmung von Arbeitnehmern im Betrieb und in Unternehmensorganen geschaffen.

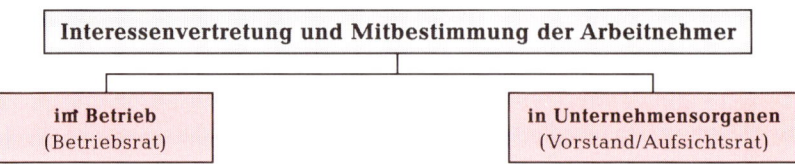

Interessenvertretung und Mitbestimmung der Arbeitnehmer

| im Betrieb (Betriebsrat) | in Unternehmensorganen (Vorstand/Aufsichtsrat) |

● **Betriebsverfassungsgesetz 1972**

● **Betriebsverfassungsgesetz 1952** für Kapitalgesellschaften (zum Beispiel GmbH, AG) mit nicht mehr als 2000 Mitarbeitern

● **Mitbestimmungsgesetz 1976** für Kapitalgesellschaften (zum Beispiel GmbH, AG) mit mehr als 2000 Mitarbeitern

● **Montan-Mitbestimmungsgesetz 1951** für Kapitalgesellschaften (zum Beispiel GmbH, AG) des Bergbaus und der eisen- und stahlerzeugenden Industrie mit mehr als 1000 Mitarbeitern

4.1.1 Interessenvertretung im Betrieb

Grundlage für die Beteiligung von Arbeitnehmern an Entscheidungen im Betrieb ist das **Betriebsverfassungsgesetz vom 15.01.1972**, neu geregelt zum 01.01.1989.

4.1.1.1 Betriebsrat

▶ **Grundinformationen über den Betriebsrat**

Der Betriebsrat ist die von den Mitarbeitern eines Betriebes[1] gewählte Vertretung der Arbeitnehmer gegenüber dem Arbeitgeber. Er kann für Betriebe mit mindestens fünf wahlberechtigten Arbeitnehmern, von denen drei wählbar sein müssen, gebildet werden (§ 1 BetrVG).

▶ **Wahl des Betriebsrates** (§§ 7–21 BetrVG)

Alle Arbeitnehmer, die das 18. Lebensjahr vollendet haben, sind wahlberechtigt. Wählbar sind alle wahlberechtigten Arbeitnehmer, die dem Betrieb mindestens sechs Monate angehören.

Die Größe des Betriebsrates richtet sich

● in Betrieben mit bis zu 51 wahlberechtigten Arbeitnehmern ausschließlich nach der **Zahl der Wahlberechtigten**;

● in Betrieben mit über 51 wahlberechtigten Arbeitnehmern – unabhängig davon, ob die Wahlberechtigung gegeben ist oder nicht – **nach der Zahl aller beschäftigten Arbeitnehmer** (§ 9 BetrVG), also einschließlich der nicht wahlberechtigten jugendlichen Arbeitnehmer sowie der Auszubildenden bis zu 18 Jahren, jedoch ohne die leitenden Angestellten.

---

1 Für öffentliche Unternehmungen und Verwaltungen des Bundes, der Länder und der Gemeinden gelten anstelle des Betriebsverfassungsgesetzes die entsprechenden Personalvertretungsgesetze (§ 130 BetrVG 1972).

Der in geheimer und unmittelbarer Wahl gewählte Betriebsrat bleibt vier Jahre im Amt. Bei seiner Zusammensetzung müssen Arbeiter und Angestellte entsprechend ihrem zahlenmäßigen Verhältnis im Betrieb vertreten sein.

▶ **Schutz der Betriebsratsmitglieder** (§ 38 BetrVG, § 15 KSchG)

In Betrieben mit mehr als 300 Arbeitnehmern muß eine bestimmte Zahl von Betriebsratsmitgliedern von der Arbeitsleistung freigestellt werden. Die ordentliche Kündigung eines Mitgliedes des Betriebsrates ist bis zu einem Jahr nach Beendigung seines Amtes unzulässig.

▶ **Zusammenarbeit zwischen Betriebsrat und Arbeitgeber**

● **Betriebsversammlung** (§§ 42 ff. BetrVG)

Der Betriebsrat hat in jedem Kalendervierteljahr eine Betriebsversammlung für alle Arbeitnehmer einzuberufen, zu der auch Vertreter der Arbeitgeberseite eingeladen werden. Einmal jährlich wird hier vom Arbeitgeber über das Personal- und Sozialwesen sowie über die wirtschaftliche Lage des Betriebes berichtet.

● **Einigungsstelle** (§ 76 BetrVG)

Zur Beilegung von Meinungsverschiedenheiten zwischen Arbeitgeber und Betriebsrat ist eine Einigungsstelle einzurichten. Sie setzt sich aus einer gleichen Anzahl von Arbeitgeber- und Arbeitnehmervertretern (paritätische Besetzung) und einem unparteiischen Vorsitzenden zusammen. Die in der Einigungsstelle getroffenen Übereinkünfte werden schriftlich in Form von **Betriebsvereinbarungen** niedergelegt.

▶ **Beteiligungsrechte des Betriebsrates**

● **Allgemeine Aufgaben** (§ 80 BetrVG)

Der Betriebsrat hat folgende allgemeine Aufgaben zu erfüllen:

– **Überwachung** der Durchführung der zugunsten der Arbeitnehmer geltenden Gesetze, Verordnungen, Unfallverhütungsvorschriften, Tarifverträge und Betriebsvereinbarungen;

– **Förderung** der Belange von jugendlichen Arbeitnehmern und zur Berufsausbildung Beschäftigten, Schwerbehinderten, älteren und ausländischen Arbeitnehmern.

● **Rechte des Betriebsrates** (§§ 81 ff. BetrVG)

– **Mitbestimmung:** Die Wirksamkeit bestimmter betrieblicher Maßnahmen ist von der Zustimmung des Betriebsrates abhängig. Verweigert der Betriebsrat die Zustimmung, entscheidet die Einigungsstelle.

> Arbeitszeitregelungen, Urlaubspläne, Ausschreibung von Arbeitsplätzen im Betrieb, Durchführung betrieblicher Berufsbildungsmaßnahmen

– **Mitwirkung:** Bei anderen betrieblichen Maßnahmen hat der Betriebsrat ein Widerspruchsrecht (gegen einen solchen Widerspruch kann der Arbeitgeber vor dem Arbeitsgericht klagen).

> Kündigung von Arbeitnehmern, Einstellung oder Versetzung von Mitarbeitern

– **Information und Beratung:** Der Betriebsrat wird über Maßnahmen unterrichtet, bzw. er berät oder verhandelt mit dem Arbeitgeber.

> Personalplanung, Berufsbildungsfragen, Rationalisierungsvorhaben, Einschränkung oder Stillegung des Betriebes oder von Teilen des Betriebes

4.1.1.2 Jugend- und Auszubildendenvertretung *(§§ 60 ff. BetrVG)*

▶ **Wahl der Jugend- und Auszubildendenvertretung**

Neben dem Betriebsrat kann es eine gesonderte Jugend- und Auszubildendenvertretung geben, wenn mindestens fünf Arbeitnehmer beschäftigt werden,

- die unter 18 Jahre sind (jugendliche Arbeitnehmer) oder

- die zu ihrer Berufsausbildung beschäftigt sind und das 25. Lebensjahr noch nicht vollendet haben (§ 60 I BetrVG).

Darüber hinaus muß der Betrieb bereits über einen Betriebsrat verfügen, da dieser die Wahl der Jugend- und Auszubildendenvertretung vorzubereiten und durchzuführen hat (§ 80 I Nr. 5 BetrVG). Wahlberechtigt sind alle jugendlichen Arbeitnehmer und zur Berufsausbildung Beschäftigten, wählbar alle Mitarbeiter, die das 25. Lebensjahr noch nicht vollendet haben (§ 61 BetrVG). Jugend- und Auszubildendenvertreter werden für zwei Jahre gewählt, ihre Anzahl richtet sich nach der Zahl der im Betrieb tätigen Jugendlichen und Auszubildenden (§ 62 BetrVG).

▶ **Rechte der Jugend- und Auszubildendenvertretung**

Die Jugend- und Auszubildendenvertretung kann zu allen Betriebsratssitzungen einen Vertreter entsenden. Bei Tagesordnungspunkten, die besonders jugendliche Arbeitnehmer und Auszubildende betreffen, hat die gesamte Jugend- und Auszubildendenvertretung Teilnahme- und Stimmrecht.

4.1.2 Mitbestimmung im Aufsichtsrat

Die Mitbestimmung der Arbeitnehmer durch Gremien und Ausschüsse, deren Bildung durch das Betriebsverfassungsgesetz von 1972 ermöglicht wird, wird ergänzt und erweitert durch die **Mitbestimmung in den Unternehmungsorganen**, die u. a. in folgenden gesetzlichen Regelungen festgelegt ist:

▶ **Betriebsverfassungsgesetz von 1952**

Es regelt die Mitbestimmung von Arbeitnehmervertretern im Aufsichtsrat von Kapitalgesellschaften mit nicht mehr als 2 000 Mitarbeitern. Der Aufsichtsrat besteht aus einem Drittel Arbeitnehmer- und zwei Dritteln Arbeitgebervertretern.

▶ **Mitbestimmungsgesetz von 1976**

Es regelt die Mitbestimmungsrechte von Arbeitnehmervertretern im Aufsichtsrat von Kapitalgesellschaften mit mehr als 2 000 Mitarbeitern. Der Aufsichtsrat besteht je zur Hälfte aus Arbeitnehmer- und Arbeitgebervertretern.

▶ **Montan-Mitbestimmungsgesetz von 1951**

Im Bergbau und der eisen- und stahlerzeugenden Industrie findet auf Aktiengesellschaften und GmbHs mit mehr als 1 000 Mitarbeitern die Montan-Mitbestimmung Anwendung (§ 1 Montan-MitbestG). Der Aufsichtsrat besteht aus fünf Arbeitnehmervertretern, fünf Vertretern der Anteilseigner und einem von den Arbeitgeber- und Arbeitnehmervertretern gemeinsam bestimmten neutralen Mitglied.

Zusammenfassung

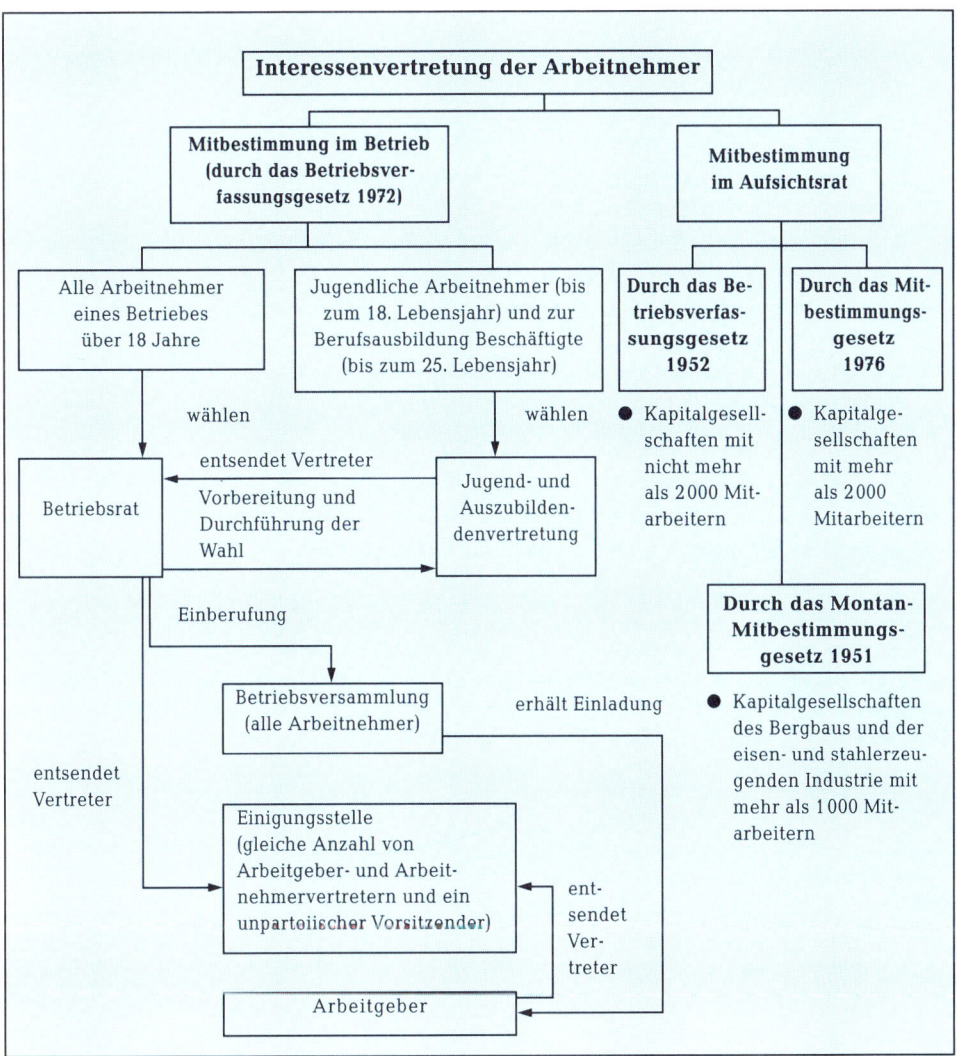

Aufgaben

(1) Erläutern Sie den Mitbestimmungsbegriff!

(2) Beschreiben Sie die „Organe" der Mitbestimmung nach dem Betriebsverfassungs-gesetz 1972!

(3) Nennen Sie Rechte des Betriebsrates, und verdeutlichen Sie diese jeweils an einem Beispiel!

(4) Trotz des Betriebsverfassungsgesetzes 1972 gibt es in zahlreichen betriebsratsfähigen Betrieben keinen Betriebsrat. Woran mag das liegen?

(5) Aus welchem Grund hat der Gesetzgeber gerade für Betriebsratsmitglieder einen besonderen Kündigungsschutz vorgesehen?

(6) Welche Voraussetzungen sind für die Wahl einer Jugend- und Auszubildendenver-tretung notwendig?

(7) Neben dem Arbeitsvertrag, den Tarifverträgen und den Arbeitsschutzgesetzen regeln zusätzlich Betriebsvereinbarungen das Arbeitsverhältnis des einzelnen Mitarbeiters. Erklären Sie den Begriff Betriebsvereinbarung!

4.2 Einzelbestimmungen des Arbeitsschutzrechtes

Zum Arbeitsrecht zählen neben den Bereichen Arbeitsvertragsrecht, Tarifvertragsrecht und Betriebsverfassungsrecht auch die Vorschriften des Arbeitsschutzrechtes. Die gesetzlichen Bestimmungen zum Arbeitsschutz umfassen alle Maßnahmen, die den Arbeitnehmer in Ausübung seiner Erwerbstätigkeit vor Schaden an Leben und Gesundheit bewahren sollen. Die Einhaltung der Arbeitsschutzvorschriften wird durch die **Gewerbeaufsichtsämter** und die **Berufsgenossenschaften** überwacht.

Zum Rechtsbereich des Arbeitsschutzes zählen u. a. folgende wesentliche gesetzliche Vorschriften:

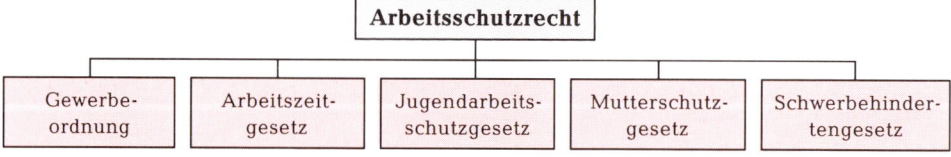

4.2.1 Gewerbeordnung *(§§ 102 a – 120 f. GewO)*

▶ **Aufgaben**

Die Gewerbeordnung verpflichtet die Unternehmer, Arbeitsräume, Betriebsvorrich-tungen, Maschinen und Geräte so einzurichten und zu unterhalten, daß ein gefahr-loser Arbeitsbetrieb möglich ist und die Arbeitnehmer gegen Gesundheitsrisiken geschützt sind. Insbesondere ist für ausreichend Licht und Belüftung zu sorgen. Ferner sind Umkleide-, Wasch- und Toilettenräume sowie Gemeinschaftsunterkünfte bereitzustellen.

▶ **Sonn- und Feiertagsarbeit**

In den §§ 105 a bis 105 j GewO ist die Regelung der Sonn- und Feiertagsarbeit ent-halten. Sie gilt für alle gewerblichen Arbeitnehmer einschließlich der Personen, die im Handelsgewerbe beschäftigt sind. Die Arbeit an Sonn- und Feiertagen ist nach dieser Bestimmung grundsätzlich verboten. Allerdings gibt es zahlreiche Ausnahmen, wie z.B. Arbeiten in Notfällen oder die Bewachung von Betriebsanlagen.

4.2.2 Arbeitszeitgesetz *(§§ 1 – 26 ArbZG)*

Das Arbeitszeitgesetz zielt vor allem darauf ab, die Sicherheit und den Gesundheitsschutz der Arbeitnehmer – im Sinne dieses Gesetzes verstanden als Arbeiter und Angestellte sowie die zu ihrer Berufsbildung Beschäftigten (§ 2 II ArbZG) – bei der Arbeitszeitgestaltung zu gewährleisten und die Rahmenbedingungen für flexible Arbeitszeiten zu verbessern (§ 1 I ArbZG).

Die werktägliche Arbeitszeit darf acht Stunden (ohne Ruhepausen) nicht überschreiten. Eine Verlängerung auf bis zu zehn Stunden ist möglich, wenn innerhalb von sechs Kalendermonaten oder innerhalb von 24 Wochen im Durchschnitt acht Stunden werktäglich nicht überschritten werden (§ 3 ArbZG). Nach Beendigung der täglichen Arbeitszeit müssen Arbeiter, Angestellte und Auszubildende eine ununterbrochene Ruhezeit von mindestens 11 Stunden haben (§ 5 I ArbZG). Die Arbeit ist durch im voraus festgesetzte Ruhepausen zu unterbrechen, die in Zeitabschnitte von jeweils mindestens 15 Minuten aufgeteilt werden können. Je nach Dauer der Arbeitszeit betragen diese Ruhepausen insgesamt mindestens 30 Minuten (Arbeitszeit von mehr als sechs bis zu neun Stunden) bzw. 45 Minuten (Arbeitszeit von mehr als neun Stunden) (§ 4 ArbZG).

Nacht- und Schichtarbeit ist für Frauen und Männer ebenfalls auf acht Stunden begrenzt. Sie kann auf bis zu zehn Stunden verlängert werden, wenn innerhalb eines Kalendermonats oder innerhalb von vier Wochen im Durchschnitt acht Stunden werktäglich nicht überschritten werden (§ 6 II ArbZG).

4.2.3 Jugendarbeitsschutzgesetz *(§§ 1 – 46 JArbSchG)*

Arbeitnehmer, die noch nicht 18 Jahre alt sind, erhalten durch dieses Gesetz einen besonderen Schutz. Es schreibt im einzelnen vor:

- Für die Zulassung zur Arbeit gilt im Grundsatz ein Mindestalter von 15 Jahren. Eine Beschäftigung unter 15 Jahren ist allerdings im Rahmen eines Berufsausbildungsverhältnisses gestattet.
- Die Dauer der täglichen Arbeitszeit ist auf 8,5 Stunden, die der Wochenarbeitszeit auf 40 Stunden begrenzt.
- Jugendliche dürfen in der Regel nur an 5 Tagen in der Woche beschäftigt werden.
- Die Beschäftigung an Samstagen ist nur zulässig, wenn die Jugendlichen an einem anderen berufsschulfreien Arbeitstag derselben Woche freigestellt werden.
- Die tägliche ununterbrochene Freizeit muß mindestens 12 Stunden betragen.
- Grundsätzlich erfolgt eine Beschäftigung nur in der Zeit von 6 – 20 Uhr. Ausnahmen von dieser Regelung gelten für bestimmte Berufszweige, wie z.B. im Gaststättengewerbe und in Bäckereien.
- An Berufsschultagen mit einer Unterrichtszeit von mehr als 5 Unterrichtsstunden darf der Jugendliche nicht mehr beschäftigt werden. Diese Regelung ist aber nur für einen Unterrichtstag pro Woche vorgesehen.
- Die Dauer des Urlaubs richtet sich nach dem Alter und beträgt:
  - bis zu 16 Jahren 30 Werktage,
  - bis zu 17 Jahren 27 Werktage,
  - bis zu 18 Jahren 25 Werktage.

● Vor Eintritt in das Berufsleben müssen Jugendliche eine ärztliche Untersuchung durchführen lassen und dem Arbeitgeber darüber eine Bescheinigung vorlegen (Erstuntersuchung). Spätestens nach einem Jahr ist eine Nachuntersuchung notwendig.

4.2.4 Mutterschutzgesetz (§§ 1 – 9 MuSchG)

Zum Schutz der im Erwerbsleben stehenden Frau hinsichtlich der Belastung bei einer Schwangerschaft hat der Gesetzgeber im Mutterschutzgesetz einen besonderen **Gesundheits- und Kündigungsschutz** sowie die Sicherung der materiellen Leistungen geregelt. Für werdende oder stillende Mütter ist der Arbeitsplatz im Hinblick auf ihre besonderen Belange entsprechend zu gestalten. So sind z.B. Sitzgelegenheiten und Möglichkeiten kurzer Arbeitsunterbrechungen einzurichten (§ 2 MuSchG). Es erfolgt eine Befreiung von der Arbeit 6 Wochen vor der Niederkunft (§ 3 MuSchG) und 8 Wochen nach der Entbindung (§ 6 MuSchG). In dieser Zeit besteht für die Mutter ein Kündigungsschutz (§ 9 I MuSchG). An diese Schutzfristen kann sich ein Erziehungsurlaub anschließen, der für denselben Zeitraum gewährt wird wie das Erziehungsgeld (§ 15 I BErzGG).

▶ **Mutterschaftsgeld**

Die in einem Arbeitsverhältnis stehende Mutter erhält für den Zeitraum der Schutzfristen – also sechs Wochen vor bis acht Wochen nach der Entbindung – von der Krankenkasse 750 DM pro Monat. Die Differenz zwischen diesem Betrag und dem vollen Nettoarbeitsentgelt ist für diese Zeit vom Arbeitgeber zu entrichten.

▶ **Erziehungsgeld nach dem Bundeserziehungsgeldgesetz**

Für Kinder, die nach dem 31.12.1992 geboren wurden, wird auf schriftlichen Antrag hin für 24 Monate ein Erziehungsgeld von monatlich 600 DM gezahlt. Der Bezug ist an gewisse Einkommensgrenzen gebunden, bei deren Überschreiten die Leistung vermindert wird. Das Erziehungsgeld kann entweder von der Mutter oder dem Vater in Anspruch genommen werden, je nachdem, wer von beiden nicht oder nicht voll erwerbstätig ist.

Die Zahlung im Rahmen des Bundeserziehungsgeldgesetzes wird nicht von den Krankenkassen, sondern vom Bund getragen.

Mütter, die in einem Arbeitsverhältnis stehen, nehmen natürlich für die ersten zwei Monate nach der Entbindung zunächst Mutterschaftsgeld in Anspruch.

4.2.5 Schwerbehindertengesetz (§§ 1 – 12 SchwbG)

▶ **Vorschriften zur Beschäftigung von Schwerbehinderten**

Rechtsgrundlage für den **Schutz schwerbehinderter Arbeitnehmer** ist das Gesetz zur Sicherung der Eingliederung Schwerbehinderter in Arbeit, Beruf und Gesellschaft (Schwerbehindertengesetz). Schwerbehinderte sind Personen, die infolge körperlicher, geistiger oder seelischer Erkrankung in ihrer Erwerbsfähigkeit nicht nur vorübergehend um mindestens 50% gemindert sind (§ 1 SchwbG). Das Gesetz legt den privaten und öffentlichen Arbeitgebern, die über mindestens 16 Arbeitsplätze verfügen, die Verpflichtung auf, Schwerbehinderte auf wenigstens 6% der Arbeitsplätze zu beschäftigen (§ 4 SchwbG). Innerhalb dieses Pflichtsatzes sind besonders schwer behinderte Arbeitnehmer sowie Schwerbehinderte, die das 50. Lebensjahr vollendet haben, in einem angemessenen Anteil zu beschäftigen (§ 5 SchwbG).

Bei der **Besetzung freier Arbeitsstellen** sind die Arbeitgeber verpflichtet zu prüfen, ob Schwerbehinderte beschäftigt werden können; gegebenenfalls sind Bewerbungen mit dem Vertrauensmann der Schwerbehinderten zu erörtern. Schwerbehinderte Arbeitnehmer sind ihren Fähigkeiten und Kenntnissen entsprechend zu beschäftigen. Zudem sind besondere Sicherheitsvorkehrungen zu treffen (§ 11 SchwbG). Die Kündigung des Arbeitsverhältnisses eines Schwerbehinderten bedarf der vorherigen Zustimmung der Hauptfürsorgestelle (§ 12 SchwbG).

▶ **Zahlung einer Ausgleichsabgabe**

Wer als Arbeitgeber die vorgeschriebene Zahl Schwerbehinderter nicht beschäftigt, hat für jeden unbesetzten Pflichtplatz eine Ausgleichsabgabe in Höhe von 200 DM je Monat zu zahlen. Der Arbeitgeber kann sich durch diese Zahlungen nicht von der Verpflichtung befreien, Schwerbehinderte einzustellen (§ 8 SchwbG).

4.3 Arbeitsgerichtsbarkeit

Bei Auseinandersetzungen zwischen Arbeitgeber und Arbeitnehmer, die sich aus Verletzungen des Arbeitsvertrages, der tarifvertraglichen Bestimmungen oder des Arbeitsschutzrechtes ergeben, können die Parteien beim **Arbeitsgericht** klagen. Es handelt sich hierbei um einen eigenen Gerichtszweig für arbeitsrechtliche Auseinandersetzungen.

Vor Arbeitsgerichten, bestehend aus einem Berufsrichter als Vorsitzendem und zwei Beisitzern (je ein Arbeitgeber- und Arbeitnehmervertreter), wird die Streitigkeit aus einem Arbeitsverhältnis mündlich verhandelt. Gegen das Urteil des Arbeitsgerichtes kann Berufung vor dem Landesarbeitsgericht eingelegt werden. Gegen dieses Urteil kann wiederum Revision beim Bundesarbeitsgericht in Kassel erhoben werden. Die Entscheidung dieser höchsten Instanz der Arbeitsgerichtsbarkeit ist endgültig.

Aufgaben

(1) Welche Bedeutung hat das Arbeitsschutzrecht für den einzelnen Arbeitnehmer?

(2) Wer überwacht die Einhaltung der Arbeitsschutzbestimmungen?

(3) In welchen Gesetzen sind Bestimmungen über folgende Einzelaspekte des Arbeitsschutzes enthalten:
a) Einrichtung von Arbeitsräumen und Betriebsvorrichtungen,
b) Ruhepausen für Arbeiter, Angestellte und Auszubildende,
c) Beschäftigungsverbot an bestimmten Berufsschultagen?

(4) Eine Einzelhandelskauffrau soll nach bestandener Kaufmannsgehilfenprüfung 48 Stunden in der Woche arbeiten. Dies, so ihr Arbeitgeber, sei die allgemeine gesetzliche Höchstarbeitszeit. Nehmen Sie zu diesem Fall Stellung!

(5) Welche Gründe könnten ausschlaggebend dafür sein, daß je ein Vertreter der Arbeitgeber und Arbeitnehmer als Laienrichter bei Arbeitsgerichtsprozessen mitwirken?

Zusammenfassung

Arbeitsschutz und Arbeitsgerichtsbarkeit

Arbeitsschutzvorschriften

- **Gewerbeordnung**
  - *Betroffene:*
    Arbeitgeber und Arbeitnehmer in Gewerbebetrieben
  - *Inhalt:*
    sichere Arbeitsplatzgestaltung, Regelung von Sonn- und Feiertagsarbeit

- **Arbeitszeitgesetz**
  - *Betroffene:*
    Arbeitgeber und Arbeitnehmer (Arbeiter, Angestellte und Auszubildende)
  - *Inhalt:*
    gewährleistet vor allem die Sicherheit und den Gesundheitsschutz bei der Arbeitszeitgestaltung und verbessert die Rahmenbedingungen für flexible Arbeitszeiten

- **Jugendarbeitsschutzgesetz**
  - *Betroffene:*
    Arbeitgeber, die Jugendliche unter 18 Jahren beschäftigen
  - *Inhalt:*
    Regelung der Arbeits- und Ruhezeiten, Beschäftigung an Berufsschultagen, Urlaub, ärztliche Untersuchung

- **Mutterschutzgesetz**
  - *Betroffene:*
    Arbeitgeber, bei denen Frauen in einem Arbeitsverhältnis stehen
  - *Inhalt:*
    Arbeitsbefreiung vor und nach der Entbindung, Mutterschaftsurlaub, Kündigungsschutz

- **Schwerbehindertengesetz**
  - *Betroffene:*
    Arbeitgeber, die Schwerbehinderte bzw. über 16 Arbeitnehmer beschäftigen
  - *Inhalt:*
    Pflicht zur Beschäftigung, Zahlung einer Ausgleichsabgabe, sinnvoller Einsatz von Schwerbehinderten

Arbeitsgerichte

- **Zuständigkeit**
  Streitigkeiten zwischen Arbeitgeber und Arbeitnehmer (oder deren Vertreter) aus Arbeitsverhältnissen

- **Instanzen**
  - Arbeitsgerichte
  - Landesarbeitsgerichte als Berufungsinstanz
  - Bundesarbeitsgericht als Revisionsinstanz

4.4 Sozialversicherung

4.4.1 Wesen der Sozialversicherung

Die Sozialversicherung dient der Absicherung von Risiken, denen der Mensch in seinem Leben ausgesetzt ist wie Krankheit, Pflegebedürftigkeit, Arbeitslosigkeit, Unfall und den Folgen des Alters. Für die soziale Sicherheit in diesen Bereichen zahlt der Arbeitnehmer **Pflichtbeiträge**, d. h., die Sozialversicherung ist – im Gegensatz zu den freiwilligen Individualversicherungen – gesetzlich vorgeschrieben. Die Mehrheit der Bevölkerung gehört dieser Zwangsversicherung an. Kennzeichen der Sozialversicherung ist das **„Solidaritätsprinzip"** („einer für alle, alle für einen"), das u. a. darin zum Ausdruck kommt, daß die im Arbeitsprozeß stehenden Versicherten Zahlungen für diejenigen leisten, die dauernd oder vorübergehend nicht erwerbstätig sind.

4.4.2 Zweige der Sozialversicherung

Die soziale Absicherung erfolgt heute im wesentlichen über fünf Versicherungszweige, wobei Einkommensgrenzen **(Beitragsbemessungsgrenzen)** und Beitragssätze jährlich neu festgesetzt werden.

Beitragsbemessungsgrenzen und Beitragssätze 1995

	Kranken-versicherung	Pflege-versicherung	Renten-versicherung für Arbeiter und Angestellte	Arbeitslosen-versicherung
monatliche Beitrags-bemessungsgrenze alte Bundesländer neue Bundesländer	5850 DM 4800 DM	5850 DM 4800 DM	7800 DM 6400 DM	7800 DM 6400 DM
Beitragssätze in % vom Bruttolohn (je $^1/_2$ von Arbeit-geber und Arbeit-nehmer zu tragen)	je nach Träger zwischen 12,9 und 14,5%	ab 01.01.95: 1 % ab 01.07.96: 1,7%	18,6%	6,5%
monatliche Gering-verdienergrenze (Arbeitgeber zahlt Sozial-versicherungsbeiträge, d. h. Arbeitgeber- und Ar-beitnehmeranteil, allein) alte Bundesländer neue Bundesländer	610 DM 500 DM	610 DM 500 DM	610 DM 500 DM	610 DM 500 DM
monatliche Entgeltgrenze für geringfügig Beschäf-tigte (Ausübung einer sozialversicherungsfreien Beschäftigung) alte Bundesländer neue Bundesländer	580 DM 470 DM	580 DM 470 DM	580 DM 470 DM	580 DM 470 DM

In der knappschaftlichen Rentenversicherung liegen die Beitragsbemessungsgrenzen bei 9600 DM bzw. 7800 DM, der Beitragssatz beträgt 24,7% (Arbeitnehmerbeitrag 9,3%, Arbeitgeberbeitrag 15,4%).

4.4.2.1 Krankenversicherung

Rechtsgrundlagen der Krankenversicherung sind das Sozialgesetzbuch (SGB – V. Buch §§ 1 ff.) und die Reichsversicherungsordnung (RVO §§ 179 ff., 195 ff.). Dieser Zweig der Sozialversicherung wurde durch das Gesundheitsreformgesetz (GRG) zum 01.01.1989 und durch das Gesundheitsstrukturgesetz (GStG) zum 01.01.1993 grundlegend verändert.

▶ **Versicherte**

● **Pflichtversichert sind u. a.** (§ 5 SGB V):
- – Arbeiter und Angestellte, sofern ihr Einkommen die Beitragsbemessungsgrenze nicht übersteigt;
- – Auszubildende;
- – Bezieher von Arbeitslosenunterstützung (ihr Beitrag wird von der Bundesanstalt für Arbeit aufgebracht);
- – Teilnehmer an beruflichen Rehabilitationsmaßnahmen;
- – Rentner;
- – Studenten bis zum Abschluß des 14. Fachsemesters, längstens bis zur Vollendung des 30. Lebensjahres;
- – Landwirte und mitarbeitende Familienangehörige;
- – Behinderte, die in Werkstätten oder in Heimarbeit tätig sind.

● **Freiwillig versichert sein können u. a.** (§§ 6 ff. SGB V):
- – Arbeiter und Angestellte, die die maßgebliche Einkommensgrenze überschreiten und nicht einer Privatversicherung beigetreten sind;
- – der überlebende oder geschiedene Ehegatte eines Mitglieds;
- – Studenten, die nicht mehr pflichtversichert sind;
- – bestimmte selbständig Tätige (Lehrer, Erzieher, Hebammen), die keine Angestellten beschäftigen.

● **Familienversicherung** (§ 10 SGB V):
- – Ehegatten und Kinder von Krankenkassenmitgliedern sind beitragsfrei mitversichert, wenn sie nicht selbst versichert sind und kein über der Entgeltsgrenze für geringfügig Beschäftigte liegendes Einkommen erwirtschaften. Bei Kindern gelten zudem bestimmte Altersgrenzen (maximal 25 Jahre bei einer Berufsausbildung zuzüglich Wehr- oder Ersatzdienst).

▶ **Beitragshöhe**

Der je zur Hälfte von Arbeitgeber und Arbeitnehmer zu tragende Krankenversicherungsbeitrag des Pflichtversicherten (Bruttoentgelt liegt unterhalb der Beitragsbemessungsgrenze) bzw. freiwillig versicherten Angestellten (Bruttoentgelt übersteigt die Beitragsbemessungsgrenze) wird sofort vom Lohn abgezogen und vom Arbeitgeber – zusammen mit dessen Anteil – an den Sozialversicherungsträger überwiesen.

> Unterstellt, bei einer Ersatzkasse läge der Beitragssatz bei 13 %. Wer in den alten Bundesländern monatlich ein Einkommen in Höhe von 5 850 DM erzielt, bezahlt davon 13 % als Beitrag, das sind 760,50 DM. Die eine Hälfte hiervon trägt der Arbeitnehmer, die andere der Arbeitgeber. Wer 6 200 DM im Monat verdient, entrichtet den gleichen Beitrag, weil der über der Beitragsbemessungsgrenze liegende Verdienst nicht berücksichtigt wird.

Krankenversicherungspflichtige Rentner zahlen von ihrem Altersruhegeld 6,75 % an die Krankenversicherung. Für Arbeitnehmer, die kein über der Entgeltsgrenze für geringfügig Beschäftigte liegendes Einkommen erzielen, besteht Sozialversicherungsfreiheit. Arbeitnehmer mit Einkommen unterhalb der Geringverdienergrenze zahlen keinen **eigenen** Beitrag zur Krankenversicherung. In diesem Fall übernimmt der Arbeitgeber den vollen Betrag, d. h. den Arbeitgeber- **und** Arbeitnehmeranteil zur Krankenversicherung.

▶ **Versicherungsträger**

Arbeitgeber müssen den Arbeitnehmer spätestens zwei Wochen nach Aufnahme der Beschäftigung bei einer der folgenden gesetzlichen Krankenkassen (§ 4 SGB V) angemeldet haben.

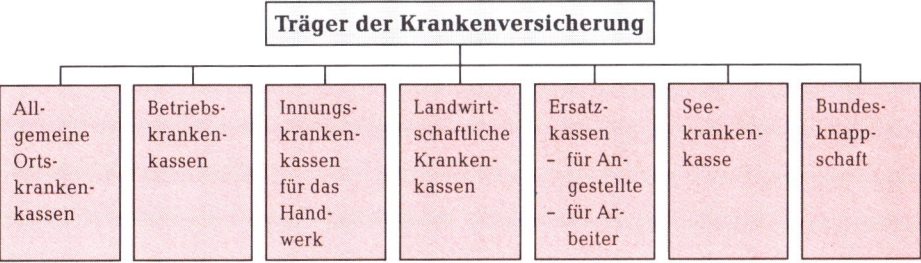

▶ **Aufgaben der Krankenversicherung**

Die Krankenversicherung übernimmt Aufgaben zur Erhaltung oder Wiederherstellung der Gesundheit.

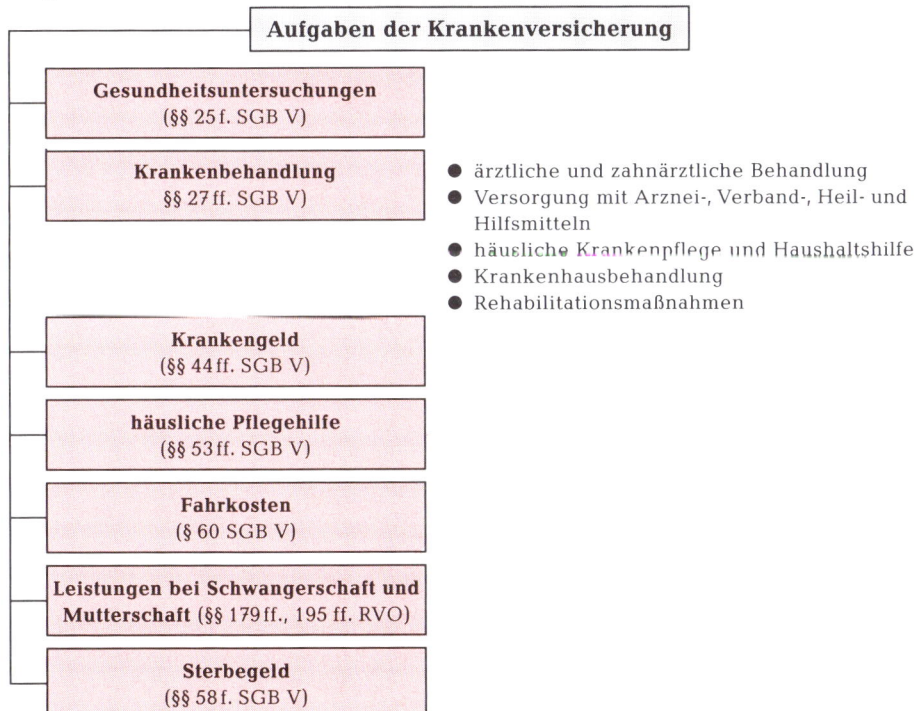

● **Gesundheitsuntersuchungen**

Versicherte, die das 35. Lebensjahr vollendet haben, können sich alle zwei Jahre einer Untersuchung zur Früherkennung von Krankheiten (insbesondere Herz-, Kreislauf- und Nierenerkrankungen sowie Zuckerkrankheit) unterziehen.

Frauen ab dem 20. und Männer ab dem 45. Lebensjahr haben einmal jährlich Anspruch auf eine Krebsvorsorgeuntersuchung.

Bei Kindern werden bis zum 6. Lebensjahr vorsorgende Gesundheitsuntersuchungen durchgeführt.

● **Krankenbehandlung**

Versicherte haben Anspruch auf Krankenbehandlung, wenn sie notwendig ist, um eine Krankheit zu erkennen, zu heilen, ihre Verschlimmerung zu verhüten oder Krankheitsbeschwerden zu lindern. Die zu erbringenden Leistungen werden durch das Sozialgesetzbuch und die Reichsversicherungsordnung wie folgt festgelegt:

- **ärztliche und zahnärztliche Behandlung** (§§ 28 ff. SGB V)

  Die Krankenkasse trägt die Kosten der ärztlichen und zahnärztlichen Behandlung. Kosten einer kieferorthopädischen Behandlung werden zu 80 % erstattet. Bei Zahnersatz zahlt die Kasse zwischen 40 und 60 % Zuschuß, bei regelmäßiger Zahnvorsorge erhöhen sich diese Zuschüsse um jeweils 10 %.

- **Versorgung mit Arznei-, Verband-, Heil- und Hilfsmitteln** (§§ 31 ff. SGB V)

  Für eine Reihe von **Arznei- und Verbandmitteln** wurden Festbeträge eingeführt. Die Krankenkasse zahlt die Kosten nur bis zur Höhe dieses Betrages. Wer sich für ein teureres Mittel entscheidet, muß die Mehrkosten selbst tragen. Sind keine Festbeträge bestimmt, übernimmt die Kasse die vollen Kosten. Für jedes Medikament, ob mit Festbetrag oder ohne, muß eine Zuzahlung geleistet werden. Diese ist von der Packungsgröße abhängig: Für kleine Packungen müssen 3 DM, für mittlere 5 DM und für große 7 DM zugezahlt werden.

  Zu **Heilmitteln** zählen z.B. Massagen, Halskrawatten, Armtragegurte, Bruchbänder sowie Sprach- und Beschäftigungstherapien. Volljährige Versicherte müssen 10 % der Kosten selbst tragen.

  Hilfsmittel sind Leistungen (z.B. Brillen, Hörgeräte, Prothesen, Rollstühle, Diabetikerspritzbestecke), die für den Versicherten unverzichtbar sind, um gesundheitliche Beeinträchtigungen oder Behinderungen auszugleichen. Auch hier sind Festbeträge bestimmt, bis zu deren Höhe die Krankenkassen die Kosten übernehmen, sonst muß selbst zugezahlt werden. Zu Brillengestellen zahlen die Kassen einen Zuschuß von 20 DM.

- **Häusliche Krankenpflege und Haushaltshilfe** (§§ 37 f. SGB V)

  Kosten der **häuslichen Krankenpflege** werden von der Kasse dann übernommen, wenn eine notwendige Krankenhausbehandlung nicht durchführbar ist oder durch die Pflege ein Aufenthalt im Krankenhaus abgekürzt wird oder nicht mehr erforderlich ist. Die Kosten werden in der Regel für vier Wochen je Krankheitsfall übernommen. Auch die hauswirtschaftliche Versorgung kann eingeschlossen sein.

Haushaltshilfen sollen gewährleisten, daß bei vorübergehender Abwesenheit eines Haushaltsmitgliedes (infolge Krankenhausaufenthalt oder Kur) der Haushalt auch dann weitergeführt werden kann, wenn andere Personen der Hausgemeinschaft die Aufgaben nicht wahrnehmen können. Voraussetzung ist allerdings, daß im Haushalt ein Kind lebt, das unter acht Jahre oder behindert und auf Hilfe angewiesen ist.

- **Krankenhausbehandlung** (§ 9 SGB V)

  Die Kosten eines Krankenhausaufenthaltes werden von der Versicherung getragen. Allerdings muß der Patient für längstens 14 Tage pro Kalenderjahr 12 DM (bzw. in den neuen Bundesländern 9 DM) pro Tag zuzahlen.

- **Rehabilitationsmaßnahmen** (§§ 40 ff. SGB V)

  Krankenkassen übernehmen die Kosten für die Behandlung, Unterkunft und Verpflegung in Kureinrichtungen, um eine Krankheit zu heilen, zu lindern oder eine Verschlimmerung zu verhüten. Findet die Kur – ähnlich einem Krankenhausaufenthalt – in einer Rehabilitationsklinik statt, muß sich der Versicherte mit 12 DM pro Tag an den Kosten beteiligen. Bei „offenen Badekuren" zahlt er 10 % der Heilmittelkosten selbst und erhält von der Krankenkasse einen täglichen Zuschuß von bis zu 15 DM für Kurtaxe, Unterkunft, Verpflegung und Fahrt.

● **Krankengeld**

Krankengeld soll die Versorgung des Versicherten und seiner Familie gewährleisten. Ein Anspruch besteht allerdings erst nach Ablauf der sechswöchigen Lohnfortzahlung (durch den Arbeitgeber). Krankengeld wird ohne zeitliche Begrenzung gewährt und beträgt 80 % des regelmäßigen Bruttoarbeitsentgeltes. Wird der Versicherte allerdings innerhalb von 3 Jahren wegen derselben Krankheit häufiger arbeitsunfähig, wird Krankengeld insgesamt maximal 78 Wochen gezahlt.

● **Häusliche Pflegehilfe**

Versicherte, die wegen einer Krankheit oder Behinderung so hilflos sind, daß sie zur Verrichtung der täglichen Arbeiten in hohem Maße auf Hilfe angewiesen sind, erhalten häusliche Pflegehilfe. Diese Pflegehilfe soll die Versorgung des schwerstpflegebedürftigen Versicherten in seiner Wohnung oder im Haushalt seiner Familie unterstützen. Die Krankenkasse zahlt dann 25 Pflegestunden pro Monat durch eine Fachkraft, allerdings nur bis 750 DM. Wird keine Fachkraft in Anspruch genommen, etwa weil Angehörige die Pflege übernehmen, werden 400 DM im Monat gewährt. Bereits seit 1989 übernimmt die Kasse bis zu 4 Wochen im Jahr die Kosten (maximal 1 800 DM) einer „Urlaubs- oder Krankheitsvertretung" für den Fall, daß die eigentliche Pflegeperson verhindert ist.

Mit Einführung der Pflegeversicherung ab dem 1. April 1995 entfällt diese Leistung der gesetzlichen Krankenversicherung.

● **Fahrkosten**

Für Fahrten zum stationären Krankenhausaufenthalt, bei Rettungsfahrten zum Krankenhaus oder dann, wenn ein fachlicher Krankentransport erforderlich ist, zahlt die Krankenkasse nur die Kosten pro Fahrt, die 20 DM überschreiten. Bei sonstigen Fahrten (etwa zum Arzt oder Masseur) hat der Versicherte die Kosten selbst zu tragen.

- **Leistungen bei Schwangerschaft und Mutterschaft**

Leistungen der Mutterschaftshilfe sind u. a. ärztliche Betreuung, Versorgung mit Arznei-, Verband- und Heilmitteln, Mutterschaftsgeld (vgl. S. 396) und Pflege in einer Entbindungs- oder Krankenanstalt (§ 195 RVO).

- **Sterbegeld**

Die Krankenkasse zahlt 2 100 DM beim Tod eines Versicherten und 1 050 DM beim Tod eines mitversicherten Familienangehörigen. Wer 1989 neu in die gesetzliche Krankenversicherung eintrat, hat keinen Anspruch auf Sterbegeld.

▶ **Härtefälle** (§§ 61 ff. SGB V)

Versicherte, die Leistungen von der Krankenversicherung beanspruchen, haben in bestimmten Fällen Zuzahlungen zu leisten. Bei Arznei-, Verband- und Heilmitteln, kieferorthopädischen Leistungen und Zahnersatz sowie Kuren und Fahrkosten sind Teilkosten von den Versicherten selbst aufzubringen. Von diesen Zuzahlungen und Eigenleistungen kann befreit werden, wer dadurch unzumutbar belastet würde (außer der Selbstbeteiligung bei einem Krankenhausaufenthalt).

Ausschlaggebend ist das monatliche Bruttoeinkommen. **Von eigenen Zahlungen vollständig befreit sind**:

- Alleinstehende mit einem Monatseinkommen von bis zu 1 624 DM (bzw. in den neuen Bundesländern 1 316 DM),

- Alleinstehende mit einem Angehörigen bzw. Ehepaare mit einem gemeinsamen Monatseinkommen von 2 233 DM (bzw. 1 809,50 DM) zuzüglich 406 DM (bzw. 329 DM) je weiterer Person.

Unter diese **Sozialklausel** fallen auch Bezieher von Sozialhilfe, Arbeitslosenhilfe und Ausbildungsförderung.

Wenn das monatliche Einkommen über den genannten Grenzen liegt, kann die „**Überforderungsklausel**" Anwendung finden. Müssen für Zuzahlungen für Arznei- und Heilmittel sowie Fahrtkosten mehr als 2 % des jährlichen Bruttoeinkommens ausgegeben werden – bei einem Einkommen über 70 200 DM bzw. 57 600 DM in den neuen Bundesländern (Jahresarbeitsentgeltsgrenze für 1995) mehr als 4 % – trägt die Krankenkasse den darüber hinausgehenden Betrag.

4.4.2.2 Pflegeversicherung

Als fünfte Säule der Sozialversicherung hat die Pflegeversicherung die Aufgabe, bei Pflegebedürftigkeit Hilfe zu leisten. Pflegebedürftig sind Menschen, die sich dauerhaft nicht mehr ohne fremde Hilfe selbst versorgen können. Die Pflegeversicherung, deren Aufgaben von den Krankenkassen wahrgenommen werden, ist eine Pflichtversicherung für die gesamte Bevölkerung.

▶ **Versicherte**

- Wer in einer gesetzlichen Krankenkasse pflichtversichert ist, wird dort auch automatisch pflegeversichert.

- Wer in der gesetzlichen Krankenkasse freiwillig versichert ist (dies sind Versicherte von dem Zeitpunkt an, in dem ihr sozialversicherungspflichtiges Einkommen die maßgebliche Beitragsbemessungsgrenze der gesetzlichen Krankenversicherung übersteigt, muß sich innerhalb von drei Monaten entscheiden, ob er weiter in der gesetzlichen Krankenversicherung pflegeversichert sein will oder ob er zu einer privaten Individualversicherung wechselt.

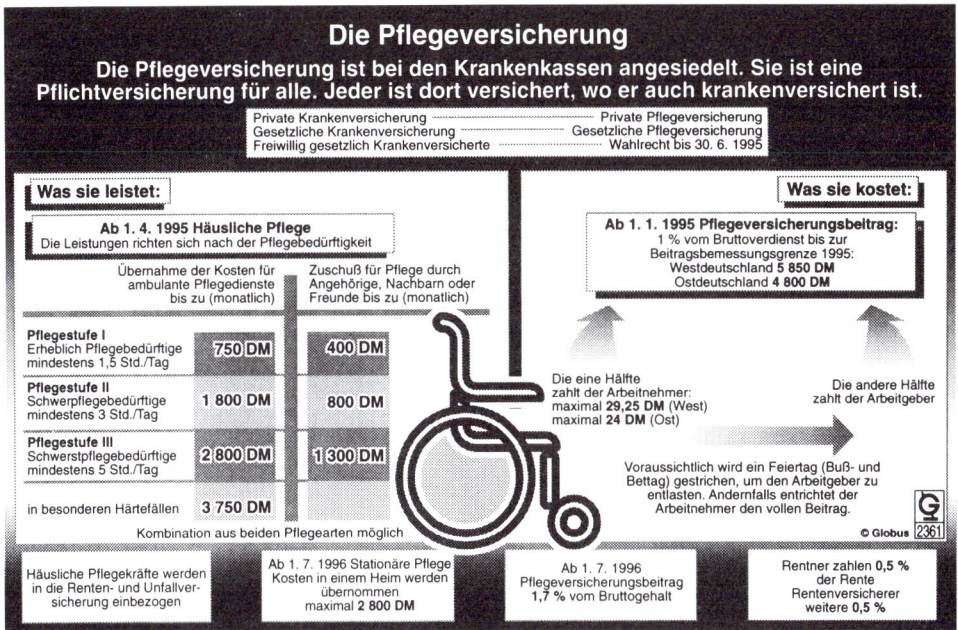

● Wer in einer Privatversicherung krankenversichert ist, muß sich auch in dieser oder einer anderen Privatversicherung pflegeversichern lassen.

▶ **Beitragssätze**

Der **Beitragssatz der sozialen (gesetzlichen) Pflegeversicherung** beträgt ab dem 1. Januar 1995 (Einführung der ambulanten Pflege, also solcher Pflegeleistungen, die nicht dauerhaft in Heimen erbracht werden **(häusliche Pflege)** zunächst 1 % des Einkommens bis zu der für die gesetzliche Krankenversicherung maßgeblichen Beitragsbemessungsgrenze. Ab dem 1. Juli 1996 (Einführung der **stationären Pflege**, also von Pflegeleistungen, die dauerhaft in Heimen erbracht werden) steigt der Beitragssatz auf 1,7 % des sozialversicherungspflichtigen Einkommens bis zu der für die gesetzliche Krankenversicherung maßgeblichen Beitragsbemessungsgrenze.

Diese Beiträge gelten auch für Rentner. Im Rahmen der Familienversicherung sind Kinder und nichtberufstätige Ehegatten beitragsfrei mitversichert. Bei Arbeitnehmern werden die Beiträge jeweils zur Hälfte vom Versicherten und Arbeitgeber erbracht. Zum Ausgleich der Belastungen des Arbeitgebers wird ein gesetzlicher Feiertag, der stets auf einen Werktag fallen muß, abgeschafft.

Die **Beiträge der privaten Pflegeversicherung** werden demgegenüber je nach den Gegebenheiten des Einzelfalls kalkuliert, sind aber auf den Beitragssatz der gesetzlichen Pflegeversicherung begrenzt. Kinder sind ebenfalls beitragsfrei versichert. Ehegatten müssen maximal 50 % des gesetzlichen Höchstbetrages zuzahlen.

Arbeitnehmer, die Mitglied einer privaten Pflegeversicherung sind, erhalten von ihrem Arbeitgeber einen Beitragszuschuß in Höhe von 50 % bis zur Höchstgrenze des Arbeitgeberbeitrages in der gesetzlichen Pflegeversicherung.

▶ **Leistungen der Pflegeversicherung**

Die Leistungen der Pflegeversicherung richten sich einerseits nach dem Grad der Pflegebedürftigkeit und andererseits danach, ob häusliche oder stationäre Pflege erforderlich ist.

Der **Grad der Pflegebedürftigkeit** wird folgendermaßen abgestuft:

– Pflegestufe I:
erhebliche Pflegebedürftigkeit (bei der Körperpflege, der Ernährung oder der Mobilität wird mindestens einmal täglich und zusätzlich mehrfach in der Woche bei der hauswirtschaftlichen Versorgung Hilfe benötigt)

– Pflegestufe II:
Schwerpflegebedürftigkeit (bei der Körperpflege, der Ernährung oder der Mobilität wird mindestens dreimal täglich und zusätzlich mehrfach in der Woche bei der hauswirtschaftlichen Versorgung Hilfe benötigt)

– Pflegestufe III:
Schwerstpflegebedürftigkeit (bei der Körperpflege, der Ernährung oder der Mobilität wird rund um die Uhr und zusätzlich mehrfach in der Woche bei der hauswirtschaftlichen Versorgung Hilfe benötigt)

Bei **häuslicher Pflege** gewährt die Pflegeversicherung **Sachleistungen** zwischen 750 DM und 3 750 DM monatlich (je nach Pflegegrad [Pflegestufe I 750 DM, Pflegestufe II 1 800 DM, Pflegestufe III 2 800 DM, in Härtefällen erhalten Pflegebedürftige der Pflegestufe III 3 750 DM). Diese Sachleistungen sind zur Zahlung von Pflegeeinsätzen ambulanter Pflegedienste (Pflegekräfte der bei den Krankenkassen eingerichteten Pflegekassen oder Pflegekräfte privater Einrichtungen) gedacht.

Wird die Pflegehilfe selbst beschafft (etwa durch Familienangehörige), wird ein **Pflegegeld** von 400 bis 1 300 DM gewährt. Sachleistungen und Pflegegeld können auch kombiniert in Anspruch genommen werden. Nimmt ein Pflegebedürftiger die ihm zustehenden Sachleistungen der ambulanten Pflegedienste nur teilweise in Anspruch, erhält er anteilig zusätzlich Pflegegeld. Zudem werden Kosten für Hilfsmittel (60 DM pro Monat), teilstationäre Pflege (bis zu 2 100 DM monatlich) und Kurzzeitpflege (maximal 2 800 DM pro Jahr) erstattet.

Bei **stationärer Pflege** werden pflegebedingte Aufwendungen bis zu 2 800 DM monatlich (maximal 30 000 DM pro Jahr) übernommen. In Härtefällen, falls eine außergewöhnlich hohe und intensive Pflege notwendig ist, die das Maß der Pflegestufe III weit übersteigt, werden 3 300 DM monatlich gewährt. Die Kosten für die Unterbringung und die Verpflegung im Heim trägt der Betroffene allerdings selbst.

4.4.2.3 Rentenversicherung

Die Rentenversicherung ist eine Versicherung für die gesamte Bevölkerung, der jedermann beitreten kann. Die geleisteten Beiträge werden nicht für den einzelnen als Rücklage angesammelt, sondern sofort wieder an andere Anspruchsberechtigte als Renten oder sonstige Leistungen ausgezahlt **(Umlageverfahren)**. Besonderes Kennzeichen der Rentenversicherung ist, daß die heutigen Beitragszahler die Renten der bereits aus dem Erwerbsleben Ausgeschiedenen finanzieren. Sie erwerben dadurch den Anspruch an die künftige Generation, daß durch deren Beitragszahlung ihre spätere Rentenversorgung gesichert wird **(Generationenvertrag)**. Zum 01.01.1992 trat das neue **Rentenreformgesetz** (RRG 1992) – und zwar auch in den neuen Bundesländern – in Kraft. Es wurde als 6. Buch in das Sozialgesetzbuch (SGB VI) übernommen. Von dieser Veränderung sind etwa 40 Mio. Versicherte und 19 Mio. Rentner betroffen. Die Reform soll die langfristigen finanziellen Probleme lösen, die sich für die gesetzliche Rentenversicherung daraus ergeben, daß einerseits die Zahl der Rentner steigt, während andererseits die der Kinder abnimmt, so daß künftig immer weniger Beitragszahler immer mehr zur Finanzierung der Renten beizutragen haben.

▶ **Versicherte**

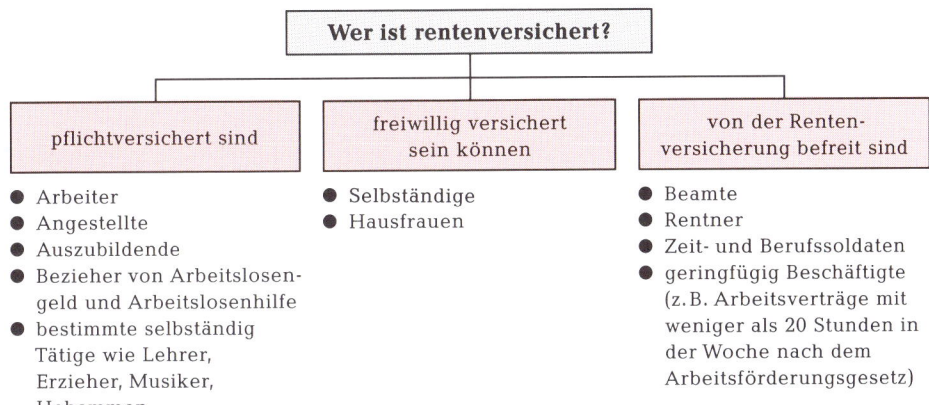

Beitragshöhe

▶ **Beitragshöhe**

Der Rentenversicherungsbeitrag pflichtversicherter Arbeitnehmer wird je zur Hälfte von Arbeitgeber und Arbeitnehmer aufgebracht und zunächst an die zuständige Krankenkasse überwiesen, die dann ihrerseits den entsprechenden Betrag an den jeweiligen Träger der Rentenversicherung weiterleitet. Neben den Beiträgen von Arbeitgebern und Arbeitnehmern wird die Finanzierung der Renten durch Beiträge der Bundesanstalt für Arbeit (für Bezieher von Arbeitslosengeld und -hilfe) bzw. durch einen Zuschuß des Bundes gesichert.

Wie bei der gesetzlichen Krankenversicherung wird die Höhe des zu entrichtenden Beitrages nur bis zur Beitragsbemessungsgrenze berechnet. Allerdings liegt die Entgeltgrenze der Rentenversicherung über der der Krankenversicherung. Die aus der Krankenversicherung maßgeblichen Einkommensgrößen für Geringverdiener (Arbeitgeber zahlt den Beitrag zur Sozialversicherung allein) und für geringfügig Beschäftigte (Ausübung einer sozialversicherungsfreien Beschäftigung) gelten auch in der Rentenversicherung.

▶ **Versicherungsträger**

Die einzelnen Träger der Rentenversicherung sind für bestimmte Gruppen von Versicherten zuständig.

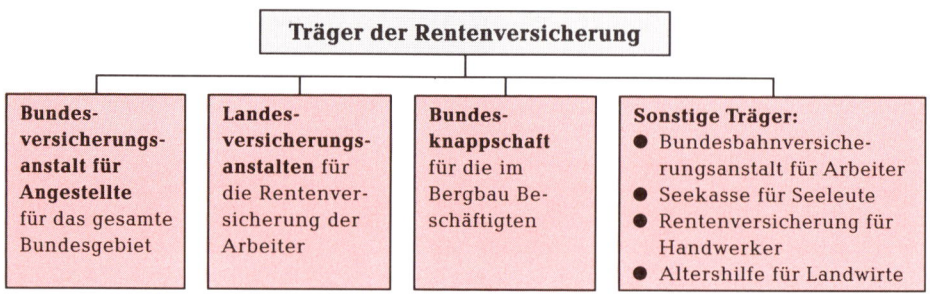

Träger der Rentenversicherung

| **Bundes-versicherungs-anstalt für Angestellte** für das gesamte Bundesgebiet | **Landes-versicherungs-anstalten** für die Rentenver-sicherung der Arbeiter | **Bundes-knappschaft** für die im Bergbau Be-schäftigten | **Sonstige Träger:** • Bundesbahnversiche-rungsanstalt für Arbeiter • Seekasse für Seeleute • Rentenversicherung für Handwerker • Altershilfe für Landwirte |

▶ **Aufgaben der Rentenversicherung**

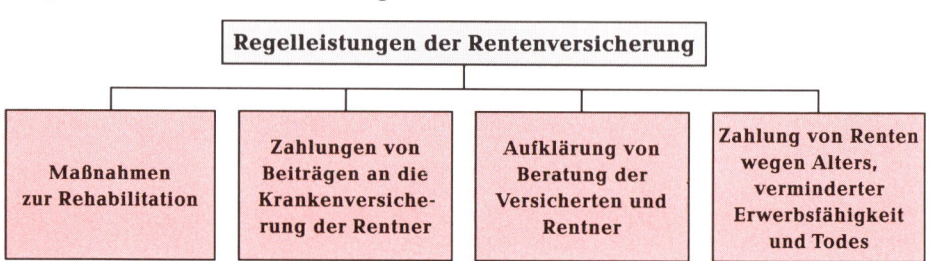

Regelleistungen der Rentenversicherung

| **Maßnahmen zur Rehabilitation** | **Zahlungen von Beiträgen an die Krankenversiche-rung der Rentner** | **Aufklärung von Beratung der Versicherten und Rentner** | **Zahlung von Renten wegen Alters, verminderter Erwerbsfähigkeit und Todes** |

● **Maßnahmen zur Rehabilitation**

Ist die Erwerbsfähigkeit, d.h. die Fähigkeit eines Versicherten, weiter berufstätig sein zu können, infolge von Krankheit oder anderen Gebrechen gefährdet oder gemindert, kann die Rentenversicherung zur Wiederherstellung der Leistungs-fähigkeit Rehabilitationsmaßnahmen bewilligen. Zu diesen Maßnahmen zählen u.a.:

– ärztliche Behandlung;

– Arznei- und Verbandmittel;

– Heilmittel (z.B. Krankengymnastik, Bewegungs-, Sprach- und Beschäftigungs-therapien);

– Kuraufenthalte;

– Maßnahmen zur beruflichen Anpassung, Fortbildung, Ausbildung und Um-schulung;

– Zahlung von Übergangsgeld während der medizinischen oder berufsfördern-den Maßnahmen zur Rehabilitation.

● **Zahlung von Beiträgen an die Krankenversicherung der Rentner**

Krankenversicherungspflichtige Rentner zahlen im Regelfall z.Z. 6,75% von ihrem Altersruhegeld an die Krankenversicherung. Quasi als „Arbeitgeberbeitrag" zahlt der Rentenversicherungsträger weitere 6,75% an die entsprechende Kranken-kasse.

● **Aufklärung und Beratung der Versicherten und Rentner**

Die Rentenversicherungsträger unterhalten Auskunfts- und Beratungsstellen. Hier kann sich der Versicherte über alle Angelegenheiten seiner Rente infor-mieren.

  – **Rentenarten**

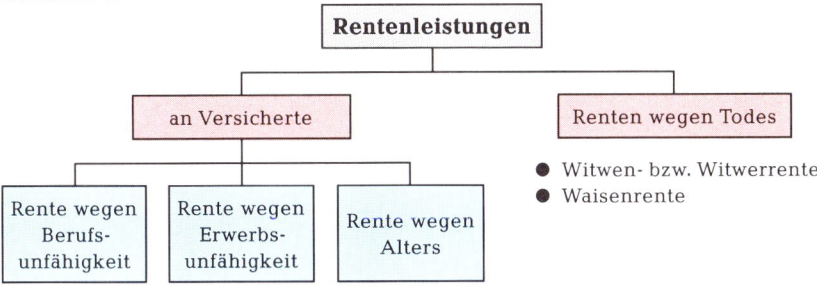

insbesondere:
- Versicherte, die das 65. Lebensjahr (Regelaltersrente) vollendet haben
- Männer mit dem 63. und Frauen mit dem 60. Lebensjahr bei Beschäftigungsaufgabe
- Arbeitslose mit dem 60. Lebensjahr
- Schwerbehinderte mit dem 60. Lebensjahr

Renten an Versicherte

Anspruch auf **Rente wegen Berufsunfähigkeit** haben Versicherte, deren Erwerbsfähigkeit in ihrem (oder einem ihnen aufgrund ihrer Fähigkeiten und Ausbildung zumutbaren anderen) Beruf gesundheitsbedingt auf weniger als die Hälfte dessen gesunken ist, was ein vergleichbarer Gesunder verdienen könnte. Der Bezug dieser Rente ist allerdings an weitere versicherungsrechtliche Voraussetzungen (wie z. B. Erfüllung der fünfjährigen Wartezeit) geknüpft.

Ist die Erwerbsfähigkeit eines Versicherten gesundheitsbedingt in allen allgemein zumutbaren Beschäftigungen regelmäßig so gemindert, daß er nicht mehr als geringfügige Einkünfte erzielen kann, besteht Anspruch auf **Rente wegen Erwerbsunfähigkeit.** Auch hier ist die Rentenleistung an die Erfüllung weiterer versicherungsrechtlicher Voraussetzungen gebunden.

Bevor eine Rente wegen Berufs- oder Erwerbsunfähigkeit bewilligt wird, muß zunächst geprüft werden, ob durch Rehabilitationsmaßnahmen eine Wiederherstellung der Arbeitskraft möglich sein kann.

Renten wegen Alters erhalten Versicherte, die das 65. Lebensjahr vollendet haben. Eine vorgezogene Verrentung – „flexible Altersgrenze" – erfolgt nur, wenn eine Beschäftigung nicht mehr oder nur in begrenztem Umfang ausgeübt wird. Männer können mit 63 Lebens- und 35 Versicherungsjahren in Rente gehen, Frauen mit 60, wenn sie in den letzten 20 Jahren eine Versicherungszeit von 121 Monaten nachweisen können. Vorzeitige Altersrente können arbeitslose Versicherte beanspruchen, die das 60. Lebensjahr vollendet und die Wartezeit von 180 versicherungspflichtigen Kalendermonaten erfüllt haben, wenn sie in den letzten $1^1/_2$ Jahren 52 Wochen arbeitslos waren und in den letzten 10 Jahren mindestens 8 Jahre eine rentenversicherungspflichtige Tätigkeit ausgeübt haben. Anspruch auf vorgezogene Altersrente haben außerdem Schwerbehinderte mit vollendetem 60. Lebensjahr, wenn sie 35 Versicherungsjahre nachweisen können.

Ab 2001 werden die Altersgrenzen von 60 und 63 Jahren stufenweise auf die **Regelaltersgrenze von 65 Jahren** angehoben. Hiervon betroffen sind die:

* Altersrente für langjährig Versicherte, die das 63. Lebensjahr vollendet und die Wartezeit von 35 Jahren erfüllt haben;
* Altersrente wegen Arbeitslosigkeit ab dem 60. Lebensjahr;
* Altersrente für Frauen ab dem 60. Lebensjahr.

Diese stufenweise Anpassung ist im Dezember 2006 (Altersrente für langjährig Versicherte) bzw. im Dezember 2012 (Altersrente wegen Arbeitslosigkeit bzw. Altersrente für Frauen) abgeschlossen. Ab dann gilt generell das vollendete 65. Lebensjahr als reguläre Altersgrenze.

Allerdings ist es möglich, die Altersrente schon vor der maßgeblichen Regelaltersgrenze in Anspruch zu nehmen, und zwar bis zu maximal drei Jahren früher. Damit mindert sich jedoch die Rentenhöhe um 0,3% pro Monat. Wird über das 65. Lebensjahr hinaus gearbeitet, steigert sich der Rentenanspruch um monatlich 0,5%.

> Geht ein Versicherter im Jahre 2005 drei Jahre früher in Rente, erhält er nur 89,2% (3 Jahre · 12 Monate · 0,3% = 10,8%) seiner sonst zustehenden Altersrente. Würde der Versicherte nach Vollendung des 65. Lebensjahres weitere 2 Jahre arbeiten, erhöht sich die ihm zustehende Altersrente auf 112% (2 Jahre · 12 Monate · 0,5% = 12%).

Renten wegen Todes

Witwen- bzw. Witwerrente erhält der Hinterbliebene in Höhe von 60% der Rente des verstorbenen Ehegatten. Damit wurde eine Gleichbehandlung von Mann und Frau geschaffen.

Waisenrente erhalten nach dem Tod des Versicherten seine Kinder bis zur Vollendung des 18. bzw. bei Schul- oder Berufsausbildung längstens bis zur Vollendung des 27. Lebensjahres. Der Anspruchszeitraum verlängert sich entsprechend über das 27. Lebensjahr hinaus, wenn die Schul- oder Berufsausbildung durch die Ableistung des gesetzlichen Wehr- oder Zivildienstes unterbrochen oder verschoben wurde.

- **Wartezeiten**

Voraussetzung für die Zahlung von Renten ist die Erfüllung einer bestimmten Wartezeit, d. h. eines Zeitraumes, in dem der Versicherte Beiträge entrichtet hat. Für die Rente wegen Berufs- oder Erwerbsunfähigkeit bzw. das Altersruhegeld ab 65 beträgt die Wartezeit 5 Jahre. Für das vorzeitige Altersruhegeld (Frauen ab 60, Arbeitslose ab 60 Jahre) gilt eine Wartezeit von 15 Jahren.

- **Rentenhöhe**

Die Rentenhöhe wird seit der Einführung der „dynamischen Rente" im Jahre 1957 grundsätzlich nach der Höhe des Arbeitsverdienstes und der Versicherungsdauer bemessen. Gleichzeitig ist durch diese Rentenreform sichergestellt, daß eine Anpassung der Renten an die Lohnentwicklung erfolgt.

4.4.2.4 Arbeitslosenversicherung

▶ **Versicherte**

Die Arbeitslosenversicherung ist eine **Pflichtversicherung** für alle Auszubildenden, Arbeiter und Angestellten. Ein freiwilliger Beitritt (z. B. für Selbständige) ist nicht möglich. Nicht von der Arbeitslosenversicherung erfaßt werden zudem alle Beamte.

▶ **Beitragshöhe**

Der Beitrag zur Arbeitslosenversicherung wird je zur Hälfte von Arbeitgeber und Arbeitnehmer getragen, direkt vom Lohn abgezogen und gemeinsam mit dem Renten- und Krankenversicherungsbeitrag zunächst an die Krankenkasse und von dieser an die Bundesanstalt für Arbeit in Nürnberg überwiesen.

Die für die Rentenversicherung maßgeblichen Einkommensgrenzen, also die Beitragsbemessungsgrenze sowie die Entgeltgrenzen für Geringverdiener und geringfügig Beschäftigte (vgl. S. 399), gelten auch in der Arbeitslosenversicherung.

▶ **Versicherungsträger**

Die Bundesanstalt für Arbeit übernimmt in Zusammenarbeit mit den Landesarbeitsämtern und den zuständigen örtlichen Arbeitsämtern Aufgaben im Bereich der Arbeitsförderung, der Arbeitslosenversicherung, der Sicherung von Arbeitsplätzen und erbringt Leistungen im Rahmen der Vorruhestandsregelung.

▶ **Aufgaben der Bundesanstalt für Arbeit**

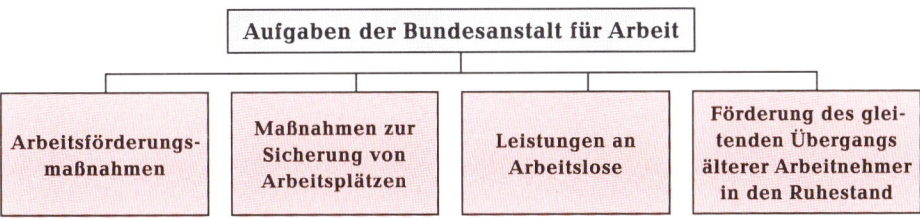

● **Arbeitsförderungsmaßnahmen**

Im Rahmen der Arbeitsförderungsmaßnahmen erbringen die Arbeitsämter Dienstleistungen in den Bereichen:

– **Arbeitsvermittlung,** d.h. Unterstützung von Arbeitslosen und Arbeitssuchenden zur Aufnahme einer Beschäftigung.

– **Berufsberatung.** Hier werden bei der Berufswahl und beim Berufswechsel Eignungen für einen bestimmten Beruf festgestellt und Beratung und Aufklärung über Berufsinhalte und -aussichten durchgeführt.

– **Berufliche Aus- und Fortbildung.** Ziel ist es, eine Berufsausbildung zu fördern, die Qualifikation im bereits ausgeübten Beruf zu verbessern bzw. Arbeitslosen und Arbeitssuchenden eine Umschulung auf Tätigkeiten zu ermöglichen, die bessere Anstellungschancen bieten.

– **Berufliche Rehabilitation.** Kann aus bestimmten Gründen der bisherige Beruf nicht mehr ausgeübt werden, wird im Rahmen der beruflichen Rehabilitation die Eingliederung in einen anderen Beruf unterstützt.

– **Arbeitsmarkt- und Berufsforschung.** Im Rahmen dieser Tätigkeit werden Daten beschafft, aufbereitet und interpretiert, die sich u. a. mit den Themen Berufsanforderungen, Berufsaussichten, Bedarf an Arbeitskräften, Statistiken über Erwerbstätige und Arbeitslose beschäftigen.

● **Maßnahmen zur Sicherung von Arbeitsplätzen**

– **Kurzarbeitergeld** wird in den Fällen gezahlt, in denen dem Arbeitnehmer durch betriebsbedingte Verringerung der Arbeitszeit ein Verdienstausfall entsteht.

- **Schlechtwettergeld** wird Beschäftigten des Baugewerbes gewährt, die durch Witterungsverhältnisse ihre Tätigkeit nicht im gewohnten Umfang ausüben können.
- **Maßnahmen zur Arbeitsbeschaffung** beinhalten Zuschüsse an Arbeitgeber, die neue Arbeitsplätze einrichten.

● **Leistungen an Arbeitslose**

Zweck von Arbeitslosengeld und Arbeitslosenhilfe ist die Sicherung der Versorgung des Arbeitslosen und seiner Familie.

- **Arbeitslosengeld**

  Anspruch auf Arbeitslosengeld haben Versicherte,
  * die arbeitslos sind,
  * die der Arbeitsvermittlung zur Verfügung stehen,
  * die die Anwartschaftszeit erfüllen (nach einer „Mindestbeschäftigungsdauer" von einem Jahr gibt es 6 Monate, nach einer zweijährigen beitragspflichtigen Beschäftigung 12 Monate Arbeitslosengeld),
  * die sich beim Arbeitsamt arbeitslos gemeldet haben,
  * und Arbeitslosengeld beantragt haben.

  Das Arbeitslosengeld beträgt 67 % (60 % für Arbeitslose ohne Kinder) des letzten Nettoverdienstes und wird in der Regel nach zweijähriger beitragspflichtiger Beschäftigung höchstens für 312 Wochentage gewährt.

  42jährige Arbeitslose erhalten 18 Monate, 44jährige 22 Monate, 49jährige 26 Monate und über 54jährige Arbeitslose 32 Monate Arbeitslosengeld. Kündigt der Arbeitnehmer allerdings von sich aus, bekommt er u. U. Arbeitslosengeld erst nach einer Sperrfrist von 8 Wochen (für die Zeit bis zum 31. 12. 1995 wurde die Sperrfrist auf 12 Wochen verlängert – § 119 a AFG).

- **Arbeitslosenhilfe**

  Arbeitslosenhilfe wird gewährt,
  * wenn kein Anspruch auf Arbeitslosengeld besteht **und**
  * der Arbeitslose bedürftig ist, d. h. sein Einkommen oder Vermögen zur Bestreitung der Lebensführung nicht ausreichen.

  Die Arbeitslosenhilfe beträgt 57 % (53 % für Arbeitslose ohne Kinder) und wird zunächst für 1 Jahr gewährt. Danach kann sich nach erneuter Überprüfung eine Verlängerung der Arbeitslosenhilfe ergeben.

● **Förderung des gleitenden Übergangs älterer Arbeitnehmer in den Ruhestand**

Das „**Arbeitsteilzeitgesetz**" ermöglicht die Förderung des Übergangs älterer Arbeitnehmer in den Ruhestand.

Arbeitnehmer, die
- das 58. Lebensjahr vollendet haben,
- nach dem 31. 12. 1988 mit dem Arbeitgeber eine Verkürzung ihrer Arbeitszeit auf die Hälfte der tariflich festgelegten Wochenarbeitszeit (mindestens jedoch 18 Stunden) vereinbart haben,
- innerhalb der letzten fünf Jahre mindestens 1 080 Kalendertage beitragspflichtig beschäftigt waren,

erhalten **durchschnittlich 72 % ihres letzten Nettoeinkommens.**

Voraussetzungen zur Förderung durch die Bundesanstalt für Arbeit sind:

- Auf die so freiwerdenden Arbeitsplätze müssen als arbeitslos Gemeldete eingestellt werden.
- Die Leistungen, die der Arbeitgeber seinerseits zum gleitenden Übergang seiner Mitarbeiter in den Ruhestand erbringt, müssen durch Tarifvertrag oder Betriebsvereinbarung festgelegt sein.

4.4.2.5 Unfallversicherung *(§§ 537 ff. RVO)*

▶ **Versicherte**

Wer ist unfallversichert?		
pflichtversichert sind	**freiwillig versichert sein können**	**von der Unfallversicherung befreit sind**
• Arbeiter, Angestellte, Auszubildende • Arbeitslose • Schüler, Studenten • Kinder in Kindergärten • Unternehmer in der Landwirtschaft, Schiffahrt und Fischerei • Personen, die bei Unglücksfällen Hilfe leisten bzw. im Interesse des Gemeinwohls tätig werden	• selbständig tätige Unternehmer	• Beamte • selbständig tätige Ärzte und Zahnärzte

Im Gegensatz zur Krankenversicherung sind alle Arbeitnehmer – **unabhängig von der Höhe ihres Monatseinkommens** – pflichtversichert. Der Versicherungsschutz erstreckt sich bei abhängig Beschäftigten, Schülern, Studenten und pflichtversicherten Unternehmern auf die Arbeitsstelle (bzw. Schule oder Hochschule) und den Weg von und zur Arbeit. Personen, die in Unglücksfällen Hilfe leisten, sind während der Hilfeleistung versichert, Kinder in Kindergärten während des Kindergartenbesuches.

▶ **Beitragshöhe**

Die Beiträge zur Unfallversicherung werden vom Arbeitgeber bzw. von der öffentlichen Hand allein getragen. Die Höhe des jeweiligen Beitrages richtet sich nach dem Verdienst der Versicherten und den Gefahrenklassen, in die die einzelne Unternehmung eingestuft ist.

▶ **Versicherungsträger**

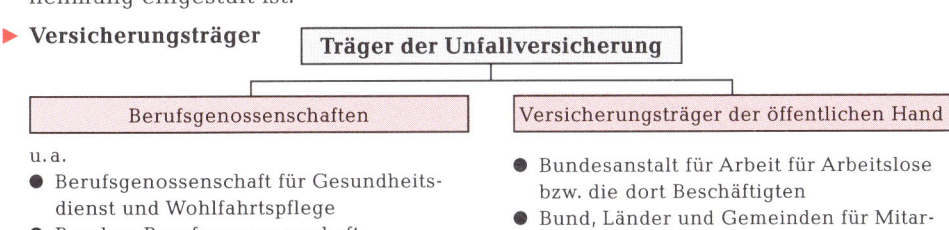

Träger der Unfallversicherung	
Berufsgenossenschaften	**Versicherungsträger der öffentlichen Hand**
u. a. • Berufsgenossenschaft für Gesundheitsdienst und Wohlfahrtspflege • Bergbau-Berufsgenossenschaft • Bau-Berufsgenossenschaften • landwirtschaftliche Berufsgenossenschaften • Berufsgenossenschaft der Banken, Versicherungen, Verwaltungen, freien Berufe und besonderer Unternehmen	• Bundesanstalt für Arbeit für Arbeitslose bzw. die dort Beschäftigten • Bund, Länder und Gemeinden für Mitarbeiter im öffentlichen Dienst, für Schüler, Studenten und Kinder in Kindergärten

► **Aufgaben der Unfallversicherung**

Aufgaben der Unfallversicherung	
Unfallverhütung	**Leistungen bei Arbeitsunfall, Wegeunfall und Berufskrankheit**
• Erlaß von Unfallverhütungsvorschriften • Überwachung der Einhaltung dieser Vorschriften • Ahndung von Verstößen gegen die Unfallverhütungsvorschriften • Durchführung von Ausbildungslehrgängen	• Heilbehandlung • Übergangsgeld • Berufshilfe • Verletztenrente • Sterbegeld • Rente an Hinterbliebene • Abfindung

● **Unfallverhütung**

Den Berufsgenossenschaften wird von der RVO die Aufgabe zugewiesen, zur Vermeidung von Arbeitsunfällen oder Berufskrankheiten **Unfallverhütungsvorschriften** zu erlassen und deren Einhaltung unter die Kontrolle technischer Aufsichtsbeamter zu stellen.

Unfallverhütungsvorschriften regeln die Pflichten sowohl des Arbeitgebers als auch seiner Mitarbeiter und enthalten Bestimmungen über die Gestaltung von Betriebsanlagen, das Verhalten an der Arbeitsstelle und arbeitsmedizinische Vorsorgemaßnahmen. Jeder Versicherte ist verpflichtet, sich mit den Unfallverhütungsvorschriften vertraut zu machen.

Ausbildungslehrgänge, die von den Berufsgenossenschaften veranstaltet werden, machen Mitglieder und Versicherte mit Arbeitsschutz und Unfallverhütung vertraut. Wer als Versicherter oder als Mitglied der Berufsgenossenschaft vorsätzlich oder fahrlässig gegen Unfallverhütungsvorschriften verstößt, kann mit Ordnungsgeldern bis zu 20 000 DM bestraft werden.

● **Leistungen bei Arbeitsunfall, Wegeunfall und Berufskrankheit**

– **Heilbehandlung**

Eine Heilbehandlung hat das Ziel, die Folgen eines Unfalls oder einer Berufskrankheit zu beseitigen oder zu mildern.

Der zuständige Versicherungsträger übernimmt im Rahmen der Heilbehandlung die Kosten für eine ärztliche oder zahnärztliche Behandlung, die Versorgung mit Arznei- und Verband- sowie Heil- und Hilfsmitteln.

– **Übergangsgeld**

Das Übergangsgeld, das für die Dauer der Heilbehandlung gezahlt wird, soll die Versorgung des Versicherten und seiner Familie gewährleisten. In Art und Umfang wird es auf die gleiche Weise gezahlt wie das Krankengeld.

– **Berufshilfe**

Die Berufshilfe umfaßt Maßnahmen zur Erhaltung oder Erlangung eines Arbeitsplatzes (berufliche Anpassung, Ausbildung, Fortbildung oder Umschulung). Zu den berufsfördernden Leistungen gehört auch die Übernahme der Kosten für auswärtige Unterbringung und Verpflegung sowie der Reisekosten. Zudem wird während einer Maßnahme der Berufshilfe auch ein Übergangsgeld gezahlt.

- **Verletztenrente**

  Kann die Erwerbsfähigkeit des Versicherten nicht wiederhergestellt werden, erhält er eine Verletztenrente. Kehrt der Verunglückte wieder ins Arbeitsleben zurück, obwohl seine Erwerbstätigkeit gemindert ist (um mindestens 20 %), erhält er eine Teilrente neben seinem Lohn oder Gehalt.

- **Sterbegeld, Rente an Hinterbliebene**

  Stirbt der Versicherte an den Unfallfolgen oder einer Berufskrankheit, ist dem Hinterbliebenen ein Sterbegeld zu zahlen. Die Witwe/der Witwer und die Waisen (bis zur Vollendung des 18. Lebensjahres) erhalten zudem eine Hinterbliebenenrente.

- **Abfindung**

  Verletztenrenten und Hinterbliebenenrenten können unter bestimmten Voraussetzungen als einmalige Abfindung in einer Summe ausgezahlt werden.

  Verschlechtert sich aber nach der Abfindung für eine Verletztenrente der Gesundheitszustand (infolge des Arbeitsunfalles) des Versicherten, lebt der Anspruch auf Verletztenrente wieder auf.

4.5 Sozialgerichtsbarkeit

Für alle Streitigkeiten auf dem Gebiet des Sozialrechts gibt es eine besondere Sozialgerichtsbarkeit. An der Rechtsprechung wirken Berufsrichter und ehrenamtliche Richter (Laienrichter) mit. Der Instanzenzug ist dreistufig:

Vor der Klageerhebung vor einem Sozialgericht kann es in allen Angelegenheiten der Kranken-, Pflege-, Arbeitslosen- und Rentenversicherung zunächst ein **Vorverfahren** geben. Hier wird gegen die Entscheidung eines Sozialversicherungsträgers (z. B. einen Rentenbescheid) Widerspruch erhoben. Über diesen entscheidet eine aus Vertretern der Arbeitnehmer und Arbeitgeber zusammengesetzte Widerspruchsstelle. Wird der Einspruch des Versicherten zurückgewiesen, kann er gegen diese Entscheidung den Klageweg beschreiten.

Zusammenfassung

	Sozialversicherung				
Merkmale / Sozialversicherung	Krankenversicherung	Pflegeversicherung	Rentenversicherung	Arbeitslosenversicherung	Unfallversicherung
Pflichtversicherte	u. a. ● Auszubildende ● Arbeiter und Angestellte (bis zu einer bestimmten Einkommenshöhe) ● Rentner ● Arbeitslose	● alle Mitglieder der gesetzlichen Krankenversicherung	u. a. ● Auszubildende ● Arbeiter ● Angestellte ● Arbeitslose	● Auszubildende ● Arbeiter ● Angestellte	u. a. ● Auszubildende ● Arbeiter ● Angestellte ● Arbeitslose ● Schüler ● Studenten
Finanzierung	● Beiträge durch Arbeitgeber und Arbeitnehmer je zur Hälfte ● Beiträge der Rentner ● Beiträge der Bundesanstalt für Arbeit	● Beiträge durch Arbeitgeber und Arbeitnehmer je zur Hälfte (streicht ein Land zum Ausgleich der mit den Arbeitgeberbeiträgen verbundenen Belastungen keinen Feiertag, übernimmt der Arbeitnehmer den Beitrag in voller Höhe) ● Beiträge der Rentner und des Rentenversicherungsträgers ● Beiträge der Bundesanstalt für Arbeit	● Beiträge durch Arbeitgeber und Arbeitnehmer je zur Hälfte ● Beiträge der Bundesanstalt für Arbeit ● Zuschuß des Bundes	● Beiträge durch Arbeitgeber und Arbeitnehmer je zur Hälfte	● Arbeitgeber allein

Leistungen	● Gesundheitsuntersuchungen
	● Krankenbehandlung
	● Krankengeld
	● häusliche Pflegehilfe
	● Fahrkosten
	● Leistungen bei Schwangerschaft und Mutterschaft
	● Sterbegeld
		je nach Pflegebedürftigkeit:
		● bei häuslicher Pflege:
		  – Sachleistungen
		  – Pflegegeld
		● bei stationärer Pflege:
		  – Erstattung pflegebedingter Aufwendungen
			● Maßnahmen zur Rehabilitation
			● Zahlung von Beiträgen an die Krankenversicherung der Rentner
			● Aufklärung und Beratung der Versicherten und Rentner
			● Zahlung von Renten wegen Alters, verminderter Erwerbsfähigkeit und Todes
				● Arbeitsförderungsmaßnahmen
				● Maßnahmen zur Sicherung von Arbeitsplätzen
				● Leistungen an Arbeitslose
				● Leistungen im Rahmen der Förderung des Übergangs älterer Arbeitnehmer in den Ruhestand
					● Maßnahmen zur Unfallverhütung
					● Leistungen bei Arbeitsunfall, Wegeunfall und Berufskrankheit

416

Sozialversicherung / Merkmale	Kranken-versicherung	Pflege-versicherung	Renten-versicherung	Arbeitslosen-versicherung	Unfall-versicherung
Träger	● Allgemeine Ortskrankenkassen ● Betriebskrankenkassen ● Innungskrankenkassen ● Ersatzkassen für Angestellte	● Pflegekassen, die bei jeder Krankenkasse errichtet werden	● Bundesversicherungsanstalt für Angestellte ● Landesversicherungsanstalten für Arbeiter ● Bundesknappschaft ● Sonstiger Träger für Arbeiter der Bundesbahn, Seeleute, Handwerker und Landwirte	● Bundesanstalt für Arbeit ● Landesarbeitsämter ● Arbeitsämter	● Berufsgenossenschaften ● Bundesanstalt für Arbeit ● Bund, Länder und Gemeinden

Aufgaben

(1) Welche Lebens- und Beschäftigungsrisiken werden durch die Sozialversicherung abgedeckt?

(2) Erläutern Sie das Solidaritätsprinzip!

(3) Welche wesentlichen Leistungen werden von den einzelnen Zweigen der Sozialversicherung erbracht?

(4) Wer zahlt Beiträge in welcher Höhe zur Sozialversicherung, und wie werden diese an die Versicherungsträger abgeführt?

(5) Eine Auszubildende, der bisher monatlich eine Vergütung in Höhe von 590 DM gezahlt wurde, erhält vereinbarungsgemäß im dritten Ausbildungsjahr ein monatliches Entgelt in Höhe von 690 DM. Welche Auswirkungen hat diese Erhöhung der Ausbildungsvergütung auf

a) die Sozialversicherungsbeiträge,

b) das Nettoentgelt, das auf das Girokonto der Auszubildenden überwiesen wird?

(6) Wann und in welcher Höhe hat eine Beschäftigte Anspruch auf Krankengeld?

(7) An welche Voraussetzungen ist die Zahlung von Arbeitslosengeld bzw. Arbeitslosenhilfe gebunden?

(8) Eine Auszubildende besucht nach Dienstschluß eine Kunstausstellung in der Nachbargemeinde. Auf dem anschließenden Heimweg fällt sie so unglücklich, daß sie sich den rechten Arm bricht. Hat sie Anspruch auf Leistungen aus der gesetzlichen Unfallversicherung?

(9) Nennen Sie wesentliche Unfallverhütungsvorschriften Ihres Ausbildungsbetriebes!

417

27 Käseborn / Siekerkötter – ISBN 3-8120-0081-4

5 Beendigung von Arbeitsverträgen

5.1 Kündigung *(§§ 622, 626 BGB)*

In der Regel sind Arbeitsverhältnisse auf Dauer angelegt, also **unbefristet**. Zu ihrer Beendigung ist deshalb eine Kündigung notwendig, die sowohl vom Arbeitgeber als auch vom Arbeitnehmer ausgesprochen werden kann. Nur in bestimmten Ausnahmefällen (bei zeitlich befristeten Arbeitsverhältnissen[1]) ist eine Kündigung nicht erforderlich. Allerdings muß schon beim Abschluß des Vertrages ein sachlicher Grund (z.B. Vertretung eines erkrankten Arbeitnehmers) vorgelegen haben. Ein solches für eine bestimmte Zeit eingegangenes **befristetes Arbeitsverhältnis** endet mit Ablauf der vereinbarten Zeit, ohne daß es einer Kündigung bedarf.

Stefan Richter

Berliner Str. 43
44866 Bochum, 01.05.19..

Sport Braun GmbH
Karlstraße 16

44866 Bochum

Kündigung meines Arbeitsverhältnisses zum 30.06.19..

Sehr geehrter Herr Braun,

mir wurde von der Unternehmung Bauer in Dortmund eine Stelle als Einzelhandelskaufmann angeboten. Da mir dort gute berufliche Weiterbildungs- und Aufstiegschancen ermöglicht werden, kündige ich hiermit mein Arbeitsverhältnis zum 30.06.19..

Ich bitte um die Ausstellung eines qualifizierten Zeugnisses.

Mit freundlichen Grüßen

Stefan Richter

Sollen Arbeitsverhältnisse auslaufen, müssen bestimmte **Kündigungsfristen** beachtet werden.

---

1 Für die Zeit vom 01. Mai 1985 bis 31. Dezember 1995 können zeitlich befristete Arbeitsverträge mit neuen Mitarbeitern einmalig auf maximal 18 Monate abgeschlossen werden (gemäß § 1 BeschFG 1990). Diese Befristungsmöglichkeit ist durch das Beschäftigungsförderungsgesetz 1994 um weitere fünf Jahre bis 2000 verlängert worden.

▶ Ordentliche Kündigung

● Gesetzliche Kündigung

Die bisher für Arbeiter und Angestellte unterschiedlichen gesetzlichen Kündigungsfristen, die bereits 1990 für verfassungswidrig erklärt worden waren, wurden vereinheitlicht. Die gesetzliche **Grundkündigungsfrist** beträgt nun für alle Arbeitnehmer, also sowohl für Arbeiter als auch für Angestellte, vier Wochen zum Fünfzehnten oder zum Ende eines Kalendermonats (§ 622 I BGB). Damit ist es bei einer **Betriebszugehörigkeit von unter zwei Jahren** grundsätzlich möglich, ein unbefristetes Arbeitsverhältnis nach Ablauf der Probezeit vier Wochen nach dem Zugang der Kündigungserklärung zu beenden.

Beabsichtigt ein Arbeitgeber, einem Arbeitnehmer ordentlich zu kündigen, gelten einseitig **verlängerte Kündigungsfristen**. Je nach Dauer der Betriebszugehörigkeit ist die Kündigung, die jeweils zum Monatsende erfolgen muß, unter Einhaltung einer Frist von einem Monat (nach zweijähriger Betriebszugehörigkeit) bis zu sieben Monaten (nach 20jähriger Betriebszugehörigkeit) möglich. Bei der Berechnung der Betriebszugehörigkeit werden Beschäftigungszeiten vor Vollendung des 25. Lebensjahres jedoch nicht berücksichtigt (§ 622 II BGB).

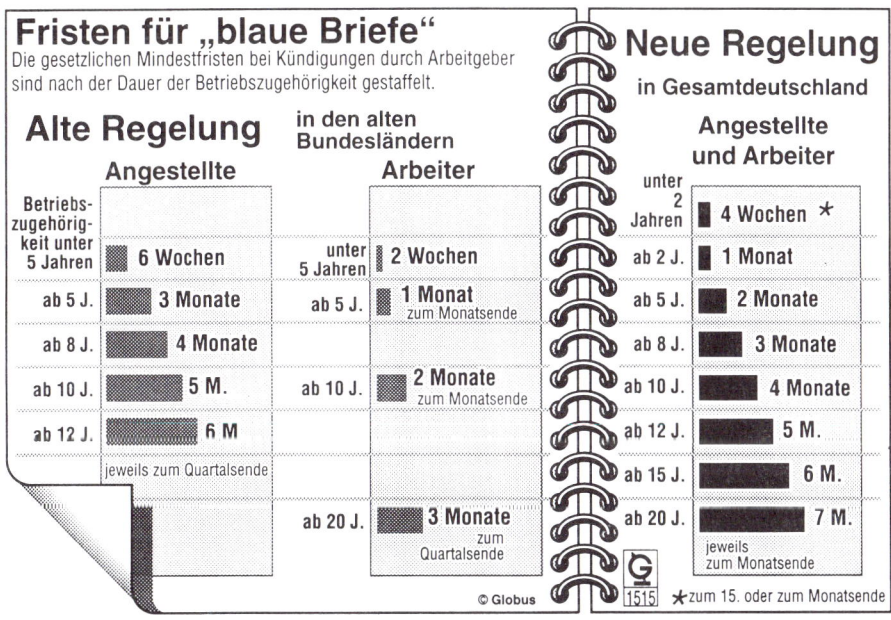

● Vertragliche Kündigung

Zwischen Arbeitgeber und Arbeitnehmer kann eine kürzere als die o. g. Grundkündigungsfrist nur vereinbart werden,

– wenn ein Arbeitnehmer zur vorübergehenden Aushilfe (bis zu einer Dauer von drei Monaten) eingestellt ist,

– wenn der Arbeitgeber in der Regel nicht mehr als zwanzig Arbeitnehmer (ausschließlich Auszubildender) beschäftigt und die Kündigungsfrist vier Wochen nicht unterschreitet (§ 622 V BGB).

419

▶ **Fristlose Kündigung** (außerordentliche Kündigung)

Ohne Einhaltung einer Kündigungsfrist (fristlos) kann das Arbeitsverhältnis von jedem Vertragspartner nur aus einem wichtigen Grund aufgelöst werden.

> *Kündigungsgründe für den Arbeitgeber:*
> Betrug, Diebstahl, Tätlichkeiten, wiederholte Trunkenheit am Arbeitsplatz, häufiges Zuspätkommen
>
> *Kündigungsgründe für den Arbeitnehmer:*
> Keine Gehaltszahlungen, keine Urlaubsgewährung, Verletzung der Fürsorgepflicht

Eine fristlose Kündigung muß jedoch spätestens innerhalb von zwei Wochen nach Bekanntwerden des Kündigungsgrundes erfolgt sein (§ 626 II BGB).

5.2 Kündigungsschutz

▶ **Allgemeiner Kündigungsschutz**

Arbeitnehmer, die mindestens 6 Monate der Unternehmung angehören, sind gegen eine ordentliche Kündigung, die **sozial ungerechtfertigt** ist, geschützt (§ 1 KSchG).[1] Eine ordentliche Kündigung wird nur dann wirksam, wenn sie durch Gründe gerechtfertigt werden kann:

- die **in der Person des Arbeitnehmers** liegen

  (krankheits- oder altersbedingtes Nachlassen von Fähigkeiten, die für die Tätigkeit wesentlich sind; Fehlen oder Wegfall der Arbeitserlaubnis);

- die **im Verhalten des Arbeitnehmers** begründet sind

  (Arbeitsverweigerung; andauernd schlechte Arbeitsleistung);

- die sich **aus betrieblichen Erfordernissen** ergeben

  (Stillegung einzelner Abteilungen; dauerhafter Auftragsmangel oder Umsatzrückgang).

Bei der Kündigung aus **betrieblichen Gründen** muß allerdings hinzukommen, daß der Arbeitgeber bei der Auswahl der zu kündigenden Mitarbeiter soziale Gesichtspunkte in ausreichendem Maß berücksichtigt hat. Es muß zunächst denjenigen Arbeitnehmern gekündigt werden, die von dieser Maßnahme am wenigsten „hart getroffen" sind.

> Aus Rationalisierungsgründen sollen in einer Unternehmung 5 Mitarbeiter entlassen werden. In Zusammenarbeit mit dem Betriebsrat wird aus dem Kreis der betroffenen Personen unter folgenden Überlegungen ausgewählt: Alter, Familienstand, Dauer der Betriebszugehörigkeit, Chancen auf dem Arbeitsmarkt für die Gekündigten.

Hält ein Arbeitnehmer einen Kündigungsgrund für sozial ungerechtfertigt, kann er innerhalb einer Woche **Einspruch beim Betriebsrat** einlegen, der versuchen wird, eine Einigung mit dem Arbeitgeber herbeizuführen. Gelingt dies nicht, muß der Arbeitnehmer innerhalb einer Frist von drei Wochen nach Zugang der Kündigung **Klage beim Arbeitsgericht** erheben, wenn er seinen Anspruch auf Beibehaltung des Arbeitsverhältnisses wahren will (§§ 3, 4 KSchG).

---

1 Das Kündigungsschutzgesetz gilt allerdings nur für Betriebe, die mindestens fünf Beschäftigte (ausgenommen Auszubildende) angestellt haben (§ 23 I KSchG).

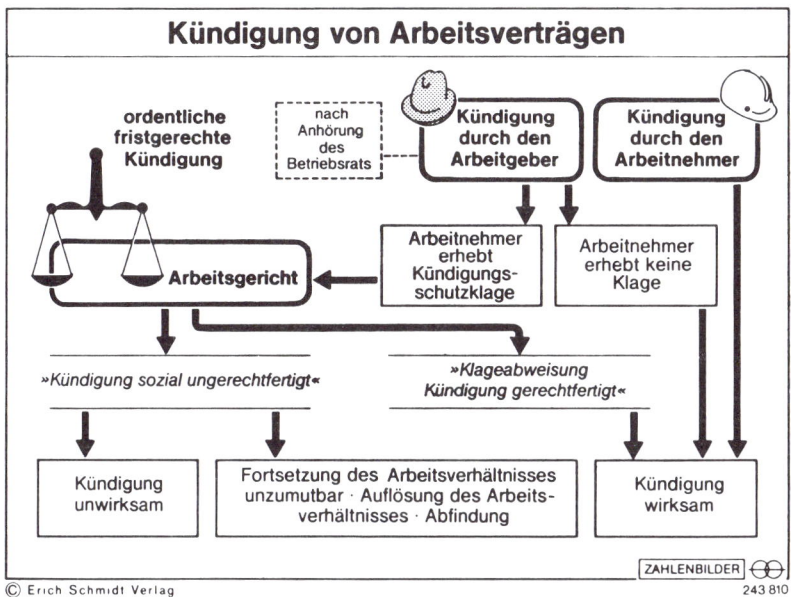

Kündigung von Arbeitsverträgen

ordentliche fristgerechte Kündigung

nach Anhörung des Betriebsrats

Kündigung durch den Arbeitgeber

Kündigung durch den Arbeitnehmer

Arbeitsgericht

Arbeitnehmer erhebt Kündigungs-schutzklage

Arbeitnehmer erhebt keine Klage

»Kündigung sozial ungerechtfertigt«

»Klageabweisung Kündigung gerechtfertigt«

Kündigung unwirksam

Fortsetzung des Arbeitsverhältnisses unzumutbar · Auflösung des Arbeits-verhältnisses · Abfindung

Kündigung wirksam

ZAHLENBILDER

243 810

▶ **Besonderer Kündigungsschutz**

Neben dem allgemeinen Kündigungsschutz gibt es einen besonderen Schutz gegen eine ordentliche Kündigung für bestimmte Personengruppen:

● **Betriebsratsmitglieder und Mitglieder der Jugend- und Auszubildendenvertretung** sind bis zu einem Jahr nach Ablauf ihrer Amtszeit nicht kündbar (§ 15 KSchG).

● **Auszubildenden** kann nach Ablauf der Probezeit nicht mehr gekündigt werden (§ 15 BBiG).

● **Wehrpflichtige** genießen vom Zeitpunkt der Einberufung bis zur Ableistung des Wehrdienstes Kündigungsschutz (§ 1 ArbPlSchG). Gleiches gilt für Soldaten auf Zeit, wenn ihre Dienstzeit nicht mehr als 2 Jahre beträgt (§ 16 a ArbPlSchG).

● **Schwerbehinderte** können nur dann vom Arbeitgeber gekündigt werden, wenn die vorherige Zustimmung der Hauptfürsorgestelle vorliegt (§ 12 SchwbG).

● **Mütter** genießen Kündigungsschutz während der Schwangerschaft und bis zum Ablauf von vier Monaten nach der Entbindung (§ 9 I MuSchG). Die Schutzfrist erweitert sich um die Dauer des Erziehungsurlaubs[1] (§ 18 I BErzGG).

5.3 Zeugnis

Nach Ausspruch der Kündigung hat der Arbeitnehmer einen rechtlichen Anspruch auf die Ausstellung eines Zeugnisses. Dieses kann Auskunft über die Art und Dauer der Beschäftigung geben **(einfaches Zeugnis)** oder aber – auf Wunsch – Angaben über Führung und Leistung beinhalten **(qualifiziertes Zeugnis)**. Ein qualifiziertes Zeugnis darf jedoch keine negativen Beurteilungen enthalten!

---

1 Arbeitnehmer haben Anspruch auf Erziehungsurlaub bis zur Vollendung des dritten Lebensjahres eines nach dem 31. Dezember 1991 geborenen Kindes (§ 15 I BErzGG).

Einfaches Zeugnis

ZEUGNIS

Herr Stefan Richter, geboren am 13.05.19.., wohnhaft in 44866 Bochum, Berliner Str. 43, war vom 01.08.19.. bis 30.06.19.. in unserem Geschäft tätig. Nach Abschluß seiner Ausbildung war er als Kaufmann im Einzelhandel in der Bekleidungsabteilung beschäftigt.

Alle anfallenden Arbeiten erledigte Herr Richter zu unserer vollsten Zufriedenheit. Sein Verhalten Kunden, Mitarbeitern und Vorgesetzten gegenüber war stets freundlich und hilfsbereit.

Herr Richter verläßt uns auf eigenen Wunsch, um die Möglichkeit eines beruflichen Aufstiegs wahrzunehmen.

Für seinen zukünftigen Weg wünschen wir ihm alles Gute.

Bochum, 25.06.19..

Sport Braun GmbH

Thomas Braun

(Thomas Braun)

Zusammenfassung

Beendigung von Arbeitsverträgen

Kündigungsarten	Kündigungsschutz
● **ordentliche Kündigung** Beendigung eines Arbeitsverhältnisses unter Einhaltung gesetzlicher bzw. vertraglicher Fristen: – gesetzliche Kündigung: 4 Wochen zum Fünfzehnten oder zum Monatsende – gesetzlich verlängerte Kündigung: je nach Dauer der Betriebszugehörigkeit bis zu 7 Monaten – vertragliche Kündigung: mindestens 1 Monat ● **fristlose Kündigung** Beendigung eines Arbeitsverhältnisses ohne Einhaltung einer Kündigungsfrist, spätestens 14 Tage nach Bekanntwerden des Kündigungsgrundes	● bei sozial ungerechtfertigten Kündigungen ● für bestimmte Personengruppen wie Betriebsratsmitglieder, Wehrpflichtige, Auszubildende, Schwerbehinderte, werdende Mütter

---

Aufgaben

(1) In welchem Ausnahmefall ist eine Kündigung nicht erforderlich?

(2) Beschreiben Sie an einem Beispiel, wann eine Kündigung aus „sozialen Gründen" ungerechtfertigt sein könnte!

6 Berufstätigkeit, Arbeitszufriedenheit und Persönlichkeitsentwicklung

6.1 Berufstätigkeit und Arbeitszufriedenheit

Das Verhalten des Mitarbeiters am Arbeitsplatz wird durch seine Arbeitszufriedenheit bedingt. Sie ist das **Motiv**, in bestimmter Weise tätig zu werden. Von der Arbeitszufriedenheit ist es abhängig, wie eine Person handelt und warum sie gerade so und nicht anders verfährt. Der Beweggrund (das Motiv) dieses Verhaltens wird durch eine Reihe sich gegenseitig beeinflussender Faktoren bestimmt. Einige dieser Einflußgrößen liegen im Menschen selbst, andere werden von außen vorgegeben.

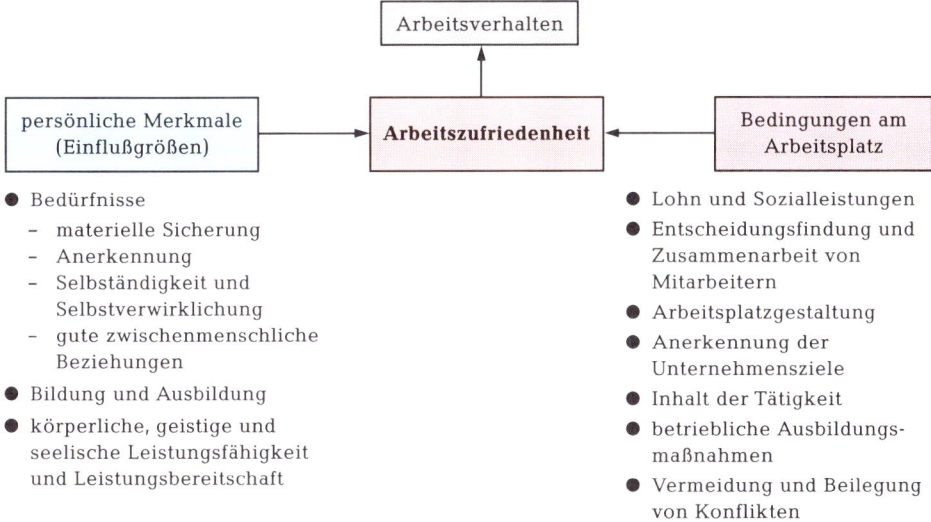

- Bedürfnisse
  - materielle Sicherung
  - Anerkennung
  - Selbständigkeit und Selbstverwirklichung
  - gute zwischenmenschliche Beziehungen
- Bildung und Ausbildung
- körperliche, geistige und seelische Leistungsfähigkeit und Leistungsbereitschaft

- Lohn und Sozialleistungen
- Entscheidungsfindung und Zusammenarbeit von Mitarbeitern
- Arbeitsplatzgestaltung
- Anerkennung der Unternehmensziele
- Inhalt der Tätigkeit
- betriebliche Ausbildungs- maßnahmen
- Vermeidung und Beilegung von Konflikten

6.1.1 Individuelle Einflußgrößen der Arbeitszufriedenheit

▶ **Bedürfnisse**

Das menschliche Arbeitsverhalten wird von Bedürfnissen bestimmt. Bedürfnisse sorgen dafür, daß sich der einzelne aktiv bemüht, ein bestimmtes Ziel zu erreichen. Auslösend für sein Verhalten sind dabei in der Regel immer verschiedene Bedürfnisse gleichzeitig. Die Befriedigung der **materiellen Zielvorstellungen** Arbeitsplatzsicherheit und guter Verdienst werden ergänzt durch **soziale Ziele**.

In einer Gesellschaft, die auf Selbständigkeit und Selbstverwirklichung des Menschen aufbaut, muß auch der Beruf Möglichkeiten des eigenverantwortlichen Handelns bieten, Voraussetzungen sind allerdings eine entsprechende Ausbildung, ständige Weiterqualifikation und eine Unternehmensführung, die bereit ist, die Eigeninitiative der Mitarbeiter zu fördern und entsprechende Leistungen anzuerkennen.

Das Bedürfnis des Mitarbeiters nach Anerkennung beschränkt sich nicht auf die rein tätigkeitsbezogenen Leistungen, sondern umfaßt auch die Anerkennung der eigenen Person durch andere Mitarbeiter. Gute zwischenmenschliche Beziehungen in der Unternehmung, zwischen Mitarbeitern untereinander und zu Vorgesetzten, schaffen ein Klima, das positive Arbeitsleistungen ermöglicht.

▶ Bildung und Ausbildung

Je nach Bildungsabschluß (Schulabschluß) und Ausbildung werden mit der Berufstätigkeit bestimmte Erwartungen verknüpft. Je qualifizierter ein Mitarbeiter ist, desto mehr wird er eine Tätigkeit erwarten, die Selbständigkeit und Verantwortlichkeit voraussetzt. Stimmen diese Vorstellungen nicht mit der Berufswirklichkeit überein, kann Unzufriedenheit die Folge sein. Insofern können Über- oder Unterforderungen im Beruf Ursache für ein gestörtes Arbeitsverhalten sein.

▶ Körperliche, geistige und seelische Leistungsfähigkeit und Leistungsbereitschaft

Körperliche Leistungsfähigkeit ist vom Alter, dem Geschlecht und dem allgemeinen Gesundheitszustand abhängig. Geistige Leistungsfähigkeit bestimmt sich zum einen durch persönliche Anlagen und Erfahrungen, zum anderen sind kurzfristig sich verändernde Einflüsse maßgebend. Dazu zählen Schwere und Dauer einer Belastung, Arbeitsplatzbedingungen, aber auch die Tageszeit. Sie wirken ein auf das Erinnerungs- und Konzentrationsvermögen und die Leistungsbereitschaft. In Situationen körperlicher und geistiger Abgespanntheit nimmt die Arbeitszufriedenheit ab.

Von besonderer Bedeutung für die Arbeitszufriedenheit ist die seelische Ausgeglichenheit. Ein Mitarbeiter, der eigenen Mißerfolg oder Erfolg im Beruf angemessen verarbeitet, der Erfolge anderer anerkennt und ausgeglichen seinen Aufgaben nachkommt, wird zudem wesentlich an der Gestaltung positiver zwischenmenschlicher Beziehungen mitwirken.

Von der Leistungsfähigkeit ist die Leistungsbereitschaft zu trennen. Während die **Leistungsfähigkeit**, d.h. die grundlegende Fähigkeit, eine Leistung zu erbringen, vom einzelnen kurzfristig nicht beeinflußbar ist, stellt die **Leistungsbereitschaft** den Willen zur Erreichung eines Zieles dar.

Alle angesprochenen Faktoren der Arbeitszufriedenheit bedingen sich gegenseitig. Die Arbeitszufriedenheit selbst wirkt ebenfalls beeinflussend auf die Einzelgrößen ein.

6.1.2 Bedingungen am Arbeitsplatz

Neben den Einflußfaktoren der Arbeitszufriedenheit, die im Menschen selbst liegen, bestimmen äußere Faktoren die Art und Weise seines Verhaltens am Arbeitsplatz.

▶ Entlohnung und Sozialleistungen

Die Arbeitszufriedenheit hängt nicht zuletzt von Art und Umfang der Entlohnung für die Tätigkeit in der Unternehmung und den darüber hinaus gewährten Sozialleistungen ab (z.B. Mittagessen in der Kantine; Einkauf mit Personalrabatt; Betriebsrente; Zusatzversicherungen; Einrichtung von Kindergärten, Sport- und Kulturgruppen).

▶ Das Problem des gerechten Lohnes

Eine in der Diskussion um die Arbeitsentgelte immer wieder aufgeworfene Frage ist die nach der Lohngerechtigkeit. Aussagen zum Problem des **„absolut gerechten Lohnes"** können nur Meinungen von einzelnen wiedergeben, da es keinen objektiven Maßstab dafür gibt, was gerecht ist.

Aussagen über einen **„relativ gerechten Lohn"** lassen sich schon eher durch einen Vergleich verschiedener Tätigkeiten treffen. Die Entlohnung sollte sich nach dem Wert der Leistung richten und im Verhältnis zum Lohn anderer Mitarbeiter, die

„höhere" oder „niedrigere" Tätigkeiten verrichten, angemessen sein. Die Festlegung dieser Leistungsrelationen als Kriterium zur Lohnfindung stößt jedoch auf Schwierigkeiten. Einerseits sind Arbeitsleistungen und Arbeitsergebnisse nur schwerlich meßbar (Tätigkeiten eines Pförtners, Lehrers, Polizeibeamten), andererseits können verschiedene Arbeitsverrichtungen nicht immer sinnvoll miteinander verglichen werden (z.B. Buchhalter und Verkäufer). Die konsequente Verfolgung des **Leistungsprinzips** bei der Lohnfindung würde für gleiche Leistung gleichen Lohn voraussetzen. Neben der Arbeitsleistung sind jedoch auch soziale Überlegungen zur Festlegung der Lohnhöhe maßgebend. Dieses **Bedarfsprinzip** („jedem nach seinen Bedürfnissen") geht davon aus, daß die Einkommenshöhe auch nach folgenden Kriterien abzustufen ist: Alter, Familienstand, Kinderzahl.

Die in der Praxis angewandte Form der Entgeltfindung ist eine Mischform, die sowohl dem Leistungs- als auch dem Bedarfskriterium Rechnung trägt. Die Festsetzung der Lohnhöhe erfolgt deshalb unter Beachtung folgender Einzelbewertungen:

- **Anforderungsgerechter Lohn:** Durch Verfahren der Arbeitsbewertung werden die körperlichen und geistigen Anforderungen einer Arbeitstätigkeit bestimmt.
- **Leistungsgerechter Lohn:** Der individuellen Leistung des einzelnen wird Rechnung getragen.
- **Sozial gerechter Lohn:** Bei der Höhe des Entgeltes werden soziale Komponenten berücksichtigt (u. a. auch die Dauer der Betriebszugehörigkeit).

▶ Entscheidungsfindung und Zusammenarbeit von Mitarbeitern

Die Leistungen des einzelnen Mitarbeiters in der Unternehmung sind nicht nur von seiner persönlichen Ausbildung und Erfahrung abhängig, sondern werden auch durch die bestehenden **Organisationsstrukturen** beeinflußt.

Ein wesentliches Element dieser Unternehmensorganisation ist die Gestaltung von Arbeitsabläufen, also die Art und Weise, wie Entscheidungen gefällt und Führungsaufgaben wahrgenommen werden. Damit wird vorgegeben, wie sich die Zusammenarbeit der Mitarbeiter vollziehen sollte, um die Leistungsbereitschaft des einzelnen zu unterstützen.

Viele Mitarbeiter kündigen „innerlich"

Münster (dpa) – Innerliche Kündigungen von Mitarbeitern durch bewußten Verzicht auf Engagement und Initiative haben sich bereits zu einem „gefährlichen Trend" mit hohen Verlusten für deutsche Unternehmen entwickelt. Das betonte Professor Fritz Raidt (Mainz), Präsident der „Akademie für Führungskräfte der Wirtschaft", bei einem Colloquium der Akademie für leitende Mitarbeiter in Münster.

Gefährlich sei diese Resignation und damit Leistungsminderung auch deshalb, weil sie wie ein „schleichendes Gift" nur schwer zu erkennen sei. Raidt vertrat den Standpunkt, daß innerliche Kündigungen meistens durch Führungsfehler verursacht werden.

Schon das Ausbleiben von Kritik oder Beschwerden bei der Betriebsleitung könne ein bedenkliches Anzeichen für innerliches Aussteigen von Mitarbeitern sein, denen dieser Wandel anfangs oft selbst noch nicht bewußt sei.

Weitere Signale könnten Humorlosigkeit, unterkühltes Benehmen und das Vortäuschen einer konfliktfreien Harmonie sein. Höchst alarmierend sei es, wenn engagierte Mitarbeiter plötzlich für nichts mehr Interesse zeigten, oder wenn aus debattierfreudigen Kollegen auf einmal Ja-Sager würden. Als gefährliches Phänomen stufte es Raidt ein, sollten Mitarbeiter eines Tages ihre Kompetenzen nicht mehr voll wahrnehmen.

Führungsfehler, die zu innerlichen Kündigungen führen können, seien unter anderem unzureichende Informationen oder Kompetenzübertragungen, fehlende Sinngebung für Entscheidungen, ungerechte Beurteilungen und fehlendes Verständnis für persönliche Schwierigkeiten von Mitarbeitern. Um innere Kündigungen zu vermeiden, sollten Chefs solche Fehler abstellen und eine vertrauensvolle Zusammenarbeit anstreben, damit im Betrieb wieder das unverzichtbare „Wir-Gefühl" hergestellt werde, dessen Fehlen sich katastrophal auswirken müsse.

Fehler in der Führung von Mitarbeitern können durch geeignete Führungsstile und -techniken weitgehend vermieden werden.

● Führungsstile

Sie beschreiben die Art und Weise, wie Vorgesetzte Entscheidungen treffen, Anordnungen übermitteln und kontrollieren.

– Autoritärer Führungsstil

Beim autoritären Führungsstil erfolgen Zielsetzung, Entscheidungsfindung und -durchsetzung allein durch die Führungskraft. Entscheidungen werden ohne Anhörung der Mitarbeiter gefällt; ihre Kenntnisse, Erfahrungen und Ideen bleiben unberücksichtigt. Zwar führt dieser Führungsstil zu klaren einheitlichen Entscheidungen, gleichzeitig aber auch zu Desinteresse der Mitarbeiter an der Arbeit.

– Kooperativer Führungsstil

Bei dieser Vorgehensweise sind Führungskraft und Mitarbeiter gemeinsam an der Zielfestlegung und am Entscheidungsprozeß beteiligt. Im Rahmen vorher festgelegter Zuständigkeiten trägt der einzelne Stelleninhaber Eigenverantwortung für bestimmte Tätigkeitsbereiche. Die Führungskraft wird stärker zum Betreuer, der berät, anregt und motiviert.

● Führungstechniken

Vor allem in der betrieblichen Praxis wurden eine Reihe von Techniken entwickelt, die zur Verwirklichung der **kooperativen Führung** verschiedene Gestaltungsmöglichkeiten unterbreiten:

– Führung durch Ausnahmeregelung *(Management by Exception)*

Führung nach dem Ausnahmeprinzip ermöglicht den Mitarbeitern, die ihnen übertragenen Aufgaben im Rahmen des normalen Betriebsablaufs selbständig zu erledigen. Sie haben Entscheidungsfreiheit und Verantwortung für alle gewöhnlich auftretenden Arbeiten. Übersteigt ein Problem den vorab festgelegten Entscheidungsspielraum des Mitarbeiters, greift der Vorgesetzte ein.

> Der Einkäufer einer Unternehmung ist berechtigt, eigenverantwortlich Aufträge bis 5 000 DM zu vergeben. Darüber hinausgehende Abschlüsse bedürfen der Zustimmung des Vorgesetzten.

– Führung durch Aufgabenübertragung *(Management by Delegation)*

Bei dieser Übertragung von Verantwortung erhalten die einzelnen Mitarbeiter Befugnisse und Kompetenzen zur eigenständigen, dauerhaften Übernahme bestimmter Verantwortungsbereiche. Die Übertragung wiederholt auftretender Entscheidungen auf bestimmte Mitarbeiter setzt die Ausarbeitung von Stellenbeschreibungen voraus.

Kompetenzfestlegung durch Stellenbeschreibung

Allgemeine Merkmale	Beispiel
1. Stellenbeschreibung	Leiter der Auftragsabwicklung
2. Unterstellungsverhältnis	dem Abteilungsleiter Verkauf unterstellt
3. Zielsetzung	Sicherstellung einer reibungslosen Auftragserledigung
4. Aufgaben	Abgabe von Angeboten, Auftragsbearbeitung
5. Kompetenzen	Anleitung und Kontrolle von 3 Sachbearbeitern; selbständige Abwicklung aller Aufträge
6. Stellvertreter	Sachbearbeiter für Angebote

– **Führung durch Zielvereinbarung** *(Management by Objectives)*

Hierbei handelt es sich um die umfassendste Führungstechnik, die die Kooperation zwischen Vorgesetzten und Mitarbeitern um das gemeinsame Festlegen von Zielen erweitert. Die Beteiligung der Mitarbeiter am Entscheidungsprozeß wirkt motivierend und führt zu einer stärkeren Übereinstimmung mit den Unternehmenszielen, die daher mit mehr Bereitschaft aufgenommen und getragen werden.

Unternehmensleitung gibt Globalziel vor:	12% Kostensenkung
Teilziele werden mit den einzelnen Abteilungsleitern gemeinsam festgelegt:	z. B. Einsparung in den Abteilungen – Verkauf 3% – Werbung 4% – Lagerhaltung 5%
In den einzelnen Abteilungen werden gemeinsam Möglichkeiten der Realisierung des Teilziels besprochen:	– z. B. prüfen die Mitarbeiter der Abteilung Lagerhaltung, wie bei Aufrechterhaltung der Lieferbereitschaft Kosten eingespart werden könnten; welche Produkte in zu hoher Stückzahl vorhanden sind, wie das Bestellwesen verbessert werden könnte – Unterziele werden formuliert
Periodische Leistungsüberprüfung durch gemeinsame Analyse des Soll-(Ziel) und Ist-(= erreichten) Zustandes: Evtl. Revision der Teil- und Unterziele: Neue Globalzielfestsetzung:	– Kostenentwicklung wird gemeinsam analysiert – Bestimmte Unterziele sind unrealistisch, andere lassen sich verwirklichen – Abweichungen von den Zielvorgaben werden diskutiert. Geänderte Einsparungsraten festgelegt – Kostenersparnis von 8% im nächsten Geschäftsjahr

▶ Arbeitsplatzgestaltung

Die Gestaltung von Arbeitsplätzen im Einzelhandel ist von den Aufgaben abhängig, die der einzelne Mitarbeiter in den Arbeitsbereichen Verkauf, Lagerhaltung oder Einkauf wahrnimmt. Seine persönliche Arbeitszufriedenheit wird durch die Arbeitsplatzgestaltung insofern berührt, als er sich in der Umgebung seines Tätigkeitsfeldes subjektiv wohlfühlen sollte. Dies kann u. a. durch eine räumlich ausreichende, mit möglichst viel Tageslicht versehene, vor Lärmeinwirkungen geschützte und farbig abgestimmte Gestaltung des **Arbeitsumfeldes** erreicht werden.

▶ Anerkennung der Unternehmensziele

Die von der Unternehmensleitung festgelegten Ziele der betrieblichen Tätigkeit (vgl. S. 342 ff.) und die daraus abgeleiteten Teilziele für einzelne Abteilungen müssen von den Mitarbeitern mitgetragen werden können. Sind die Unternehmensziele gemeinsam von Unternehmensleitung und Mitarbeitern erarbeitet worden, wird das grundlegende Einverständnis aller vorausgesetzt werden können. In der Unternehmung entwickelt sich ein **Gemeinschaftsgefühl** („Wir-Gefühl"), das zur Erfüllung der gestellten Aufgaben motiviert.

Sind hingegen Ziele nicht eindeutig formuliert oder werden die Mitarbeiter nicht in ausreichendem Maße über geplante Maßnahmen informiert, d. h., können sie die Notwendigkeit bestimmter Tätigkeiten nicht nachvollziehen, wird eine Verweigerung, sich an der Zielerreichung aktiv zu beteiligen, die Folge sein.

Gleiches könnte für eine einseitige Zielhierarchie gelten, die nur Erfolgsziele setzt und keine Ergänzung durch soziale Ziele vorsieht.

▶ Inhalt der Tätigkeit

Der Grad an Zufriedenheit mit der ausgeübten Tätigkeit hängt von den täglich zu verrichtenden Aufgaben ab. Sind Arbeitsinhalte monoton, d. h., ist stets die gleiche einfache Verrichtung zu erfüllen (etwa nur die Auszeichnung von Waren), oder sind keinerlei **Gestaltungsspielräume in Arbeitsabläufen** vorgesehen, wird sich der betreffende Mitarbeiter von der Arbeit entfremden. Entfremden bedeutet: Arbeit ohne Anteilnahme, Mangel an Interesse für die Arbeit, viele persönliche Bedürfnisse finden in der Arbeit keine Befriedigung (etwa Selbständigkeit oder Anerkennung).

Daß mit zunehmender Qualifikation die Arbeitsaufgaben in der Regel vielfältiger, anspruchsvoller und damit für den einzelnen befriedigender werden, spricht für eine zielgerichtete **Fortbildung**. Aber auch andere Maßnahmen können die Eintönigkeit der Aufgabenstellung vermindern. So ist es etwa denkbar, den Arbeitsbereich auszuweiten, den Arbeitsplatz in der Unternehmung von Zeit zu Zeit zu wechseln oder an der Entscheidungsfindung in den Abteilungen beteiligt zu werden.

▶ Betriebliche Ausbildungsmaßnahmen

Das öffentliche Bildungswesen (allgemeinbildende und berufsbildende Schulen) soll Grund- und Fachkenntnisse vermitteln, die den Anforderungen der heutigen Berufswelt gerecht werden, ohne auf die speziellen Anforderungen einzelner Unternehmungen ausgerichtet sein zu können.

Betriebliche Ausbildungsmaßnahmen umfassen hingegen die Vorbereitung der Mitarbeiter auf eine höhere Position (Karriereausbildung) und die laufende Schulung in der gegenwärtig ausgeübten Position (Wiederholungs- und Anpassungsausbildung).

● **Karriereausbildung**

Mit dieser Ausbildungsmaßnahme sollen bestimmte Mitarbeiter auf spätere Führungspositionen in der Unternehmung vorbereitet werden. Anhand eines Laufbahnplanes werden die Zeitdauer und Reihenfolge der nacheinander zu übernehmenden Aufgabengebiete festgelegt und die entsprechenden Ausbildungsschritte eingeplant.

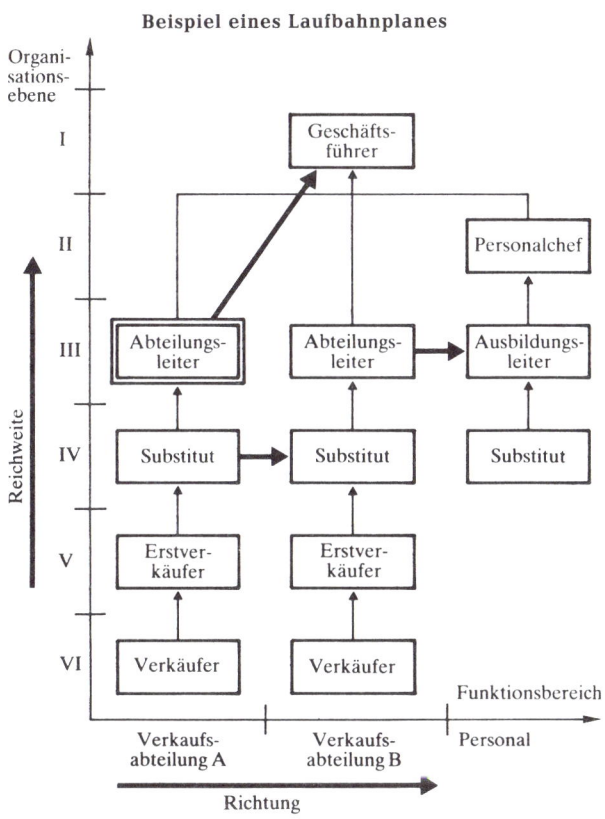

Beispiel eines Laufbahnplanes

Quelle: Tietz, B., Der Handelsbetrieb, München 1985, S. 567

● **Wiederholungsausbildung**

Das in der Berufsausbildung zum Kaufmann/zur Kauffrau im Einzelhandel erworbene Wissen wird während der späteren Berufstätigkeit stetig abgebaut. Die Mitarbeiter vergessen viele früher erhaltene Informationen, vor allem dann, wenn sie nicht täglich mit entsprechenden Aufgabenstellungen konfrontiert werden. Die Wiederholungsausbildung hat daher den Zweck, einmal bereits vorhandenes Wissen aufzufrischen.

● **Anpassungsausbildung**

Hier geht es um die Vermittlung neuen Wissens. Vorhandene Kenntnisse und Fähigkeiten müssen stets an neue Entwicklungen in Technik, Warenkunde oder Wirtschaftslehre angepaßt werden. Zudem kann die Ausweitung des Arbeitsbereiches die Anpassung des Kenntnisstandes an neue Aufgabenstrukturen erforderlich machen. Auch Umschulungsmaßnahmen, d. h. das Erlernen einer bisher nicht ausgeübten Tätigkeit, zählen zu diesen Anpassungsausbildungen.

Allen betrieblichen Ausbildungsmaßnahmen gemeinsam sind folgende **Ausbildungsziele:**

- *unmittelbar sachbezogene Ziele*
  - Erweiterung und Entwicklung von Fähigkeiten und Kenntnissen
  - Verbesserung der Zusammenarbeit zwischen Mitarbeitern
- *nicht direkt sachbezogene Ziele*
  - Motivation zur Leistungssteigerung
  - Entfaltung der Persönlichkeit

▶ Vermeidung und Beilegung von Konflikten

Konfliktsituationen in einer Unternehmung haben vielschichtige Ursachen. Sie können sich daraus ergeben, daß Mitarbeiter ihre Lohnhöhe als unangemessen ansehen, ihnen Aufstiegsmöglichkeiten verwehrt werden oder sie mit Kollegen um Aufstiegschancen wetteifern müssen, daß sie von Vorgesetzten nicht angemessen behandelt werden, Kompetenzen zwischen Mitarbeitern nicht eindeutig geregelt sind oder Ängste bei der geplanten Einführung neuer Technologien aufkommen.

Besonders zu beachten sind zudem evtl. auftretende **Rollenkonflikte**. Der einzelne Arbeitnehmer spielt eine Rolle, die durch Erwartungen der Unternehmungsleitung, seiner direkten Vorgesetzten, der Kollegen und Untergebenen bestimmt ist. Er verhält sich also nicht so, wie er selbst möchte, sondern macht die Erwartungen anderer an seine Person für sich selbst verhaltensbestimmend. Ein Grund für diese Rollenübernahme mag darin liegen, daß sonst Schwierigkeiten erwartet werden, die in Form von persönlicher Ablehnung oder Übergehung bei Beförderungen die Einhaltung dieser Erwartungen erzwingen. Konfliktverstärkend kommt hinzu, daß der einzelne nicht nur diese eine Rolle im Berufsleben spielt, sondern gleichzeitig noch die Rolle als Freund/ Freundin, als Vater/Mutter, als Ehemann/Ehefrau, als Sportvereinsmitglied oder Mitglied einer politischen Partei.

Als besonders schwerwiegend muß der Rollenkonflikt dann angesehen werden, wenn ein Beruf ergriffen wurde, ohne genau zu wissen, welche Fähigkeiten und Kenntnisse allgemein und später in einer bestimmten Unternehmung erwartet werden. In diesem Fall wird der einzelne erst bei der Berufsausübung erfahren, daß er vielleicht für den gewählten Beruf nicht geeignet ist. Hier wird die Rollenübernahme, d. h., die Erfüllung der Erwartungen, die von den anderen Mitgliedern der Unternehmung an den Mitarbeiter herangetragen werden, nicht erfüllt werden können, da die eigenen Vorstellungen in diesem Beruf oder in dieser Unternehmung nicht zu verwirklichen sind.

Die im sozialen Spannungsfeld einer Unternehmung auftretenden Konflikte können, falls sie nicht einer angemessenen Lösung durch alle Beteiligten zugeführt werden, zur Leistungsminderung oder -verweigerung bzw. zum Motivationsverlust des einzelnen Mitarbeiters führen; sie können sogar einen Wechsel der Unternehmung auslösen oder zur Ursache von Krankheiten werden.

Einige der im Arbeitsprozeß sich ergebenden Interessenkonflikte zwischen Unternehmensleitung und Mitarbeitern werden nicht direkt durch die betroffenen Arbeitnehmer selbst, sondern durch ihre Interessenvertreter (Betriebsrat, Gewerkschaft) verhandelt. Bei anderen Problemen, etwa bei persönlichen Differenzen zwischen Mitarbeitern, ist der einzelne selbst zur Lösung aufgefordert, indem er z. B. ein klärendes Gespräch sucht.

6.2 Berufstätigkeit als Beitrag zur Entwicklung der Persönlichkeit

Die Zufriedenheit mit dem gewählten Beruf, den dort auszuübenden Tätigkeiten und dem Arbeitsplatz beeinflußt die **persönliche Entwicklung** des einzelnen. Veränderungen im Berufsfeld, d.h. Erfolge oder Mißerfolge, Anerkennung, die Übernahme zusätzlicher Verantwortung, die Bereitschaft zur Weiterqualifikation und der berufliche Aufstieg erfordern zunehmende Selbständigkeit und Eigeninitiative.

Eine Unternehmung, die diese Entwicklung bei ihren Mitarbeitern fördert und honoriert, wird erfolgreicher und überzeugender tätig sein können. Für den Mitarbeiter ist damit die Möglichkeit der persönlichen Entwicklung entsprechend seinen Zielsetzungen gegeben. Eine befriedigende Berufstätigkeit muß als wesentlicher Beitrag zur Persönlichkeitsentwicklung angesehen werden.

Zusammenfassung

Berufstätigkeit, Arbeitszufriedenheit und Persönlichkeitsentwicklung

Berufstätigkeit und Arbeitszufriedenheit

- Individuelle Einflußgrößen der Arbeitszufriedenheit
  - Bedürfnisse (materielle und soziale Zielvorstellungen)
  - Bildung und Ausbildung als Qualifikationsmaßstab
  - körperliche, geistige und seelische Leistungsfähigkeit und Leistungsbereitschaft
- Bedingungen am Arbeitsplatz
  - Entlohnung und Sozialleistungen (Problem des gerechten Lohns)
  - Entscheidungsfindung und Zusammenarbeit von Mitarbeitern (Führungsstile und Führungstechniken)
- Arbeitsplatzgestaltung
  - Raum, Licht, Lärm, Farbe
- Anerkennung der Unternehmensziele
  - Entwicklung eines Gemeinschaftsgefühls („Wir-Gefühl")
- Inhalt der Tätigkeit
  - Gestaltungsspielräume im Arbeitsablauf; Fortbildung
- Betriebliche Ausbildungsmaßnahmen
  - Karriereausbildung, Wiederholungsausbildung, Anpassungsausbildung
- Vermeidung und Beilegung von Konflikten
  - Rollenkonflikte in der Unternehmung
  - Lösung durch Interessenvertreter der Arbeitnehmer (Betriebsrat, Gewerkschaft) oder den einzelnen selbst

Berufstätigkeit als Beitrag zur Entwicklung der Persönlichkeit

- Zufriedenheit im Beruf, Selbständigkeit und Eigeninitiative bei den gestellten Aufgaben fördern die persönliche Entwicklung des Mitarbeiters

---

Aufgaben

(1) *Schildern Sie Motive, die Sie persönlich bewogen haben, eine Tätigkeit im Bereich des Einzelhandels auszuüben!*

(2) *Unterscheiden Sie Leistungsfähigkeit und Leistungsbereitschaft im Rahmen der Berufsausübung!*

(3) *Erläutern Sie das Problem des „gerechten Lohnes"!*

(4) *Welche Führungsstile und -techniken sind für Ihren Ausbildungsbetrieb kennzeichnend, und welche Kritik würden Sie im einzelnen üben?*

(5) *Nennen Sie Unternehmensziele Ihres Betriebes, und stellen Sie dar, in welchem Umfang Sie und Ihre Kollegen sich mit diesen Vorgaben identifizieren können!*

(6) *Skizzieren Sie Arten und Bedeutung von Ausbildungsmaßnahmen in der Unternehmung für die berufliche Weiterqualifikation!*

(7) *Schildern Sie Situationen, in denen Sie Rollenkonflikte in Ihrem Ausbildungsbetrieb miterlebten, und beschreiben Sie eingeschlagene Lösungswege!*

Der Normbrief im kaufmännischen Schriftverkehr

1 Äußere Form

Regeln zur Form und Gestaltung kaufmännischer Geschäftsbriefe werden vom Deutschen Institut für Normung (DIN) empfohlen. Sie sind aus der DIN-Norm 676 ersichtlich und dienen dazu, den Schriftverkehr durch einheitliche Anwendung der Vordrucke für Geschäftsbriefe zu erleichtern. Die zu diesem Zweck am häufigsten verwendeten Formate sind:

A 4: 210 x 297 mm Ganzbriefblätter im Hochformat
A 5: 148 x 210 mm Halbbriefblätter (Hoch- und Querformat)
A 6: 105 x 148 mm Postkarten

2 Formaler Aufbau eines Geschäftsbriefes

Im nachstehend aufgeführten Normbrief A 4 nach DIN 676 wird der formale Aufbau eines Geschäftsbriefes dargestellt.

Durch die Benutzung dieses Normbriefes wird eine übersichtliche Gliederung gewährleistet. Das Einstellen des linken Randes auf Grad 10 ergibt eine einheitliche Begrenzung des Zeilenanfanges (Fluchtlinie). An dieser Linie beginnt sowohl die Anschrift, der Betreff als auch der Text.

► **Absenderangabe**

Die Absenderangabe (Name und Anschrift) ist bei den meisten Geschäftsbriefen im **Briefkopf** eingedruckt. Die Postanschrift des Absenders erscheint direkt über dem Anschriftenfeld. Bei der Verwendung von Fensterbriefhüllen darf in diesem Fall die Absenderangabe auf dem Briefumschlag entfallen.

► **Anschriftenfeld**

Das neun Zeilen umfassende Anschriftenfeld des Empfängers ist von der **Postanschrift** des Absenders klar abzugrenzen. Jede Zeile der Anschrift beginnt an der Fluchtlinie. Außer der Anschrift des Empfängers und Vermerken über Versendungsformen (z.B. Einschreiben) oder Vorausverfügungen (z.B. Buchhaltung) dürfen im Anschriftenfeld keine weiteren Angaben erscheinen.

Das Anschriftenfeld sollte dem folgenden **Aufbau** entsprechen:

1. Zeile Sendungsart, Versendungsform
2. Zeile Leerzeile
3. Zeile Empfängerbezeichnung (Anrede, Branchenbezeichnung, Beruf)
4. Zeile akademische Grade, Vor- und Zuname
5. Zeile Postfach, Straßenbezeichnung, Hausnummer
6. Zeile Leerzeile
7. Zeile Postleitzahl und Bestimmungsort
8. Zeile Leerzeile
9. Zeile Bestimmungsland (nur anzugeben, wenn keine Postleitzahlen vorhanden sind).

433

28 Käseborn/Siekerkötter – ISBN 3-8120-0081-4

Heftrand
Grad 10

⌐ Faltmarke

Feld für **Briefkopf**

Firmenname, Geschäftszweig, Firmenzeichen und gegebenenfalls
Werbetext können hier frei gestaltet und eingedruckt werden.

Postanschrift des Absenders

Feld für **Anschrift** des Empfängers

Feld für **Eingangs- und
Bearbeitungsvermerke**
des Empfängers

Behandlungsvermerk

10 (12, 15)	30 (36, 45)	50 (60, 75)	60 (72, 90)
Ihre Zeichen, Ihre Nachricht vom	Unsere Zeichen, unsere Nachricht vom ☎		Ortsname

Bezugszeichenzeile, Betreff (und **Behandlungsvermerk** , sofern nicht neben der Anschrift)

Faltmarke

Betreff

2 Leerzeilen

Die **Anrede** beginnt an der Fluchtlinie und wird durch eine Leerzeile vom
folgenden Text getrennt.

Feld für **Brieftext**

Der **Text** beginnt in Fluchtlinie auf Grad 10 (12, 15)   **Zeilenende** Grad 70 (84, 105)
= Zeilenanfang; er wird, wenn Absätze zu machen sind,
durch je eine Leerzeile gegliedert.

Lochmarke

Die **Gradangaben** beziehen sich auf die normale Pica-
Schrift (2,54 mm). In Klammern sind jeweils die für kleine-
re Schriften (Elite 2,12 oder Mikro 1,69 mm) geltenden
Gradzahlen angegeben.

Faltmarke

Der **Gruß** beginnt nach einer Leerzeile auf Grad 10 (12, 15).

Die Bezeichnung der **Firma, Behörde** usw. beginnt auf Grad 10 (12, 15) und wird mit einer Leerzeile
vom Gruß abgesetzt.

Die maschinenschriftliche **Namenswiedergabe der Unterzeichner** sollte innerbetrieblich geregelt
werden. Die Zahl der Leerzeilen vor dieser Angabe richtet sich nach der Notwendigkeit.

Warnzeichen gibt an, daß noch 9 Schreibzeilen zur Verfügung stehen.

Der **Anlagevermerk** wird in angemessenem Abstand von der vorhergehenden Beschriftung
(Unterschrift oder maschinenschriftliche Namenswiedergabe der Unterzeichner) oder von der
letzten Textzeile geschrieben. Er beginnt auf Grad 10 (12, 15) oder bei Platzmangel auf Grad 50
(60, 75). Als Mindestabstand vom Gruß oder von der Firmenbezeichnung sind 3 Leerzeilen, von der
maschinenschriftlichen Namenswiedergabe der Unterzeichner oder bei Anordnung auf Grad 50 (60,
75) ist eine Leerzeile vorgesehen. Der **Verteilvermerk** wird nach einer Leerzeile angeschlossen und
gleich behandelt. Fehlt der Anlagevermerk, so tritt der Verteilvermerk gegebenenfalls an seine
Stelle.

Geschäftsräume	Teletex	Telex	Telegramm-Kurzanschrift	Kontenverbindungen

434

Die Punkte in den nachstehend aufgeführten Musteranschriften und -briefen kennzeichnen die Anzahl der Leerzeilen beim Schreiben mit Maschinen (nach DIN 5008).

```
1 .                              1 .
2 .                              2 .
3 Frau                          3 Herrn Bankdirektor
4 Petra Salzmann                4 Dr. Werner Schröter
5 Baumschulenweg 17             5 c/o Dresdner Bank AG
6 .                              6 Bahnhofstr. 144
7 39128 Magdeburg               7 .
8 .                              8 66111 Saarbrücken
9 .                              9 .


1 Eilzustellung                 1 Einschreiben
2 .                              2 .
3 Finanz-Nachrichten            3 Textilwarenfabrik
4 Anzeigenannahme               4 Müller & Sohn
5 Postfach 12 50                5 Kohlmarkt 5
6 .                              6 .
7 52013 Aachen                  7 23552 Lübeck
8 .                              8 .
9 .                              9 .
```

► **Bezugszeichenzeile**

Sie soll die Bearbeitung des Briefes erleichtern. Die Angaben werden eine Zeile unter die vorgedruckten Leitwörter der **Bezugszeile** geschrieben. Das erste Schriftzeichen steht jeweils unter dem Anfangsbuchstaben des Leitwortes.

Im einzelnen soll auf die Bezugszeichen näher eingegangen werden.

● **Ihre Zeichen, Ihre Nachricht vom**

Diktat- oder Aktenzeichen sowie das Datum des zu beantwortenden Briefes werden hier aufgeführt.

● **Unsere Zeichen, unsere Nachricht vom**

Hier muß sowohl das Kurzzeichen des für den Inhalt des Briefes Verantwortlichen als auch das Kurzzeichen des Briefschreibers erscheinen. Wird darüber hinaus auf einen eigenen früheren Brief eingegangen, so ist das Datum dieses Schreibens ebenfalls zu vermerken.

● **Durchwahlnummer**

● **Ortsname**

Unter dem aufgedruckten Ortsnamen ohne Postleitzahl steht das Datum des heutigen Schreibens.

► **Betreff**

Der **Betreff** ist eine kurze inhaltliche Zusammenfassung des Briefes und soll die Weiterleitung an die zuständige Abteilung erleichtern. Er wird mit zwei Leerzeilen von der Bezugszeichenzeile abgesetzt und beginnt an der Fluchtlinie. Das Leitwort „Betreff" kann auch wegfallen, wird jedoch auf keinen Fall unterstrichen.

▶ Persönliche Anrede

Die **Anrede** beginnt nach zwei Leerzeilen unter dem Betreff. Persönlich bekannte Geschäftspartner werden mit Namen angeschrieben. Ist der direkte Empfänger nicht bekannt, so empfiehlt sich die allgemeine Anrede „Sehr geehrte Damen und Herren". An das Ende der Anrede kann entweder ein Ausrufezeichen oder ein Komma gesetzt werden.

▶ Brieftext

Der **Brieftext** beginnt eine Leerzeile nach der persönlichen Anrede. Der Text wird in Abschnitte gegliedert. Nach jedem Absatz folgt eine Leerzeile und man beginnt wieder an der Fluchtlinie. Wichtige Angaben können u. a. durch Einrücken hervorgehoben werden. Dazu werden eingerückte Satzteile vom übrigen Text durch eine Leerzeile abgesetzt.

▶ Grußformel

Jeder Brief endet in der Regel mit einer **Grußformel** (z. B. „Hochachtungsvoll", „Mit freundlichen Grüßen"). Sie beginnt nach einer Leerzeile unterhalb des Textes.

▶ Unterschrift

Die **Unterschrift** besteht aus der maschinengeschriebenen Firma des Absenders, der handgeschriebenen Unterschrift des Inhabers oder seines Bevollmächtigten sowie der maschinengeschriebenen Wiederholung des Namens des Unterzeichners. Der Inhaber muß mit dem vollen Firmennamen unterzeichnen. Die Angabe der Firma erscheint nach einer Leerzeile unter der Grußformel, die Namensangabe drei Leerzeilen darunter.

▶ Anlagenvermerk

Er dient dazu, den Empfänger auf beiliegende Papiere oder Muster hinzuweisen. Die **Anlagen** können unter dem gleichlautenden Vermerk einzeln aufgeführt werden. Das Wort Anlage wird nicht unterstrichen.

Empfohlener Mindestabstand des Anlagenvermerkes:

1 Leerzeile zum maschinengeschriebenen Namen des Unterzeichners

   oder

3 Leerzeilen unter der Firmenangabe.

Verzeichnis der Gesetze und Rechtsverordnungen

AFG   Arbeitsförderungsgesetz
AGBG   Gesetz zur Regelung des Rechts der Allgemeinen Geschäfts-
               bedingungen
AktG   Aktiengesetz
AO   Abgabenordnung
ArbZG   Arbeitszeitgesetz
BBiG   Berufsbildungsgesetz
BErzGG   Bundeserziehungsgeldgesetz
BetrVG   Betriebsverfassungsgesetz
BGB   Bürgerliches Gesetzbuch
BiRiLiG   Bilanzrichtliniengesetz
EStG   Einkommensteuergesetz
EVO   Eisenbahnverkehrsordnung
GenG   Gesetz betreffend die Erwerbs- und Wirtschaftsgenossenschaften
GewO   Gewerbeordnung
GmbHG   Gesetz betreffend die Gesellschaft mit beschränkter Haftung
GRG   Gesundheitsreformgesetz
GWB   Gesetz gegen Wettbewerbsbeschränkungen
HGB   Handelsgesetzbuch
JArbSchG   Jugendarbeitsschutzgesetz
KO   Konkursordnung
KSchG   Kündigungsschutzgesetz
LadSchlG   Ladenschlußgesetz
MitbestG   Mitbestimmungsgesetz
MuSchG   Mutterschutzgesetz
PAngV   Verordnung über Preisangaben
PflegeVG   Gesetz zur sozialen Absicherung des Risikos der Pflegebedürftig-
               keit (Pflegeversicherungsgesetz)
RabattG   Rabattgesetz
RRG   Gesetz zur Reform der gesetzlichen Rentenversicherung
               (Rentenreformgesetz 1992)
ScheckG   Scheckgesetz
SchwbG   Schwerbehindertengesetz
SGB   Sozialgesetzbuch
StGB   Strafgesetzbuch
TVG   Tarifvertragsgesetz
UStG   Umsatzsteuergesetz
UWG   Gesetz gegen den unlauteren Wettbewerb
VerbrKrG   Verbraucherkreditgesetz
VerglO   Vergleichsordnung
VerpackV   Verpackungsverordnung
WG   Wechselgesetz
ZPO   Zivilprozeßordnung
ZugabeVG   Zugabeverordnung

Stichwortverzeichnis

Bildnachweis